高等学校土木工程专业融媒体新业态系列教材

结 构 力 学

哈尔滨工业大学结构力学教研组　编著

中国建筑工业出版社

图书在版编目（CIP）数据

结构力学 / 哈尔滨工业大学结构力学教研组编著.
北京 ：中国建筑工业出版社，2025.7. --（高等学校土
木工程专业融媒体新业态系列教材）. -- ISBN 978-7
-112-31202-3

Ⅰ. O342

中国国家版本馆 CIP 数据核字第 2025FM7139 号

　　结构力学是研究工程结构受力和传力的规律，以及如何进行结构优化的学科，也是土木工程专业和机械类专业学生必修的学科。结构力学研究的内容包括结构的组成规则，结构在各种效应（外力、温度效应、施工误差及支座变形等）作用下的响应，包括内力（轴力、剪力、弯矩、扭矩）和位移（线位移、角位移）计算等。全书共 12 章，包括绪论、平面体系的几何组成分析、静定结构受力分析（静定梁、桁架、三铰拱、刚架、组合结构）、结构的位移计算、力法、位移法、力矩分配法、影响线及其应用、矩阵位移法。本书可作为土木工程、交通工程、水利水电工程和力学等专业的教材，也可作为工程技术人员的参考书，供相关人员及高等院校师生参考。本书配套的课件可以扫描每章的二维码获取。

责任编辑：刘瑞霞　冯天任　吉万旺
责任校对：张　颖

高等学校土木工程专业融媒体新业态系列教材
结 构 力 学
哈尔滨工业大学结构力学教研组　编著
*
中国建筑工业出版社出版、发行（北京海淀三里河路 9 号）
各地新华书店、建筑书店经销
霸州市顺浩图文科技发展有限公司制版
三河市富华印刷包装有限公司印刷
*
开本：787 毫米×1092 毫米　1/16　印张：29½　字数：730 千字
2025 年 8 月第一版　　2025 年 8 月第一次印刷
定价：**78.00** 元（赠教师课件）
ISBN 978-7-112-31202-3
（44828）

前　言

本书以教育部高等学校力学基础课程教学指导委员会制订的"结构力学课程教学基本要求"为依据，在哈尔滨工业大学国家级精品课程"结构力学"团队、首批国家级本科一流课程"结构力学 A（1）"团队建设的基础上，继承哈工大结构力学名师郭长城教授、王焕定教授主编教材的特色编制，注重学生力学概念、结构概念、应用专业性、运用灵活性的培养，关注培养学生分析问题、解决问题的能力。

"结构力学"是土木工程专业一门重要的专业基础课。它以"高等数学""理论力学""材料力学"等课程为基础；同时，它又是"混凝土结构设计及原理""钢结构设计及原理""地震工程"等专业课程以及课程设计的基础。需要强调的是，该课程是专业基础课与专业课之间有着纽带和桥梁作用的课程，起着承上启下的作用；更能成为学生研究生阶段学习"结构力学""随机振动""高等结构力学"等课程的前序基础性课程，重要性非常突出。

土木工程方向的人才培养方案以通识教育为基础，培养学生理论联系实际，用其所掌握的知识和技术解决实际工程问题的能力。以上述原则为目标，本书在选择和编写教材内容时，以土木工程专业大类招生的培养目标和整体建设规划及发展方向为出发点，按照"卓越工程师培养计划"以及精英化专业人才培养需求，针对全日制土木工程本科学生编写。本书重点突出，内容全面、简单扼要、注重概念、强调活学活用，既方便教师教学，也方便学生自学。

本书主要内容由哈尔滨工业大学结构力学教研组编著，编写人有曹正罡（第1、2、3、4章）、赵威（第3、4、5章）、张瑀（第6、7、8章）、李亮（第9、10章）、马晓儒（第11、12章），吕大刚负责全书审核，电子课件资源由曹正罡、张瑀撰写整理。本书难免存在不足乃至错误之处，敬请各位读者批评指正，以便修订及更正。感谢大家对哈尔滨工业大学结构力学课程、教材建设的关心与支持。

联系作者：哈尔滨市南岗区黄河路 73 号哈尔滨工业大学土木工程学院 516 室，电子信箱：caozg75@163.com。

曹正罡

2025 年 8 月

目　　录

第1章　绪论 ……………………………………………………………………… 1

　1-1　概述 ………………………………………………………………………… 1

　1-2　结构力学研究对象与任务 ………………………………………………… 3

　1-3　结构力学计算简图 ………………………………………………………… 4

　1-4　平面杆件结构分类 ………………………………………………………… 6

　1-5　荷载分类 …………………………………………………………………… 7

　小结 ……………………………………………………………………………… 8

　习题 ……………………………………………………………………………… 8

第2章　平面体系的几何组成分析 ……………………………………………… 9

　2-1　几何不变体系、几何可变体系、瞬变体系的概念和特性 ……………… 9

　2-2　自由度、刚片、约束的概念 ……………………………………………… 11

　2-3　无多余约束的几何不变体系的组成规则及其与瞬变体系的鉴别 ……… 14

　2-4　体系几何组成分析举例 …………………………………………………… 18

　小结 ……………………………………………………………………………… 21

　习题 ……………………………………………………………………………… 22

第3章　静定平面刚架 …………………………………………………………… 26

　3-1　刚架的特点 ………………………………………………………………… 26

　3-2　单跨梁的内力分析 ………………………………………………………… 27

　3-3　支座反力的计算 …………………………………………………………… 30

　3-4　求指定截面内力的方法 …………………………………………………… 32

　3-5　绘制内力图的基本方法 …………………………………………………… 35

　3-6　绘弯矩图的简便方法 ……………………………………………………… 39

　3-7　绘剪力图和轴力图的另一种方法 ………………………………………… 43

　3-8　斜杆刚架内力图的绘制 …………………………………………………… 44

　3-9　复杂刚架的计算——由几何组成确定静定结构的计算途径 …………… 47

　3-10　静定结构的特征及其性质 ……………………………………………… 52

　小结 ……………………………………………………………………………… 57

　习题 ……………………………………………………………………………… 58

第4章　多跨静定梁 ……………………………………………………………………… 68

4-1　多跨静定梁的组成 ……………………………………………………………… 68

4-2　多跨静定梁的内力计算 ………………………………………………………… 70

4-3　多跨静定梁的受力特点 ………………………………………………………… 73

小结 ………………………………………………………………………………… 74

习题 ………………………………………………………………………………… 74

第5章　三铰拱 ……………………………………………………………………………… 77

5-1　三铰拱概述 ……………………………………………………………………… 77

5-2　三铰拱的内力计算 ……………………………………………………………… 78

5-3　拱和梁的比较，合理拱轴的概念 ……………………………………………… 84

小结 ………………………………………………………………………………… 85

习题 ………………………………………………………………………………… 86

第6章　静定平面桁架 …………………………………………………………………… 89

6-1　概述 ……………………………………………………………………………… 89

6-2　节点法 …………………………………………………………………………… 91

6-3　截面法 …………………………………………………………………………… 95

6-4　节点法、截面法的联合应用 …………………………………………………… 101

6-5　图解法 …………………………………………………………………………… 103

6-6　对称条件的利用 ………………………………………………………………… 105

6-7　杆件代替法 ……………………………………………………………………… 109

6-8　再分式桁架的计算 ……………………………………………………………… 111

6-9　几种梁式桁架受力性能的比较 ………………………………………………… 115

6-10　组合结构的计算 ……………………………………………………………… 119

小结 ………………………………………………………………………………… 121

习题 ………………………………………………………………………………… 122

第7章　结构位移的计算 ………………………………………………………………… 131

7-1　实功与虚功 ……………………………………………………………………… 131

7-2　广义力与广义位移 ……………………………………………………………… 132

7-3　变形体虚功方程 ………………………………………………………………… 133

7-4　静定结构由于荷载作用产生的位移（单位荷载法） ………………………… 138

7-5　图乘法　位移算例 ……………………………………………………………… 142

7-6　静定结构由于温度改变而产生的位移 ………………………………………… 155

7-7　静定结构由于支座移动而产生的位移 ………………………………………… 158

7-8　具有弹性支座的静定体系的位移计算 ………………………………………… 159

7-9　功的互等定理 …………………………………………………………………… 161

7-10　位移互等定理 ·· 161

7-11　反力互等定理 ·· 163

7-12　反力位移交互定理 ·· 164

7-13　虚力原理与虚位移原理 ·· 167

小结 ·· 168

习题 ·· 169

第 8 章　力法 ·· 177

8-1　超静定结构的一般概念 ·· 177

8-2　荷载作用下的超静定刚架的计算 ································ 181

8-3　温度改变时超静定刚架的计算 ·································· 193

8-4　支座移动时超静定刚架的计算 ·································· 196

8-5　超静定结构的位移计算 ·· 200

8-6　结构对称性的利用 ·· 201

8-7　无弯矩情况的判定 ·· 208

8-8　超静定桁架的计算 ·· 210

8-9　无铰拱的计算 ·· 212

小结 ·· 216

习题 ·· 217

第 9 章　位移法 ·· 226

9-1　单跨超静定梁的杆端弯矩和杆端剪力的算式 ···················· 226

9-2　位移法的基本概念 ·· 231

9-3　位移法基本体系的确定 ·· 240

9-4　位移法典型方程 ·· 243

9-5　算例 ·· 248

9-6　斜杆刚架的计算 ·· 257

9-7　有无限刚梁的情况 ·· 263

9-8　支座位移影响及温度改变影响的计算 ···························· 264

9-9　对称性的利用 ·· 268

9-10　直接利用平衡条件建立位移法方程 ····························· 272

9-11　以位移法计算等高排架——剪力分配法 ·························· 277

9-12　静定剪力柱带来的简化 ·· 284

9-13　混合法的概念 ·· 288

小结 ·· 290

习题 ·· 291

第 10 章　力矩分配法 ·· 299

10-1　力矩分配法的基本知识 ·· 299

10-2 用力矩分配法计算连续梁及无侧移刚架 308

10-3 无剪力分配法 318

小结 322

习题 323

第11章 影响线及其应用 327

11-1 影响线的概念 327

11-2 用静力法作静定梁的影响线 329

11-3 荷载经节点传递时影响线的绘制 335

11-4 用静力法作静定桁架的影响线（铁） 337

11-5 用机动法作静定梁的影响线 343

11-6 在固定荷载作用下利用影响线求影响量 349

11-7 我国铁路和公路的标准荷载制 352

11-8 最不利荷载位置的确定 353

11-9 换算荷载 363

11-10 简支梁的弯矩包络图 364

11-11 简支梁的绝对最大弯矩 365

11-12 用静力法作连续梁的影响线 368

11-13 用机动法确定连续梁影响线的形状 373

11-14 连续梁上均布活荷载的最不利分布和弯矩包络图 374

小结 378

习题 379

第12章 矩阵位移法 386

12-1 概述 386

12-2 局部坐标系下的单元刚度矩阵 386

12-3 坐标转换 391

12-4 单元等效节点荷载 397

12-5 结构离散化表示方式——编码 401

12-6 用矩阵位移法分析连续梁 402

12-7 用矩阵位移法分析平面刚架 416

12-8 边界条件处理方法 427

12-9 用矩阵位移法分析平面桁架 431

12-10 用矩阵位移法分析不计轴向变形的矩形平面刚架 437

小结 442

习题 443

习题参考答案 447

参考文献 461

第1章 绪 论

1-1 概述

力学是一门研究结构合理形式及在外界条件作用下反应规律性的学科。**那么什么是结构力学?** 结构力学是一门古老的学科,是固体力学的一个分支,它主要研究工程结构受力和传力的规律,以及如何进行结构优化;顾名思义,结构力学是研究"结构"的"力学",而结构就是用某种材料按一定方式组成旨在承受和传递荷载的体系。结构力学是土木工程专业的必修课程和重要专业基础课,同时也是一门迅速发展的学科;一方面,新型工程材料和新型工程结构的大量出现为结构力学提供了新的研究内容并提出新的要求和挑战,而计算机的发展又为结构力学提供了有力的计算工具;另一方面,结构力学对数学及其他学科的发展也起了推动作用,有限元法这一数学方法的出现和发展就和结构力学的研究有密切关系,在固体力学领域中,材料力学给结构力学提供了必要的基本知识,弹性力学和塑性力学是结构力学的理论基础;另外,结构力学与流体力学相结合,形成了边缘学科——结构流体力学。

评定结构的优劣,从力学角度看,主要是分析结构的强度和刚度。工程结构设计既要保证结构有足够的强度,又要保证它有足够的刚度。强度不够,结构容易破坏;刚度不够,结构容易破损,或出现较大的振动,或产生较大的变形。破损会导致结构的变形破坏,振动会缩短结构的使用寿命,破损、振动、变形都会影响结构的使用性能,例如,降低机床的加工精度或降低控制系统的效率等。

观察自然界中的天然结构,如植物的根、茎和叶,动物的骨骼,蛋类的外壳,可以发现它们的强度和刚度不仅与材料有关,而且和它们的造型有密切的关系。很多工程结构是受到天然结构的启发而创制出来的。结构设计不仅要考虑结构的强度和刚度,还要做到用料省、重量轻。减轻重量对某些工程尤为重要,如减轻飞机的重量就可以使飞机航程远、上升快、速度大、能耗低。

人类在远古时代就开始制造各种器物,如弓箭、舟楫以及乐器等,这些都是简单的结构。随着社会的进步,人们对于结构设计的规律以及结构的强度和刚度逐渐有了认识,并且积累了经验,这表现在古代建筑的辉煌成就中,如埃及的金字塔,中国的万里长城、赵州安济桥、北京故宫,等等。尽管这些结构中隐含有力学的知识,但在当时并没有形成一门学科。

就基本原理和方法而言，结构力学是与理论力学、材料力学同时发展起来的，所以结构力学在发展的初期是与理论力学和材料力学融合在一起的。到 19 世纪初，由于工业的发展，人们开始设计各种大规模的工程结构。对于这些结构的设计，要作较精确的分析和计算。因此，工程结构的分析理论和分析方法开始独立出来。到 19 世纪中叶，结构力学开始成为一门独立的学科。

19 世纪中期出现了许多结构力学的计算理论和方法。法国的纳维（图 1-1a）于 1826 年提出了求解静不定结构问题的一般方法。从 19 世纪 30 年代起，由于要在桥梁上通过火车，不仅需要考虑桥梁承受静荷载的问题，还必须考虑承受动荷载的问题。

(a)　　　　　　　　　　　(b)

图 1-1

从 1847 年开始的数十年间，学者们应用图解法、解析法等来研究静定桁架结构的受力分析，这奠定了桁架理论的基础。1864 年，英国的麦克斯韦（图 1-1b）创立单位荷载法和位移互等定理，并用单位荷载法求出桁架的位移，由此学者们终于得到了解静不定问题的方法。

基本理论建立后，在解决原有结构问题的同时，新型结构及其相应的理论也在不断得到发展。19 世纪末到 20 世纪初，学者们对船舶结构进行了大量的力学研究，并研究了可动荷载下梁的动力学理论以及自由振动和受迫振动方面的问题。

20 世纪初，航空工程的发展促进了对薄壁结构和加劲板壳的应力和变形分析，以及对稳定性问题的研究。同时，桥梁和建筑开始大量使用钢筋混凝土材料，这就要求科学家们对刚架结构进行系统的研究。1914 年，德国的本迪克森创立了转角位移法，用以解决刚架和连续梁等问题。后来，在 20 世纪 20—30 年代，有学者对复杂的静不定杆系结构提出了一些简易计算方法，使一般的设计人员都可以掌握和使用。

到了 20 世纪 20 年代，人们又提出了蜂窝夹层结构的设想。根据结构的"极限状态"这一概念，学者们得出了弹性地基梁、板及刚架的设计计算新理论。对承受各种动荷载（特别是地震作用）的结构的力学问题，也在试验和理论方面做了许多研究工作。随着结构力学的发展，疲劳问题、断裂问题和复合材料结构问题先后进入结构力学的研究领域。

20 世纪中叶，电子计算机和有限元法的问世使得大型结构的复杂计算成为可能，从而将结构力学的研究和应用水平提到了一个新的高度。

1-2 结构力学研究对象与任务

在土木工程中，工程结构是指用某种材料按一定方式组成，旨在承受和传递荷载的体系，可以是建筑物，也可是构筑物，例如建筑工程中房屋是主要由梁、柱、板、屋架、基础以及支撑等构件组成的体系，桥梁、高耸塔、水坝等也都是结构的例子。结构按照几何特征可分为三种类型：杆系结构（图 1-2a）、薄壁结构（图 1-2b）、实体结构（图 1-2c）。

 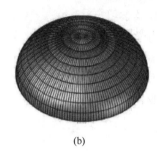 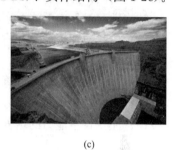

(a)　　　　　　　　　　　　(b)　　　　　　　　　　　(c)

图 1-2

杆系结构：由若干根长度远远大于其他两个尺度（截面高度和宽度）的杆件所组成的结构。

薄壁结构：厚度远远小于其他两个尺度的结构。

实体结构：三个方向的尺度大约为同量级的结构。

结构力学的任务是研究结构的组成规律、合理形式以及结构在外因作用下的强度、刚度和稳定性的计算原理和方法。结构力学的研究大体可以分为以下三个方面：

分析——研究结构在外因作用下的反应。通过分析使设计的结构既经济合理，又安全可靠。

识别——通过系统的反馈信息，确定体系内在实质（系统识别）或外因作用（荷载识别）。

控制——通过控制理论和控制技术，智能化地抵御外因作用下的结构反应。

结构计算分为静力计算和动力计算，其主要区别在于是否需要考虑惯性力的作用。在多数情况下，如雪荷载、风荷载、吊车荷载作用下，均作静力计算或另作一些修正；也有一些情况，如地震对结构的作用，机器对楼板、基础的作用等，需要作动力计算。但不论设计任何结构，都要经过正确的计算，以达到安全、经济和合乎使用要求的目的。结构力学的计算方法与计算工具有关。随着电子计算机发展以及人工智能的大量应用，结构力学中不仅有了与计算机有关的内容，如结构矩阵分析、程序设计等，还加入了人工智能方面的手段，而简化计算方法等与手算相关的方法则逐渐减少。

目前，结构力学的计算最后归结为线性代数方程组的解算或微分方程的解算等，所以结构力学与线性代数、微分方程、计算方法等数学课程有关。理论力学研究物体机械运动的一般规律，不讨论有关变形的问题，但是这些规律也适用于研究变形体的结构力学，例如平衡方程、运动方程、虚功方程等都是由理论力学提供的计算原理。材料力学也是变形体力学。材料力学以单个杆件为研究对象，结构力学则以整个结构为研究对象，它们是紧密相关的，例如用结构力学的方法算出各个杆件的内力后，用材料力学的方法去计算应力。还有一门变形体力学——弹塑性理论。它用较为严密的理论进行分析，放弃一些计算假设，例如杆件截面变形平面假设等。其主要研究对象为板壳结构和块体结构。在工程计算中，板壳结构、块体结构的计算也多归结为离散量的计算，与结构力学的计算方法相同。

结构力学将在钢筋混凝土结构、钢结构、木结构等课程中得到应用；在这些课程中还要讲一些实用计算方法，对结构力学加以补充。

结构学习过程中的注意事项以及学习方法：

（1）注意与理论力学和材料力学的联系。

（2）注意理论联系实际。

（3）注意分析方法和计算能力的培养。

（4）注意多练，认真做好作业，不盲目学习。

（5）注意自学能力的培养。

1-3 结构力学计算简图

力学模型的合理性直接决定计算结果的正确性，因此模型的概念和建立力学模型的思想是学习的一个重点。计算简图的选用需要较深厚的力学概念，与工程实践相结合，并经过实践的检验。需要通过物体间接触与连接方式的简化来体会建模思想和建模过程。

为了结构计算，需要对实际结构进行一些简化和假设，略去某些次要因素，保留其主要受力特征和变形特点，以简化图形代替实际结构，该图形称为计算简图。

选取结构计算简图的必要性、重要性：

（1）实际结构错综复杂，面面俱到困难重重。

（2）适当简化合理选型，是存本去末的关键一环。

（3）能反映结构的实际受力特点，保证计算精度和可靠性。

（4）忽略次要因素，使计算切实可行。

计算简图要能反映工程结构物的如下特征：

（1）受力特性（荷载的大小、方向、作用位置）。

（2）几何特性（构件的轴线、形状、长度）。

（3）支承特性（支座的约束反力性质、杆件连接形式）。

结构的计算简图可以从体系、构件、构件间的连接、支座以及荷载等方面进行简化，例如图 1-3 和图 1-4 所示结构体系的简化过程。

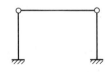

工业厂房三维模型　　　　工业厂房平面模型　　　　上部屋架简图　　　　厂房平面结构简图

图 1-3

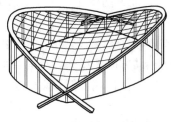

某体育馆实景　　　　　　　　　　　某体育馆简化模型

图 1-4

杆件简化：

由于杆的特征，其截面应力可根据截面内力确定，而内力只沿杆长方向变化，因此杆的简图可用轴线表示；杆件连接点用节点表示；杆长用节点间的距离表示；荷载作用点移到轴线上。

构件间的连接：

（1）铰节点：这种节点上各杆件的夹角可以改变，受荷前后的夹角不同，所连接的杆件在连接处不能移动但可转动；节点可以传递力，但不能传递力矩（图 1-5a）。

（2）刚节点：这种节点上各杆件的刚接端不能相对转动，受荷前后的夹角不变，各杆的刚接端只能旋转同一角度，节点既可以传递力，也可以传递弯矩（图 1-5b）。

（3）组合节点：若在同一节点上，某些杆件间互相刚接，而另一些杆件相互铰接，则称为组合节点（图 1-5c）。

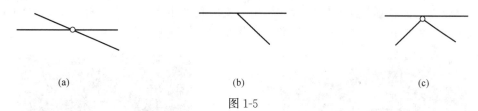

(a)　　　　　　　　　　　(b)　　　　　　　　　　　(c)

图 1-5

支座的简化及分类：

（1）可动铰支座：杆件可以沿水平方向自由移动，绕 A 点可以转动，但沿竖向不能移动。因此，只能发生竖向反力（图 1-6a）。

（2）固定铰支座：杆端 A 可以绕 A 点自由转动，但沿任何方向都不能移动，因此支

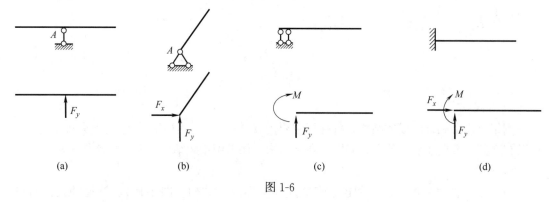

(a)　　　　　　　　(b)　　　　　　　　(c)　　　　　　　　(d)

图 1-6

座反力通过 A 点，而方向待定，为了方便，可以将反力分解为水平和竖向两个分量（图 1-6b）。

（3）定向支座：这种支座只允许杆端沿一定方向移动，而沿其他方向不能移动，也不能转动。沿自由移动方向无反力，反力与此方向垂直，有反力矩（阻碍转动）（图 1-6c）。

（4）固定支座：使杆端不能移动，也不能转动，共有三个反力分量（图 1-6d）。

1-4 平面杆件结构分类

1）梁

梁是一种受弯杆件，可以是单跨的（图 1-7a），也可以是多跨的（图 1-7b）。

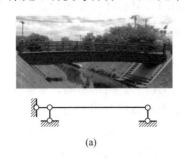
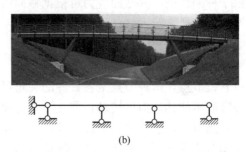

(a)   (b)

图 1-7

2）拱

拱是轴线为曲线形，且在竖向荷载作用下支座将产生水平反力的杆件结构（图 1-8）。这种水平反力将使拱内弯矩远小于跨度、荷载及支承情况相同的梁内的弯矩。

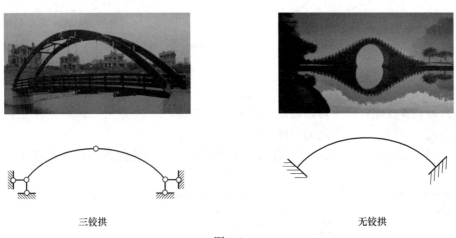

三铰拱   无铰拱

图 1-8

3）刚架

刚架是由梁和柱组成的结构，各杆件主要受弯（图 1-9）。刚架的节点主要是刚节点，也可以有部分铰节点或组合节点。多层、高层结构往往采用刚架结构体系，整体刚度较大。

4）桁架

桁架是一种由杆件在两端用铰节点彼此连接而成的结构（图 1-10），常见的是由直杆

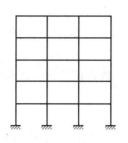

图 1-9

组成的具有三角形单元的平面或空间结构。桁架杆件主要承受轴向拉力或压力，从而能充分利用材料的强度，在跨度较大时可比实腹梁节省材料，减轻自重和增大刚度。

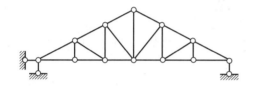

图 1-10

　　5）组合结构

　　组合结构是由链杆和受弯构件混合组成的结构（图 1-11），结构的特点：一部分杆件是以受弯为主的杆件，称梁式杆；一部分杆件抗弯刚度较小，与桁架杆相似，称链杆，这样的杆起着加强梁式杆的作用。

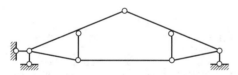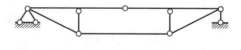

图 1-11

1-5　荷载分类

　　能使结构产生内力或变形的因素，统称荷载。

　　狭义荷载：主动作用在结构上的外力。自重、风、地震。

　　广义荷载：外力、温度改变、支座沉降、制造误差、材料的收缩及松弛等。

　　进行结构计算前，确定荷载大小很关键：若估计过大，就会浪费材料，增加造价；若估计过小，就无法保证结构的安全。要做到既经济又安全，同时满足刚度、强度和稳定性的要求。

　　1）按作用时间久暂分为：

　　恒荷载：长期作用于结构的不变荷载，包括：结构的自重和土压力。

　　活荷载：建筑物施工和使用期间可能存在的荷载，包括：风荷载、雪荷载、吊车荷载、屋面荷载。

2）按空间位置的变异分为：

固定荷载：位置上固定分布，或作用位置不变的荷载，包括：结构自重、固定设备等。

可动荷载：位置上一定范围内可以任意分布，或作用位置可以移动的荷载，包括：人群荷载、吊车荷载等。

3）按作用性质分为：

静力荷载：略去惯性力的影响，大小、方向和作用点不随时间变化或变化极为缓慢，无加速度的荷载。

动力荷载：使结构产生不容忽视的加速度的荷载，包括：冲击、振动。

小　　结

各种支座和各种节点都是为了简化计算而假设的，其目的是尽可能使得实际工程结构理想化，形成清晰的计算简图。

根据支座的约束性质，活动铰支座有一个方向已知、数值待定的反力；固定铰支座有两个待定的反力；固定支座有两个反力和一个反力矩待定；定向支座有一个反力和一个反力矩待定。

刚接节点上各杆端转角相同，各杆端均能发生弯矩；铰接节点上各杆端转角一般不同，各杆端均无弯矩。

计算简图要参照工程经验慎重选取，对新型结构要经过试验和理论分析，存本去末，才能确定。

习　　题

1-1　铰支座为什么不发生支座反力矩？竖向定向支座产生什么样的反力，为什么？

1-2　刚节点，铰节点的特点是什么？

1-3　如何确定计算简图？

第 2 章　平面体系的几何组成分析

【学习指导】

一、理解几何不变体系、几何可变体系、瞬变体系和刚片、自由度、约束的概念。

二、掌握无多余约束的几何不变体系的几何组成规则。

三、掌握体系的几何组成分析，熟练掌握常见结构的几何组成分析。

四、体系的几何组成分析是结构计算所必需的。例如可以根据结构的几何组成分析，确定静定结构的计算途径和确定超静定结构的超静定次数。

2-1　几何不变体系、几何可变体系、瞬变体系的概念和特性

在研究杆件体系的机动性质时，不考虑杆件的变形，即把由于杆件变形产生的位移与刚体机械运动（刚性位移）区别开来。

图 2-1a 所示体系，如果杆件是刚性的（即无变形），则几何形状（三角形）是不能改变的，体系上各点位置也是不能变的（即不能动）。这种几何形状和位置都不能变的体系叫**几何不变体系**。图 2-1b 及 c 为几何可变体系。图 2-1b 可以改变形状，图 2-1c 可以改变位置。

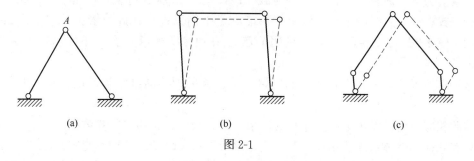

(a)　　　　　　　　(b)　　　　　　　　(c)

图 2-1

图 2-2a 所示体系与图 2-1a 所示几何不变体系的构造方式相同（都是用两根杆把 1 个点与地球相联），不过 3 个铰在一条直线上，却具有完全不同的机动性质。在刚性杆的条件下，前一体系（图 2-1a）的节点 A 不能发生位移，而后一体系（图 2-2a）的节点 A，则只能发生微量位移 δ（图 2-2b）。这可从几何、静力两个方面来说明。

先从几何方面来说。如果去掉互联之铰（图 2-2c），则两个杆可分别沿两个圆弧运动，这两个圆弧具有公共切线。这说明用铰互联后，让左（右）面杆发生微量位移时，右（左）面杆并不阻碍，因而点 A 发生微量位移（图 2-2b）是可能的。但是继续运动是不可能的。因为那时，3 个铰就不再处于一条直线上了（即与图 2-1a 所示体系一样，成为不可

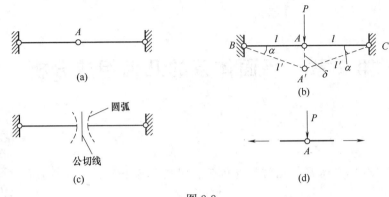

图 2-2

变的了）。

当发生微量位移 δ 时，杆长的改变量是二阶微量（见下面说明）。因而精确到一阶微量时，可以说，发生微量侧移 δ 时杆长不变，或者说，在刚性杆的条件下可以发生微量位移 δ。

【说明】

为了简单，设两杆等长（图 2-2b），在原来位置上杆长为 l，位移 δ 后，杆长为 l'。杆长的改变量为

$$l'-l=l'(1-\cos\alpha)$$

而

$$\cos\alpha=1-\frac{\alpha^2}{2!}+\frac{\alpha^4}{4!}-\cdots$$

可见 $l'-l$ 为二阶微量，这就是所要说明的。

再从静力学方面来看。在一般外荷载（例如图 2-2b 所示荷载）作用下，在无侧移位置上（三铰在一条直线的原来位置上）不能满足平衡条件。在此位置上截取节点 A，受力图示于图 2-2d。$\sum Y=P\neq 0$，这说明节点 A 在原来无侧移位置上不能满足平衡条件，而必定发生竖向位移。

这种在原来位置上可以运动，而发生微量位移后即不能继续运动的体系，叫作**瞬变体系**。

与此相应，可以发生非微量位移的体系（图 2-1b、c），叫作**常变体系**。

只有几何不变体系才能用作建筑结构，常变体系及瞬变体系均不能用作建筑结构。

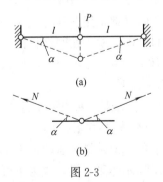

图 2-3

瞬变体系只能产生微量位移，为什么不能用作建筑结构？这是因为瞬变体系能产生很大的内力。为了简单，仍以图 2-2b 所示对称的瞬变体系为例说明，将其重示于图 2-3a。考察实际工作情况。在力 P 作用下，杆件变形，发生侧移，停留在平衡位置上。这时侧移是有限值，但与杆长 l 相比是个小量。图 2-3b 为节点的受力图。平衡方程 $\sum Y=0$ 表示为

$$2N\cdot\sin\alpha-P=0$$

由此得

$$N = \frac{P}{2\sin\alpha}$$

由于 α 是个小量，杆件内力 N 是很大的。若不计杆件变形，则 $\alpha \to 0$，而 $N \to \infty$。

瞬变体系还有其他特性。在特定的荷载作用下，瞬变体系可以平衡，并且内力不能完全由平衡条件确定，即产生静不定力。例如图 2-4a 所示的瞬变体系在水平荷载作用下产生的杆中内力 S_1、S_2（图 2-4b）由 $\sum X = 0$ 得 $P - S_1 - S_2 = 0$，由 $\sum Y = 0$ 得 $0 = 0$。即由平衡条件不能确定杆件内力。

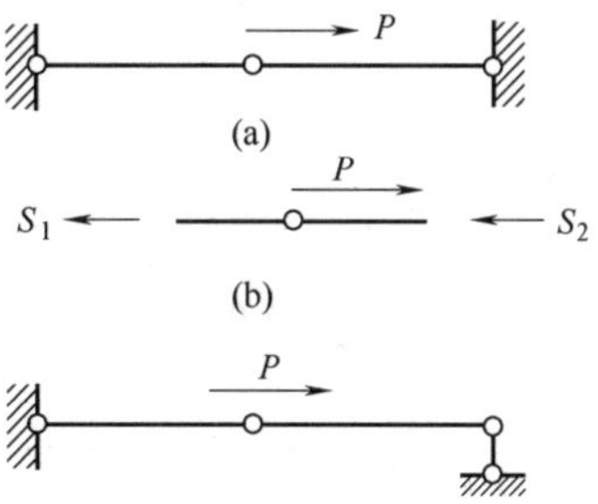

这反映出，图 2-4a 所示瞬变体系在水平方向是有多余约束的。实际上，例如去掉右端的水平向约束（图 2-4c），体系也不能发生水平位移。

与此相反，该体系在竖向缺少约束，所以能发生竖向位移（图 2-2b）。

图 2-4

所以可以说，瞬变体系是约束分布不适宜的体系。

瞬变体系另一个特点是温度改变或尺寸不合适时能产生内力。例如图 2-2a 所示的体系，当杆件遇热（冷），或杆件做长（短）了时，就会产生轴力。原因是沿杆轴方向上（水平向）有多余约束。

无外荷载作用，由于温度改变、尺寸不合适等产生的内力，称**初内力**。瞬变体系可以有初内力。

综上所述，瞬变体系一方面显示约束不足，另一方面又显示约束有多余，主要特性为：

（1）可以发生微量位移，但不能继续运动。

（2）在变形位置上能产生很大内力。

（3）在原来位置上，一般荷载作用下，不能平衡。

（4）在特定荷载作用下，可以平衡，且能产生静不定内力。

（5）可以产生初内力。

常利用这些特性来检查结构是否为瞬变体系。

2-2 自由度、刚片、约束的概念

在体系机动分析中说的**自由度**是体系运动时可以独立改变的几何参数的数目，亦即确定体系位置所需的独立坐标的数目。

图 2-5a 所示平面体系的自由度等于 2，记为 $W = 2$，因为体系的位置由两个参数确定：φ_1 和 φ_2。当 φ_1 一定时，杆 OA 的位置就确定了，但杆 AB 还可绕点 A 转动。若 φ_2 也一定，则杆 AB 的位置也就确定了。

独立坐标也不一定取 φ_1、φ_2，取 y_1、y_2（图 2-5b），或 y_1、y_2'（图 2-5c）均可。但独立坐标只有两个，例如 φ_1、φ_2 一定时，y_1、y_2 或 y_1、y_2' 之值也就确定下来，而不能再改变了。

点的自由度：在平面内，一个点的自由度等于 2。独立坐标可以取为 x、y 或 r、φ

（图 2-6a、b）。

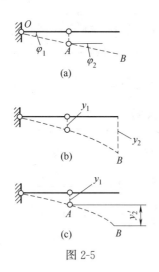 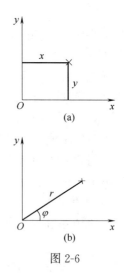

图 2-5 　　　　　　　　　　　　　 图 2-6

刚片：几何不变的平面物体叫刚片。它可以是一个杆，也可以是由若干个杆组成的几何不变部分。图 2-7a 所示为一刚片，而图 2-7b 所示的不是刚片（几何形状改变）。通常以图 2-7c 所示的图形代表刚片。

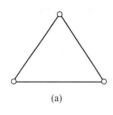 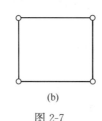 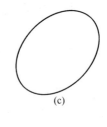

图 2-7

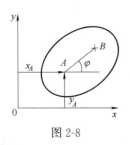

图 2-8

　　刚片的自由度：刚片在平面上的位置，可由其上任意一条直线 AB 的位置确定（图 2-8）。而这条直线的位置则由其上任意一点 A 的两个坐标 x_A、y_A 及 AB 与坐标轴的夹角 φ 确定。当 x_A、y_A 及角 φ 一定时，直线 AB 的位置也就定了。所以一个刚片的自由度等于 3。

　　约束（联系）：约束是能够减少自由度的装置。能减少一个自由度的叫作一个约束，能减少两个自由度的，叫作两个约束。

　　最常见的约束有链杆和铰。

　　链杆：链杆是两端以铰与别的物体相联的刚性杆。图 2-9（a）中的杆 AB 就是链杆。它的一端以铰与刚片 1 相联，另一端以铰与地球（地球也是一个刚片）相联。

　　一个链杆能减少几个自由度呢？只要比较一下刚片 1 在与链杆联结前后的自由度就清楚了。联结之前（图 2-9b）刚片 1 的自由度等于 3，联结之后（图 2-9c）自由度等于 2 （φ_1 及 φ_2），可见一个链杆能减少一个自由度，**一个链杆相当于一个约束**。它所减少的自由度或约束作用表现为使两个被联刚片（刚片 1 与地球）沿两铰联线方向不能相对移动，即两铰间距保持不变。在未联结时，刚片 1 对应于地球可以沿两个独立方向移动及

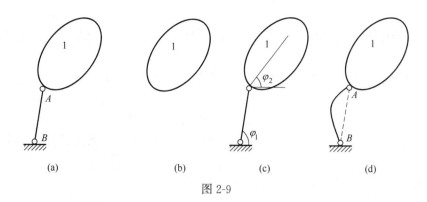

图 2-9

转动，而联结之后，沿 AB 方向移动不可能了，只能在垂直于 AB 方向上移动和绕点 A 转动了。

　　链杆也可以不是直杆，而是曲杆（图 2-9d）或折杆，它也可使两铰间距不变，起到虚线所示直杆的约束作用。

　　单铰：联结两个刚片的铰叫作单铰（图 2-10）。未用单铰联结之前，刚片 2 对应于刚片 1，可做 3 种独立运动：沿两个方向的相对移动及相对转动。在联结之后，不能相对移动，只能相对转动。所以单铰减少了两个自由度（去掉了沿两个独立方向移动的自由度），**单铰相当于两个约束**。

　　单铰相当于两个链杆：这不仅可以从它们所相当的约束数目看出，而且可直接从机动性质看出。单铰 A 的作用（图 2-11a）是使刚片 1 只能绕点 A 转动（设刚片 2

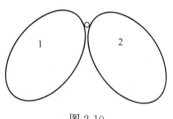

图 2-10

不动）。两链杆的作用（图 2-11b）是使刚片 1 只能绕瞬心 o 转动（瞬心 o 在二链杆的交点处）。所以刚片 1 和刚片 2 用图 2-11 （b）所示两链杆相联，相当于把刚片 2 扩展，在点 o 以单铰与刚片 1 相联。称两链杆的交点为**虚铰**。在运动过程中，虚铰（瞬心）的位置会改变，这是与"实铰"不同的地方。但是通常我们所研究的是在指定位置处的瞬时运动，因此，虚铰与实铰所起的作用是相同的，都是相对转动中心。

　　复铰（重铰）：联结 3 个或 3 个以上刚片的铰，称为复铰。复铰的作用用折算成单铰的办法来分析。图 2-12 上的复铰联结 3 个刚片，其联结过程可以想象为：先有刚片 1，然后以单铰将刚片 2 联于刚片 1，再以单铰将刚片 3 联于刚片 1。这样，联结 3 个刚片的复铰相当于两个单铰。推而广之，**联结 N 个刚片的复铰相当于 $(N-1)$ 个单铰**。

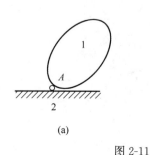

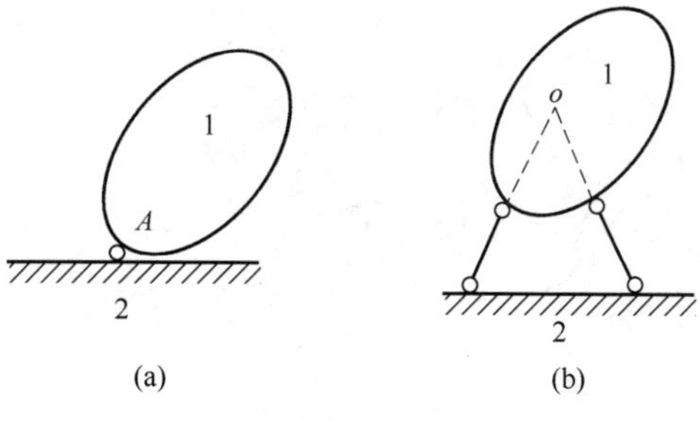

(a)　　　　　　　　(b)

图 2-11

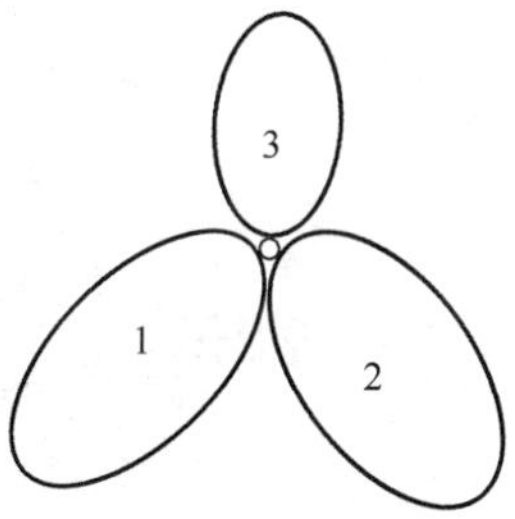

图 2-12

2-3 无多余约束的几何不变体系的组成规则及其与瞬变体系的鉴别

一个几何不变体系，如果去掉任何一个约束就变成可变体系，则称为无多余约束（联系）的几何不变体系。

无多余约束的几何不变体系的基本组成规则有以下四种：

一、三刚片以不在一条直线上的三铰两两相联（图 2-13a），**形成无多余约束的几何不变体系。**

若三铰在一条直线上（图 2-13b），则为瞬变体系。

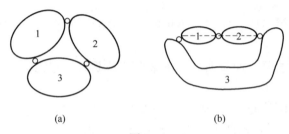

(a)	(b)

图 2-13

前者与图 2-1a 所示情况相同，后者与图 2-2a 所示情况相同，只不过把地球改成了刚片 3，把两个杆改成了两个刚片。

【例题 2-1】 试判断图 2-14 所示体系是否几何不变。

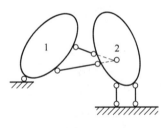

图 2-14

【解】 地球也是一个刚片（图 2-15a 的刚片 3）。这是三刚片相结合的体系。刚片 1 与 3 以实铰（1,3）相联；刚片 1 与 2 以虚铰（1,2）相联；刚片 2 与 3 以一对平行杆相联，这也相当于以一个虚铰相联，此虚铰（2,3）在两平行杆方向上的无穷远处。由于三铰不在同一直线上，故该体系为不可变体系。

如果二平行杆的方向平行于铰（1,3）与铰（1,2）的连线（图 2-14 中未画出），则二平行杆与此连线相交于无穷远处，即虚铰（2,3）位于（1,3）与（1,2）的连线上，该体系为瞬变体系。

三刚片以三对平行杆两两相联（图 2-15b）亦为瞬变。这时三个铰均在无穷远处，可以认为在一条直线上。

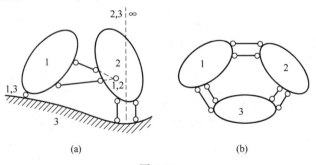

(a)	(b)

图 2-15

由于这种体系的解释颇为复杂，我们用较易理解的方法论证如下。

首先说明这种体系在一般荷载（不是特定荷载）作用下，在原来的位置上（未发生位移的位置上）是不能平衡的。为了简单起见，以图 2-16a 所示的体系为例进行说明。

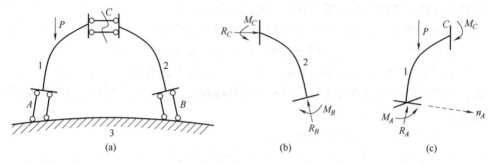

图 2-16

截取刚片 2，其受力图示于图 2-16b。一对平行杆的内力可简化为一个沿平行杆方向的力和一个力矩。假设刚片 2 是平衡的，则应满足平衡条件。由垂直于 R_C 方向上的投影方程 $\sum Y=0$ 可得 $R_B=0$。再由另一投影方程 $\sum X=0$ 可得 $R_C=0$。因此，在刚片 1 的 C 处（图 2-16c）只有力偶 M_C 作用。力在垂直于 R_A 的方向 n_A 上投影有分量，可见刚片 1 是不能平衡的，因而必然发生运动。

若三对平行杆都是等长的，则位移后仍然平行，可以继续运动，因而是常变体系。

只要有一对平行杆不是等长的，则位移后它们不再平行，不能继续运动，因而是瞬变体系。

下面说明，所发生的运动是相对平动（图 2-17a）。

设刚片 3 不动，解除一对平行杆 C，得到一个具有两个自由度的体系（图 2-17b）。给体系以可能位移。刚片 1 的可能位移为垂直于平行杆 A 方向上的平动 Δ_1。由于是平动，所以刚片上任意点的位移，包括二平行杆 C 的左端点 s 及 t 的位移都是 Δ_1。刚片 2 的可能位移是 Δ_2，它是垂直于平行杆 B 方向上的平动，因之二平行杆 C 右端点 s' 及 t' 的位移均为 Δ_2。由于 Δ_1 与 Δ_2 是两个独立位移，所以可以任意给定。先给定一个 Δ_1，然后这样给定一个 Δ_2，使得刚片 2 对刚片 1 的相对位移 Δ_{12} 垂直于二平行杆 C（图 2-17c 及 a）。由于刚片 1 和刚片 2 均为平动，所以相对位移也是平动。因之点 s' 与点 s 的相对位移和点 t' 与

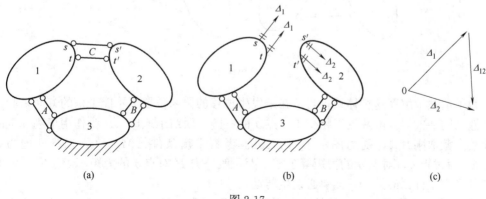

图 2-17

点 t 的相对位移均为 Δ_{12}，即垂直于二平行杆 C。这种运动不解除约束 C 也能实现。即图 2-17a 所示用三对平行杆两两相联的体系可以发生图 2-17c 所示的相对平动。

若三对平行杆之一不是一对等长杆，则发生微量位移之后不再平行，不能继续运动，因而是瞬变体系；若均为一对等长杆，则为常变体系。

不难看出，若 A、B 两对平行杆平行，则刚片1、2将发生整体平动（无相对位移）。这样就直观地证明了三刚片以三对平行杆相联的体系的瞬变性。

以上是无多余约束的几何不变体系的第一种组成规则的论述。

二、两刚片以一铰及不通过该铰的一个链杆相联（图 2-18a），形成无多余约束的几何不变体系。

若杆通过铰，则为瞬变体系（图 2-18b）。

与图 2-13 相对比可见，这种规则只是第一种规则的变相形式：以一个杆代替了其中的一个刚片（其实杆也是刚片）。但是，有时这样看是方便的。

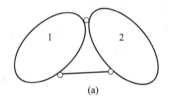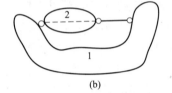

图 2-18

三、二刚片以不互相平行，也不相交于一点的三个链杆相联（图 2-19a），形成无多余约束的几何不变体系。

这种规则可视为第二种规则的变相形式。因为如果把图 2-19a 中杆1、杆2的交点视为虚铰，就成为二刚片以一铰、一杆相联，而杆不通过铰的情况（图 2-18a）。

若联结两个刚片的三个链杆相交于一点（图 2-19b），则为瞬变体系。

这相当于链杆通过铰的情况（图 2-18b）。这时刚片1将能绕交点 o（图 2-19b）发生微小相对转动。其后三杆不再相交于一点，因而不能继续转动。

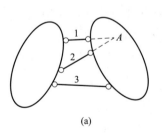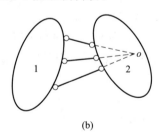

图 2-19

为了清楚地解释这种体系，再从在未发生位移的原来位置上不能平衡的方面来验证其瞬变性（图 2-20a）。刚片1以相交于一点 o 的三链杆联结于地球，P 为作用于刚片上的任意荷载。截取刚片1，受力图示于图 2-20b。考察平衡条件 $\sum M_o = 0$。三链杆内力 S_1、S_2、S_3 通过点 o，对点 o 的力矩等于零，而一般外力 P 对点 o 的力矩不等于零，因而不能满足平衡条件 $\sum M_o = 0$，而势必发生转动。

若 P 为特定的通过点 o 的外力，则体系可以平衡，且 S_1、S_2、S_3 为静不定力，因

为外力 P 及 S_1、S_2、S_3 为汇交力系，只有两个独立平衡条件。这也符合以前讲过的瞬变体系的特性。

若联结两刚片的三个链杆互相平行（图 2-21a），亦为瞬变。

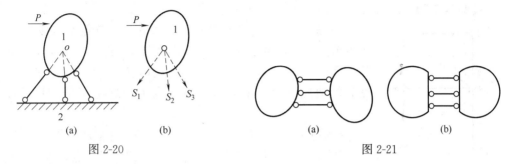

图 2-20　　　　　　　　　　　　　图 2-21

这时可以在垂直于三链杆方向上发生相对错动。

若三个链杆平行且等长（图 2-21b），则发生错动后仍然平行，故为常变。

四、刚片上加"二杆节点"时形成新的刚片（图 2-22）。

节点 A 就是二杆节点。其特点是：节点只有两根铰接杆，杆的另一端也是铰接，两杆不在一条直线上（即三个铰不在一条直线上）。

增加二杆节点后所形成的体系（图 2-22）相当于三刚片以不在一条直线上的三铰相联，符合规则一，几何不变。

二杆节点又叫"双杆系"，或"二元体"。

用逐次加二杆节点的方法，可以得到很多新的刚片。

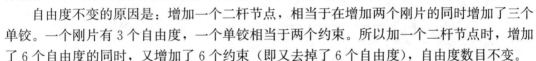

图 2-22

任何体系加二杆节点时其机动性质不变。也就是说，原来几何不变的体系加二杆节点后依然为几何不变；原来有几个自由度，加二杆节点后依然有几个自由度。

自由度不变的原因是：增加一个二杆节点，相当于在增加两个刚片的同时增加了三个单铰。一个刚片有 3 个自由度，一个单铰相当于两个约束。所以加一个二杆节点时，增加了 6 个自由度的同时，又增加了 6 个约束（即又去掉了 6 个自由度），自由度数目不变。

同理，拆去二杆节点时体系的机动性质也不变。这一点很重要。当作一个复杂体系的机动分析时，面对许多杆，看不出来动不动，逐次拆去二杆节点后再进行分析，就简便了，见后面例题。

以上讲了组成无多余约束的几何不变体系的四种规则，这是基本的。除此之外，还有其他组成规则，这里不作讨论。

比无多余约束的几何不变体系少约束的是几何可变体系，多约束的是有多余约束的几何不变体系。

我们除了要会组成结构外，还要会作体系的机动分析：所给体系是否可变（包括常变和瞬变），有无多余约束，是按什么规则组成的。这种机动分析通常叫体系的几何组成分析，或几何构造分析。

作体系几何组成分析时，注意以下两点往往可以使体系得到简化：

（1）逐步拆去二杆节点。愈拆体系变得愈简单，愈便于分析。

（2）将由若干个杆组成的大块不可变的部分视为一个刚片。这样刚片的数目就减少了，往往更便于分析。

2-4 体系几何组成分析举例

【**例题 2-2**】 作图 2-23 所示体系的几何组成分析。

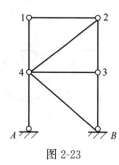

图 2-23

【**解**】 节点 1 是二杆节点，拆去它后，节点 2 也成二杆节点；去掉节点 2 后，再去掉节点 3，就得到三角形 $AB4$，它是几何不变的，因而原体系也是几何不变的。也可以继续把节点 4 拆去，这样就只剩地球了。这说明原体系对应于地球是不能动的，即几何不变。

【**例题 2-3**】 作图 2-24a 所示体系的几何组成分析。

【**解**】 首先看到它有 3 个支杆，不相交于一点，也不平行，所以如果上边那一部分（图 2-24b）是个刚片（几何不变部分），则体系是不可变的。上边那一部分是不是刚片呢？注意到一个三角形是一个大刚片，可见它是由两个大刚片（图 2-24b 阴影部分）用 3 个杆相联而成，这 3 个杆不相交于一点，也不平行，所以不可变，即形成一个刚片。因此原体系（图 2-24a）几何不变。

凡是对有 3 个支杆（不相交于一点，不平行）的体系作体系组成分析时，都可以去掉这三个支杆，分析其余部分是否为刚片。多于 3 个支杆的，则需连同地球一起分析。

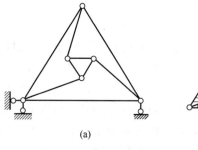
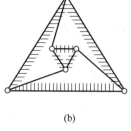

(a)   (b)

图 2-24

【**例题 2-4**】 作图 2-25a 所示体系的几何组成分析。

【**解**】 这个体系既无二杆节点可拆，也不能形成大刚片，就只好摸索着找出两个或三个刚片，并考察其间的联系了。摸索的结果示于图 2-25b，它是由 3 个刚片用 6 个杆相联而成。由于 3 个虚铰不在一条直线上，所以几何不变。

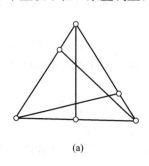
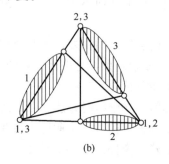

(a)   (b)

图 2-25

【例题 2-5】　作图 2-26 所示体系的几何组成分析。

【解】　注意到 *ABCDEF* 这一部分是一个刚片（由在刚片 *CDEF* 加二杆节点 *B*，再加二杆节点 *A* 而得，类似图 2-26b），所给体系的构造为几何不变。

【例题 2-6】　作图 2-27a 所示体系的几何组成分析。

【解】　注意到折杆 *AC* 也是一个链杆，它使 *A*、*C* 两点间距不变，所给体系的构造情形如图 2-27b 所示。若体系对称，则三杆相交于一点，为瞬变。

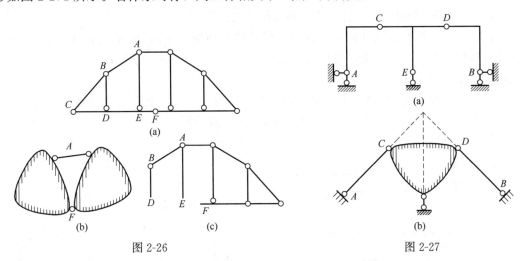

图 2-26　　　　　　　　　　　　　　　图 2-27

【讨论】　节点 *C*（图 2-26a）是不是二杆节点？

不是二杆节点。因为拆去杆 *CB*、*CF* 时，体系的自由度会改变。拆去了两个刚片（两个杆）和 5 个单铰（*CB* 杆 *B* 端的单铰，铰 *C*、*D*、*E*、*F*），因之去掉了 $2 \times 3 = 6$ 个自由度，同时去掉了 $5 \times 2 = 10$ 个约束，结果增加了 4 个自由度。体系本来是不可变的，拆去此二杆后就成为可变的了（图 2-26c）。

是否是二杆节点，就看拆去此二杆时，是否拆去两个刚片和 3 个单铰，而且这三个铰不在一条直线上。

【例题 2-7】　作图 2-28a 所示体系的几何组成分析。

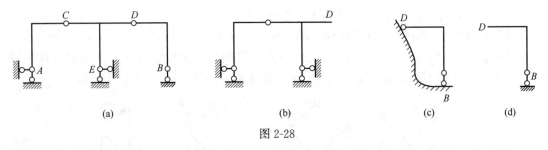

图 2-28

【解】　该体系左部分（图 2-28b）是几何不变的（三刚片以三铰相联，三铰不在一条直线上），这部分即可视为地球的一部分。于是右部分 *DB* 与地球的联结情况如图 2-28c 所示，用一个铰和一个链杆相联，链杆不通过铰，几何不变。这样整个体系（图 2-28a）是几何不变的。

在此体系中，右部分依存于左部分，左部分是右部分的基础，称左部分为**基本部分**，右部分为**附属部分**。这类结构称为**主从结构**。

判断基本部分与附属部分的方法是，把两部分的约束切断（在本例中把铰 D 切断）后，仍保持为几何不变体系的部分（图 2-28b）就是基本部分，成为可变体系的部分（图 2-28d）就是附属部分。

对比本体系（图 2-28a）与图 2-27a 的体系可见，只是把 E 点上的水平支杆移至 B 点，其余什么都没变，而体系就由不可变而变为瞬变，机动性质发生了质的变化。

【例题 2-8】 作图 2-29a 所示体系的几何组成分析。

【解】 梁 AB 是独立几何不变部分，可看作是地球的一部分。杆 CD（图 2-29b）以三杆与地球相联，几何不变，也可看作地球的一部分。杆 DE（图 2-29c）以一杆及一铰相联，也是几何不变。

梁 AB 是基本部分；梁 CD 是附属部分，依存于梁 AB；梁 DE 则是进一步的附属部分，依存于附属梁 CD。梁 CD 对梁 DE 而言是基本部分。

【例题 2-9】 作图 2-30a 所示体系的几何组成分析。

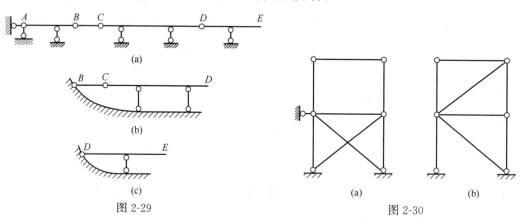

图 2-29　　　　　　　　　　　图 2-30

【解】 图 2-30b 是与图 2-30a 所示体系相近的无多余约束的几何不变体系。对比可见，图 2-30a 下部分多一个斜杆、多一个支杆，有两个多余约束；而上部分中则缺少一个约束。可见原体系（图 2-30a）为几何可变体系，尽管多了一个约束。

常常用对比的方法检查体系的约束是否有多余或短缺。

【例题 2-10】 作图 2-31a 所示体系的几何组成分析。

【解】 按 $1,2,\cdots,9$ 的次序拆去二杆节点，得到图 2-31b 所示体系。如果增加一杆 AE，则成为几何不变体系（图 2-31c）。可见原体系（图 2-31a）缺少一个约束。

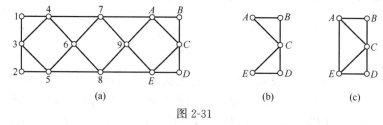

图 2-31

【例题 2-11】 作图 2-32a 所示体系的几何组成分析。

【解】 本体系联同地球共有 4 个刚片，必须加以简化。

刚片①在 A 处有两个支杆，相交于 O 点。O 点即刚片①的转动中心（如果刚片①能发生运动的话）。因此，点 B 的位移必垂直于 OB 连线（图 2-32a 中Ⅰ—Ⅰ线）。于是刚片①对刚片②的约束作用相当于在 B 点处加一个沿 OB 方向的支杆（图 2-32b 中的支杆 2）。

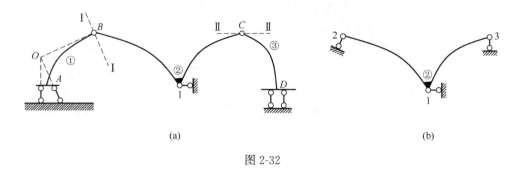

图 2-32

刚片③在 D 处有一定向支座，只能沿水平方向平动，点 C 只能发生Ⅱ—Ⅱ方向的位移。刚片③对刚片 2 的作用相当于在 C 点处加一竖向支杆（图 2-23b 中的支杆 3）。

这样，刚片②的约束情况如图 2-32b 所示。三杆不平行，也不相交于一点，几何不可变。

以上介绍了组成无多余约束的几何不变体系的四种规则。这些规则是基本的，但并不涵盖全部情况，有些体系不是这样组成的。基于教学的基本要求，几何组成分析，包括瞬变性检查的普遍方法，这里不作讨论。

小　结

本章研究体系的几何方面问题。

体系可分为几何不变体系、几何瞬变体系和几何常变体系，后两者不能用作建筑结构。

点的自由度等于 2，刚片的自由度等于 3。

一个链杆相当于一个约束。一个单铰相当于两个约束。联结两个刚片的两个链杆相当于一个虚铰。一个复铰相当于 $N-1$ 个单铰（N 是被联刚片的数目）。

无多余约束的几何不变体系的基本组成规则可归纳为 4 种：

（1）三刚片以三铰两两相联，三铰不在一条直线上。

（2）两刚片以一铰及一链杆相联，链杆不通过铰。

（3）两刚片以三链杆相联，三链杆不相平行，也不相交于一点。

（4）刚片上加二杆节点仍为刚片。

有下述情况之一者为瞬变体系：

（1）三刚片以三铰两两相联，三铰在一条直线上。或者，三刚片以三对平行杆两两相联者。

（2）两刚片以一铰一链杆相联，杆通过铰。

（3）两刚片以三链杆相联，三链杆平行或相交于一点。

增加或拆去二杆节点时，体系的机动性质不变。

要注意二杆节点的条件。拆去二杆后，自由度改变的（图 2-26a 中节点 C）不是二杆节点。作体系几何组成分析时，一般宜：

（1）拆去二杆节点。

（2）归并成两个刚片或三个刚片的结合。

（3）看看是否存在基本部分与附属部分。

（4）与组成上相近的无多余约束几何不变体系对比。若去掉 N 个约束后成为无多余约束的几何不变体系，则有 N 个多余约束；若加入 N 个约束后成为无多余约束几何不变体系，则缺少 N 个约束。

（5）若只有三个不相平行也不相交于一点的支杆，则宜去掉支杆，分析是否为一刚片。若多于三个支杆，则宜连同地球一起分析。

习　题

一、是非题

2-1　复铰 A 相当于 3 个单铰。（　　　）

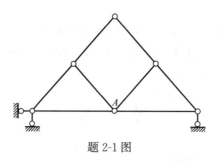

题 2-1 图

2-2　两刚片以 4 个链杆相联一定构成几何不变体系。（　　　）

2-3　因为梁 AB 是无多余约束的几何不变体系，所以交于 O 点的 4 根链杆都是多余约束。

2-4　图示体系为瞬变体系。（　　　）

2-5　图示体系为有多余约束的几何不变体系。（　　　）

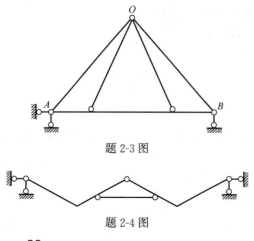

题 2-3 图

题 2-4 图

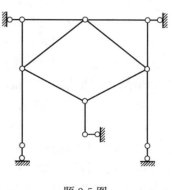

题 2-5 图

2-6　图示体系是无多余约束的几何不变体系。（　　　）

2-7　图示体系是无多余约束的几何不变体系。（　　　）

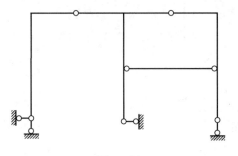 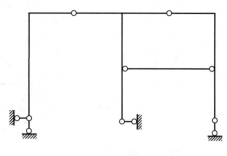

　　　　题 2-6 图　　　　　　　　　　　　　题 2-7 图

二、选择题

2-8～2-12　图示体系分别为：（　　　）

A. 无多余约束的几何不变体系

B. 有多余约束的几何不变体系

C. 瞬变体系

D. 常变体系

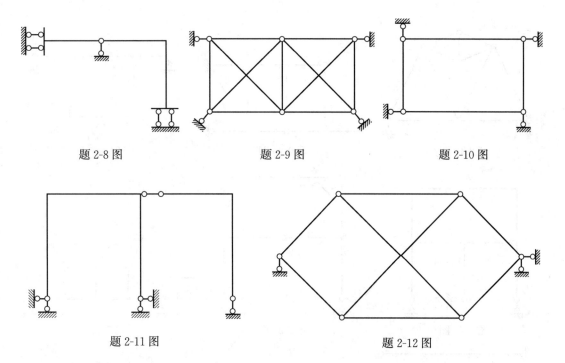

　　题 2-8 图　　　　　　　　题 2-9 图　　　　　　　　题 2-10 图

　　题 2-11 图　　　　　　　　　　题 2-12 图

三、填充题

2-13　联结 4 个刚片的复铰相当于_____个约束。

2-14　空间中一个点的自由度为_____。

2-15　图示体系为几何_____变体系。

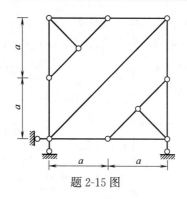

题 2-15 图

四、计算分析题

2-16～2-28　作图示体系的几何组成分析。

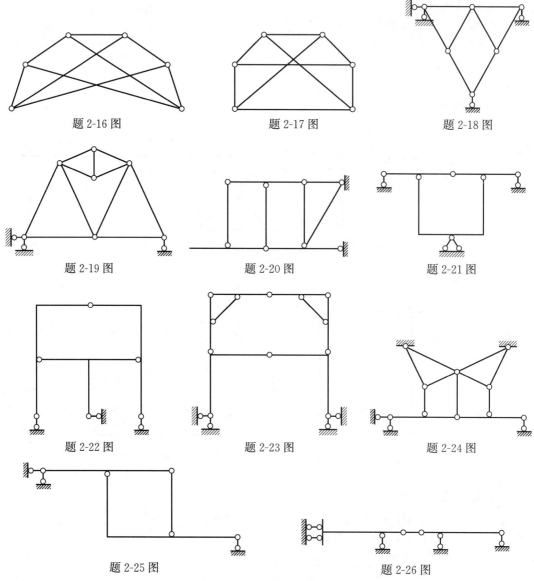

题 2-16 图　　　　　　　题 2-17 图　　　　　　　题 2-18 图

题 2-19 图　　　　　　　题 2-20 图　　　　　　　题 2-21 图

题 2-22 图　　　　　　　题 2-23 图　　　　　　　题 2-24 图

题 2-25 图　　　　　　　　　题 2-26 图

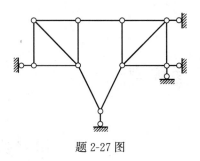

题 2-27 图

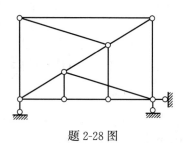

题 2-28 图

2-29　作图示体系的几何组成分析，绘出可能发生的微小位移（虚位移）图的形状。

题 2-29 图

第3章 静定平面刚架

【学习指导】

一、本章内容是整个结构力学的基础，各节内容都要掌握。否则，学习后面的内容，将处处感到困难。

二、学过本章内容，应能正确、迅速地绘制静定平面刚架的内力图。其中弯矩图以后经常用到，必须熟练掌握。

三、绘制弯矩图有简便方法，包括一些技巧，都应掌握。计算复杂刚架，有时会感到无从下手，宜根据其几何组成，确定计算途径；对于其他复杂结构，也可同样处理。学习本章内容，应注意这些能力的提高。

四、能力的提高需要扎实的基础。要熟练掌握绘制弯矩图的基本方法——截面法；要重视支座反力的计算，不少弯矩图画错，是由于反力求错。

3-1 刚架的特点

刚架是由梁、柱用刚节点组成的结构。图 3-1a 表示最简单的静定刚架；图 3-1b 则表示一个几何可变的铰接体系，为使它几何不变，可以增设一根斜杆，使它成为桁架结构（图 3-1c）。通过对比可以看出，刚架结构内部具有较大空间，便于使用。

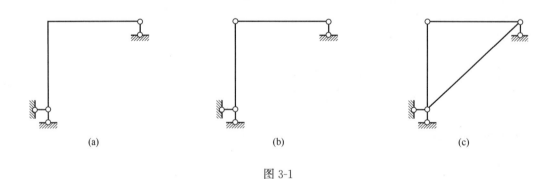

(a)　　　　　　　　　(b)　　　　　　　　　(c)

图 3-1

刚架在受力后，弯矩分布比较均匀。可以将刚架与简支梁加以比较，图 3-2a 给出了二者在均布荷载作用下的弯矩图。在图 3-2b 所示刚架中，由于刚节点处产生弯矩，使横梁跨中弯矩的峰值得到削减。

刚架计算与单跨梁的计算有许多相同之处，先对单跨梁的内力分析作简要回顾。

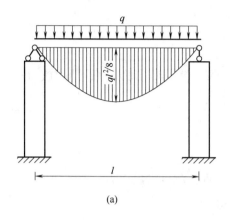
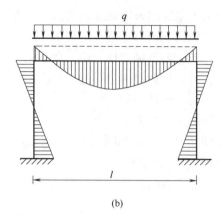

(a) (b)

图 3-2

3-2　单跨梁的内力分析

简要研究三个问题：梁的内力求法、内力与荷载之间的微分关系、叠加法画梁的内力图。

一、用截面法求任一截面的内力

所谓用截面法求内力，就是用一假想的截面沿拟求内力的地方把梁切开，使之分成两部分，取其中任一部分为隔离体（左部或右部）。该隔离体在全部外力作用下处于平衡状态。按平面任意力系的平衡条件即可解出欲求的内力。

以图 3-3a 所示简支梁为例，讨论截面 K 的内力计算。

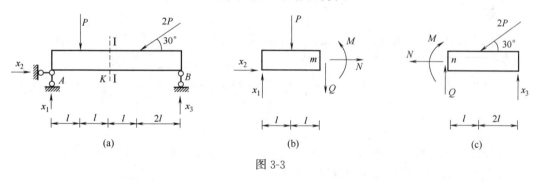

(a) (b) (c)

图 3-3

先求得支座反力：

$$x_1 = \frac{6}{5}P$$

$$x_2 = \sqrt{3}\,P$$

$$x_3 = \frac{4}{5}P$$

用一假想的截面 I—I 在 K 处把梁切开。取其左半部为隔离体（图 3-3b），截面 K 处暴露出来的内力有三种：弯矩 M、剪力 Q、轴力 N。这三种内力对所取的隔离体来说也是外力。该隔离体在全部外力作用下是平衡的。此时的外力包括给定的荷载、支座反力及截面上暴露出来的弯矩、剪力和轴力。

下面说明内力正负号的规定。

弯矩：使下侧受拉为正，弯矩图总是画在受拉的一侧。

剪力：绕截面内侧附近一点（图 3-3b 中绕 m 点，图 3-3c 中绕 n 点）顺时针转动为正，逆时针转动为负。

轴力：拉力为正，压力为负。

图 3-3b、c 中画出的内力全部为正。

内力计算方法如下：

取左部为隔离体（图 3-3b）。列三个静力平衡方程，就可求出内力，即

$$\sum X = 0, N + x_2 = 0, 可得 N = -\sqrt{3}P$$

$$\sum Y = 0, Q + P - x_1 = 0, 可得 Q = \frac{1}{5}P$$

$$\sum M_m = 0, M + Pl - 2x_1 l = 0, 可得 M = \frac{7}{5}Pl$$

如果取右部（图 3-3c）为隔离体，得到同样的结果。

二、弯矩、剪力、荷载集度间的微分关系

从图 3-4a 所示简支梁上任取一微段（图 3-4b），由平衡条件 $\sum Y = 0$ 和 $\sum M_O = 0$ 可以得到

$$dQ(x)/dx = -q(x)$$
$$dM(x)/dx = Q(x)$$
$$d^2 M(x)/dx^2 = -q(x)$$

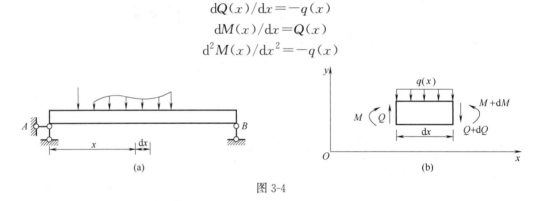

图 3-4

这就是弯矩、剪力、荷载集度间的微分关系。根据这一关系，可以找出梁的弯矩图、剪力图的某些特征，从而迅速地画出内力图。

（1）无荷载分布段，Q 是常数，剪力图为一水平线，弯矩图为一斜直线。

（2）均布荷载段，剪力图为一斜直线，弯矩图为一抛物线，凸向与荷载指向相同。

（3）集中力作用处，剪力图有突变，弯矩图有转折。

（4）集中力偶作用处，剪力图无变化，弯矩图有突变。

三、叠加法作弯矩图

以图 3-5a 所示简支梁为例说明，其上所受的荷载有均布荷载 q 及端部力偶 M_A 与 M_B。

画弯矩图时，可考虑 M_A、M_B、q 单独作用的情况，也就是说先分别画出端部力偶 M_A、M_B 及均布荷载 q 单独作用时的弯矩图（图 3-5b、c），然后将这两个弯矩图叠加，就得到该简支梁的弯矩图（图 3-5d）。

应该指出，弯矩图叠加是指纵坐标相加。其具体做法是：先在基线 AB 的两端量取纵坐标 M_A、M_B，过两坐标顶点连一虚线；再以此虚线为基线作出简支梁在均布荷载 q 作用下的弯矩图。必须注意，纵坐标 $\frac{1}{8}ql^2$ 依然是竖向的，即垂直于梁轴 AB 而不是垂直于虚线。最终弯矩图如图 3-5d 中阴影线所示部分。

下面以图 3-6a 为例，进一步讨论任一直线段（AB 段）弯矩图的画法。

取 AB 段为隔离体，这一隔离体的受力图如图 3-6b 所示。除受有均布荷载外，在截面 A、B 上分别暴露出截面内力（此时已成为外力），以 M_A、Q_A、N_A 及 M_B、Q_B、N_B 表示，称为杆端内力。

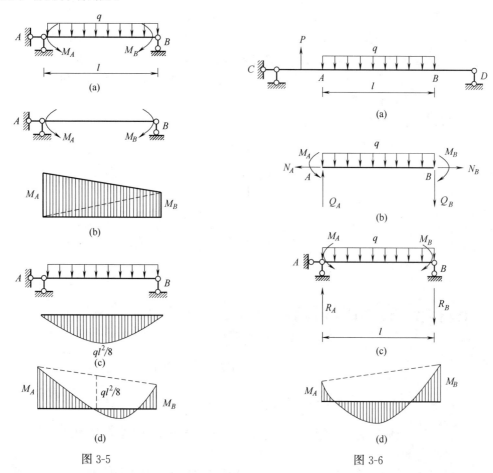

图 3-5   图 3-6

为了说明杆端内力的特点，取一简支梁（图 3-6c）与其对比。该简支梁承受与 AB 段（图 3-6b）相同的荷载，即均布荷载及杆端力偶 M_A、M_B。因轴力 N 对计算弯矩和剪力无影响，故可将 N 去掉。简支梁的支座反力用 R_A、R_B 表示，支座反力的大小可列平衡方程式求得：

$$\sum M_A = 0, \ R_B = \frac{1}{l}\left(M_B - M_A - \frac{1}{2}ql^2\right)$$

$$\sum M_B = 0, \ R_A = \frac{1}{l}\left(M_B - M_A + \frac{1}{2}ql^2\right)$$

对照图 3-6b、c，很容易看出 $Q_A = R_A$、$Q_B = R_B$，因为 Q_A 与 Q_B 也是利用 $M_A = 0$、$\sum M_B = 0$ 求出。两者的弯矩图也完全相同。故作直线段 AB 的弯矩图可归结为作简支梁 AB 的弯矩图。具体做法如下：

取一简支梁，其跨度等于直线段长度。将杆端弯矩视为简支梁的外荷载画在上面。先作出杆端弯矩引起的弯矩图，将两端连以虚线，再以此虚线为基线，叠加上简支梁在跨间荷载作用下引起的弯矩图，即得最后的弯矩图（图 3-6d）。

3-3 支座反力的计算

计算静定刚架内力，通常是先求出支座反力。

求反力时应先根据支座的性质定出反力未知量个数，不能多，也不能少。

然后假定反力方向，由平衡方程确定其数值及真实方向。列平衡方程时，应尽量使每个方程中只含有一个未知量，而其他未知量不出现，这样可以避免解算联立方程的麻烦。

求出反力后，宜用没用过的平衡方程加以校核。

【例题 3-1】 求图 3-7a 所示刚架的支座反力。

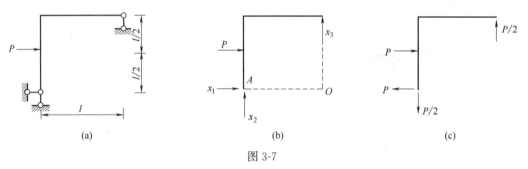

图 3-7

【解】 首先任意假设反力的方向（图 3-7b）。

$$由 \sum X = 0, x_1 + P = 0, \ x_1 = -P$$

$$由 \sum M_O = 0, \ x_2 \cdot l + P \cdot \frac{l}{2} = 0, x_2 = -\frac{P}{2}$$

$$由 \sum M_A = 0, \ x_3 \cdot l - P \cdot \frac{l}{2} = 0, x_3 = \frac{P}{2}$$

X_1、X_2 的值是负的，这说明反力的真实方向与假设的相反，反力的真实情况示于图 3-7c。

反力的校核：计算是否满足 $\sum Y = 0$（这是没有使用过的平衡方程），结果满足。

当然，也可以不按上面计算次序进行，例如先由 $\sum M_A = 0$ 求得 X_3，再由 $\sum Y = 0$ 求出 x_2，然后由 $\sum X = 0$ 求 X_1，最后用其他未使用过的平衡方程校核。

上述方法是求反力的基本方法。对于这样单个荷载作用的简单情况，计算也可以更简单些。反力的数值和方向均可以心算：由水平轴投影可知 X_1 向左且等于 P；注意到 P 与 X_1 形成一个顺时针的力偶，其力矩为 $Pl/2$，而力偶只能用力偶来平衡，故另外两个反力必构成一个逆时针的力偶，其力矩也应为 $Pl/2$；由于力臂为 l，故每个反力为 $P/2$，且 X_2 向下而 X_3 向上。这样就无须假定反力方向和列方程，而用心算得到全部反力。

【例题 3-2】　求图 3-8a 所示刚架的支座反力。

【解】　由 $\sum X=0$ 得水平反力为零（外力偶在任何轴上投影均为零）；力偶只能由力偶平衡，这样两个竖向反力要形成一个逆时针力偶，以平衡顺时针的外力偶；由此定出竖向反力的值为 m/l，左边的向下，而右边的向上（图 3-8b）。

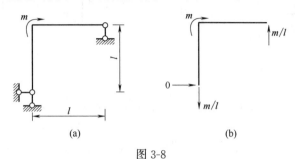

图 3-8

【例题 3-3】　求图 3-9a 所示刚架的支座反力。

【解】　由于荷载较多，心算不便，宜先假设反力方向（图 3-9b），然后列方程求解。

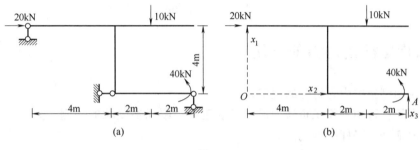

图 3-9

由于 x_1、x_3 平行，x_2 可由投影方程求得，即 $\sum X=0$，$x_2=-20\text{kN}$；由于 x_2、x_3 相交，x_1 可由力矩方程求得，即 $\sum M_A=0$，$x_1=-2.5\text{kN}$；同理，由 $\sum M_O=0$，求得 $x_3=12.5\text{kN}$。

【例题 3-4】　求图 3-10a 所示刚架的支座反力。

【解】　固定端处有三个反力；计算反力时，分布荷载可用其合力代替（图 3-10b）。

由 $\sum X=0$ 得 $x_1=ql$；由 $\sum Y=0$ 得 $x_2=0$。x_1、x_2 交于 A，为使 x_1、x_2 不在方程中出现，对 A 取矩，由 $\sum M_A=0$，得 $x_3=-ql^2/2$。

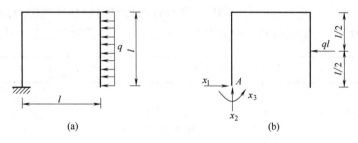

图 3-10

【例题 3-5】　求图 3-11a 所示刚架的支座反力。

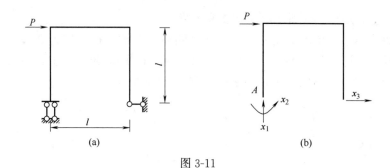

图 3-11

左支座是定向支座，只允许有水平方向的微小滑动，其支座反力有两个：竖向反力 x_1 与反力矩 x_2（图 3-11b）。

由 $\sum X = 0$ 得 $x_3 = -P$；由 $\sum Y = 0$ 得 $x_1 = 0$；由 $\sum M_A = 0$ 得 $x_2 = Pl$。

图 3-12

这个体系能不能动？不能动。可以利用几何不变体系组成规则分析：上面的折杆（刚片）与地球用三个杆相联，它们既不平行，又不相交于一点。同理，图 3-12 所示的梁也是不能动的。

3-4 求指定截面内力的方法

首先说明刚架中内力符号的规定。

一、弯矩：弯矩不作正负号规定，但规定弯矩图画在受拉的一侧。图 3-13 分别表示刚架中一段横杆和竖杆的情况。

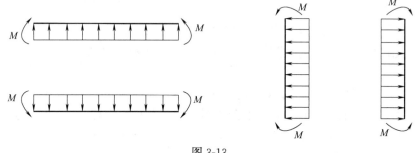

图 3-13

二、剪力：符号规定与材料力学相同。使杆件微段顺时针转动的剪力为正（图 3-14a），或者说绕杆中附近一点顺时针转动的剪力为正（图 3-14b），逆时针为负（图 3-14c）。

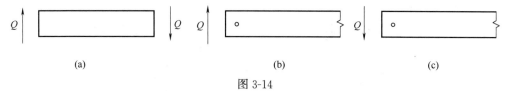

图 3-14

三、轴力：符号规定也与材料力学相同，受拉力为正，受压力为负。

下面说明如何求指定刚架截面的内力。

与梁内力的求法一样，通常先求支座反力，然后用截面法求内力。

例如，求图 3-15a 所示刚架截面 1—1 的弯矩 M_1、剪力 Q_1 及轴力 N_1。

求出支座反力，如图 3-15b 所示。

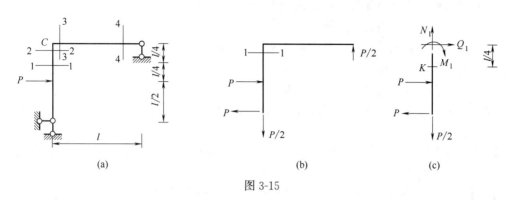

图 3-15

求哪个截面的内力，就把哪个截面截开。把截面 1—1 截开，将刚架分割为两部分，取其中任一部分为研究对象，如下半部分（图 3-15c）。在其上作用着已知反力 P 及 $P/2$ 和外力 P，把截面 1—1 的内力加上去：Q_1 及 N_1 按正向画上去，M_1 因无正向规定，可以任意假设方向。

由 $\sum X=0$，得 $Q_1=0$；由 $\sum Y=0$，得 $N_1=P/2$；求 M_1 时，为使 Q_1、N_1 不在方程中出现，对截面 1—1 形心 K 取矩，即 $\sum M_K=0$，得 $M_1=-Pl/2$。按得到的实际方向，把内力画在图 3-16a 上。弯矩的方向表明，杆的右侧受拉。

内力求出后须进行验算。验算的方法是取被截开的另一部分（图 3-16b）作为考察对象，看其是否满足平衡方程。图 3-16b 上的内力方向必须画对，它与图 3-16a 上的内力方向相反。

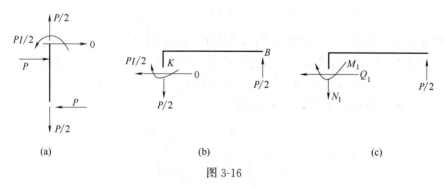

图 3-16

可以用任意的三个独立的平衡方程验算，例如：

$$\sum X=0, \text{恒等}$$
$$\sum Y=0,\ P/2-P/2=0$$
$$\sum M_K=0,\ Pl/2-P/2 \cdot l=0$$

三个方程均满足，说明计算是正确的。

也可以不写对截面的力矩方程，而写对任意一点，例如点 B 的力矩方程：

$$Pl/2-P/2 \cdot l=0$$

也可以不作这样的验算，而以右部分为研究对象（图 3-16c），求截面 1—1 内力，即从右面算过来。这种方式与前面从左面算过来所得结果应当一致，这里不再详细计算。事实上，对于本例，从右面算过来简单，因为右部分作用力较少。今后建议哪部分作用力较少，就从哪面算过来，因为计算简单而结果一样。

这样，求指定截面内力的步骤是：

（1）要算哪个截面的内力，就把哪个截面截开；

（2）任取一部分为隔离体；

（3）假设 M 方向，画出 Q、N 正向；

（4）由力矩方程计算 M，由投影方程计算 Q、N；

（5）验算。

【例题 3-6】 求图 3-17a 所示刚架柱上任一截面的 M、Q、N 及横梁铰支端的 M、Q、N。

【解】 求出支座反力如图 3-17b。截面 1—1 为柱上任一截面，截取下部为隔离体（图 3-17c），求得 $M_1=0$，$Q_1=0$，$N_1=m/l$。分析受力情况，得知柱上任意截面内力都是如此。

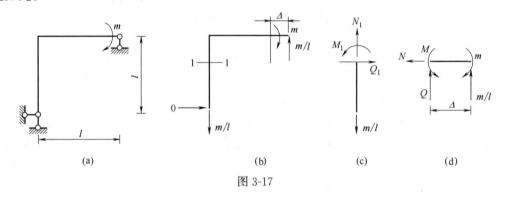

图 3-17

在横梁右端（铰支端）上有外力偶 m 和集中力（即支座反力）m/l 作用（图 3-17b）。该铰支端弯矩 M 等于外力偶 m，上面受拉；剪力等于集中力 m/l，符号是负的（绕杆上附近一点逆时针旋转）；轴力等于零。如在铰支端附近作一截面（图 3-17b），取右侧为隔离体（图 3-17d），则由平衡条件亦可得相同结果：

$$\Sigma M=0, \quad M-m+\frac{m}{l}\Delta=0,$$

$$M=m-\frac{m}{l}\Delta, \quad 当 \Delta \to 0, M=m$$

$$\Sigma Y=0, \quad Q=-m/l$$

$$\Sigma X=0, \quad N=0$$

若铰支端无外力偶作用，即 $m=0$，则铰支端处 $M=0$。

上述结果是对自由体（图 3-17b）分析得到的，因此，不是铰支端，而是自由端时，也是这样。

于是得到结论：

如果在铰支端或自由端上无外力偶作用（可以有集中力作用），**则该端弯矩等于零；**

若有外力偶作用，则弯矩等于外力偶矩。

【例题 3-7】　求图 3-18a 所示刚架右侧竖杆中间截面及左侧竖杆上端和下端的 M、Q、N。

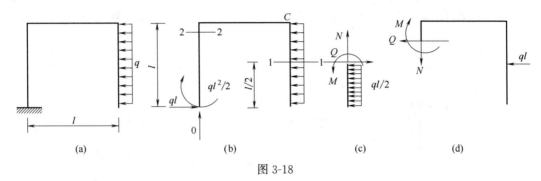

图 3-18

【解】　求出支座反力如图 3-18b 所示。

作截面 1—1，截取下部为隔离体（图 3-18c）。算得 $M=ql^2/8$，右侧受拉；$Q=ql/2$；$N=0$。计算中可以用合力 $ql/2$ 代替分布力。

作截面 2—2，选取右部为隔离体（图 3-18d）。算得 $M=-ql^2/2$，左侧受拉；$Q=-ql$；$N=0$。

左侧竖杆下端有支座反力矩作用，M 等于反力矩 $ql^2/2$，右侧受拉；$Q=-ql$；$N=0$。

不难看出，对于一端固定、一端自由的结构，可以不求支座反力，而得到任一截面内力，只要取带自由端的部分，而不取带固定端的部分为隔离体即可。但为了验算，仍宜先求出支座反力。

3-5　绘制内力图的基本方法

静定刚架内力图的绘制，原则上与静定梁相同。通常需先求出支座反力，然后根据荷载情况及结构形式将刚架分成若干区段，用截面法求出各杆端截面的内力，逐段画出内力图。

为明确地表示刚架上不同截面的内力，常常在内力符号后面引用两个脚标：第一个表示该内力所属杆端，第二个表示该截面所属杆件的另一端。如 M_{BA} 表示 BA 杆 B 端截面的弯矩，M_{BC} 表示 BC 杆 B 端截面的弯矩。

绘制内力图的基本方法用例题来说明。

【例题 3-8】　绘图 3-19a 所示刚架的内力图。

【解】

一、求支座反力

在例题 3-1 中已求出，现重示如图 3-19b。

二、求杆端内力

以力 P 作用点 D 及刚节点 C 作为分段点，

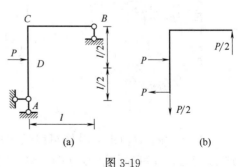

图 3-19

将刚架分为 AD、DC、CB 三段。下面分别求各杆端内力。

AD 段：隔离体如图 3-20a 所示，从力 P 作用点下面截开。

A 端，$Q_{AD}=P$；$N_{AD}=P/2$；A 端为铰支端，无外力偶作用，故 $M_{AD}=0$。

D 端，$\sum X=0$，$Q_{DA}=P$；$\sum Y=0$，$N_{DA}=P/2$；$\sum M_D=0$，$M_{DA}=Pl/2$（右边受拉）。

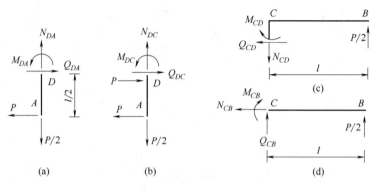

图 3-20

DC 段：D 端，由力 P 作用点上面截开，隔离体如图 3-20b 所示，注意此隔离体上包括外力 P。$\sum X=0$，$Q_{DC}=0$；$\sum Y=0$，$N_{DC}=P/2$；$M_{DC}=0$，$M_{DC}=Pl/2$（右边受拉）。

C 端，隔离体如图 3-20c 所示。$\sum X=0$，$Q_{CD}=0$；$\sum Y=0$，$N_{CD}=P/2$；$\sum M_C=0$，$M_{CD}=Pl/2$（右边受拉）。

CB 段：隔离体如图 3-20d 所示。

C 端，$\sum X=0$，$N_{CB}=0$；$\sum Y=0$，$Q_{CB}=-P/2$；$\sum M_C=0$，$M_{CB}=Pl/2$（下边受拉）。

B 端，$N_{BC}=0$；$Q_{BC}=-P/2$；$M_{BC}=0$。

三、绘内力图

（1）弯矩图（M 图）：规定将 M 图画在受拉的一边，不必注正负号。可仿照画静定梁 M 图的方法逐段绘出。三段上面均无荷载作用，将杆端弯矩以直线相连即得 M 图。整个刚架的 M 图如图 3-21a 所示。

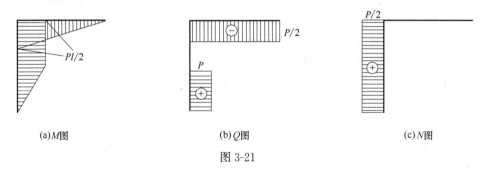

(a)M图 (b)Q图 (c)N图

图 3-21

（2）剪力图（Q 图）：Q 图可以画在杆轴的任何一边，但需注明正负号。根据已求出的杆端剪力，即可逐段绘出 Q 图。整个刚架的 Q 图如图 3-21b 所示。

（3）轴力图（N 图）：绘制 N 图的规定和方法与 Q 图一样。整个刚架的 N 图如图 3-21c 所示。

四、内力图的校核

绘出内力图后应进行校核。校核总的原则是：取一个在绘内力图过程中没有用过的隔离体，验算其是否平衡。

在前面计算中没有用过节点平衡条件，可取节点 C 为验算的隔离体。

在 C 处（图 3-22a）截取一尺寸无穷小的节点，示于图 3-22b。将作用于隔离体（节点 C）上的力画上去，节点 C 上无外力作用，其上暴露出的内力可由绘制的 M、Q、N 图（图 3-21）确定。

节点受力状态如图 3-22b 所示。显然满足 $\sum X = 0$、$\sum Y = 0$、$\sum M_C = 0$。

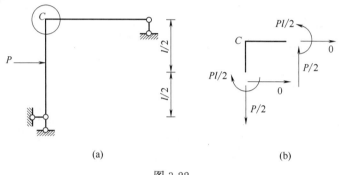

(a)   (b)

图 3-22

若原结构节点 C 上有外力作用，则画节点受力图时，不要漏掉它们，节点在内力和外力共同作用下平衡。

由于截取的节点隔离体为无穷小，因此在 $\sum M_C = 0$ 中，剪力（力臂无穷小）和轴力（通过节点 C）不出现，只有弯矩出现。因此，通常是绘得 M 图后即用节点平衡条件 $\sum M = 0$ 校核，然后再画 Q、N 图并校核。

当然，也可截取刚架的其他部分进行校核。

【例题 3-9】 绘图 3-23a 所示刚架的内力图。

【解】 这是悬臂刚架，它的内力计算与悬臂梁一样，一般无需求支座反力，可从自由端开始，截取指定截面至自由端一段为隔离体，求各杆端的杆段内力。下面分 BC、CD 及 DA 三段计算。

BC 段：隔离体如图 3-23b 所示。

B 端，$M_{BC} = 0$，$Q_{BC} = 0$，$N_{BC} = 0$

C 端，$\sum M_C = 0$，$M_{CB} = ql^2/2$（右边受拉）；$\sum X = 0$，$Q_{CB} = ql$；$\sum Y = 0$，$N_{CB} = 0$。

CD 段：

C 端，隔离体如图 3-23c 所示，由隔离体的平衡条件求得：$M_{CD} = ql^2/2$（上边受拉）；$Q_{CD} = 0$；$N_{CD} = -ql$。

D 端，隔离体如图 3-23d 所示，求得：$M_{DC} = ql^2/2$（上边受拉）；$Q_{DC} = 0$；$N_{DC} = -ql$。

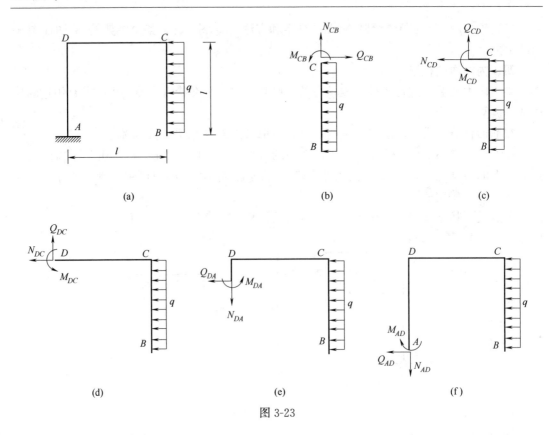

图 3-23

DA 段：

D 端，隔离体如图 3-23e 所示，求得：$M_{DA} = ql^2/2$（左边受拉）；$Q_{DA} = -ql$；$N_{DA} = 0$。

A 端，隔离体如图 3-23f 所示，求得：$M_{AD} = ql^2/2$（右边受拉）；$Q_{AD} = -ql$；$N_{AD} = 0$。

下面即可绘内力图。

M 图：CD、DA 段上无荷载，将杆端弯矩用直线相连即得 M 图；BC 段上有均布荷载，其 M 图与悬臂梁的 M 图相同，为二次抛物线。M 图如图 3-24a 所示。

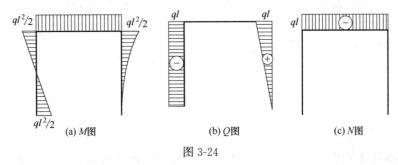

图 3-24

Q 图：将各杆的杆端剪力用直线相连即得 Q 图，如图 3-24b 所示。CD、DA 杆上无荷载，剪力为常数；BC 杆上有均布荷载，故剪力图为斜直线。

N 图：将各杆的杆端轴力用直线相连即得 N 图，如图 3-24c 所示。

校核：利用前面没有用过的平衡条件进行 M、Q、N 图的综合校核。例如，截取 DC 杆为隔离体（图 3-25），有：$\sum X = ql - ql = 0$；$\sum Y = 0$；$\sum M_C = ql^2/2 - ql^2/2 = 0$ 满足平衡条件。

图 3-25

【例题 3-10】 绘图 3-26a 所示刚架的 M 图。

【解】 首先计算支座反力，其结果如图 3-26a 所示。

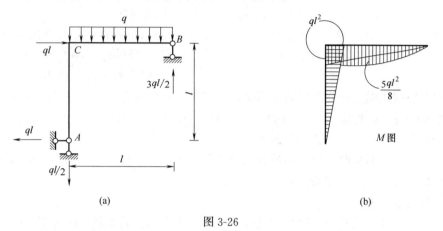

(a)   (b)

图 3-26

下面绘 M 图，分 AC 和 BC 两段考虑。

AC 段：取 AC 为隔离体（隔离图略）。$M_{AC} = 0$；$M_{CA} = ql^2$（右边受拉）。AC 杆上无荷载，M 图为斜直线（图 3-26b）。

BC 段：隔离体如图 3-27a 所示。$M_{BC} = 0$；$M_{CB} = \dfrac{3ql}{2} \cdot l - ql \cdot \dfrac{l}{2} = ql^2$（下边受拉）。$BC$ 杆上有均布荷载作用，M 图为抛物线，中点 D 的弯矩为（可从右边算过来）$M_D = \dfrac{3ql}{2} \cdot \dfrac{l}{2} - \dfrac{ql}{2} \cdot \dfrac{l}{4} = \dfrac{5ql^2}{8}$（下边受拉）。由此三点弯矩值即可描绘出该杆的 M 图（图 3-27b）。整个刚架的 M 图如图 3-26b 所示。

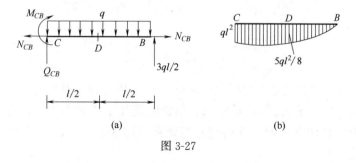

(a)   (b)

图 3-27

3-6 绘弯矩图的简便方法

绘制刚架的内力图，以画 M 图最为重要。利用以下两点，可以使弯矩图作图流程得到简化。

一、利用节点的弯矩平衡条件

若节点上只有两个杆，且节点上无外力偶作用，则节点处两杆弯矩图的纵标或者都在里侧（图 3-28a），或者都在外侧（图 3-28b），而数值相等。利用这一点，若已画出一杆的弯矩图，则另一杆的弯矩图在节点处的纵标可以立即确定。

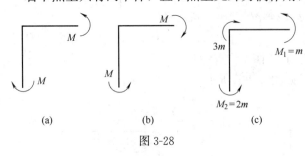

图 3-28

如果节点上有外力偶作用，则两个杆的弯矩不存在大小相等、方向相反的关系，也不存在上述关于弯矩图同在里侧或同在外侧的关系。但是，若已知一杆端的弯矩，另一杆端的弯矩仍可由节点的平衡条件立即确定出来。例如，已知图 3-28c 上的外力偶为 $3m$ 及 $M_1 = m$，则由 $\sum M = 0$ 可求出 $M_2 = 2m$，使外边受拉。

如果节点上有不止两个杆，不论有无外力偶作用，当只有一个杆的节点端的弯矩未知时，该弯矩亦可由节点平衡条件确定。

二、利用叠加法

若已知一直杆（或其中一段）的杆端弯矩及作用于其上的荷载，则可将该杆视为简支梁，用叠加法画弯矩图。

图 3-29a 所示梁代表任一结构，欲画 AB 段的弯矩图，可以先求出截面 A、B 的弯矩 M_A、M_B，然后计算图 3-29b 所示简支梁，由此绘得的简支梁的弯矩图、剪力图就是原结构（图 3-29a）AB 段的弯矩图及剪力图。

之所以可以这样做，是因为图 3-29a 所示梁中 AB 段的受力情况（图 3-29c）与图 3-29b 所示简支梁的受力情况相同（证明见第 3-1 节）。

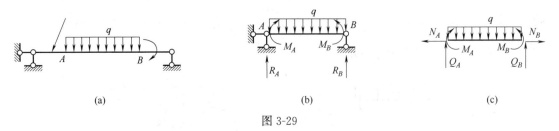

图 3-29

在图 3-29b 所示简支梁上，荷载包括两部分：跨间荷载 q 和端力偶 M_A、M_B。当端力偶单独作用时，弯矩图如图 3-30a 所示；当跨间荷载 q 单独作用时，弯矩图如图 3-30b 所示；两个弯矩图叠加在一起，即得到总弯矩图（图 3-30c），也就是图 3-29a 所示梁中 AB 段的弯矩图。

应当指出，弯矩图的叠加是相应纵坐标的叠加，绝不是指图形的简单拼合。需要注意，图 3-30c 中的纵坐标 M^0，如同 $\overline{M}$、M 一样，也是垂直于杆轴，而不是垂直于图中的虚线。

【例题 3-11】 利用简便方法重绘例题 3-8 中刚架的弯矩图。

【解】 刚架如图 3-31a 所示，（已求出支座反力）。

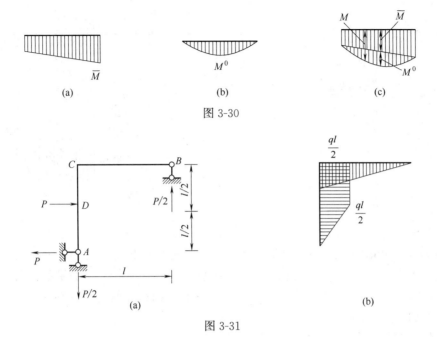

图 3-31

首先观察 AD 段。在 A、D 间无外力作用，弯矩图为直线形，可由两点决定。支座 A 处弯矩 $M_{AD}=0$，因为支座 A 是铰支座；D 端弯矩 $M_{DA}=Pl/2$，右侧受拉，这可由取 AD 段为隔离体通过截面法求得。于是得到 AD 段的弯矩图（图 3-31b）。

再来观察 BC 段。可采用分析 AD 段的方法，得到 BC 段的弯矩图（图 3-31b）。

最后观察 CD 段。CD 段上无外力作用，弯矩图应呈直线变化。$M_{DC}=M_{DA}=Pl/2$，右侧受拉；$M_{CD}=M_{CB}=Pl/2$，里侧受拉，这可由节点 C 的平衡条件确定。于是得到 CD 段的弯矩图，整个刚架的弯矩图随之绘出（图 3-31b）。

若要验算弯矩图是否正确，不宜再利用节点 C 的平衡条件，因为在绘制弯矩图过程中已经用过，可取其他隔离体校核。

【例题 3-12】 绘图 3-32a 所示刚架的弯矩图。

【解】 在例题 3-3 中，已求得支座反力，见图 3-32b。

CD 段上无弯矩，$M_{CD}=M_{CB}=0$；由 BC 段上的外力求得 $M_{BC}=20\text{kN}\cdot\text{m}$，上侧受拉；由 AB 段上外力求得 $M_{BA}=10\text{kN}\cdot\text{m}$，上侧受拉；EF 段上的弯矩图呈直线变化，F

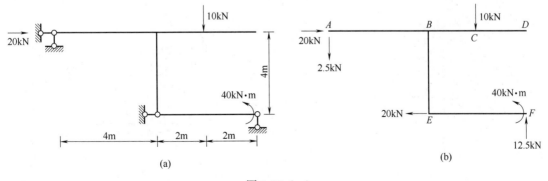

图 3-32（一）

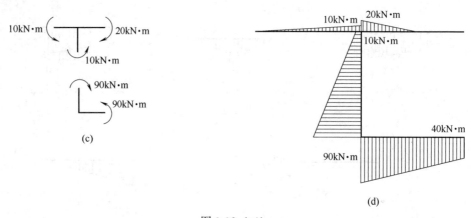

图 3-32（二）

端的弯矩 $M_{FE}=40$kN·m，下侧受拉；由 EF 段上的外力求得 $M_{EF}=90$kN·m，下侧受拉。最后分析 BE 段，其弯矩图也应呈直线变化，可分别由节点 B 的平衡条件和节点 E 的平衡条件求得 $M_{BE}=10$kN·m、$M_{EB}=90$kN·m，都是左侧受拉（图 3-32c）。整个刚架的弯矩图如图 3-32d 所示。

【例题 3-13】 绘图 3-33a 所示刚架的弯矩图。

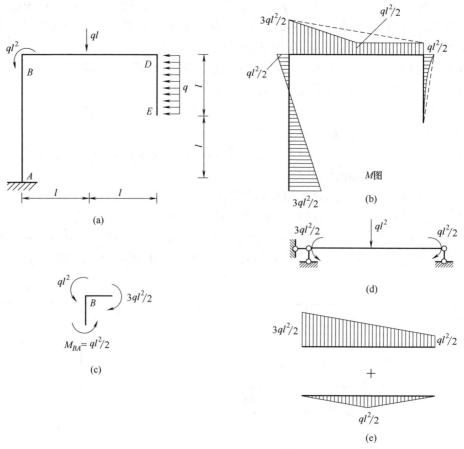

图 3-33

【解】　本题有两个特点，一是节点上作用集中力偶；二是结构形式为一端固定另端自由，可不求支座反力，从悬臂端开始计算。

杆 DE 上有分布荷载作用，其上弯矩图为抛物线形，$M_{ED}=0$，$M_{DE}=ql^2/2$，外侧受拉。弯矩图见图 3-33b，可以证明弯矩图永远凸向荷载所指的方向。

分析杆 BD。先根据节点 D 的平衡条件求出 $M_{DB}=ql^2/2$，上侧受拉；再从右面算过来，得 $M_{BD}=3ql^2/2$，上侧受拉；然后将杆 BD 视为简支梁（图 3-33d），按叠加法画弯矩图（图 3-33e），弯矩图见图 3-33b。

分析杆 BA。由于节点 B 上有集中力偶，所以 $M_{BA}\neq M_{BD}$；M_{BA} 的大小及方向可根据节点 B 的平衡条件求出，如图 3-33c 所示；由 $\sum M_B=0$，得 $M_{BA}=ql^2/2$，外侧受拉；A 端的弯矩可从上面算过来，得 $M_{AB}=3ql^2/2$，里侧受拉。整个刚架的弯矩图见图 3-33b。

3-7　绘剪力图和轴力图的另一种方法

得到弯矩图后，可以根据它来绘剪力图，而后根据剪力图绘轴力图。现在介绍这种方法。

一、根据弯矩图绘剪力图： 化为若干个简支梁来求剪力

有了弯矩图，各杆端弯矩均为已知，这时可截取各个杆件为隔离体，将它们分别作为简支梁（在杆端弯矩及杆上原来荷载作用下）计算剪力。

如要求绘图 3-34a 所示刚架的剪力图，其弯矩图已绘出（见例题 3-10），如图 3-34a 所示。

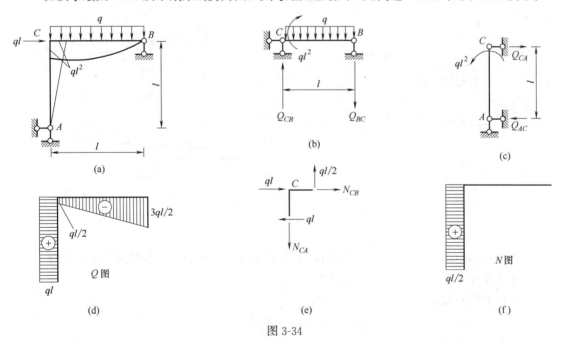

图 3-34

截取 BC 杆，化为简支梁（图 3-34b），求出两个支座反力，即杆端剪力。由 $\sum M_B=0$，得 $Q_{CB}=-ql/2$；由 $\sum M_C=0$，得 $Q_{BC}=-3ql/2$。同理，截取 AC 杆（图 3-34c），得

$Q_{AC}=ql$、$Q_{CA}=ql$。根据求得的杆端剪力，绘出整个刚架的剪力图，如图 3-34d 所示。

二、根据剪力图绘轴力图：截取节点为隔离体，由节点的投影平衡条件根据剪力求轴力

仍用前例说明。截取节点 C，将剪力和轴力暴露出来，示于图 3-34e。

由 $\sum X=0$，得 $N_{CB}=0$；$\sum Y=0$，得 $N_{CA}=ql/2$，$N_{CB}=0$。

在各杆上均无轴向荷载作用，故轴力为常数。整个刚架的轴力图如图 3-30f 所示。

当情况比较复杂时，宜利用本节所介绍的方法绘剪力图和轴力图。

3-8 斜杆刚架内力图的绘制

计算斜杆刚架内力的基本方法与计算一般刚架内力的方法相同。需要注意的是，所取截面要垂直于杆轴。

【例题 3-14】 绘图 3-35a 所示斜杆结构的内力图。

【解】 首先计算支座反力。由 $\sum X=0$ 得水平反力等于零，由 $\sum M_B=0$ 及 $\sum M_A=0$ 得两个竖向反力，如图 3-35a 所示。斜杆刚架支座反力的计算没有什么特别之处。

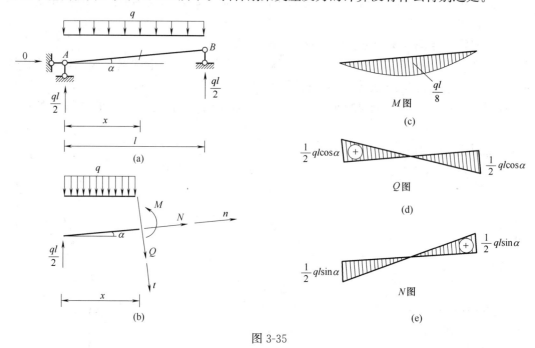

图 3-35

下面绘内力图。在 x 处（图 3-35a）垂直于杆轴作一截面，x 为截面的水平坐标。取隔离体于图 3-35b，图示内力都是正的。

对截面形心取矩：

$$ql/2 \cdot x - qx \cdot x/2 - M = 0$$

由此：

$$M = ql/2 \cdot x - qx^2/2$$

当 $x=0$，$M=0$；当 $x=l$，$M=0$；当 $x=l/2$，$M=ql^2/8$。

弯矩图如图 3-35c 所示，注意纵标要垂直于杆轴。

沿截面方向取轴 t，沿杆轴方向取轴 n，正向如图 3-35b 所示。

由 $\sum t=0$

$$-ql/2 \cdot \cos \alpha + qx \cdot \cos \alpha + Q = 0$$

得：

$$Q = (ql/2 - qx) \cdot \cos \alpha$$

此式表明剪力图是直线图形。当 $x=0$，$Q=ql/2 \cdot \cos \alpha$；当 $x=l$，$Q=-ql/2 \cdot \cos \alpha$。剪力图示于图 3-35d。

由 $\sum n=0$

$$ql/2 \cdot \sin \alpha - qx \cdot \sin \alpha + N = 0$$

得：

$$N = (qx - ql/2) \sin \alpha$$

此式表明轴力图也是直线图形。当 $x=0$，$N=-ql/2 \cdot \sin \alpha$；当 $x=l$，$N=ql/2 \cdot \sin \alpha$。轴力图示于图 3-35e。

【例题 3-15】　绘图 3-36a 所示刚架的内力图。

【解】　先求出支座反力，如图 3-36a 所示。

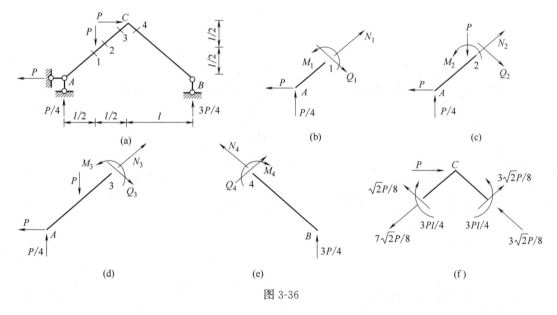

图 3-36

在 AC 杆上集中力 P 作用点的两侧，剪力和轴力发生突变，因此需取两个截面。作截面 1，在竖向力 P 下邻面取隔离体 $1A$（图 3-36b）。由在 Q_1 方向的投影方程

$$Q_1 - P \cdot \frac{\sqrt{2}}{2} - \frac{P}{4} \cdot \frac{\sqrt{2}}{2} = 0$$

得：

$$Q_1 = \frac{5\sqrt{2}}{8} P$$

由在 N_1 方向上的投影方程

$$N_1 - P \cdot \frac{\sqrt{2}}{2} + \frac{1}{4}P \cdot \frac{\sqrt{2}}{2} = 0$$

得：

$$N_1 = \frac{3\sqrt{2}}{8}P$$

注意到在支座 A 与截面 1 之间无外力作用，故剪力、轴力为常数（图 3-37b、c）。由对截面形心取矩的方程

$$M_1 - P \cdot \frac{l}{2} - \frac{P}{4} \cdot \frac{l}{2} = 0$$

得：

$$M_1 = \frac{5Pl}{8}$$

右面受拉。铰支端 A 处弯矩为零，弯矩图按直线变化（图 3-37a）。

作截面 2（在竖向力 P 上邻面），取隔离体 $2A$（图 3-36c）。求得：

$$Q_2 = \frac{\sqrt{2}}{8}P$$

$$N_2 = \frac{7\sqrt{2}}{8}P$$

$$M_2 = \frac{5}{8}Pl$$

在节点 C 上有水平集中力 P 作用，在其左下方作截面 3，取隔离体 $3A$（图 3-36d）。得：

$$Q_3 = \sqrt{2}P/8$$
$$N_3 = 7\sqrt{2}P/8$$
$$M_3 = 3Pl/4$$

在节点 C 右方作截面 4，取隔离体 $4B$（图 3-36e）。得：

$$Q_4 = -3\sqrt{2}P/8$$
$$N_4 = -3\sqrt{2}P/8$$
$$M_4 = 3Pl/4$$

验算：截取节点 C（图 3-36f），平衡条件 $\sum X = 0$、$\sum Y = 0$、$\sum M = 0$ 均得到满足。整个结构的 M、Q、N 图分别如图 3-37a、b、c 所示。

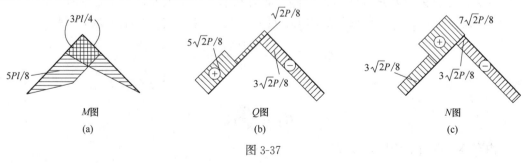

图 3-37

3-9　复杂刚架的计算——由几何组成确定静定结构的计算途径

静定刚架的内力，总能由平衡条件确定。但是，对于比较复杂的静定刚架或其他静定结构，有时不知如何下手。这时，常可以根据其几何组成，找到可行的计算途径。

一、两个刚片的结构（简称为联合结构），**可用截面法计算**

只要作这样一个截面，即把两个刚片之间的约束全部切断，取其中任意一个刚片为研究对象，就可以找到计算方法。这是因为由一个刚片的三个独立平衡条件，可以求得联结两个刚片的三个约束反力。

例如图 3-38 所示两个刚片以三杆相联情况、图 3-39 所示两个刚片以一铰一杆相联情况，均可用截面法由刚片 I（或刚片 II）的平衡方程算出约束反力 x_1、x_2 和 x_3。

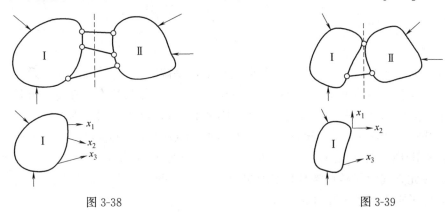

图 3-38　　　　　　　　　　　　　　图 3-39

【例题 3-16】 绘图 3-40a 所示刚架的弯矩图。

【解】 先求出支座反力，如图 3-40a 所示。然后解除支座，以反力代替，就成为两个刚片以一铰一杆相联的体系。作一个截面，切断三个约束，取一个刚片，如左部为隔离体（图 3-40b）。在铰处暴露出两个未知力 x_1、x_2，在杆处暴露出一个未知力 x_3。由隔离体的三个平衡条件，求出三个未知力，示于图 3-40c 左边。注意到作用力与反作用力之间的关系，右半部的受力情况如图 3-40c 右边所示。分别绘出两半部分的弯矩图，合在一起，

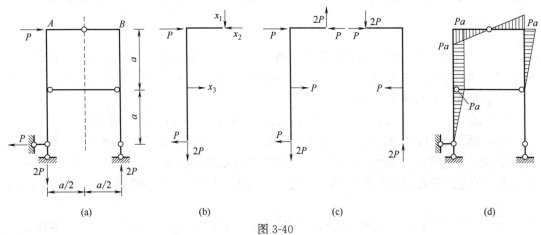

(a)　　　　　　　(b)　　　　　　　(c)　　　　　　　(d)

图 3-40

即得到整个刚架的弯矩图，如图 3-40d 所示。须注意 A、B 两点间无外荷载作用，弯矩图应为一条直线。

二、三个刚片以三个铰（或与之相当的其他六个约束）相结合的结构（简称为三铰结构），可用双截面法计算

以图 3-41a 所示体系为例说明。有两种选取截面的方法。

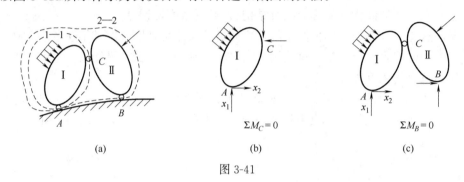

图 3-41

第一种，见图 3-41a。以截面 1—1 截取刚片 Ⅰ，以截面 2—2 截取刚片 Ⅰ 及 Ⅱ，分别示于图 5-41b、c。采用两个截面所公有的约束反力 x_1、x_2 作为基本未知量（就是首先计算的未知量）。对于截面 1—1 所取的隔离体（刚片 Ⅰ，图 3-41b），列方程 $\sum M_C = 0$，在此方程中只有基本未知量 x_1、x_2 出现，而 C 处的两个约束反力（也是未知量，但未作为基本未知量）不出现。对于截面 2—2 所取的隔离体（刚片 Ⅰ 及 Ⅱ，图 3-41c），列方程 $\sum M_B = 0$，在此方程中同样只含有基本未知量 x_1、x_2。解上面两个联立方程 $\sum M_C = 0$ 和 $\sum M_B = 0$，即可求出基本未知量 x_1、x_2。

值得注意的是，若 C 处（或 B 处）不是铰接，而是一对平行杆联结，则其约束反力为一个力和一个力偶，为使它们不在所列的方程中出现，当列投影方程。

求出 x_1、x_2 后，就不难由图 3-41b 所示隔离体求得 C 处的两个约束反力，也不难由图 3-41c 所示隔离体求得 B 处的两个约束反力。

【例题 3-17】 绘图 3-42a 所示三铰刚架的弯矩图。

【解】 共有三个刚片，其中之一是地球。截出两个隔离体，分别如图 3-42b、c 所示。以 x_1、x_2 为基本未知量。由 $\sum M_C = 0$（图 3-42b）及 $\sum M_B = 0$（图 3-42c），算得：$x_1 = x_2 = -\dfrac{2}{3}P$。

然后，由图 3-42b 所示隔离体的平衡条件求得 $x_5 = P/3$、$x_6 = -2P/3$；由图 3-42c 所示隔离体的平衡条件求得 $x_3 = P/3$、$x_4 = 2P/3$。由此得到 M 图，如图 3-42d 所示。

下面对这个题目进一步讨论。

(1) 求出 x_1、x_2、x_3、x_4，不求 x_5、x_6，刚架的全部内力亦均能求出。

(2) 图 3-42b 所示隔离体的平衡条件 $\sum M_C = 0$，实质就是图 3-42a 所示三铰刚架在中间铰 C 处弯矩等于零的条件（弯矩等于一侧外力力矩的代数和）。它可以写 $\sum_左 M_C = 0$，$\sum_左 M_C$ 为左边所有力对截面 C 的力矩之和。铰 C 处弯矩等于零的条件，也可表为 $\sum_右 M_C = 0$。

注意到以上两点，三铰刚架的四个支座反力 x_1、x_2、x_3、x_4（图 3-42e），实际上可

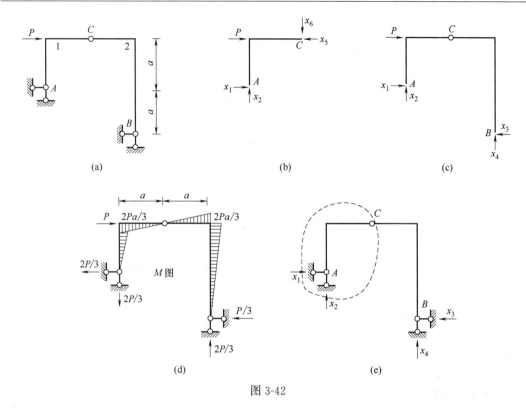

图 3-42

以由下列四个方程求出：图 3-42 所示刚架的三个整体平衡条件（如 $\sum M_A = 0$、$\sum M_B = 0$、$\sum X = 0$）和截面 C（中间铰）处弯矩等于零的条件（$\sum_{左} M_C = 0$ 或 $\sum_{右} M_C = 0$）。

以上是第一种选取截面的方法。下面介绍第二种。

分别截取刚片 I 及刚片 II（图 3-43a），以两个截面所公有的约束反力 x_1、x_2 为基本未知量，列方程 $\sum M_A = 0$（刚片 I，图 3-43b）和 $\sum M_B = 0$（刚片 II，图 3-43c），联立解之，可求出 x_1、x_2。

上述研究是针对第三个刚片是地球的情形。如果三个刚片中不包含地球，上面介绍的两种选取截面的方法仍然可行，且三个刚片中的任意两个都可以取作刚片 I、刚片 II。

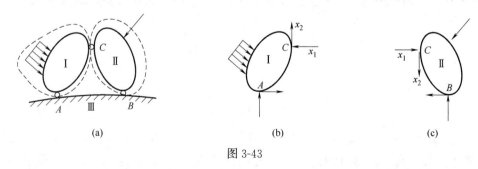

图 3-43

三、可分为基本部分与附属部分的结构（简称为主从结构），先算附属部分

主从结构具有如下受力特点：力作用在基本部分上时，附属部分不受力；力作用在附属部分上时，附属部分与基本部分都受力。

用图 3-44a 所示结构说明。

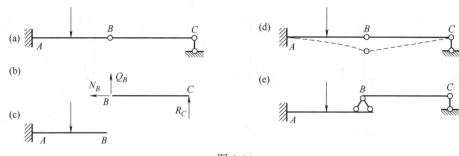

图 3-44

在铰 B 处断开，可以看出 AB 是基本部分（可以独立承受外荷载），而 BC 是附属部分（必须依靠 AB 才能维持平衡），这个结构是主从结构。

这里，力作用在基本部分。

先算附属部分。取 BC 为隔离体（图 3-44b），由平衡条件算得：$Q_B = N_B = R_C = 0$，即附属部分 BC 不受力。因此，基本部分的受力状态，与无附属部分时相同（图 3-44c）。这表明力作用在基本部分上时，力为基本部分所承受，而附属部分不受力。

需要注意，力作用在基本部分上时，附属部分虽然内力等于零，但位移不等于零，要发生刚体位移（图 3-44d）。

为了表明基本部分与附属部分的主从关系，有时把图 3-44a 表示成图 3-44e 的形式。

【**例题 3-18**】　绘图 3-45a 所示刚架的弯矩图。

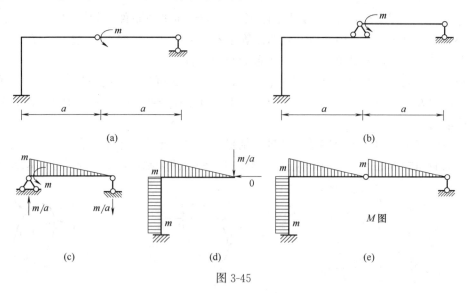

图 3-45

【**解**】　左部分是基本部分，右部分是附属部分，结构的主从关系示于图 3-45b。先算附属部分（图 3-45c），再将约束反力反方向作用在基本部分上，计算基本部分（图 3-45d）。合在一起得原结构的弯矩图，见图 3-45e。

【**例题 3-19**】　绘图 3-46a 所示刚架的弯矩图。

【**解**】　力偶在铰的左侧，属于力作用在基本部分上的情况（图 3-46b），附属部分不受力。基本部分的受力情况与无附属部分相同（图 3-46c）。弯矩图如图 3-46d 所示。

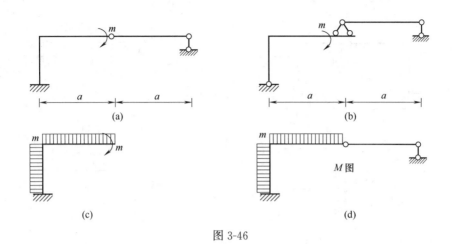

图 3-46

【例题 3-20】　绘图 3-47a 所示刚架的弯矩图。

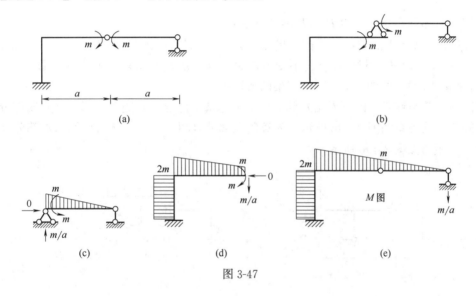

图 3-47

【解】　两个大小相等、方向相反的力偶分别作用在铰的左、右两侧截面上。这是基本部分、附属部分都有荷载作用的情况（图 3-47b）。先算附属部分（图 3-47c），再将约束反力反方向作用在基本部分上，计算基本部分（图 3-47d)，注意在基本部分上还有原来的一个力偶作用。弯矩图如图 3-47e 所示。

铰的左右两侧截面弯矩都等于 m，铰处弯矩等于零。横杆上的弯矩图是一条斜直线，因为剪力是常数，都等于右支座反力 m/a，且弯矩无突变。利用这一点，可以很简单地得到横杆上的弯矩图；令铰的左、右两侧截面弯矩等于 m，右支座处截面为零，引直线。

【例题 3-21】　绘图 3-48a 所示刚架的弯矩图。

【解】　集中力作用在联结基本部分与附属部分的铰上，对于这种情况，基本部分受力，附属部分不受力。分析如下：

在铰的右侧作截面 1，取出附属部分（图 3-48b)，由平衡条件得：$x_1 = x_2 = x_3 = 0$。

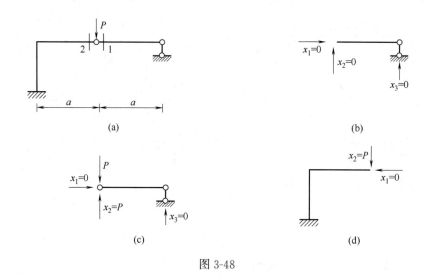

图 3-48

这说明附属部分不受力，力 P 由基本部分承受。

在铰的左侧作截面 2，也得同样的结论。取出附属部分（图 3-48c），由平衡条件得：$x_1 = x_3 = 0$，$x_2 = P$。附属部分仍不受力，而基本部分承受与 x_2 反向的力（图 3-48d）。

【**例题 3-22**】 绘图 3-49a 所示刚架的弯矩图。

【**解**】 截断铰 C，即可看出左侧 AC 部分是基本部分，右侧 BC 部分是附属部分。它们之间的主从关系如图 3-49b 所示。先算附属部分（图 3-49c），然后计算基本部分（图 3-49d）。弯矩图如图 3-49e 所示。

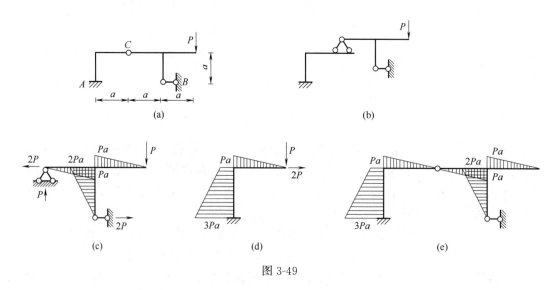

图 3-49

3-10 静定结构的特征及其性质

上节讨论了由几何组成确定静定结构的计算途径，本节将研究静定结构的静力特征和几何特征及静定体系的一般性质，这些知识有助于结构的计算。

一、静定体系的静力特征和几何特征

静定体系的静力特征是在任意荷载作用下，其所有支座反力及内力均可由平衡条件求出，且其值是唯一的和有限的。这个静力特征也就是静定体系的定义。

静定体系的几何特征是无多余约束的几何不变体系。这个几何特征是静定体系的充分和必要条件。

说明如下：

（1）无多余约束的几何不变体系一定是静定体系。

无多余约束的几何不变体系的特点是，它的每一个约束（内部的或外部的）都是维持几何不变所必要的，称为必要约束。去掉任何一个约束，体系都将可变。

图 3-50a 表示一个无多余约束的几何不变体系。去掉任何一个约束，例如支杆 B，体系即可变。它可以绕铰 A（顺时针或逆时针）旋转，产生可能位移（图 3-50b）。

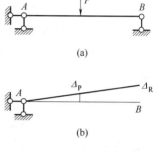

沿支杆 B 方向的位移 Δ_R 一定不等于零。若 Δ_R 等于零，则表示在 Δ_R 等于零的条件下，体系能够发生位移（绕铰 A 旋转），这说明在不去掉支杆时也能发生此位移。（支杆的约束作用就是使点 B 沿支杆方向不能发生位移，也就是使 Δ_R 等于零。）这是不可能的，因为原体系是几何不变体系。

下面利用刚体虚功原理说明，由于 Δ_R 不等于零，在任意荷载作用下，支座反力 R_B 的值是唯一的和有限的。

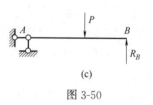

设在外力 P 作用下，体系处于平衡状态（图 3-50a），去掉支杆 B 得一平衡机构（图 3-50c），给体系以可能位移（图 3-50b）。按刚体虚功原理：给平衡体系以任意可能位移时，外力所做的功的总和等于零，有：

图 3-50

$$-P \cdot \Delta_P + R_B \cdot \Delta_R = 0$$

这里为了具体，将 Δ_R 改写为 Δ_B。由此：

$$R_B = P \cdot \frac{\Delta_P}{\Delta_B}$$

由于 Δ_B 不等于零，所以 R_B 的值是唯一的和有限的。

Δ_R 不等于零是无多余约束的几何不变体系的共性，因此上面所得的结论是普遍适用的。

（2）瞬变体系的内力为无穷或不定值。

图 3-51a 表示一个瞬变体系。图 3-51b 表示可能位移。依刚体虚功原理，有

$$-P \cdot \Delta_P + R_B \cdot \Delta_B = 0$$

由此：

$$R_B = P \cdot \frac{\Delta_P}{\Delta_B}$$

其中 Δ_B 为点 B 的水平分位移。由于虚位移是无限小的位移，又因为点 B 的位移 Δ 垂直于杆 AB，所以水平分位移 Δ_B 等于零。式中的 Δ_P 为力 P 作用点沿 P 方向的位移。

P 为竖向力时（图 3-51c），Δ_P 不等于零，R_B 为无穷大。其物理意义是在此位置上不能维持平衡，如所已知，在发生了位移的位置，上反力也将是很大的。若 P 为水平力（图 3-51d），Δ_P 等于零，R_B 等于 $\dfrac{0}{0}$，为不定值。其物理意义是在水平方向上，支杆 B 是个多余约束，在水平力作用下，它的反力无法由平衡条件确定，称为静不定力。实际上（图 3-51d），求 R_B 只有一个有用的平衡方程 $\sum X=0$，它给出 $R_A+R_B=P$；而 $\sum Y=0$ 给出竖向反力等于零，$\sum M=0$ 为恒等式。

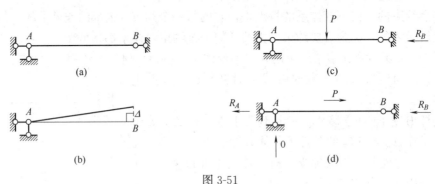

图 3-51

这样，瞬变体系一方面与缺少约束的体系一样，表现为不能平衡；另一方面与有多余约束的体系一样，表现为静不定。由平衡方程算出的内力（或反力）为无穷或不定值。因此，瞬变体系不是静定体系。

（3）常变体系的内力不能由平衡条件确定，而由运动方程确定。

（4）有多余约束的几何不变体系，其内力仅由平衡条件不能确定，还要考虑变形条件。

例如，图 3-52a 所示体系有一个多余约束，去掉支杆 B 后仍为一几何不变体系（图 3-52b），R_B 等于多少都能满足刚体平衡条件。因此，有多余约束的几何不变体系的内力能满足平衡条件的解是无限多的，所以它不是静定体系。

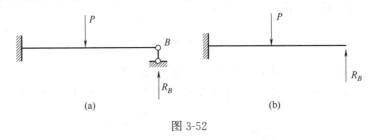

图 3-52

不要误解，有多余约束的几何不变体系的内力也是唯一的，不过要由平衡条件与变形条件联合确定，仅由平衡条件是不能确定的，所以称其为静不定体系或超静定体系。

综上所述，只有无多余约束的几何不变体系才是静定体系，或者说无多余约束的几何不变体系是静定体系的充分和必要条件。

二、静定体系的一般性质

对于静定体系，能满足平衡条件的答案是唯一的。这种性质称作静定体系答案的唯一性。由此，可以得到静定体系的一些性质，现归纳如下：

（1）静定体系的内力与变形无关。

这是因为其内力只取决于平衡方程，而平衡方程中不出现变形，因而与截面尺寸及材料的物理性质无关。根据这个性质，对静定体系的截面或材料作任何改变时其内力不变。例如在同样荷载作用下，等截面梁与变截面梁的弯矩图（图 3-53a 及 b）是一样的。

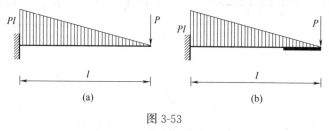

图 3-53

（2）部分结构能平衡外力时，其他部分必不受力。

这是因为其他部分内力为零时能满足所有平衡条件。例如，图 3-54 所示桁架，去掉其他杆件，只保留杆 AB 时即能平衡，因而其他杆不受力。

（3）荷载作用在"基本部分"上时，"附属部分"不受力（因为能满足所有平衡条件）。

基本部分的特点是，切断与其他部分的约束时，仍然是几何不变体系。例如图 3-55a 上的梁 AB 是基本部分，而梁 BC 是附属部分。因为切断约束后（图 3-55b），梁 AB 仍然是几何不变的，而梁 BC 则成为可变的。梁 BC 依存于梁 AB，故称之为附属部分。显然，相互作用力等于零时（在铰处相互作用力有两个分量），两部分都能平衡，所以当力作用于基本部分上时，附属部分不受力（图 3-55c）。这一点从变形情况也可以看出：当梁 AB 受力弯曲时，梁 BC 只随之作刚体位移（图 3-55d）。

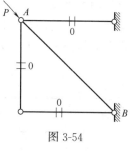

图 3-54

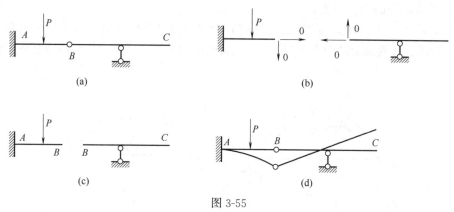

图 3-55

当荷载作用于附属部分上时，两部分都受力。

（4）一组自相平衡的外力作用在静定体系上的某一几何不变部分上时，其他部分不受力。

这是因为其他部分不受力时能满足所有平衡条件。例如，在图 3-56a 所示梁的 B、C 处截开，各部分相互之间无力作用时，三部分都能平衡（图 3-56b），因而除 BC 部分外均不受力。若 *BC* 是几何可变部分（例如在某截面有铰）时，则 *BC* 部分便不能平衡，因而其他部分也要受力。

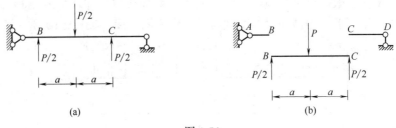

图 3-56

（5）若作用在静定体系几何形状不变部分上的荷载被其"静力等效荷载"（即合力相同的荷载）所代替，则其他部分的内力不变。

例如以图 3-57b 的荷载代替图 3-57a 的荷载时，只有 *BC* 部分的内力改变，*AB* 及 *CD* 部分的内力不变。这可利用前条性质来说明。图 3-57 中，情况 a 等于情况 b 加情况 c，或者情况 a 与 b 的差别只在于情况 c；而根据前条，情况 c（图 3-57c）只有 *BC* 段受力，所以情况 a 与情况 b 上受力不同的地方只限于 *BC* 部分。

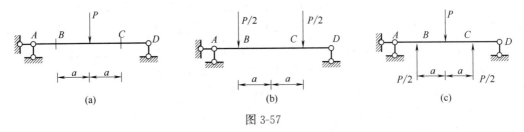

图 3-57

（6）若静定体系的任一几何不变部分为另一几何不变部分所代替，而荷载及联结情况不变，则其他部分的内力不变。

例如，将图 3-58a 中的小桁架 *BC* 以杆 *BC* 代替（图 3-58b），若荷载不变，两端仍保持为铰接，则除此代换部分的内力改变外，其余部分的内力及支座反力均保持为原来数值。

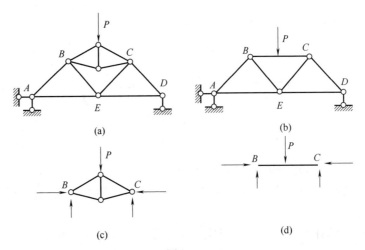

图 3-58

这是因为，其余部分内力不变时，不论其余部分或代替部分均能保持平衡。

事实上，如将小桁架 BC 截出（图 3-58c），则其两端分别有两个反力作用（铰处相互作用力可以分解为两个分量），它们的合力与外力 P 平衡。若杆 BC 两端也产生同样的反力（图 3-58d），则杆 BC 也必平衡。同时，在此情况下由小桁架传给下部结构的力，与由杆传给下部结构的力相同，因而图 3-58a 中下部结构内力与图 3-58b 中下部结构内力相同。

以上是根据静定体系的静力特征得到的一些性质，下面的性质是由静定体系的几何特征得到的。

（7）尺寸不准（装配不准）、支座移动、温度改变时，静定体系不会产生内力。

支座位移的过程（图 3-59a）可以想象为：先切断杆与支座 B 的约束，再将支座 B 移至新的位置 B'，然后移动杆与之相联。由于静定体系去掉一个约束（即支座 B）后即变为可变体系，可以自由移动，故发生支座位移时，静定体系只发生刚性位移而不产生内力。

与此不同的是，支座移动时超静定体系（图 3-59b）将产生内力。因为去掉支座 B 后仍为几何不变体系（悬臂梁），欲使梁 B 端移至 B'，必须强迫进行，所以支座移动时梁将受力而变弯。

尺寸不准，例如图 3-60a 所示静定体系中的杆 BC 较设计尺寸做长了时，相当于去掉此杆，将体系（即杆 AB）稍加移动，再与杆 BC 相联。在此过程中遇不到任何阻碍，故不会产生内力。超静定体系（图 3-60b）则不然，去掉杆 BC 后仍为几何不变体系，欲将做长了的杆装进去，必须强迫进行，因而产生内力。

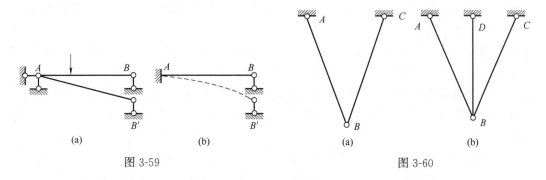

图 3-59　　　　　　　　　　　　　　　　　图 3-60

温度改变的情况相当于把杆做长或做短的情况。

尺寸不准、温度改变、支座移动时静定体系不会产生内力，也可用静定体系的静力特征来理解。由于这些因素在平衡方程中均不出现（小变形），这些因素的作用相当于无荷载作用情况，而静定体系在无荷载作用时的内力必等于零（因为内力等于零时能满足所有平衡条件）。

小　结

一、绘制静定刚架内力图时，首先要正确地计算支座反力。

求支座反力时，应力求使每个方程式中只含有一个未知量。为此，对于具有三个支杆的刚架，若另外两个支杆相交，则对交点取矩，写力矩方程；若另外两个支杆平行，则在与之垂直的方向上写投影方程，以使另外两个未知量不出现在方程中。

二、在刚架中，内力包括弯矩、剪力和轴力。弯矩不作正负号的规定，但弯矩图要画在受拉的一侧；剪力符号的规定与材料力学相同；轴力以拉力为正。

三、三种内力图的绘制，都要很好掌握。弯矩图的绘制，应当熟练掌握。

绘制内力图的基本方法是截面法。求哪个截面的内力，就把哪个截面切开，任取其中一部分为隔离体，利用平衡条件求出内力。这是最根本的方法，必须牢记。

绘制弯矩图时，注意以下几点：

（1）杆件的铰支端，若无外力偶作用，则弯矩等于零。

（2）若一个刚节点只联结两个杆，且无外力偶作用，则弯矩图或者都在节点外面，或者都在节点里面。

（3）杆件上无外力作用时，其弯矩图按直线变化。若剪力等于零，则弯矩为常数；若剪力为非零常数，则弯矩图为一斜直线，其斜率等于剪力。

（4）杆件上有分布荷载时，弯矩图的凸向总是与荷载指向相同。

（5）对于荷载较为复杂的杆件，宜通过简支梁计算：首先求出杆端弯矩，然后在杆端弯矩和杆上荷载共同作用下，通过简支梁，用叠加法画弯矩图。

四、作出的内力图需要验算。验算的原则是：利用在计算过程中没有使用过的隔离体和没有使用过的平衡条件。

验算用的隔离体可以是一个节点，也可以是一个杆件，还可以是一大块结构。

验算时要注意不丢掉任何力。如验算节点平衡条件时，不要忘记作用在节点上的外力偶和集中力；又如验算一大块结构的平衡条件$\sum M = 0$时，不要忘记暴露出的截面的剪力和轴力对矩心的力矩。

五、计算斜杆刚架的基本方法也是截面法。截面垂直于杆轴，内力图的纵标也要垂直于杆轴。

六、计算复杂刚架要先分析其几何组成。计算三铰刚架可用双截面法；对于带拉杆的三铰刚架（例题 3-16）宜用截面法；求解主从刚架要先算附属部分。处理非刚架的其他复杂结构，方法类似。

七、静定体系的静力特征是在任意荷载作用下，其所有的支座反力及内力均可由平衡条件求出，且其值是唯一的和有限的。静定体系的几何特征是无多余约束的几何不变体系。

对于静定体系，能满足平衡条件的答案是唯一的。这种性质称作静定体系答案的唯一性。由此，可以得到静定体系的一些性质。掌握静定体系的静力特征和几何特征及其性质，将有助于结构的计算。

八、最后再次指出，本章内容是结构力学中最重要的部分，必须熟练掌握，否则无法继续学习后续的内容。要认真领会基本概念和计算方法，并认真完成习题，方能达到要求。

习　题

一、是非题

3-1　图示结构的支座反力的解是正确的。（　　）

3-2　图示结构中 AB 杆 A 端的弯矩 $M_{AB}=Pl/2$，下侧受拉。（　　）

3-3　图示结构中 $M_{BC}=50\mathrm{kN\cdot m}$，左侧受拉，$Q_{BA}=0$，$N_{BD}=0$。（　　）

3-4　图示结构中的反力 R 等于 $(ql/2)\cdot\cos\alpha$。（　　）

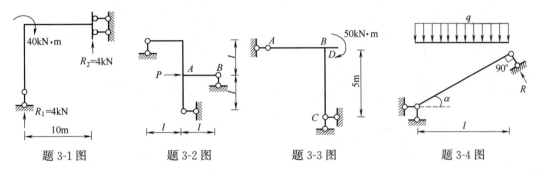

題 3-1 图　　　　題 3-2 图　　　　題 3-3 图　　　　題 3-4 图

3-5　同一简支斜梁，分别承受图示两种不同分布但集度相等的均布荷载，两者的截面 K 的弯矩值 M_K 相同。（　　）

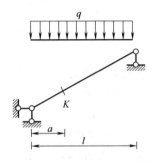

題 3-5 图

3-6　图示结构中 BA 杆 B 端弯矩 $M_{BA}=20\mathrm{kN\cdot m}$（右侧受拉）。（　　）

3-7　图示结构的弯矩图是正确的。（　　）

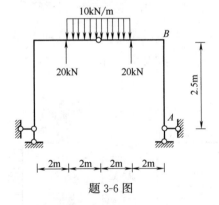
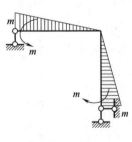

題 3-6 图　　　　　　　　　題 3-7 图

3-8　作静定结构内力分析时，不必考虑变形条件。（　　）

二、选择题

3-9　图示结构中，支座 A 的反力 X、Y、M 分别为（　　）。

A. P，$2P$，Pl　　　　　　　　　B. $-P$，$-2P$，Pl

C. P，$-2P$，0　　　　　　　　　D. $-P$，$2P$，0

3-10 图示结构中，截面 K 的弯矩为（　　）。

A. 使左侧受拉

B. 使右侧受拉

C. 为零

D. 有以上三种可能

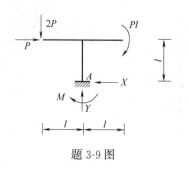

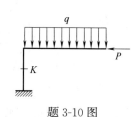

题 3-9 图

题 3-10 图

3-11 静定结构内力图的校核要求是（　　）。

A. 满足平衡条件

B. 满足变形条件

C. 既满足平衡条件，又满足变形条件

D. 非以上三种情况

3-12 图示结构中，若改变 B 点链杆方向（不能通过铰 A），则对梁的影响是（　　）。

A. 全部内力都有变化

B. 全部内力都没有变化

C. 只是弯矩有变化

D. 只是弯矩没有变化

3-13 图示结构中，AB 杆 A 端的弯矩 M_{AB} 为（　　）。

A. $2Pa$（上侧受拉）

B. Pa（上侧受拉）

C. 0

D. Pa（下侧受拉）

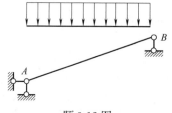

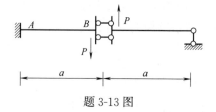

题 3-12 图

题 3-13 图

3-14 图示情况中，正确的 M 图形状是（　　）。

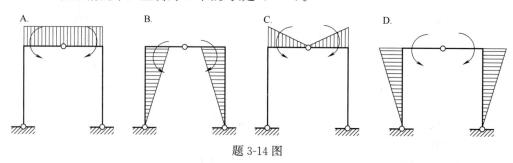

题 3-14 图

3-15 荷载作用下的静定结构，其全部反力及内力（　　）。

A. 仅由平衡条件即可唯一确定

B. 仅由平衡条件可以求得，但有时不唯一确定

C. 仅由平衡条件不能唯一确定

D. 在综合考虑平衡条件及变形条件时才能唯一确定

3-16　图示同一结构承受不同荷载，支座反力的关系为（　　）。

A. $V=V'$，$H=H'$

B. $V\neq V'$，$H\neq H'$

C. $V=V'$，$H\neq H'$

D. $V\neq V'$，$H=H'$

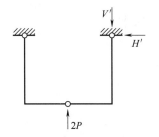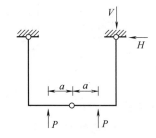

题 3-15 图

3-17　静定结构在支座移动时：（　　）。

A. 有变形，有位移，有内力

B. 无变形，无位移，无内力

C. 有变形，无位移，有内力

D. 无变形，有位移，无内力

三、填充题

3-18　图示结构中反力 $V=$_____，反力 $H=$_____。

3-19　图示结构中 AB 杆 A 端的弯矩 $M_{AB}=$_____，_____侧受拉。

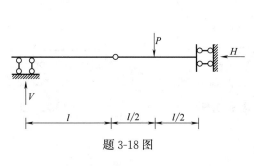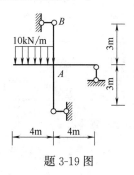

题 3-18 图　　　　　　　　　　　　　题 3-19 图

3-20　图示结构中 $M_{BA}=$_____，$Q_{CB}=$_____，$N_{DC}=$_____。

3-21　图示的两个单跨梁中，截面 A 和截面 B 的弯矩_____同，剪力_____同，轴力_____同。

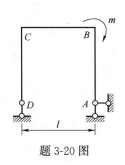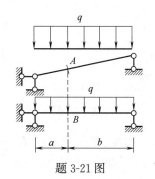

题 3-20 图　　　　　　　　　　　　　题 3-21 图

3-22 对图示结构作内力分析时，应先计算_____部分。

3-23 图示结构中，当一个集中力偶分别作用在铰 C 稍偏左或稍偏右的截面时，分析 $ABCD$ 部分内力的顺序_____同，CD 部分的受力_____同。

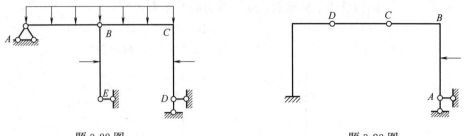

题 3-22 图   题 3-23 图

四、计算分析题

3-24～3-29 作下列梁的弯矩图。

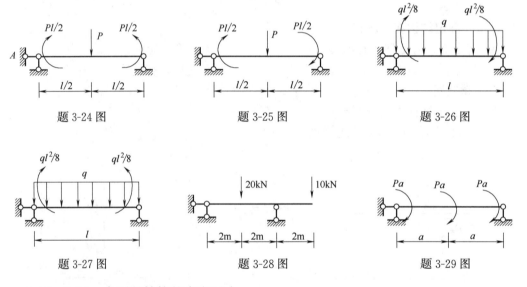

题 3-24 图   题 3-25 图   题 3-26 图

题 3-27 图   题 3-28 图   题 3-29 图

3-30～3-33 求图示结构的支座反力。

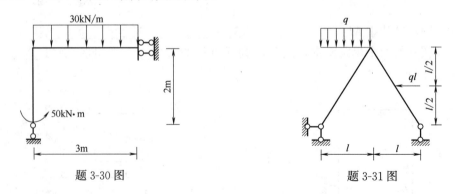

题 3-30 图   题 3-31 图

3-34 求图 3-15a 所示刚架中截面 2—2（柱子顶端）、截面 3—3（横梁左端）、截面 4—4（铰支端截面）上的 M、Q、N，并作验算。

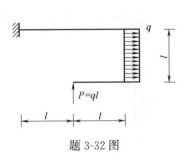

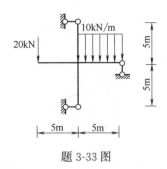

题 3-32 图　　　　　　　　题 3-33 图

3-35　解出前题后，取出刚节点 C（图 3-15a），画出受力图，验算其是否平衡；找出柱顶 M、Q、N 与横梁左端 M、Q、N 之间的关系；指出铰支端截面弯矩是多少。

3-36　对于图示刚架，按下列步骤和要求完成：

（1）直接用截面法求出 BD 杆 B 端的 M、Q、N。

（2）先求 AB 杆 B 端的 M、Q、N，再求 BC 杆 B 端的 M、Q、N，然后截取节点 B，由平衡条件求出 DB 杆 B 端的 M、Q、N。

（3）对比（1）与（2）的结果。

3-37　求图示刚架中截面 1—1、2—2 的弯矩。

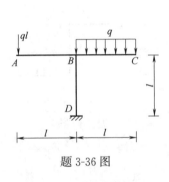

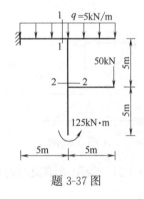

题 3-36 图　　　　　　　　题 3-37 图

3-38　求图示刚架中截面 1—1 的弯矩。

3-39　图示刚架中，杆 CB 的轴力是否为压力 P？求出两杆中的轴力及剪力。

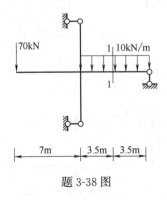

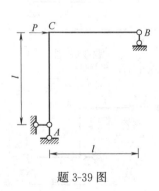

题 3-38 图　　　　　　　　题 3-39 图

3-40、3-41　求图示刚架中与节点 C 所联结的杆的杆端弯矩。

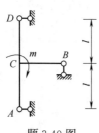

题 3-40 图

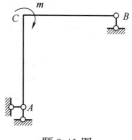

题 3-41 图

3-42　绘题 3-40 图所示刚架的弯矩图。

3-43　绘题 3-41 图所示刚架的弯矩图。

3-44～3-47　绘图示刚架的弯矩图。

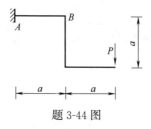

题 3-44 图

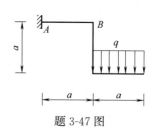

题 3-45 图

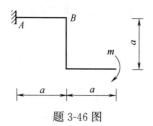

题 3-46 图

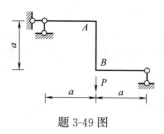

题 3-47 图

3-48～3-51　绘图示刚架的弯矩图。

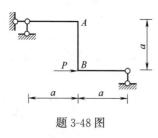

题 3-48 图

题 3-49 图

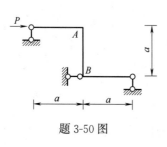

题 3-50 图

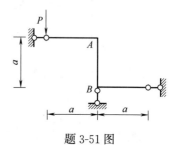

题 3-51 图

3-52～3-54　绘图示刚架的弯矩图。

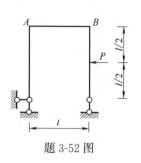

题 3-52 图

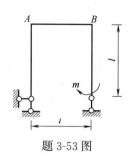

题 3-53 图

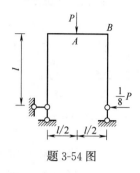

题 3-54 图

3-55～3-57　绘图示刚架的弯矩图。

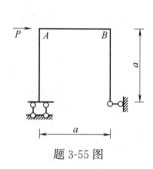

题 3-55 图

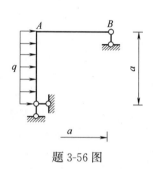

题 3-56 图

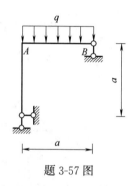

题 3-57 图

3-58～3-60　绘图示体系的内力图（M、Q、N 图）。

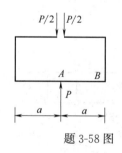

题 3-58 图

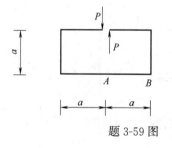

题 3-59 图

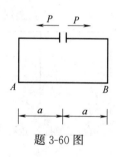

题 3-60 图

3-61、3-62　绘图示结构的 M、Q、N 图。由计算结果可以得到一些什么结论？

3-63　绘图示刚架的 M、Q、N 图。求 DE 杆中的最大弯矩。

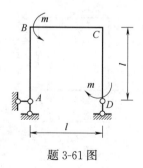

题 3-61 图

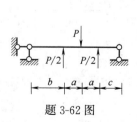

题 3-62 图

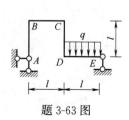

题 3-63 图

3-64～3-66　已知图示结构的弯矩图，求作它们的剪力图和轴力图。

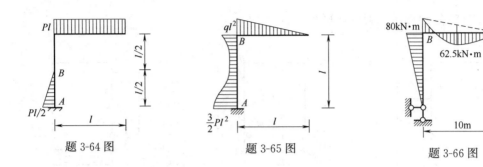

题 3-64 图　　　题 3-65 图　　　题 3-66 图

3-67　作图示斜杆刚架的 M、Q、N 图。

3-68　作图示斜杆刚架的弯矩图。

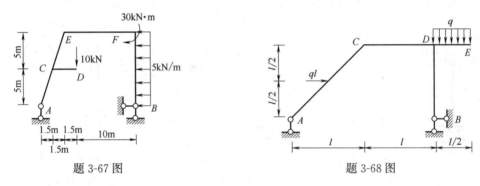

题 3-67 图　　　题 3-68 图

3-69～3-74　绘图示刚架的 M、Q、N 图。

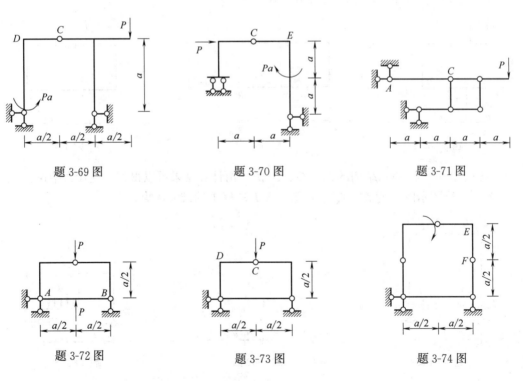

题 3-69 图　　　题 3-70 图　　　题 3-71 图

题 3-72 图　　　题 3-73 图　　　题 3-74 图

3-75～3-80　绘图示结构的 M、Q、N 图。

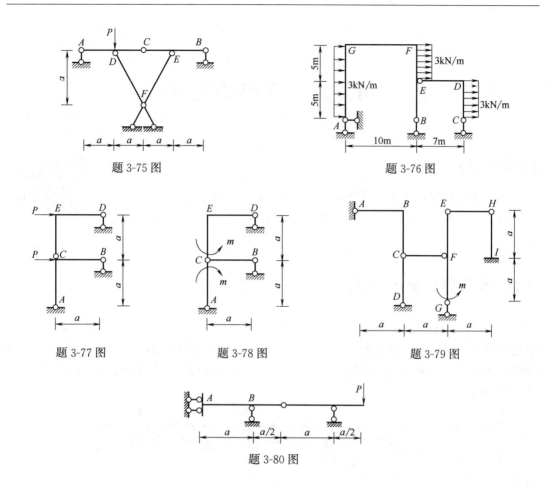

题 3-75 图

题 3-76 图

题 3-77 图

题 3-78 图

题 3-79 图

题 3-80 图

第 4 章　多跨静定梁

【学习指导】

一、本章的学习重点是多跨静定梁的内力计算，要求掌握。

二、学好本章的关键在于分清基本部分与附属部分，即分清主从关系。

4-1　多跨静定梁的组成

多跨静定梁是由若干个单跨静定梁用铰联结而成的。由于它能跨越几个相连的跨度，且受力性能又优于一串简支梁（见后面的分析），所以在桥梁工程中常被采用。房屋建筑中的木檩条有时也采用这种结构形式，图 4-1a 所示即木檩条的构造简图，其计算简图如图 4-1b 所示。

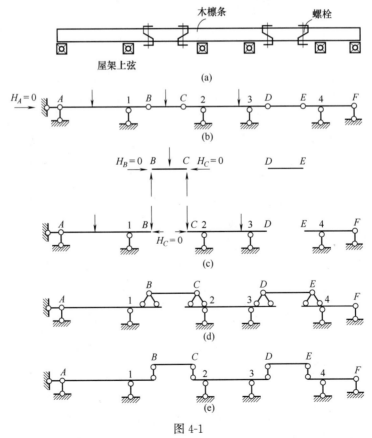

图 4-1

该体系是无多余约束的几何不变体系（请自行分析），因而是静定的；又由于是多跨的（A1、12 等均称为跨），故名多跨静定梁。

从几何构造来看，多跨静定梁由基本部分及附属部分组成。

这里所谓的基本部分较前面的定义要广泛些。基本部分是可以独立平衡其上作用的外力的部分，它可以是几何不变的，也可以是几何可变的。本章所指的基本部分或附属部分都是针对竖向荷载而言。

为了分辨主从关系，将各单跨梁间的约束（B、C、D、E 铰）切断（图 4-1c）。根据上述定义，梁 AB 是基本部分，它是几何不变的。梁 CD 和梁 EF 也是基本部分，虽然它们是几何可变的，但是能独立平衡竖向外力。而梁 BC 与梁 DE 则是附属部分，因为它们不能单独平衡竖向外力；只有依靠基本部分，它们才能维持平衡。

为了较清楚地表明各部分之间的主从关系，把附属梁（附属部分）放在基本梁（基本部分）上面，把铰用两个支杆代替，如图 4-1d 所示，称为主从关系图或层次图。

这里有个问题，梁 BC 及梁 DE 各有四个支杆，它们还是静定的吗？回答是肯定的。见图 4-1b，在竖向荷载作用下，由整体平衡条件 $\sum X = 0$ 可知，多跨静定梁的水平支座反力等于零，进而可推知各个铰处的水平约束力均为零（图 4-1c），因此，梁 BC 及梁 DE 都是静定的。

基于上述分析可知，在竖向荷载作用下，多跨静定梁中无轴力，于是附属梁向基本梁只传递竖向力。因此，层次图 4-1d 也可用图 4-1e 表示。

多跨静定梁的组成方式，常见的有以下三种：

（1）依次搭接。除一跨为基本梁外，其余各个梁依次附属前一个梁，如图 4-2a 所示。它们的特征是除一跨外，其余各跨均有一个铰，其层次图如图 4-2b 所示。

（2）主从相间。基本梁和附属梁相间排列（图 4-1）。它们的特征是无铰跨和有铰跨交替出现。

（3）混合组成。上述两种方式的混合形式，如图 4-3 所示。

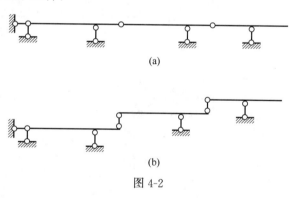

图 4-2

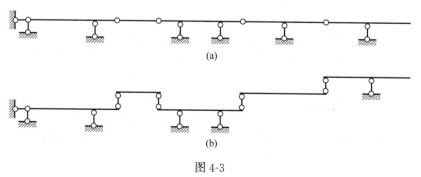

图 4-3

图 4-4 所示的多跨静定梁组成方式特殊。它有两个水平支杆，基本梁和附属梁的联结

不用铰而用一个竖向链杆。这种联结方式可以保证在非竖向（平向或斜向）荷载作用下也只传递竖向力。

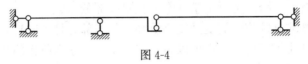

图 4-4

4-2 多跨静定梁的内力计算

多跨静定梁是主从结构。如所已知，力作用在基本梁上时附属梁不受力，力作用在附属梁上时附属梁和基本梁都受力。因此，应当先计算附属梁，后计算基本梁。

【**例题 4-1**】 计算图 4-5a 所示多跨静定梁，绘其弯矩图及剪力图。

【**解**】 将铰 C 及 F 切断，可以看出，中间的梁 $CDEF$ 是基本梁，两边的梁 ABC 及

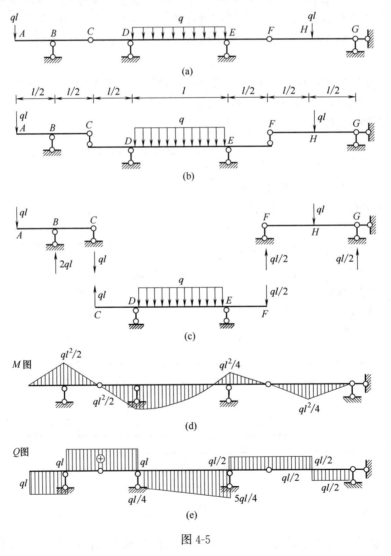

图 4-5

FHG 是附属梁。层次图示于图 4-5b。

先算附属梁 ABC 及 FHG（图 4-5c），然后将约束反力反方向作用在基本梁 $CDEF$ 上，再计算基本梁。

分别绘制各个单跨梁的弯矩图与剪力图，合在一起，即得到多跨静定梁的弯矩图与剪力图（图 4-5d、e）。

合成弯矩图及剪力图时须注意，由于 BD 间无外力作用，弯矩图应为一直线，剪力是常数；右面 EH 段也是如此。

若多跨静定梁上只有一个力作用，则利用 M 与 Q 间的微分关系可以简捷地画出弯矩图及剪力图。

【例题 4-2】 绘图 4-6a 所示多跨静定梁的弯矩图。

【解】 主从关系图示于图 4-6b。

先分析多跨静定梁的受力范围。力 P 作用在左边附属梁上，左边附属梁和基本梁受力，右边附属梁不受力。由于右边附属梁不受力，所以基本梁上的挑臂 EF 也不受力，截面 E 上的弯矩等于零。因此受力范围限于 A 至 E 的区间。

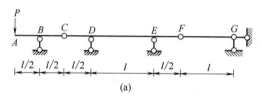

(a)

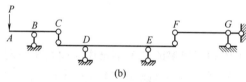

(b)

下面画弯矩图。AB 间的弯矩图可以立即画出，按挑臂处理。BD 间无外力作用，弯矩图应是一直线。又由铰 C 处弯矩等于零，于是 BCD 段的弯矩图即可画出。DE 间无外力作用，弯矩图应是一直线，又由前面分析已知 E 处弯矩等于零，由此 DE 段的弯矩图也就可以确定了。全部弯矩图如图 4-6c 所示。

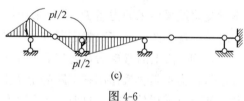

(c)

图 4-6

如果集中力 P 作用在铰上，可按 P 由基本梁承受而附属梁不受力处理，即直接把外力加在基本梁上。

【例题 4-3】 分析图 4-7a 所示多跨静定梁的受力情况。

【解】 可以认为力 P 作用于铰 E 稍左边（即作用在基本梁上），也可以认为作用于铰 E 稍右边（即附属梁上），结论是一样的，即力 P 由基本梁承受，附属梁不受力。

如果认为力 P 作用在附属梁上，则附属梁的支座反力情况如图 4-7b 所示：力 P 为左边支杆 E（实为基本梁）所承受，右支座反力等于零。故附属梁中的内力为零，力 P 为基本梁所承受（图 4-7c）。

【例题 4-4】 绘图 4-8a 所示多跨静定梁的弯矩图。

【解】 切断约束 CD，可以看出梁 ABC 是基本部分，而梁 DE 是附属部分。这个多跨梁的特点是，

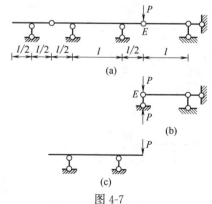

图 4-7

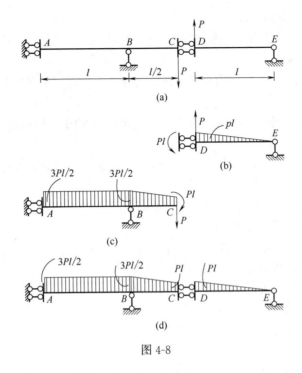

图 4-8

基本梁和附属梁的联结不是用铰而是用一对平行链杆。

先算附属梁（图 4-8b）。一对平行杆（定向支座）产生反力矩 Pl，水平反力等于零。基本梁受附属梁传来的力矩 Pl 及原来作用在它上面的力 P 作用（图 4-8c）。分别画出两个单跨梁的弯矩图，原多跨静定梁的弯矩图如图 4-8d 所示。

注意 BC 段上的弯矩图，它与 DE 段上的弯矩图斜率相同，因剪力都等于 P。

通常，力不是直接作用在多跨静定梁上，而是经过节点传递。如作用在桥面系统上的荷载，要经过横梁传下来。这时，上面的传递梁简化为简支梁（图 4-9a）。先计算传递梁的支座反力（图 4-9b），然后反其方向作用在下面的多跨静定梁上，作为荷载进行计算（图 4-9c）。

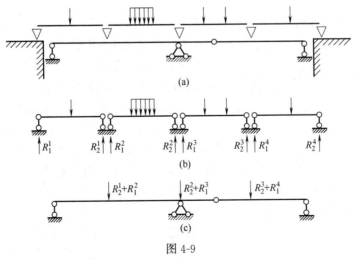

图 4-9

4-3 多跨静定梁的受力特点

下面通过一个例题说明多跨静定梁的受力特点。

【例题 4-5】 对于图 4-10a 所示两跨静定梁，欲使 AB 跨的正弯矩与支座截面 B 的负弯矩的绝对值相等，试确定铰 D 的位置。

【解】 先算附属梁 AD（图 4-10b），求得其支座反力均为 $\dfrac{q(l-x)}{2}$，跨中最大正弯矩为：

$$M_E = \frac{q(l-x)^2}{8}$$

再计算基本梁 DC（图 4-10c），将附属梁支座 D 的反力反其向加在基本梁上。支座截面 B 将产生最大负弯矩，其绝对值为：

$$M_B = \frac{q(l-x)}{2}x + \frac{qx^2}{2}$$

令 $M_E = M_B$，有：

$$\frac{q(l-x)^2}{8} = \frac{q(l-x)}{2}x + \frac{qx^2}{2}$$

解得：

$$x = 0.172l$$

铰 D 的位置确定后，即可绘出弯矩图，如图 4-10d 所示。

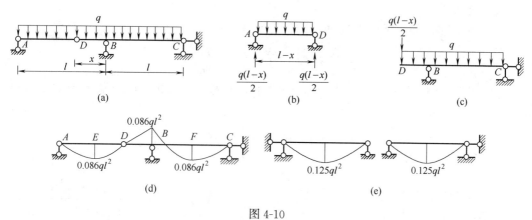

图 4-10

若用跨度为 l 的两个简支梁代替这个两跨静定梁，则得弯矩图如图 4-10e 所示。可以算出，两跨静定梁弯矩的峰值是两个简支梁的弯矩的峰值的 68.8%。其原因是两跨静定梁的基本梁带挑臂，这一方面减小了附属梁的跨度，另一方面使支座 B 产生负弯矩，从而抵消了一部分跨中荷载所产生的正弯矩。

一般说来，与一串简支梁相比，多跨静定梁的弯矩较小而分布较均匀。这样，材料相对节省，但构造复杂些。

小　结

一、多跨静定梁是主从结构，由基本梁和附属梁组成。分清主从关系是计算的关键。

二、基本梁是可以独立平衡其上作用的外力部分，它可以是几何不变的，也可以是几何可变的。附属梁只有依靠基本梁才能维持平衡。而本章所指的基本梁或附属梁是针对竖向荷载而言。

三、力作用在基本梁上时，附属梁不受力；而力作用在附属梁上时，附属梁及基本梁都受力。在联结基本梁与附属梁的铰上作用有集中力时，只有基本梁受力。

四、先算附属梁，后算基本梁。

习　题

一、是非题

4-1　图示结构中支座 B 反力向上且等于 $2P$。（　　）

4-2　图示多跨静定梁中任一截面的剪力均不为零。（　　）

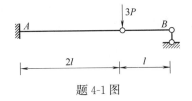

题 4-1 图

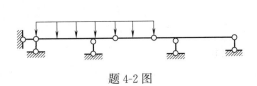

题 4-2 图

二、选择题

4-3　图示多跨静定梁中，截面 C 的剪力为（　　）。

A. 0　　　　　　　　　　　　　　　　B. $-ql$

C. $3ql$　　　　　　　　　　　　　　D. $-3ql$

4-4　图示多跨静定梁中，AB 杆 A 端的剪力 Q_{AB} 与 DC 杆 D 端剪力 Q_{DC} 相比（　　）。

　　A. $|Q_{AB}| > |Q_{DC}|$　　　　　　　B. $|Q_{AB}| < |Q_{DC}|$

　　C. $|Q_{AB}| \neq |Q_{DC}|$　　　　　　D. $|Q_{AB}| = |Q_{DC}|$

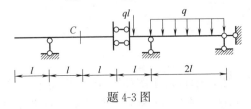

题 4-3 图

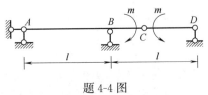

题 4-4 图

4-5　图示多跨静定梁中，支座 B 的反力 R_B 和截面 E 的弯矩 M_E 分别为（　　）。

A. 20kN（↑），0　　　　　　　　　B. 20kN（↑），20kN·m（上拉）

C. 30kN（↑），0　　　　　　　　　D. 30kN（↑），20kN·m（上拉）

4-6　图示多跨静定梁中（　　）。

A. $Q_{AB}=0$　　　　　　　　　　B. $Q_{BC}=ql$

C. $R_D=ql$（↑）　　　　　　　　D. $M_{AB}=8ql^2$（上拉）

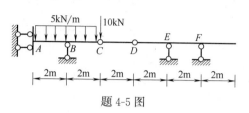

题 4-5 图

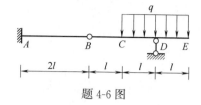

题 4-6 图

三、填充题

4-7　图示多跨静定梁中，截面 A 的弯矩等于_____，铰 B 右侧截面的剪力等于_____。

4-8　多跨静定梁的结构图及剪力图如图所示，其支座反力 $R_A=$_____ kN，方向朝_____；$R_B=$_____ kN，方向朝_____。

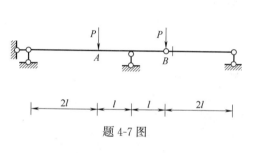

题 4-7 图

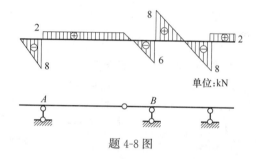

题 4-8 图

四、计算分析题

4-9～4-11　绘图示多跨静定梁的弯矩图和剪力图。

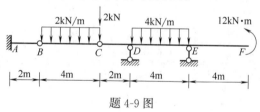

题 4-9 图

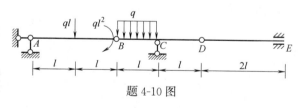

题 4-10 图

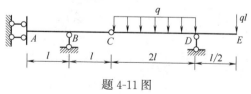

题 4-11 图

4-12～4-15　绘图示多跨静定梁的弯矩图。

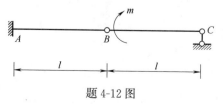

题 4-12 图

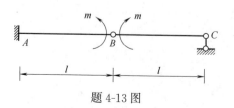

题 4-13 图

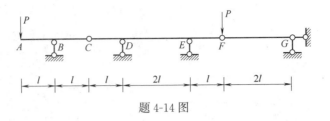

题 4-14 图

4-16 分析图示体系的主从关系，并绘制 M、Q、N 图。

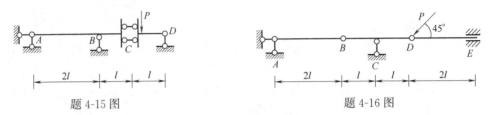

题 4-15 图 　　　　　　　　　　　 题 4-16 图

4-17 绘图示多跨静定梁在节点荷载作用下的弯矩图。

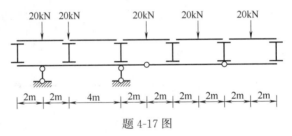

题 4-17 图

4-18 在图示结构中选择铰 E、F 的位置（求 x），使 AB 跨及 CD 跨中间截面的正弯矩与支座 B、C 的负弯矩的绝对值相等。

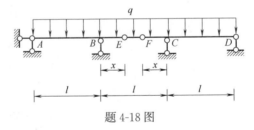

题 4-18 图

第5章 三 铰 拱

【学习指导】

    一、理解拱的受力特点。

    二、掌握三铰拱的解法，重点是在竖向荷载作用下，两个支座在同一水平线上的三铰拱的反力及内力计算。

    三、理解三铰拱合理拱轴的概念。

5-1 三铰拱概述

    拱是在竖向荷载作用下能产生水平反力的曲杆结构，如图 5-1 所示。图 5-2 所示的结构不是拱，虽然杆轴线也是曲线，但是在竖向荷载作用下，它的水平反力等于零，产生使下部受拉的正弯矩，其弯矩图与直梁相同，故称之为曲梁。所以，在竖向荷载作用下有无水平反力，是拱与梁的基本区别。

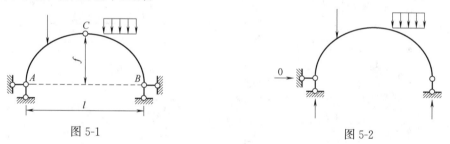

图 5-1   图 5-2

    由于水平反力的存在，拱中的弯矩比梁中的弯矩小，因为水平反力产生负弯矩（使上面受拉），可以抵消部分正弯矩（详见第 5-2 节的分析）。通常，拱中剪力也较小，拱主要承受压力。因此，可以充分利用砖、石、混凝土等受压能力强而抗拉能力差的材料建造拱。

    与承受弯矩不同，结构承受压力时，应力沿截面高度分布较均匀，因而节省材料，同时减轻自重。而自重对大跨度结构来说是主要荷载，所以拱适用于大跨度结构。此外，用拱作为上部结构时，其下有较大空间可以利用。

    拱也有其缺点。它除对基础或下部支承结构施加压力外，还施加水平推力，这样就会增加基础材料用量。此外，拱的曲线形状也给施工带来不便。

    图 5-1 所示的拱称为三铰拱。它是由三个刚片（其中之一是地球）用三个铰联成的静定结构。铰 A 和 B 称为**拱脚铰**，铰 C 称为**顶铰**，l 称为**跨度**，f 称为**拱矢或矢高**。拱矢与跨度之比 f/l，称为矢跨比。

    为了消除对支座的水平推力，有时采用带拉杆的三铰拱（图 5-3），即去掉图 5-1 所示三铰拱中的一个水平支杆，而以拉杆 AB 代替。拉杆中的拉力代替支座水平反力的作用，产生负弯矩，所以这种带拉杆的三铰拱的受力情况与先前的三铰拱相同。其几何组成为联合结构（两个刚片用一铰及一链杆相联）。为了增大可利用的空间，有时将拉杆布置得较高（图 5-4）。

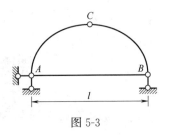
图 5-3

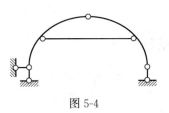
图 5-4

5-2　三铰拱的内力计算

这里讨论的是常见的情况，即两个拱脚铰在同一水平线上，承受竖向荷载（图 5-5a）的结构。

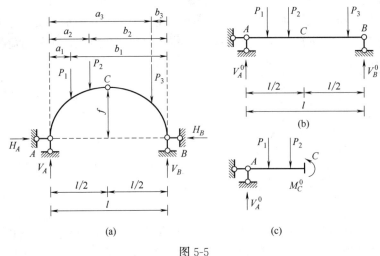

(a)　　　　　(c)

图 5-5

一、支座反力

三铰拱有四个支座反力，其解法与三铰刚架相同（因为三铰拱与三铰刚架的几何组成相同），采用双截面法，即由下面四个平衡条件确定：

$\sum M_A = 0$、$\sum M_B = 0$、$\sum X = 0$、$\sum_{左} M_C = 0$（$\sum_{右} M_C = 0$）。前三个是整体平衡条件，后一个是截面 C（顶铰处）无弯矩条件。

由 $\sum M_B = 0$，得：

$$V_A = \frac{P_1 b_1 + P_2 b_2 + P_3 b_3}{l} = \frac{\sum P_i b_i}{l}$$

由 $\sum M_A = 0$，得：

$$V_B = \frac{P_1 a_1 + P_2 a_2 + P_3 a_3}{l} = \frac{\sum P_i a_i}{l}$$

由 $\sum X=0$，得：

$$H_A=H_B=H$$

取左半部（或右半部）为隔离体，由 $\sum_{\text{左}} M_C=0$，得：

$$H=H_A=\frac{V_A\dfrac{l}{2}-P_1\left(\dfrac{l}{2}-a_1\right)-P_2\left(\dfrac{l}{2}-a_2\right)}{f}$$

为概念清晰和计算简便，常将拱的支座反力及内力与梁的相对比。具有与拱相同跨度和相同荷载的梁称为**相应简支梁**，也叫"代梁"（图 5-5b）。相应简支梁的竖向支座反力用 V_A^0、V_B^0 表示。V_A^0 也由 $\sum M_B=0$ 求得，其表达式与拱的支座反力 V_A 的表达式完全相同，所以有：

$$V_A=V_A^0 \tag{5-1}$$

同理：

$$V_B=V_B^0 \tag{5-2}$$

又注意到水平反力 H 的表达式中的分子恰是相应简支梁截面 C 的弯矩 M_C^0（图 5-5c），这样，H 的表达式为：

$$H=\frac{M_C^0}{f} \tag{5-3}$$

由此得到结论：**在竖向荷载作用下，三铰拱的竖向支座反力与相应简支梁的竖向支座反力相同；水平反力等于相应简支梁在对应于铰 C 处的弯矩 M_C^0 除以拱矢 f。**

由于相应简支梁中弯矩 M_C^0（在竖直向下荷载作用下）总是正的，又因为拱矢 f 也是正的，所以 H 是正的。即水平反力 H 方向总是与图 5-5a 中假设方向相同，指向内侧。这说明，基础总是向内推拱（拱向外推基础），故水平反力又名"推反力"，而拱属于有推力结构。

式 5-3 表明，H 与 f 成反比，即拱越扁平推反力越大。

式 5-3 还表明，若三个铰的位置一定（此时 M_C^0 及 f 一定），则任意改变拱轴形状时，推反力 H 不变。

二、内力

拱中产生 M、Q、N 三种内力，其正向如图 5-6 所示。即轴力沿拱轴切线作用，以拉力为正；剪力沿截面拱轴的法线作用，以使微段顺时针转动为正；弯矩以使里（下）面受拉为正。

下面讨论拱（图 5-7a）中任意一个截面 K（其形心的横坐标为 x_K，纵坐标为 y_K，切线倾角为 φ）的内力计算公式。作截面 Ⅰ—Ⅰ，取截面 K 左面为隔离体（图 5-7b）截面 K 的内力分别以 M_K、Q_K、N_K 表示，各内力均画成正的。

图 5-6

（1）弯矩：该截面的弯矩等于截面以左所有的力对截面形心的力矩之和。即

$$M_K=[V_A x_K-P_1(x_K-a_1)]-Hy_K$$

由于 $V_A=V_A^0$，故上式方括号内的值就是相对简支梁上截面 K 的弯矩 M_K^0（图 5-7c、d）。于是，上式可改写为：

$$M_K = M_K^0 - Hy_K \qquad (5-4)$$

此式即为三铰拱弯矩的表达式。它表明，三铰拱中的弯矩是两部分之差，一个是相应简支梁的弯矩 M_K^0（常为正弯矩），另一个是水平推反力 H 引起的负弯矩 Hy_K。因此拱中的弯矩常较相应简支梁中的弯矩要小。

（2）剪力：截面 K 的剪力等于该截面以左所有的力在该处拱轴法线方向投影之和。由图 5-7b 可知：

$$Q_K = (V_A - P_1)\cos\varphi - H\sin\varphi$$

式中，$(V_A - P_1)$ 就是相应简支梁上截面 K 的剪力 Q_K^0（图 5—7d）。于是，上式可改写为

$$Q_K = Q_K^0 \cos\varphi - H\sin\varphi \qquad (5-5)$$

式 5-5 是三铰拱剪力的表达式。

（3）轴力：截面 K 的轴力等于该截面以左所有的力在该处拱轴切线方向投影之和，由图 5-7b 可知：

$$N_K = -(V_A - P_1)\sin\varphi - H\cos\varphi$$

即

$$N_K = -[Q_K^0 \sin\varphi + H\cos\varphi] \qquad (5-6)$$

式 5-6 是三铰拱轴力的表达式。

需要注意，式 5-5 和式 5-6 是针对左半拱的截面推导的。不难证明，只要角 φ 取负值，这些算式也适用于计算右半拱的截面内力。这样，对于左半拱，φ 取正值，有 $\sin\varphi > 0$，$\cos\varphi > 0$；对于右半拱，φ 取负值，有 $\sin\varphi < 0$，$\cos\varphi > 0$。

利用内力表达式 5-4～式 5-6 可以求出三铰拱中任一截面的 M、Q、N，进而画出三铰拱的内力图。由于三铰拱的 M、Q、N 图都是曲线状的，所以需要把拱的水平投影等分成若干段，求出分界点对应截面中的内力，然后以曲线相连，即得相应的内力图。

在三铰拱中，任一截面的弯矩 M 与剪力 Q 之间有微分关系：

$$Q = \frac{dM}{dx}\cos\varphi \qquad (5-7)$$

证明如下：

$$M_x = M_x^0 - Hy$$

微分得：

$$\frac{dM_x}{dx} = \frac{dM_x^0}{dx} - H\frac{dy}{dx} = Q_x^0 - H \cdot \tan\varphi$$

等式两侧乘以 $\cos\varphi$ 得：

$$\frac{dM_x}{dx}\cos\varphi = Q_x^0 \cos\varphi - H\sin\varphi$$

即得：

$$Q_x = \frac{dM_x}{dx}\cos\varphi$$

或简写为：

$$Q = \frac{dM}{dx}\cos\varphi$$

即式 5-7。

注意到微段弧长 $ds = \dfrac{dx}{\cos\varphi}$，上式可改写为

$$Q = \frac{dM}{ds} \tag{5-8}$$

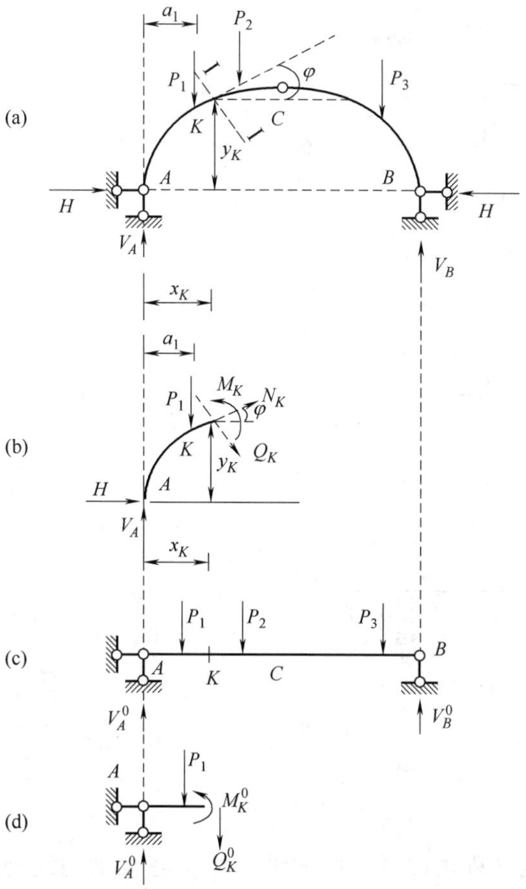

图 5-7

利用微分关系可以校核三铰拱的弯矩图及剪力图。如剪力等于零时弯矩取得极值，剪力为正时弯矩为增函数，剪力为负时弯矩为减函数等。

【例题 5-1】　绘制图 5-8a 所示三铰拱的 M、Q、N 图。拱轴方程为抛物线：$y = \dfrac{4f}{l^2}$ $x \cdot (l - x)$。

【解】

（1）将拱沿水平方向分为若干等分（本例为 8 等分，每段水平投影长 2m）。

（2）求出相应简支梁的支座反力及其弯矩 M^0 图、剪力 Q^0 图，如图 5-8b、c、d 所示。

（3）求解拱的支座反力

$$V_A = V_A^0 = 14\text{kN}$$

$$V_B = V_B^0 = 10\text{kN}$$

$$H = \frac{M_C^0}{f} = \frac{48}{4} = 12\text{kN}$$

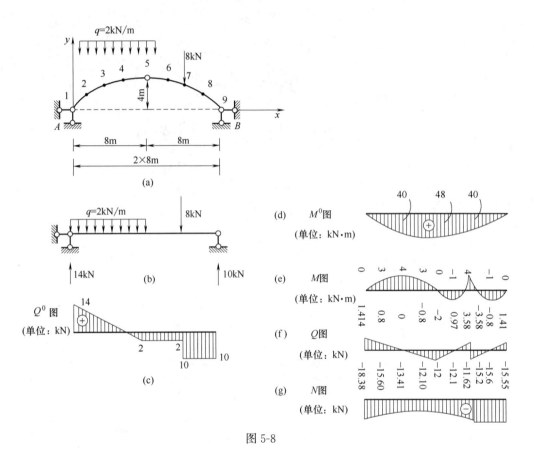

图 5-8

（4）根据所给拱轴方程求出各截面的纵坐标 y 各拱轴切线的倾角 φ（注意正负号）。为此，可先计算出拱的截面纵标表达式和拱轴的倾角表达式，得：

$$y = \frac{4f}{l^2} x(l-x) = \frac{4 \times 4}{(16)^2} x(16-x) = x - \frac{1}{16} x^2 \tag{5-9}$$

$$\tan \varphi = \frac{\mathrm{d}y}{\mathrm{d}x} = \frac{\mathrm{d}}{\mathrm{d}x}\left(x - \frac{1}{16} x^2\right) = 1 - \frac{1}{8} x \tag{5-10}$$

然后计算各个截面的 y 及 φ。下面以截面 3、截面 7 为例说明求解过程。

1）截面 3

$x = 4\text{m}$。按式 5-9 算得 $y = 3\text{m}$，按式 5-10 算得 $\tan \varphi = 1 - \frac{1}{8} \cdot 4 = \frac{1}{2}$，由此得 $\varphi = 26.57°$，$\cos \varphi = 0.894$，$\sin \varphi = 0.447$。

2）截面 7（在右半拱上）

得 $\varphi = -26.57°$，$\cos \varphi = 0.894$，$\sin \varphi = -0.447$。

（5）按式 5-4～式 5-6 计算各截面的内力。下面仍以截面 3、截面 7 为例说明。

1）截面 3

$$M=M^0-Hy=40-12\times3=4\text{kN}\cdot\text{m}$$

$$Q=Q^0\cos\varphi-H\sin\varphi=6\times0.894-12\times0.447=0$$

$$N=-[Q^0\sin\varphi+H\cos\varphi]=-[6\times0.447+12\times0.894]=-13.41\text{kN}$$

2）截面 7

$$M=M^0-Hy=40-12\times3=4\text{kN}\cdot\text{m}$$

因有集中力作用，相应简支梁剪力 Q^0 图有突变，因此拱的剪力和轴力也有突变，须分左右两个截面计算：

$$Q_{左}=Q^0_{左}\cos\varphi-H\sin\varphi=(-2)\times0.894-12\times(-0.447)=3.58\text{kN}$$

$$Q_{右}=Q^0_{右}\cos\varphi-H\sin\varphi=(-10)\times0.894-12\times(-0.447)=-3.58\text{kN}$$

$$N_{左}=-[Q^0_{左}\sin\varphi+H\cos\varphi]=-[(-2)\times(-0.447)+12\times0.894]$$
$$=-11.62\text{kN}$$

$$N_{右}=-[Q^0_{右}\sin\varphi+H\cos\varphi]=-[(-10)\times(-0.447)+12\times0.894]$$
$$=-15.20\text{kN}$$

其他截面的计算方法相同，表 5-1 列出了全部计算结果。

三铰拱的内力计算结果　　　　　　　　表 5-1

序号	截面几何参数						Q^0	弯矩计算			剪力计算			轴力计算		
	x	y	$\tan\varphi$	φ	$\sin\varphi$	$\cos\varphi$		M^0	$-Hy$	M	$Q^0\cos\varphi$	$-H\sin\varphi$	Q	$-Q^0\sin\varphi$	$-H\cos\varphi$	N
1	0	0	1	45°	0.707	0.707	14	0	0	0	9.898	−8.484	1.414	−9.898	−8.484	−18.38
2	2	1.75	0.75	36.87°	0.600	0.800	10	24	−21	3	8	−7.2	0.8	−6	−9.6	−15.6
3	4	3.00	0.5	26.57°	0.447	0.894	6	40	−36	4	5.364	−5.364	0	−2.682	−10.728	−13.41
4	6	3.75	0.25	14.04°	0.243	0.970	2	48	−45	3	1.94	−2.81	−0.87	−0.464	−11.64	−12.1
5	8	4.00	0	0	0	1	−2	48	−48	0	−2	0	−2	0	−12	−12
6	10	3.75	−0.25	−14.04°	−0.243	0.970	−2	44	−45	−1	−1.94	2.916	0.97	−0.486	−11.44	−12.1
7	12	3.00	−0.5	−26.57°	−0.447	0.894	−2 / −10	40	−36	4	−1.788 / −8.94	5.364	3.98 / −3.58	−0.894 / −4.47	−10.728	−11.62 / −15.2
8	14	1.75	−0.75	−36.87°	−0.600	0.800	−10	20	−21	−1	−8	7.2	−0.8	−6	−9.6	−15.6
9	16	0	−1	−45°	−0.707	0.707	−10	0	0	0	−7.07	8.48	+1.41	−7.07	−8.484	−15.55

（6）将各截面的 M、Q、N 值分别用曲线相连，即得 M、Q、N 图，如图 5-8e、f、g 所示。

（7）校核：

1）$Q=0$ 处对应 M 图上的极大值或极小值（符合微分关系）。

2）$Q>0$ 区间 M 图为上升曲线，$Q<0$ 区间 M 图为下降曲线（符合微分关系）。

3）在集中力作用处，Q 图及 N 图有突变。由于相应简支梁剪力的突变量为 $\Delta Q^0=-8\text{kN}$，按式 5-5、式 5-6 有：

$$\Delta Q=\Delta Q^0\cos\varphi=-8\times0.8944=-7.16\text{kN}$$

$$\Delta N=-\Delta Q^0\sin\varphi=-(-8)\cdot(-0.4472)$$
$$=-3.58\text{kN}$$

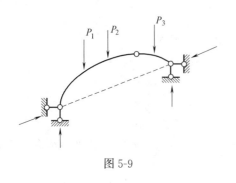

图 5-9

与 Q 图、N 图上的突变值符合。

以上是针对两个支座在同一水平线上的三铰拱进行讨论的。若两个支座不在同一水平线上（图 5-9），这种拱称为斜拱。求支座反力时，可用双截法。为避免解联立方程，常常将支座反力沿支座联线及竖向分解。求出支座反力后，内力可用截面法计算。

5-3　拱和梁的比较，合理拱轴的概念

由三铰拱的弯矩计算公式 $M_K = M_K^0 - Hy$ 可知，拱的弯矩比梁的弯矩小。这一点从图 5-10 看得更清楚。图 5-10a 表示受一集中力作用的三铰拱；图 5-10b 表示其相应简支梁的弯矩图（M^0 图），它是正的（下侧受拉）；图 5-10c 表示拱的水平推力 H 引起的弯矩图（Hy 图），它是负的（上侧受拉）；因为它与拱轴的纵标成正比，所以 Hy 图与拱轴具有同一形状。图 5-10d 表示该三铰拱的弯矩图，它等于上述两个正负弯矩图的叠加，在顶铰处弯矩为零。比较图 5-10d 与 b 可见，拱的弯矩较具有相同跨度、承受相同荷载的梁的弯矩小得多。

如上所述，Hy 图是负的，且与拱轴形状相同，这样，当荷载一定时，如果适当选取拱轴形状，使它与所给荷载在相应简支梁上引起的弯矩图（M^0 图）的形状一样（图 5-10e），则负的 Hy 图（图 5-10f）与正的 M^0 图互相抵消，而拱的弯矩为零，同时剪力也为零，只有轴力。此时，拱中各截面均处于均匀受压状态，材料得到充分利用，这样的拱是最经济、最理想的。把这种**使三铰拱中无弯矩、无剪力，只承受轴力的拱轴称为三铰拱的合理拱轴。**

在竖向荷载作用下，三铰拱的合理拱轴不难确定。其根据是，当拱轴为合理形式时，拱内各截面弯矩均为零。对于任意截面（其横坐标为 x），弯矩表达式（图 5-10b、c、d）为：

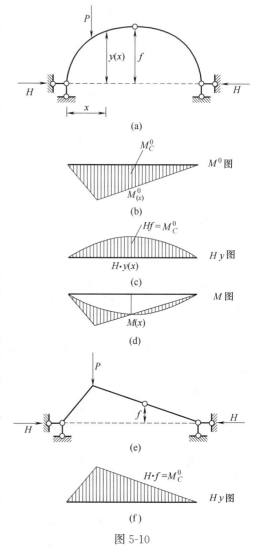

图 5-10

$$M(x) = M^0(x) - Hy(x)$$

令 $M(x) = 0$，有：

$$y(x) = \frac{M^0(x)}{H} \tag{5-11}$$

其中 H 按式 5-3 计算：

$$H = \frac{M_C^0}{f}$$

式 5-11 表明，在竖向荷载作用下，三铰拱的合理拱轴的纵坐标 y 与相应简支梁的弯矩图的纵坐标成正比，当拱上作用的荷载和矢高 f 已知时，只需写出相应简支梁的弯矩方程，然后除以推反力 H，即可得合理拱轴方程。

【例题 5-2】　求均布荷载下三铰拱（图 5-11a）的合理拱轴。

【解】　合理拱轴的表达式，按式 5-9 为：

$$y(x) = \frac{M^0(x)}{H}$$

在均布荷载作用下，相应简支梁 x 截面的弯矩表达式（图 5-11b、c）为：

$$M^0(x) = \frac{ql}{2}x - \frac{qx^2}{2}$$

推反力 H 等于：

$$H = \frac{M_C^0}{f} = \frac{ql^2/8}{f} = \frac{ql^2}{8f}$$

于是

$$y(x) = \frac{M^0(x)}{H} = \frac{8f}{ql^2}\left(\frac{ql}{2}x - \frac{qx^2}{2}\right)$$

或

$$y(x) = \frac{4f}{l^2}x(l-x)$$

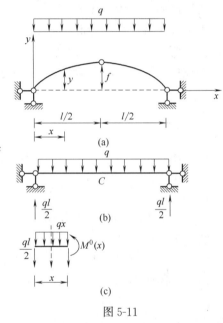

图 5-11

这就是均布荷载作用下三铰拱的合理形式，它是一条抛物线。这样的拱叫抛物线拱。

应当指出，一种合理拱轴只对应于一种荷载情况，荷载发生变化，合理拱轴也将随之改变。对于除承受恒荷载外还承受活荷载的拱，要想在所有荷载情况下均无弯矩是不可能的，设计时只能根据主要荷载选择合理拱轴。

小　结

一、在竖向荷载作用下能产生水平反力，是拱与梁的基本区别。

二、三铰拱与三铰刚架的几何组成相同，支座反力的计算方法一样，也是用双截面法。

三、三铰拱的内力计算仍是采用截面法。截面不是水平的，也不是竖直的，而是垂直于杆轴切线方向。

在竖向荷载作用下，拱脚铰在同一水平线上时，三铰拱的内力算式为式 5-4～式 5-6。

任何截面的内力均可按上面的算式求解。对于左半拱的截面，φ 取正值，对于右半拱的截面，φ 取负值。

也可以不用上面的算式，用截面法直接计算指定截面内力。在非竖向力作用下更是这样。

四、在三铰拱中，剪力与弯矩存在微分关系：

$$Q = \frac{\mathrm{d}M}{\mathrm{d}s}$$

可以此校核弯矩图和剪力图。

五、三铰拱与梁相比，由于水平推力的存在而产生负弯矩，使拱中弯矩大为减小。

在设计中，拱轴轴线的形状是可以选择的。若选择的拱轴纵坐标与相应简支梁弯矩图的纵坐标成比例，即拱的形状与相应简支梁弯矩图的形状一样，则在所给荷载作用下，三铰拱中无弯矩、无剪力，只有轴压力，这种情况下的拱轴称为合理拱轴。

带拉杆的三铰拱的内力算式与三铰拱的算式相同，因此合理拱轴也相同。

习　题

一、是非题

5-1　区别拱和梁要看它在竖向荷载作用下能否产生水平推力，并非由杆轴线形状而定。（　　）

5-2　在确定的竖向荷载作用下，三铰拱的水平推力仅与矢跨比（f/l）相关，而与轴线形式无关。（　　）

5-3　图示结构中，杆 AB 的内力 $N_{AB} = 60\mathrm{kN}$，杆 BC 的内力 $N_{BC} = 30\mathrm{kN}$。（　　）

5-4　图示结构中，$M_{BA} = 5\mathrm{kN \cdot m}$，下侧受拉，$M_{BC} = 5\mathrm{kN \cdot m}$，上侧受拉。（　　）

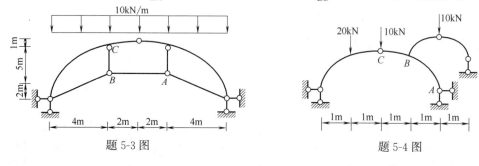

题 5-3 图　　　　　　　　　题 5-4 图

5-5　图示结构中，铰 C 在结构轴线任何位置，所示结构形状均为合理形式，即只产生轴力，而无弯矩和剪力。（　　）

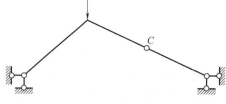

题 5-5 图

二、选择题

5-6　图示结构中水平推力 H 为（　　）。

A. 0   B. 10kN

C. 20kN   D. 30kN

5-7　图示结构中，若水平推力 $H=P/2$，则矢跨比 f/l 等于（　　）。

A. 1/8   B. 1/4

C. 1/2   D. 1

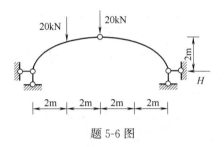

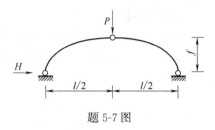

题 5-6 图　　　　　　　　　　　　　　　题 5-7 图

5-8　图示结构中，链杆 DE 的内力为（　　）。

A. -5kN   B. 5kN

C. -15kN   D. 15kN

5-9　图示结构中，铰 C 右侧截面的剪力和轴力分别为（　　）。

A. -4kN，0   B. 4kN，0

C. -2kN，-12kN   D. 2kN，12kN

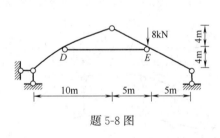

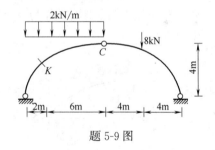

题 5-8 图　　　　　　　　　　　　　　　题 5-9 图

5-10　上题结构的相应简支梁的弯矩 $M_C^0=48$kN·m，$M_K^0=24$kN·m，轴线方程 $y=4fx(1-x)/l^2$，则截面 K 的弯矩 M_K 为（　　）。

A. -3kN·m   B. 3kN·m

C. -6kN·m   D. 6kN·m

三、填充题

5-11　图示结构中，水平推力 $H=$_____ kN。

5-12　图示结构中，拱的轴线方程为 $y=4fx(1-x)/l^2$，截面 K 的内力 $M_K=$_____ kN·m，$Q_K=$_____ kN，$N_K=$_____ kN。

5-13　图示结构的拱轴线方程为 $y=4fx(l-x)/l^2$，截面 K 的弯矩 $M_K=$_____。

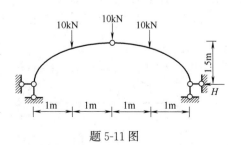

题 5-11 图

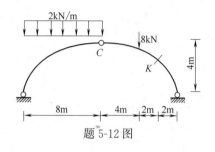

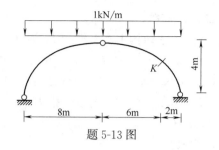

题 5-12 图

题 5-13 图

5-14 三铰拱的弯矩小于相应简支梁的弯矩是因为＿＿＿＿＿＿＿＿＿。

四、计算分析题

5-15 图示三铰拱的轴线方程为 $y=4fx(1-x)/l^2$。试求截面 D、E 的内力。

5-16 试求图示半圆弧三铰拱截面 K 的内力。

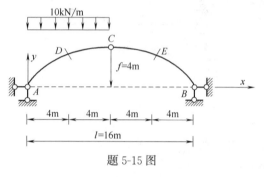

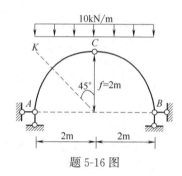

题 5-15 图

题 5-16 图

5-17 图示三铰拱的拱轴方程为 $y=4fx(l-x)/l^2$。试作内力图。

5-18 图示三铰拱的拱轴方程为 $y=4fx(l-x)/l^2$。试求三铰拱中各链杆的内力及截面 K 的内力。

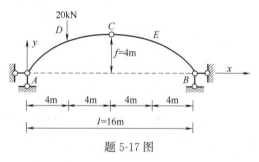

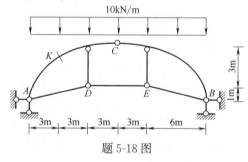

题 5-17 图

题 5-18 图

5-19 试证明图示带拉杆三铰拱的内力（M_K、Q_K、N_K）算式与不带拉杆的三铰拱相同。拉杆中的拉力用 H 表示。

5-20 已知三铰拱三个铰的位置为 A、B、C，$P=200\mathrm{kN}$。试求合理拱轴。

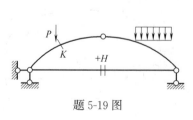

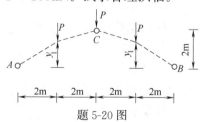

题 5-19 图

题 5-20 图

第 6 章 静定平面桁架

【学习指导】

一、了解桁架的受力特点及其按几何组成的分类；理解几种梁式桁架的受力特点。

二、熟练运用节点法、截面法计算简单桁架和联合桁架。

三、掌握节点法、截面法的联合应用；掌握双截面法；掌握对称条件的利用；会解算"K 式"桁架、再分式桁架及复杂桁架。

四、掌握图解法。了解杆件代替法。

五、掌握组合结构的计算方法。

六、注意根据几何组成确定计算方法。

6-1 概述

桁架是铰接直杆体系（图 6-1）。

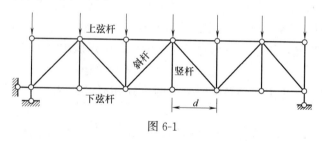

图 6-1

桁架的杆件可分为上弦杆、下弦杆、斜杆及竖杆。斜杆及竖杆统称为腹杆。弦杆上相邻两节点之间的距离 d 称为节间长度。

本章只讨论平面桁架。在选取平面桁架的计算简图时，通常作如下假定：

（1）所有杆件及外力均在同一平面内。

（2）各节点都是光滑的铰节点。

（3）各杆的轴线都是直线并通过铰的中心。

（4）荷载均作用在节点上。

根据（2）、（3）、（4）三条，桁架中每根杆件均只承受轴力。

桁架是从梁演变而来的，平行弦桁架（图 6-1）可以看作是掏空了的梁（去掉了梁腹板中不能充分利用的材料），因此较梁节省材料，减轻自重，适用于大跨度结构；简支式桁架上弦杆受压（相当于工字梁的上翼缘），下弦杆受拉（相当于下翼缘），腹杆承受梁中的剪力（相当于梁中的腹板）。

桁架的分类方法很多。按几何构造方式，可以分为三类：

（1）简单桁架。它又可分为简支式和悬臂式两类：

1）简支式是在一个基本铰接三角形上逐次加二杆节点，最后以三个链杆与地球相联而组成的桁架（图 6-1）。

2）悬臂式是直接在地球上逐次加二杆节点而组成的桁架（图 6-2a）。

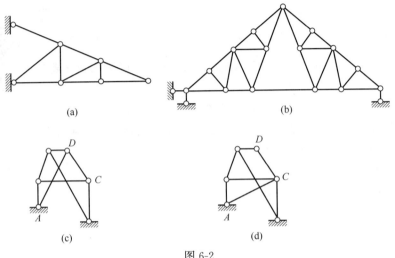

(a)   (b)

(c)   (d)

图 6-2

是不是简单桁架，用下述方法来判断更为简单。如果它有三个支杆，在去掉这三个支杆后，可以用逐次拆去二杆节点的方法，将它拆成一个基本铰接三角形（或再拆去一个节点，将它拆成一个杆），则它就是简支式简单桁架；如果没有支杆，而能用拆二杆节点的方法，将所有杆件拆光，则它就是悬臂式简单桁架。可以试用这种方法重新判断上述两个桁架。

（2）联合桁架。它是由两个简单桁架按两刚片相联的组成规则所形成的桁架（图 6-2b）。

有时，一个简单桁架也可视为联合桁架，如图 6-1 所示的桁架既是简单桁架，又是联合桁架。

（3）复杂桁架。不属于简单桁架和联合桁架的静定桁架称为复杂桁架。例如图 6-2c 所示即为复杂桁架。从它的几何组成看，没有一个二杆节点，当然不是简单桁架；也不可能把它看作是两个刚片的联合，因此也不是联合桁架。这个桁架可以看成是由简单桁架演变得来的。图 6-2d 所示的桁架是简单桁架，把杆件 *AC* 去掉，加上杆件 *AD*，即得图 6-2c 所示的复杂桁架。

图 6-3 所示的两个桁架属于哪一类？为什么？请思考。

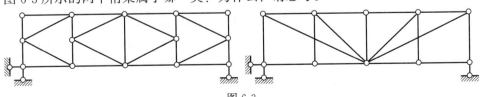

图 6-3

6-2 节点法

节点法是截取桁架的节点为隔离体，由节点的平衡条件求杆件内力的方法。因为作用于每一节点的各力均组成一平面汇交力系，所以每个节点有两个独立的平衡条件。要想由一个节点的平衡条件求出作用于其上的所有未知内力，则**所截具有未知内力的杆件数目不得多于两个**。

在桁架的计算中，杆件内力采取拉力为正、压力为负。杆件受拉时，其对节点作用之力背离节点（图 6-4a）；杆件受压时，其对节点作用之力指向节点（图 6-4b）。

计算时，通常先假定未知力是拉力（背离节点），如果计算结果得负值，就表明未知力是压力。

例如用节点法分析图 6-5a 所示桁架时，求出支反力后，节点 A（节点 B 也同样）上只有两个未知力：N_{A1}、N_{A2}，将节点 A 截取出来，假定 N_{A1} 和 N_{A2} 都是拉力（图 6-5b）。

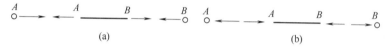

图 6-4

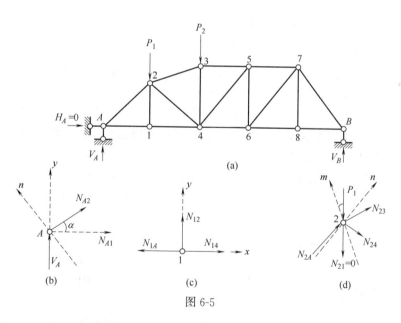

图 6-5

节点 A 有两个独立的平衡条件 $\sum X=0$ 和 $\sum Y=0$。但是为了能使两个未知量彼此无关地求出来（即使其中一个求错了，另一个也不至于错），可以写 $\sum Y=0$（y 轴垂直于 N_{A1}）和 $\sum N=0$（n 轴垂直于 N_{A2}）。

由 $\sum Y=0$，有：

$$N_{A2} \sin \alpha + V_A = 0$$

由此得：

$$N_{A2} = -\frac{V_A}{\sin\alpha}$$

由 $\sum N = 0$，有：

$$-N_{A1}\sin\alpha + V_A\cos\alpha = 0$$

由此得：

$$N_{A1} = \frac{V_A}{\tan\alpha}$$

N_{A2} 得负值，说明杆 $A2$ 受压；N_{A1} 得正值，说明杆 $A1$ 受拉。

求出 N_{A1}、N_{A2} 后，在节点 1 上就只有两个未知力了，故截取节点 1，已知力 N_{A1} 按实际方向绘出，未知力 N_{12} 及 N_{14} 假定为拉力（图 6-5c）。

由 $\sum X = 0$，有：

$$N_{14} - N_{1A} = 0$$

由此得：

$$N_{14} = N_{1A} = \frac{V_A}{\tan\alpha}$$

由 $\sum Y = 0$，得：

$$N_{12} = 0$$

此时节点 2 上又只有两个未知力 N_{23} 和 N_{24}，再截取节点 2（图 6-5d），注意，N_{24} 是负值，其实际方向应指向节点 2。取 m 轴垂直于 N_{23}，n 轴垂直于 N_{24}，列出平衡方程即可求出 N_{23} 和 N_{24}。然后依次截取节点 3、4、5……，至节点 8 时，其上只有一个未知力 N_{8B} 了，由一个平衡条件即可求出，另一个平衡条件可作为校核用。最后，在节点 B 上已无未知力，其两个平衡条件均可作为校核用。

本例是个简单桁架，不难看出，截取节点的次序正是拆二杆节点的次序（先去掉支杆）。由此得出结论：**简单桁架的全部内力能用节点法逐次求出，截取节点的次序与拆二杆节点的次序相同（先求出支座反力）。**

【例 6-1】 用节点法求图 6-6 所示三角形桁架各杆的内力。

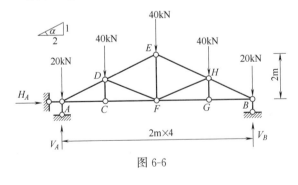

图 6-6

【解】 （1）求支座反力

由平衡条件求得：

$$H_A = 0$$
$$V_A = 80\text{kN}(\uparrow)$$
$$V_B = 80\text{kN}(\uparrow)$$

（2）求杆件内力

这是一个简单桁架，可用节点法计算。求得反力后，从只有两个杆的节点开始，依次截取各节点计算各杆内力。截取节点的次序是：

$$A \rightarrow C \rightarrow D \rightarrow E \rightarrow F \rightarrow H \rightarrow G$$

1）节点 A

隔离体如图 6-7 所示。

由 $\sum Y=0$，有：

$$N_{AD}\sin\alpha+V_A-20=0$$

由此得：

$$N_{AD}=\frac{20-80}{\sin\alpha}=-\frac{60}{1/\sqrt{5}}=-134.16\text{kN}$$

由 $\sum N=0$，有：

$$-N_{AC}\sin\alpha+V_A\cos\alpha-20\cos\alpha=0$$

由此得：

$$N_{AC}=\frac{(80-20)\cos\alpha}{\sin\alpha}=-\frac{60}{\tan\alpha}=\frac{60}{1/2}=120\text{kN}$$

2）节点 C（图 6-8）

由 $\sum X=0$，得：

$$N_{CF}=120\text{kN}$$

由 $\sum Y=0$，得：

$$N_{CD}=0$$

3）节点 D（图 6-9）

由 $\sum M=0$（m 轴垂直于 DE 杆），有：

$$-N_{DF}\cos(90°-2\alpha)-40\cos\alpha=0$$
$$-N_{DF}\sin2\alpha-40\cos\alpha=0$$

得：

$$N_{DF}=-\frac{40\cos\alpha}{\sin2\alpha}=-\frac{40}{2\sin\alpha}=-\frac{20}{1/\sqrt{5}}=-44.72\text{kN}$$

由 $\sum X=0$，有：

$$N_{DE}\cos\alpha+N_{DF}\cos\alpha+134.16\cos\alpha=0$$

得：

$$N_{DE}=-134.16-N_{DF}=-134.16-(44.72)=89.44\text{kN}$$

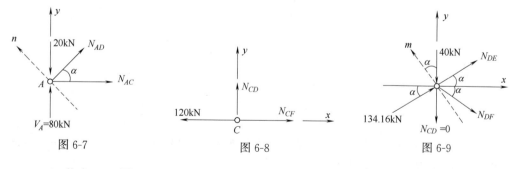

图 6-7　　　　　　　　图 6-8　　　　　　　　图 6-9

4）节点 E（图 6-10）

由 $\sum X=0$，有：

$$N_{EH}\cos\alpha+89.44\cos\alpha=0$$

得：

$$N_{EH}=-89.44\text{kN}$$

由 $\sum Y=0$，有：

$$-N_{EF}+89.44\sin\alpha-N_{EH}\sin\alpha-40=0$$

得：

$$N_{EF}=40\text{kN}$$

至此，桁架左半边各杆的内力均已求出。继续截取 F、H、G 等节点，可求得桁架右半边各杆的内力。最后，利用节点 B 的两个平衡条件校核。整个桁架的内力如图 6-11 所示，其中拉力为正，压力为负。由图 6-11 可以看出，对称桁架在对称荷载作用下，支座反力和各杆内力也是对称的。因此，今后在解算这类桁架时，只需计算半边桁架各杆的内力即可。

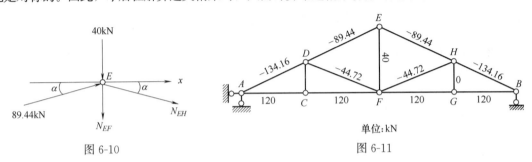

图 6-10　　　　　　　　　　　　图 6-11

由此例可以看出，在竖向荷载的作用下三角形桁架，上弦杆受压，下弦杆受拉，腹杆可能为受压、受拉，也可能为零。

值得指出的是，有时在所给荷载作用下，某些杆件内力等于零，这种杆称为**零杆**。计算时宜先去掉零杆以简化计算。零杆的情况有以下两种：

（1）节点上只有两个杆且无荷载作用，则此两杆为零杆（图 6-12a）。向垂直于其中一个杆的方向上投影，立即可以证实另一个杆的内力等于零。

（2）节点上有三个杆，其中两杆在一条直线上，当节点上无荷载作用时，则第三杆（称为**单杆**）为零杆（图 6-12b）。

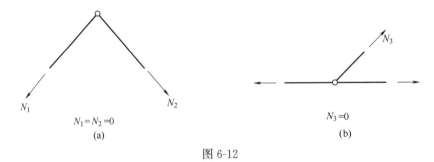

$N_1=N_2=0$　　　　　　　　　　　　$N_3=0$

(a)　　　　　　　　　　　　　　　　(b)

图 6-12

图 6-13 所示的节点情况是常见的，所有这些结果都不难由节点平衡条件自行证明。记住这些结果将有助于计算和校核杆件的内力。

【例 6-2】　求图 6-14a 所示桁架各杆的内力。

【解】　先去掉零杆。

首先观察节点 1，杆 1 2 是个单杆，它的内力等于零，去掉它；继续观察节点 2，其上杆 2 3 是零杆。同理杆 5 6 及杆 6 3 是零杆。将它们去掉后，在节点 3 上杆 3 4 是零杆，也去掉。

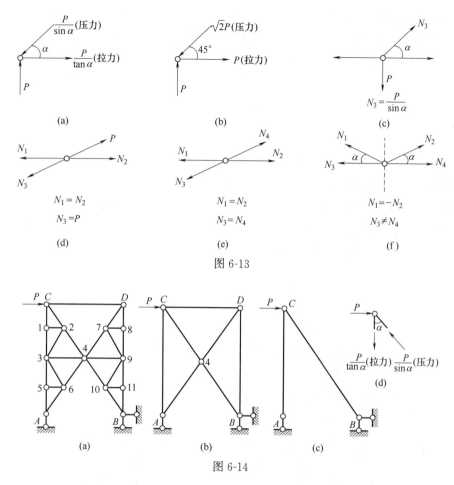

图 6-13

图 6-14

与此相仿，去掉零杆 7 8、7 9、10 11、9 10 及 4 9，剩余杆件如图 6-14b 所示。

观察节点 A，杆 $A4$ 是零杆（单杆），去掉它，由节点 4 判断杆 $4D$ 是零杆。去掉杆 $4D$ 后，在节点 D 上只有两杆，且其上无荷载作用，所以杆 DC 及 DB 是零杆，也去掉。

受力杆件仅为图 6-14c 所示二杆。截取节点 C 后，得此二杆内力如图 6-14d 所示。

此例突出说明了先去掉零杆的益处。

在力 P 作用下，只有两根杆 AC 和 BC 受力，可以由静定结构的性质判断出来。因为只有这两根杆就能平衡外力 P（图 6-14c），所以其他杆件不受力。

6-3　截面法

截面法是截取桁架的一部分（包含两个以上的节点，实为刚片）为隔离体，利用刚片的平衡条件来求杆件内力的方法。因为一个刚片只有三个独立的平衡条件，所以要想由一个截面求出作用于隔离体上的所有未知力，则**所截杆件的数目**（暴露出来的未知力的数目）**不得多于三个**。

仍以图 6-5a 所示桁架为例。如果要求计算或校核杆 2 4 和杆 4 5 的内力，采用截面法可以迅速得到答案。

为求杆 24 的内力，作截面Ⅰ—Ⅰ将桁架沿杆 24 所在的节间截开（图 6-15a），取截面以左部分为隔离体（图 6-15b），此隔离体上有三个未知内力 N_{24}、N_{23} 和 N_{14}。为了使未知力 N_{23} 和 N_{14} 在平衡方程中不出现，应对它们的交点 O 写力矩方程 $\sum M_O = 0$。则有：

$$N_{24}r - V_A a + P_1(a+d) = 0$$

由此得：

$$N_{24} = \frac{V_A \cdot a - P_1(a+d)}{r}$$

为避免求 N_{24} 的力臂 r，可将 N_{24} 沿其作用线移至杆 24 和杆 14 的交点 4，然后分解为水平和竖向两个分力（图 6-15b），这样就使水平分力 x_{24} 通过矩心 O，而竖向分力 y_{24} 的力臂容易求得为 $\overline{04} = a + 2d$。于是有，

$$\sum M_O = Y_{24}(a+2d) - V_A a + P_1(a+d) = 0$$

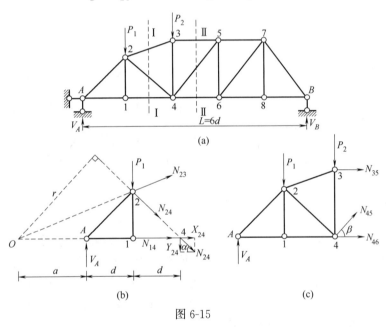

图 6-15

由此得：

$$Y_{24} = \frac{V_A a - P_1(a+d)}{a+2d}$$

求得分力 Y_{24} 后，即可按比例关系求出 N_{24}。由图 6-15b 可知，$N_{24} = \dfrac{Y_{24}}{\sin \alpha}$，而 $\sin \alpha = \dfrac{r}{a+2d'}$，则：

$$N_{24} = \frac{V_A a - P_1(a+d)}{r}$$

为求杆 45 的内力，作截面Ⅱ—Ⅱ，取截面以左部分为隔离体（图 6-15c）。由于另外两杆平行，应当写投影方程。由 $\sum Y = 0$，有：

$$N_{45}\sin \beta + V_A - P_1 - P_2 = 0$$

由此得：

$$N_{45} = -\frac{V_A - (P_1 + P_2)}{\sin \beta}$$

前一种（求 N_{24}）方法称为力矩法，后一种（求 N_{45}）方法称为投影法。当**另外两个杆相交时用力矩法，另外两个杆平行时用投影法**。

前面所引截面中，杆件数目（未知力数目）均不多于三个，这时由一个隔离体可求出全部三个内力。有些情况下，虽然未知内力的杆件数目多于三个，但除一杆外，其余各杆均相交于一点或平行时，则这一杆的内力也可用截面法求出。

例如求图 6-16a 中杆 1 2 的内力，便可作截面 I—I，由 $\sum M_B = 0$ 求出。但其他各杆的内力，由此隔离体的平衡方程是求不出来的。又如求图 6-16b 中杆 1 2 的内力，可取截面 I—I 以上部分为隔离体，由 $\sum X = 0$ 求出。

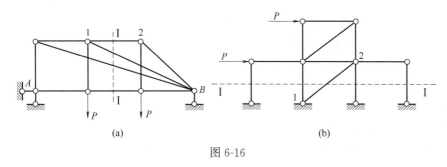

图 6-16

再如图 6-17a 所示桁架，用截面 I—I 将其截开。除杆 AC 外，其余三杆均相互平行，取一投影轴 x（图 6-17b），使其与三根平行杆垂直，则杆 AC 的内力 N_{AC} 可由 $\sum X = 0$ 求得。此后，其余各杆内力不难求出。

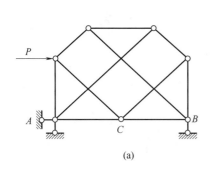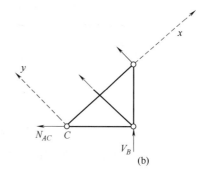

图 6-17

截面形状可灵活选择。例如图 6-18a 所示桁架，用一般的节点法、截面法难以求出各杆内力。如果取一曲线截面 I—I 将桁架截断，取隔离体（图 6-18b），虽然被截断的杆件有五根，但除 N_1 外，其余各杆内力都交于 E 点，列力矩方程 $\sum M_E = 0$，即可求得 N_1，此桁架随之解开。

截面法对各类联合桁架都适用。很多情况下，先将联结两个刚片的约束（联系）切开，求出联系杆件内力，然后继续讨论。

【例题 6-3】　解图 6-19a 所示桁架。

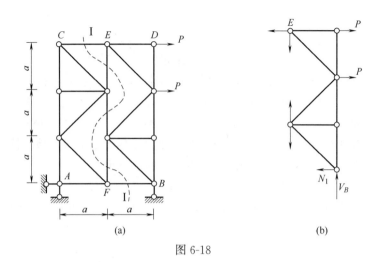

图 6-18

【解】 首先求出支座反力，如图 6-19a 所示。去掉支杆后没有一个只连两个杆的节点，这说明不能用节点法来解它。注意到这是个联合桁架（两个刚片△ABC 和△DEF 用三个杆相联），作截面Ⅰ—Ⅰ（是一个闭合式的截面，如图 6-19a 所示），切断两个刚片之间的约束，取出其中一个刚片来（图 6-19b）。对 S_{EA} 和 S_{FB} 的交点 O_1 取矩，得 $S_{DC} = 0$；同理，由相应的力矩方程可得 $S_{EA} = 0$，$S_{FB} = 0$。求出此三个联系杆的内力后，A、B、C 三个节点上就都只有两个未知力了，可用节点法计算。

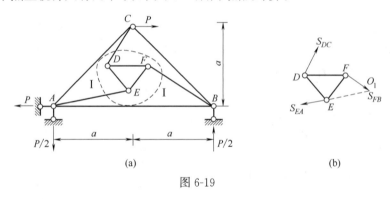

图 6-19

对于本例，在△DEF 上没有荷载作用，S_{EA}、S_{FB}、S_{DC} 均等于零。这可由三力平衡条件判断出来：三力平衡必须汇交于一点，今三力平衡，而不交于一点，所以三力必均等于零。

若在内部节点上有外力作用，则可由隔离体（图 6-19b）的平衡条件求出 S_{EA}、S_{FB}、S_{DC}。

【例题 6-4】 解图 6-20a 所示桁架。

【解】 此题的特点是共有四个支杆，因此不能首先由整体平衡条件求出全部支座反力。分析其几何构造可知，右边部分 $BCDE$ 是一个基本部分，左边 $HGFA$ 是一个附属部分，应当先计算附属部分。作截面Ⅰ—Ⅰ，将附属部分截取出来（图 6-20b），由三个平衡条件可以求出 R_A、N_{FE} 和 N_{AB}。然后把 N_{FE} 和 N_{AB} 反作用在基本部分上（图 6-20c），N_{EF} 和 N_{BA} 作为已知力，基本部分的各杆内力均可求出。

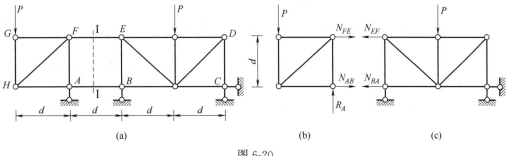

图 6-20

上述两例突出地说明了计算途径与几何构造分析之间的关系。当找不到计算途径时，就分析它的几何构造。

回过去分析图 6-18a 所示桁架的几何构造，可以得到另一计算方案。它是由两个刚片（图 6-21 中双虚线所围成的两个梯形）加 3 个链杆组成的联合桁架，加两个二杆节点 D 和 A 构成的。故可先用节点法算出节点 A、D 上各杆的内力，然后用截面法求出两个刚片的三个联杆内力 S_1、S_2、S_3，由此继续计算。

对于复杂桁架，仅作一个截面往往不能求解，这时需要用双截面法。

【**例题 6-5**】　解图 6-22a 所示桁架。

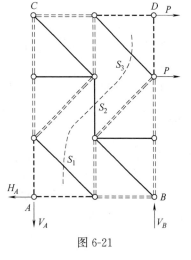

图 6-21

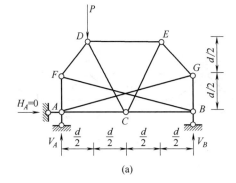

(a)

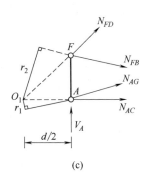

(c)

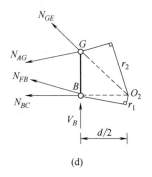

(d)

图 6-22

【解】 支座反力可由整体平衡条件求出。杆件内力既不能用节点法也不能用截面法求出。注意到体系内部是由三个刚片用六根链杆联结而成的（图6-22b），可用双截面法来解（参阅第3-9节）。

先分别截取刚片Ⅰ、Ⅱ为隔离体（图6-22c、d），采用两截面共有的未知力 N_{AG} 和 N_{FB} 作为基本未知数。

为了使另外两个被截杆的内力不出现，对刚片Ⅰ写$\sum M_{O_1}=0$，有：

$$N_{AG}r_1 - N_{FB}r_2 + V_A \frac{d}{2} = 0 \tag{6-1}$$

同理，对刚片Ⅱ写$\sum M_{O_2}=0$，有：

$$N_{FB}r_1 - N_{AG}r_2 + V_B \frac{d}{2} = 0 \tag{6-2}$$

联立解式6-1、式6-2，即可求出 N_{AG}、N_{FB}。

有了 N_{AG} 和 N_{FB}，便可用节点法或截面法求出其他各杆内力。

对于个别复杂桁架，需要用特殊方法解决。

【例题6-6】 解图6-23a所示桁架。

【解】 这是一个复杂桁架。共有四个支杆反力，不能利用整体的三个平衡方程全部求得。由$\sum X=0$，得 $H_A=0$。现假定 V_A 为已知，作截面Ⅰ—Ⅰ，取其左部为隔离体（图6-23b），由$\sum M_D=0$，有：

$$V_A \cdot 5d - N_{EC} \cdot \sqrt{2}d - P \cdot 3d = 0$$

则：

$$N_{EC} = \frac{5}{\sqrt{2}}V_A - \frac{3}{\sqrt{2}}P \tag{6-3}$$

这就将 N_{EC} 表为 V_A 的函数。

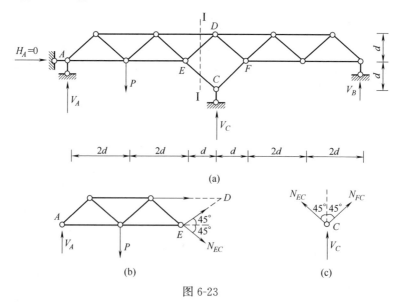

图 6-23

再截取节点 C（图6-23c），可将 V_C 也表为 V_A 的函数。由$\sum Y=0$，得：

$$V_C = -2N_{EC}\sin 45° = -\sqrt{2}N_{EC} \tag{6-4}$$

将式 6-3 代入式 6-4，得：

$$V_C = -5V_A + 3P \tag{6-5}$$

最后，由整体平衡条件 $\sum M_B = 0$，得：

$$V_A \cdot 10d + V_C \cdot 5d - P \cdot 8d = 0$$

将式 6-5 代入，解得：

$$V_A = \frac{7}{15}P(\uparrow)$$

进而由式 6-5 得：

$$V_C = \frac{2}{3}P(\uparrow)$$

再由整体平衡条件 $\sum Y = 0$，得：

$$V_B = -\frac{2}{15}P(\downarrow)$$

求出反力后，各杆内力可以求解。

6-4　节点法、截面法的联合应用

对于有些形式较为复杂的桁架，要求其中某一杆件的内力，单纯用截面法不能求得，必须把截面法与节点法联合起来使用。

现以"K 式"桁架为例说明。

【例题 6-7】　求图 6-24a 所示桁架中指定杆件的内力。

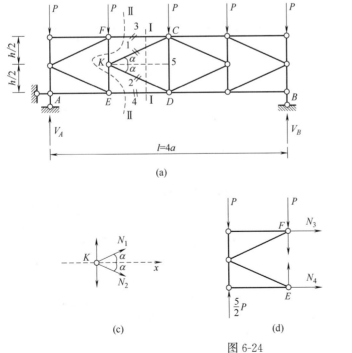

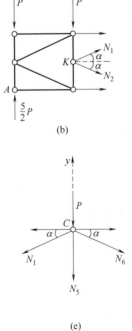

图 6-24

【解】 由整体平衡条件求出支座反力，水平反力等于零，竖向反力 $V_A = V_B = \dfrac{5}{2}P$。

先求 N_1、N_2。

"K 式"桁架是个简单桁架，可用节点法逐次求出全部杆的内力。但只求 N_1、N_2，这样做是不方便的。如采用截面法，在杆 1 和杆 2 所在节间作截面 I—I 时，则截断四根杆，而独立的平衡方程只有三个，所以还得设法求出四个未知力中的某一个或找出某两个之间的关系。

欲使两个弦杆的内力在方程中不出现，只能写出一个平衡方程 $\sum Y = 0$，由图 6-24b 所示的隔离体得：

$$(N_1 - N_2)\sin\alpha - 2P + \frac{5}{2}P = 0 \tag{6-6}$$

该方程包含 N_1、N_2 两个未知量。这就不得不考察另外一个隔离体，以建立另一个只含 N_1 和 N_2 的平衡方程。为此，截取节点 K（图 6-24c）。由 $\sum X = 0$，得：

$$N_1 = -N_2 \tag{6-7}$$

联立式 6-6、式 6-7，解之，得：

$$N_1 = -\frac{P}{4\sin\alpha}$$

$$N_2 = \frac{P}{4\sin\alpha}$$

求解 N_1、N_2，是节点法和截面法联合应用的典型例子。

欲求 N_3、N_4，可选取截面 II—II，取隔离体如图 6-24d 所示。共截出四个杆，但对于 N_3（或 N_4），其余三个杆都相交于一点，因此可以由力矩方程求得。由 $\sum M_E = 0$，得：

$$N_3 h + \frac{5}{2}Pd - Pd = 0$$

则：

$$N_3 = -\frac{3Pd}{2h}$$

同理，有：

$$N_4 = \frac{3Pd}{2h}$$

最后求 N_5，截取节点 C（图 6-24e）。注意到荷载对称，内力必然对称，有 $N_6 = N_1$，于是由投影方程 $\sum Y = 0$，得：

$$N_1\sin\alpha + N_6\sin\alpha + P + N_5 = 0$$

则

$$N_5 = -\frac{1}{2}P$$

显而易见，N_1（N_2），N_3（N_4）、N_5 的求法分别代表了"K 式"桁架中斜杆、弦杆、竖杆的计算方法。

6-5 图解法

桁架内力的图解法就是图解节点法。即根据每个节点的两个平衡条件，用绘力多边形的方式确定两个未知内力。由图解静力学可知，一个平面汇交力系平衡的几何条件是其力多边形必须闭合。利用这一条件即可通过作各节点的闭合力多边形来确定杆件的内力。

例如图 6-25a 所示的桁架，在用图解法或数解法求出支座反力 V_A 及 V_B 后，先从节点 A 开始，绘出力三角形如图 6-25b 所示，从而确定内力 N_{AC} 和 N_{AD}；转到节点 D，因 P_1 和 N_{DA} 已知，可作出力多边形如图 6-25c 所示（N_{DA} 应指向节点 D，故应将图 6-25b 中的 N_{AD} 反向绘出），从而确定 N_{DE} 和 N_{DC}；再转到节点 C，作出力多边形（图 6-25d），确定 N_{CE} 和 N_{CB}；再转到节点 E，此时 N_{EC} 和 N_{ED} 均已知，连接 N_{ED} 之尾与 N_{EC} 之首即为 N_{EB}（图 6-25e），如作图正确，N_{EB} 应当平行于杆 EB，此点可作为校核；最后转到节点 B（图 6-25f），这时节点 B 上的三个力均已求出，如果前面作图正确，该三力矢量组成的力三角形应当闭合，最后这一个节点可作为校核。至此，已求出全部杆件内力。

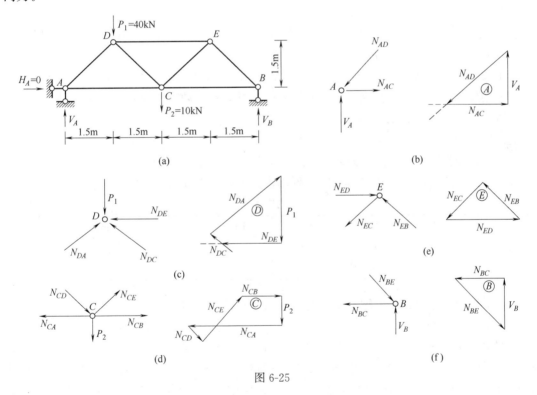

图 6-25

可以看出，用上述这种基本方式进行图解时，需为每一节点绘一个力多边形；每一个杆的内力都要在两个节点的力多边形中绘两次。不仅绘图麻烦、图面不紧凑，而且会降低精确度。

为了消除上述缺点，可采用下述规则作图。下面仍以此例说明作法。

选定适当的长度比例尺作出桁架图（节点的铰不必绘出），并用数解法（或图解法）

求出支座反力 V_A 和 V_B （图 6-26a）。

在桁架的轮廓外面以外力（包括荷载和反力）作用线为界，划分为若干个区域，称为外区，本例共有四个外区，以英文字母 a、b、c、d 表示。在桁架内部以各杆为界划分的区域称为内区，本例内区有三个，以数字 1、2、3 表示（图 6-26a）。

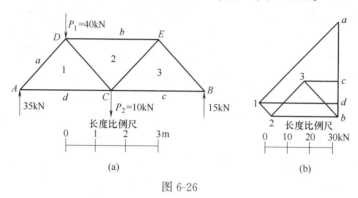

图 6-26

绘力多边形时，每个外力或内力不用一个字母表示，也不用箭头表示其方向，而用作用线两边区域的两个字母来表示。例如左支座反力不用 $\uparrow V_A$ 表示，而用 da 或 ad 表示。究竟用 da 还是 ad 表示可以自己规定。本书规定：**以顺时针绕节点转动时先遇到的字母作为力矢之首，后遇到的字母作为力矢之尾**（当然也可以采用逆时针）。按照这一规定，左支座反力应当以 da 表示。P_1 以 ab 表示，V_B 以 bc 表示，P_2 以 cd 表示。这样一来就形成下述规律：外力（包括支座反力）以绕桁架顺时针转动时所遇到的前一字母为力矢之首，后一字母为力矢之尾。

杆件内力也按上述规定表示。例如杆 AD，对节点 A 的作用力以 $a1$ 表示（绕节点 A 顺时针读）；对节点 D 的作用力以 $1a$ 表示（绕节点 D 顺时针读）。这样，同一根杆对其两端节点的作用力就自然相等而反向。列出内力表，见表 6-1。

内力表

表 6-1

杆件	AC	AD	DC	DE	CE	BC	BE
记号	$d1$	$a1$	12	$b2$	23	$c3$	$b3$
内力							

由于采用了上述表示力的方法，外力多边形和各节点的力多边形就将综合在一起而形成一个紧凑的图形。

作图时先绘外力多边形。要选定力的比例尺，将外力按顺时针方向绕桁架一周所遇到的力的次序，绘出闭合的力多边形。首先作线段 ab 与外力 P_1 相平行，其长度按力的比例尺量取 40kN，其中 a 表示力矢之首，b 表示力矢之尾。这样，图 6-26b 中的 ab 便代表外力 P_1。同理，依次作出外力 bc、cd、da，得外力多边形 $abcda$。本例由于荷载及外力形成一平行力系，故力多边形在一条直线上。至此，英文字母的位置在外力多边形中都已确定。

然后从去掉支座后的二杆节点，例如节点 A 开始，按拆二杆节点的次序（$A \rightarrow D \rightarrow C \rightarrow E \rightarrow B$）绘各节点的力多边形。

节点 A：支座反力 V_A 已知，在外力多边形中为 da，未知力是 $a1$ 和 $1d$。在图 6-26b 上已有点 a 和点 d，自点 a 作平行于杆 AD 的直线，自点 d 作平行于杆 AC 的直线，其交点即为点 1。所得到的图形 $a1d$ 即节点 A 的力多边形。

由此可见，通过作节点 A 的力多边形 $a1d$ 求 N_{AC} 和 N_{AD} 这两个未知力，实际上就是从两个已知的区域记号 a、d 来确定它们之间所夹的未知区域记号 1。

节点 D：杆 AD 的内力（$1a$）和外力 P_1（ab）已知，有两个未知力 $b2$ 和 21。图上已有点 b 和点 1，只需找出点 2。为此，自点 b 作直线平行于杆 DE，自点 1 作直线平行于杆 DC，其交点即点 2。多边形 $ab21$ 即节点 D 的力多边形。

类似地可求出节点 C 上的未知力 23、$3c$（即定出点 3）和力多边形 $23cd1$。

在节点 E 上只剩一个未知力 $b3$，而点 b 和点 3 在图 6-26b 上已经有了。如果该两点的连线 $b3$ 平行于杆 EB，那就说明所得结果是正确的；否则节点 E 和节点 B 的力多边形都将不闭合。到此，内力图已全部绘出，如图 6-26b 所示。

由所绘得的内力图，按力的比例尺量得各杆内力的大小；由前述表示力矢的规则判断各杆内力是拉力还是压力。例如，欲判断杆 AD 的内力，可考察其对节点 A 或节点 D 的作用。对节点 A 的作用力应读作 $a1$（绕节点 A 顺时针读），a 为力矢之首，1 为力矢之尾，由图 6-26b 可见 $a1$ 的方向为↙，指向节点 A，故为压力；对节点 D 的作用力应读作 $1a$（绕节点 D 顺时针读），由图 6-26b 可见 $1a$ 的方向为↗，指向节点 D，为压力。可见无论取哪个节点来判断杆 AD 的受力性质，结果都是一样的。

最后，将求得的各杆内力（大小、符号）列于内力表中（表 6-1）。

由于图 6-26b 可以确定全部杆件内力，故称其为**桁架内力图**。它是一个不绘箭头的综合的力多边形。

与数解法相比，这一方法十分简便，可以同时求出全部杆件内力，并且还能自动校核。对于几何形状不规则且杆件数目较多的简单桁架最为适用，它可避免繁琐的数字运算。其缺点是：

（1）存在误差累积问题。

（2）只适用于简单桁架，对于其他类型的桁架须辅以其他方法。例如图 6-27 所示的联合桁架，应用图解法时，求出支座反力，顺次截取节点 1、2、3后，就无法进行了。因为节点 4 和 5 上都有三个未知力（右半部也是这样）。

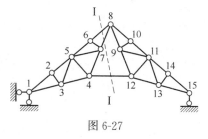

图 6-27

这时，可用截面法作截面Ⅰ—Ⅰ，见图 6-27，将两刚片的联结杆 4-12 的内力求出，将它视为已知外力，继续图解。

6-6　对称条件的利用

对于几何构造对称的桁架，可以利用其对称性使计算得到简化。

对称结构在对称荷载作用下内力是对称的（若一侧某个杆件受拉，则另侧的与其对称的杆件必受同样大小的拉力），**对称结构在反对称荷载作用下内力是反对称的**（若一侧某个杆件受拉，则另侧的与其对称的杆件必受同样大小的压力）。因此，不论是在对称荷载还是在反对称荷载的作用下，都只需计算半个结构。在诸如下述情况中，利用对称条件还可以进一步减少未知数数目。

一、结构承受对称荷载，对称轴上的节点无竖杆的情况（图 6-28a）

若沿对称轴将此节点截开，由于内力也应保持为对称，则相互作用力只有 N，而无 V（图 6-28b）。这样就减少了一个未知数。

若在此节点上有一沿对称轴的外力 P 作用（图 6-29a），则将其均分于两侧（图 6-29b）。

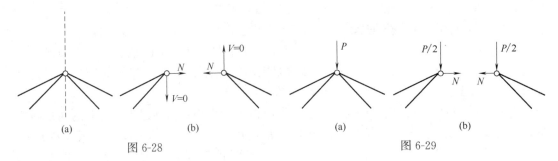

图 6-28   图 6-29

若二杆在一条直线上（图 6-30a），则另外二杆的内力 N，立即可以由节点平衡条件 $\sum Y = 0$ 求出：

$$N = \frac{P}{2\sin\alpha}$$

若此节点上无外力作用（图 6-30b），则 $N=0$，此二杆为零杆。

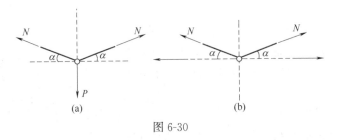

图 6-30

必须注意，若结构不对称，或荷载不对称，或此节点不在对称轴上，则绝不能认为此二斜杆的内力相同，从而得出上述结论。那时，对于图 6-30a 的情况，只能说二斜杆的内力在竖轴上投影的代数和与 P 相平衡；对于图 6-30b 的情况，二斜杆内力大小相等而符号相反。

二、结构承受反对称荷载，对称轴上的节点无竖杆的情况（图 6-31a）

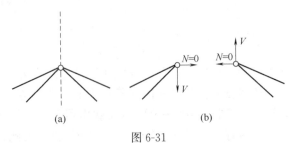

图 6-31

若沿对称轴将此节点截开，由于内力应当是反对称的，所以相互作用力只有 V，而无 N（图 6-31b）。

若在此节点上有垂直于对称轴的力 P 作用（图 6-32a），则此力属于反对称荷载（图 6-32b），其受力情况示于图 6-32c。

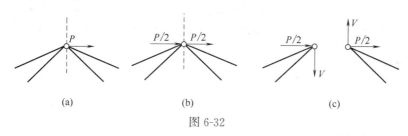

图 6-32

三、结构承受反对称荷载，对称轴上的节点有竖杆的情况（图 6-33）

由于内力应当是反对称的，所以如果 N_1 是拉力，则 N_1' 必是与其大小相同的压力；同理，N_2 与 N_2' 也是一拉一压而大小相等。因此，N_1、N_1'、N_2、N_2' 在对称轴上的投影之和等于零，从而可知竖杆的内力 $V=0$。事实上，在反对称力作用下对称力不出现，而该竖杆的内力 V 是对称力，所以应当等于零。

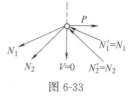

图 6-33

四、结构承受反对称荷载，有横杆垂直于对称轴的情况（图 6-34a）

由于内力应当是反对称的，受力情况当如图 6-34b 所示。由横杆的平衡条件 $\sum X=0$ 可知横杆的内力 N 等于零。

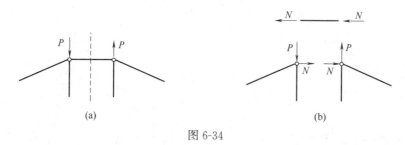

图 6-34

以上是能够进一步减少未知数数目的主要情况。

若荷载不对称，则可将荷载分解为对称及反对称两组，分别计算而后叠加。

【例题 6-8】　试利用对称性分析图 6-35a 所示桁架的计算途径。

【解】　这个桁架本来不是对称结构（一边有水平支杆），但由于水平反力等于零，所以可视为对称体系。

因为荷载不对称，则将其分解为对称及反对称两组，如图 6-35b、c 所示。

在对称荷载作用下，图 6-35b 中虚线所示二杆内力等于零，其余各杆内力不难用节点法求出。

在反对称荷载作用下，图 6-35c 中虚线所示横杆内力等于零，其余各杆内力也可用节点法求出。

将对称荷载及反对称荷载所产生的内力叠加起来，即得各杆的最终内力。

如不利用对称条件，则本题不能用节点法或截面法求解，只好用双截面法（例题 6-

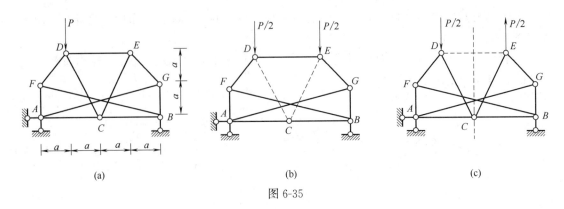

图 6-35

5) 或用杆件代替法（见第 6-7 节）。

【例题 6-9】 求图 6-36a 所示桁架各杆的内力。

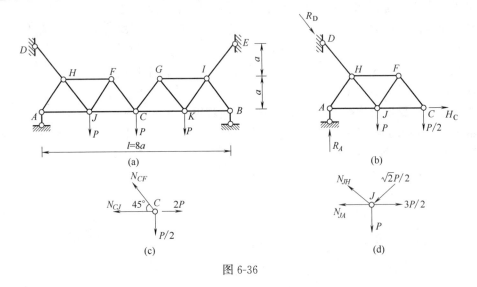

图 6-36

【解】 这是一个对称桁架，荷载也对称。在铰 C 处截开，取左半桁架计算（图 6-36b）。在铰 C 处相互作用力只有水平力 H_C，而无竖向力。原来在节点 C 上的力 P 取一半。未知力共有三个：H_C、R_A、R_D。

由整体平衡条件 $\sum M_D = 0$，有：

$$H_C \cdot 2a - P \cdot 2a - \frac{P}{2} \cdot 4a = 0$$

得：

$$H_C = 2P (\rightarrow)$$

截取节点 C（图 6-36c）。

由 $\sum Y = 0$，得 $N_{CF} = \frac{\sqrt{2}}{2} P$

由 $\sum X = 0$，得 $N_{CJ} = \frac{3}{2} P$

依次截取节点 F、J、H 即可求出各杆内力，右半桁架各杆内力与此对称。由结果可见，节点 J 的两斜杆内力并不相等（图 6-36d），因为该节点不在对称轴上。切勿将节点 C 的受力情况用到此节点上。

本题也可不取半个桁架计算。首先截取节点 C，由对称条件得 $N_{CF} = N_{CG} = \dfrac{P}{2\sin 45°} = \dfrac{\sqrt{2}}{2}P$，然后即可用节点法求出全部杆件的内力。

6-7　杆件代替法

杆件代替法是计算复杂桁架的一种普遍方法。其思路是将不便于计算的复杂桁架，用代换杆件的办法改造成为简单桁架或联合桁架。图 6-37a 所示的复杂桁架，不能用节点法或截面法直接求解。计算这种桁架可用本节所介绍的杆件代替法。

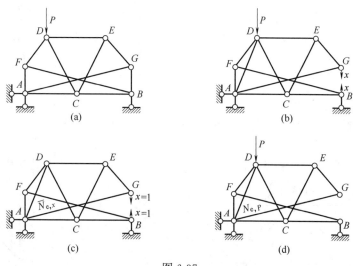

图 6-37

设将杆 GB 去掉，加上杆 DA，便成为图 6-37b 所示的简单桁架，称为**代替桁架**。去掉的杆 GB 称为**被代替杆**，加上去的杆 DA 称为**代替杆**。将原荷载 P 加到代替桁架上，并在被代替杆两端的节点 G、B 上加上原桁架中杆 GB 的内力 x。由于代替杆 DA 是原桁架所没有的，所以该杆内力应当等于零。根据这个条件即可求出被代替杆 GB 的内力。

代替桁架中任一杆的内力 N_i 均为荷载 P 及 x 的函数，根据叠加原理可写成：

$$N_i = \overline{N}_{i,x} \cdot x + N_{i,P} \tag{6-8}$$

式中，$\overline{N}_{i,x}$ 是 $x=1$ 单独作用时在杆 i 中引起的内力；$N_{i,P}$ 是荷载单独作用时在杆 i 中引起的内力。

设代替杆 DA 的内力为 N_e，则根据 N_e 等于零的条件，有：

$$N_e = \overline{N}_{e,x}x + N_{e,P} = 0$$

由此得：

$$x = -\frac{N_{e,P}}{\overline{N}_{e,x}} \tag{6-9}$$

式中，$\overline{N}_{e,x}$、$N_{e,P}$ 分别如图 6-37c、d 所示。

由上式求出被代替杆的内力 x 后，其他各杆的内力即可用通常的方法计算，也可按叠加法（即用式 6-8）计算。

将一个复杂桁架变成简单桁架的方式不是唯一的。例如图 6-37a 所示桁架，也可以变成图 6-38a 所示的简单桁架，也可以去掉一根杆而以一个支座链杆代替，如图 6-38b 所示。或者反过来，在多支座桁架中，也可以将一个支座链杆去掉而用桁架内部的一根杆件代替。但应当注意：所选取的代替桁架必须是几何不变的，同时在荷载及 x 作用下应使计算尽可能简单。

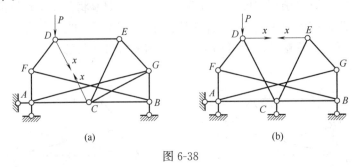

图 6-38

【例题 6-10】 求图 6-39a 所示复杂桁架杆 CG 的内力。

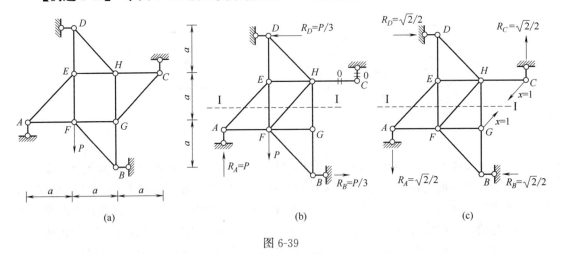

图 6-39

【解】 （1）将 CG 杆去掉，加上代替杆 HF，得到如图 6-39b 所示的简单桁架。

（2）计算在荷载 P 单独作用下 HF 杆的内力。先去掉节点 C 上的两个零杆，然后由整体平衡条件求出支座反力（图 6-39b），再由节点 A 的平衡条件求得 $N_{AE} = -\sqrt{2}P$，最后作截面 I—I，取上部为隔离体，由 $\sum X = 0$ 求得：

$$N_{HF,P} = \frac{2\sqrt{2}}{3}P$$

（3）计算在 $x=1$ 单独作用下（图 6-39c）HF 杆的内力。由节点 C 求得 $R_C=\dfrac{\sqrt{2}}{2}$

（↑），再由整体平衡条件 $\sum Y=0$ 求得 $R_A=\dfrac{\sqrt{2}}{2}$（↓），由节点 A 得 $N_{AE}=1$。再作截面 I—I，取上部为隔离体，由 $\sum X=0$，得：

$$\overline{N}_{HF,x}=-1$$

（4）由式（6-9）得：

$$N_{CG}=x=-\frac{N_{HF,P}}{\overline{N}_{HF,x}}=\frac{-\dfrac{2\sqrt{2}}{3}P}{-1}=\frac{2\sqrt{2}}{3}P$$

杆件代替法还可以推广求解其他静定结构的内力，一般地称为**约束代替法（联系代替法）**。例如，可将图 6-40a 所示的复杂刚架改造成图 6-40b 所示的主从刚架：将支杆 G 去掉，在点 B 处加一竖向支杆。

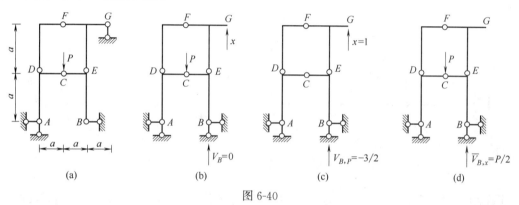

图 6-40

根据代替杆的总反力等于零的条件

$$V_B=\overline{V}_{B,x}+V_{B,P}=0$$

即可求出被代替杆 G 的反力 x。

式中，$\overline{V}_{B,x}$ 及 $V_{B,P}$ 分别为 $x=1$ 及荷载 P 在代替杆 B 中所引起的反力。由于代替刚架是主从刚架，故易由图 6-40c 及 d 求得：

$$\overline{V}_{B,x}=-\frac{3}{2}，V_{B,P}=\frac{P}{2}$$

代入式 6-8，得：

$$x=-\frac{\dfrac{P}{2}}{-\dfrac{3}{2}}=\frac{P}{3}（↑）$$

求出支杆 G 的反力后，便不难求得其余的支杆反力和绘出所给刚架的内力图。

6-8　再分式桁架的计算

在大跨度结构中，经常采用桁架作为承重结构。当桁架节间长度较大时，受压杆件容易失去稳定，同时也给制造安装带来一定困难。为了克服这些缺点，人们设法在保持大跨度桁架原有形状的基础上缩短某些杆的节间长度，于是就出现了再分式桁架。

把简单桁架中某些杆件用杆件体系来代替，而这些杆件体系又是几何不变的小桁架，这样形成的桁架称为再分式桁架。

图 6-41a 所示的再分式桁架，它是由图 6-41b 所示简单桁架将下弦杆 AH、HG、GF 及 FE 分别用四个小桁架（图 6-41c，这里只示出一个小桁架）代替而成的。现根据再分式桁架几何构造的特点讨论其内力分析的简单方法。

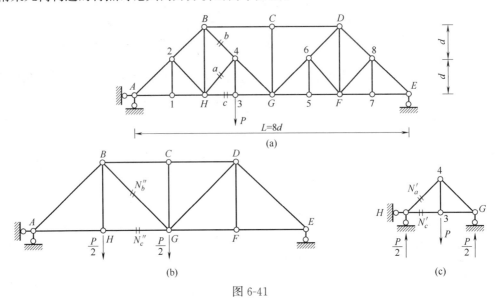

图 6-41

在图 6-41a 所示再分式桁架的节点 H 和 G 上分别加上一对大小相等、方向相反的力，每个力为 $\dfrac{P}{2}$（图 6-42a）。加上这四个力后，桁架的内力并不改变，因为现在的五个力与原来的一个力 P 是等效的。现将这五个力分为两组：一组是平衡力系（图 6-42b）；另一组是作用在节点 H 和 G 上的两个向下的力（图 6-42c）。根据静定结构的静力特性，图 6-42b 中的平衡力系只能使 H4G3H 部分的杆件（粗线所示）产生内力，而该部分杆件的受力情况与图 6-41c 的小桁架 H4G3H 的受力情况相同。而在图 6-42c 中，由节点平衡的特殊情况可知，细线所示各杆均为零杆，粗线所示各杆的受力情况与图 6-41b 所示大桁架的受力情况相同。因此，图 6-41a 所示再分式桁架可以看作是在大桁架里装入小桁架而构成的（图 6-43）。**小桁架的支座即大桁架的节点。**大桁架是基本部分，小桁架是附属部分，这样，就可以先计算小桁架，后计算大桁架，而后叠加。

先求出小桁架 H4G3H 的支座反力和各杆内力（图 6-41c）。然后将节点 H、G 处的两个支座反力并反其指向加在大桁架的节点 H、G 上（图 6-41b），计算大桁架各杆内力（如果原来在大桁架的节点上有荷载作用，小桁架不受力，只有大桁架受力）。最后将上述大、小桁架的计算结果相叠加，即得图 6-41a 所示再分式桁架各杆的内力。

总的来说，再分式桁架的杆件可以分为三类：

（1）仅属于小桁架的杆件，其内力由计算小桁架得到。如图 6-41a 中的杆 a，其内力

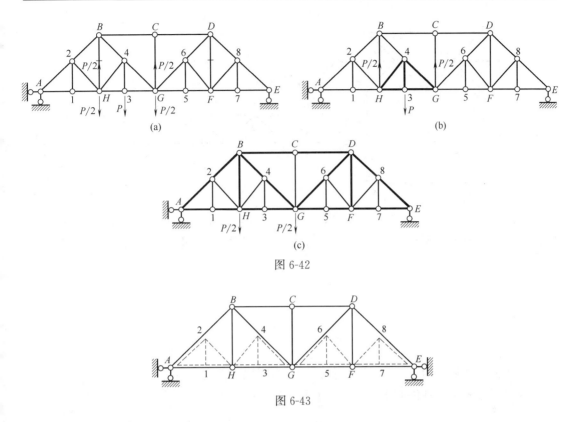

图 6-42

图 6-43

$N_a = N'_a$（图 6-41c）。

（2）仅属于大桁架的杆件，其内力由计算大桁架得到。如图 6-41a 中的杆 b，其内力 $N_b = N'_b$（图 6-41b）。

（3）同时属于大小桁架的杆件，其内力由大小桁架计算结果叠加得到。如图 6-41a 中的杆 c，其内力 $N_c = N'_c + N''_c$。

综上所述，再分式桁架的内力计算，可按如下步骤进行：

（1）将原桁架分成大桁架和小桁架。

（2）根据小桁架节点上的荷载计算各小桁架各杆的内力。

（3）计算大桁架各杆内力，其荷载包括大桁架原有的节点荷载以及由小桁架传来的支座压力。

（4）按三类杆件求原桁架各杆内力。

【例题 6-11】　求图 6-44a 所示再分式桁架各杆内力。

【解】　（1）大桁架和小桁架分别如图 6-44b 和 c 所示。

需要指出，不可将 FGH 和 IJK 这两部分作为小桁架（图 6-44d）。因为在这种情况下，大桁架不能平衡小桁架传递的支座压力。

（2）计算小桁架。用节点法求得小桁架 $AFGCHA$ 各杆内力，示于图 6-44c。另一小桁架的内力与此相同。

（3）计算大桁架。将两个小桁架的支座反力反其指向加到大桁架的相应节点上，连同大桁架节点 C 上原有荷载 P 计算大桁架各杆内力，示于图 6-44b。

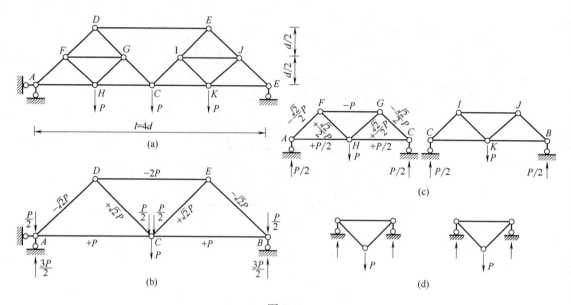

图 6-44

（4）求各杆内力。

由于此桁架杆件内力对称，下面仅讨论左半桁架杆件内力情况。

仅属于小桁架的杆件有 FG、FH、GH，它们的内力为：

$$S_{FG}=-P \text{，} S_{FH}=\frac{\sqrt{2}}{2}P \text{，} S_{GH}=\frac{\sqrt{2}P}{2}$$

仅属于大桁架的杆件有 DE、DF、DG，内力为：

$$S_{DE}=-2P \text{，} S_{DF}=-\sqrt{2}P \text{，} S_{DG}=\sqrt{2}P$$

同时属于大小桁架的杆件有 FA、AH、HC、GC，内力为：

$$S_{FA}=-\sqrt{2}P-\frac{\sqrt{2}}{2}P=-\frac{3}{2}\sqrt{2}P \text{，}$$

$$S_{AH}=P+\frac{P}{2}=\frac{3}{2}P \text{，}$$

$$S_{HC}=P+\frac{P}{2}=\frac{3}{2}P \text{，}$$

$$S_{GC}=\sqrt{2}P-\frac{\sqrt{2}}{2}P=\frac{\sqrt{2}}{2}P$$

【例题 6-12】 求图 6-45a 所示再分式桁架中 $JCDI$ 部分内各杆的内力。

【解】 （1）大桁架如图 6-45b 所示。小桁架 $34CD4$（图 6-45c）代替上弦杆 CD，其他三个小桁架与此相同。这种形式的小桁架将下弦节点上的荷载传递到大桁架上弦节点上。

（2）图 6-45c 所示小桁架的各杆内力算得如下：

$$N_{CD}=-\frac{1}{2}P \text{，} N_{C4}=+\frac{\sqrt{2}}{2}P \text{，}$$

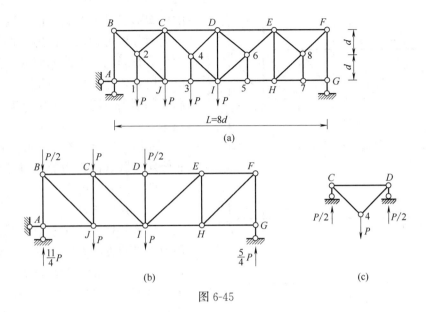

图 6-45

$$N_{4D} = +\frac{\sqrt{2}}{2}P, \ N_{43} = +P$$

（3）将所有荷载作用到大桁架的节点上，如图 6-45b 所示，算得大桁架各杆内力如下：

$$N_{CJ} = -\frac{5}{4}P, \ N_{DI} = -\frac{1}{2}P, \ N_{CD} = -\frac{5}{2}P,$$

$$N_{CI} = +\frac{\sqrt{2}}{4}P, \ N_{IJ} = +\frac{9}{4}P$$

（4）仅属于大桁架的杆件有杆 CJ、DI、$4I$、$J3$、$3I$，它们的内力分别为：

$$N_{CJ} = -\frac{5}{4}P, \ N_{DI} = -\frac{1}{2}P, \ N_{41} = +\frac{\sqrt{2}}{4}P,$$

$$N_{J3} = +\frac{9}{4}P, \ N_{3I} = +\frac{9}{4}P$$

仅属于小桁架的杆件有杆 $4D$、43，它们的内力分别为：

$$N_{4D} = +\frac{\sqrt{2}}{2}P, \ N_{43} = +P$$

杆 CD、$C4$ 是大小桁架所共有的杆件，它们的内力分别为

$$N_{CD} = -\frac{1}{2}P - \frac{5}{2}P = -3P,$$

$$N_{C4} = +\frac{\sqrt{2}}{2}P + \frac{\sqrt{2}}{4}P = \frac{3\sqrt{2}}{4}P$$

6-9 几种梁式桁架受力性能的比较

桁架内力的变化是有一定的规律的。掌握这些规律对于设计时为各种建筑物选择适当

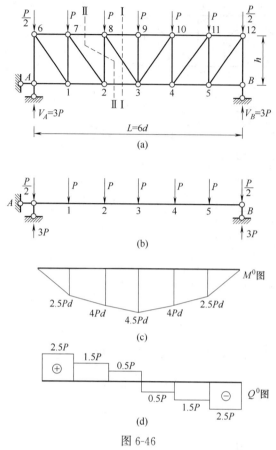

图 6-46

于是，上式可写为：

$$N_{89} = -\frac{M_3^0}{h}$$

欲求下弦杆 2 3 的内力，则以节点 8 为矩心，$\sum M_8 = 0$，得：

$$N_{23} = \frac{\left(V_A - \dfrac{P}{2}\right) \cdot 2d - P \cdot d}{h} = \frac{M_2^0}{h}$$

式中，M_2^0 为相应简支梁与桁架节点 8 对应的截面 2 的弯矩。

同理，其他弦杆的内力也存在类似关系，因此弦杆内力可表为：

$$N = \pm \frac{M^0}{h} \tag{6-10}$$

上式表示弦杆内力等于相应简支梁上与矩心对应截面的弯矩 M^0 除以该杆内力对矩心的力臂 h。下弦杆受拉，取正号；上弦杆受压，取负号。

由式 6-10 可以看出，平行弦桁架各弦杆内力与相应简支梁的 M^0 成正比。M^0 图如图 6-46c 所示，所以中间弦杆内力大，两端弦杆内力小。

（2）腹杆内力

计算腹杆内力时，应用竖向投影平衡方程。例如，欲求斜杆 8 3 的内力，作截面Ⅰ—

的桁架形式是很有意义的。通过对桁架的内力分析可知，弦杆的外形对桁架的内力分布影响很大。下面就常用的三种梁式桁架，即平行弦桁架、三角形桁架和抛物线形桁架的内力分布情况加以说明。

先讨论平行弦桁架（图 6-46a）在均布竖向荷载（已化为等效节点荷载）作用下的内力分布规律。

（1）弦杆内力

计算弦杆内力时，采用截面法，应用力矩平衡方程，矩心取在桁架各节点处，力臂等于桁架的高度 h。例如，欲求上弦杆 8 9 的内力，作截面Ⅰ—Ⅰ，设取左部为隔离体，以节点 3 为矩心，由 $\sum M_3 = 0$，得：

$$N_{89} = -\frac{\left(V_A - \dfrac{P}{2}\right) \cdot 3d - P \cdot 2d - P \cdot d}{h}$$

式中，分子等于与桁架同跨度、同荷载的简支梁（图 6-46b）上与桁架节点 3 对应的截面 3 的弯矩，以 M_3^0 表示。

Ⅰ，取左部为隔离体，由 $\sum Y=0$，得 N_{83} 的竖向分力：

$$Y_{83}=V_A-\frac{P}{2}-P-P=Q^0_{23}$$

式中，Q^0_{23} 是相应简支梁中与节间 23 对应区间的剪力，称为节间剪力。

欲求竖杆 82 的内力，作截面Ⅱ—Ⅱ，由 $\sum Y=0$，得：

$$N_{82}=-\left(V_A-\frac{P}{2}-P\right)=-Q^0_{12}$$

式中，Q^0_{12} 是相应简支梁对应节间 12 的剪力。

同理，其他斜杆的竖向分力和竖杆的内力与相应简支梁对应节间的剪力也存在同样的关系，因此，腹杆内力可表达为：

$$Y=\pm Q^0$$

在如图 6-46a 所示的腹杆布置情况下，斜杆受拉，取正号；竖杆受压，取负号。由 Q^0 图（图 6-46d）可知，两端腹杆内力大，中间腹杆内力小。

图 6-47a 中给出了平行弦桁架 $P=1$、$d=h$ 时的各杆内力值。

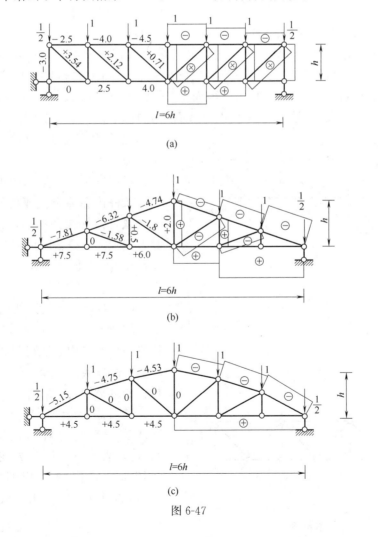

(a)

(b)

(c)

图 6-47

以上分析表明，平行弦桁架的弦杆承受梁中的弯矩，腹杆承受梁中的剪力。桁架就像一根由链杆组成的大梁，整体承受弯矩和剪力，而每一根杆件只承受轴力。

为了比较，图 6-47b、c 给出了三角形桁架和抛物线形桁架的内力分布情况。对于非平行弦桁架，弦杆内力仍可表达为：

$$N = \pm \frac{M^0}{r}$$

式中，r 为弦杆内力 N 对矩心的力臂。与式 6-10 不同的是 r 不是常数。

在三角形桁架中（图 6-47b），弦杆所对应的力臂 r 由两端向跨中按直线规律变化，而与各节点对应的简支梁的 M^0 值则按抛物线规律变化。力臂 r 的增大比 M^0 要快，所以弦杆内力由两端向跨中递减。而腹杆内力由两端向跨中是递增的，斜杆受压，竖杆受拉。

对于抛物线形桁架（图 6-47c），其上弦节点在一抛物线上，竖杆的长度和对应的 M^0 值都按抛物线规律变化，两者增减速度相同，下弦杆的内力和上弦杆内力的水平分力各等于其矩心处对应的 M^0 值除以该处的竖杆长度，因而下弦杆的内力和上弦杆内力的水平分力大小相等，从而各上弦杆内力的内力也近乎相等，而腹杆内力为零。

由上面的分析，可得出如下的结论：

（1）平行弦桁架的内力分布不均匀，弦杆内力向跨中递增，因而截面也应随之改变，这就增加了拼接的难度；如果采用相同的截面，则浪费材料。但它的构件尺寸及节点构造整齐划一，便于标准化，因而仍得到了广泛应用。平行弦桁架多用于轻型桁架（跨度不太大），这时可采用相同截面的弦杆，而不至于浪费太多的材料。在厂房结构中多用于跨度在 12m 以上的吊车梁。

（2）三角形桁架的内力分布也不均匀，弦杆内力靠近支座处最大，且端节点处弦杆之间夹角很小，构造复杂；但其坡度较大，符合屋顶构造要求，所以，多在屋架中使用（木屋架常采用这种形式）。

（3）抛物线形桁架的内力分布均匀，受力比较合理。但上弦转折较多，施工比较困难。多用于大跨度的屋架（18～30m）和桥梁（100～150m），因为节约材料的意义较大。

最后需要指出，若杆件布置的情况改变，其受力规律也将随之变化。图 6-48 表示三种腹杆方向不同的平行弦桁架，它们承受相同的竖向荷载（仍假设 $P = 1$）作用，试比较腹杆受力的异同。

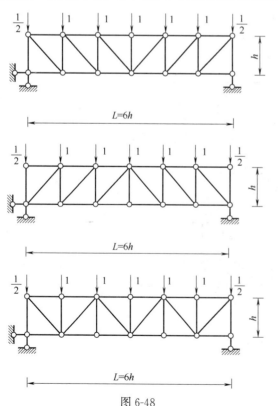

图 6-48

6-10　组合结构的计算

组合结构又称混合结构。

这种结构由两类杆件组成。一类与桁架的杆件相同，只承受轴力，称为链杆；另一类与刚架（或梁）中的杆件相同，除承受轴力外，还承受弯矩和剪力，称为梁式杆。

计算组合结构的关键在于区分两类杆件。

只有无直接荷载作用，且两端铰接的直杆（图 6-49a）才只产生轴力。若有直接荷载作用（图 6-49b），或者中间与其他杆件联结（图 6-49c），或者是二力折（曲）杆（图 6-49d），则除轴力外，还产生弯矩和剪力。若误将梁式杆当作链杆，则必将导致错误的结果。

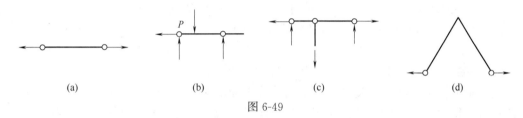

图 6-49

应用截面法计算混合结构时，应注意被截的杆件是链杆还是梁式杆。若是链杆，截面上只有轴力；若是梁式杆，则截面上一般有弯矩、剪力和轴力。为了使隔离体上的未知力不致过多，应尽量避免截断梁式杆。因此，计算组合结构的步骤一般是先求出支座反力，然后计算链杆的轴力，最后计算梁式杆的内力。

【例题 6-13】　作图 6-50a 所示组合结构的内力图。

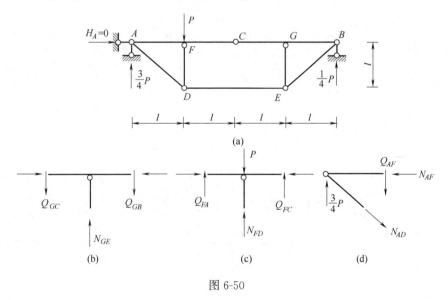

图 6-50

【解】　先区分哪些杆是链杆，哪些杆是梁式杆。根据前述，杆 AFC 及杆 CGB 是梁式杆，其余各杆是链杆。

下面求解杆件内力。

有一种做法是先去掉竖杆 EG，认为它是零杆。这是按桁架节点判断节点 G，是错误的。因为杆 GB 和杆 GC 中不仅有轴力，还有剪力（图 6-50b）。竖杆内力 N_{GC} 与这两个剪力相平衡，因而不是零（后面看到，它等于 $-P/2$）。

同样，由于杆 FA 和杆 FC 中有剪力（图 6-50c），也不能把节点 F 当成桁架节点，而认为竖杆 FD 的内力等于 $-P$（后面看到，它等于 $-P/2$）。

把节点 A 当作桁架节点，计算杆 AD 及杆 AF 也是不对的，因为丢掉了杆 AF 中的剪力（图 6-50d）。

以上都是组合结构中常见的错误，应特别注意。

那么组合结构应当如何求解呢？也宜从几何构造分析入手。

本体系只有三个支杆，应当先求支座反力（图 6-50a）。然后考察其内部的几何构造。它是由两个大刚片用一铰（C）及一链杆（DE）相联而成的，宜采用截面法先求出两刚片间的约束力。截取其中的一个刚片（图 6-51a），利用这一刚片的三个平衡条件求得 N_{DE}、H_C、V_C，另一刚片的受力情况如图 6-51b 所示。再截取节点 D 及 E 求各链杆的轴力（图 6-51c 及 d），由于被截杆全是链杆，所以其内力与桁架内力的计算方法完全一致。最后根据荷载、反力以及链杆的轴力作出两梁式杆的受力图，如图 6-51e 及 f 所示。因此不难求得此两杆的 M、Q、N 图。整个体系中的 M、Q、N 图如图 6-52 所示。

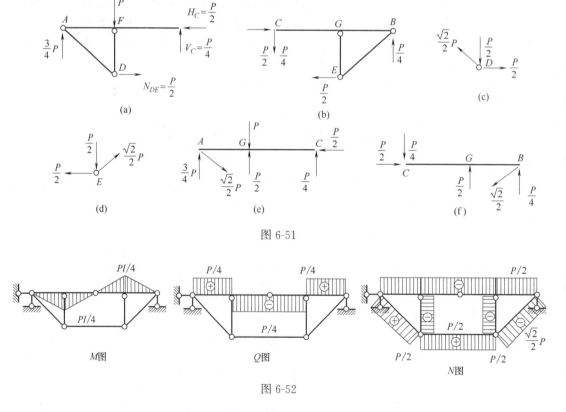

图 6-51

图 6-52

【例题 6-14】 作图 6-53a 所示结构的内力图。

【解】 支座反力共有四个，不能预先求出来。

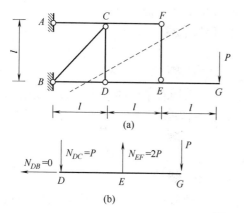

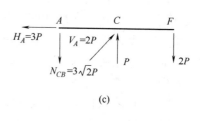

图 6-53

该体系是先用一铰（A）和一杆（BC）将杆 ACF 与地球相联成一几何不变的大刚片，然后再用三根链杆（BD、CD、EF）将杆 DEG 与此大刚片相联形成的几何不变体系。

杆 ACF 和杆 DEG 为梁式杆，其余四杆为链杆。先将杆 DEG 截取出来，求得链杆 DB、DC 及 EF 的内力（图 6-53b）。然后截取杆 ACF，求得链杆 CB 及支座 A 处的两个反力（图 6-53c）。整个体系的 M、Q、N 图如图 6-54a~c 所示。

校核：截取节点 C（图 6-54d），

$$\sum X = 3P - 3\sqrt{2}P \cdot \cos 45° = 0,$$
$$\sum Y = 3\sqrt{2}P \cdot \cos 45° + P - 2P - 2P = 0。$$

故计算无误。

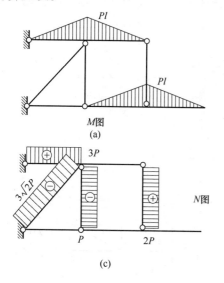

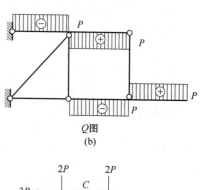

图 6-54

小　结

一、在节点力作用下，桁架杆件只承受轴力。

按几何构造方式，桁架分为简单桁架、联合桁架和复杂桁架三类。

二、简单桁架，可用节点法逐次求出全部杆件内力；

联合桁架，可先用截面法计算出联系杆内力；

复杂桁架，可视情况用双截法或杆件代替法求解。

不论是哪一类桁架，凡是只有两个未知力的节点或有单杆的节点，都可以用节点法计算；凡是能引一个截面，只含三个未知力，或除一个未知力外，其他未知量均平行或相交于一点，都可用截面法计算。

三、有零杆，宜先去掉。

对称结构，可考虑利用对称条件减少未知力的个数。

四、简单桁架，用图解法可以求出全部内力并自动校核；对于联合桁架，需辅以截面法。

五、在满跨均布节点荷载作用下，三种桁架的受力情况为：

平行弦桁架——弦杆内力越往中间越大，腹杆内力越往两端越大。下斜杆❶受拉，上斜杆受压。

三角形桁架——规律与平行弦桁架完全相反。

抛物线桁架——腹杆不受力，各下弦杆内力相同，各上弦杆内力的水平分力相等，且等于下弦杆内力。

无论上述哪类桁架，都是上弦杆受压，下弦杆受拉；竖杆同斜杆内力符号相反。

上述结论都只适用于简单梁式桁架，若有挑臂，则情况有所不同。

六、对于再分式桁架，要明确小桁架的选取原则，即大桁架能平衡小桁架传递的支座压力。

七、计算组合结构，关键是分清链杆和梁式杆这两类杆件。另外，取隔离体时不要丢掉梁式杆的剪力。

习　　题

一、是非题

6-1　图示桁架中杆 a 的轴力 N_a 为 $\frac{50\sqrt{5}}{3}$kN。（　　）

6-2　图示桁架中杆 1 的轴力为 $-2P$。（　　）

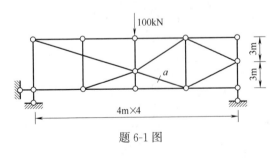

题 6-1 图

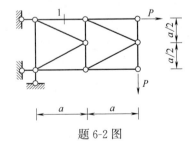

题 6-2 图

---

❶　由两边向中点下斜的斜杆称为下斜杆，反之，称为上斜杆。

6-3　图示三角形屋架的弦杆中，靠近支座处的内力最小。（　　）

6-4　图示结构中杆 1 的轴力 N_1 为 $-P$。（　　）

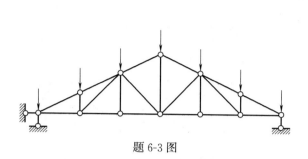

题 6-3 图

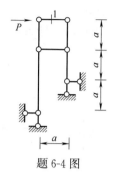

题 6-4 图

6-5　图示结构中截面 K 的 M 值为 Pa，里侧受拉。（　　）

6-6　图示结构中，当荷载及 h 保持不变，而 h_1 增大、h_2 减小时，桁架杆 AB 的内力值不变。（　　）

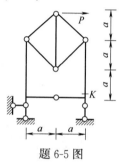

题 6-5 图

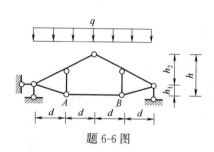

题 6-6 图

二、选择题

6-7　图示桁架中，当 h 减小时，杆 1 的内力（　　）。

A. 增大　　　　　　　　　　B. 减小

C. 不变　　　　　　　　　　D. 不确定

6-8　图示桁架中零杆的个数是（　　）。

A. 2　　　　　　　　　　　B. 3

C. 5　　　　　　　　　　　D. 7

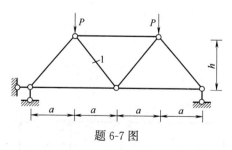

题 6-7 图

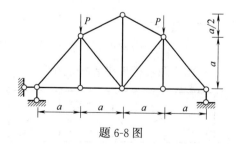

题 6-8 图

6-9　图示桁架中零杆的个数是（　　）。

A. 2　　　　　　　　　　　B. 3

C. 4　　　　　　　　　　　D. 5

6-10　抛物线形静定桁架在任意荷载作用下，其腹杆内力（　　）。

A. 均为零　　　　　　　　B. 总是正的

C. 总是负的　　　　　　　D. 不确定

6-11　图示结构杆 AB 的内力 N_{AB} 为（　　）。

A. 0　　　　　　　　　　B. P

C. $-P$　　　　　　　　D. $2P$

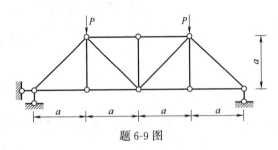

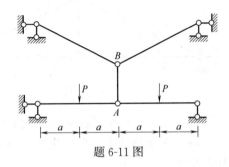

题 6-9 图　　　　　　　　　　题 6-11 图

6-12　图示结构中杆 AB 的内力 N_{AB} 为（　　）。

A. $-\dfrac{P}{2}$　　　　　　B. $-\dfrac{P}{3}$

C. $-\dfrac{2P}{3}$　　　　　　D. $-P$

6-13　图示结构中杆 AB 的内力 N_{AB} 为（　　）。

A. 0　　　　　　　　　　B. $-\sqrt{2}P$

C. $\sqrt{2}P$　　　　　　　D. $2\sqrt{2}P$

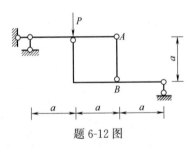

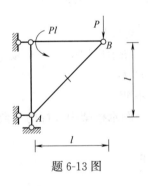

题 6-12 图　　　　　　　　　　题 6-13 图

三、填充题

6-14　图示桁架中杆 1 的内力 N_1 是＿＿＿＿＿＿。

6-15　图示桁架中零杆的个数是＿＿＿＿＿＿。

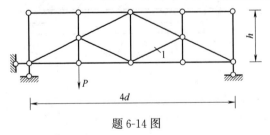

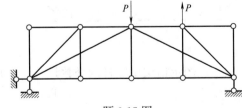

题 6-14 图　　　　　　　　　　题 6-15 图

6-16　图示桁架中杆 AB 和杆 AC 的内力分别为 $N_{AB}=$ _____，$N_{AC}=$ _____。

6-17　图示桁架中杆 AB 的内力 N_{AB} 是 _____。

6-18　图示桁架中杆 AB 的内力 N_{AB} 是 _____。

6-19　图示桁架中杆 AB 的内力 N_{AB} 是 _____。

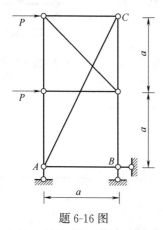

题 6-16 图

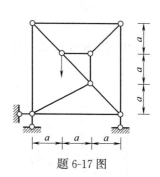

题 6-17 图

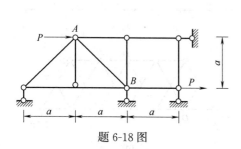

题 6-18 图

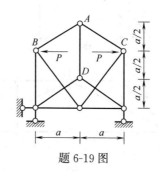

题 6-19 图

6-20　图示桁架中杆 AB 的内力 N_{AB} 是 _____。

6-21　图示桁架中杆 AB 的内力 N_{AB} 是 _____。

6-22　图示结构中支座 A 的水平反力 R_A 是 _____。

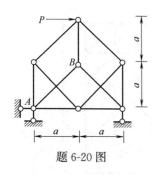

题 6-20 图

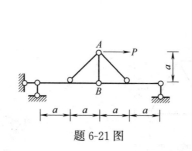

题 6-21 图

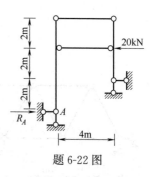

题 6-22 图

四、计算分析题

6-23～6-25　用节点法求图示桁架中各杆的内力。

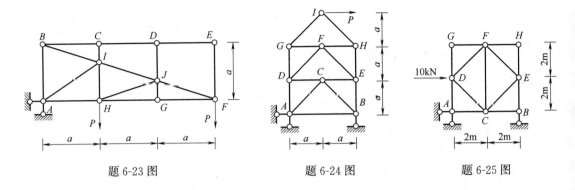

题 6-23 图   题 6-24 图   题 6-25 图

6-26 指出图示桁架中的零杆。

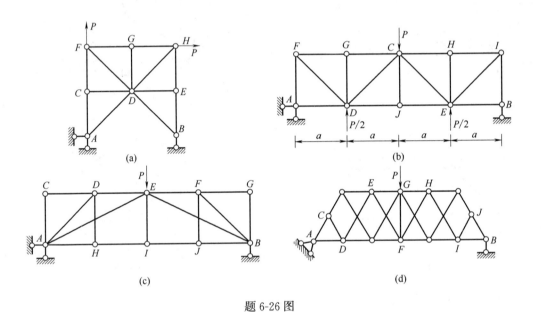

(a)

(b)

(c)

(d)

题 6-26 图

6-27～6-30 用截面法求图示桁架中指定杆件的内力。

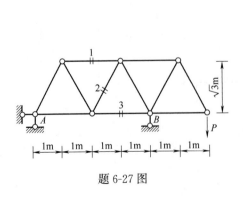

题 6-27 图

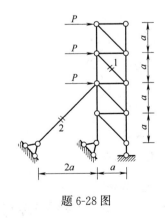

题 6-28 图

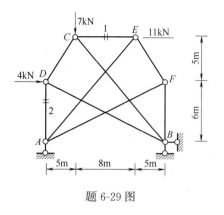

题 6-29 图

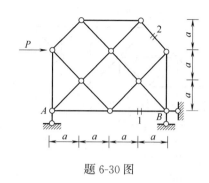

题 6-30 图

6-31～6-39 试用较简便的方法求图示桁架中指定杆件的内力。

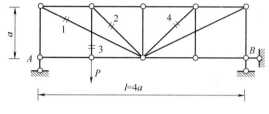

题 6-31 图

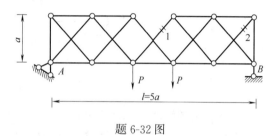

题 6-32 图

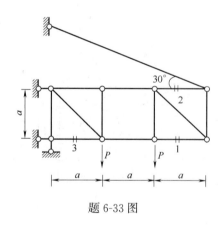

题 6-33 图

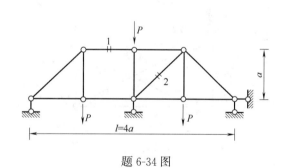

题 6-34 图

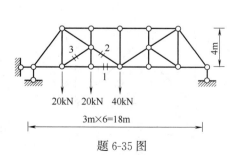

题 6-35 图

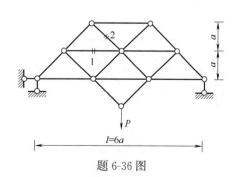

题 6-36 图

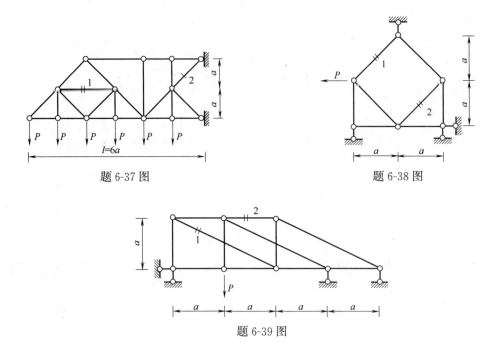

题 6-37 图   题 6-38 图

题 6-39 图

6-40　用图解法作图示桁架的内力图。

6-41～6-44　利用对称性求图示桁架中指杆件内力（或反力）。

6-45　用杆件代替法求图示桁架中杆 1 的内力。

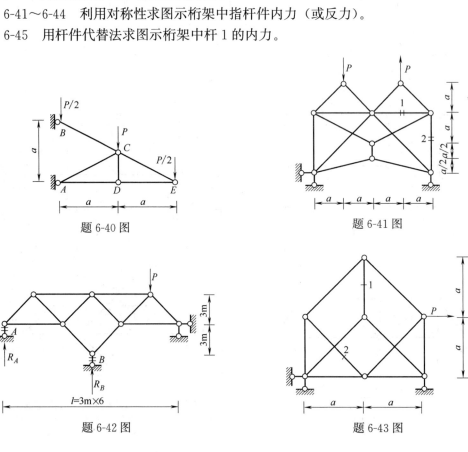

题 6-40 图   题 6-41 图

题 6-42 图   题 6-43 图

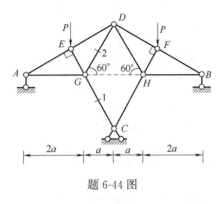

题 6-44 图

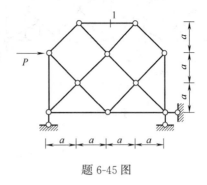

题 6-45 图

6-46 用杆件代替法求图示桁架中支座 A 的反力。

6-47 用杆件代替法解图示刚架,并绘弯矩图。

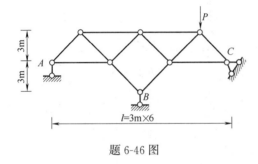

题 6-46 图

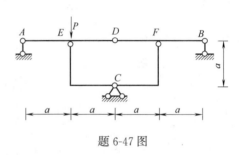

题 6-47 图

6-48 用杆件代替法解图示组合结构,并绘弯矩图和轴力图。

提示:可将支杆 C 去掉,在 B 端加竖向支杆,使其变为固定支座。

6-49 计算图示再分式桁架中指定杆件的内力。

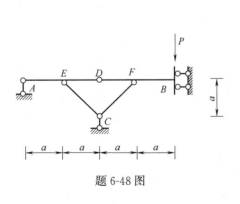

题 6-48 图

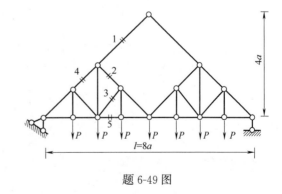

题 6-49 图

6-50 计算图示再分式桁架中 $JCDI$ 部分内各杆的内力。

6-51~6-53 计算图示组合结构,并绘 M、Q、N 图。

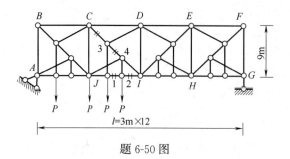

题 6-50 图

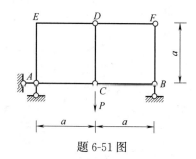

题 6-51 图

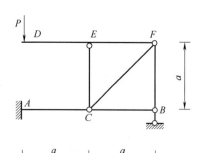

题 6-52 图

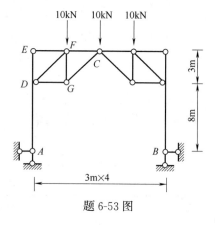

题 6-53 图

第7章 结构位移的计算

【学习指导】

一、本章在变形体虚功原理的基础上，讲述静定结构的位移计算。后者是解算超静定结构和验算结构刚度所必需的，是本章的重点。此外还介绍几个互等定理，它们在后面各章中将得到应用。

二、实功、虚功、广义力、广义位移的概念要求掌握。变形体虚功方程的推证要求理解。荷载产生的位移的算式要求掌握。图乘法求位移，最常使用，应熟练掌握。温度改变及支座移动产生的位移的计算要求了解。关于功的几个互等定理，要求了解。

7-1 实功与虚功

力的实功是力在其本身引起的位移上所做的功。

如果位移与作功的力无关，则说力在此位移上做了**虚功**。例如，力在另外一组力或其他原因产生的位移上所做的功是虚功。

为了具体解释，举例说明。

设在梁上（图 7-1a）作静力加载，即平稳、缓慢地加载，在加载过程中，惯性力可以略去不计。荷载由零增至 P_1。随着力的增大，作用点的位移也逐渐增大，其最终数值为 Δ_{11}（脚标的含义，后面说明）。若结构材料服从胡克定律，且结构变形不大，则在静力加载过程中，力与位移间的关系是一条通过零点的直线（图 7-1b）。如所已知，在此过程中力所做的功等于三角形 OAB 的面积，即等于力最终数值 P_1 与位移最终数值 Δ_{11} 乘积的一半，而不等于 $P_1 \cdot \Delta_{11}$。这是因为在位移过程中力是变力，是从零增加到 P_1，而不是自始至终保持为 P_1。按前面的定义，在此加载过程中 P_1 做了实功。于是 P_1 所做的实功等于

$$T_{11}=\frac{1}{2}P_1 \cdot \Delta_{11}$$

设在 P_1 已经加完之后，又加 P_2（也是静力加载）（图 7-2a）。由于 P_2 的作用，挠度曲线由 I 移至 II（曲线 I 是在 P_1 作用下的平衡位置）。由于 P_2 在此位移过程中是变力，P_2 所做的功为：

$$T_{22}=\frac{1}{2}P_2 \cdot \Delta_{22}$$

它是实功，因为位移 Δ_{22} 是力 P_2 引起的。

由于施加 P_2 时，P_1 的作用点发生了附加位移 Δ_{12}，因此 P_1 在 P_2 加载的过程中也做

了功。在此位移过程中，P_1 之值不变，所以所做之功为：

$$T_{12} = P_1 \cdot \Delta_{12}$$

由于位移 Δ_{12} 与 P_1 无关，所以是虚功。

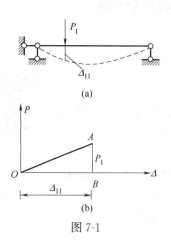

图 7-1

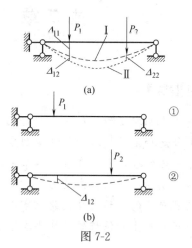

图 7-2

对照实功 T_{11}、T_{22} 与虚功 T_{12} 的表达式可见，在静力加载过程中，它们在算式上的区别是：实功有系数 "$\frac{1}{2}$"，虚功没有系数 "$\frac{1}{2}$"。其原因是，做实功时，力在位移过程中，其数值是改变的；而在做虚功时力在位移过程中是不变的。

下面讲位移 Δ_{ik} 脚标的含义。脚标中第一个字母 i 表示位移的地点和方向，第二个字母 k 表示引起位移的原因。例如 Δ_{12} 中第一个脚标 "1" 表示这个位移是 P_1 作用点的全位移在 P_1 方向上的投影（对于本例，全位移与 P_1 方向一致），或简述为 P_1 作用点沿 P_1 方向的位移；第二个脚标 "2" 表示这个位移是 P_2 所引起的。

为了简便，今后在研究 P_1 在 P_2 引起的位移 Δ_{12} 上所做的虚功时，不画图 7-2a，而把做虚功的力 P_1 和虚位移 Δ_{12}（P_2 引起的位移）分别画在两个图上，并称为结构的 "状态 1" 与 "状态 2"。把 P_1 在虚位移 Δ_{12} 上所做的虚功称为 "状态 1 上的力在状态 2 位移上所做的虚功"，并以 T_{12} 表示。

今后，每当见到图 7-2b 就应当在脑海中想象出图 7-2a：在 P_1 已达到其平衡位置（曲线 I）之后，由于又加 P_2 而产生了附加位移 Δ_{12}，在此附加位移上 P_1 做了虚功。

状态 1 上的力也可以不是一个力，而是一组力。虚位移（状态 2）也可以不是由一个力，或一组力，而是由别的原因（温度改变、支座移动等）引起的。概括起来，虚位移可以理解为结构可能发生的连续的、微小的（与结构基本尺寸相较）位移。

7-2 广义力与广义位移

今后不仅会遇到单个力的做功问题，而且会遇到单个力偶、一组力、一组力偶做功的问题。为了简便，概括地称这些做功的与力有关的因素为广义力。这些广义力将在相应的有关位移的因素上做虚功。这些有关位移的因素称为与广义力相对应的广义位移。这样，广义力与广义位移的关系为：两者相乘得功，即

$$T = S \cdot \Delta$$

当广义位移 Δ 与广义力 S 方向一致时，虚功为正。

例如，若广义力是单个力 P，则广义位移是该力的作用点的全位移在力 P 方向上的投影 Δ（图 7-3a）。若广义力是一个力偶，则广义位移是它所作用的截面的转角 φ（图 7-3b）。若有大小相等、方向相反的一对力 P 作用于杆 A、B 两点上（图 7-4），由于某种原因，A、B 两点分别发生位移 Δ_A、Δ_B，则在此位移上这一对力 P 所做的虚功为：

$$T = P \cdot \Delta_A + P \cdot \Delta_B = P(\Delta_A + \Delta_B) = P\Delta_{AB}$$

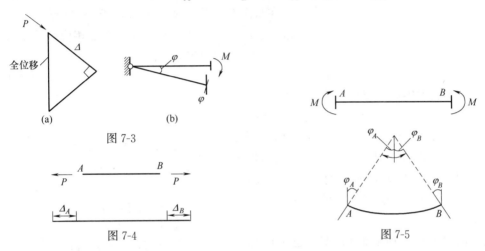

图 7-3

图 7-4

图 7-5

式中，Δ_{AB} 是 A、B 两点水平方向的相对位移，或 A、B 两点间距的改变量。这里，一对力 P 是广义力，Δ_{AB} 是与之相应的广义位移。

或者说，与 A、B 两点水平向相对位移相对应的广义力是加于 A、B 两点的水平向的一对方向相反的力 P。

又如，若有一对力偶 M 作用于杆 A、B 两截面上（图 7-5），由于某种原因此二截面分别发生了转角 φ_A、φ_B，则在此位移上这一对力偶 M 所做的功为

$$T = M \cdot \varphi_A + M \cdot \varphi_B = M \cdot (\varphi_A + \varphi_B) = M \cdot \Delta\varphi$$

式中，$\Delta\varphi$ 为在虚位移过程中，A、B 两截面发生的相对转角。这里，一对力偶 M 是广义力，$\Delta\varphi$ 是与之相应的广义位移。或者反过来说，与相对转角 $\Delta\varphi$ 相应的广义力是一对数值相等、方向相反的力偶 M。

广义力与广义位移的概念在功的理论和位移计算中会用到。要求：已知广义力就能找到与之相应的广义位移，以及已知广义位移就能找到与之相应的广义力。

7-3 变形体虚功方程

我们在理论力学中已经学过刚体虚功原理。按照这个原理，当给平衡体系以任何微小的刚性位移时，作用于体系上的外力之功的总和等于零。例如，设有一简支梁在外力作用下处于平衡（图 7-6a），当使其支座发生某一微小位移时（图 7-6b），梁上的外力（包括支座反力）在此位移上要做虚功，其总和等于零。这个功的方程可以概括地写为：

$$T_{12} = 0 \qquad (7\text{-}1)$$

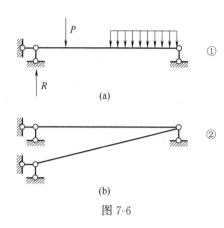

图 7-6

式 7-2 即变形体虚功方程。推导如下：

（1）微段上的外力（图 7-7b）包括两部分：一部分是梁上的外力，即图 7-7b 上的分布荷载。由于分析对象是微段，可以认为分布荷载是均布的。另一部分是微段间的相互作用力，即内力 M、Q、N。由于是属于状态 1 的，以 M_1、Q_1、N_1 表示。

（2）微段上外力所做的功 $\mathrm{d}V_{12}$ 也由两部分组成：相互作用力之功 $\mathrm{d}V_{12}^{相}$ 及梁上外力之功 $\mathrm{d}V_{12}^{外}$，即

$$\mathrm{d}V_{12}=\mathrm{d}V_{12}^{相}+\mathrm{d}V_{12}^{外} \tag{7-3}$$

（3）把整个梁中各个微段上外力之功加起来，得：

$$V_{12}=V_{12}^{相}+V_{12}^{外} \tag{7-4}$$

式中，V_{12} 为各微段上外力之功的总和；$V_{12}^{相}$ 为作用于各微段上相互作用力（图 7-8 中作用于各个微段上的所有 M、Q、N）之功的总和；$V_{12}^{外}$ 为作用于各个微段上的梁上外力（图 7-8 中各个微段上面的荷载）之功的总和。

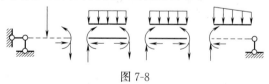

图 7-8

即状态 1 上的外力在状态 2 位移（刚性位移）上所做之功的总和等于零。这就是刚体的虚功方程。

若所给的虚位移不是刚性位移，而是某一变形曲线，例如是某一组力所引起的弹性曲线位移（图 7-7c），则状态 1 上的外力在此位移上（即图 7-7a 所示的外力在图 7-7c 所示位移上）所做的虚功的总和，显然不等于零。后面将要证明，状态 1 上的外力在状态 2 位移上所做的虚功 T_{12}，等于状态 1 各微段上的外力（图 7-7b）在状态 2 相应微段变形上（图 7-7d）所做的虚功之和为 $V_{12}^{变}$：

$$T_{12}=V_{12}^{变} \tag{7-2}$$

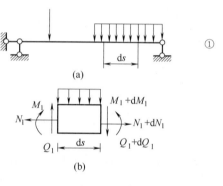

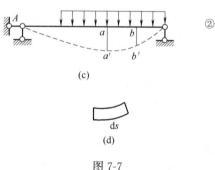

图 7-7

（4）由于相互作用力是成对出现的，大小相等、方向相反，作用在相邻的微段上（图 7-8）且虚位移变形是连续的（图 7-7c）；左微段的右端截面与右微段的左端截面（参见图 7-8）连在一起，转角相同，线位移也相同；所以如果作用在左微段右端截面上的力做正功，则作用在右微段左端截面上的力必做负功。这样，相邻微段间的相互作用力之功的总和 $V_{12}^{相}$ 等于零：

$$V_{12}^{相}=0 \tag{7-5}$$

式 7-5 是基于虚位移变形连续性得到的。若虚位移变形不连续，即左微段右端的位移

与右微段左端截面的位移不同，则相互作用力之功不能相互抵消，从而得不到式 7-5。所以式 7-5 代表虚位移变形连续条件。

（5）作用于各微段上的梁的外力（图 7-8 中各微段上的荷载）之功的总和，显然就是梁上外力（图 7-7a）之功 T_{12}，即有：

$$V_{12}^{外}=T_{12} \tag{7-6}$$

（6）将式 7-5、式 7-6 代入式 7-4，得

$$T_{12}=V_{12} \tag{7-7}$$

这样就把梁上外力之功 T_{12} 与各微段外力之功之和 V_{12} 联系起来。

（7）将状态 2 微段的位移过程（由 ab 移至 $a'b'$）（参看图 7-7c 及图 7-9）想象地分为两个过程。第一个过程是所考察的微段不变形，随其上某一截面，例如随左端截面 a 移动并转动，由 ab 移至 $a'b''$，称此过程为刚性位移。第二个过程是变形（由 $a'b''$ 移至 $a'b'$）。在此过程中左端截面 a 不再移动和转动（它在前一过程中已达到应有位置），而整个微段发生变形。

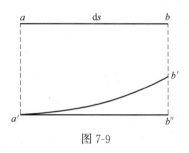

图 7-9

刚性位移与变形的划分方法，不止上述一种，只要前一个过程是刚性的，再经过第二个过程达到应有的变形位置即可。

（8）与位移的这两个过程相应，微段上外力功也分为两部分：在刚性位移上的功 $\mathrm{d}V_{12}^{刚}$ 和在变形上的功 $\mathrm{d}V_{12}^{变}$，即有：

$$\mathrm{d}V_{12}=\mathrm{d}V_{12}^{刚}+\mathrm{d}V_{12}^{变} \tag{7-8}$$

这里，$\mathrm{d}V_{12}$ 与 V_{12} 不同，$\mathrm{d}V_{12}$ 是一个微段上的外力之功，而 V_{12} 是各个微段上外力功的总和。

刚性位移上的功 $\mathrm{d}V_{12}^{刚}$：由于状态 1（图 7-7a）是平衡的，其微段（图 7-7b）自然是平衡的，此外位移是微小的，所以按刚体虚功原理，在此刚性位移上，微段上的外力之功等于零：

$$\mathrm{d}V_{12}^{刚}=0 \tag{7-9}$$

式 7-9 是基于状态 1 是平衡的这一条件得到的，所以它代表平衡条件。

将式 7-9 代入式 7-8 得：

$$\mathrm{d}V_{12}=\mathrm{d}V_{12}^{变} \tag{7-10}$$

式 7-10 表示微段上外力功等于微段上外力在变形上的功。

对各个微段求和得：

$$V_{12}=V_{12}^{变} \tag{7-11}$$

将式 7-12 代入式 7-7，得：

$$T_{12}=V_{12}^{变} \tag{7-12}$$

式 7-12 即式 7-2，这样就导出了变形体虚功方程。

式 7-12 是变形体虚功方程的一般表达形式。它不只适用于梁，也适用于杆系及板、壳等非杆系。对于非杆系，将结构分割为微元体而推导，途径是一样的。

变形体虚功方程可用文字表述如下：**当给平衡的变形体（状态 1）以任意的虚位移（状态 2）时，变形体上外力之功等于各微元体（微段）上外力在变形上之功（变形功）**

之和。

从推导过程可见，变形体虚功方程是基于两点得到的：体系的平衡和虚位移变形的连续性。

推导过程没有用到材料的物理性质。因此变形体虚功方程（式 7-12）不仅适用于弹性体，也适用于非弹性体。

在推导过程中，虽然我们将结构划分成微段，但却没有用到单元的微小性，因此划分为若干个大单元（叫有限元）时，变形体虚功方程（式 7-12）也是成立的，即式 7-12 也适用于有限元。

划分为微单元和划分为大单元的区别表现在 $V_{12}^{变}$ 的计算上。这里不讨论有限元，只讨论划分为微段时变形功 $V_{12}^{变}$ 的计算。

如果状态 2 发生的位移是刚性的，例如图 7-6 所示，则每个单元体均无变形，$V_{12}^{变}$ 等于零，式 7-12 就变为刚体的虚功方程 $T_{12}=0$（式 7-1）。

下面讨论微段上外力（图 7-7b）在变形上的功 $\mathrm{d}V_{12}^{变}$（由 $a'b''$ 变至 $a'b'$，图 7-9）。

微段变形（图 7-7d）可以分为弯曲变形、轴向变形、剪切变形。这三种变形分别以 $\mathrm{d}\varphi_2$、$\mathrm{d}\Delta_2$、$\mathrm{d}h_2$ 表示（图 7-10）。

当计算状态 1 中微段上外力（图 7-7b）在状态 2 变形上所做之功时，内力增量 $\mathrm{d}M_1$、$\mathrm{d}N_1$、$\mathrm{d}Q_1$ 及分布荷载之功与 M_1、N_1、Q_1 之功相比为高阶微量，可以略去。

如果分割为大单元（有限长的段），则不是这样，不能略去。

对于直杆和建筑上常见的曲杆（曲率不大），在弯曲变形 $\mathrm{d}\varphi_2$ 上（图 7-10a）只有 M_1 做功，其值为 $M_1 \cdot \mathrm{d}\varphi_2$；在轴向变形 $\mathrm{d}\Delta_2$ 上只有 N_1 做功，其值为 $N_1 \cdot \mathrm{d}\Delta_2$；在剪切变形 $\mathrm{d}h_2$ 上只有 Q_1 做功，其值为 $Q_1 \cdot \mathrm{d}h_2$。

于是状态 1 微段上外力在状态 2 变形上所做的功为：

$$\mathrm{d}V_{12}^{变}=M_1 \cdot \mathrm{d}\varphi_2+N_1 \cdot \mathrm{d}\Delta_2+Q_1 \cdot \mathrm{d}h_2 \qquad (7\text{-}13)$$

式 7-13 也可以称为内力在变形上的虚功，或**内力变形功**。

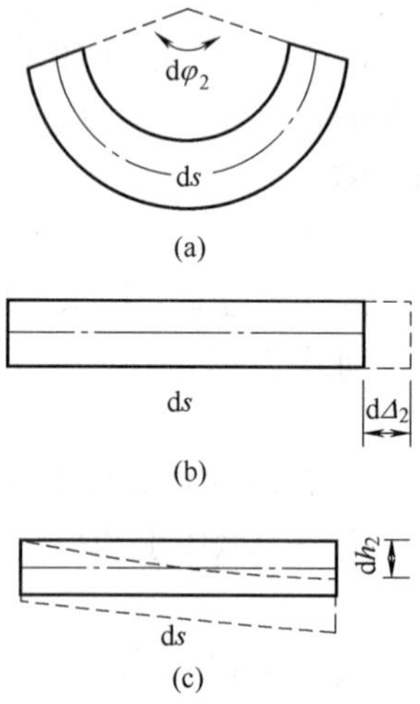

但要注意，内力是成对出现的，分别作用在相邻的两个微段上，大小相等、方向相反，其所做的功符号相反。但功不能互相抵消是因为变形里已经没有刚性变形，变形体的位移状态不连续。这里的内力是作用在所截取的微段上的（图 7-7b），是这个微段上的外力。

Q_1 所作的功等于 $Q_1 \cdot \mathrm{d}h_2$ 是有条件的，只有剪切变形沿截面高度不变时它才是正确的。在状态 2 是弯曲剪切的情况下，如所已知，剪应力及剪应变沿截面高度是变化的。这时不能笼统地计算剪力 Q_1 之功，而应当计算截面各微面积上剪应力 τ_1 所作之功，而后在截面上积分。积分的结果将在后面给出。

上面讲的是微段上只有分布荷载而无集中力作用的情况。若在微段上有集中力作用，则此集中力在变形上的功不能略去。此时应当将微段再分割，其结果如图 7-11 所示，集中力 P 的变形功将包含于 $Q_右$（$Q_右=Q_左-P$）在变形上所做功之中。因而有集中力作用时，式 7-13 依然成立。同理，有集中力偶或集中轴向荷载作用

(a)

(b)

(c)

图 7-10

时，式 7-13 也成立。

前已说明，虚位移（图 7-7 中状态 2）可以是一组力引起的，也可以是温度改变或其他原因引起的。对于不同情况，变形 $d\varphi_2$、$d\Delta_2$、dh_2 的表达式不同。

当虚位移是一组力引起的时（图 7-7c），有：

$$d\varphi_2 = k_2 ds$$

式中，k_2 为状态 2 虚位移的曲率。由于曲率表示相距为单位长度的两端截面的相对转角，所以微段长度为 ds 时，其两端截面的相对转角为 $k_2 \cdot ds$。

根据材料力学，有：

$$k_2 = \frac{1}{\rho_2} = \frac{M_2}{EI}$$

式中，ρ_2 为状态 2（虚位移）的曲率半径；M_2 为状态 2 的弯矩。由此（参阅图 7-12a）：

$$d\varphi_2 = \frac{M_2}{EI} ds$$

轴向位移 $d\Delta_2$ 等于（图 7-12b）

$$d\Delta_2 = \varepsilon_2 ds = \frac{\sigma_2}{E} ds = \frac{N_2}{EA} ds$$

假如 Q_2 沿截面高度是均匀分布的，则剪切位移 dh_2 等于

$$dh_2 = \gamma_2 ds = \frac{\tau_2}{G} ds = \frac{Q_2}{GA} ds$$

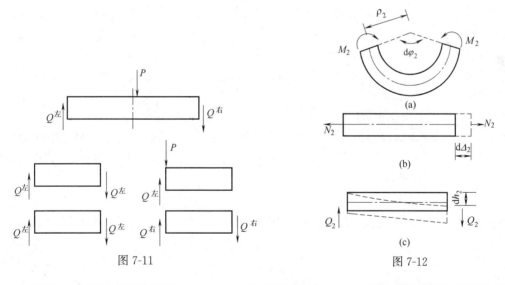

图 7-11　　　　　　　　　　　　　图 7-12

由于剪力沿截面高度不是均匀分布的（按抛物线分布），剪切变形沿截面高度各处不同，所以，如前所述，应当计算截面各微面积上剪应力所作的功，而后积分，其结果得 $\mu \cdot Q_1 \dfrac{Q_2 ds}{GA}$。其中系数 μ（剪应力不均匀分布系数）只取决于截面形状，对于矩形截面 $\mu = 1.2$。于是，式 7-12 变为

$$dV_{12}^{变} = M_1 \cdot \frac{M_2 ds}{EI} + N_1 \cdot \frac{N_2 ds}{EA} + \mu \cdot Q_1 \frac{Q_2 ds}{GA} \tag{7-14}$$

式 7-14 是一个微段上外力（状态 1）在变形上（状态 2）的功。欲求整个结构上各个微段上外力在变形上之功的和，需在每个杆件范围内积分，再将各个杆件上的积分加起来，即：

$$V_{12}^{变} = \Sigma \int M_1 \frac{M_2 \, ds}{EI} + \Sigma \int N_1 \frac{N_2 \, ds}{EA} + \Sigma \int \mu Q_1 \frac{Q_2 \, ds}{GA} \tag{7-15}$$

于是变形体虚功方程（式 7-12）的展开式为：

$$T_{12} = \Sigma \int M_1 \frac{M_2 \, ds}{EI} + \Sigma \int N_1 \frac{N_2 \, ds}{EA} + \Sigma \int \mu Q_1 \frac{Q_2 \, ds}{GA} \tag{7-16}$$

式中，T_{12} 是状态 1 上的外力在状态 2 位移上所做的功；M_1、N_1、Q_1 及 M_2、N_2、Q_2 分别是状态 1 及状态 2 中的内力。它们都是表达式。当写 M_1、M_2 的表达式时，应取同一正负号规定。因为 M_1、M_2 符号相同时，M_1 与 $d\varphi_2$ 方向相同，做正功。同理，N_1 与 N_2 和 Q_1 与 Q_2 也应分别取相同的符号规定。

虚变形功的算式（式 7-15）适用于虚位移是力引起的情况。对于虚位移由温度改变等其他原因引起的情况，虚变形功的算式以后讲述。

7-4 静定结构由于荷载作用产生的位移（单位荷载法）

用图 7-13a 所示的梁代表一个结构。设欲求其上某点的全位移在某一方向上的投影 Δ_{iP}。称此状态为状态 P，它是产生位移的实际状态。为求此位移，考虑一个虚拟状态，称为状态 i（图 7-13b）：假想地在求位移的点上沿所求位移的方向加一个单位力 $P_i = 1$（无量纲）。

将状态 i（虚拟状态）中的单位力视为作功的力，即状态 i 相当于图 7-7 中的状态 1，（图 7-7a），将状态 P（实际状态）产生的位移视为虚位移，即状态 P 相当于图 7-7 中的状态 2（图 7-7c），写虚功方程：

$$T_{iP} = V_{iP}^{变} \tag{7-17}$$

脚标 iP 表示状态 i 上的力在状态 P 位移上所作的功。

状态 i 上的力 $P_i = 1$ 在状态 P 位移上所作的功 T_{iP} 等于

$$T_{iP} = 1 \cdot \Delta_{iP} = \Delta_{iP}$$

按式 7-16，虚功方程（式 7-17）的展开式为

$$\Delta_{iP} = \Sigma \int \overline{M_i} \frac{M_P \, ds}{EI} + \Sigma \int \overline{N_i} \frac{N_P \, ds}{EA} + \Sigma \int \mu \overline{Q_i} \frac{Q_P \, ds}{GA} \tag{7-18}$$

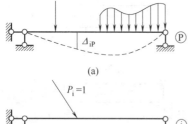

图 7-13

式中，$\overline{M_i}$、$\overline{N_i}$、$\overline{Q_i}$ 为状态 i 上单位力 $P_i = 1$ 所产生的弯矩、轴力和剪力。

式 7-18 就是求弹性杆件结构位移的公式。它适用于静定结构，也适用于超静定结构。但对后者还可以简化，以后介绍。

计算位移时，必须先写出状态 i 的内力 $\overline{M_i}$、$\overline{N_i}$、$\overline{Q_i}$ 的表达式和状态 P 的内力 M_P、N_P、Q_P 的表达式，然后按式 7-18 计算。状态 i、状态 P 内力正向的规定必须一致。

状态 i 的确定

状态 i 由欲求的广义位移确定：在状态 i 应作用一个与所求广义位移相对应的单位广义力。这个广义力在所求广义位移上做功。这样，广义力 $P_i = 1$ 在状态 P 位移上的功就等于所求的位移。

例如，欲求图 7-14a 所示结构（其变形状态未画出）右支座处的水平位移时，则状态 i 应在右支座处加一水平单位力（图 7-14b）；欲求图 7-14a 所示结构某一截面的转角时，则状态 i 应在该截面加一单位力偶（图 7-14c）；欲求某两个截面的相对转角时，则状态 i 应在此二截面上作用一对方向相反的单位力偶（图 7-14d）；欲求两点间距的改变（沿连线方向的相对位移）时，则应沿此两点联线加一对方向相反的单位力（图 7-14e）；欲求两点连线的转角时，则应在垂直于联线的方向上加两个相等而反向的力 $\frac{1}{l}$（l 是两点间距），使其所形成的力偶矩等于 1（图 7-14f）。

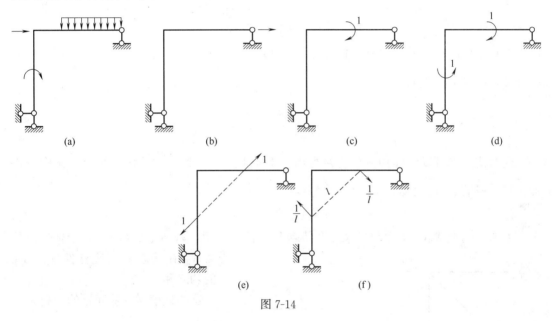

图 7-14

为什么要这样确定状态 i 呢？不外乎是要使状态 i 上的外力在状态 P（图 7-14a）上所作的功等于所欲求的位移。例如图 7-14e 上的力在状态 P（图 7-14a）的位移（图 7-15a）上所做的功等于

$$1 \cdot \Delta_A + 1 \cdot \Delta_B = \Delta_A + \Delta_B = \Delta_{AB}$$

式中，Δ_A、Δ_B 是 A、B 两点全位移在 AB 连线上的投影；Δ_{AB} 是两点沿连线的相对位移。

再如图 7-14f 上的力在状态 P（图 7-14a）的位移（图 7-15b）上所做的功为：

$$\frac{1}{l} \cdot \Delta_C + \frac{1}{l} \cdot \Delta_B = \frac{\Delta_C + \Delta_D}{l} = \varphi_{CD}$$

即 C、D 连线的转角。

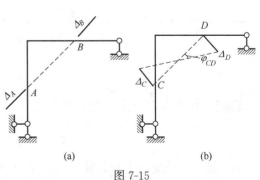

图 7-15

广义单位力的方向可以任意假定（因为有时位移方向不能预知），如果计算的结果Δ_{iP}为负值，就表明真实的位移与假设的单位广义力的方向相反。

在求位移的公式（式7-18）中，第一项$\sum \int \overline{M_i} \dfrac{M_P ds}{EI}$是由于弯曲变形所产生的位移。因为在该式中令抗拉刚度$EA = \infty$（即无轴向变形）和抗剪刚度$GA = \infty$（即无剪切变形）而$EI \neq \infty$（即有弯曲变形）时，位移Δ_{iP}即等于第一项。同理，另两项分别是由于轴向变形、剪切变形产生的位移。

对于通常的梁和刚架，弯曲变形是主要的，轴向变形及剪切变形可以忽略不计，于是：

$$\Delta_{iP} = \sum \int \overline{M_i} \frac{M_P ds}{EI} \tag{7-19}$$

对于桁架，它只有轴力，于是：

$$\Delta_{iP} = \sum \int \overline{N_i} \frac{N_P ds}{EA}$$

由于在每个杆的范围内，轴力、截面面积、材料是不变的，所以$\overline{N_1}$、N_P、EA可以提到积分号外，且$\int ds$为杆长l，于是：

$$\Delta_{iP} = \sum \overline{N_i} \frac{N_P l}{EA} \tag{7-20}$$

这个式子也可以由虚功方程直接得出。事实上，注意到$\dfrac{N_P l}{EA}$是状态P上桁架中杆件伸长量（或缩短量）Δl_P，上式可改写为：

$$1 \cdot \Delta_{iP} = \sum \overline{N_i} \Delta l_P \tag{7-21}$$

上式左端是状态i上单位广义力在状态P位移上的功，右端是状态i上各个杆件上的外力N_1在状态P相应杆件变形Δl_P上的功之和。

这样理解对一些问题的分析是有帮助的。

对于高跨比较大的（短而粗的）杆，求位移时，除考虑弯曲变形外，还要考虑剪切变形和轴向变形（参见例题7-2）

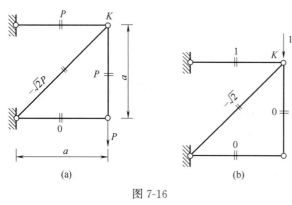

图7-16

【**例题 7-1**】 求桁架（图7-16a）节点K的竖向位移Δ_V^K。各杆$EA =$常数。

【**解**】 在节点K上加一竖向单位力（图7-16b），按式7-20计算：

$$\Delta_V^K = \Delta_{iP} = \sum \overline{N_i} \frac{N_P l}{EA}$$

N_P是实际情况产生的各杆轴力，N_i是虚拟的单位力产生的轴力。这些轴力可以用静定桁架内力的计算方法（节点法、截面法等）求得，如图 7-16a、b 所示。于是：

$$\Delta_V^K = \sum \overline{N_i} \frac{N_P l}{EA} = 1 \cdot \frac{Pa}{EA} + (-\sqrt{2}) \frac{(-\sqrt{2}P)(\sqrt{2}a)}{EA}$$

$$= (1 + 2\sqrt{2}) \frac{Pa}{EA} = 3.828 \frac{Pa}{EA}$$

计算中，$\overline{N_1}$，N_P 均以拉力为正，l 为杆长。

结果得正值，说明位移 Δ_V^K 与假设的单位力方向一致，即向下。

【例题 7-2】 求图 7-17a 等所示截面曲杆（$\frac{1}{4}$ 圆周）顶端的竖向位移 Δ。考虑弯曲、剪切、轴向变形。

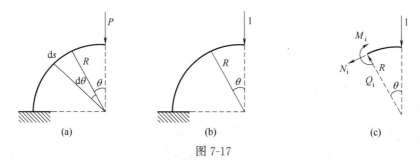

图 7-17

【解】 按位移算式（式 7-18）计算：

$$\Delta = \Delta_{iP} = \int \overline{M_i} \frac{M_P ds}{EI} + \int \overline{N_i} \frac{N_P ds}{EA} + \int \mu \overline{Q_i} \frac{Q_P ds}{GA}$$

内力 M、Q、N 正向示于图 7-17c。

取角 θ（图 7-17b）为自变量。状态 P、状态 i 上截面 θ 的内力由平衡条件算得：

$$M_P = -P \cdot R \sin\theta，N_P = -P \sin\theta，Q_P = P \cos\theta；$$

$$\overline{M_i} = -1 \cdot R \sin\theta，\overline{N_i} = -1 \cdot \sin\theta，\overline{Q_i} = 1 \cdot \cos\theta。$$

微段长度（图 7-17a）：

$$ds = R \cdot d\theta$$

位移算式变为：

$$\Delta = \int_0^{\frac{\pi}{2}} (-R \sin\theta) \frac{(-PR \sin\theta)}{EI} R d\theta$$

$$+ \int_0^{\frac{\pi}{2}} (-\sin\theta) \frac{(-P \sin\theta)}{EA} R d\theta$$

$$+ \int_0^{\frac{\pi}{2}} \mu (\cos\theta) \frac{(P \cos\theta)}{GA} R d\theta$$

积分得：

$$\Delta = \frac{\pi}{4} \frac{PR^3}{EI} + \frac{\pi}{4} \frac{PR}{EA} + \mu \frac{\pi}{4} \frac{PR}{GA}$$

【分析】 分别以 Δ_M、Δ_N、Δ_Q 表示由弯曲变形、轴向变形、剪切变形引起的位移，则有：

$$\Delta_{M}=\frac{\pi}{4}\frac{PR^{3}}{EI}, \quad \Delta_{N}=\frac{\pi}{4}\frac{PR}{EA}, \quad \Delta_{Q}=\mu\frac{\pi}{4}\frac{PR}{GA}$$

下面以一个具体例子，比较其大小。对于钢筋混凝土结构，$G=0.4E$，若截面为矩形，则 $\mu=1.2$，$I/A-\frac{bh^{3}}{12}\cdot\frac{1}{bh}-\frac{h^{2}}{12}$。此时

$$\Delta_{Q}/\Delta_{M}=\mu\cdot\frac{EI}{GAR^{2}}=\frac{1}{4}\left(\frac{h}{R}\right)^{2}$$

$$\Delta_{N}/\Delta_{M}=\frac{I}{AR^{2}}=\frac{1}{12}\left(\frac{h}{R}\right)^{2}$$

通常，曲杆厚度 h（即截面高度）与半径 R 之比满足：

$$h/R<1/10$$

这时，$\Delta_{Q}/\Delta_{M}<\frac{1}{400}$；$\Delta_{N}/\Delta_{M}<\frac{1}{1200}$。

可见，在竖向荷载作用下，对于一般的曲杆，剪切变形、轴向变形引起的位移与弯曲变形引起的位移相比可以略去。对于短而粗的杆，要考虑剪变及轴变的影响。

【例题 7-3】 求图 7-18a 所示等截面梁的右端转角 φ_{B}。

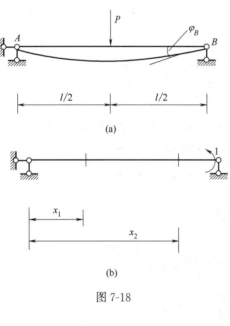

图 7-18

【解】 状态 i 应在梁的右端加一单位力偶。转角 φ_{B} 的算式为：

$$\varphi_{B}=\Delta_{iP}=\sum\int\overline{M_{i}}\frac{M_{P}ds}{EI}$$

由于梁的左右两半部的 M_{P} 的表达式不同，所以要分段积分（图 7-18b）。

对于左部：

$$M_{P}^{左}=\frac{P}{2}\cdot x_{1}, \quad \overline{M}_{i}^{左}=\frac{1}{l}x_{1}。$$

对于右部：

$$M_{P}^{右}=\frac{P}{2}x_{2}-P\left(x_{2}-\frac{1}{2}\right), \quad \overline{M}_{i}^{右}=\frac{1}{l}\cdot x_{2}。$$

于是：

$$\varphi_{B}=\int_{0}^{l/2}\overline{M}_{i}^{左}\frac{M_{P}^{左}dx_{1}}{EI}+\int_{l/2}^{l}\overline{M}_{i}^{右}\frac{M_{P}^{右}dx_{2}}{EI}$$

计算结果得：

$$\varphi_{B}=\frac{Pl^{2}}{16EI}$$

在常见的情况下，积分可用"图形互乘"来实现。

7-5 图乘法 位移算例

对于梁和刚架，位移算式为：

$$\Delta_{\mathrm{iP}}=\sum\int\overline{M_{\mathrm{i}}}\frac{M_{\mathrm{P}}\mathrm{d}s}{EI} \tag{7-22}$$

如为直杆，$\mathrm{d}s$ 变为 $\mathrm{d}x$，如为等截面杆，EI 可以提到积分号外。这样，对于等截面直杆体系，位移算式变为：

$$\Delta_{\mathrm{iP}}=\sum\frac{1}{EI}\int\overline{M_{\mathrm{i}}}M_{\mathrm{P}}\mathrm{d}x \tag{7-23}$$

积分 $\int\overline{M_{\mathrm{i}}}M_{\mathrm{P}}\mathrm{d}x$ 在一定条件下可用图乘代替。

在刚架和梁的位移计算中，状态 i 的弯矩图（$\mathrm{P_i}=1$ 引起的弯矩图）在一个杆上，或杆的一段上，常是直线图形（图 7-19b）。这里所说的直线图形，不包括折线图形，是由一条直线构成的。而 M_{P} 图则可以是任意的图形——曲线的、折线的、直线的图形（图 7-19a）。

在这种情况下，横坐标为 x 的截面上（图 7-19b），$\overline{M_{\mathrm{i}}}$ 可以表为：

$$\overline{M_{\mathrm{i}}}=x\cdot\tan\alpha$$

式中，α 为 $\overline{M_{\mathrm{i}}}$ 图"图线"与轴线 x 的夹角，图线与轴线 x 的交点 O 取为坐标原点（图 7-19b）。

由此，在 AB 段上积分：

$$\int_{A}^{B}\overline{M_{\mathrm{i}}}M_{\mathrm{P}}\mathrm{d}x=\int_{A}^{B}x\tan\alpha\cdot M_{\mathrm{P}}\mathrm{d}x$$

由于 $\overline{M_{\mathrm{i}}}$ 图是直线图形，α 在此段内是常数，可以移到积分号外，于是：

$$\int_{A}^{B}\overline{M_{\mathrm{i}}}M_{\mathrm{P}}\mathrm{d}x=\tan\alpha\cdot\int_{A}^{B}xM_{\mathrm{P}}\mathrm{d}x$$

注意到 $M_{\mathrm{P}}\mathrm{d}x$ 是 M_{P} 图的微面积（图 7-19a），积分 $\int_{A}^{B}x(M_{\mathrm{P}}\mathrm{d}x)$ 是图形 M_{P} 对 y 轴

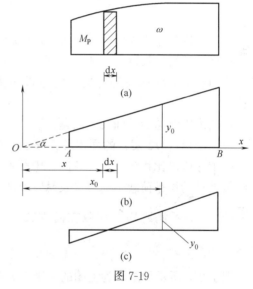

图 7-19

的静矩。而一个图形对 y 轴的静矩等于面积 ω 乘以其形心到 y 轴的距离 x_0。由此：

$$\int_{A}^{B}\overline{M_{\mathrm{i}}}M_{\mathrm{P}}\mathrm{d}x=\tan\alpha(\omega\cdot x_0)$$

因为

$$x_0\cdot\tan\alpha=y_0$$

式中，y_0 为与 M_{P} 图形心相对应的 $\overline{M_{\mathrm{i}}}$ 图的纵标，所以

$$\int_{A}^{B}\overline{M_{\mathrm{i}}}M_{\mathrm{P}}\mathrm{d}x=\omega\cdot y_0 \tag{7-24}$$

即积分 $\int_{A}^{B}\overline{M_{\mathrm{i}}}M_{\mathrm{P}}\mathrm{d}x$ **等于曲线图形的面积乘以其形心所对应的直线图形的纵标。**

当 $\overline{M_{\mathrm{i}}}$ 图与 M_{P} 图在杆轴的同一侧时，其积 $\omega\cdot y_0$ 取正号，因为这时积分得正。

若 $\overline{M_{\mathrm{i}}}$ 图由正负两部分组成（图 7-19c），则 M_{P} 图与 y_0 在杆轴的同一侧时，乘积取正

号。理由见后面例题 7-4。

应当注意：取纵标 y_0 的图形必须是直线的（$\alpha=$常数），而不是折线的或曲线的。

若两个图形（$\overline{M_i}$ 图与 M_P 图）都是直线图形，则取哪个图形的纵标都可以。

若 $\overline{M_i}$ 图是折线的，则当分段图乘。

若为阶形杆（各段截面不同，而在每段范围内截面不变），则当分段图乘。

于是，位移的表达式（式 7-23）

$$\Delta_{ip}=\sum\int\frac{\overline{M_i}M_P\mathrm{d}x}{EI}$$

变为：

$$\Delta_{ip}=\sum\frac{\omega\cdot y_0}{EI} \tag{7-25}$$

Σ 表示各个杆或各个段分别图乘，而后相加。

若惯性矩沿杆长改变，或是曲杆，则必须积分。

应当理解，图乘法是解决一定条件下的积分计算问题的方法，因此不限于用来求位移。

在图乘中将遇到下面几个问题：

一、图形（M_P 图）的面积及其形心位置

图乘之所以比积分省力，原因在于图形的面积及其形心位置可以预先算出，或查表。现将最常见的均布荷载下简支梁及悬臂梁的弯矩图形绘在图 7-20 中。

图 7-20a 示满跨均布荷载在简支梁上产生的弯矩图。其面积 $\omega=\frac{2}{3}l\cdot b$，形心在中央。

图 7-20b 所示的图形为上图的一半，$a=\frac{1}{2}$（不是上图的任意一部分，必须是一半）。其特点是图形右端所对应的截面内剪力等于零（弯矩图在此处的切线平行于轴线，弯矩的导数等于零）。此图形的面积 $\omega=\frac{2}{3}a\cdot b$，其形心距铰支端 $\frac{5}{8}a$。

图 7-20c 示均布荷载在悬臂梁上产生的弯矩图，其面积 $\omega=\frac{1}{3}l\cdot b$，形心距固定端 $l/4$。

注意：图 7-20 中所示的结果，不适用于其他荷载情况。例如，图 7-21 所示的在集中力及均布荷载联合作用下悬臂梁所产生的弯矩图，其形状虽与图 7-20c 很相像，但不能采用其结果。这时需作图形分解，分解成集中力单独引起的弯矩图和均布荷载单独引起的弯矩图。

顶点在一端的三角形（图 7-22a）的形心在边长的 1/3 处，一般三角形的形心位置如图 7-22b 所示。

以上讲的有关图形的面积及形心位置，要求记住。

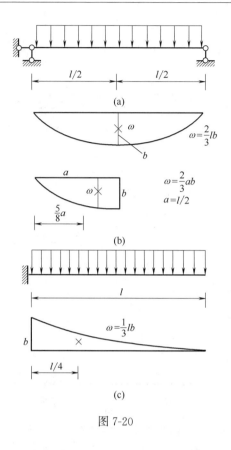

图 7-20

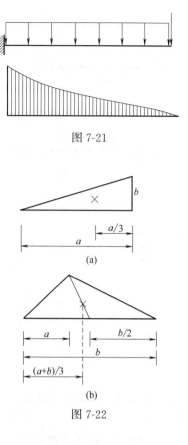

图 7-21

图 7-22

二、图形的分解

当图形复杂，其面积及形心位置无现成图表可查时，应将其分解为简单图形。举例如下。

图 7-23a 为刚架（图 7-24）横梁 AB 的弯矩图，应将其分解成简单图形。如所已知，任何一个杆的弯矩图都可以通过简支梁（图 7-23b）来绘制。于是图 7-23a 所示的弯矩图可以分解为端力偶 M_A、M_B 及均布荷载分别在简支梁上引起的 3 个弯矩图（图 7-23c、d、e），而这 3 个弯矩图的面积及形心位置是已知的。图 7-23a 所示弯矩图与其他图图乘时，可分别用此 3 个图与之图乘而后相加。

根据上述分解原则，梯形（图 7-25a）可分解成图 7-25c、d 所示的两个三角形。为了简单，通常不画图 7-25b、c、d 而画图 e。图 e 中下面的三角形 isk 与图 c 相同；上面的三角形 isk 与图 d 所示的三角形虽然形状不同，但面积相同，形心位置也相同。

同样，反梯形（图 7-26a）的分解如图 7-26b 所示。

图形分解的方式不是唯一的。例如梯形也可以分解为一个矩形和一个三角形（图 7-27）；反梯形也可以分解为一个矩形和一个三角形，一个在轴线下，一个在轴线上（图 7-28）。

计算直线图形的纵标时，有的也需要作图形分解。求梯形的纵标（曲线图形形心所对应的纵标）y 时（图 7-29a），可分别求出三角形的纵标 y_1 及矩形的纵标 y_2，而后相加得 y。求反梯形的纵标 y 时（图 7-29b），与此类似，但 $y = y_2 - y_1$。

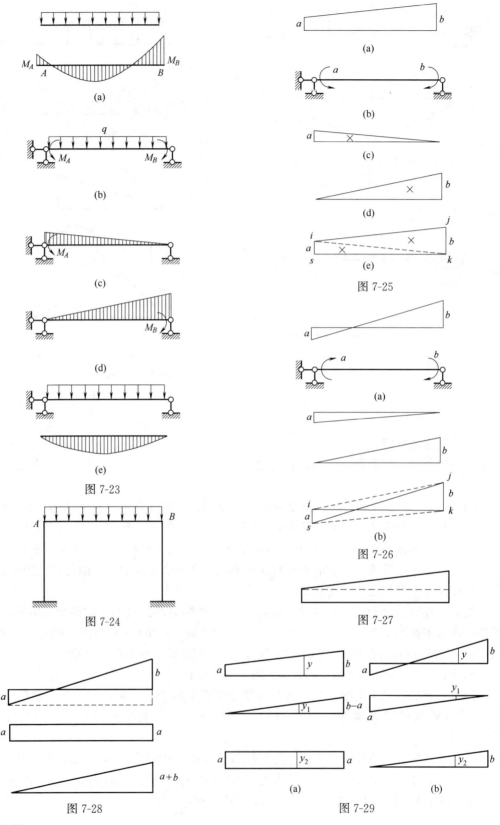

图 7-23

图 7-24

图 7-25

图 7-26

图 7-27

图 7-28

图 7-29

【例题 7-4】　作图 7-30a、b 所示二图形的图乘。

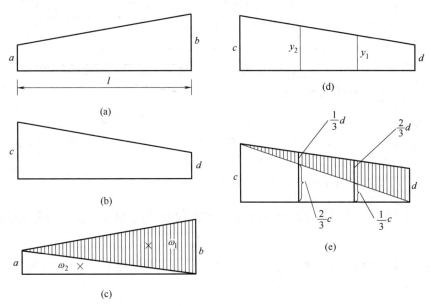

图 7-30

【解】　这是二梯形的图乘。梯形（图 7-30a）的形心位置有公式可查，但不便记忆，通常将其分为两个三角形（图 7-30c）。这时图乘等于

$$\omega_1 \cdot y_1 + \omega_2 \cdot y_2$$

y_1、y_2 见图 7-30d（同图 7-30b 所示图形）。

为了计算 y_1、y_2，将图形分割如图 7-30e。由图可见：

$$y_1 = \frac{2}{3}d + \frac{1}{3}c, \quad y_2 = \frac{1}{3}d + \frac{2}{3}c$$

于是，图乘结果等于

$$\omega_1 y_1 + \omega_2 y_2 = \frac{1}{2}lb\left(\frac{2}{3}d + \frac{1}{3}c\right) + \frac{1}{2}la\left(\frac{1}{3}d + \frac{2}{3}c\right)$$

对于本例，常犯的错误是：把图 7-30c 中的上面图形与图 7-30e 中的上面图形相乘，再把图 7-30c 中的下面图形与图 7-30e 中的下面图形相乘，而后相加，即认为图 7-30a、b 二图的图乘等于

$$\omega_1\left(\frac{2}{3}d\right) + \omega_2\left(\frac{2}{3}c\right)$$

这样就错了。

【例题 7-5】　M_P 图的面积为 ω，形心位置如图 7-31a 所示。$\overline{M}_i$ 图不在轴线的同一侧，而由上下两部分组成（图 7-31b）。试说明 M_P 图与 y_0 在轴线的同一侧时积分 $\int \overline{M}_i M_P \mathrm{d}x$ 是正的。

【解】　将 $\overline{M}_i$ 图（图 7-31b）分解为两个图形（图 7-31c、d）。M_P 图与 $\overline{M}_i$ 图图乘等于 M_P 图分别与图 7-31c、d 图乘之和。由此：

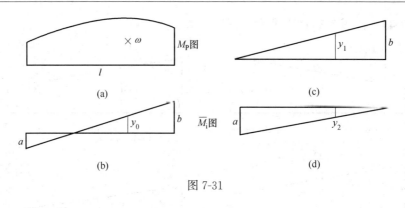

图 7-31

$$\int \overline{M}_i M_P dx = \omega \cdot y_1 - \omega \cdot y_2 = \omega(y_1 - y_2) = \omega \cdot y_0$$

当 $y_1 > y_2$ 时，积分 $\int \overline{M}_i M_P dx$ 得正值，与此同时，y_0 与 M_P 图在同侧。这就是所需说明的。

【例题 7-6】 求图 7-32a 所示之梁的右端转角 φ_B（即例题 7-3）。EI 为常数。

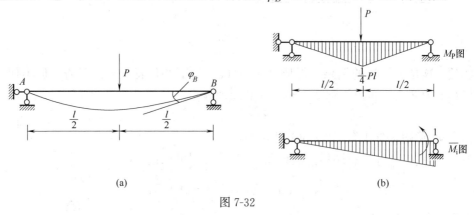

图 7-32

【解】 本题已用积分法算过，现再用图乘法重算，作为比较。

绘得 M_P 图及 $\overline{M}_i$ 图如图 7-32b 所示。

M_P 图的面积为 $\frac{1}{2} \cdot \frac{Pl}{4} \cdot l$，其形心所对应的 $\overline{M}_i$ 图的纵标为 $\frac{1}{2}$，两个图在杆轴的同一侧，乘积是正的，于是：

$$\varphi_B = \Delta_{iP} = \left(\frac{1}{2} \frac{Pl}{4} l \right) \left(\frac{1}{2} \right) \frac{1}{EI} = \frac{Pl^2}{16EI}$$

与积分法所得结果相同，但较为简单。

有人说，这里 M_P 图、$\overline{M}_i$ 图都是直线图形，取 $\overline{M}_i$ 图的面积，取 M_P 图的纵标也是可以的。这是不对的。因为 M_P 图是折线图形。

【例题 7-7】 求图 7-33a 所示梁中点的位移 Δ，EI 为常数。

【解】 M_P 图及 $\overline{M}_i$ 图如图 7-33b 所示。M_P 图的面积为 $\frac{2}{3} \cdot \frac{ql^2}{8} \cdot l$，其形心所对应的 $\overline{M}_i$ 图的纵标为 $\frac{l}{4}$，于是：

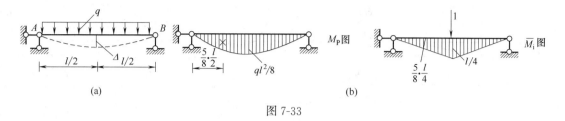

图 7-33

$$\Delta = \Delta_{iP} = \left(\frac{2}{3}\frac{ql^2}{8}l\right)\left(\frac{l}{4}\right)\frac{1}{EI} = \frac{ql^4}{48EI}$$

这个结果显然是错误的,因为与材料力学中所得的结果 $\dfrac{5ql^4}{384EI}$ 不一致。错误的原因在于 $\overline{M_i}$ 图是折线图形。应当分为两段图乘。由于左右两部分情况相同,只算左面一半,再乘以 2 即可。M_P 图左半部的面积等于 $\dfrac{2}{3} \cdot \dfrac{ql^2}{8} \cdot \dfrac{l}{2}$,其形心距左端为半个杆长的 $\dfrac{5}{8}$,形心所对应的 $\overline{M_i}$ 图的纵标,按比例为中央纵标 $\left(\dfrac{l}{4}\right)$ 的 $\dfrac{5}{8}$,由此:

$$\Delta = \left(\frac{2}{3}\frac{ql^2}{8}\frac{l}{2}\right)\left(\frac{5}{8}\frac{l}{4}\right)\frac{1}{EI} \times 2 = \frac{5ql^4}{384EI}$$

【例题 7-8】 求图 7-34a 所示梁中点的位移 Δ。EI 为常数。

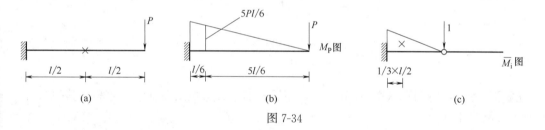

图 7-34

【解】 取图 M_P(图 7-34b)的面积,取图 $\overline{M_i}$(图 7-34c)的纵标,行不行? 不行。因为图 $\overline{M_i}$ 是折线图形(左方是斜线,右方是零线)。反过来,取 $\overline{M_i}$ 图的面积(图 7-34c),取图 M_P 的纵标(图 7-34b)是可以的,因为图 M_P 是直线图形。 $\overline{M_i}$ 图的面积为 $\dfrac{1}{2} \cdot \dfrac{l}{2} \cdot \dfrac{l}{2}$,其形心距左端为 $\dfrac{1}{3} \cdot \dfrac{l}{2} = \dfrac{l}{6}$,距右端为 $\dfrac{5l}{6}$,故对应的 M_P 图的纵标为 $\dfrac{5}{6}Pl$(图 7-34b)。由此:

$$\Delta = \left(\frac{1}{2}\frac{l}{2}\frac{l}{2}\right)\left(\frac{5}{6}Pl\right)\frac{1}{EI} = \frac{5ql^2}{48EI}$$

【例题 7-9】 求图 7-35a 所示梁铰两侧截面的相对转角 $\Delta\varphi$。EI 为常数。

【解】 因系求左右两截面的相对转角,所以在状态 i 上加一对方向相反的单位力偶(图 7-35c),所产生的弯矩图示于图 7-35c。弯矩图 $\overline{M_i}$ 是这样算出的;体系是多跨静定梁,左方为基本部分,右部为附属部分,先算附属部分,后算基本部分,即得此弯矩图。铰的两侧弯矩等于 1,铰处弯矩等于零,为了简便,图中画成连续图形,没有隔断。

在 M_P 图上(图 7-35b),由于力 P 作用于联结铰处,力为基本部分所承受,附属部

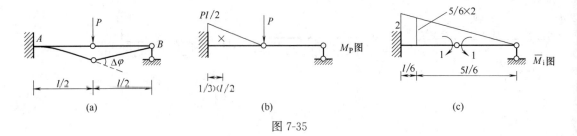

图 7-35

分上无弯矩图。

由于 M_P 图是折线图形，不能取纵标。

取 M_P 图的面积，取 $\overline{M}_i$ 图的纵标，算得：

$$\Delta\varphi = \Delta_{iP} = \left(\frac{1}{2} \cdot \frac{Pl}{2} \cdot \frac{l}{2}\right)\left(\frac{5}{6} \times 2\right)\frac{1}{EI} = \frac{5}{24}\frac{Pl^2}{EI}$$

【例题 7-10】 求图 7-36a 所示刚架右支座处截面转角 φ。

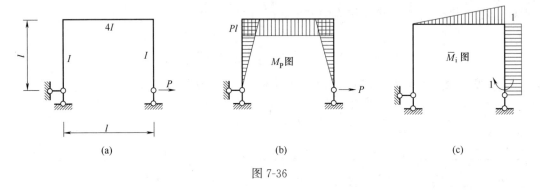

图 7-36

【解】 逐杆进行图乘（图 7-36b、c），而后相加。二弯矩图在杆轴的异侧，其积为负。注意各杆刚度不同。

$$\varphi = \Delta_{iP} = \sum\frac{\omega \cdot y_0}{EI} = \frac{1}{EI}\overbrace{\left(\frac{1}{2}Pl \cdot l\right)}^{} \cdot 0 - \frac{1}{4EI}\overbrace{(Pl \cdot l)\left(\frac{1}{2}\right)}^{\text{梁}}$$

（左柱标注于 $\frac{1}{EI}\left(\frac{1}{2}Pl\cdot l\right)$ 项上方）

$$-\frac{1}{EI}\overbrace{\left(\frac{1}{2}Pl \cdot l\right)(1)}^{\text{右柱}} = -\frac{5Pl^2}{8EI}$$

结果为负，表示真实的转角与所设的方向相反，即为逆时针方向。

【例题 7-11】 求图 7-37b 所示刚架右上节点的转角 φ。EI 为常数。

【解】 如图 7-37b 所示，左右两柱上的 $\overline{M}_i$ 图等于零，只需在横梁上进行图乘。横梁上的 M_P 图（图 7-37c）可分解为两部分：二杆端力偶在简支梁上引起的弯矩图及梁上荷载 P 在简支梁上引起的弯矩图（图 7-37d）。它们分别与 $\overline{M}_i$ 图图乘。于是：

$$\varphi = \Delta_{iP} = \frac{1}{EI}\left(\frac{3}{40}Pl \cdot l\right) \cdot \frac{1}{2} - \frac{1}{EI}\left(\frac{1}{2} \cdot \frac{Pl}{4} \cdot l\right) \cdot \frac{1}{2}$$

$$= -\frac{Pl^2}{40EI}$$

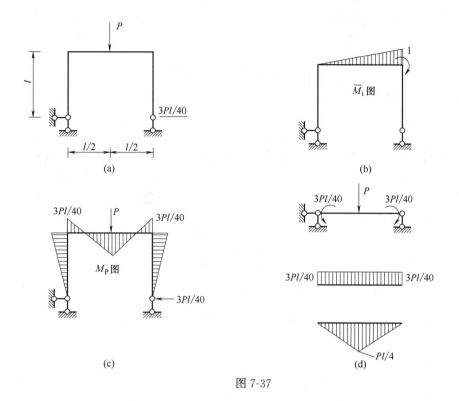

图 7-37

【例题 7-12】 求图 7-38 所示混合（组合）结构（带拉杆的三铰刚架）铰 K 处的竖向位移 Δ_V^K。刚架杆的抗弯刚度均为 EI，桁架杆的抗拉刚度为 E_1A_1，$E_1A_1 = 2\dfrac{EI}{l^2}$。各杆长度均为 l。

【解】 计算混合结构位移时，通常刚架杆只需考虑弯曲变形，而桁架杆只需考虑轴向变形，即按下式计算：

$$\Delta_{iP} = \sum_{\text{刚}} \int \overline{M}_i \frac{M_P \mathrm{d}s}{EI} + \sum_{\text{桁}} \overline{N}_i \frac{N_P l}{E_1 A_1}$$

一般刚架杆与桁架杆所用的材料不同，例如前者用钢筋混凝土，后者用钢材，故弹性模量一个以 E、一个以 E_1 表示。

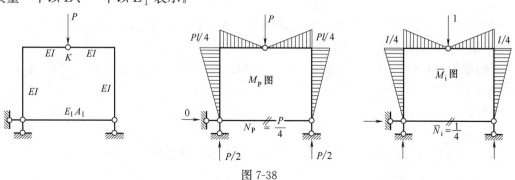

图 7-38

前一项用图乘法可得 $\dfrac{Pl^3}{16EI}$。后一项等于

$$\overline{N}_i\,\frac{N_P l}{E_1 A_1}=\left(\frac14\right)\frac{\left(\dfrac{P}{4}\right)l}{E_1 A_1}=\frac{Pl^3}{32EI}$$

于是：

$$\Delta_V^K=\Delta_{iP}=\frac{Pl^3}{16EI}+\frac{Pl^3}{32EI}=\frac{3}{32}\,\frac{Pl^3}{EI}。$$

【例题 7-13】 图 7-39a 所示的体系（EI＝常数）是由切断刚架横梁中点而形成的。切口左方为截面 A，切口右方为截面 B。在图 7-39a 所示荷载作用下，截面 A、B 将发生相对位移：上、下相对位移（错动）、水平相对位移（向内叠合或向外拉开）及相对转动。作为例子，这里求水平相对位移。

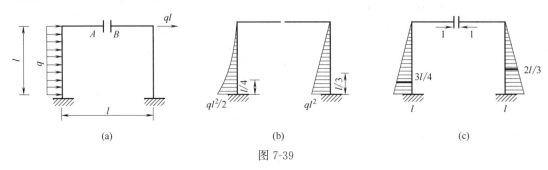

(a)　　　　　　　　(b)　　　　　　　　(c)

图 7-39

【解】 在状态 i（图 7-39c）A、B 二截面上施加方向相反的一对单位力，所得的 $\overline{M}_i$ 图示于图 7-39c。

荷载作用下产生的弯矩图示于图 7-39b。

水平相对位移 Δ 用图乘法计算。左柱上 M_P 图的面积为 $\dfrac13\cdot\dfrac{ql^2}{2}\cdot l$，其形心在 $\dfrac{l}{4}$ 处，形心所对应的 $\overline{M}_i$ 图的纵标为 $\dfrac34 l$，二图在同一侧，相乘得正值。右柱上两图为两个三角形，在不同侧，相乘得负值。于是：

$$\Delta=\left(\frac13\,\frac{ql^2}{2}l\right)\frac{3l}{4}\cdot\frac{1}{EI}-\left(\frac12 ql^2\cdot l\right)\left(\frac23 l\right)\frac{1}{EI}$$

$$=-\frac{5}{24}\,\frac{ql^4}{EI}$$

负号表明，二截面的水平相对位移方向与图 7-39c 上一对单位力的指向相反，即左右二截面不是向内移动而叠合，而是向外移动而分开。

【例题 7-14】 求等截面悬臂梁（图 7-40a）自由端挠度 Δ_V^C 及转角 φ_C。$EI=3.84\times 10^5\,\mathrm{kN\cdot m^2}$。

【解】

(1)求 Δ_V^C

M_P 图、$\overline{M}_i$ 图示于图 7-40b、c。左半部 AB 段是梯形乘梯形：

$$\omega_1\cdot y_1+\omega_2\cdot y_2$$

其中：

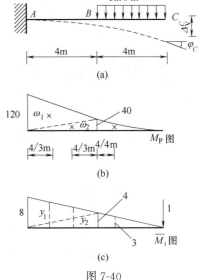

$$\omega_1 = \frac{1}{2} \times 120 \times 4 = 240$$

$$y_1 = \frac{2}{3} \times 8 + \frac{1}{3} \times 4 = 20/3$$

$$\omega_2 = \frac{1}{2} \times 40 \times 4 = 80$$

$$y_2 = \frac{1}{3} \times 8 + \frac{2}{3} \times 4 = 16/3$$

右半部 BC 段是抛物线图形乘三角形：

$$\left(\frac{1}{3} \times 40 \times 4\right) \times 3 = 160$$

于是可算得：

$$\Delta_V^C = \frac{2186.67}{EI} = \frac{2186.67}{3.84 \times 10^5} = 5.69 \times 10^{-3} \text{m} = 5.69 \text{mm}$$

图 7-40

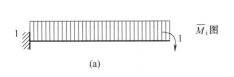

图 7-41

(2) 求 φ_C

这里 $\overline{M}_i$ 图为单位力偶产生的 M 图（图 7-41a）。由于其纵标各处相同，均为 1，故无需求 M_P 图（图 7-41b）的形心位置，而只需求其面积 ω：

$$\omega = \frac{1}{2}(120 + 40) \times 4 + \frac{1}{3} \times 40 \times 4 = 373.33$$

于是：

$$\varphi_C = \frac{\omega y_0}{EI} = \frac{373.33}{EI} = \frac{373.33}{3.84 \times 10^5} = 0.972 \times 10^{-3}$$

这样算出的转角，其单位为弧度。化成度得：

$$\varphi_C = 0.0557°$$

【例题 7-15】　求悬臂梁（图 7-42a）中点 B 的竖向位移 Δ。EI 为常数。

【解】　$\overline{M}_i$ 图、M_P 图（图 7-42b、c）需分两段图乘。BC 段图乘得零。AB 段上 M_P 图需进行分解。分解方式之一是通过简支梁分解（图 7-43）。

在前面已经学过，结构上任意一个杆，或杆的一部分，其上的弯矩图可看作是简支梁的弯矩图。这个简支梁除承受作用于其上的荷载外，还受杆端力偶作用。据此，AB 段上的 M_P 图（图 7-42c）可视为图 7-43a 所示简支梁上产生的弯矩图，因之可分解为图 7-43b 所示的三个图形。由此，M_P 图（图 7-42c）与 $\overline{M}_i$ 图（图 7-42b）图乘等于此三个图形（图 7-43b）分别与 $\overline{M}_i$ 图（图 7-43c，即图 7-42b）图乘之和。于是位移 Δ 等于

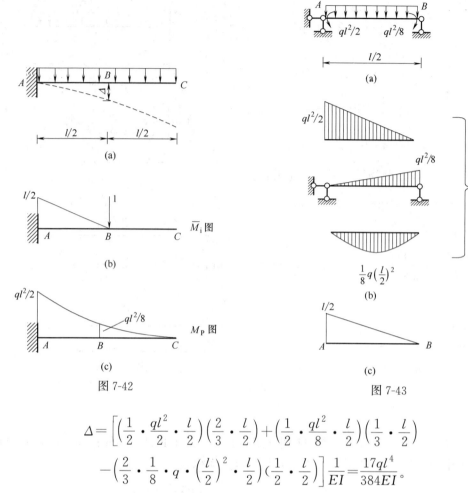

图 7-42

图 7-43

$$\Delta = \left[\left(\frac{1}{2} \cdot \frac{ql^2}{2} \cdot \frac{l}{2} \right) \left(\frac{2}{3} \cdot \frac{l}{2} \right) + \left(\frac{1}{2} \cdot \frac{ql^2}{8} \cdot \frac{l}{2} \right) \left(\frac{1}{3} \cdot \frac{l}{2} \right) \right.$$

$$\left. - \left(\frac{2}{3} \cdot \frac{1}{8} \cdot q \cdot \left(\frac{l}{2} \right)^2 \cdot \frac{l}{2} \right) \left(\frac{1}{2} \cdot \frac{l}{2} \right) \right] \frac{1}{EI} = \frac{17ql^4}{384EI} \text{。}$$

M_P 图（图 7-42c）的 AB 段，也可以通过悬臂梁（图 7-44a）分解为 3 个图形（图 7-44b），分别与 $\overline{M}_i$ 图（图 7-44c，即图 7-42b）图乘而后相加。由此：

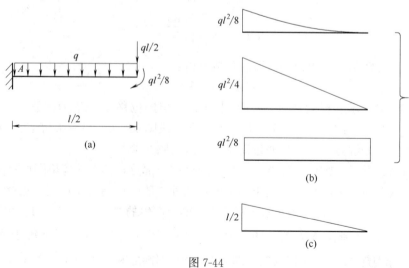

图 7-44

$$\Delta = \left[\left(\frac{1}{3} \cdot \frac{ql^2}{8} \cdot \frac{l}{2} \right) \left(\frac{3}{4} \cdot \frac{l}{2} \right) + \left(\frac{1}{2} \cdot \frac{ql^2}{4} \cdot \frac{l}{2} \right) \left(\frac{2}{3} \cdot \frac{l}{2} \right) \right.$$
$$\left. + \left(\frac{ql^2}{8} \cdot \frac{l}{2} \right) \cdot \left(\frac{1}{2} \cdot \frac{l}{2} \right) \right] \frac{1}{EI} = \frac{17ql^4}{384EI}$$

与前面所得的结果相同。

7-6　静定结构由于温度改变而产生的位移

结构使用时与建造时温度不同，因而产生位移。这个位移取决于温度的改变量（两个时期的温差），下面所说的温度均指的是温度的改变量，而非结构当前的温度。

静定结构由于温度改变不产生内力，只产生位移（参见第 3-10 节）

静定体系温度改变时位移的产生，来自各个微段（或各个杆件）的"温度变形"。

计算温度变形时引入一个假设：假设温度沿截面高度是线性变化的。利用弹性理论知识可以证明，当温度线性变化时，不产生法向应力和剪应力，各个纤维可以自由伸长。每个微段发生温度弯曲变形 $\mathrm{d}\varphi_t$ 及温度轴向变形 $\mathrm{d}\Delta_t$，而不发生剪切变形（图 7-45）。

以 t_1 表示上边温度的升高，以 t_2 表示下边温度的升高，温度沿截面高度的变化图示于图中左部。由 t_1、t_2 可以算出杆轴（截面形心处）温度的改变 t_0。对于矩形截面或其他对称截面，杆轴在中间，$t_0 = (t_1 + t_2)/2$，因而温度轴向变形 $\mathrm{d}\Delta_t$（微段 $\mathrm{d}s$ 杆轴的伸长）为：

$$\mathrm{d}\Delta_t = \alpha t_0 \mathrm{d}s$$

式中，α 为材料的线膨胀系数。

由于变形很小，温度弯曲变形 $\mathrm{d}\varphi_t$（微段左右两截面的相对转角，即图 7-45 所示右截面的转角）可用角的正切来代替。于是

$$\mathrm{d}\varphi_t = \frac{\alpha t_2 \mathrm{d}s - \alpha t_1 \mathrm{d}s}{h}$$

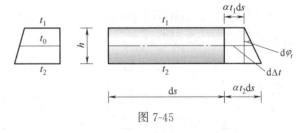

图 7-45

式中，$\alpha t_2 \mathrm{d}s$ 为下边纤维的伸长；$\alpha t_1 \mathrm{d}s$ 为上边纤维的伸长。$\mathrm{d}\varphi_t$ 的绝对值仍以 $\mathrm{d}\varphi_t$ 表示，上下温差的绝对值以 t' 表示（$t' = |t_2 - t_1|$），则有：

$$\mathrm{d}\varphi_t = \frac{\mathrm{d}t' \cdot \mathrm{d}s}{h}$$

应当了解，当微段两端截面发生相对转角 $\mathrm{d}\varphi_t$ 时，由于没有剪切变形，变形后各个纤维应垂直于截面，因而微段变弯了。为了简单，图中未示出。

这样，微段的温度变形就求出来了。

怎样将温度变形与温度位移联系起来呢？与荷载情况一样，仍然利用虚功方程。

设欲求温度位移 Δ_{it}（图 7-46a），则选取与之相应的单位广义力（图 7-46b）。状态 i 上的力在状态 t（图 7-46a）上的虚功方程为

$$1 \cdot \Delta_{it} = V_{it}^{变}$$

式中，$V_{it}^{变}$ 为状态 i 中各微段上的外力（图 7-46c）在状态 t 变形（图 7-45）上所作的

功之和。$\overline{M}_i$（一对力偶）的功为 $\overline{M}_i \mathrm{d}\varphi_t = \overline{M}_i \cdot \dfrac{\alpha t' \mathrm{d}s}{h}$（$\mathrm{d}\overline{M}_i$ 的功可以略去）。显然，当 $\overline{M}_i$ 的方向与温度引起的弯曲变形 $\mathrm{d}\varphi_t$ 的方向一致时其功是正的，亦即，当 $\overline{M}_i$ 引起的弯曲变形与温度弯曲变形一致时其功是正的。$\overline{N}_i$ 的功为 $\overline{N}_i \cdot \mathrm{d}\Delta_t = \overline{N}_i \cdot \alpha t_0 \mathrm{d}s$，当 $\overline{N}_i$ 引起的变形与温度轴向变形一致时，其功是正的。于是虚功方程变为：

$$\Delta_{it} = \sum \int \overline{M}_i \frac{\alpha t' \mathrm{d}s}{h} + \sum \int \overline{N}_i \cdot \alpha t_0 \mathrm{d}s \tag{7-26}$$

前一项为温度弯曲变形引起的位移，后一项是温度轴向变形引起的位移。要理解：它们不是弯矩、轴力引起的位移。$\overline{M}_i$、$\overline{N}_i$ 是虚拟状态的内力，只是计算位移的手段。实际状态是温度作用，温度只产生变形，不产生内力（静定结构）。

通常，温差 t' 及截面高度 h 在一个杆件（或杆件的一段）的范围内是常数，第一项可改写为：

$$\sum \int \overline{M}_i \frac{\alpha t' \mathrm{d}s}{h} = \sum \frac{\alpha t'}{h} \int \overline{M}_i \mathrm{d}s$$

对于直杆：

$$\int \overline{M}_i \mathrm{d}s = \int \overline{M}_i \mathrm{d}x = \omega_{\overline{M}_i}$$

式中，$\omega_{\overline{M}_i}$ 是 $\overline{M}_i$ 图的面积。于是：

$$\sum \int \overline{M}_i \frac{\alpha t' \mathrm{d}s}{h} = \sum \frac{\alpha t'}{h} \omega_{\overline{M}_i}$$

通常，$\overline{N}_i$ 及 t_0 在一个杆的范围内也是常数，对于直杆，第二项可改写为：

$$\sum \int \overline{N}_i \alpha t_0 \mathrm{d}s = \sum \overline{N}_i \cdot \alpha t_0 l$$

于是：

$$\Delta_{it} = \sum \frac{\alpha t'}{h} \omega_{\overline{M}_i} + \sum \overline{N}_i \cdot \alpha t_0 l \tag{7-27}$$

对于桁架：

$$\Delta_{it} = \sum \overline{N}_i \cdot \alpha t l \tag{7-28}$$

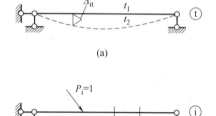

(a)

(b)

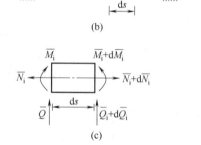

(c)

图 7-46

式中，t 为桁架杆温度改变。后一公式，由虚功方程可直接理解：等式右端代表各个杆件上的外力 N_i 在杆件温度变形 $\Delta l_t = \alpha t l$ 上的功之和，而左端是虚拟外力 $P_i = 1$ 的功。

根据功的正负，式中各项**正负号**这样确定：**温度** t' 采用绝对值，若 $\overline{M}_i$ 引起的弯曲变形与温度引起的弯曲变形一致，则乘积 $\dfrac{\alpha t'}{h} \omega_{\overline{M}_i}$ 即冠以正号。例如 $\overline{M}_i$ 使杆的上面拉长（⌒），即 $\overline{M}_i$ 图在杆的上方，而温度也是上方高于下方，即上面拉长（⌒），则 $\dfrac{\alpha t'}{h} \omega_{\overline{M}_i}$ 这一乘积即写成正的。乘积 $\overline{N}_i \cdot \alpha t_0 l$ 也可以按变形一致与否来定正负号，但更方便的方法是：规定 $\overline{N}_i$ 受拉为正，杆轴温度 t_0 升高为正，这样就自然符合按变形确定正负号的规定。

按温度改变引起的位移的分析思路，可得尺寸不合和初弯曲引起的位移 $\Delta_{i\Delta}$ 的算式：

$$\Delta_{i\Delta} = \Sigma \overline{N}_i \cdot \Delta l + \Sigma \int \overline{M}_i K_0 \, ds \tag{7-29}$$

式中，Δl 为尺寸不合量（制造误差），K_0 为初弯曲的曲率。

当为直杆且 K_0 为常数时：

$$\Delta_{i\Delta} = \Sigma N_i \Delta l + \Sigma K_0 \omega_{\overline{M}_i} \tag{7-30}$$

式中，$\omega_{\overline{M}_i}$ 为 $\overline{M}_i$ 图的面积。

【例题 7-16】 图 7-47a 所示结构，内部温度上升 t，外部下降 $2t$，求 K 点的竖向位移 Δ_V^K。各杆截面相同，为矩形截面。

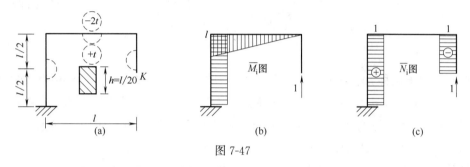

图 7-47

【解】 $\overline{M}_i$ 图及 $\overline{N}_i$ 图示于图 7-47b、c。

温差 $t' = |t - (-2t)| = 3t$，$\dfrac{\alpha t'}{h}$ 对于各杆均相同，其绝对值等于 $\dfrac{\alpha t'}{h} = \dfrac{\alpha \cdot 3t}{l/20} = \dfrac{60\alpha t}{l}$。左柱上 $\overline{M}_i$ 图的面积 $\omega_{\overline{M}_i} = l \cdot l = l^2$，左柱上 $\overline{M}_i$ 图在里面，里面拉长，温差也使里面伸长（里面温度高），因此 $\dfrac{\alpha t'}{h}\omega_{\overline{M}_i}$ 是正的：$\dfrac{\alpha t'}{h}\omega_{\overline{M}_i} = \dfrac{60\alpha t}{l} \cdot l^2 = 60\alpha t l$。横梁上 $\overline{M}_i$ 图的面积 $\omega_{\overline{M}_i} = \dfrac{1}{2}l^2$，$\dfrac{\alpha t'}{h}\omega_{\overline{M}_i}$ 也是正的（均使下面伸长）：$\dfrac{\alpha t'}{h}\omega_{\overline{M}_i} = \dfrac{60\alpha t}{l} \cdot \dfrac{l^2}{2} = 30\alpha t l$。右杆上无 $\overline{M}_i$ 图，$\dfrac{\alpha t'}{h}\omega_{\overline{M}_i} = 0$，于是：

$$\Sigma \frac{\alpha t'}{h}\omega_{\overline{M}_i} = 60\alpha t l + 30\alpha t l = 90\alpha t l$$

下面计算 $\overline{N}_i \cdot \alpha t_0 l$。杆轴温度 $t_0 = \dfrac{t + (-2t)}{2} = -t/2$，于是：

$$\Sigma \overline{N}_i \cdot \alpha t_0 l = (+1) \cdot \alpha\left(-\frac{t}{2}\right)l + 0 \cdot \alpha\left(-\frac{t}{2}\right)l$$

$$+ (-1)\alpha\left(-\frac{t}{2}\right) \cdot \frac{l}{2} = -\frac{1}{4}\alpha t l$$

位移 Δ_V^K 等于：

$$\Delta_V^K = \Delta_{it} = \Sigma \frac{\alpha t'}{h}\omega_{\overline{M}_i} + \Sigma \overline{N}_i \cdot \alpha t_0 l = 90\alpha t l$$

$$-\frac{1}{4}\alpha t l = \frac{359}{4}\alpha t l$$

7-7　静定结构由于支座移动而产生的位移

静定结构支座移动时不产生内力和变形，只产生刚性位移（参见第3-10节）。此位移对于简单结构可用几何方法求出，一般宜用虚功方程来求。

设静定结构任意一个支杆发生位移 c（图7-48a），求由此而产生的位移 Δ_{ic}。

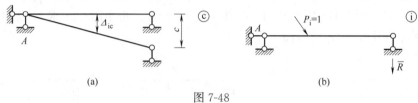

图 7-48

选取与所求位移 Δ_{ic} 相对应的虚拟状态 i（图7-48b）。设在 $P_i=1$ 作用下发生移动的支杆的反力为 $\overline{R}$。规定 $\overline{R}$ 与 c 方向一致者为正（图7-48b表示反力的正向，在此具体情况下 $\overline{R}$ 得负值）。下面讨论状态 i 上的力在状态 c（支座位移状态）上的虚功方程。状态 i 上的外力在状态 c 位移上所作的功 T_{ic} 为 $1\cdot\Delta_{ic}+\overline{R}\cdot c$，即除了单位力作功外，发生位移的支杆的反力 $\overline{R}$ 也作功。由于状态 c 没有变形，只发生刚性位移，所以状态 i 上各微段上的外力 $\overline{M}_i$、$\overline{N}_i$、$\overline{Q}_i$ 在状态 c 变形上所作的功 $V_{ic}^{变}$ 等于零。于是虚功方程

$$T_{ic}=V_{ic}^{变}$$

表示为：

$$1\cdot\Delta_{ic}+\overline{R}\cdot c=0$$

这个方程也可由刚体虚功方程得到，因为所给的虚位移是刚性的。

由上式得：

$$\Delta_{ic}=-\overline{R}\cdot c$$

若发生位移的支杆不止一个，则有：

$$\Delta_{ic}=-\Sigma\overline{R}\cdot c \tag{7-31}$$

这样，欲求支座移动引起的位移，需沿所求位移方向加单位广义力，求发生此单位力引起的位移的各个支杆的反力，再按式7-31计算。反力 $\overline{R}$ 与相应支座位移方向一致时取正号。

【**例题 7-17**】　有一三铰刚架（图7-49a），其右支座发生了位移；位移的水平分量为 Δ_1，竖向分量为 Δ_2。求右半部的转角。

【**解**】　当支座移动时，左右两半部分别发生刚性位移（平面运动）。因此，右半部各截面的转角均相同。从而状态 i 上（图7-49b）的单位力偶可作用在右半部的任何截面上。用前面讲过的三铰刚架的计算方法可算得 $\overline{R}_1=+\dfrac{1}{2h}$（与 Δ_1 方向相同），$\overline{R}_2=-\dfrac{1}{l}$（与 Δ_2 方向相反）。于是右半部的转角 φ 为：

$$\varphi=\Delta_{ic}=-\Sigma\overline{R}\cdot c=-\left[\left(\frac{1}{2h}\right)\Delta_1+\left(-\frac{1}{l}\right)\Delta_2\right]$$

$$=-\frac{\Delta_1}{2h}+\frac{\Delta_2}{l}$$

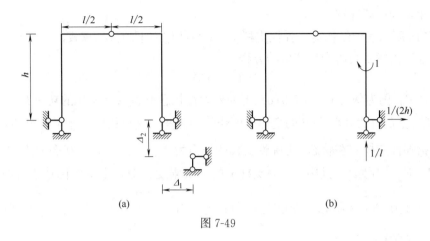

图 7-49

【例题 7-18】　求由于支座位移 d_1、d_2、d_3 产生的 A、B 两截面的竖向相对位移 Δ_{AB}（图 7-50a）。

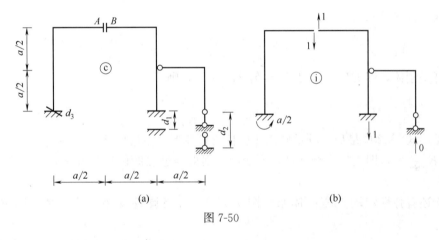

图 7-50

【解】　相应的单位广义力示于图 7-50b。

$$\Delta_{AB} = \Delta_{ic} = -\sum \overline{R} \cdot c$$

这里，支座位移 $c_1 = d_1$，$c_2 = d_2$，$c_3 = d_3$。d_3 为转角，与之相应（在其上作功）的广义反力是反力矩。

本结构由基本部分及附属部分组成。按照这种结构的计算方法算得支座反力如图 7-50b 所示。由此，$\overline{R_1} = 1$，$\overline{R_2} = 0$，$\overline{R_3} = -\dfrac{a}{2}$。代入位移算式，得：

$$\Delta_{AB} = -\sum \overline{R} \cdot c = -\left[1 \cdot d_1 + 0 \cdot d_2 + \left(-\frac{a}{2}\right) d_3 \right]$$

$$= -d_1 + \frac{a}{2} d_3$$

7-8　具有弹性支座的静定体系的位移计算

在静力强度计算、稳定计算和动力计算中往往遇到具有弹性支座的体系。这里研究静定的这类体系的位移计算。

图 7-51a 所示静定结构有一弹性支杆 j，求荷载作用下的位移算式。

解决办法仍然是利用变形体虚功方程

$$T_{iP}=V_{iP}^{变}$$

式中，T_{iP} 仍为状态 i（图 7-51b）上的外力在状态 P 位移上所作的功，$T_{iP}=1\cdot\Delta_{iP}$；$V_{iP}^{变}$ 为状态 i 上的外力在状态 P 的变形上所作的功之和。这里的单元除了杆上的各微段 ds 之外还包括弹性支杆。在状态 i 上弹性支杆的外力为 $\overline{N_i^j}$（压力），在状态 P 上弹性支杆的变形为 N_P^j/K_j（压缩），其中 K_j 为支杆 j 的弹簧刚度，即发生单位位移所需施加之力。

弹性支杆上外力 $\overline{N_i^j}$ 在状态 P 变形上所作的功为 $\overline{N_i^j}\cdot\dfrac{N_P^j}{K_j}$。当 $\overline{N_i^j}$ 与 N_P^j 同号时所得的功是正的。于是：

$$V_{iP}^{变}=\Sigma\int\overline{M_i}\,\frac{M_P ds}{EI}+\Sigma\int\overline{N_i}\,\frac{N_P ds}{EA}+\Sigma\int\mu\overline{Q_i}\,\frac{Q_P ds}{GA}+\overline{N_i^j}\cdot\frac{N_P^j}{K_j} \tag{7-32}$$

由此，位移算式为：

$$\Delta_{iP}=\Sigma\int\overline{M_i}\,\frac{M_P ds}{EI}+\Sigma\int\overline{N_i}\,\frac{N_P ds}{EA}+\Sigma\int\mu\overline{Q_i}\,\frac{Q_P ds}{GA}+\overline{N_i^j}\cdot\frac{N_P^j}{K_j}$$

若杆是刚体，即 $EI=\infty$，$EA=\infty$，$GA=\infty$，则：

$$\Delta_{iP}=\overline{N_i^j}\cdot\frac{N_P^j}{K_j}$$

可见，式 7-32 中最后一项反映由于弹性支杆变形产生的位移。

若 $K_j=\infty$，即支杆为刚性杆，不变形，则得到过去的位移算式（式 7-18），无最后一项。

对于还有弹性转动支座的体系（图 7-52a），并且弹性支座不止一个，则位移算式可写为：

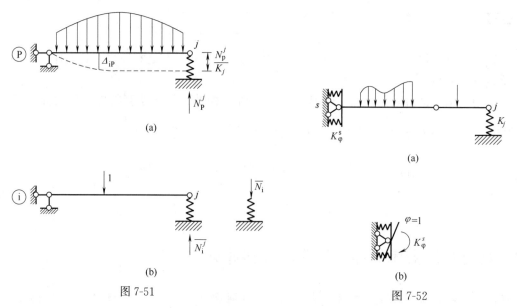

图 7-51

图 7-52

$$\Delta_{iP} = \Sigma \int \overline{M}_i \frac{M_P ds}{EI} + \Sigma \int \overline{N}_i \frac{N_P ds}{EA} + \Sigma \int \mu \overline{Q}_i \frac{Q_P ds}{GA}$$

$$+ \Sigma \overline{N_i^j} \cdot \frac{N_P^j}{K_j} + \Sigma \overline{M_i^s} \frac{M_P^s}{K_\varphi^s} \tag{7-33}$$

式中，K_φ^s 为弹性转动刚度，即发生单位转角所需加的力矩（图 7-52b）。

7-9　功的互等定理

考察同一结构的两种受力状态（图 7-53）。

图 7-53

取状态 1 上的力系作为作功的力系，取状态 2 上的位移作为虚位移，虚功方程为

$$T_{12} = V_{12}^变 \tag{7-34}$$

式中，T_{12} 为状态 1 上的外力在状态 2 的位移上所作的虚功；$V_{12}^变$ 为状态 1 上各个微段上的外力在状态 2 的变形上所作的虚功，其表达式为：

$$V_{12}^变 = \int M_1 d\varphi_2 + \int N_1 d\Delta_2 + \int Q_1 dh_2$$

$$= \int M_1 \frac{M_2 ds}{EI} + \int N_1 \frac{N_2 ds}{EA} + \int \mu Q_1 \frac{Q_2 ds}{GA} \tag{7-35}$$

再取状态 2 的力系作为作功的力系，取状态 1 上的位移作为虚位移，虚功方程为：

$$T_{21} = V_{21}^变 \tag{7-36}$$

其中

$$V_{21}^变 = \int M_2 d\varphi_1 + \int N_2 d\Delta_1 + \int Q_2 dh_1$$

$$= \int M_2 \frac{M_1 ds}{EI} + \int N_2 \frac{N_1 ds}{EA} + \int \mu Q_2 \frac{Q_1 ds}{GA} \tag{7-37}$$

对比式 7-35 与式 7-37 得：

$$V_{12}^变 = V_{21}^变$$

从而

$$T_{12} = T_{21} \tag{7-38}$$

式 7-38 称为**功的互等定理**，可表述如下：

状态 1 上的外力在状态 2 的位移上所作的功等于状态 2 上的外力在状态 1 的位移上所作的功。

7-10　位移互等定理

考察两种状态（图 7-54a、b），在这两种状态中分别作用一个广义力（P_1 及 P_2）。按功的互等定理有：

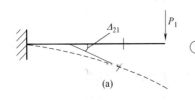

(a)

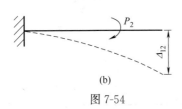

(b)

图 7-54

$$T_{12}=T_{21}$$

T_{12} 为状态 1 中的外力 P_1 在状态 2 中的相应广义位移 Δ_{12} 上的功，即：

$$T_{12}=P_1 \cdot \Delta_{12}$$

与此类似，有：

$$T_{21}=P_2 \cdot \Delta_{21}$$

这里 P_2 是力偶与之相应的广义位移为 Δ_{21}。

由于

$$T_{12}=T_{21}$$

所以有

$$P_1 \cdot \Delta_{12}=P_2 \cdot \Delta_{21}$$

两端除以（$P_1 \cdot P_2$）得：

$$\frac{\Delta_{12}}{P_2}=\frac{\Delta_{21}}{P_1}$$

令比值

$$\frac{\Delta_{12}}{P_2}=\delta_{12}, \quad \frac{\Delta_{21}}{P_1}=\delta_{21}$$

则有：

$$\delta_{12}=\delta_{21} \tag{7-39}$$

下面阐明 δ_{12} 及 δ_{21} 的物理意义。将图 7-54a 上的力 P_1 及位移 Δ_{21} 同除以力 P_1，则力即变为 $\frac{P_1}{P_1}=1$（无名数），而位移即变为 $\frac{\Delta_{21}}{P_1}$，即 δ_{21}（图 7-55a）。于是 δ_{21} 的物理意义是单位力 $P_2=1$（无名数）引起的 P_2 作用点沿 P_2 方向的"位移"。这里要注意 δ_{21} 的量纲并非位移 Δ_{21} 的量纲，而是 Δ_{21} 的量纲除以力 P_1 的量纲。对于图 7-54 所示的具体情况，Δ_{21} 是转角，其量纲为无名数（弧度是弧长与半径的比值，是无名数），P_1 的量纲是力的量纲，例如 kN，因而 δ_{21} 的量纲是 1/kN。

同理，δ_{12} 的物理意义是单位力（力偶矩）$P_2=1$（无名数）引起的 P_1 作用点沿 P_1 方向的"位移"（图 7-55b），其量纲是线位移 Δ_{12} 的量纲（m）除以力偶矩 P_2 的量纲（kN·m），亦为 $\frac{1}{kN}$。

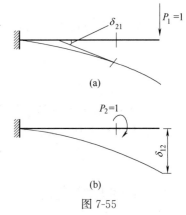

(a)

(b)

图 7-55

所以 δ_{12} 与 δ_{21} 拥有相同的量纲。原因是它们并非一个是线位移，一个是角位移，而都是广义位移与广义力的比值。可称之为位移系数，因为它们乘以相应的广义力后得相应的广义位移。

尽管如此，为了简单，仍然称 δ_{12} 为线位移，称 δ_{21} 为角位移。

式 7-39 称为**位移互等定理**。它表述为：**单位力 P_2**

引起的单位力 P_1 的作用点沿 P_1 方向的位移 δ_{12}，等于单位力 P_1 引起的单位力 P_2 作用点沿 P_2 方向的位移 δ_{21}。

由推导过程可知，P_1、P_2 可以是任何单位广义力。例如 P_1、P_2 可以都是单位集中力；可以都是单位力偶；也可以一个是单位集中力，另一个是单位力偶。与此相应，δ_{12}、δ_{21} 可以都是线位移；可以都是角位移；也可以一个是线位移，一个是角位移。

规定：力引起的位移以大写字母 "Δ" 表示，单位力 $P=1$ 引起的位移以小写字母 "δ" 表示。所以这里用的是 δ_{12}、δ_{21}。

再次指出：这里的单位力及其产生的位移都是比值，不具有力的量纲和位移的量纲。正因为如此，图 7-55b 上的 "线位移" δ_{12}，才能与图 7-55a 上的 "角位移" δ_{21} 相等，它们的量纲相同。

位移互等定理，将在用力法解算超静定结构时得到应用。

7-11　反力互等定理

这个定理将在用位移法计算结构时得到应用。

在一个结构的诸约束中任取两个约束——约束 1 及约束 2。在图 7-56a 所示结构中，约束 1 是固定端中限制转角的约束，约束 2 是右端支杆。

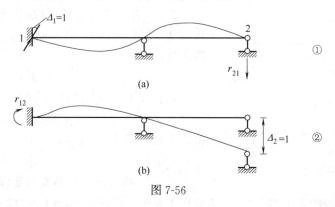

图 7-56

考察两种状态。令约束 1 发生单位位移的状态（图 7-56a）为状态 1，约束 2 发生单位位移的状态（图 7-56b）为状态 2。

根据功的互等定理有：

$$T_{12} = T_{21}$$

T_{12} 为状态 1 上的外力在状态 2 的位移上所作的功。由于在状态 2 上只有约束 2 发生位移 $\Delta_2 = 1$，所以只有反力 r_{21} 作功。于是：

$$T_{12} = r_{21} \cdot 1$$

r_{21} 的含义是由于约束 1 的单位位移而引起约束 2 的反力。反力正向的规定是：r_{21} 与约束 2 的位移 Δ_2 方向一致时为正。

同理，状态 2 上的外力在状态 1 位移上只有 r_{12} 作功，即：

$$T_{21} = r_{12} \cdot 1$$

由 $T_{12} = T_{21}$ 得：

$$r_{21} = r_{12} \tag{7-40}$$

式 7-40 称为**反力互等定理**，表述为：**约束 1 的单位位移所引起的约束 2 的反力 r_{21}，等于约束 2 的单位位移所引起的约束 1 的反力 r_{12}。**

有人问：r_{21} 是力，而 r_{12} 是力偶矩，量纲不同，怎么能相等呢？请读者参考前一节的分析，自行解答。

7-12　反力位移交互定理

本定理在用混合法计算结构时应用。此外还有其他用途。

考察两种状态（图 7-57）。状态 1 是体系中某一个约束（约束 1）发生单位位移 $\Delta_1 = 1$ 的状态（图 7-57a）。状态 2 是在某一点（点 2）作用单位力 $P_2 = 1$ 的状态（图 7-57b）。由于 $\Delta_1 = 1$ 产生的点 2 沿 P_2 方向的位移叫作 δ'_{21}（图 7-57a）。δ'_{21} 是单位位移产生的位移，为了与单位力产生的位移 δ_{21} 相区别，加了角标"'"。

单位力 $P_2 = 1$ 产生的约束 1 沿 Δ_1 方向的反力叫作 r'_{12}。r'_{12} 是单位力产生的反力，为了与单位位移产生的反力 r_{12} 相区别，加了角标"'"。

按功的互等定理有：

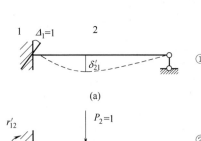

(a)

(b)

图 7-57

$$T_{12} = T_{21} \tag{7-41}$$

T_{12} 为状态 1 上的外力在状态 2 位移上的功。状态上只有支座反力，而状态 2 支座没有位移，故：

$$T_{12} = 0 \tag{7-42}$$

T_{21} 为状态 2 上的外力在状态 1 位移上的功：

$$T_{21} = 1 \cdot \delta'_{21} + r'_{12} \cdot 1 \tag{7-43}$$

将式 7-42，式 7-43 代入式 7-41 得：

$$r'_{12} = -\delta'_{21} \tag{7-44}$$

式 7-44 称为**反力位移交互定理**，它表述为：**单位力 $P_2 = 1$ 产生的约束 1 的反力 r'_{12} 与约束 1 发生单位位移 $\Delta_1 = 1$ 产生的 P_2 作用点沿 P_2 方向的位移 δ'_{21}，大小相等，符号相反。**

这里要注意正的方向。反力 r'_{12} 与约束 1 位移 $\Delta_1 = 1$ 方向一致为正，位移 δ'_{21} 与单位力 P_2 方向一致为正。

反力位移交互定理不仅适用于超静定结构（图 7-57），也适用于静定结构（图 7-58）。对于静定结构，由于约束单位位移产生的位移，宜利用刚体虚功原理证明：

状态 2 上的力系在状态 1 位移上的虚功方程为

$$-1 \cdot y + r'_{12} \cdot 1 = 0 \tag{7-45}$$

这里，y 与 $P_2 = 1$ 方向相反，而 δ'_{12} 的正向为沿 $P_2 = 1$ 方向，故有：

$$y = -\delta'_{21} \tag{7-46}$$

由式 7-45、式 7-46 得：

$$r'_{12} = -\delta'_{21}$$

与式 7-44 一致。

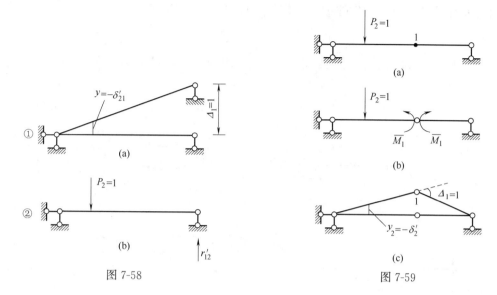

图 7-58　　　　　　　　　　　　　图 7-59

反力位移交互定理，不仅适用于外部约束及其反力，也适用于内部约束及其反力（内力）。例如单位力 $P_2=1$（图 7-59a）引起的截面 1 的弯矩 $\overline{M}_1$（$\overline{M}_1$ 是不许左右两部分相对转动的约束 1 的反力），其大小等于单位相对转角 $\Delta_1=1$（图 7-59c）引起的单位力 P_2 作用点的位移 δ_2'，而正负号相反。即有：

$$\overline{M}_1=-\delta_2' \tag{7-47}$$

这里，Δ_1 使 $\overline{M}_1$ 作正功为正，δ_2' 与 P_2 方向一致为正。

为了清楚，再直接证明如下：

将平衡体系（图 7-59a）化为平衡机构（图 7-59b），在虚位移（图 7-59c）上，写虚功方程：

$$-1\cdot y_2+\overline{M}_1\cdot 1=0$$

而

$$y_2=-\delta_2'$$

由此得：

$$\overline{M}_1=-\delta_2'$$

即式 7-47。

反力位移交互定理表明，单位力引起的反力（包括内力）和单位位移引起的位移均具有静力的和几何的双重意义。

利用本定理可以把单位力引起的反力计算改换成单位位移引起的位移计算，也可以反过来把单位位移引起的位移计算改换成单位力引起的反力计算。

【讨论】　由反力位移交互定理导出位移算式：

$$\Delta_{iP}=\sum\int \overline{M}_i\frac{M_P\mathrm{d}s}{EI}$$

按反力位移交互定理，$P_i=1$ 所产生的任一截面——截面 K 的弯矩 $\overline{M}_i$（图 7-60a）具有几何意义（图 7-60c）：它等于 K 处发生负向单位转角（使图 7-60b 所示内部约束反力矩即弯矩作负功）时所产生的 $P_i=1$ 作用点沿 P_i 方向的位移。

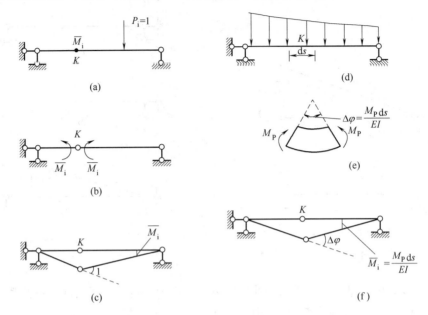

图 7-60

设结构中（图 7-60d）除 K 处微段能发生弯曲变形外，其余部分均为刚体；在 K 处，外荷载产生的弯矩为 M_P。若 M_P 与 $\overline{M}_i$ 符号相同（图中均使下面受拉），则由于微段弯曲（图 7-60e），K 处所产生的相对转角 $\Delta\varphi=\dfrac{M_P ds}{EI}$ 是负向转角（由于图 7-60b 上的 $\overline{M}_i$ 与图 7-60e 上的 M_P 方向相反，M_P 在 $\Delta\varphi$ 上作正功，$\overline{M}_i$ 就必然作负功，如图 7-60f 所示），其所产生的 $P_i=1$ 作用点沿 P_i 方向的位移，按叠加原理为 $\overline{M}_i \cdot \Delta\varphi=\overline{M}_i \dfrac{M_P ds}{EI}$。

若整个结构各个微段都发生弯曲变形，并以 Δ_{iP} 代表由此产生的位移，则有：

$$\Delta_{iP}=\sum \int \overline{M}_i \frac{M_P ds}{EI}$$

该式即我们所熟知的由弯曲变形所产生的位移的算式。

同理，可以由本定理推导出考虑各种变形时的位移算式。

推导的出发点是刚体虚功原理。这样就从刚体虚功原理，导出了位移算式。

最后指出，上述几个互等（交互）定理，与叠加法一样，仅适用于线性弹性体系，即：

（1）应力在弹性范围内，且应力与应变成正比。

（2）结构变形微小，内力可以在未变形位置上计算。

但是，虚功原理（虚功方程）适用于所有的几何的、物理的、线性的、非线性的体系，只要体系是平衡的，所取的虚位移是从平衡位置上给出的微小的满足几何条件的位移。

7-13　　虚力原理与虚位移原理

虚功原理通常用于两个方面：位移计算和约束反力计算。

用于位移计算时，做功的力系是虚拟的（如图 7-13），该原理又称虚力原理。写出的虚功方程解决几何方面的问题（已知变形求位移），相当于几何方程（参见第 7-12 节中的讨论）。

用于约束反力（支座反力或内力）计算时，位移状态是虚拟的，该原理又称虚位移原理。写出的虚功方程相当于平衡方程。例如欲求外力 P 产生的支座反力 V_B 时（图 7-61a），去掉支杆 B，虚设位移状态见图 7-61b，写虚功方程

$$-P \cdot \Delta_P + V_A \cdot \Delta_B = 0 \qquad (7\text{-}48)$$

由此

$$V_A = P \cdot \frac{\Delta_P}{\Delta_B} \qquad (7\text{-}49)$$

考虑几何关系

$$\frac{\Delta_P}{\Delta_B} = \frac{a}{l} \qquad (7\text{-}50)$$

得：

$$V_A = P \frac{a}{l} \qquad (7\text{-}51)$$

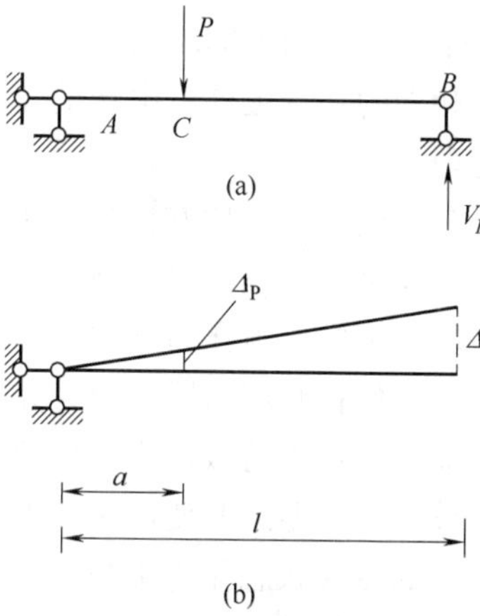

图 7-61

式 7-49 与由平衡方程 $\sum M_A = 0$ 所得结果一致，故虚功方程（式 7-48）相当于平衡方程。为了方便，通常取虚设位移 $\Delta_B = 1$。

虚功方程一方面表现为几何方程，另一方面又表现为平衡方程，可由虚功方程的推证过程来理解。推证中利用了两个条件：

（1）做功的力系是平衡的；

（2）虚位移满足几何条件（内部变形连续条件、边界约束条件）。

当满足其中一个条件时，虚功方程即代表另一个条件。

虚设位移时（如图 7-61 之例），位移满足几何条件（式 7-50），故虚功方程（式 7-48）等价于平衡条件。

虚设力系时（如图 7-13 之例），内力 $\overline{M}_i$、$\overline{N}_i$、$\overline{Q}_i$ 是根据平衡条件由外力 $P_i = 1$ 算出来的（即力系满足平衡条件），故相应的虚功方程等价于几何方程（变形与位移间的方程）。为了便于理解，再回到图 7-61 之例，但改变命题为：已知支座 B 发生位移 Δ_B，求 C 点的位移 Δ_P。为此，虚设一力 P，虚功方程仍为式 7-48：

$$-P \cdot \Delta_P + V_B \cdot \Delta_B = 0 \qquad (7\text{-}48)$$

及平衡条件

$$V_B = \frac{Pa}{l} \qquad (7\text{-}52)$$

由式 7-48 得：

$$\Delta_P = \Delta_B \, \frac{a}{l} \tag{7-53}$$

与由几何关系所得的结果一致，故虚功方程（式 7-48）此时代表几何方程。为了方便，通常取虚设之力 $P = 1$。

小　结

一、本章内容的理论体系是：先推导了变形体虚功方程。由虚功方程推出了结构位移算式和功的互等定理。由功的互等定理推出了位移互等定理、反力互等定理和位移反力交互定理。

二、变形体虚功方程是利用两点得到的：一是体系平衡，二是虚位移变形的连续性。写变形体虚功方程，要考察两种状态：一是作功的力系的作用，二是在其上面作功的虚位移。取什么样的力作为作功的力系和取什么样的变形状态作为虚位移，视所要解决的问题而定。求位移时取与所求位移相对应的单位广义力作为作功的力系，而取实际的变形状态作为虚位移：求荷载产生的位移时，以荷载产生的变形状态作为虚位移；求温度改变产生的位移时，以温度改变产生的变形状态作为虚位移；求支座移动产生的位移时，以支座移动产生的变形状态作为虚位移。

三、在位移计算中，荷载产生的位移最常用到。计算这种位移的普遍方法是积分法。在符合一定条件的情况下可用图乘法代替积分。这些条件是：

（1）直杆或直杆体系。

（2）等截面杆或分段等截面杆（阶形杆）。

（3）两个图形中至少有一个是直线图形（倾角 α 为常数）。

（4）取面积的图形的面积及其形心位置是已知的。

据此，

（1）在集中力、力偶或均布荷载作用下，等截面（或分段等截面）直杆体系产生的位移可用图乘法计算。

（2）在集度不是常数的分布荷载（例如三角形分布荷载）作用下产生的位移，用积分法计算。也可以借助专用图表，找到相应图形的面积和形心位置，用图乘法计算。

（3）曲杆或非阶形变截面杆的位移要用积分法计算。

由于在多数情况下都可以使用图乘法，而图乘要比积分简单得多，所以要熟练掌握。

四、位移互等定理 $\delta_{12} = \delta_{21}$ 中的 δ_{12}、δ_{21} 是位移与产生此位移的力的比值，它乘以力后才得位移，是位移系数，不拥有位移的量纲。与此类似，反力互等定理 $r_{12} = r_{21}$ 中的 r_{12}、r_{21} 是约束反力与产生此反力的位移的比值，它乘以位移后得反力，是反力系数，不拥有反力的量纲。也正因为是比值，所以虽然表面上看 δ_{12} 是"线位移"，δ_{21} 是"转角"，而实际上量纲相同（图 7-55）；同样，虽然表面上看 r_{12} 是"反力矩"，r_{21} 是"反力"，而实际上量纲相同（图 7-56）。反力位移交互定理中的 r'_{12}、δ'_{21}（图 7-57）也是这样。

习　题

一、是非题

7-1　变形体虚功原理只适用于线弹性体。（　　）

7-2　变形体虚功原理也适用于几何非线性体系。（　　）

7-3　求图示桁架中杆 ij 的转角时应加图示的广义力。（　　）

7-4　位移算式

$$\Delta_{iP} = \sum \int \overline{M_i} \frac{M_P ds}{EI}$$

只适用于线弹性体系。（　　）

7-5　计算剪切变形产生的位移时不可以使用图乘法。（　　）

7-6　计算图示结构的位移时，其算式为 $\Delta_{1P} = \sum \int M_1 \dfrac{M_P ds}{EI}$。（　　）

7-7　图示结构 K 点位移等于零。（　　）

7-8　力作用于基本部分上时，附属部分位移等于零。（　　）

7-9　图示体系温度升高 t 时，杆 AB 受压。（　　）

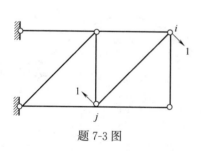

题 7-3 图

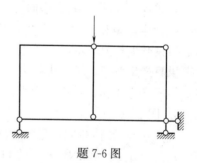

题 7-6 图

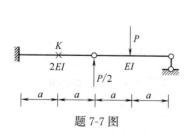

题 7-7 图

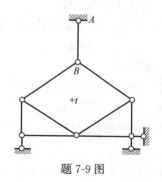

题 7-9 图

7-10　温度改变时，静定结构中可能产生应力。（　　）

7-11　四个互等定理和变形体虚功原理一样，既适用于线性结构，也适用于非线性结构。（　　）

二、选择题

7-12　图示结构 K 截面的竖向位移 Δ_V^K 等于（　　）。

A. $\dfrac{26}{9}\dfrac{Pa}{EI}$ 　　　　　　　　　　B. $\dfrac{26}{3}\dfrac{Pa}{EI}$

C. $\dfrac{25}{18}\dfrac{Pa}{EI}$ 　　　　　　　　　D. 其他值

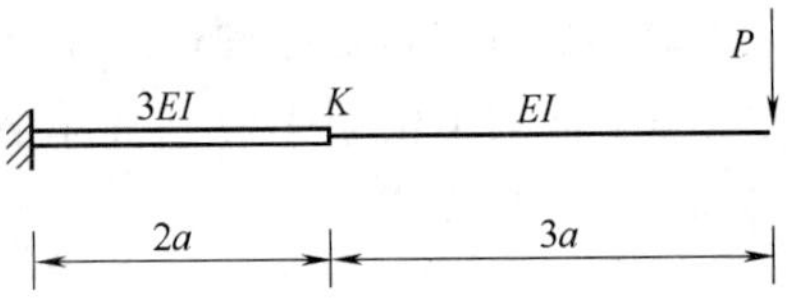

7-13　在温变产生的位移的算式

$$\Delta_{it}=\sum\frac{\alpha t'}{h}\omega_{Mi}+\sum N_i\cdot\alpha t_0 l$$

题 7-12 图

中不含剪力项，是因为：（　　）。

A. 温变只产生弯矩、轴力，不产生剪力

B. 温变产生的剪力很小

C. 抗剪刚度很大

D. 温变不产生剪切变形

7-14　静定结构温变时（　　）。

A. 只产生位移，不产生内力和变形

B. 产生变形和位移，不产生内力

C. 不产生内力、变形和位移

D. 内力、变形和位移均产生

7-15　图示三铰拱，右支座向外移动 Δ，由此（　　）。

A. 拱产生弯矩和拉力

B. 拱只产生拉力，不产生弯矩

C. 拱只产生弯矩，不产生拉力

D. 拱只产生位移，不产生内力

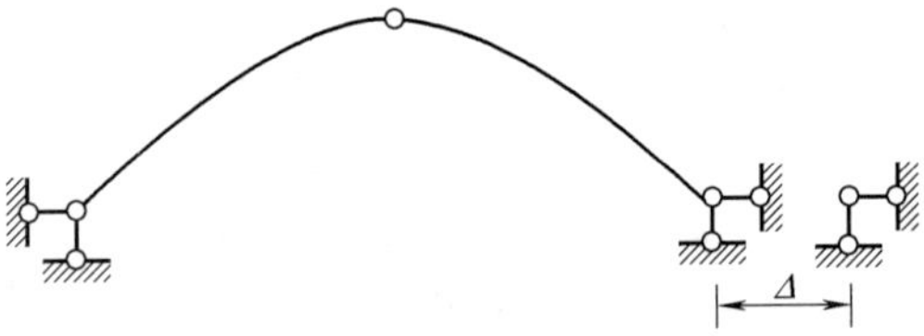

7-16　图 7-59 中（　　）。

A. r_{12} 与 r_{21} 数值相同，量纲相同

B. r_{21} 的量纲为 kN，r_{12} 的量纲为
kN·m，二者的量纲不同

题 7-15 图

C. r_{12} 与 r_{22} 可以认为量纲相同，也可以认为量纲不同

D. 说 $r_{12}=r_{21}$ 不确切

三、填充题

7-17　与两点相对竖向位移相对应的广义力为＿＿＿＿＿＿＿＿。

7-18　与均布荷载相对应的广义位移为＿＿＿＿＿＿。

7-19　求短粗杆位移时除考虑＿＿＿变形外，还要考虑＿＿＿＿变形和＿＿＿＿变形的影响。

7-20　计算位移时可以采用图乘法的条件是：＿＿＿＿＿＿＿＿、＿＿＿＿＿＿＿和

＿＿＿＿＿＿＿。

7-21　几何不变体系中＿＿＿＿体系温度改变时不产生内力；＿＿＿＿体系温度改变时产生内力。

7-22　温变产生的位移的算式中与 $\overline{M}_1$ 有关之项代表＿＿＿＿＿＿＿产生的位移。

7-23　＿＿＿＿＿＿＿＿＿＿时温变位移算式中 $\dfrac{\alpha t'}{h}\omega_{\overline{M}i}$ 取正号。

7-24　变形体虚功原理用于计算_____时又称虚力原理。此时，方程相当于_____条件。

四、计算分析题

7-25　变形体虚功原理与刚体虚功原理有何联系？

7-26　变形体虚功方程推导中，在什么地方利用了体系的平衡条件，在什么地方利用了虚位移的变形连续条件？

7-27　微段上的外力与梁上的外力有何不同？

7-28　前面已经说过相互作用力之功互相抵消，为什么式 7-16 右端不等于零，这不是矛盾吗？试予以解答。

7-29　如果所给的虚位移变形不是连续的，例如在 $x=x_K$ 处有相对转角 $\Delta\varphi_K$，其他处均连续，则变形体虚功方程有何变化？试予以推导。

7-30　如果体系不是平衡的，则虚功方程（式 7-2）是否成立？为什么？

7-31　求位移时怎样确定虚拟的单位广义力？这个单位广义力具有什么量纲？为什么？

7-32　杆系位移算式（三项式，式 7-18）中各项的物理意义是什么？

7-33　取桁架的各个铰节点，作为离散的质点系，试用刚体的虚功原理推证桁架位移算式

$$\Delta_{1P}=\overline{N}\,\frac{N_P l}{EA}$$

7-34　什么情况下求位移不能用图乘法？

7-35　图乘中为什么可以把图形分解，其数学意义是什么？

7-36　求图示梁右端转角。$EI=$ 常数。

7-37　求梁中点竖向位移。$EI=$ 常数。

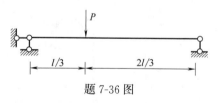

题 7-36 图

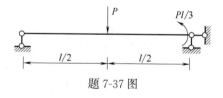

题 7-37 图

7-38　求梁自由端的竖向位移。$EI=$ 常数。

7-39　求 A、B 两点间距的改变。

7-40　求自由端的竖向位移。$EI=$ 常数。

7-41　求节点 K 的转角。

7-42　求 A、B 两截面的竖向相对位移 Δ_V^{AB}、水平相对位移 Δ_H^{AB} 及相对转角 $\Delta\varphi^{AB}$。A、B 是切口两侧的截面。$q=10\text{kN/m}$，$L=5\text{m}$，$EI=2.6\times10^5\text{kN}\cdot\text{m}^2$。分析计算结果。

7-43　求等截面简支梁中点 K 的竖向位移。

7-44　求节点 K 竖向位移。$EI=3\times10^6\text{kN}\cdot\text{m}^2$。

7-45　求截面 B 的水平位移。$EI=$ 常数。

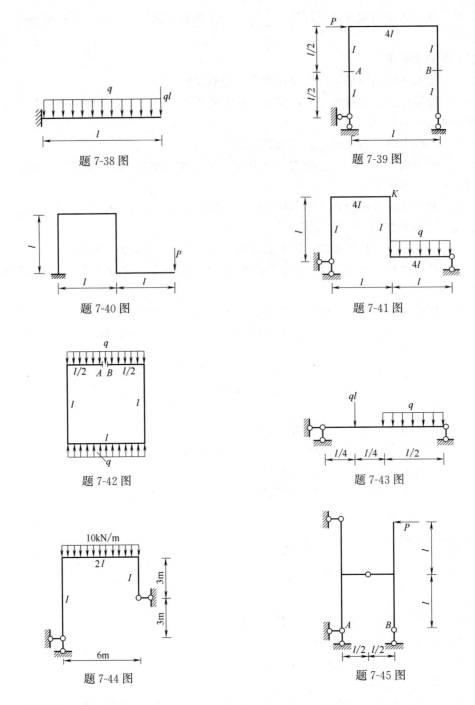

题 7-38 图

题 7-39 图

题 7-40 图

题 7-41 图

题 7-42 图

题 7-43 图

题 7-44 图

题 7-45 图

7-46　求点 A 的水平位移 Δ_H^A 及竖向位移 Δ_V^A。

7-47　推导在单位力作用下二阶柱柱顶的位移算式：

$$\delta = \frac{H^3}{K_0 (EI)_{下}}$$

其中

$$K_0 = \frac{3}{1+\lambda^3\left(\frac{1}{n}-1\right)}$$

$$\lambda = H_上/H_下 \qquad n = (EI)_上/(EI)_下$$

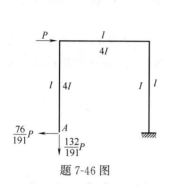

题 7-46 图

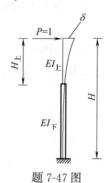

题 7-47 图

7-48　求点 K 的竖向位移。

7-49　求点 A 的水平位移。$EI = 3 \times 10^5 \, \text{kN} \cdot \text{m}^2$。

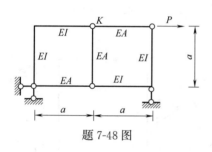

题 7-48 图

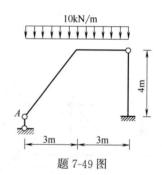

题 7-49 图

7-50　求 A、B 两点的相对位移。EI = 常数。

7-51　求半圆曲梁中点 K 的竖向位移。只计弯曲变形。EI = 常数。

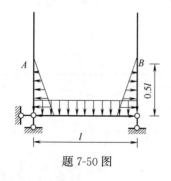

题 7-50 图

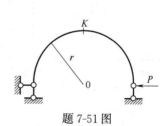

题 7-51 图

7-52　图 a 所示立柱为一微曲杆（可认为是二次抛物线，如图 b），求初挠度 Δ。轴线下端是垂直线。

7-53　求悬臂梁的自由端挠度。该梁应力应变间具有非线性关系

$$\sigma = B \sqrt{\varepsilon}$$

其中 σ、ε 均为绝对值，B 为常数。

7-54 求杆 AB 与杆 AC 的相对转角。$EA=$ 常数。

7-55 刚架内部温度升高 t，求中铰 C 的竖向位移。各杆截面高度 h 相同。

7-56 桁架温度升高 t，求点 K 的竖向位移。

7-57 求由于混凝土干缩引起 K 点的水平位移，体系同上题。干缩率为 4×10^{-4}；$a=5m$。

7-58 杆件 AK（体系同题 7-56）做长了 5mm，求由此产生的 K 点的水平位移。

7-59 简支梁截面 K 发生相对转角 $\Delta\varphi_K$，求由此而产生的左端截面的转角 α。

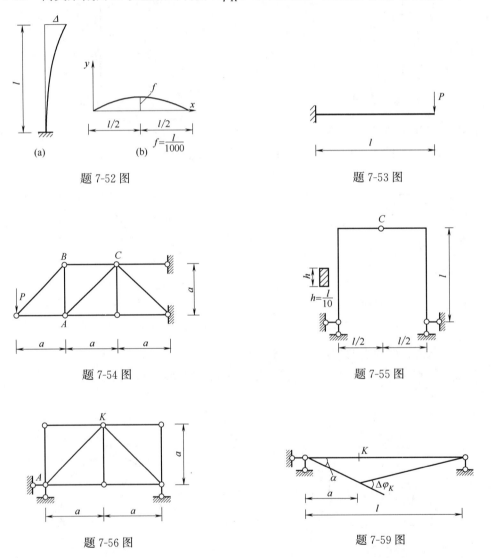

题 7-52 图　　　　　　　　　　　　题 7-53 图

题 7-54 图　　　　　　　　　　　　题 7-55 图

题 7-56 图　　　　　　　　　　　　题 7-59 图

7-60 支座发生位移 c_1、c_2，求由此产生的铰 C 两侧截面的相对转角。

7-61 已知左支座发生位移 Δ_1、Δ_2 及转角 φ，求由此而引起的截面 K 的水平位移 Δ_H^K。

7-62 求 j 点的竖向位移。梁、柱为刚性杆。弹性支座刚度 $K=EI/l^3$。

7-63 求 K 点的水平位移。梁、柱刚度为 EI。弹性转动支座刚度 $K_\varphi = \dfrac{EI}{l}$。

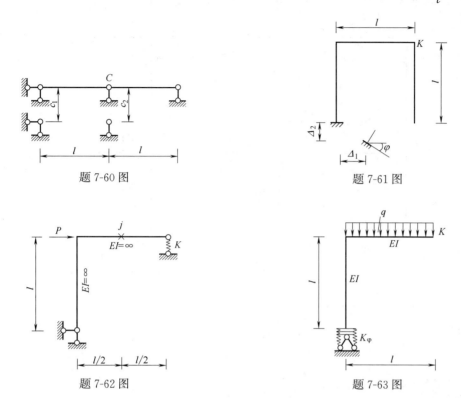

题 7-60 图   题 7-61 图

题 7-62 图   题 7-63 图

7-64 求 K 点的水平位移。各杆为刚性杆。弹性铰的转动刚度 $K_\varphi = \dfrac{EI}{l}$。

7-65 已知在点 A 作用 P_1 时（图 a）点 B 产生的位移 Δ_B，求在点 B 作用 P_2 时（图 b）点 A 产生的位移 Δ_A。

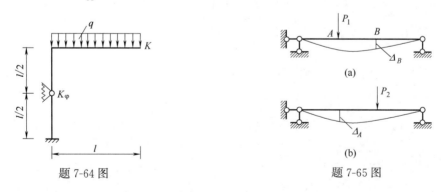

题 7-64 图   题 7-65 图

7-66 图中示有 a、b、c 三组单位力 P_1、P_2 作用状态。要求标示出 δ_{12}、δ_{21} 正向，并作计算，证实其互等关系。各杆长度相同，刚度亦相同。

7-67 试利用变形体虚功方程推证关系式

$$r_{12} = r_{21} = \sum \int \overline{M}_1 \frac{\overline{M}_2 \, \mathrm{d}s}{EI}$$

其中 $\overline{M}_1$、$\overline{M}_2$ 分别是广义位移 $\Delta_1 = 1$、$\Delta_2 = 1$ 产生的弯矩（其算法将在第 8 章学习）。只考虑弯曲变形。

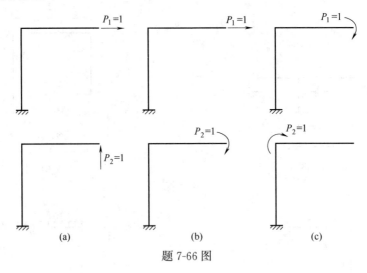

题 7-66 图

第8章 力　　法

【学习指导】

一、力法是解算超静定结构的基本方法之一，也是学习其他解算超静定结构方法的基础，要切实学好。

二、掌握超静定结构的性质及超静定次数的确定。

三、熟练掌握力法基本结构的确定、力法典型方程的建立及其物理意义、方程中各项系数和自由项的计算。

四、掌握超静定刚架、桁架、拱等超静定结构在荷载、支座移动、温度改变作用下的内力计算。荷载作用下的超静定刚架的计算是重点。

五、会利用对称条件，熟练掌握等代结构。

六、会计算超静定结构的位移。理解超静定结构的特性。

8-1　超静定结构的一般概念

一、超静定结构的性质

超静定结构，又名静不定结构。它的静力特征是，仅仅根据平衡条件不能求出其全部内力（包括支座反力）；它的几何特征表现为，是一个具有多余约束的几何不变体系。

所谓**多余约束**是指单独去掉它时，体系仍保持为几何不变的那种约束。例如在图 8-1a 所示体系中，竖向支杆 A、B、C 均可视为多余约束，因为单独去掉支杆 A 时，或单独去掉 B 或 C 时。体系仍然是几何不变的（静定梁）。但是同时去掉它们是不行的，只能去掉一个，所以图 8-1a 所示体系只有一个多余约束。

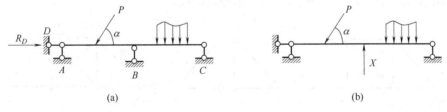

$$\text{(a)} \qquad\qquad\qquad\qquad\qquad \text{(b)}$$

图 8-1

不言而喻，多余约束并不是没用的，它可以起到减小弯矩，减小挠度等作用。

与多余约束相对应，还有**必要约束**，单独去掉它时，体系即几何可变。例如图 8-1a 的水平支杆 D 就是必要约束。

多余约束的反力，单独利用平衡条件是求不出来的。例如支杆 B 的反力 X（图 8-1b）与外荷载一样，不论它等于多少，图 8-1b 所示的静定梁都能平衡，从而不可能由平衡条件来确定。因此，称多余约束的反力为静不定力。

与此相反，必要约束的反力常能由平衡条件确定，因为它是维持平衡所必需的。例如，支杆 D 是用以阻止水平位移的。它的反力 R_D 可由 $\sum X=0$ 求出：$R_D=P\cos\alpha$。

根据超静定结构的静力特征和几何特征，超静定结构的主要性质如下：

（1）仅由平衡条件不能确定多余约束的反力，欲确定它需考察变形条件。

（2）受力情况与材料的物理性质、截面的几何性质有关。

（3）由于去掉一些约束后，体系仍可保持几何不变，所以因尺寸不准、支座移动、温度改变等原因，超静定结构能够产生内力（参见第 3-10 节）。称这种内力为初内力或原始内力，因为它是在无荷载情况下产生的。

如所已知，静定结构不可能产生初内力。

二、超静定次数的确定

超静定结构多余约束的数目，或者静不定力的数目，称为**超静定次数**。

超静定次数可以这样来确定：如果结构去掉 n 个约束后即变为**静定**的，它的超静定次数就等于 n；或者，如果变成静定结构后暴露出 n 个静不定力（用平衡条件所不能确定的力），它的超静定次数就等于 n。

【例题 8-1】　确定图 8-2a 所示体系的超静定次数。

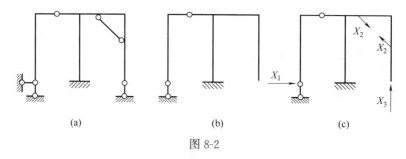

图 8-2

【解】　它可以变为图 8-2b 所示的静定体系（右部为基本部分，左部为附属部分）。由图 8-2a 变为图 8-2b 共去掉了三个约束（两个支杆，一个联杆），暴露出来三个静不定力。所以图 8-2a 所示体系是三次超静定，可记为 $n=3$。

【例题 8-2】　确定图 8-3a 所示桁架的超静定次数。

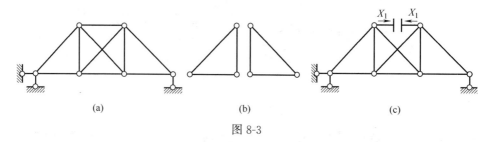

图 8-3

【解】　分析桁架的超静定次数时，既要看其内部有几个多余链杆，又要看桁架与地面相连时有无多余支杆。本例去掉与地面相连的三个支杆后，桁架内部可视为两刚片（图 8-3b）用四根链杆相连，多了一个链杆，是一次超静定。欲使其变成静定结构，在这四根链杆中去掉哪一个都可以。本题为保持其对称性，截断上面的水平链杆，形成的静定桁架如图 8-3c 所示，被截断的杆件的作用以力 X_1 代替。

超静定桁架有三种类型：

（1）内部有多余杆件（如上例）。

（2）外部有多余杆件（图 8-4a）。

（3）内部、外部都有多余杆架（图 8-4b）。

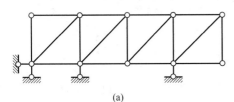 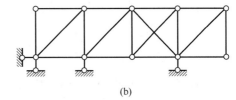

(a)	(b)

图 8-4

【**例题 8-3**】 确定图 8-5a 所示组合结构的超静定次数。

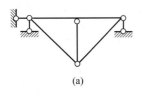 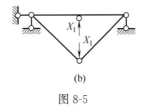 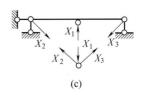

(a)	(b)	(c)

图 8-5

【**解**】 去掉一个约束即得静定体系（图 8-5b），所以是一次超静定。

可是，去掉三个联杆后，得一静定梁（图 8-5c），为什么图 8-5a 所示的组合结构不是三次超静定呢？请思考。

【**例题 8-4**】 确定图 8-6a 所示刚架的超静定次数。

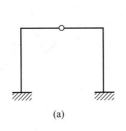 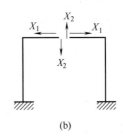

(a)	(b)

图 8-6

【**解**】 在铰处切断得静定体系（两个悬臂刚架，图 8-6b）。铰相当于两个约束。原体系是两次超静定。切开铰后暴露出来两个静不定力，如图 8-6b 所示。

【**例题 8-5**】 确定图 8-7a 所示刚架的超静定次数。

【**解**】 图 8-7b 所示体系是静定的。由图 8-7a 变为图 8-7b 暴露出三个静不定力（图 8-7c），故图 8-7a 所示刚架是三次超静定。

与图 8-7a 相似，图 8-8a 也是三次超静定的。三对力 X_1、X_2、X_3（图 8-8b）等于多少都能满足平衡条件，所以是静不定力。

由此可以得出结论：**一个闭合的框有三个多余约束。**

利用这个结论，可以计算具有若干个闭合框的体系的超静定次数。

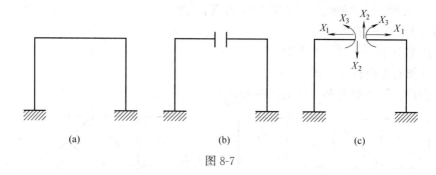

图 8-7

例如，图 8-9a 共有四个闭合框，其超静定次数为 4×3＝12。也可以直接判断：欲将图 8-9a 变为静定的（图 8-9b）需作四个切口，每个切口暴露出三个静不定力，故超静定次数为 12。

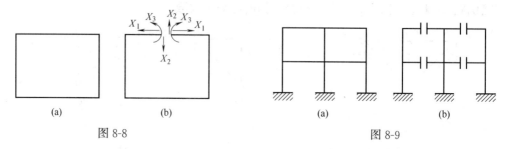

图 8-8　　　　　　　　　　　　　　　　　图 8-9

【例题 8-6】　确定图 8-10 所示体系的超静定次数。

【解】　与图 8-9a 相比，它是将 A、B 的刚性联结换成了铰接（简称加铰）而得到的。加铰后超静定次数会发生什么样的变化呢？先来考察一些简单的例子。图 8-11a 是一个静定梁，加铰后变成一个自由度体系（图 8-11b），所加之铰是一个单铰。由此可见，加一个单铰就去掉一个约束（即增加一个自由度）。

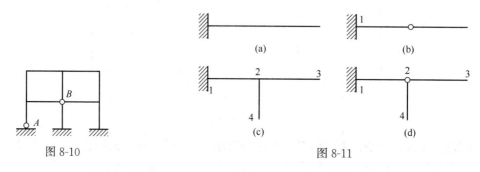

图 8-10　　　　　　　　　　　　　　　　　图 8-11

下面再看另一个例子。图 8-11c 是个静定体系。在节点 2 处加铰后（这个铰是个复铰，它联结三个杆，相当于两个单铰）变成图 8-11d。图 8-11d 具有两个自由度（杆 23 对应于杆 12 可以转动；杆 24 对应于杆 12 可以转动）。由此可见，每加一复铰所去掉的约束数目，等于其所折算的单铰数目。

现在再回过来考察图 8-10。与图 8-9 相比较，图 8-10 相当于在节点 A 加一个单铰，在节点 B 加一复铰。这个复铰相当于三个单铰（联结四个杆）。故图 8-10 较图 8-9a 少 1＋3＝4 个约束。而图 8-9a 共有 4×3＝12 个多余约束，因之图 8-10 有 4×3－4＝8 个多余约束，即它是八次超静定。

应当注意，在一个刚架杆上加一个单铰（相当于把两部分的刚接换为铰接），就增加一个自由度，即减少一个约束（图 8-11a、b）；而去掉一个单铰，则增加两个自由度，即减少两个约束（例题 8-4）。

应当指出，一个超静定体系可以化为不同的静定体系。例如，图 8-12a 所示的连续梁可以化为图 8-12b～f 所示的静定体系；图 8-13a 所示体系可以化为图 8-13b～d 所示的静定体系。随所去约束的不同，暴露出的未知数亦不同，但未知数数目是不变的。

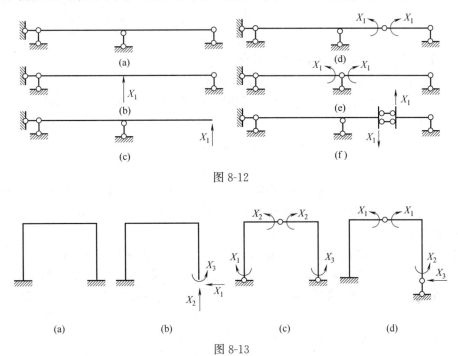

图 8-12

图 8-13

三、计算超静定结构的基本方法

计算超静定结构的方法有很多，但基本方法只有两种——力法与位移法。

力法是以力作为基本未知数，即先把力求出来，而后求位移。

位移法是以位移（节点的线位移及角位移）作为基本未知数，先求位移，再求力。

不论力法或位移法，处理问题的基本思路都一样：把不会算的结构（超静定结构）通过会算的结构来计算。把这种会算的结构称为基本体系或基本结构。计算的步骤可以概括为：

（1）变为基本体系。

（2）消除基本体系与原有体系之间的差别。

消除差别的条件将表现为一组代数方程（关于力的或位移的），解之即可求出基本未知数。有了基本未知数也就不难求出其他任何未知数。

8-2　荷载作用下的超静定刚架的计算

力法的基本体系是静定体系，即把超静定体系通过静定体系来计算。

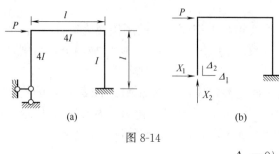

图 8-14

图 8-14a 所示刚架是两次超静定体系,它可以化成图 8-14b 所示的静定体系。若未知力 X_1、X_2 的数值是任意的,则 X_1、X_2 的作用点将发生位移 Δ_1、Δ_2。为使基本体系的位移与原有体系的位移一致,力 X_1、X_2 的数值应由下述条件确定:

$$\left.\begin{aligned}\Delta_1&=0\\\Delta_2&=0\end{aligned}\right\} \qquad (8\text{-}1)$$

这组条件称为**变形协调条件**或**变形条件**。

Δ_1 以沿 X_1 方向为正,Δ_2 以沿 X_2 方向为正。

Δ_1、Δ_2 是 P、X_1、X_2 共同作用下引起的。根据叠加原理,它们由每个力分别引起的位移相加而得:

$$\left.\begin{aligned}\Delta_1&=\delta_{11}X_1+\delta_{12}X_2+\Delta_{1P}\\\Delta_2&=\delta_{21}X_1+\delta_{22}X_2+\Delta_{2P}\end{aligned}\right\} \qquad (8\text{-}2)$$

式中,δ_{ij} 为 $X_j=1$ 引起的 X_i 作用点沿 X_i 方向的位移;第一个脚标代表位移的地点和方向,第二个脚标代表产生位移的原因。同样地,Δ_{iP} 为外载作用下产生的 X_i 作用点沿 X_i 方向的位移。

式 8-2 中,前一式代表 1 方向的位移,所以该式的第一个脚标都是 1。δ_{11} 为 $X_1=1$ 引起的 1 方向的位移(图 8-15a),δ_{12} 为 $X_2=1$ 引起的 1 方向的位移(图 8-15b);Δ_{1P} 为外荷载引起的 1 方向的位移(图 8-15c)。前两个是单位力引起的位移,以小写字母表示。

同样,第二式中各系数均为 2 方向的位移。

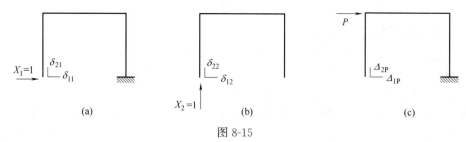

图 8-15

变形条件(式 8-1)变为

$$\left.\begin{aligned}\delta_{11}X_1+\delta_{12}X_2+\Delta_{1P}&=0\\\delta_{21}X_1+\delta_{22}X_2+\Delta_{2P}&=0\end{aligned}\right\} \qquad (8\text{-}3)$$

式 8-3 称为**力法典型方程**。

上式可写成矩阵形式:

$$\begin{bmatrix}\delta_{11}&\delta_{12}\\\delta_{21}&\delta_{22}\end{bmatrix}\begin{Bmatrix}X_1\\X_2\end{Bmatrix}+\begin{Bmatrix}\Delta_{1P}\\\Delta_{2P}\end{Bmatrix}=\begin{Bmatrix}0\\0\end{Bmatrix}$$

或

$$[\delta]\{X\} + \{\Delta_P\} = \{0\}$$

式中，矩阵 $[\delta]$ 称为柔度矩阵，其元素 δ_{11}、δ_{12}、δ_{21}、δ_{22} 称为**柔度系数**，体系愈柔，其值愈大。

典型方程中所有系数均为基本体系——静定体系的位移，求位移的算式为：

$$\Delta_{iP} = \sum \int \overline{M}_i \, \frac{M_P ds}{EI}$$

式中，M_P 为产生位移 Δ_{iP} 的力引起的弯矩图，$\overline{M}_i$ 为沿所求位移方向虚设单位力产生的弯矩图。

为了求这些系数，绘出 $\overline{M}_1$、$\overline{M}_2$、M_P 图，如图 8-16 所示。

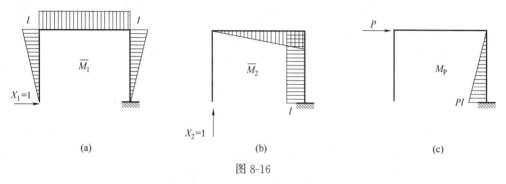

图 8-16

对于 δ_{11}（图 8-16a），$\overline{M}_i$ 为 $\overline{M}_1$，M_P 亦为 $\overline{M}_1$，所以

$$\delta_{11} = \sum \int \overline{M}_1 \, \frac{M_1 ds}{EI}$$

即 $\overline{M}_1$ 图自乘：

$$\delta_{11} = \frac{1}{2} l^2 \cdot \frac{2}{3} l \cdot \frac{1}{4EI} + l^2 \cdot l \cdot \frac{1}{4EI} + \frac{1}{2} l^2 \cdot \frac{2}{3} l \cdot \frac{1}{EI} = \frac{2l^3}{3EI}$$

对于 δ_{12}（图 8-16b），$\overline{M}_i$ 为 $\overline{M}_1$，M_P 为 $\overline{M}_2$，有：

$$\delta_{12} = \sum \int \overline{M}_1 \, \frac{\overline{M}_2 ds}{EI} = -\frac{5}{8} \frac{l^3}{EI}$$

同理：

$$\Delta_{1P} = \sum \int \overline{M}_1 \, \frac{M_P ds}{EI} = -\frac{1}{6} \frac{Pl^3}{EI}$$

$$\delta_{21} = \sum \int \overline{M}_2 \, \frac{\overline{M}_1 ds}{EI} = \delta_{12}（位移互等定理）$$

$$\delta_{22} = \sum \int \overline{M}_2 \, \frac{\overline{M}_2 ds}{EI} = \frac{13}{12} \frac{l^3}{EI}$$

$$\Delta_{2P} = \sum \int \overline{M}_2 \, \frac{M_P ds}{EI} = \frac{1}{2} \frac{Pl^3}{EI}$$

称 δ_{11}、δ_{22} 等柔度矩阵的主对角元素为主系数；δ_{12}、δ_{21} 等非主对角元素为副系数；Δ_{1P}、Δ_{2P} 等为荷载系数，又称自由项。由于副系数互等，所以柔度矩阵为对称阵。

分析以上情况，可知：

（1）主系数、副系数与外荷载无关，不随外荷载改变而改变，是体系所固有的常数。只有荷载项随外荷载改变而改变。所以荷载改变时，只需重算荷载项。

（2）主系数是正的；副系数及荷载项可正可负，可以为零。

主系数的算式为：

$$\delta_{ii} = \sum \int \overline{M}_i \frac{\overline{M}_i \mathrm{d}s}{EI} = \sum \int \frac{\overline{M}_i^2 \mathrm{d}s}{EI}$$

显而易见，δ_{ii} 总是正的。

从物理意义来看也很清楚，如 δ_{11}（图 8-15a）为 $X_1=1$ 作用下产生的 1 方向的位移，这个位移当然不会和 $X_1=1$ 方向相反，而必与其方向相同，所以是正的。

（3）n 次超静定体系要去掉 n 个多余约束，暴露出 n 个未知力，写 n 个变形条件，要画 n 个单位弯矩图和一个荷载弯矩图。

将求得的系数代入方程组（式 8-3）。由于各个系数分母中均含 EI，可以将其消去。解方程组得：

$$X_1 = -0.398P$$
$$X_2 = -0.691P$$

在静不定力 X_1、X_2 的表达式中不含刚度 EI，这说明静不定力与刚度的绝对量值无关。但是当各杆的刚度比值改变时，静不定力将要改变（见后面习题）。这就是说只要各杆刚度保持一定比值，用什么材料来做，截面粗一点、细一点，所得的静不定力是一样的。

但是，这个结论仅适用于荷载作用的情况。由于温变改变或支座位移产生的静不定力不是这样，它们不仅与刚度的比值有关，而且与刚度的绝对量值有关，见后面论述。

由于静不定力与刚度比值有关，所以设计超静定结构时，与设计静定结构不同，要预先给定刚度比。而只有求出静不定力后才能选定截面大小，进而定出真正的刚度比。当与预先给定的刚度比有较大的出入时要重新计算。

求出静不定力后，即可将它们视为已知的外力（图 8-17a）绘制弯矩图（图 8-17b）。这个弯矩图也就是原来超静定体系的弯矩图。

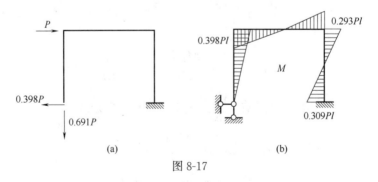

图 8-17

为了简便，最后的弯矩图（图 8-17b）通常用叠加法绘制（图 8-18）：

$$M = \overline{M}_1 X_1 + \overline{M}_2 X_2 + M_P$$

即将 $\overline{M}_1$ 图（图 8-16a）的纵标乘以 X_1，（由于 X_1 是负的，所以乘积画在对侧）加上 $\overline{M}_2$ 图纵标乘以 X_2，再加上 M_P 图的纵标，即得弯矩图（图 8-17b）。

绘出弯矩图后，要验算变形条件。基本体系在静不定力 X_1、X_2 及外荷载 P 共同作用下（图 8-17a）应使

$$\left.\begin{array}{c}\Delta_1=0\\\Delta_2=0\end{array}\right\}$$

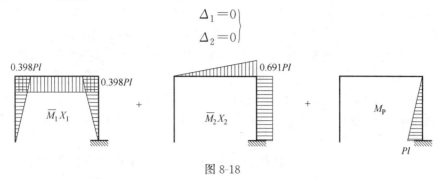

图 8-18

计算 Δ_1 时 $\overline{M}_i$ 图为 $\overline{M}_1$（图 8-16a），M_P 图为 X_1、X_2、P 共同作用下产生的弯矩图（图 8-17b）即超静定结构的弯矩图。由此：

$$\Delta_1=\sum\int\overline{M}_1\frac{M\mathrm{d}s}{EI}=0$$

同理：

$$\Delta_2=\sum\int\overline{M}_2\frac{M\mathrm{d}s}{EI}=0$$

这样，所得的超静定体系的弯矩图与每一个单位弯矩图图乘应等于零。具体计算这里略去。

验算变形条件，也可以不利用 $\overline{M}_1$ 图、$\overline{M}_2$ 图，而利用画在任何基本体系上的单位弯矩图。例如图 8-19a 所示的单位弯矩图（$\overline{M}_j$ 图）。$\overline{M}_j$ 图与所得的超静定体系的弯矩图（M 图）（图 8-17b）图乘结果应为零：

$$\sum\int\overline{M}_i\frac{M\mathrm{d}s}{EI}=0$$

理由如下：

原刚架（图 8-14a），可以化成任何基本体系，而得到相同的最终弯矩图（图 8-17b）。因此它可以化成图 8-19b 所示的基本体系。静不定力 X_1'、X_2' 由变形条件 $\Delta_1'=0$、$\Delta_2'=0$ 确定。Δ_1' 为 X_1' 作用点沿 X_1' 方向的位移，即铰两侧的相对转角；Δ_2' 为右支座的水平位移。

$\overline{M}_i$ 图与最终弯矩图（图 8-17b）图乘算式 $\sum\int\overline{M}_i\dfrac{M\mathrm{d}s}{EI}$ 就代表右支座的水平位移（图 8-19b），而它应为零。

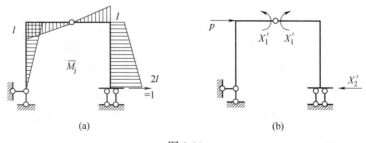

(a)　　　　　　　　　(b)

图 8-19

利用计算中没有使用过的单位弯矩图（如 $\overline{M}_\mathrm{j}$ 图）进行验算，有两点好处：

（1）在一定程度上可以代替与各个单位弯矩图的图乘。

（2）可以检查出各个单位弯矩图是否画错了。例如，若 $\overline{M}_1$ 图画错了，而其后运算是对的，则用它图乘最后弯矩图（错的 M 图）仍得零。但是用 M 图图乘则不应该等于零。

验算变形条件后，证明弯矩图是对的，即可以根据平衡条件画剪力图和轴力图，其方法与静定刚架相同。

综上所述，力法处理问题的基本思想是去掉多余约束，代之以力，这些力由保留所去约束的约束作用（变形条件）求出。去掉了，而又保留了它的作用，因此去等于不去，体系恢复原状。

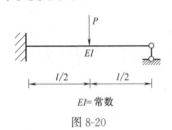

图 8-20

【例题 8-7】 采用不同的基本体系解算图 8-20 所示单跨梁的内力。

【解】

（1）采用悬臂梁作为基本体系（图 8-21a）。

只有一个未知数 X_1，变形条件为：

$$\Delta_1 = 0$$

沿 X_1 方向位移等于零，它表示右端无竖向位移。按叠加法有：

$$\Delta_1 = \delta_{11} X_1 + \Delta_{1P}$$

于是变形条件为：

$$\delta_{11} X_1 + \Delta_{1P} = 0$$

由于只有一个未知数，只需绘一个单位弯矩图——$\overline{M}_1$ 图（图 8-21b）及 M_P 图（图 8-21c）。

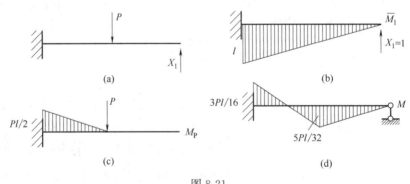

图 8-21

$$\delta_{11} = \sum \int \overline{M}_1 \frac{\overline{M}_1 \mathrm{d}s}{EI} = \frac{l^2}{2} \cdot \frac{2l}{3} \cdot \frac{1}{EI} = \frac{l^3}{3EI}$$

$$\Delta_{1P} = -\frac{1}{2} \cdot \frac{Pl}{2} \cdot \frac{l}{2} \cdot \frac{5}{6}l \cdot \frac{1}{EI} = -\frac{5}{48}\frac{Pl^3}{EI}$$

由此：

$$X_1 = -\Delta_{1P}/\delta_{11} = \frac{5}{16}P$$

用叠加法绘最终弯矩图：

$$M=\overline{M}_1 X_1+M_{\mathrm{P}}$$

结果如图 8-21d 所示。

（2）去掉左端约束转角的约束，取端力矩为未知数，以简支梁为基本体系（图 8-22）。变形条件为左端转角为零。转角表为 X_1 作用点沿 X_1 方向的位移 Δ_1，故变形条件为：

$$\Delta_1=0$$

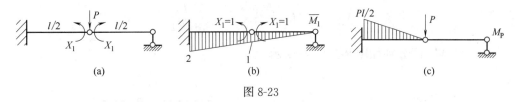

图 8-22

其展开式为：

$$\delta_{11}X_1+\Delta_{1\mathrm{P}}=0$$

$$\delta_{11}=\sum\int\overline{M}_1\,\frac{\overline{M}_1\mathrm{d}s}{EI}=\frac{1}{2}\cdot1\cdot l\cdot\frac{2}{3}\cdot1\cdot\frac{1}{EI}=\frac{l}{3EI}$$

$$\Delta_{1\mathrm{P}}=-\frac{1}{2}\cdot\frac{Pl}{4}\cdot l\cdot\frac{1}{2}\cdot1\cdot\frac{1}{EI}=-\frac{Pl^2}{16EI}$$

由此：

$$X_1=-\Delta_{1\mathrm{P}}/\delta_{11}=\frac{3}{16}Pl$$

X_1 为杆端力矩，与前面所得的结果（图 8-21d）相同。由叠加法：

$$M=\overline{M}_1 X_1+M_{\mathrm{P}}$$

绘最终弯矩图，与图 8-21d 相同。

（3）在跨中央加铰，以该截面的弯矩 X_1 为未知数，所得的基本体系为多跨静定梁（图 8-23）。

图 8-23

变形条件为铰左右两侧截面的相对转角等于零。而左右两侧的相对转角表示为 X_1 的作用点沿 X_1 方向的位移 Δ_1，于是有：

$$\Delta_1=0$$

展开式为：

$$\delta_{11}X_1+\Delta_{1\mathrm{P}}=0$$

$$\delta_{11}=\sum\int\overline{M}_1\,\frac{\overline{M}_1\mathrm{d}s}{EI}=\frac{4}{3}\,\frac{l}{EI}$$

$$\Delta_{1\mathrm{P}}=\sum\int\overline{M}_1\,\frac{M_{\mathrm{P}}\mathrm{d}s}{EI}=-\frac{5}{24}\,\frac{Pl^3}{EI}$$

由此：

$$X_1 = \frac{5}{32}Pl$$

用叠加法得到相同的弯矩图。

此外还可以举出其他一些基本体系。

对于较为复杂的体系，采用不同的基本体系时，计算繁简程度不同，这将在后面讨论。

对于本例，采用不同的基本体系，力法方程均表示为：

$$\Delta_1 = 0$$

或

$$\delta_{11}X_1 + \Delta_{1P} = 0$$

而 Δ_1 的物理意义各不相同。必须注意这一点，否则对于较为复杂的情况，将会写出错误的方程。

【**例题 8-8**】 将例题 8-8 中右端刚性支杆改为弹性支杆（图 8-24），弹簧刚度为 K。试求其内力。

【**解**】 将刚性支杆改为弹性支杆，静不定力个数不变，仍为一次超静定。

基本体系可以分为两类，一类不带弹性支座（去掉弹性支座），另一类带弹性支座（去掉别的约束）。下面分别讨论：

（1）去掉弹性支杆，以悬臂梁为基本体系（图 8-25a）

下面的做法对不对？变形条件为：

$$\Delta_1 = 0$$

或

$$\delta_{11}X_1 + \Delta_{1P} = 0$$

其中：

$$\delta_{11} = \sum \int \overline{M}_1 \frac{\overline{M}_1 \mathrm{d}s}{EI} = \frac{l^3}{3EI}$$

$$\Delta_{1P} = \sum \int \overline{M}_1 \frac{M_P \mathrm{d}s}{EI} = -\frac{5}{48} \frac{Pl^3}{EI}$$

$\overline{M}_1$ 图、M_P 图分别如图 8-25b、c 所示。

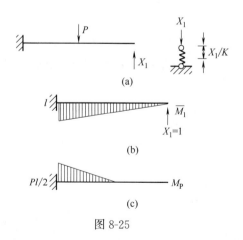

(a)

(b)

(c)

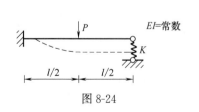

图 8-24

图 8-25

这样做是不对的。因为所写的变形条件是梁（原体系）的右端的位移 Δ_1 等于零。而实际上是不等于零的，因为弹簧发生变形 X_1/K（图 8-25a）。

那么，改写变形条件如下对不对？

$$\Delta_1 = \frac{X_1}{K}$$

或

$$\delta_{11} X_1 + \Delta_{1P} = \frac{X_1}{K}$$

也是不对的。因为 Δ_1 的正向是沿作用于梁端之力 X_i 方向的，而实际的位移与之相反，所以变形条件应为：

$$\delta_{11} X_1 + \Delta_{1P} = -\frac{X_1}{K} \tag{8-4}$$

由此可见，变形条件的右端不能随意写，而必须考虑变形条件的物理实质。

整理式 8-4 得：

$$\left(\delta_{11} + \frac{1}{K}\right) X_1 + \Delta_{1P} = 0 \tag{8-5}$$

由此

$$X_1 = -\frac{\Delta_{1P}}{\delta_{11} + 1/K} \tag{8-6}$$

由式 8-6 可见，弹簧愈硬（K 愈大），弹簧内力 X_1 愈大。当支座为刚性支杆时（$K \to \infty$），弹簧受力最大，$X_1 = -\Delta_{1P}/\delta_{11} = \frac{5}{16} P$；当弹簧刚度极小时（$K \to 0$），$X_1 = 0$，弹簧不受力，而梁即变为悬臂梁（图 8-24）。

若变形条件写为梁的右端与弹簧上端的相对位移 Δ_1' 等于零（图 8-25a），则方程为：

$$\Delta_1' = 0$$

或

$$\delta_{11}' X_1 + \Delta_{1P}' = 0$$

这里 Δ_1'、δ_{11}'、Δ_{1P}' 均表示相对位移，即沿一对力 X_1 方向的广义位移。

$$\delta_{11}' = \delta_{11} + \frac{1}{K}$$

其中

$$\delta_{11} = \Sigma \int \overline{M}_1 \frac{\overline{M}_1 \mathrm{d}s}{EI} = \frac{l^3}{3EI}$$

为 $X_1 = 1$ 引起的梁右端的位移。而 $\frac{1}{K}$ 为 X_1 引起的弹簧上端的位移。

$$\Delta_{1P}' = \Delta_{1P} = \Sigma \int \overline{M}_1 \frac{M_P \mathrm{d}s}{EI} = -\frac{5}{48} \frac{Pl^3}{EI}$$

为外荷载 P 引起的相对位移，它等于 P 引起的梁右端的位移。于是方程变为：

$$\left(\delta_{11} + \frac{1}{K}\right) X_1 + \Delta_{1P} = 0$$

与前面所得的方程相同。

（2）保留弹性支杆，左端换成铰，得图 8-26a 所示的基本体系，$\overline{M}_1$、M_P 图见图 8-26b、c。

变形条件为左端转角等于零，表示为：

$$\Delta_1 = 0$$

或

$$\delta_{11}X_1 + \Delta_{1P} = 0$$

δ_{11}、Δ_{1P} 按有弹性支杆的体系的位移算式（式 7-32）计算：

$$\delta_{11} = \sum \int \overline{M}_1 \frac{\overline{M}_1 ds}{EI} + \overline{N}_1^j \frac{\overline{N}_1^j}{K^j} = \frac{1}{2} \cdot 1 \cdot l \cdot \frac{2}{3} \cdot 1 \cdot \frac{1}{EI} + \frac{1}{l}\frac{\left(\frac{1}{l}\right)}{K}$$

若 $K = \dfrac{6EI}{l^3}$，则算得：

$$\delta_{11} = \frac{l}{3EI} + \frac{l}{6EI} = \frac{l}{2EI}$$

$$\Delta_{1P} = \sum \int \overline{M}_1 \frac{M_P ds}{EI} + \overline{N}_1^j \frac{N_P^j}{K}$$

$$= -\frac{1}{2} \cdot \frac{Pl}{4} \cdot l \cdot \frac{1}{2} \cdot 1 \cdot \frac{1}{EI} + \frac{1}{l}\frac{\left(-\frac{P}{2}\right)}{6EI}l^3$$

$$= -\frac{7}{48}\frac{Pl^2}{EI}$$

这样

$$X_1 = -\frac{\Delta_{1P}}{\delta_{11}} = \frac{7}{24}Pl$$

$$M = \overline{M}_1 X_1 + M_P$$

弯矩图示于图 8-26d。

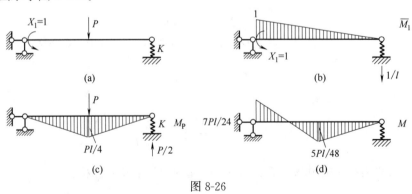

图 8-26

【例题 8-9】　计算铰接排架（图 8-27a），不计横梁轴向变形（$E_1A_1 = \infty$）。

【解】　去掉横梁，取两个悬臂杆（柱）为基本体系。由于不计横梁轴向变形，所以左柱顶的位移 Δ_A（图 8-27a）等于柱顶的位移 Δ_B，而 A、B 两点间距的改变量等于零。于是变形条件可以写为：

$$\Delta_1 = 0$$

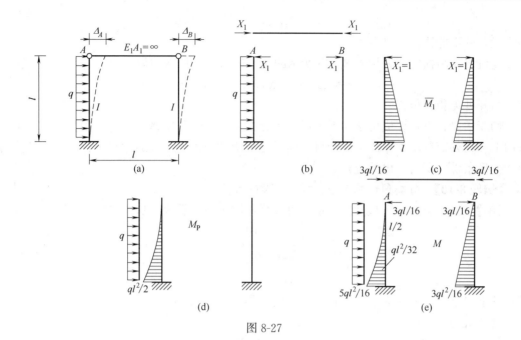

图 8-27

即作用于柱顶上的（图 8-27b）X_1 作用点沿 X_1 方向的位移（A、B 两点间的相对位移）等于零。$\overline{M}_1$、M_P 图见图 8-27c、d。

展开式为：

$$\delta_{11}X_1 + \Delta_{1P} = 0$$

计算得：

$$\delta_{11} = \frac{l^3}{3EI} \cdot 2 = \frac{2}{3}\frac{l^3}{EI}$$

$$\Delta_{1P} = -\frac{ql^4}{8EI}$$

$$X_1 = -\frac{\Delta_{1P}}{\delta_{11}} = \frac{3}{16}ql$$

$$M = \overline{M}_1 X_1 + M_P$$

最终 M 图示于图 8-27e。横梁承受压力 $\frac{3}{16}ql$。

也可以采用另外的基本体系，如采用两个悬臂杆加一个简支梁（图 8-28a）作为基本体系，计算图 8-27a 所示铰接排架。

本来右柱顶与梁以铰相联（图 8-27a），一个铰相当于两个约束，现在保留一个竖向联杆（简支梁的右支杆），去掉了柱与梁间的水平约束。所以暴露出的静不定力 X_1 是一对水平力，分别作用于柱顶与梁端上（图 8-28a）。变形条件为：

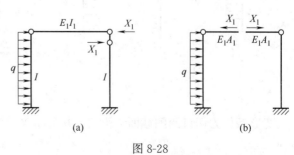

图 8-28

$$\Delta_1 = \delta_{11}X_1 + \Delta_{1P} = 0$$

表示梁与柱不能错动。

还可以切断横梁，采用图 8-28b 所示的基本体系。变形条件为：

$$\Delta_1 = \delta_{11}X_1 + \Delta_{1P} = 0$$

表示断开处无相对位移。

切断横梁，不是变成可变体系了吗？为什么可以用作基本体系？这是因为在 X_1 单独作用下和在外荷载单独作用下这个可变体系是平衡的，因而可以通过它用叠加法来计算内力和变形条件中所需求出的位移。

【例题 8-10】 分类讨论图 8-29a 所示刚架的计算。

【解】 该刚架为三次超静定体系。可以采用图 8-29b 所示的基本体系。变形条件为

$$\left.\begin{array}{l} \Delta_1 = 0 \\ \Delta_2 = 0 \\ \Delta_3 = 0 \end{array}\right\} \tag{8-7}$$

其物理意义是刚架右端无水平位移、无竖向位移、无转角。

展开式为：

$$\left.\begin{array}{l} \delta_{11}X_1 + \delta_{12}X_2 + \delta_{13}X_3 + \Delta_{1P} = 0 \\ \delta_{21}X_1 + \delta_{22}X_2 + \delta_{23}X_3 + \Delta_{2P} = 0 \\ \delta_{31}X_1 + \delta_{32}X_2 + \delta_{33}X_3 + \Delta_{3P} = 0 \end{array}\right\} \tag{8-8}$$

式中系数由 $\overline{M}_1$、$\overline{M}_2$、$\overline{M}_3$、M_P 图（图 8-29c～f）图乘而得。

也可以采用另外的基本体系：在任意处截开，例如在横梁中点处截开，得图 8-30a 所示的基本体系，未知数为该截面处的轴力 X_1、剪力 X_2 和弯矩 X_3。

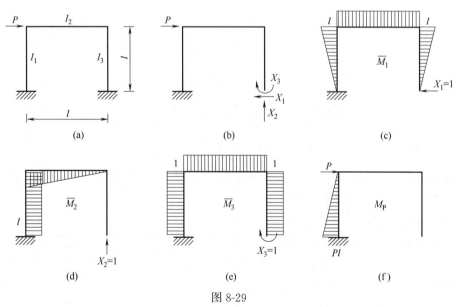

图 8-29

变形条件为切口两侧截面无沿 X_1 方向和 X_2 方向的相对位移及 X_3 方向的相对转角，表为

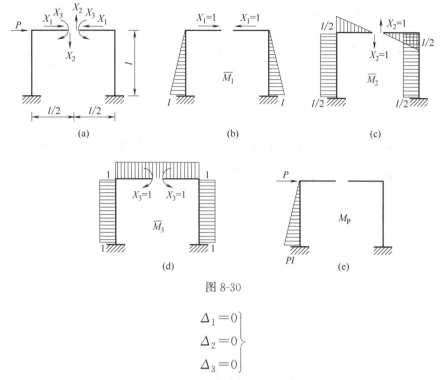

图 8-30

$$\left.\begin{aligned}\Delta_1 &= 0\\\Delta_2 &= 0\\\Delta_3 &= 0\end{aligned}\right\}$$

其展开式仍为式 8-8。其中系数由 $\overline{M}_1$、$\overline{M}_2$、$\overline{M}_3$、M_P 图（图 8-30b～e）图乘算出。

任何一个超静定体系，如果用切断内部约束的方式获得基本体系，则变形条件的右端永远为零。它表示变形连续，原体系沿切开约束无相对位移。

8-3 温度改变时超静定刚架的计算

温度改变时超静定刚架要产生内力。其计算方法也是通过基本体系计算。

设刚架（图 8-31a）使用时，内部温度较建造时升高 t，而外部温度不变，即内部的温变为 t，外部的温变为零。基本体系如图 8-31b 所示，与荷载作用时相同。但基本体系所受的作用与荷载作用时不同：除受静不定力 X_1、X_2 作用外，还受温度作用（温度改变代替了外荷载）。基本体系是静定体系，温度在基本体系上不能引起内力，但是能引起位移。因此基本体系的内力是 X_1、X_2 引起的，而位移则是 X_1、X_2 及 t 共同引起的。变形条件为

$$\left.\begin{aligned}\Delta_1 &= 0\\\Delta_2 &= 0\end{aligned}\right\}$$

其展开式为：

$$\left.\begin{aligned}\delta_{11}X_1+\delta_{12}X_2+\Delta_{1t} &= 0\\\delta_{21}X_1+\delta_{22}X_2+\Delta_{2t} &= 0\end{aligned}\right\}$$

式中，Δ_{1t}、Δ_{2t}（图 8-31c）为基本体系在温度作用下产生的沿 X_1 方向及 X_2 方向的位移。主、副系数与外界作用无关，是体系常数，与荷载作用情况（图 8-8a）所得的结果

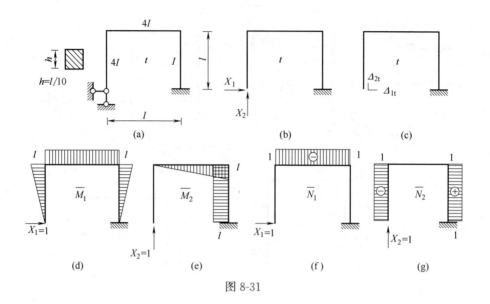

图 8-31

相同：

$$\delta_{11} = \Sigma \int \overline{M}_1 \frac{\overline{M}_1 \mathrm{d}s}{EI} = \frac{2}{3} \frac{l^3}{EI}$$

$$\delta_{12} = \delta_{21} = \Sigma \int \overline{M}_2 \frac{\overline{M}_1 \mathrm{d}s}{EI} = -\frac{5}{8} \frac{l^3}{EI}$$

$$\delta_{22} = \Sigma \int \overline{M}_2 \frac{\overline{M}_2 \mathrm{d}s}{EI} = \frac{13}{12} \frac{l^3}{EI}$$

这里只考虑了弯曲变形，没有考虑轴力引起的变形。

Δ_{1t}、Δ_{2t} 是基本体系（静定体系）由于温度改变产生的位移，应当按温度改变引起的位移算式

$$\Delta_{1t} = \Sigma \frac{\alpha t'}{h} \omega_{M_i} + \Sigma N_i \alpha t_0 l$$

计算。据此，为了求 Δ_{1t}、Δ_{2t}，除应画出 $\overline{M}_1$、$\overline{M}_2$ 图外，还应画出 $\overline{N}_1$、$\overline{N}_2$ 图（图 8-31d～g）。

温差绝对值：

$$t' = t - 0 = t$$

杆轴温度：

$$t_0 = \frac{t+0}{2} = \frac{t}{2}$$

因此：

$$\frac{\alpha t'}{h} = \frac{\alpha t}{l/10} = 10 \frac{\alpha}{l}$$

$$\Delta_{1t} = \Sigma \frac{\alpha t'}{h} \omega_{M_1} + \Sigma N_1 \alpha t_0 l = -10 \frac{\alpha t}{l} \frac{l^2}{2} - 10 \frac{\alpha t}{l} l^2 - 10 \frac{\alpha t}{l} \frac{l^2}{2} + \alpha \frac{t}{2} l \cdot (-1) = -20.5 \alpha t l$$

$$\Delta_{2t}=+10\,\frac{\alpha t}{l}\frac{l^2}{2}+10\,\frac{\alpha t}{l}l^2+\alpha\,\frac{t}{2}l\cdot(-1)+\alpha\,\frac{t}{2}l\cdot(+1)=15\alpha tl$$

在 Δ_{1t}、Δ_{2t} 的计算中利用了轴力图 $\overline{N}_1$、$\overline{N}_2$；这是不是考虑了轴力引起的变形呢？不是的。$\overline{N}_1$ 图、$\overline{N}_2$ 图只是求由于杆轴温度改变引起的位移的手段，并不是考虑轴力引起的变形。

解方程得：

$$X_1=38.7\,\frac{\alpha tEI}{l^2}$$

$$X_2=8.48\,\frac{\alpha tEI}{l^2}$$

温度改变时产生的内力，不仅与刚度比值有关，而且与刚度的绝对数值有关，这与荷载作用的情况不同。其原因是主、副系数与刚度 EI 有关，而 Δ_{1t}、Δ_{2t} 与 EI 无关，在方程中 EI 不能消去。按叠加法，有：

$$M=\overline{M}_1X_1+\overline{M}_2X_2+M_t$$

式中，M_t 是温度在基本体系上产生的弯矩图，而基本体系为静定体系，所以 M_t 等于零。

绘得弯矩图，如图 8-32a 所示。

验算变形条件。基本体系在静不定力及温度共同作用下（图 8-32b），其位移应与原体系相同，即有：

$$\left.\begin{array}{c}\Delta_1=0\\\Delta_2=0\end{array}\right\}$$

Δ_1 由静不定力（X_1、X_2）引起的 X_1 方向的位移与温度引起的 X_1 方向的位移 Δ_{1t} 相加而得（图 8-32b）。而 X_1、X_2 引起的 X_1 方向的位移，应由 X_1、X_2 引起的弯矩图与 $\overline{M}_1$ 图图乘而得。X_1、X_2 引起的弯矩图即超静定刚架的最终弯矩图（图 8-32a）。于是有：

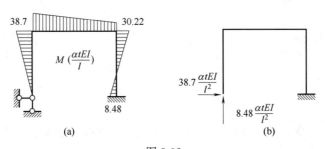

图 8-32

$$\Delta_1=\sum\int\overline{M}_1\frac{M\mathrm{d}s}{EI}+\Delta_{1t}=0$$

或

$$\sum\int\overline{M}_1\frac{M\mathrm{d}s}{EI}=-\Delta_{1t}$$

同理：

$$\sum \int \overline{M}_2 \frac{M\mathrm{d}s}{EI} = -\Delta_{2\mathrm{t}}$$

这表明，由于温度改变产生的最终弯矩图与单位弯矩图图乘不等于零。这与荷载引起的最终弯矩图不同，荷载引起的最终弯矩图与单位弯矩图图乘等于零。其原因是，温度改变时产生的弯矩图（$M = \overline{M}_1 X_1 + \overline{M}_2 X_2$）与单位弯矩图图乘结果只是静不定力在基本体系上引起的位移，不是基本体系位移的全部，所以与原有体系的位移不同。而荷载作用时（图8-8）产生的弯矩图（$M = \overline{M}_1 X_1 + \overline{M}_2 X_2 + M_\mathrm{P}$）与单位弯矩图图乘结果是静不定力 X_1、X_2 及荷载共同作用下产生的基本体系的位移，故应等于原有体系的位移。

验算本例（计算过程略去）：

$$\sum \int \overline{M}_1 \frac{M\mathrm{d}s}{EI} = 20.5\alpha t l = -\Delta_{1\mathrm{t}}$$

$$\sum \int \overline{M}_2 \frac{M\mathrm{d}s}{EI} = -15\alpha t l = -\Delta_{2\mathrm{t}}$$

这表明所得结果是正确的。

8-4　支座移动时超静定刚架的计算

支座移动时超静定刚架产生内力。静不定力通过基本体系计算。

设刚架（图8-33a）左支座 A 发生水平位移 Δ，右支座 B 发生竖向位移 Δ，求由此而产生的内力。这里 Δ 是已知量。

其实，支座移动也是荷载作用的结果，不过在计算上分为两步。第一步，当作支座不动计算结构；第二步，如果由于土质不好或别的原因导致支座发生了显著位移，则计算支座移动引起内力的改变。这里讨论的是后者。

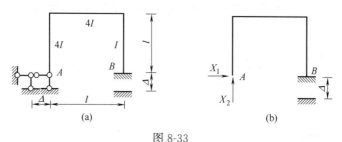

图 8-33

去掉多余约束，变成基本体系（图8-33b）。这个基本体系保留了发生位移的右支座 B，而去掉了左支座 A。

变形条件是基本体系沿 X_1、X_2 方向的位移，应与原体系相同。于是有：

$$\left.\begin{array}{c}\Delta_1 = -\Delta \\ \Delta_2 = 0\end{array}\right\}$$

前一式之所以为负的，是因为 X_1 向右而位移向左。

基本体系（图8-33b）的位移 Δ_1、Δ_2 是 X_1、X_2 和支座 B 位移所引起的，与支座 A 的位移无关，因为支座 A 已经去掉，基本体系上没有支座 A。于是按叠加法：

$$\left.\begin{array}{l}\Delta_1 = \delta_{11}X_1 + \delta_{12}X_2 + \Delta_{1c}\\ \Delta_2 = \delta_{21}X_1 + \delta_{22}X_2 + \Delta_{2c}\end{array}\right\}$$

变形条件改为：

$$\left.\begin{array}{l}\delta_{11}X_1 + \delta_{12}X_2 + \Delta_{1c} = -\Delta\\ \delta_{21}X_1 + \delta_{22}X_2 + \Delta_{2c} = 0\end{array}\right\}$$

为了求 δ_{11}、δ_{12}、δ_{21}、δ_{22}，需画 $\overline{M}_1$、$\overline{M}_2$ 图（图 8-31d、e），用图乘法求得：

$$\delta_{11} = \frac{2}{3}\frac{l^3}{EI}$$

$$\delta_{12} = \delta_{21} = -\frac{5}{8}\frac{l^3}{EI}$$

$$\delta_{22} = \frac{13}{12}\frac{l^3}{EI}$$

由于单位弯矩图 $\overline{M}_1$、$\overline{M}_2$ 与外界作用无关，所以主、副系数与荷载作用、温度改变作用情况所得的结果相同。

Δ_{1c}、Δ_{2c} 是基本体系由于支座位移产生的位移，其正向如图 8-34a 所示。Δ_{1c}、Δ_{2c} 可以利用前面学过的支座位移引起的位移的算式（$\Delta_{1c} = -\Sigma\overline{R}\cdot c$）来求。按此式，在所求位移方向上加单位力（图 8-34b、c），求出发生位移的约束的反力，算得：

$$\Delta_{1c} = -(0)\cdot\Delta = 0$$
$$\Delta_{2c} = -(+1)\Delta = -\Delta$$

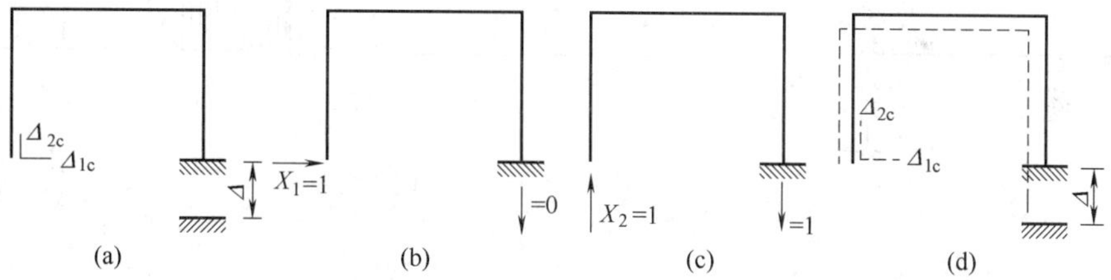

图 8-34

对于这样的简单情况也可以用几何方法（图 8-34d）得到：

$$\Delta_{1c} = 0$$
$$\Delta_{2c} = -\Delta$$

结果一致。

由方程组解得：

$$X_1 = -1.382\frac{EI}{l^3}\Delta$$

$$X_2 = 0.126\frac{EI}{l^3}\Delta$$

与温度改变作用的情况一样，支座位移产生的静不定力也与刚度成比例，而不是像荷载作用情况那样，只与刚度比值有关。其原因是，支座位移产生的基本体系的位移与刚度无关，而静不定力产生的位移与刚度有关。为了清楚，用简例（图 8-35a）形象地说明如下。去掉右支杆后，由于左端发生位移 Δ，右端产生向下的位移 Δ（$\Delta_{1c}=-\Delta$）（图 8-35b），这个位移与杆件刚度无关，杆件刚一些、柔一些，这个位移都是 Δ。静不定力 X_1 所起的作用在于使右端向上发生位移 Δ（图 8-35c），以使基本体系与原体系变形一致（图 8-35a）。显然，为了发生相同的位移 Δ（图 8-35c），杆刚一些，所需的力就大一些；杆柔一些，所需的力就小一些。

最终弯矩图按下式计算：

$$M=\overline{M}_1 X_1+\overline{M}_2 X_2+M_c$$

式中，M_c 为支座位移所引起的基本体系的弯矩图。由于基本体系是静定体系，M_c 等于零。最终弯矩图如图 8-36 所示。

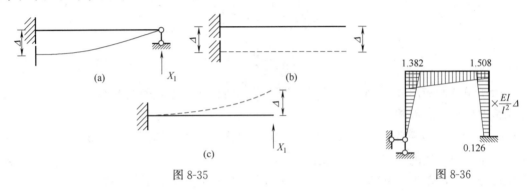

图 8-35   图 8-36

【例题 8-11】 一端固定一端铰支梁（图 8-37a），右端发生位移 Δ，绘制其弯矩图。

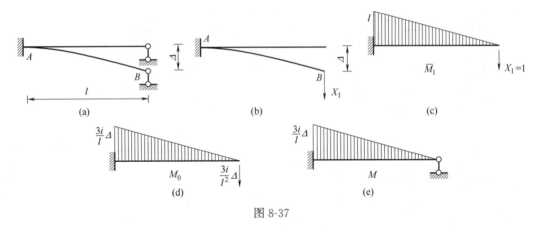

图 8-37

【解】 用两种基本体系求解。

一、去掉发生位移的支座，得一悬臂梁（图 8-37b），以它作为基本体系。

变形条件为：

$$\Delta_1=\Delta$$

基本体系的位移 Δ（图 8-37b）只是力 X_1 引起的，所以：

$$\Delta_1=\delta_{11}X_1$$

上式不包含 Δ_{1c} 项，因为基本体系的支座并无位移。原体系发生位移的支座并不在基本体系上。

于是变形条件为：

$$\delta_{11}X_1=\Delta$$

由 $\overline{M}_1$ 图（图 8-37c）自乘得：

$$\delta_{11}=\frac{l^3}{3EI}$$

由此：

$$X_1=\Delta/\delta_{11}=\frac{3EI}{l^3}\Delta$$

这个结果在后面计算中经常使用。令

$$EI/l=i$$

i 称为杆的**线刚度**或单位刚度。于是：

$$X_1=\frac{3i}{l^2}\Delta$$

体系的受力情况如图 8- 37d 所示。X_1 引起的弯矩图（图 8-37d）即原体系的弯矩图（图 8-37e）。

二、取简支梁为基本体系（图 8-38a），保留发生位移的支座，$\overline{M}_1$ 图见图 8-38c。

由于基本体系的支座有位移，所以基本体系的位移包含 Δ_{1c} 一项，而变形条件为：

$$\delta_{11}X_1+\Delta_{1c}=0$$

$$\delta_{11}=\sum\int\overline{M}_1\,\frac{\overline{M}_1\mathrm{d}s}{EI}=\frac{l}{3EI}$$

Δ_{1c} 为由于支座位移引起的转角（图 8-38c）：

$$\Delta_{1c}=-\Delta/l$$

之所以是负的，是因为转角与 X_1 正向相反。Δ_{1c} 也可利用公式计算：

$$\Delta_{1c}=-\sum\overline{R}\cdot c=-(\frac{1}{l}\cdot\Delta)=-\Delta/l$$

由此：

$$X_1=-\frac{\Delta_{1c}}{\delta_{11}}=\frac{3EI}{l^2}\Delta=\frac{3i}{l}\Delta$$

式中，X_1 为固定端力矩。由平衡方程得右支座反力为 $\frac{3i}{l^2}\Delta$，与用前一种基本体系所得的结果相同。M 图示于图 8-38d。

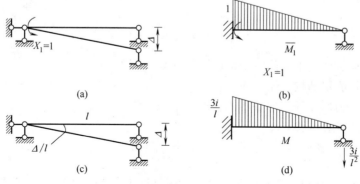

图 8-38

8-5 超静定结构的位移计算

超静定结构的位移可以直接利用虚功原理计算公式

$$\Delta_{iP} = \sum \int \overline{M}_i \frac{M_P ds}{EI}$$

来计算（图 8-39）。为了求 M_P 需要解算超静定结构，为了求 $\overline{M}_i$（一般）也需要解算超静定结构，工作量较大。

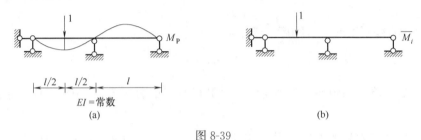

图 8-39

下面介绍较为简单的方法——化成静定结构的位移计算。做法及原理为：

（1）解算超静定结构，绘出 M 图（图 8-40a）。

（2）把原来的超静定结构化成任意基本体系（图 8-40b）。基本体系承受外荷载及暴露出来的静不定力作用。这个基本体系的受力情况与原体系无差别，因此基本体系的位移即原体系的位移。

（3）求基本体系的位移（图 8-40b）。为此要画出基本体系的荷载弯矩图，原体系的 M 图（图 8-40a）就是这个弯矩图。另外要画出虚拟的单位弯矩图。由于是求基本体系的位移，这个单位力当然加在基本体系上（图 8-40c）。此单位力引起的弯矩图以 $\overline{M}_1^0$ 表示，以便与原体系的单位弯矩图（图 8-39b）相区别。于是，基本体系的位移等于

$$\Delta_{iP} = \sum \int \overline{M}_i^0 \frac{M ds}{EI} = \frac{23}{1536} \frac{Pl^3}{EI}$$

这个位移亦即原体系的位移。

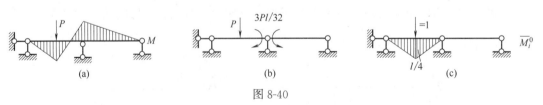

图 8-40

这样，在荷载作用下超静定结构位移的计算步骤为：

（1）解算超静定结构，绘出 M 图。

（2）将单位力加在任意的基本体系上，绘 $\overline{M}_i^0$ 图。

（3）按下式计算位移：

$$\Delta_{iP} = \sum \int \overline{M}_i^0 \frac{M ds}{EI}$$

若超静定体系的位移不是荷载引起的，而是温度改变或支座移动引起的，则与此类

似。计算方法为：

（1）在温度改变或支座移动作用下解算超静定结构，绘 M 图。

（2）化为基本体系。

（3）求基本体系的位移，它就是原体系的位移。基本体系的位移是静不定力与温度或支座移动联合作用下产生的。

8-6　结构对称性的利用

对于超静定结构来说，对称结构是几何形状和刚度分布都对称的结构。而对于静定结构来说，不论刚度分布对称与否，只要几何形状对称就是对称结构。

利用结构对称性可以简化计算。主要方法有以下两种。

一、将荷载分解为对称、反对称两组，分别利用"等代结构"（"半刚架"）计算

对称结构具有如下特点：在对称荷载（或对称的其他外界因素）作用下，内力及变形是对称的；在反对称荷载（或反对称的其他外界因素）作用下，内力及变形是反对称的。等代结构就是根据这个性质确定的。

（一）无中柱结构（奇数跨结构）

1. 荷载对称（图 8-41a）

沿对称轴将结构截开，暴露出三对未知力：X_1 沿对称轴作用（图 8-41b），是反对称力，称为反对称未知数；X_2 垂直于对称轴，是对称力，称为对称未知数；X_3 也是对称力。

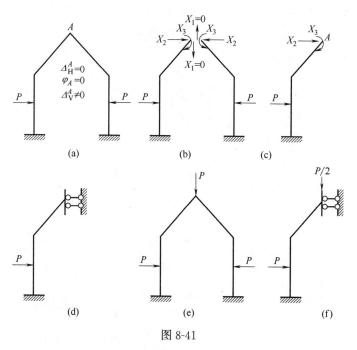

图 8-41

由于荷载是对称的，产生的内力应是对称的，所以反对称力 $X_1=0$，因而只有两个未知力 X_2、X_3。取出半个刚架，其受力情况如图 8-41c 所示。两个未知力 X_2、X_3（图

8-41c）如何确定？由变形条件确定：即 X_2、X_3 应当这样确定，使得半刚架的截面 A 的变形情况与原体系（图 8-41a）的变形情况相同。

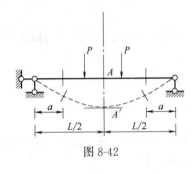

图 8-42

由于结构对称、荷载对称，原体系（图 8-41a）的变形应当是对称的。据此，节点 A 只能发生沿对称轴的（竖向的）位移 Δ_V^A（这个位移对应着对称变形），而垂直于对称轴的位移 Δ_H^A（水平位移，又称偏摆）和转角 φ_A 是不可能发生的。为了清楚，画一个简单结构的对称变形情况（图 8-42）：对称轴左面的截面顺时针转动，右面逆时针转动，对称轴上的截面既属于左面又属于右面，怎样转动呢？只能不转（变形后的切线保持为水平）。原体系（图 8-41a）也是这样。节点 A（图 8-41a）不能发生水平位移的理由与不能发生转动的理由是一样的。

这样，在对称荷载作用下，对称轴上的节点只能发生沿对称轴的位移，而不能发生垂直于对称轴的位移和转角，即：

$$\Delta_V^A \neq 0$$

$$\Delta_H^A = 0$$

$$\varphi_A = 0$$

半刚架的变形情况应当与原体系一致，即也应当满足这样的变形条件，因此截面 A 的支承相当于定向支座，如图 8-41d 所示。

称图 8-41d 所示的半刚架为原结构对称情况（图 8-41a）的等代结构。在对称荷载作用下，可以不算原结构（图 8-41a），而算其等代结构（图 8-41d）。

沿对称轴有集中力作用时（图 8-41e），其等代结构如图 8-41f 所示。

2. 荷载反对称（图 8-43a）

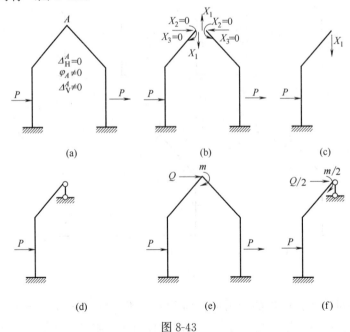

图 8-43

此时只出现反对称未知力 X_1（图 8-43b 及图 8-43c）。半刚架的支承应由符合原体系（图 8-43a）的变形情况确定。

在反对称变形情况下，节点 A 能发生偏摆及转动，但不能发生沿对称轴方向的位移（竖向位移）。为了清楚，讨论图 8-44 所示情况。对称轴的左面各截面向下位移，右面各截面向上位移，对称轴上的截面既属于左面又属于右面，只能不发生竖向位移。这样，节点 A 的变形情况为：

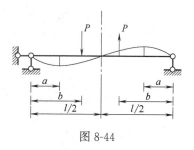

图 8-44

$$\Delta_V^A = 0$$
$$\Delta_H^A \neq 0$$
$$\varphi_A \neq 0$$

因此，半刚架截面 A 的支承相当于竖向支杆（图 8-43d）。

若在对称轴上的节点作用有横向集中力 Q 及集中力偶 m（图 8-43e），则等代结构的受力情况如图 8-43f 所示。

由以上讨论看到，利用结构的对称性，可以将荷载分解，分别计算两个等代结构以代替原结构的计算。而两个超静定次数较低的等代结构（在本例中一个是两次超静定，一个是一次）的计算，比原结构（三次超静定）的计算简单。

（二）有中柱结构（偶数跨结构）

1. 荷载对称（图 8-45a）

由于受力情况对称，在靠近柱子两边截开后，暴露出三组未知力 X_1、X_2、X_3（每组四个力），分别作用在左部分、中柱及右部分上，如图 8-45b 所示。在左部分上（图 8-45c）有三个未知力作用，它们应当由变形条件确定。原体系的节点 A，由于荷载对称，不能偏摆，不能转动；又由于有中柱，且不考虑中柱的轴向变形，节点 A 不能沿中柱上下移动。于是等代结构（有中柱，对称情况）的 A 端当为固定端（图 8-45d）。

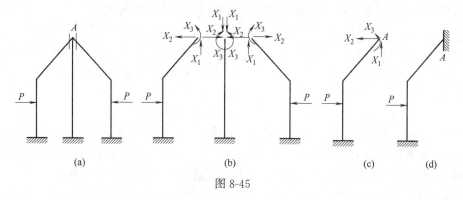

(a)　　　　　　　　　(b)　　　　　　　(c)　　(d)

图 8-45

等代结构的边界条件（固定端）也可以根据它与中柱上端的变形连续条件确定。由图 8-45b 可见，中柱只承受轴力，其值为 X_1 的两倍，其余各力互相抵消，因之柱头只能因柱子轴变而上下移动，不能发生偏摆及转动。若不考虑柱子的轴变，则柱子就不动了。基于变形连续，左部分与之相联的 A 端也必不动，即为固定端。

若考虑柱子轴向变形，有中柱结构在对称情况下的等代结构是什么样的？请思考。

2. 荷载反对称（图 8-46a）

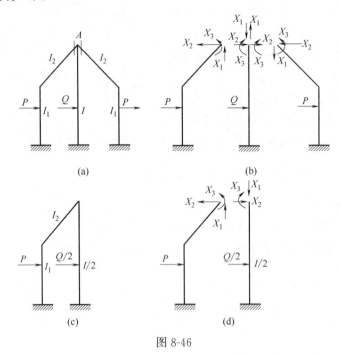

图 8-46

它的等代结构如图 8-46c 所示，是"半个"结构：中柱上的荷载减半，惯性矩减半，其他杆上的荷载不变，惯性矩不变。证明如下：

将原体系靠近中柱柱头两边截开，由于反对称，暴露出三组力 X_1、X_2、X_3，如图 8-46b 所示。同时将等代结构靠中柱柱头截开，暴露出三组力，如图 8-46d 所示。

下面证明如果图 8-46b 与图 8-46d 中暴露出的三组力相同，则二图中的左部分变形相同，中柱的变形也相同。

二图中左部分完全一样，刚度相同，受力相同，所以变形相同。

图 8-46b 中，中柱上作用的与弯曲变形有关的力有 $2X_2$、$2X_3$ 及 Q，恰为图 8-46d 中中柱上作用的与弯曲变形有关的力 X_2、X_3、$Q/2$ 的两倍，因而弯矩也为其两倍。与此同时抗弯刚度也为其两倍（一为 EI、另一为 $EI/2$）。根据材料力学中学过的曲率的算式：

$$K = \frac{1}{\rho} = \frac{M}{EI}$$

两个中柱的弯曲变形相同（其中 K 为曲率，ρ 为曲率半径，M 为弯矩）。但是轴力并不是两倍。图 8-46b 中的轴力为零（一个向下的 X_1，一个向上的 X_1），图 8-46d 中的轴力为 X_1，两者轴向变形不同。因此在不计轴向变形的条件下，中柱的变形相同。

这样就证明了，在不计中柱轴变的条件下，如果暴露出的内力相同，则原体系的左部分及中柱的变形与等代结构相同。因此，如果 X_1、X_2、X_3 能满足等代结构的变形连续条件，就必然满足原体系左部分与中柱间的变形连续条件。

由于原体系的变形是反对称的，所以当左部分能满足变形连续条件时，右部分也必能满足变形连续条件。因此图 8-46c 所示等代结构的解即为原结构的解，也就是确是等代结构。也就是就是所要证明的。

二、将未知数分解为对称、反对称两组

有些结构（例如桁架）使用等代结构不便分析，宜将未知数分解为对称、反对称两组（荷载不分解），利用"成组变形条件"确定。

例如图 8-47a 所示的刚架，可以取支反力 Z_1、Z_2 为未知数。但这时 $\delta_{12}=\delta_{21}\neq0$，要解联立方程。为了使副系数 δ_{12} 等于零，改取对称的一对力 X_1 和反对称的一对力 X_2 作为未知数（图 8-47b）。由于未知数（例如 X_1）不是一个力，而是一组力，故称为"成组未知数"。

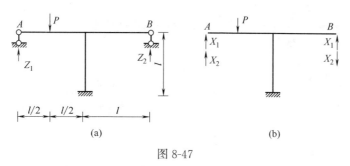

图 8-47

成组未知数由下述变形条件确定：

$$\left.\begin{array}{l}\Delta_1=\delta_{11}X_1+\delta_{12}X_2+\Delta_{1P}=0\\[4pt]\Delta_2=\delta_{21}X_1+\delta_{22}X_2+\Delta_{2P}=0\end{array}\right\}\tag{8-9}$$

变形条件的物理意义后面再解释。为了求系数，绘"成组的单位弯矩图"及荷载弯矩图（图 8-48）。系数按下式计算：

$$\delta_{11}=\sum\int\overline{M}_1\,\frac{\overline{M}_1\mathrm{d}s}{EI}$$

$$\delta_{12}=\sum\int\overline{M}_1\,\frac{\overline{M}_2\mathrm{d}s}{EI}$$

$$\delta_{22}=\sum\int\overline{M}_2\,\frac{\overline{M}_2\mathrm{d}s}{EI}$$

$$\Delta_{1P}=\sum\int\overline{M}_1\,\frac{M_P\mathrm{d}s}{EI}$$

$$\Delta_{2P}=\sum\int\overline{M}_2\,\frac{M_P\mathrm{d}s}{EI}$$

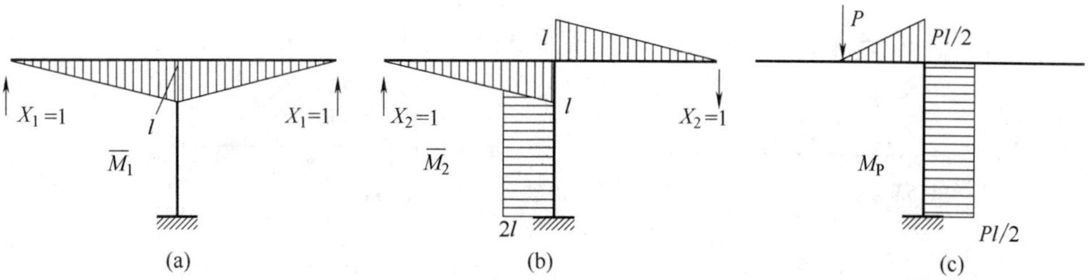

图 8-48

现在来讨论变形条件（式 8-9）的物理含义。式 8-9 中，前一式 Δ_1 是 X_1 的作用点沿

X_1 方向的位移。因在 A、B 两点作用一对力，所以：

$$\Delta_1 = \Delta_A + \Delta_B$$

这里 Δ_A、Δ_B 均以向上（沿 X_1 方向）为正。式 8-9 中的前一式变为：

$$\Delta_A + \Delta_B = 0$$

后一式是 X_2 作用点（也是 A 和 B）沿 X_2 方向的位移，它等于

$$\Delta_2 = \Delta_A - \Delta_B$$

后一式变为：

$$\Delta_A - \Delta_B = 0$$

于是变形条件（式 8-9）变为：

$$\left.\begin{array}{l} \Delta_A + \Delta_B = 0 \\ \Delta_A - \Delta_B = 0 \end{array}\right\} \tag{8-10}$$

解之得：

$$\Delta_A = 0, \ \Delta_B = 0$$

即满足原体系（图 8-47a）的变形条件。

式 8-9 称为成组的变形条件。这个方法是利用成组的未知数和成组的变形条件，具有普遍意义，也可以用于非对称的一般结构，这里不做讨论。

对于本例，算得：

$$\delta_{11} = \frac{2}{3}\frac{l^3}{EI}$$

$$\delta_{12} = \delta_{21} = 0（对称 M 图与反对称 M 图正交）$$

$$\delta_{22} = \frac{14}{3}\frac{l^3}{EI}$$

$$\Delta_{1P} = -\frac{5}{48}\frac{Pl^3}{EI}$$

$$\Delta_{2P} = -\frac{53}{48}\frac{Pl^3}{EI}$$

解得：

$$X_1 = 0.1563P$$

$$X_2 = 0.2366P$$

结构的受力情况示于图 8-49a。最终 M 图用叠加法计算：

$$M = \overline{M}_1 X_1 + \overline{M}_2 X_2 + M_P$$

其中 $\overline{M}_1$、$\overline{M}_2$ 为成组弯矩图（图 8-48）。最终 M 图示于图 8-49b。

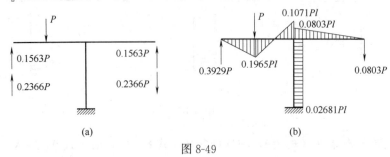

图 8-49

【例题 8-12】　分别用等代结构及成组未知数计算均布荷载作用下的等截面两端固定梁（图 8-50a），EI＝常数。

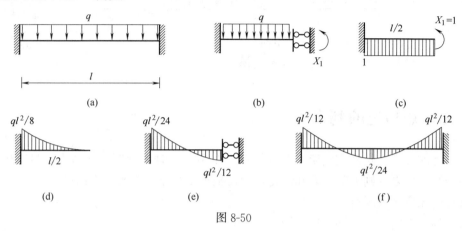

图 8-50

【解】　一、利用等代结构

等代结构如图 8-50b 所示，只有一个未知数 X_1，$\overline{M}_1$ 图及 M_P 图如图 8-50c、d 所示。算得：

$$\delta_{11} = \frac{l}{2EI}$$

$$\Delta_{1P} = \frac{ql^3}{48EI}$$

由变形条件

$$\delta_{11}X_1 + \Delta_{1P} = 0$$

得：

$$X_1 = \frac{1}{24}ql^2$$

绘得等代结构的 M 图如图 8-50e 所示。整个梁的 M 图如图 8-50f 所示。

二、利用成组未知数

由于荷载对称，两端弯矩相等，令为 X_1（图 8-51a）。变形条件为：

$$\Delta_1 = \delta_{11}X_1 + \Delta_{1P} = 0$$

其物理意义为两端转角之和等于零。由于两端转角相等，就保证了每端转角等于零。$\overline{M}_1$ 图、M_P 图示于图 8-51b、c，算得：

$$\delta_{11} = \frac{l}{EI}$$

$$\Delta_{1P} = -\frac{1}{12}\frac{ql^3}{EI}$$

由此：

$$X_1 = \frac{1}{12}ql^2$$

整个梁的 M 图如图 8-51d 所示。

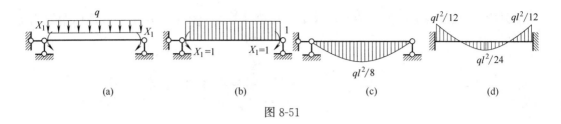

图 8-51

8-7　无弯矩情况的判定

如不考虑轴变，超静定刚架在节点集中力作用下有时无弯矩、无剪力，只产生轴力，若能预先判断出来，则无需解算超静定，只需根据平衡条件将轴力求出即可。

常见的无弯矩情况有以下三种：

（1）集中力沿一个柱轴作用（图 8-52a）。

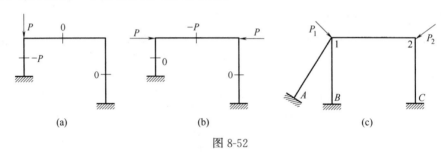

图 8-52

该柱轴力为 $-P$，其他杆不受力。显然，当考虑柱子轴向变形时，由于柱子缩短，横梁不可能不弯。

（2）一对等值而反向的集中力沿某一直杆杆轴作用（图 8-52b）。

只有此杆承受轴力 $-P$。

（3）集中力作用于不动节点上（图 8-52c）。

这里所谓不动节点是指在不考虑轴向变形的条件下不动的节点。在图 8-52c 上，由于点 A 及点 B 不动，点 1 沿 1A 方向及 1B 方向不能动，故点 1 不动。同理，由于点 1 及点 C 不动，故点 2 不动。

此时，可将体系当作铰接体系计算各轴力。

在较为复杂的情况下，例如在图 8-53a 所示的情况下，可以用下面的方法判断：在原刚架的所有节点上加铰（图 8-53b）。若所得的铰接体系在所给的节点集中力作用下能够平

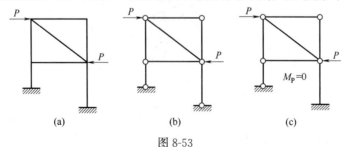

图 8-53

衡，则原结构即无弯矩。

证明如下：

在所有节点上加铰后所得的体系（图 8-53b）一般为可变体系，这个铰接可变体系是平衡的，可以用加约束的办法使之变为原体系的基本体系（静定体系）。例如在右支座上加上阻止转动的约束，使之成为固定端，即变成静定的基本体系（图 8-53c）。根据静定体系答案的唯一性，既然图 8-53b 能够平衡，则所加约束必不受力，因而图 8-53c 的受力情况与图 8-53b 相同。而图 8-53b 上只有轴力而无弯矩，所以基本体系（图 8-53c）也只有轴力而无弯矩，即荷载弯矩图 M_P 图等于零。这时，在不考虑轴向变形的条件下，变形方程组的自由项（荷载项）均等于零。方程组变为齐次方程组。由于变形方程组中的各方程是线性无关的，方程组系数行列式不等于零，因而所有未知数均等于零。在此情况下，弯矩图等于 M_P 图，而 M 图等于零，所以无弯矩图。

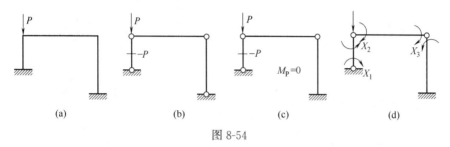

图 8-54

为更加清楚，以图 8-52a 所示情况（重示于图 8-54a）为例，具体说明如下。

将各节点加铰得平衡铰接体系（图 8-54b），得到的静定基本体系见图 8-54c。将原体系化为基本体系，其受力情况示于图 8-54d，共有三个未知数，对应的三个方程式简记为

$$[\delta]\{X\}+\{\Delta_P\}=\{0\}$$

为求系数，需要画三个单位弯矩图（这里未画）和 M_P 图。由图 8-54c 可见 M_P 等于零。于是荷载系数为：

$$\Delta_{iP}=\sum\int\overline{M}_i\frac{M_P\mathrm{d}s}{EI}=0$$

因之：

$$\{X\}=\{0\}$$

所以：

$$M=\overline{M}_1X_1+\overline{M}_2X_2+\overline{M}_3X_3+M_P=0$$

如果考虑轴向变形，则荷载系数

$$\Delta_{iP}=\sum\int\overline{M}_i\frac{M_P\mathrm{d}s}{EI}+\sum\int\overline{N}_i\frac{N_P\mathrm{d}s}{EI}=\sum\int\overline{N}_i\frac{N_P\mathrm{d}s}{EI}$$

一般不为零，因而：

$$\{X\}\neq\{0\},M\neq0$$

【例题 8-13】　计算图 8-55a 所示刚架。

【解】　将荷载分解为对称、反对称两种情况。对称情况无弯矩（图 8-55b）；反对称情况（图 8-55c）可以其等代结构（图 8-55d）代替。由于图 8-55d 所示刚架是对称的，又可分解为两种情况（图 8-55e、f）：图 8-55e 无弯矩；图 8-55f 的等代结构（图 8-55g）是

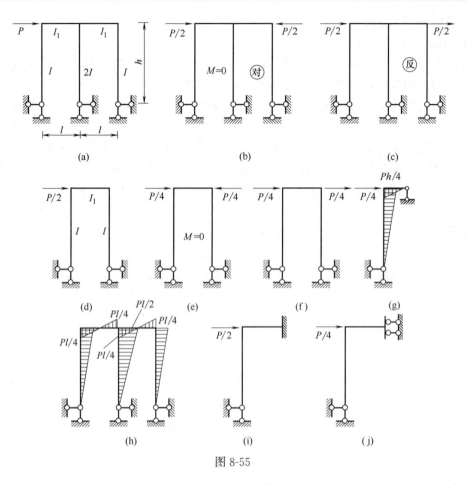

图 8-55

静定刚架，其弯矩图可根据平衡条件绘出。然后依次可得图 8-55f、d、c、a 的弯矩图。原刚架的弯矩图示于图 8-55h。

为什么原来的三次超静定刚架最后化成静定的了呢？就是因为图 8-55b 及图 8-55e 中的两个超静定刚架未经计算而判断出弯矩等于零。对于图 8-55b，由其等代结构（图 8-55i）可见有两个静不定力；对于图 8-55e，由其等代结构（图 8-55j）可见有一个静不定力。一共有三个静不定力，与原刚架的超静定次数相吻合。

8-8　超静定桁架的计算

超静定桁架的计算，在基本方法上与超静定刚架相同。其特点仅仅在于，基本体系的位移是由杆件轴变引起的，即位移（典型方程中的系数及自由项）按下式计算：

$$\Delta_{i\mathrm{P}} = \Sigma \overline{N}_i \frac{N_\mathrm{P}l}{EA} \tag{8-11}$$

下面举例说明具体解法。

【例题 8-14】　计算图 8-56a 所示桁架。

【解】　首先可以看到节点 1 上只有两根杆，其内力可由平衡条件确定，是静定部分。杆 23、24、25 构成静不定部分，有一个多余杆件。

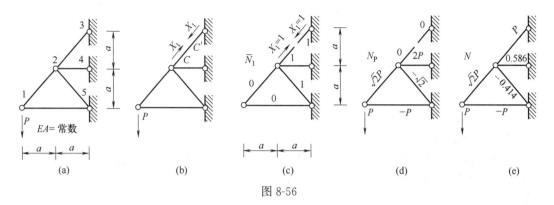

图 8-56

截断杆 23（或杆 24、25），化为基本体系（图 8-56b）。这个基本体系虽然是可变体系，但在 X_1 或在节点力 P 作用下可以平衡，所以可以用作基本体系。

变形条件是基本体系在 X_1 及 P 共同作用下，变形后截断处应当连续（截面 C 及 C' 合在一起而无相对位移），即 X_1 作用点沿 X_1 方向的位移等于零：

$$\Delta_1 = \delta_{11} X_1 + \Delta_{1P} = 0$$

按照位移算式（式 8-11），有：

$$\delta_{11} = \sum \overline{N}_1 \frac{\overline{N}_1 l}{EA}$$

$$\Delta_{1P} = \sum \overline{N}_1 \frac{N_P l}{EA}$$

根据 $\overline{N}_1$ 图及 N_P 图（图 8-56c 及 d）算得：

$$\delta_{11} = 1 \cdot \frac{1 \cdot \sqrt{2a}}{EA} + 1 \cdot \frac{1 \cdot \sqrt{2a}}{EA} + (-\sqrt{2}) \cdot \frac{1 \cdot (-\sqrt{2})a}{EA} = \frac{(2 + 2\sqrt{2})a}{EA}$$

$$\Delta_{1P} = (-\sqrt{2}) \cdot \frac{2P \cdot a}{EA} + 1 \cdot \frac{(-\sqrt{2}P) \cdot \sqrt{2}a}{EA} = -\frac{(2 + 2\sqrt{2})Pa}{EA}$$

计算时不要忘记考虑被截杆变形的影响（δ_{11} 中的第一项，Δ_{1P} 中它等于零）。由此：

$$X_1 = -\frac{\Delta_{1P}}{\delta_{11}} = P$$

最终内力按下式计算：

$$N = \overline{N}_1 X_1 + N_P$$

轴力图示于图 8-56e。

下面简要研究两个问题：

一、对称条件的利用

对于对称桁架，也宜利用对称条件简化计算。通常采用成组未知数的方法。例如图 8-57a 所示的对称桁架，由于荷载对称，只有一个未知数 X_1（图 8-57b），由以下变形条件计算：

$$\Delta_1 = \delta_{11} X_1 + \Delta_{1P} = 0$$

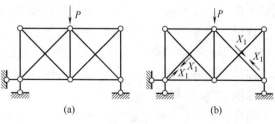

图 8-57

其中：

$$\delta_{11} = \sum \overline{N}_1 \frac{\overline{N}_1 l}{EA}$$

$$\Delta_{1P} = \sum \overline{N}_1 \frac{N_P l}{EA}$$

$\sum$表示包括全部杆件。

二、组合结构的计算

超静定组合结构（图 8-58a）与静定组合结构一样，由两类杆件组成，一类是拉压杆，一类是承受弯矩、剪力、轴力的梁式杆；也是通过基本体系（图 8-58b 或 c）计算，变形条件均表示为：

$$\Delta_1 = \delta_{11} X_1 + \Delta_{1P} = 0$$

计算位移 δ_{11}、Δ_{1P} 时，梁式杆只计弯曲变形，而拉压杆考虑轴变。

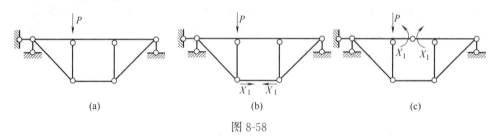

图 8-58

8-9 无铰拱的计算

为了简化计算，有些结构，例如无铰拱，可利用"弹性中心"进行求解。而为了讲解弹性中心，先需介绍"刚臂"。

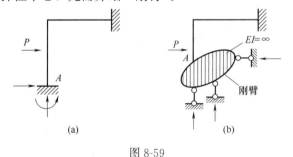

图 8-59

一、刚臂的概念

图 8-59a 所示结构的 A 端是固定端。固定端的特点是截面 A 既不能移动也不能转动。为了达成这个变形条件，也可以不把截面 A 直接刚接于地球，而是将其与一个刚体（称作刚臂）刚接（图 8-59b），这个刚体以三个约束与地球相联，构成几何不变体系。由于

刚臂不能动，也不能变形，与之刚接的截面 A 也就具有了固定端的边界条件。

这样，图 8-59b 所示带刚臂的结构就是图 8-59a 所示原结构的等代结构，图 8-59b 之解即图 8-59a 之解。图 8-59a 上面的三个未知力可以转换成图 8-59b 所示的另外三个未知力，而后者的方向及作用点是可以选择的（因为刚臂的形状及大小和三个支杆的布置是可以选择的），从而有利于选择单位弯矩图，使更多的副系数等于零。

同样，图 8-60b 所示结构是图 8-60a 所示结构的等代结构。图 8-60b 结构是这样获得的：在 A 处截开（图 8-60c），将左右两截面 A'、A'' 刚接于同一个刚臂上。由于刚臂不能

变形，所以 A' 与 A'' 不能发生相对移动及相对转动，从而保持了原体系（图 8-60a）A 处的变形连续性。

加刚臂的结果可以将未知力转移到任选的地方（图 8-60d o 点），并且未知力的方向也可以任选。利用这个方便条件，有可能让这种结构（一个封闭框）典型方程中的所有副系数等于零。对于对称结构、非对称结构都能做到这点，但是最有实效的是对称结构（转化的代价小）。下面就来讨论这种结构，其典型代表是对称无铰拱。

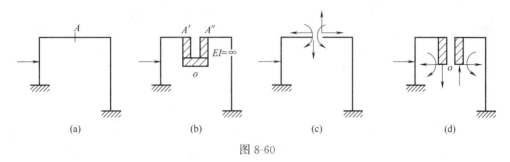

图 8-60

二、对称无铰拱的弹性中心

图 8-61a 为一承受任意荷载的对称无铰拱。沿对称轴截开，加刚臂，将未知数移至对称轴上的 o 点，o 点到拱脚联线的距离 a 待定（8-61b）。由于 X_1、X_2 是对称力，X_3 是反对称力，由计算可知，对称力与反对称力之间的副系数等于零（$\delta_{13}=\delta_{31}=0$，$\delta_{23}=\delta_{32}=0$）。其物理意义是对称力（反对称力）不能产生反对称（对称）的位移。于是方程组分裂为两组，一组只包含对称力，另一组只包含反对称力：

$$\left.\begin{array}{l}\delta_{11}X_1+\delta_{12}X_2+\Delta_{1P}=0\\\delta_{21}X_1+\delta_{22}X_2+\Delta_{2P}=0\end{array}\right\}\tag{8-12}$$

$$\delta_{33}X_3+\Delta_{3P}=0\tag{8-13}$$

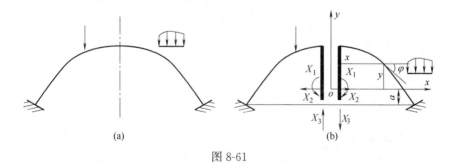

图 8-61

若 $\delta_{12}=0$，则每个方程式中只含一个未加力，就由这个条件确定 o 点的位置（a 值）。若考虑各种变形，则 δ_{12} 等于

$$\delta_{12}=\int\overline{M}_1\frac{\overline{M}_2\mathrm{d}s}{EI}+\int\overline{N}_1\frac{\overline{N}_2\mathrm{d}s}{EA}+\int\mu\overline{Q}_1\frac{\overline{Q}_2\mathrm{d}s}{GA}\tag{8-14}$$

为了求 $X_1=1$、$X_2=1$ 引起的内力的表达式，将拱上任意截面截开（图 8-61b），该

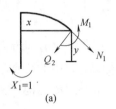 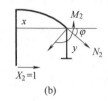

图 8-62

截面的坐标为 x、y。坐标原点在 o 点，坐标轴方向如图 8-61b 所示。将截取部分示于图 8-62。由平衡方程（图 8-62a）得：

$$\overline{M}_1=1, \quad \overline{N}_1=0, \quad \overline{Q}_1=0$$

$$\overline{M}_2=-y, \quad \overline{N}_2=1\cdot\cos\varphi, \quad \overline{Q}_2=1\cdot\sin\varphi$$

式中，φ 为截面处拱轴切线与水平线的夹角（图 8-61b 及图 8-62b）。

将这些值代入式 8-14 得：

$$\delta_{12}=\int 1\cdot\frac{(-y)\,\mathrm{d}s}{EI}=-\int y\,\frac{\mathrm{d}s}{EI}=0$$

由此

$$\int y\,\frac{\mathrm{d}s}{EI}=0 \tag{8-15}$$

就由式 8-15 的条件确定 o 点的纵标 a。这样确定的点称为体系的**弹性中心**，原因如下：

设想一个面积，以拱的轴线为其轴线，以拱抗弯刚度的倒数 $\frac{1}{EI}$ 为其宽度（图 8-63），称此面积为弹性面积。由于刚度沿拱轴是变化的，所以弹性面积的宽度也是变化的。由于拱的轮廓和刚度对称于 y 轴，所以与之相应的弹性面积也对称于 y 轴。因此弹性面积的形心必在 y 轴上。式 8-15 表示弹性面积对 x 轴的静矩等于零，这说明 x 轴必通过其形心。因此，o 点为弹性面积的形心，称为弹性中心，而 x 轴与 y 轴为弹性面积的中心主轴。

这样，若把未知数移至弹性中心，并且令 X_2、X_3 沿中心主轴作用，则所有副系数都等于零，而每个方程式中只含一个未知数。即有

$$\left.\begin{aligned}\delta_{11}X_1+\Delta_{1\mathrm{P}}&=0\\\delta_{22}X_2+\Delta_{2\mathrm{P}}&=0\\\delta_{33}X_3+\Delta_{3\mathrm{P}}&=0\end{aligned}\right\} \tag{8-16}$$

求弹性面积形心的方法与求一般面积形心的方法相同，即取一参考坐标系 $x'o'y'$（图 8-64），按下式计算形心纵标 a：

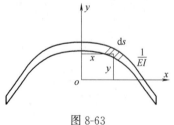 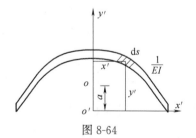

图 8-63   图 8-64

$$a=\frac{\displaystyle\int y'\,\frac{\mathrm{d}s}{EI}}{\displaystyle\int \frac{\mathrm{d}s}{EI}} \tag{8-17}$$

上式的分子为弹性面积对 x' 轴的静矩，分母为弹性面积图形的面积。

也可以采用别的参考坐标系。

【**例题 8-15**】　求图 8-65a 所示刚架的弹性中心。

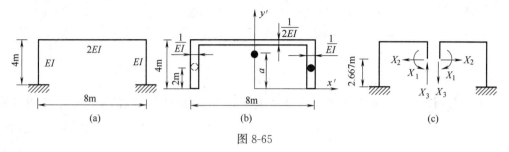

图 8-65

【**解**】　弹性面积示于图 8-65b。以 x' 为参考坐标轴，求弹性面积形心的纵标 a。对 x' 轴的静矩等于

$$\int y' \frac{\mathrm{d}s}{EI} = \frac{1}{2EI} \cdot 8 \cdot 4 + \frac{1}{EI} \cdot 4 \cdot 2 \cdot 2 = \frac{32}{EI}$$

面积等于

$$\int \frac{\mathrm{d}s}{EI} = \frac{1}{2EI} \cdot 8 + \frac{1}{EI} \cdot 4 \cdot 2 = \frac{12}{EI}$$

$$a = \frac{\displaystyle\int y' \frac{\mathrm{d}s}{EI}}{\displaystyle\int \frac{\mathrm{d}s}{EI}} = \frac{32}{12} = 2.667 \text{ m}$$

将未知力移至弹性中心，如图 8-65c 所示。

三、无拱铰的计算

无拱铰（图 8-66a）用弹性中心法计算，基本体系如图 8-66b 所示。典型方程为：

$$\left.\begin{aligned}
\delta_{11} X_1 + \Delta_{1P} &= 0 \\
\delta_{22} X_2 + \Delta_{2P} &= 0 \\
\delta_{33} X_3 + \Delta_{3P} &= 0
\end{aligned}\right\}$$

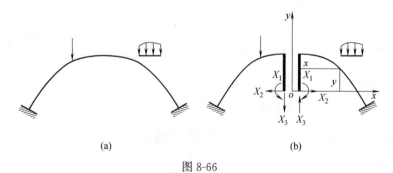

图 8-66

如果考虑各种变形，则

$$\delta_{ii} = \int \overline{M}_i \frac{\overline{M}_i \mathrm{d}s}{EI} + \int \overline{N}_i \frac{\overline{N}_i \mathrm{d}s}{EA} + \int \mu \overline{Q}_i \frac{\overline{Q}_i \mathrm{d}s}{GA} \quad (i = 1, 2, 3)$$

$$\Delta_{iP} = \int \overline{M}_i \frac{M_P ds}{EI} + \int \overline{N}_i \frac{M_P ds}{EA} + \int \mu \overline{Q}_i \frac{Q_P ds}{GA}$$

对于坐标值为 x，y 的截面（图 8-66b），由平衡方程得单位未知力 $X_1=1$、$X_2=1$、$X_3=1$ 引起的内力分别为（参阅图 8-62）：

$$\overline{M}_1 = 1, \ \overline{N}_1 = 0, \ \overline{Q}_1 = 0$$

$$\overline{M}_2 = -y, \ \overline{N}_2 = -1 \cdot \cos \varphi, \ \overline{Q}_2 = 1 \cdot \sin \varphi$$

$$\overline{M}_3 = 1 \cdot x, \ \overline{N}_3 = 1 \cdot \sin \varphi, \ \overline{Q}_3 = 1 \cdot \cos \varphi$$

通常，除计算 δ_{22} 要考虑轴向变形影响外，其他系数的计算均只考虑弯曲变形。于是：

$$\delta_{11} = \int \frac{ds}{EI}$$

$$\delta_{22} = \int \frac{y^2 ds}{EI} + \int \cos^2 \varphi \frac{ds}{EA}$$

$$\delta_{33} = \int \frac{x^2 ds}{EI} = \int \frac{M_P ds}{EI}$$

$$\Delta_{2P} = -\int \frac{y M_P ds}{EI}, \ \Delta_{3P} = \int \frac{x M_P ds}{EI}$$

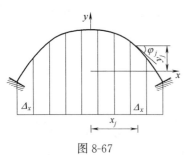

图 8-67

一般情况下，积分的计算采用数值法。数值积分法之一如下：

（1）将拱沿水平线（拱跨）等分（图 8-67），每段长度为 Δx。分段多少，由精度要求而定。用求和代替积分。

（2）每个拱段，以折线代替曲线，第 j 段的长度为：

$$\Delta_{sj} = \frac{\Delta x}{\cos \varphi_j}$$

式中，φ_j 为该段中点处切线的倾角。其他量值，如 x_j、y_j、I_j、A_j 等也取段中点处的数值，而认为在一段范围内保持为常数。

这样即可算出各个系数，例如

$$\delta_{22} = \int \frac{y^2 ds}{EI} + \int \cos^2 \varphi \frac{ds}{EA} = \Delta x \sum_j \frac{y_j^2}{\cos \varphi_j EI_j} + \Delta x \sum_j \frac{\cos^2 \varphi_j}{\cos \varphi_j EA_j}$$

$$= \Delta x \sum_j \left[\frac{y_j^2}{\cos \varphi_j EI_j} + \frac{\cos \varphi_j}{EA_j} \right]$$

求出 x_1、x_2、x_3 后即可用叠加法计算弯矩、剪力、轴力。

小 结

一、超静定结构是具有多余约束的几何不变体系。仅由平衡条件不能确定多余约束反力，还须考虑变形条件。由于去掉一些约束后，体系仍可保持几何不变，所以因尺寸不准、支座移动和温度改变等原因，超静定结构能够产生内力。

二、超静定结构中多余约束的数目，或静不定力的数目，称为超静定次数。

确定超静定次数的方法是，去掉多余约束，使原体系变成静定结构，去掉的约束的数目（或暴露出来的静不定力的数目）就等于超静定次数。

三、力法解题的基本思路是，去掉多余约束，以静不定力来代替，暴露出来的静不定力就是力法基本未知量，得到的静定体系就是力法基本体系。这样就把不会算的结构（超静定结构）变成了会算的体系（静定体系）。

四、力法典型方程按原结构的位移条件写。方程的左边是基本体系在各种因素作用下产生的在静不定力的作用点沿静不定力方向的位移总和，右边是原结构在相同点处的位移。必须按真实位移情况去写典型方程。尤其注意方程的右边可能等于零（本无位移），也可能不为零（等于给定的已知位移）。

典型方程的数目等于该结构的超静定次数。

五、典型方程中的全部系数和自由项都是基本体系的位移，由于基本体系是静定体系，因此，求系数和自由项的实质就是求静定体系的位移。

六、支座移动或温度改变均能引起超静定结构的内力。解算方程与荷载作用下类似，只是自由项分别按静定体系在支座移动或温度改变时的位移计算公式去求。

支座移动或温度改变时，静不定力与杆件的刚度绝对量值有关，这与荷载作用下（静不定力与刚度相对值有关）不同。

由于基本体系是静定的，静定体系在支座移动或温度改变时不产生内力，故 M_c 或 M_t 等于零。

七、对称结构可利用对称条件求解，以使计算得到简化。

结构可分成无中柱（奇数跨）及有中柱（偶数跨）两类，荷载可分解为对称及反对称两种。在对称或反对称荷载作用下，可根据内力与变形方面的特征，选择结构的等代结构计算。

八、若不考虑轴向变形，超静定刚架在节点集中力作用下有时呈无弯矩状态（无弯矩、无剪力，只产生轴力）。注意判断无弯矩情况，可使计算得到简化。

九、力法解超静定桁架，用截取多余杆件的办法形成基本体系，基本未知量是被截取杆件的内力。其解题思路与超静定刚架相同，其他超静定结构（组合结构、拱）亦然。

十、最后再次指出，力法是计算超静定结构的基本方法之一，又是其他方法的基础，非常重要。必须认真做题，切实掌握。

习　　题

一、是非题

8-1　对于超静定结构，仅仅依靠平衡条件，有可能求出其部分内力或反力，但不可能求出其全部内力及反力。欲求出全部内力及反力，必须考察变形条件。（　　）

8-2　图示桁架的超静定次数为 2。（　　）

8-3　图示结构的超静定次数为 4。（　　）

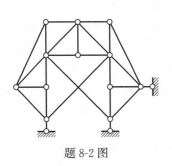

题 8-2 图

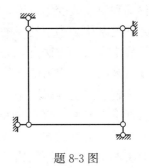

题 8-3 图

8-4 图 a 所示刚架的弯矩图及支座反力 R_C 如图 b 所示。（   ）

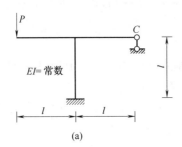

(a)

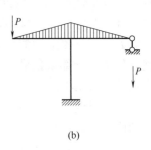

(b)

题 8-4 图

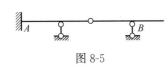

图 8-5

8-5 图示梁虽然是超静定结构，但是当支座 A 转动时并不引起支座 B 的反力。（   ）

8-6 用力法求解图 a 所示刚架时，取图 b 所示的基本体系，其力法方程为 $\delta_{11}X_1 = c$。（   ）

8-7 已知图示对称结构的内力 $M_{AC} = ql^2/36$（左侧受拉），$N_{AC} = 5ql/12$（压力），则 $M_{BD} = ql^2/9$，上侧受拉。（   ）

8-8 力法的基本体系必须是静定结构，绝对不能是超静定结构。（   ）

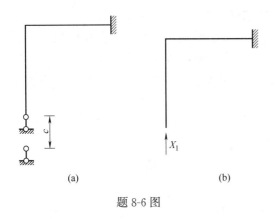

(a)   (b)

题 8-6 图

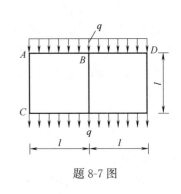

题 8-7 图

二、选择题

8-9 用力法求解图 a 所示连续梁时，可取图 b～e 所示不同的基本体系，计算最简便的是（   ）。

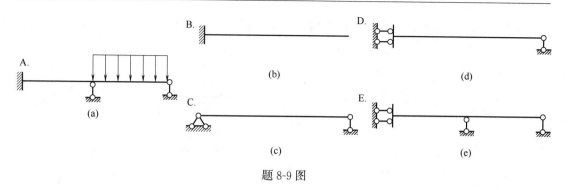

题 8-9 图

8-10 对于图示刚架，若取支杆反力为力法的基本未知量，当 I_2 增大时，则 X_1 的绝对值（　　）。

A. 增大
B. 减小
C. 不变
D. 或增大或减小，取决于 I_2 与 I_1 的比值

8-11 在图示刚架中，各杆 EI 均为常数，用力法计算得到（　　）。

A. $M_{CA}=M_{CB}=0$
B. M_{CA} 使杆 AC 左侧纤维受拉
C. M_{CB} 使杆 BC 下侧纤维受拉
D. 支座 B 的反力向下

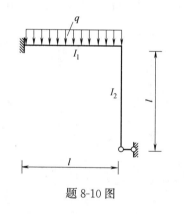

题 8-10 图

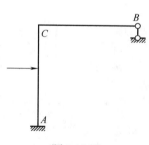

题 8-11 图

8-12 图 a 所示刚架的 $EI=$ 常数，截面对称且高度 $h=l/10$，线膨胀系数为 α，取其力法基本体系如图 b 所示，则 Δ_{1t}、Δ_{2t} 分别为（　　）。

A. 380α，210α
B. -380α，210α
C. 380α，-210α
D. -380α，-210α

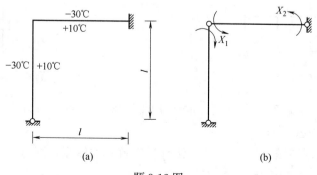

题 8-12 图

8-13 用力法求解图 a 所示对称结构，取图 b 所示的基本体系，则 X_1 等于（　　）。

A. P

B. $-P$

C. $P/2$

D. $-P/2$

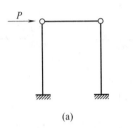　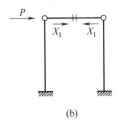

(a)　　　　　　　　(b)

题 8-13 图

8-14 图示结构 EI＝常数，在给定荷载作用下，M_{BA} 为（　　）。

A. Pl（上侧受拉）

B. Pl（下侧受拉）

C. $Pl/2$（上侧受拉）

D. $Pl/2$（下侧受拉）

8-15 对于图示桁架，取杆 AC 轴力（拉为正）为力法基本未知量 X_1，则（　　）。

A. $X_1 > 0$

B. $X_1 = 0$

C. $X_1 < 0$

D. X_1 不定，取决于 A_1 与 A_2 的比值及 α 值

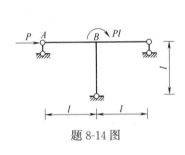　　　　　　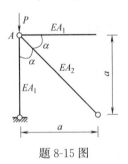

题 8-14 图　　　　　　　　　题 8-15 图

三、填充题

8-16 图示结构的超静定次数为_____。

8-17 用力法分析图示结构，可确定链杆 AB 的拉压性质，即 N_{AB} 为_____力。

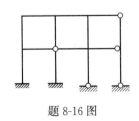　　　　　　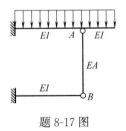

题 8-16 图　　　　　　　　　题 8-17 图

8-18 用力法求解图 a 所示梁，取图 b 所示基本体系，则力法典型方程 $\delta_{11}X_1 + \Delta_{1c} =$ _____，其中 $\Delta_{1c} =$ _____。

8-19 用力法求解图 a 所示刚架，取图 b 所示基本体系，则力法典型方程 $\delta_{11}X_1 + \delta_{12}X_{12} + \Delta_{1c} =$ _____，$\delta_{21}X_1 + \delta_{22}X_2 + \Delta_{2c} =$ _____。

8-20　用力法求解图 a 所示刚架，取图 b 所示基本体系，则 $X_1 =$ _____。

8-21　图示结构 $EI =$ 常数，在给定荷载作用下，$H_A =$ _____，$V_A =$ _____。

8-22　在图示对称桁架中，杆 AB 的内力 $N_{AB} =$ _____。

8-23　图示结构 $EI =$ 常数，在给定荷载作用下，杆 AB 剪力 $Q_{AB} =$ _____。

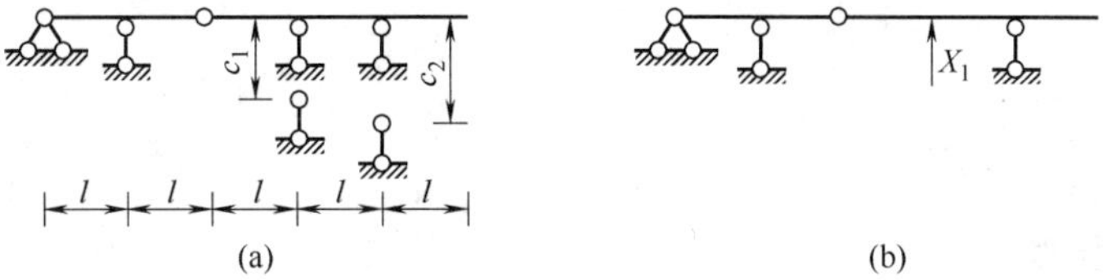

题 8-18 图

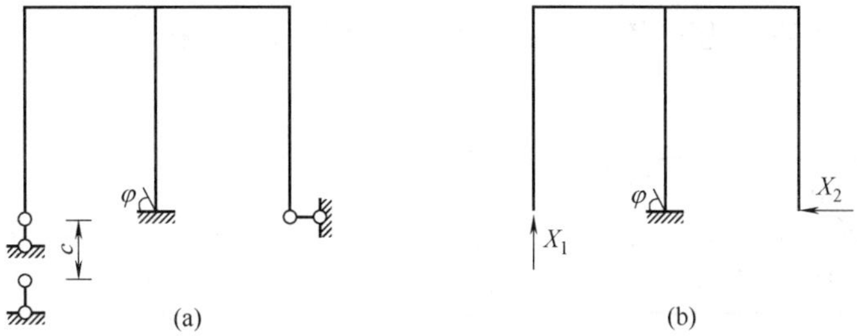

题 8-19 图

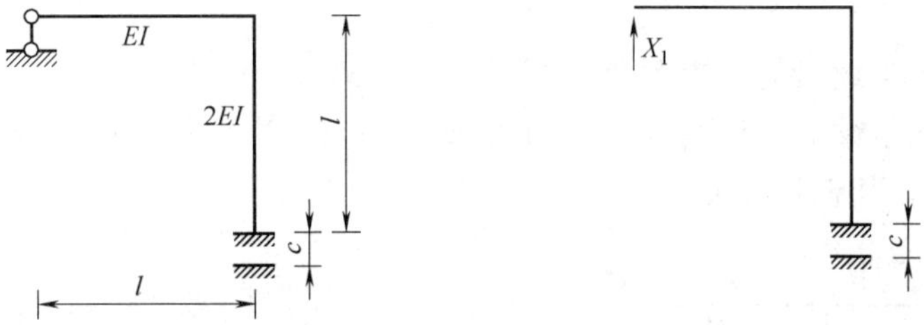

题 8-20 图

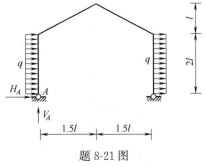

题 8-21 图

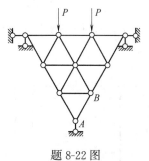

题 8-22 图

8-24　图示结构 $EI =$ 常数，在给定荷载作用下，杆 AB 的剪力 $Q_{AB} =$ _____，轴力 $N_{AB} =$ _____。

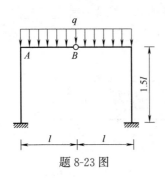

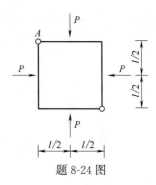

题 8-23 图　　　　　　题 8-24 图

四、计算分析题

8-25　指出图示桁架的超静定次数。哪些杆是必要约束，哪些杆可视为多余约束？在所给荷载作用下，求出必要约束的内力。

8-26　将图示体系化为静定体系，并把静不定力标示出来。

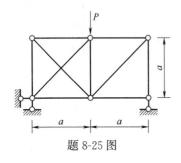

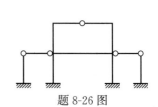

题 8-25 图　　　　　　　　　题 8-26 图

8-27　作图示连续梁的弯矩图及剪力图。

8-28　对于图示梁，讨论刚度比 l_1/I 的变化对支座弯矩 M 的绝对值的影响。

提示：取 M_B 为基本未知量。

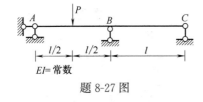

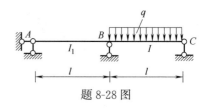

题 8-27 图　　　　　　　　　题 8-28 图

8-29、8-30　作图示刚架的 M、Q、N 图。

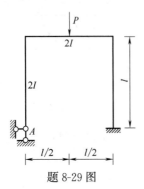

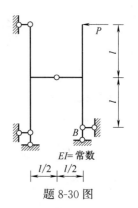

题 8-29 图　　　　　　　　　题 8-30 图

8-31　绘图示两端固定梁的 M、Q、N 图，考虑轴向变形。（如不考虑轴向变形，轴力 N 等于多少？其物理含义是什么？）

8-32　计算不等高排架，不计横梁轴向变形，并讨论计横梁轴向变形时的计算方法。

題 8-31 图　　　　　　　　　　　　題 8-32 图

8-33　若图 8-29a 所示刚架是对称的（$I_3 = I_1$），试证明利用图 8-30a 所示基本体系时有 $\delta_{12} = \delta_{21} = 0$ 和 $\delta_{23} = \delta_{32} = 0$，并说明其原因。

8-34　对图 a 所示刚架，要求：

（1）利用图 b 所示的基本体系进行计算。

（2）判断下述做法的正误（未知数如图 c 所示）。变形条件为：

$$\left.\begin{array}{l}\delta_{11}X_1 + \delta_{12}X_2 + \delta_{13}X_3 + \Delta_{1P} = 0 \\ \delta_{21}X_1 + \delta_{22}X_2 + \delta_{23}X_3 + \Delta_{2P} = 0 \\ \delta_{31}X_1 + \delta_{32}X_2 + \delta_{33}X_3 + \Delta_{3P} = 0\end{array}\right\}$$

系数由 $\overline{M}_1$、$\overline{M}_2$、$\overline{M}_3$ 及 M_P 图（M_P 图未画出）图乘得到。

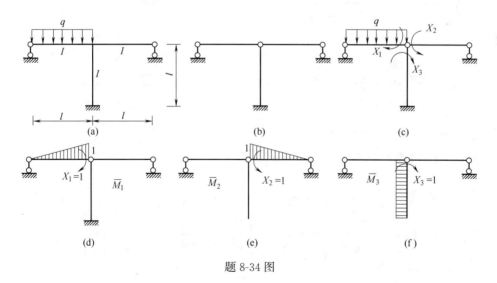

題 8-34 图

8-35　求图示刚架在温度改变时支座 B 的反力。各杆 EI 均为常数。

8-36　图示两端固定梁，上面温度降低 t（℃），下面温度上升 t（℃）。求由此产生的弯矩图。并分析所得的结果：哪一边纤维受拉，是高温侧还是低温侧？为什么？

8-37　验算图 8-33a 所示刚架的弯矩图（图 8-36）是否满足变形条件。并绘出支座移动时超静定刚架变形条件验算的一般性结论。

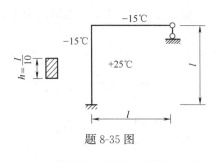
题 8-35 图

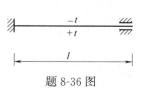
题 8-36 图

8-38 两端固定梁的左端发生转角 φ_A，求杆端力矩及杆端剪力（利用两种基本体系——简支梁及悬臂梁）计算。

8-39 等截面（矩形截面）两跨连续梁，下面温度上升 t（℃），求跨中央的位移。

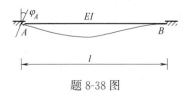
题 8-38 图

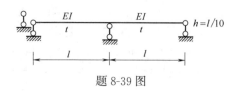
题 8-39 图

8-40 体系同前题，但温度不变，中间支座下沉 Δ，求由此而产生的跨中央位移。

8-41 利用等代结构计算图示结构，并绘弯矩图。各杆 EI 均为常数。

8-42 利用等代结构计算图示结构，并绘弯矩图。各杆 EI 均为常数。

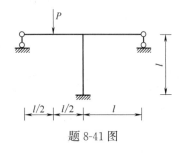
题 8-41 图

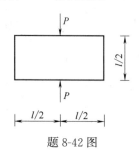
题 8-42 图

8-43 确定图示各结构的等代结构。

提示：有两个对称轴的结构可取四分之一。

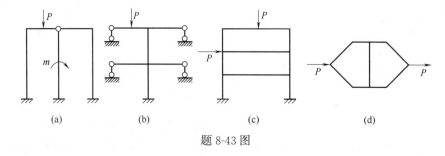

| (a) | (b) | (c) | (d) |

题 8-43 图

8-44 试为图示对称刚架安排一个最简计算方案。

8-45 对于例题 8-15 中的桁架（图 8-56a），试改用去掉杆 23 的体系（本题图）作为基本体系，重新计算。

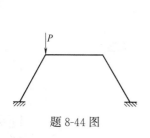

题 8-44 图

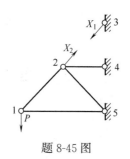

题 8-45 图

8-46　温度上升 t（℃），求上题中桁架的内力。

8-47　杆 24 做长了 $a/10$，求上题中桁架的内力。

8-48　计算图示的桁架。各杆 EA 相同。

8-49　计算图示组合结构，绘 M、Q、N 图。$A=1/a^2$。

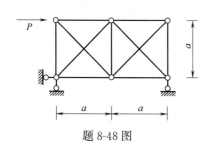

题 8-48 图

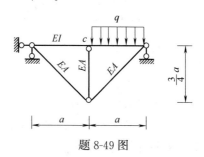

题 8-49 图

8-50　对于图 8-65a 所示刚架，内外温度均上升 t（℃），求由此产生的弯矩图（用弹性中心法计算）。

8-51　上题中右支座发生向右水平位移 Δ，求由此产生的弯矩图（用弹性中心法）。

第9章 位 移 法

【学习指导】

一、位移法是计算超静定结构的另一基本方法。与力法不同，位移法以位移作为基本未知量，先求位移，然后再求内力。

二、位移法适用于计算复杂刚架和连续梁。一些渐近解法如力矩分配法和迭代法等都是从位移法演变而来的。在用电子计算机计算复杂刚架时，也多采用位移法（矩阵位移法），因为程序较为简单。因此，位移法是一种重要的方法。

三、位移法有两种计算方式。一种是应用基本体系和典型方程进行计算；另一种是应用节点及截面平衡方程进行计算。要求掌握其中一种，了解另一种。本书侧重于讲述前一种计算方式。

四、通过本章学习，应达到下列要求：

（1）掌握位移法的基本原理。对基本体系的确定、位移法典型方程及其系数和自由项的物理意义要有清楚的理解。

（2）熟练掌握用位移法计算荷载作用下的超静定刚架。

（3）熟练掌握利用对称性简化计算。

（4）掌握计算等高排架的剪力分配法。

（5）理解有无限刚度梁时给计算带来的简化。

（6）了解斜杆刚架的计算特点。

（7）了解支座位移和温度改变时的计算方法。

（8）了解静定剪力柱带来的简化。

（9）了解混合法的概念。

9-1 单跨超静定梁的杆端弯矩和杆端剪力的算式

位移法以节点位移为基本未知量，以单跨梁系为基本体系，在计算过程中，要用到单跨超静定梁在杆端位移及荷载作用下的杆端弯矩和剪力。为了给位移法作准备，现根据力法的计算结果给出等截面单跨超静定梁的杆端弯矩和剪力的算式。

杆端弯矩和杆端剪力是作用在杆端上的弯矩和剪力。先将杆端弯矩和剪力的正负号规定说明如下。

杆 AB 上 A 端的弯矩和剪力以 M_{AB}、Q_{AB} 表示，B 端的弯矩和剪力以 M_{BA}、Q_{BA} 表示（图 9-1a）。

杆端弯矩以绕杆端顺时针转动为正，图 9-1a 上所示均为正向。这样，正的杆端弯矩使杆的左端下边受拉，右端上边受拉。应当注意，这里的符号规定与通常梁中弯矩正负号规定不同，如图 9-1a 上的 M_{BA} 在这里是正的，而按通常弯矩正负号的规定则是负的。杆端剪力正负号规定与通常规定相同，仍以使杆端微段顺时针转动为正，图 9-1a 所示剪力均为正向。

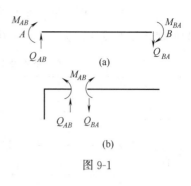

图 9-1

应当注意，作用于节点（或支座）的弯矩与作用于杆端的弯矩方向相反（图 9-1b），因此杆端弯矩为正时，作用于节点上的弯矩应绕节点逆时针转动。同样，作用于节点上的剪力也与杆端剪力方向相反，杆端剪力为正时，作用于节点上的剪力应绕节点顺时针转动。

一、荷载引起的固端弯矩和固端剪力

图 9-2 为一两端固定的等截面梁 AB 在一般荷载作用下引起的杆端弯矩和剪力。我们将由荷载引起的杆端弯矩和杆端剪力，称为**固端弯矩**和**固端剪力**。为了与杆端弯矩相区别，以符号 M_{AB}^{F} 和 Q_{AB}^{F} 表示。固端弯矩和固端剪力均可用力法算得，对于通常的三种单跨超静定梁，即两端固定梁、一端固定另一端铰支的梁和一端固定另一端滑动支承的梁，在常见荷载作用下的固端弯矩和剪力列于表 9-1。

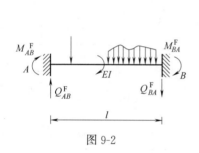

图 9-2

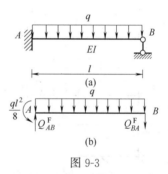

图 9-3

其实，有了固端弯矩，则固端剪力可由平衡条件求出。例如图 9-3a 所示的梁，由表 9-1 简图 14 查得 A 端弯矩 $M_{AB}^{\mathrm{F}}=-\dfrac{ql^3}{8}$，杆端剪力可由隔离体（图 9-3b）的平衡条件求得，图中剪力均设为正向。由

$$\sum M_B = 0, \quad Q_{AB}^{\mathrm{F}} \times l - \frac{1}{2}ql^2 - \frac{1}{8}ql^2 = 0$$

得

$$Q_{AB}^{\mathrm{F}} = \frac{5}{8}ql$$

由

$$\sum M_A = 0, \quad Q_{BA}^{\mathrm{F}} \times l + \frac{1}{2}ql^2 - \frac{1}{8}ql^2 = 0$$

得

$$Q_{BA}^{\mathrm{F}} = -\frac{3}{8}ql$$

总之，有了固端弯矩，便可求出固端剪力。

表 9-1 中最常用到的是编号为 4、6、14、22、23 等的几种荷载情况。现将它们所引起的弯矩图及支座反力在图 9-4 中绘出，读者应当记住这些结果。

等截面单跨超静定梁的杆端弯矩和杆端剪力　　　　　表 9-1

编号	简图	弯矩		剪力	
		M_{AB}	M_{BA}	Q_{AB}	Q_{BA}
1		$4i\left(i=\dfrac{EI}{l}\text{下同}\right)$	$2i$	$-\dfrac{6i}{l}$	$-\dfrac{6i}{l}$
2		$-\dfrac{6i}{l}$	$-\dfrac{6i}{l}$	$\dfrac{12i}{l^2}$	$\dfrac{12i}{l^2}$
3		$-\dfrac{Pab^2}{l^2}$	$\dfrac{Pa^2b}{l^2}$	$\dfrac{Pb^2}{l^2}\left(1+\dfrac{2a}{l}\right)$	$-\dfrac{Pa^2}{l^2}\left(1+\dfrac{2b}{l}\right)$
4		$-\dfrac{PL}{8}$	$\dfrac{Pl}{8}$	$\dfrac{P}{2}$	$-\dfrac{P}{2}$
5		$-\dfrac{ql^2}{12}$	$\dfrac{ql^2}{12}$	$\dfrac{ql}{2}$	$-\dfrac{ql}{2}$
6		$\dfrac{b(3a-l)}{l^2}M$	$\dfrac{a(3b-l)}{l^2}M$	$-\dfrac{6ab}{l^3}M$	$-\dfrac{6ab}{l^3}M$
7		$-\dfrac{ql^2}{30}$	$\dfrac{ql^2}{20}$	$\dfrac{3ql}{20}$	$-\dfrac{7ql}{20}$
8		$-\dfrac{ql^2}{12}$	$\dfrac{ql^2}{12}$	$\dfrac{ql}{2}\cos\alpha$	$-\dfrac{ql}{2}\cos\alpha$
9		$-\dfrac{EI\alpha t'}{h}$	$\dfrac{EI\alpha t'}{h}$	0	0
10		$3i$	0	$-\dfrac{3i}{l}$	$-\dfrac{3i}{l}$

编号	简图	弯矩		剪力	
		M_{AB}	M_{BA}	Q_{AB}	Q_{BA}
11		$-\dfrac{3i}{l}$	0	$\dfrac{3i}{l^2}$	$\dfrac{3i}{l^2}$
12		$-\dfrac{Pab(l+b)}{2l^2}$	0	$\dfrac{Pb(3l^2-b^2)}{2l^3}$	$-\dfrac{Pa^2(3l-a)}{2l^3}$
13		$-\dfrac{3Pl}{16}$	0	$\dfrac{11P}{16}$	$-\dfrac{5P}{16}$
14		$-\dfrac{ql^2}{8}$	0	$\dfrac{5ql}{8}$	$-\dfrac{3ql}{8}$
15		$\dfrac{(l^2-3b^2)}{2l^2}M$	0	$-\dfrac{3(l^2-3b^2)M}{2l^3}$	$-\dfrac{3(l^2-3b^2)M}{2l^3}$
16		$-\dfrac{7ql^2}{120}$	0	$\dfrac{9ql}{40}$	$-\dfrac{11ql}{40}$
17		$-\dfrac{ql^2}{15}$	0	$\dfrac{4ql}{10}$	$-\dfrac{ql}{10}$
18		$-\dfrac{3EI\alpha t'}{2h}$	0	$\dfrac{3EI\alpha t'}{2hl}$	$\dfrac{3EI\alpha t'}{2hl}$
19		i	$-i$	0	0
20		$-i$	i	0	0

编号	简图	弯矩		剪力	
		M_{AB}	M_{BA}	Q_{AB}	Q_{BA}
21	$\varphi_B=1$ l	$-i$	i	0	0
22	P l	$-\dfrac{Pl}{2}$	$-\dfrac{Pl}{2}$	P	$Q_{B左A}=P$ $Q_{B右A}=0$
23	q l	$-\dfrac{ql^2}{3}$	$-\dfrac{ql^2}{6}$	ql	0
24	t_1 t_2 $t'=t_2-t_1$	$-\dfrac{EI\alpha t'}{h}$	$\dfrac{EI\alpha t'}{h}$	0	0

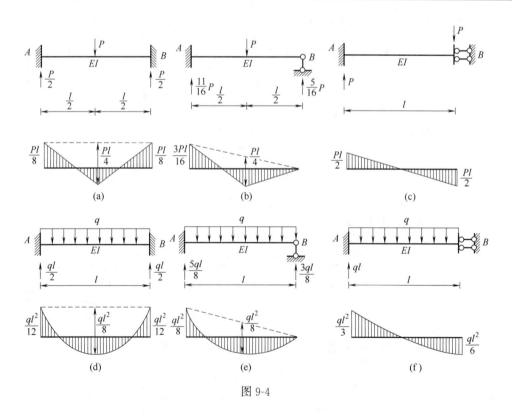

图 9-4

二、杆端位移引起的杆端弯矩和杆端剪力

杆端位移的正负号规定如下：

杆端转角以顺时针转动为正，逆时针转动为负；杆件两端相对线位移 Δ 以使杆件两

端连线顺时针转动（简述为使杆件顺时针转动）为正，逆时针转动为负。常见单跨梁由杆端发生转动或移动时引起的杆端弯矩和剪力见表 9-1。

图 9-5 为几种常见梁的杆端转角或杆端线位移引起的弯矩图及支座反力。这些结果也应熟记。

图 9-5a 表示两端固定梁的 A 端发生正向单位转角时产生的弯矩图及支座反力。转动端的力矩为 $4i$，顺时针方向，即与转角 φ_A 方向相同；另端力矩为 $2i$，也是顺时针方向，是转动端力矩的一半，通常说"向另端传递一半"。转动端下面受拉，另端上面受拉，也可从变形曲线形状（图中虚线）看出。记住变形曲线形状，弯矩图就不会绘反。

图 9-5b 表示两端固定梁的 B 端向下发生垂直于梁轴方向向下的单位线位移时产生的弯矩图及支座反力。由变形曲线形状可以看出，A 端上面受拉、B 端下面受拉，杆端弯矩均为 $\dfrac{6i}{l}$；弯矩图呈反对称形状。当 B 端不动，A 端向上发生单位线位移时，弯矩图及支座反力与此相同。线位移 Δ 应当理解为梁两端的相对线位移。

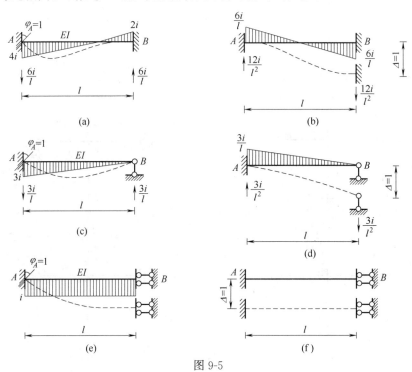

图 9-5

9-2　位移法的基本概念

为了说明位移法的基本概念，我们先来分析一个无节点线位移的刚架。图 9-6a 所示刚架，在荷载 P 作用下，将发生图中虚线所示的变形。在不计轴向变形的条件下，节点 1 没有线位移（因为沿 1A 和 1B 方向均不能移动），只能转动。由于节点 1 是刚节点，所以汇交于该节点的三杆的 1 端转角应当相等，设都为 φ_1。分别考察这三杆的变形情况，我们发现，其中 1A 杆和 1B 杆相当于两端固定的梁在 1 端发生转角 φ_1；1C 杆相当于 1 端

固定 C 端铰支的梁受荷载 P 作用，并且在 1 端发生转角 φ_1。因此，如果把节点 1 的转角看作为固定端的转角，则图 9-6a 所示的刚架即可转化为图 9-6b 所示的三根单跨超静定梁。只要求出转角 φ_1，则可按上节所给算式求得这三根单跨梁的全部内力，就是图 9-6a 所示刚架的内力。由此可知，问题的关键在于确定 φ_1 的大小，它就是本体系的基本未知量。

为了把图 9-6a 转化为图 9-6b，只需人为地在节点 1 加一个限制转动（但不限制移动）的约束，称为**附加刚臂**，以符号"▷"表示（图 9-6c）。这时节点 1 既不能移动，也不能转动，成为固定端；$1A$ 杆和 $1B$ 杆变为两端固定梁，$1C$ 杆变为一端固定另端铰支梁。把这个加入附加刚臂后所得到的单跨梁系称为位移法的基本体系。

将原荷载 P 加于基本体系，由于节点 1 已变为固定端，则只有 $1C$ 杆受力和变形（图

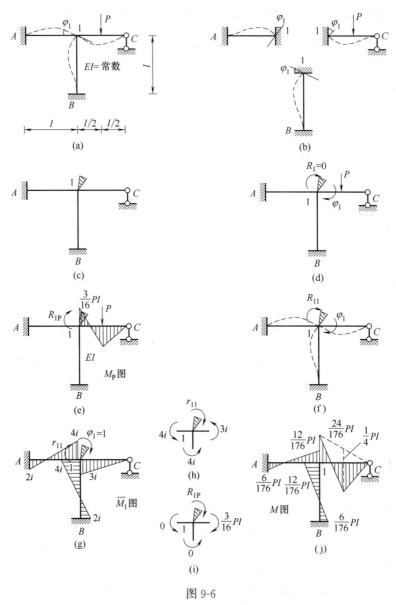

图 9-6

9-6e），同时，附加刚臂中产生了约束反力矩 R_{1P}。显然，这时基本体系与原体系是不同的，其差别在于：原体系节点 1 有转角 φ_1，这里 $\varphi_1=0$；原体系在节点 1 没有附加刚臂，当然也不存在反力矩，而这里因加入了附加刚臂而多了一项反力矩。也就是说，基本体系的受力与变形情况与原体系都不相同。

要使基本体系能够代替原结构，必须消除它们之间的差别。为此，放松节点 1，使其（连同刚臂）发生转角 φ_1 ❶，（φ_1 的转向及大小暂时均未知），这时附加刚臂中的反力矩也随之改变为 R_1。φ_1 如果比原体系的转角小，附加刚臂一定起作用，将它去掉后节点将继续转动；φ_1 如果比原体系的大，附加刚臂也要起作用，去掉后会向反方向转动；当 φ_1 刚好等于原体系的转角时，即使去掉附加刚臂，节点 1 也不会转动，附加刚臂已不起作用，这时基本体系的受力与变形情况与原体系完全相同。所以，φ_1 刚好等于原体系的转角，而基本体系恢复自然状态的标志是附加刚臂不起作用，表现为它的反力矩等于零，即：

$$R_1=0 \tag{9-1}$$

在放松节点 1 的过程中，基本体系承受荷载 P 和转角 φ_1 的共同作用（图 9-6d），根据叠加原理，可以分别考虑，把图 9-6d 分解为图 9-6e 和图 9-6f。图 9-6e 是节点无转角只有荷载 P 单独作用，图 9-6f 是没有荷载只有节点转角 φ_1 单独作用。设以 R_{1P} 表示荷载单独作用时附加刚臂的反力矩（图 9-6e），R_{11} 表示转角 φ_1 单独作用时附加刚臂的反力矩（图 9-6f）；则当基本体系在荷载 P 与转角 φ_1 共同作用下，附加刚臂的总反力矩应等于上述两项之和，即：

$$R_1=R_{11}+R_{1P} \tag{9-2}$$

因而式 9-1 变为：

$$R_{11}+R_{1P}=0 \tag{9-3}$$

若以 r_{11} 代表单位转角 $\varphi_1=1$ 在附加刚臂上产生的反力矩（图 9-6g），则 $R_{11}=r_{11}\varphi_1$，以此代入式 9-3，得：

$$r_{11}\varphi_1+R_{1P}=0 \tag{9-4}$$

这就是用以求解基本未知量 φ_1 的位移法方程。

为了求出方程中的系数和自由项，可借助表 9-1 作出基本体系在荷载作用下的弯矩图 M_P 图（图 9-6e），及 $\varphi_1=1$ 产生的弯矩图 $\overline{M}_1$ 图（图 9-6g）。作 $\overline{M}_1$ 图时，为了计算简便，先假定节点转角中 $\varphi_1=1$ 为正，即顺时针转动，φ_1 的实际转向由计算结果的正负号确定。

系数和自由项，根据 $\overline{M}_1$ 图和 M_P 图，由节点平衡条件确定。附加刚臂反力矩规定与节点转角方向一致者为正，在 $\overline{M}_1$ 图中截取节点 1（图 9-6h），由力矩平衡条件 $\sum M_1=0$，得：

$$r_{11}=4i+3i+4i=11i$$

在 M_P 图中截取节点 1（图 9-6i），由 $\sum M_1=0$，得：

$$R_{1P}=-\frac{3}{16}Pl$$

将系数 r_{11} 和自由项 R_{1P} 之值代入位移法方程（式 9-4），有：

---

❶ 以符号 ⌢ 表示人为转动节点。

$$11i\varphi_1 - \frac{3}{16}Pl = 0$$

解得：

$$\varphi_1 = \frac{6}{176}\frac{Pl}{i}$$

结果得正，表明 φ_1 与假设方向相同，即顺时针转动。

求出 φ_1 后，即按式 $M = \overline{M}_1\varphi_1 + M_P$ 叠加求出最终 M 图，如图 9-6j 所示。

弯矩图作出后应进行校核，需校核平衡条件和变形条件。对于本例要校核是否满足：

(1) 节点 1 处 $\sum M = 0$；

(2) 节点 1 处各杆端转角相等。

先校核平衡条件。校核的方法与力法中所述相同，不再重复。

下面校核变形条件。为了求杆端转角，可将各杆看作为简支梁，上面作用着荷载与杆端弯矩（图 9-7），用叠加法来求。

已知作用于简支梁杆端的力偶 m 引起本端转角为 $\frac{ml}{3EI}$，另端转角为 $-\frac{ml}{6EI}$（图 9-8a）；作用于跨中央的集中力 P 引起的左端转角为 $\frac{Pl^2}{16EI}$，右端转角为 $-\frac{Pl^2}{16EI}$（图 9-8b）。用叠加法求得杆 $1A$ 的 1 端转角（顺时针为正）为

$$\varphi_{1A} = -\frac{6Pl}{176} \cdot \frac{l}{6EI} + \frac{12Pl}{176} \cdot \frac{l}{3EI} = \frac{3Pl^2}{176EI}$$

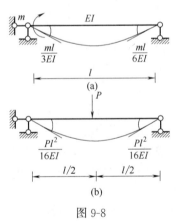

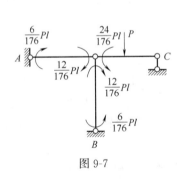

图 9-7

图 9-8

杆 $1B$ 的情况与杆 $1A$ 相同，所以：

$$\varphi_{1B} = \varphi_{1A} = \frac{3Pl^2}{176EI}$$

杆 $1C$ 的 1 端转角为：

$$\varphi_{1C} = -\frac{24Pl}{176} \cdot \frac{l}{3EI} + \frac{Pl^2}{16EI} = \frac{3Pl^2}{176EI}$$

由此可见变形是协调的。

确认弯矩图正确之后，即可按第 3-7 节中所介绍的方法作剪力图和轴力图。

通过本例可以看出，用位移法解题的步骤如下：

（1）加上适当约束，使体系变成单跨梁系，即变成基本体系。这一步简称取基本体系。

（2）由所加约束的总反力（包括反力矩或反力）等于零的条件列位移法方程。

（3）作荷载弯矩图 M_P 及单位弯矩图 $\overline{M}_1$。

（4）求系数及自由项。

（5）解位移法方程，求出基本未知量。

（6）用叠加法作最终弯矩图。

（7）校核弯矩图。

（8）由弯矩图作剪力图，由剪力图作轴力图。

可见，计算步骤与力法十分相似。

【例题 9-1】　用位移法作图 9-9a 所示刚架的弯矩图。

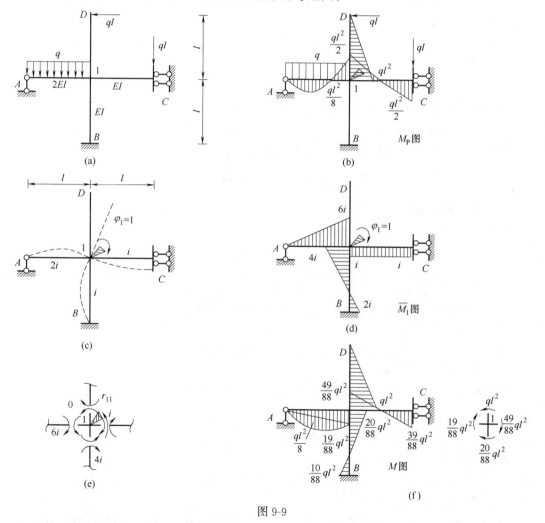

图 9-9

【解】　（1）取基本体系

在节点 1 加上附加刚臂即得基本体系（图 9-9b），它是四个单跨梁的组合。杆 1A 为一端固定另端铰支梁，杆 1B 为两端固定梁，杆 1C 为一端固定另端滑动梁，杆 1D 为悬臂梁。

刚节点 1 的转角 φ_1 就是基本未知量。

（2）列位移法方程

根据基本体系在荷载及节点 1 的转角 φ_1 共同作用下，附加刚臂的总反力矩应等于零的条件，列位移法方程为

$$r_{11}\varphi_1 + R_{1P} = 0$$

（3）作 M_P 图及 $\overline{M}_1$ 图

M_P 图如图 9-9b 所示。为了不将单位弯矩图画反，可先画出单位转角引起的变形曲线草图❶（图 9-9c）。还应注意，作单位弯矩图前，先算出各杆的线刚度，如对于本题令杆 1B 及 1C 的线刚度为 i，则杆 1A 的线刚度为 $2i$。至于杆 1D，由于它是静定部分，节点 1 转动时它不受力，所以其刚度无需给出（图 9-9c）。$\overline{M}_1$ 图如图 9-9d 所示。

（4）求系数和自由项

在 $\overline{M}_1$ 图中截取节点 1（图 9-9e），由 $\sum M_1 = 0$，得：

$$r_{11} = 6i + 4i + i = 11i$$

可以看出，附加刚臂 1 的反力矩 r_{11} 等于汇交于节点 1 的各杆端力矩的代数和。因此，今后无需取出节点，只需将 $\overline{M}_1$ 图中各杆端力矩相加即可。

同理，R_{1P} 可由 M_P 图中节点 1 的各杆端力矩之代数和求得❷：

$$R_{1P} = \frac{1}{8}ql^2 + ql^2 - \frac{1}{2}ql^2 = \frac{5}{8}ql^2$$

（5）解位移法方程

由第（2）步所列的方程，求得：

$$\varphi_1 = -\frac{R_{1P}}{r_{11}} = -\frac{5ql^2}{88i}$$

负号表明真实的转角与所设方向相反，即逆时针转动。

（6）作最终弯矩图

按叠加法由 $M = \overline{M}_1\varphi_1 + M_P$ 作出最终弯矩图，如图 9-9f 所示。

（7）校核弯矩图（略）

【例题 9-2】 图 9-10a 所示刚架，在节点 1 作用一集中力偶 m，试用位移法作其弯矩图。

【解】（1）取基本体系（图 9-10b）

（2）列位移法方程

$$r_{11}\varphi_1 + R_{1P} = 0$$

（3）作 M_P 图及 $\overline{M}_1$ 图

由于外力偶作用在基本体系的节点 1 上，也即作用在固定端上，各杆不弯，所以各杆

---

❶ 熟练以后，此步骤可以省去

❷ 这是有条件的，即在节点上无外力偶作用。有外力偶作用的情况见例题 9-2。

均无弯矩，M_P 图为零。节点力偶 m 为附加刚臂所承受。

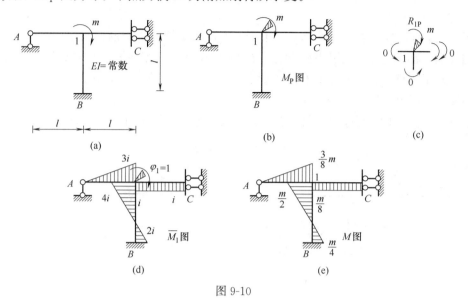

图 9-10

$\overline{M}_1$ 图如图 9-10d 所示。

（4）求系数和自由项

由 $\overline{M}_1$ 图节点 1 得：

$$r_{11} = 3i + 4i + i = 8i$$

由 M_P 图截取节点 1（图 9-10c），由 $\sum M_1 = 0$，得：

$$R_{1P} = -m$$

可见，M_P 图等于零，而 R_{1P} 不等于零。因为节点力偶虽不引起固端弯矩，但引起附加刚臂反力矩。

这样，在节点上有外力偶作用时，附加刚臂反力矩不只等于汇交于该节点上的各杆端力矩的代数和，而必须由节点的平衡条件 $\sum M = 0$ 求得。

（5）解位移法方程

由第（2）步所列的方程，求得：

$$\varphi_1 = -\frac{R_{1P}}{r_{11}} = \frac{m}{8i}$$

（6）作最终弯矩图

最终弯矩图按下式计算：

$$M = \overline{M}_1 \varphi_1 + M_P = \overline{M}_1 \varphi_1$$

M 图如图 9-10e 所示。

由上式或图 9-10e 可见，作用于节点上的力偶所引起的弯矩图，与节点单位转角引起的弯矩图成正比。这就是以后要讲的力矩分配法（第 10 章）的依据。

以上讨论的是节点只能转动、不能移动的体系，为了改造成单跨梁系，只需加附加刚臂。下面举例说明节点有线位移体系的计算。

【例题 9-3】 用位移法计算图 9-11a 所示排架，绘弯矩图。

【解】 （1）取基本体系

图 9-11a 所示排架节点能够移动，由于不考虑横梁的轴向变形，两个节点的水平线位移是相等的，都设为 Δ_1。为了将其改造成为单跨梁系，只需在节点 2（或节点 1）人为地加上一根水平支杆，称为附加支杆，这时节点 2 不动了，节点 1 也不动了，便得到基本体系如图 9-11b 所示，杆 1A、杆 2B 为一端固定另端铰支梁，杆 12 为两端铰支梁。如果知道了水平位移 Δ_1 的大小，就可根据表 9-1 求得这三杆的全部内力。故 Δ_1 即为基本未知量。

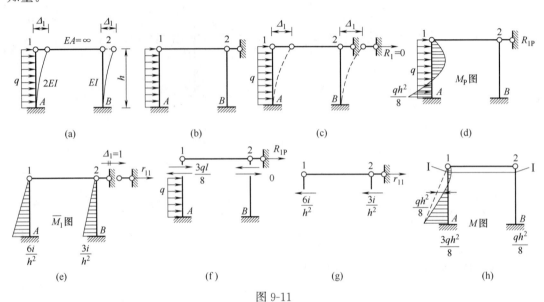

图 9-11

（2）列位移法方程

将原荷载 q 加于基本结构，由于节点 1、2 被固定，只有 1A 杆受力和变形，同时附加支杆产生水平反力 R_{1P}（图 9-11d）。为了消除基本体系与原体系的差别，移动附加支杆使其发生与原体系相同的水平位移 $\Delta_1$❶（图 9-11c），这时基本体系恢复到原体系的自然状态，所加支杆便不起作用，其反力 $R_1=0$，这就是求解基本未知量 Δ_1 的位移法方程，按叠加原理可展开为：

$$R_1 = r_{11}\Delta_1 + R_{1P} = 0$$

式中，$r_{11}\Delta_1$ 为基本体系由于节点线位移 Δ_1 引起的附加支杆反力；r_{11} 为 $\Delta_1=1$ 引起的附加支杆反力；R_{1P} 为荷载单独作用时引起的附加支杆反力。

（3）作 M_P 图及 $\overline{M}_1$ 图

查表 9-1 不难作出 M_P 图、$\overline{M}_1$ 图如图 9-11d、e 所示。

$\overline{M}_1$ 图是由 $\Delta_1=1$ 产生的弯矩图，当附加支杆发生单位位移时，节点 1、2 均发生单位位移，通常规定水平线位移以向右为正（这与第 9-1 节中关于杆件两端相对线位移的符号规定是一致的），计算中先假定为正方向。

---

❶ 用符号 ⊢⊣ 表示人为移动节点。

（4）求系数和自由项

r_{11} 和 R_{1P} 都是附加支杆的反力，需利用投影平衡条件来求。由于柱端剪力是已知的（可查表 9-1），柱子是平行❶的，可作截面而沿柱顶截开，取横梁为隔离体求之。

由 M_P 图截取横梁（图 9-11f），R_{1P} 按正向绘出（规定附加支杆反力与节点线位移方向一致者为正，即向右为正），柱顶剪力按真实方向绘出。由表 9-1 查出 $Q_{1A} = -\dfrac{3}{8}qh$，$Q_{2B} = 0$，然后由 $\sum X = 0$，求得：

$$R_{1P} = -\frac{3}{8}qh$$

注意：求支杆反力时不要把杆端剪力的方向弄错了，这里相当于以节点划分隔离体，负的杆端剪力应绕节点逆时针转，所以 $Q_{1A}^{F} = -\dfrac{3}{8}qh$ 应指向右。为了说明这一点，将下半部的受力情况也一起绘了出来。

由 $\overline{M}_1$ 图截取横梁（图 9-11g）求得：

$$r_{11} = \frac{6i}{h^2} + \frac{3i}{h^2} = \frac{9i}{h^2}$$

（5）解位移法方程

将 r_{11} 和 R_{1P} 值代入位移法方程，便有：

$$\frac{9i}{h^2}\Delta_1 - \frac{3}{8}qh = 0$$

解得：

$$\Delta_1 = \frac{qh^3}{24i}$$

结果得正，表明 Δ_1 与所设方向相同，即向右。

（6）作最终弯矩图

按 $M = \overline{M}_1\Delta_1 + M_P$ 叠加作出最终弯矩图，如图 9-11h 所示。

（7）校核最终弯矩图

① 平衡条件

作截面 Ⅰ—Ⅰ，从 M 图中截取横梁为隔离体，根据最终弯矩图算出各柱顶剪力，横梁的受力情况如图 9-12a 所示，可见满足截面平衡条件 $\sum X = 0$。

② 变形条件

各柱顶位移应当相等，且等于 Δ_1。各柱的受力情况如图 9-12b 所示，利用图 9-12c 悬臂柱受力所示位移数据，算得：

柱 $1A$ 的 1 端位移（向右为正）为

$$\Delta_{1A} = \frac{qh^4}{8(2EI)} - \frac{qh}{8}\frac{qh^3}{3(2EI)} = \frac{qh^4}{24EI}$$

柱 $2B$ 的 2 端位移为

---

❶ 若柱子不平行，则在 $\sum X = 0$ 这一方程中，不仅出现剪力，还要出现轴力。这种刚架将在第 9-6 节加以讨论。

$$\Delta_{2B} = \frac{qh}{8} \frac{h^3}{3EI} = \frac{qh^4}{24EI}$$

可见变形一致。

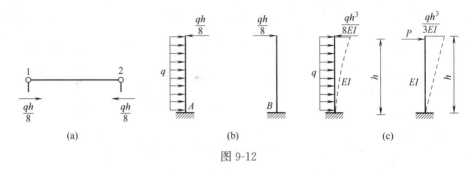

图 9-12

本例说明，节点有线位移的体系，须加支杆使其不动，形成单跨梁系。

以上讨论的是只有一个转角或一个线位移的刚架，用以说明位移法的基本概念。在一般情况下，刚架的节点可能同时有转角和线位移，下面讨论一般刚架的解法。

9-3 位移法基本体系的确定

由上节分析知，位移法的基本未知量是节点的角位移（转角）和线位移。为了变成基本体系，需要加一批约束：在能够转动的地方加附加刚臂，在能够移动的地方加附加支杆。由此可见，位移法的基本未知量数目就等于基本体系上附加约束的数目，因此，在选取基本体系的同时，也就确定了基本未知量的数目。下面分别讨论附加刚臂和附加支杆应加在什么地方，需要加多少。

一、附加刚臂

基本体系所有附加刚臂的数目容易确定。因为在同一刚节点处各杆端的转角是相等的，即每一个刚节点的转角都是一个独立的基本未知量，所以在每一个刚节点上都应加入一个附加刚臂。至于铰节点或铰支座处的转角可以不作为基本未知量，因为利用表 9-1 求一端固定另端铰支的单跨超静定梁的杆端弯矩时，可以不需要铰支端转角，故在铰节点处无需加入附加刚臂。例如图 9-13a 所示刚架的节点 A 是刚节点，需要加附加刚臂，以使节点 A 变为固定端（因为原来节点 A 就不移动）。AE 杆变为两端固定梁，AB 杆变为一端固定另端铰支梁。节点 B 为半铰节点，需在 BF 杆和 BC 杆的刚接处加附加刚臂（注意此刚臂不固定 BA 杆的 B 端，因为铰接端的转角中 φ_3 与相互刚接两杆端的转角 φ_2 不相等），以使此二杆变为一端固定另端铰支梁。在铰节点 C 处，虽然各杆端都可转动，且三个杆端转角不相等，但都不必加刚臂，因为这时汇交于节点 C 的三个杆均已变为一端固定另端铰支的单跨梁了。由于加入两个附加刚臂之后已经得到位移法的基本体系（图 9-13b），故该刚架有两个基本未知量，即节点 A 的转角 φ_1 和半铰节点 B 处相互刚接的两杆端转角 φ_2。

其余转角中 φ_3、φ_4、…、φ_7 都可以不作为基本未知量，这样可使计算得到简化（在第 12 章矩阵位移法中将有与此不同的考虑）。

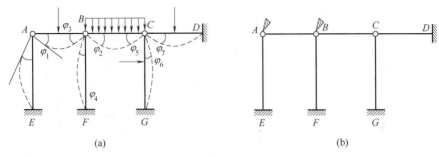

图 9-13

二、附加支杆

精确地说，刚架变形后各杆长度都要改变，每个节点都有水平和竖向两个线位移。但是在位移法计算中，对受弯直杆忽略其轴向变形，并且认为弯曲变形微小。因此，假定杆件两端之间距离在变形后仍保持不变，即假定杆长不变。这样，每一根受弯直杆就相当于一个约束。由于在节点有杆相联，因而各节点线位移之间便存在一定的关系，而不全是独立的。只有独立的节点线位移才可作为基本未知量，所以应当在选定的独立线位移处加附加支杆。

例如图 9-14a 所示刚架中，E、F 两个固定端都是不动点，且两竖杆 BE、CF 的长度保持不变，因而节点 B、C 均无竖向位移；又由于三根横梁也保持长度不变，故 A、B、C、D 四个节点的水平位移相等。因此该刚架只有一个独立的节点线位移，仍需在节点 D 处加水平支杆（图 9-14b）。当然，附加支杆也可以不加在节点 D，而加在节点 A、节点 B 或节点 C 处。

此外，该刚架 B、C 为刚节点，尚须加入两个附加刚臂，基本体系如图 9-14b 所示。

对于简单体系，可以直接看出需要加几个支杆、在什么地方加支杆，对于较为复杂体系可以采用下述方法确定。

在原结构的所有刚节点（包括固定支座）处加铰，使其变为铰接体系。然后，对此铰接体系进行几何组成分析，若为几何不变体系，则原结构即无线位移；若为几何可变体系或瞬变体系，则为使此铰接体系成为无多余约束的几何不变体系，所需加的支杆数目就是原体系的独立线位移数目。支杆需加在什么地方，原体系的附加支杆也需加在什么地方。例如图 9-15a 所示刚架，首先把它变成铰接体系（图 9-15b），容易看出，铰接体系是几何可变的，在节点 1、2 处加两个支杆后，即成为无多余约束的几何不变体系（图 9-15d），则原刚架也须同样加两个附加支杆（图 9-15c）。此外，尚需在刚节点 1、2、3、4 处加入四个附加刚臂，才能得到基本体系（图 9-15c）。

可以看出，图 9-15a 中虚线所示是刚架弹性变形的位移图，图 9-15b 中虚线所示是具有两个自由度体系的机构位移图；但是它们独立的节点线位移数目是相同的，都等于 2。这是因为图 9-15a 中弹性体系节点线位移间的约束方程，与图 9-15b 中可变体系节点线位移间的约束方程是一样的，都是在位移中节点间距不变。因而不仅独立的线位移数目相同，而且各节点线位移与独立线位移之间的数量关系也相同。所以我们可以用几何组成分析的方法来确定节点的独立线位移的数目。

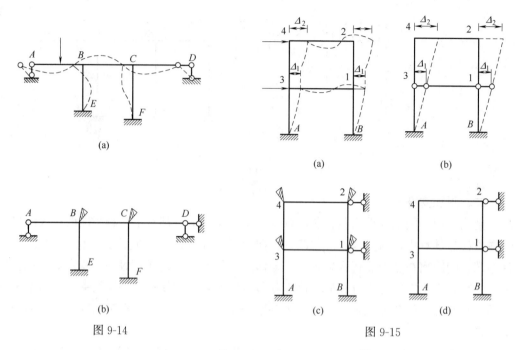

图 9-14

图 9-15

又如图 9-16a 所示刚架，其相应的铰接体系如图 9-16b 所示。为使此铰接体系成为无多余约束的几何不变体系，需加四个支杆（图 9-16d），则原体系也同样需加四个附加支杆（图 9-16c）。原体系尚有 10 个刚节点，还要加入 10 个附加刚臂，基本体系如图 9-16c 所示。

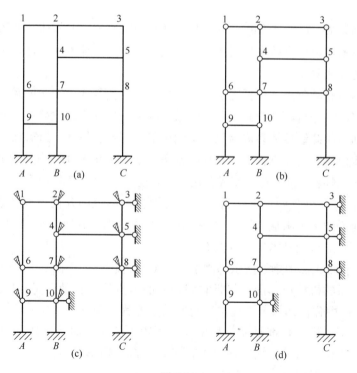

图 9-16

应当注意，上述利用相应铰接体系来确定结构的独立节点线位移的方法，是以受弯直杆变形后两端距离保持不变的假定为前提的，因此，只适用于受弯直杆体系。对于需要考虑轴向变形的二力杆，其两端距离不能看作是不变的，因此，利用上述方法判定独立线位移数目会导致错误的结论。

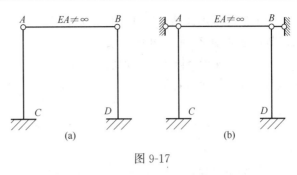

图 9-17

例如图 9-17a 所示排架，横梁轴向变形不能忽略，节点 A、B 的水平线位移不相等，所以独立的节点线位移的数目应是 2，而不是 1。需要在 A、B 加两个水平支杆才能得到基本体系（图 9-17b）。

9-4　位移法典型方程

现以图 9-18a 所示刚架为例，说明存在多未知量时的解法。此刚架有三个基本未知量：节点 1、节点 2 的转角和一个独立节点线位移（节点 1 或 2 或 3 的水平位移）。今后将角位移和线位移统一用 Z 来表示，设 Z_1、Z_2 表示节点 1、节点 2 的转角，它们的方向先假定是顺时针的；以 Z_3 表示节点 3 的线位移，其方向先假定是向右的。为了把原刚架改造成单跨梁系，需在节点 1、节点 2 处加附加刚臂，并在节点 3 处加一水平附加支杆（支杆加在节点 1 或节点 2 处亦可）。基本体系如图 9-18b 所示。

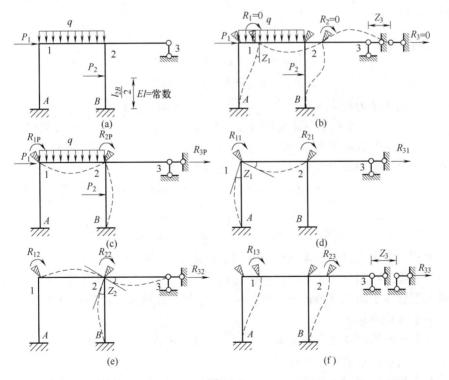

图 9-18

为了消除基本体系与原体系的差别，除了使它承受原荷载外，还需使节点 1 转动 Z_1 角、节点 2 转动 Z_2 角，并使横梁（包括节点 1、2、3）发生水平位移 Z_3（图 9-18b）。当 Z_1、Z_2、Z_3 等于原体系应有值时，体系恢复自然状态，所以各附加约束均不起作用，各附加约束反力等于零，即：

$$\left. \begin{array}{l} R_1=0 \\ R_2=0 \\ R_3=0 \end{array} \right\}$$
(9-5)

上式表明，基本体系在荷载及节点位移 Z_1、Z_2、Z_3 共同作用下，附加刚臂 1、2 中的反力矩 R_1 及 R_2 及附加支杆中的反力 R_3 均应等于零。

根据叠加原理，图 9-18b 所示状态可看成是由图 9-18c、d、e、f 四图所示状态叠加而得，于是基本体系附加约束中的总反力可分解成如下四种情况分别计算：

(1) 荷载单独作用，相应的各附加约束反力为 R_{1P}、R_{2P}、R_{3P}。

(2) 节点转角 Z_1 单独作用，相应的各附加约束反力为 R_{11}、R_{21}、R_{31}。

(3) 节点转角 Z_2 单独作用，相应的各附加约束反力为 R_{12}、R_{22}、R_{32}。

(4) 节点线位移 Z_3 单独作用，相应的各附加约束反力为 R_{13}、R_{23}、R_{33}。

其中 R 的第一个脚标表示反力所属的附加约束；第二个脚标表示引起该反力的原因。

将以上各项叠加，得总约束反力为：

$$\left. \begin{array}{l} R_1=R_{11}+R_{12}+R_{13}+R_{1P} \\ R_2=R_{21}+R_{22}+R_{23}+R_{2P} \\ R_3=R_{31}+R_{32}+R_{33}+R_{3P} \end{array} \right\}$$
(9-6)

则式（9-5）可写为：

$$\left. \begin{array}{l} R_{11}+R_{12}+R_{13}+R_{1P}=0 \\ R_{21}+R_{22}+R_{23}+R_{2P}=0 \\ R_{31}+R_{32}+R_{33}+R_{3P}=0 \end{array} \right\}$$
(9-7)

为了把上式表达为基本未知量 Z_1、Z_2 和 Z_3 的函数，再以 r_{11}、r_{12}、r_{13} 分别表示由 $Z_1=1$、$Z_2=1$ 和 $Z_3=1$ 引起的附加刚臂 1 的反力矩；以 r_{21}、r_{22}、r_{23} 分别表示由 $Z_1=1$、$Z_2=1$ 和 $Z_3=1$ 引起的附加刚臂 2 的反力矩；以 r_{31}、r_{32}、r_{33} 分别表示由 $Z_1=1$、$Z_2=1$ 和 $Z_3=1$ 引起的附加支杆 3 的反力，则式 9-7 可写为：

$$\left. \begin{array}{l} r_{11}Z_1+r_{12}Z_2+r_{13}Z_3+R_{1P}=0 \\ r_{21}Z_1+r_{22}Z_2+r_{23}Z_3+R_{2P}=0 \\ r_{31}Z_1+r_{32}Z_2+r_{33}Z_3+R_{3P}=0 \end{array} \right\}$$
(9-8)

解此方程组即可求得基本未知量 Z_1、Z_2 和 Z_3，其中：

第一个方程的物理意义是基本体系在荷载、转角 Z_1、Z_2 和节点线位移 Z_3 的共同作用下，附加刚臂 1 中的总反力矩 R_1 等于零。其中每个系数和自由项都是刚臂 1 中的反力矩，故第一个脚标都是 1。

第二个方程的物理意义是附加刚臂 2 中的总反力矩等于零。其中每个系数和自由项都是刚臂 2 的反力矩，故第一个脚标都是 2。

第三个方程的物理意义是附加支杆 3 中的总反力等于零。其中每个系数和自由项都是支杆 3 的反力，故第一个脚标都是 3。

位移法方程都可以写成上述方程的形式，故称为位移法的**典型方程**。

为了求出典型方程中的系数和自由项，可利用表 9-1 分别绘出基本体系在荷载作用下的弯矩图 M_P 图（图 9-19a）以及在 $\overline{Z}_1=1$、$\overline{Z}_2=1$、$\overline{Z}_3=1$ 作用下的单位弯矩图 $\overline{M}_1$ 图、$\overline{M}_2$ 图和 $\overline{M}_3$ 图（图 9-19b、c 和 d），然后利用平衡条件求系数和自由项。

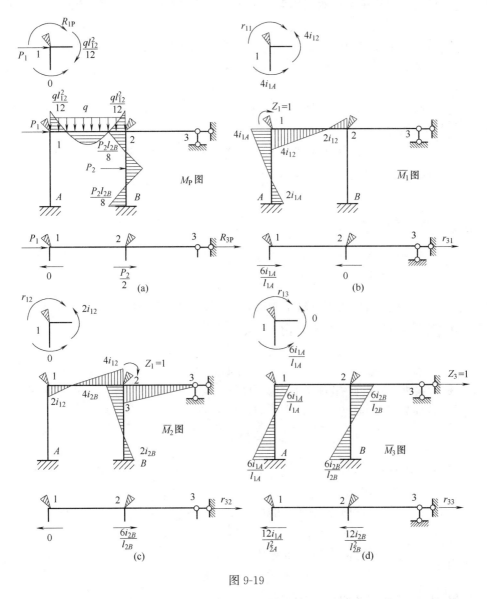

图 9-19

作 M_P 图时，12 杆上均布荷载引起的弯矩图可查表 9-1 简图 5 求得，2B 杆上的集中力引起的弯矩图可查表 9-1 简图 4 求得。作用在节点 1 上的集中力 P_1 不产生弯矩，因为它作用在不动节点上（无弯矩情况）。

应强调，每个单位弯矩图只考虑一个单位位移作用在基本体系时的影响。例如作 $\overline{M}_3$ 图时，令 $\overline{Z}_3=1$，即附加支杆发生单位水平位移，这时节点 1 和节点 2 仍受附加刚臂约束，不产生转角，横梁 12 和 23 两端无转角，又无相对线位移，只能平动，故不产生弯矩。柱 1A 和 2B 因 1 端和 2 端发生水平位移而弯曲，其弯矩图可查表 9-1 简图 2 求得。

所有系数和自由项不外乎是附加刚臂中的反力矩或附加支杆中的反力，所以，求系数和自由项的问题可以归结为求反力矩或反力的问题。

如所已知，求反力矩采用节点法（所用的方程是所取节点的力矩平衡方程 $\sum M = 0$）；求附加支杆反力，对柱子平行的刚架采用截面法（所用方程是所取隔离体的投影平衡方程 $\sum X = 0$）。

附加约束反力矩和反力的正负号规定如下：附加刚臂的反力矩与节点转角正向一致者为正，即顺时针为正；附加支杆的反力与节点线位移的正向一致者为正，即水平支杆反力向右为正。

现求方程组式 9-8 中第一个方程的系数和自由项。它们都是附加刚臂 1 的反力矩，应由节点 1 的平衡条件求出。

r_{11} 是 $Z_1 = 1$ 所引起的附加刚臂 1 的反力矩，要根据 $\overline{M}_1$ 图中节点 1 的平衡条件来求。从 $\overline{M}_1$ 图中截取节点 1（图 9-19b），由 $\sum M_1 = 0$ 得：

$$r_{11} = 4i_{1A} + 4i_{12}$$

r_{12} 是 $Z_2 = 1$ 所引起的附加刚臂 1 的反力矩，要根据 $\overline{M}_2$ 图中节点 1 的平衡条件来求。

从 $\overline{M}_2$ 图中截取节点 1（图 9-19c），由 $\sum M_1 = 0$ 得：

$$r_{12} = 2i_{12}$$

r_{1s} 是 $Z_3 = 1$ 所引起的附加刚臂 1 的反力矩，要根据 $\overline{M}_3$ 图中节点 1 的平衡条件来求。从 $\overline{M}_3$ 图中截取节点 1（图 9-19d），由 $\sum M_1 = 0$ 得：

$$r_{1s} = -\frac{6i_{1A}}{l_{1A}}$$

R_{1P} 是荷载所引起的附加刚臂 1 的反力矩，要根据 M_P 图中节点 1 的平衡条件来求。从 M_P 图中做取节点 1（图 9-19a），由 $\sum M_1 = 0$ 得：

$$R_{1P} = -\frac{1}{12}ql_{12}^2$$

第二个方程的系数和自由项，求法与前文相仿。它们都是由附加刚臂 2 的反力矩，应由节点 2 的平衡条件求出。

r_{21} 是 $Z_1 = 1$ 所引起的附加刚臂 2 的反力矩，由 $\overline{M}_1$ 图中节点 2 的平衡条件求得：

$$r_{21} = 2i_{12}$$

r_{22} 由 $\overline{M}_2$ 图中节点 2 的平衡条件求得：

$$r_{22} = 4i_{12} + 4i_{2B} + 3i_{23}$$

r_{23} 由 $\overline{M}_3$ 图中节点 2 的平衡条件求得：

$$r_{23} = -\frac{6i_{2B}}{l_{2B}}$$

R_{2P} 由 M_P 图中节点 2 的平衡条件求得：

$$R_{2P} = \frac{1}{12}ql_{12}^2 + \frac{1}{8}P_2 l_{2B}$$

第三个方程的系数和自由项都是附加支杆 3 的反力，应由各图的截面平衡条件$\sum X=0$ 来求。

r_{31} 是 $Z_1=1$ 所引起的附加支杆 3 的反力，要在 $\overline{M}_1$ 图上作截面沿柱顶截开，取横梁为隔离体（图 9-19b）。在隔离体上无须绘出杆端力矩。对于柱子平行的刚架，轴力也无须绘出，因为在所写的投影方程$\sum X=0$ 中力矩和轴力均不出现。

由表 9-1 查出各柱端剪力，并按真实方向绘出。读者需要特别注意的是：**隔离体上的剪力不要绘错了，它们作用在隔离体上，而不是作用在柱上，二者的方向刚好相反。**

由$\sum X=0$ 得：

$$r_{31}=-\frac{6i_{1A}}{l_{1A}}$$

类似地，由 $\overline{M}_2$ 图中的截面平衡条件（图 9-19c）得：

$$r_{31}=-\frac{6i_{2B}}{l_{2B}}$$

由 $\overline{M}_3$ 图中的截面平衡条件（图 9-19d）得：

$$r_{33}=\frac{12i_{1A}}{l_{1A}^2}+\frac{12i_{1B}}{l_{1B}^2}$$

由 M_P 图中的截面平衡条件（图 9-19a）得：

$$R_{3P}=-P_1-\frac{P_2}{2}$$

注意，不要忘记节点力 P。

【讨论】

（1）称两个脚标相同的系数 r_{ii} 为主系数，称两个脚标不同的系数 r_{ij}（$j\neq i$）为副系数；称 R_{iP} 为自由项。

（2）系数和自由项的符号规定是：与所属附加约束的位移正向一致者为正。因此主系数永远为正，且不会等于零。而副系数和自由项则可能为正、负或零。

（3）在主、副系数中不包含与外荷载有关的因素，因此，当荷载（或其他外界因素）改变时它们不变，即它们是体系的常数。自由项则随外界因素的改变而改变。因此当荷载改变时，只需重新计算自由项。

（4）由所求系数可以看出，副系数是互等的：

$$r_{12}=r_{21}=2i_{12}；\quad r_{13}=r_{31}=-\frac{6i_{1A}}{l_{1A}}；\quad r_{23}=r_{32}=-\frac{6i_{2B}}{l_{2B}}$$

一般地，写为 $r_{ij}=r_{ji}$。

这再一次说明反力互等定理的正确性。

利用这个性质可以校核求得的系数，也可以只求 r_{ij} 而不求 r_{ji}。例如我们可以只求 r_{13}、r_{23} 而不求 r_{31}、r_{32}，因为求反力矩比求反力容易。

可以看出，以上各点与力法典型方程是相似的。

求出系数后所应进行的工作大家是清楚的，就无须赘言了。

由上面对具有三个基本未知量的刚架分析可见，每加一个附加约束，就有一个基本未知量，同时也就有一个附加约束反力等于零的方程，所以方程式的数目永远等于基本未知量的数目。

有 n 个基本未知量时，则可以写出 n 个方程式：

$$\left.\begin{aligned} r_{11}Z_1+r_{12}Z_2+\cdots\cdots+r_{1n}Z_n+R_{1P}=0 \\ r_{21}Z_1+r_{22}Z_2+\cdots\cdots+r_{2n}Z_n+R_{2P}=0 \\ \cdots\cdots \\ \cdots\cdots \\ r_{n1}Z_1+r_{n2}Z_2+\cdots\cdots+r_{nn}Z_n+R_{nP}=0 \end{aligned}\right\} \tag{9-9}$$

式 9-9 可用矩阵表示为：

$$\begin{bmatrix} r_{11} & r_{12} & \cdots & \cdots & r_{1n} \\ r_{21} & r_{22} & \cdots & \cdots & r_{2n} \\ \cdots & \cdots & \cdots & \cdots & \cdots \\ \cdots & \cdots & \cdots & \cdots & \cdots \\ r_{n1} & r_{n2} & \cdots & \cdots & r_{nn} \end{bmatrix} \begin{Bmatrix} Z_1 \\ Z_2 \\ \vdots \\ \vdots \\ Z_n \end{Bmatrix} + \begin{Bmatrix} R_{1P} \\ R_{2P} \\ \vdots \\ \vdots \\ R_{nP} \end{Bmatrix} = \begin{Bmatrix} 0 \\ 0 \\ \vdots \\ \vdots \\ 0 \end{Bmatrix} \tag{9-10}$$

或简写为：

$$[K]\{Z\}+\{R\}=\{0\} \tag{9-11}$$

式中，

$$[K]=\begin{bmatrix} r_{11} & r_{12} & \cdots & \cdots & r_{1n} \\ r_{21} & r_{22} & \cdots & \cdots & r_{2n} \\ \cdots & \cdots & \cdots & \cdots & \cdots \\ \cdots & \cdots & \cdots & \cdots & \cdots \\ r_{n1} & r_{n2} & \cdots & \cdots & r_{nn} \end{bmatrix} \tag{9-12}$$

称为结构的刚度矩阵，其元素称为结构的刚度系数。

9-5　算例

【例题 9-4】　用位移法计算图 9-20a 所示刚架，作弯矩图，并绘出变形曲线草图。

【解】　（1）选取基本体系

这是无侧移间梁，有两个基本未知量。刚节点 1、2 的转角 Z_1、Z_2。在节点 1、2 处加附加刚臂，得图 9-20b 所示的基本体系（单独的基本体系没有绘出）。

（2）列典型方程

根据两附加刚臂中的总反力矩等于零的条件建立位移法典型方程如下：

$$\left.\begin{aligned} r_{11}Z_1+r_{12}Z_2+R_{1P}=0 \\ r_{21}Z_1+r_{22}Z_2+R_{2P}=0 \end{aligned}\right\}$$

（3）作荷载弯矩图及单位弯矩图

先计算各杆的线刚度，令 $i=EI/l$，柱的线刚度为 i，梁的线刚度为 $\dfrac{2EI}{l}=2i$。用表 9-1 的数据，分别绘出基本体系的荷载弯矩图 M_P，单位弯矩图 $\overline{M}_1$、$\overline{M}_2$，如图 9-20b、c、

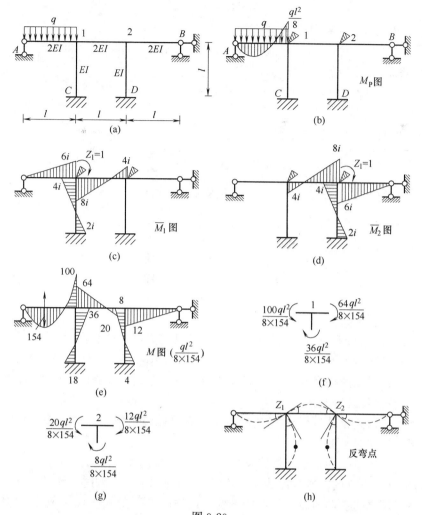

图 9-20

d 所示。

（4）求系数和自由项

第一个方程中的系数和自由项都是附加刚臂 1 的反力矩，应在各弯矩图中取节点 1 为隔离体，由力矩平衡条件 $\sum M_1 = 0$ 求出。例如，由 $\overline{M}_1$ 图取节点 1，由 $\sum M_1 = 0$ 求得：

$$r_{11} = 6i + 4i + 8i = 18i$$

同理，由 $\overline{M}_2$ 图取节点 1 为隔离体得：

$$r_{12} = 4i$$

由 M_P 图取节点 1 得：

$$R_{1P} = \frac{1}{8}ql^2$$

第二个方程中的系数和自由项是附加刚臂 2 的反力矩，应在各弯矩图中取节点 2 为隔离体求之。

由 $\overline{M}_1$ 图取节点 2 得：

$$r_{21} = 4i = r_{12} = 2i_{12}$$

由 $\overline{M}_2$ 图取节点 2 得：

$$r_{22} = 6i + 4i + 8i = 18i$$

由 M_P 图取节点 2 得：

$$R_{2P} = 0$$

（5）解典型方程求未知量

将系数和自由项代入典型方程，有：

$$\left.\begin{array}{r} 18iZ_1 + 4iZ_2 + \dfrac{ql^2}{8} = 0 \\ 4iZ_1 + 18iZ_2 = 0 \end{array}\right\}$$

解之得：

$$\left.\begin{array}{r} Z_1 = -\dfrac{9}{8 \times 154}\dfrac{ql^2}{i} \\ Z_2 = \dfrac{9}{8 \times 154}\dfrac{ql^2}{i} \end{array}\right\}$$

（6）作最终弯矩图

按叠加公式 $M = \overline{M}_1 Z_1 + \overline{M}_2 Z_2 + M_P$ 计算各杆端力矩，然后作弯矩图（图 9-20e）。

（7）校核最终弯矩图

平衡条件：对无侧移刚架只需校核节点弯矩平衡条件。由图 9-20f、g 看出，节点 1、2 的 $\sum M = 0$ 条件是满足的。

变形条件：请读者试自行校核节点 1、2 处各杆端转角相等，并分别等于 Z_1 和 Z_2。

（8）绘变形曲线草图

根据求得的各节点的转角和最终弯矩图，便可绘出变形曲线的大致形状。

Z_1 为负值表明节点 1 逆时针转动，Z_2 为正值表明节点 2 顺时针转动，注意到汇交于刚节点的各杆端之间变形前后夹角保持不变。这样，可先在节点 1、2 处绘出各杆端转角的切线，再根据弯矩图绘在受拉一边的规定，便可定出各杆段的凹向。$M = 0$ 处为变形曲线的拐点，称为反弯点。在固定支座处变形曲线应与杆轴相切。根据以上各点即可光滑地描绘出变形曲线，如图 9-20h 所示。尽管它是示意性的，但足以清楚地表明刚架的变形情况。

【例题 9-5】 用位移法计算图 9-21a 所示刚架，作弯矩、剪力、轴力图，并绘出变形曲线草图。

【解】 （1）选取基本体系

这是有侧移刚架。有两个节点转角 Z_1、Z_2 和一个独立节点线位移 Z_3，并规定 Z_3 向右为正，在节点 1、2 加附加刚臂，在节点 2 加附加支杆，得基本体系（图 9-21b）。注意，节点 1 为半铰接节点，所加附加刚臂 1 只固定相互刚接的杆端 1A 和 13。

（2）列典型方程

$$\left.\begin{array}{r} r_{11}Z_1 + r_{12}Z_2 + r_{13}Z_3 + R_{1P} = 0 \\ r_{21}Z_1 + r_{22}Z_2 + r_{23}Z_3 + R_{2P} = 0 \\ r_{31}Z_1 + r_{32}Z_2 + r_{33}Z_3 + R_{3P} = 0 \end{array}\right\}$$

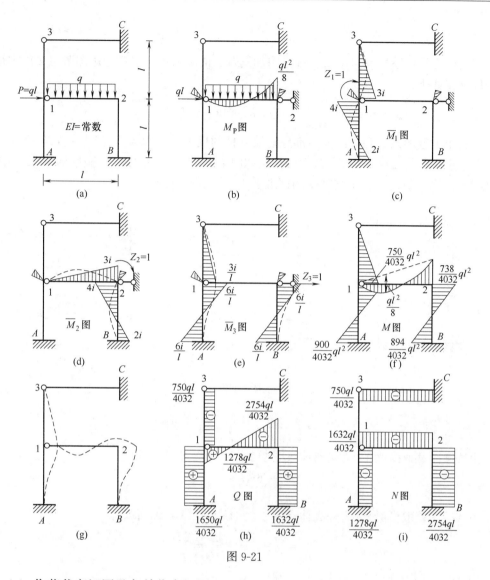

图 9-21

（3）作荷载弯矩图及各单位弯矩图

荷载弯矩图和各单位弯矩图分别如图 9-21b、c、d、e 所示。在基本体系中，由于集中力 P 作用在不动节点 1 上，所以不引起弯矩，M_P 图只是均布荷载引起的（图 9-21b）。

附加刚臂 1 只限制 1A 杆的 1 端和 13 杆的 1 端的转动，并不限制杆 12 的 1 端的转动，当附加刚臂 1 发生单位转角时（图 9-21c），只有杆 1A 及 13 发生弯曲（变形曲线如虚线所示）。

当附加支杆发生单位位移时（图 9-21e），节点 2 及节点 1 均向右移动单位距离，其他节点不动。由变形曲线看出横梁 12 平动，杆 1A、2B、13 两端均发生单位相对位移。提醒注意，杆 13 逆时针转动。

（4）求系数和自由项

第一个方程的系数和自由项，都是附加刚臂 1 的反力矩，由各弯矩图节点 1 的力矩平衡条件求得如下：

$$r_{11}=7i,\ r_{12}=0,\ r_{13}=-\frac{3i}{l},\ R_{1P}=0$$

第二个方程的系数和自由项，都是附加刚臂 2 的反力矩，由各弯矩图节点 2 的力矩平衡条件求得如下：

$$r_{21}=0,\ r_{22}=7i,\ r_{23}=-\frac{6i}{l},\ R_{2P}=\frac{8l^2}{8}$$

第三个方程的系数和自由项，都是附加支杆的反力，应由各弯矩图中横梁 12 隔离体的投影平衡条件 $\sum X=0$ 求得。截面的作法如图 9-22a 所示。由 $\overline{M}_1$ 图截取横梁 12 为隔离体（图 9-22b），算出上、下层柱子的杆端剪力，由 $\sum X=0$ 求得：

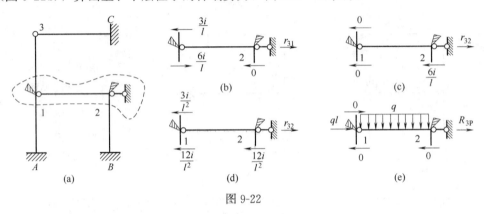

图 9-22

$$r_{31}=\frac{3i}{l}-\frac{6i}{l}=-\frac{3i}{l}=r_{13}（校核）$$

由 $\overline{M}_2$ 图截取横梁 12 为隔离体（图 9-22c），由 $\sum X=0$，得：

$$r_{32}=-\frac{6i}{l}=r_{23}（校核）$$

由 $\overline{M}_3$ 图截取横梁 12 为隔离体（图 9-22d），由 $\sum X=0$，得：

$$r_{33}=\frac{3i}{l^2}+\frac{12i}{l^2}+\frac{12i}{l^2}=\frac{27i}{l^2}$$

由 M_P 图截取横梁 12（图 9-22e）得：

$$R_{3P}=-ql$$

（5）解典型方程求未知量

将系数和自由项代入典型方程，有：

$$7iZ_1-\frac{3i}{l}Z_3=0$$

$$7iZ_2-\frac{6i}{l}Z_3+\frac{8l^2}{8}=0$$

$$-\frac{3i}{l}Z_1-\frac{6i}{l}Z_2+\frac{27i}{l^2}Z_3-ql=0$$

解之得：

$$Z_1=\frac{75}{4032}\frac{ql^2}{i},\ Z_2=\frac{78}{4032}\frac{ql^2}{i},\ Z_3=\frac{175}{4032}\frac{ql^2}{i}$$

（6）作最终弯矩图（图 9-21f）

（7）绘变形曲线草图（图 9-21g）

（8）根据弯矩图作剪力图（图 9-21h）

（9）根据剪力图作轴力图（图 9-21i）

【例题 9-6】 用位移法计算图 9-23a 所示刚架，作弯矩图。

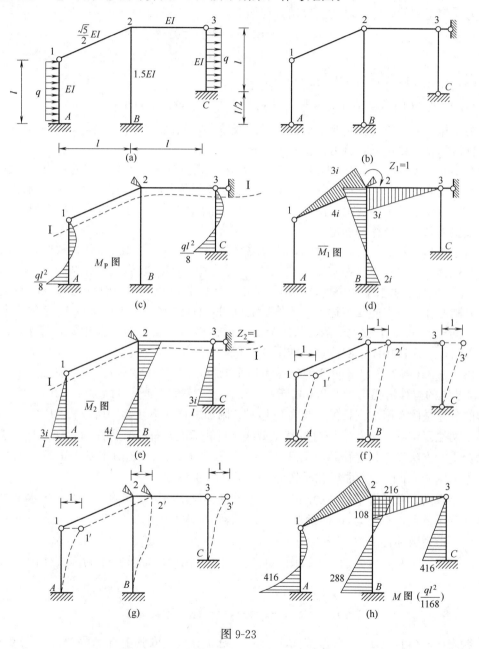

图 9-23

【解】（1）选取基本体系

这是一个柱子不等高的平行柱有侧移刚架。为形成基本体系，需在刚节点 2 加附加刚臂。有几个独立线位移可通过相应铰接体系（图 9-23b）来确定。容易判定，只需在节点

3（或节点 1、2）加入一个水平支杆，铰接体系就变成几何不变体系（实际上已成为一个简单桁架）。由此可知，原刚架有一个独立节点线位移，为形成基本体系，需加一水平支杆（图 9-23c）。

（2）列典型方程

设节点 2 的转角为 Z_1，独立节点线位移为 Z_2，根据附加刚臂和支杆中的反力矩和反力应等于零的条件，可建立典型方程如下：

$$\left.\begin{array}{l} r_{11}Z_1+r_{12}Z_2+R_{1P}=0 \\ r_{21}Z_1+r_{22}Z_2+R_{2P}=0 \end{array}\right\}$$

（3）作 M_P 图、$\overline{M}_1$ 图及 $\overline{M}_2$ 图（图 9-23c、d、e）。

M_P 图及 M 图的绘制并无困难，下面着重讲一下 $\overline{M}_2$ 图的作法。

为了作出 $\overline{M}_2$ 图，首先要知道各节点的线位移，然后才能求出各杆端的相对线位移，有了杆端的相对线位移，就可作出杆的弯矩图。

在第 9-3 节中已经指出，刚架节点间的约束与相应铰接体系节点间的约束，对保持节点间距不变的约束作用是相同的。当节点 3 发生单位位移时，节点 2、节点 1 的位移情况与相应铰接体系的位移情况（图 9-23f）相同。由于铰接体系的位移图容易作出，下面先讨论铰接体系节点位移的确定。

由于位移与杆长相比是个微量，所以当杆的一端不动、另端发生线位移时，可以认为这个线位移的方向垂直于杆轴。$1A$、$2B$、$3C$ 三杆平行，当节点 3 发生水平线位移时，节点 1、2 也只发生水平线位移，且均等于 1。因为杆 12 以两平行链杆 $1A$、$2B$ 与地球相联，其瞬心在竖直方向无穷远处，当体系运动时，杆 12 平动，因而节点 1、2 的水平位移相等。同理，杆 23 也发生平动，从而节点 2 的位移与节点 3 的位移相等，等于 1。于是 $Z_3=1$ 时，相应铰接体系的位移图如图 9-23f 所示。

仿图 9-23f 容易作出 $Z_3=1$ 时的基本体系的位移图（图 9-23g）。应当注意，虽然图 9-23g 各节点的位移情况与图 9-23f 相同，但是发生"转动"的杆件（$1A$、$2B$、$3C$）是要变形的。这是由于附加支杆发生单位位移时，附加刚臂并不转动，所以杆 $2B$ 的变形情况相当于两端固定梁支座发生相对位移（等于 1）的情况，杆 $1A$ 及杆 $3C$ 相当于一端固定另端铰支梁支座发生相对位移（等于 1）的情况。横梁 12、23 由于发生平动，无弯曲变形。参考图 9-23g 的变形曲线容易作出 $\overline{M}_2$ 图（图 9-23e）。

可以看出，凡具有平行柱的刚架，不论其横梁倾斜与否，当附加支杆发生水平单位位移时（各刚节点均不转动），横梁都作平动，各柱顶均发生单位位移。

（4）求系数和自由项

r_{11}、r_{12} 和 R_{1P} 可分别从 $\overline{M}_1$ 图、$\overline{M}_2$ 图和 M_P 图中截取节点 1 为隔离体由 $\sum M_1=0$ 求得：

$$r_{11}=10i,\ r_{12}=r_{21}=-\frac{4i}{l},\ R_{1P}=0$$

欲求 r_{22}，可在 $\overline{M}_2$ 图中作截面 I—I（图 9-23e），取其上部为隔离体（图 9-24a），从表 9-1 查出（或由 $\overline{M}_2$ 图算出）各柱顶剪力，由 $\sum X=0$ 求得：

$$r_{22}=\frac{3i}{l^2}+\frac{16i}{3l^2}+\frac{3i}{l^2}=\frac{34i}{3l^2}$$

同理，欲求 R_{2P}，可在 M_P 图中作截面 I—I （图 9-23c），取其上部为隔离体（图 9-24b），由 $\sum X=0$ 求得：

$$R_{1P}=-\frac{3}{8}ql-\frac{3ql}{8}-\frac{3}{4}ql$$

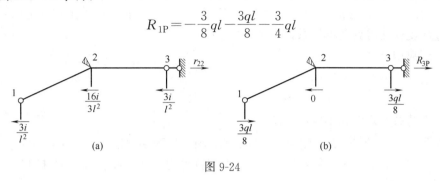

图 9-24

（5）解典型方程求未知量

将系数和自由项代入典型方程，有：

$$
\left.
\begin{aligned}
10iZ_1-\frac{4i}{l}Z_2&=0\\
-\frac{4i}{l}Z_1+\frac{34i}{3l^2}Z_2-\frac{3}{4}ql&=0
\end{aligned}
\right\}
$$

解之得：

$$Z_1=\frac{36}{4\times292}\frac{ql^2}{i}, \quad Z_2=\frac{90}{4\times292}\frac{ql^3}{i}$$

（6）作最终弯矩图（图 9-23h）

【例题 9-7】　列出图 9-25a 所示刚架的位移法方程，求系数和自由项。

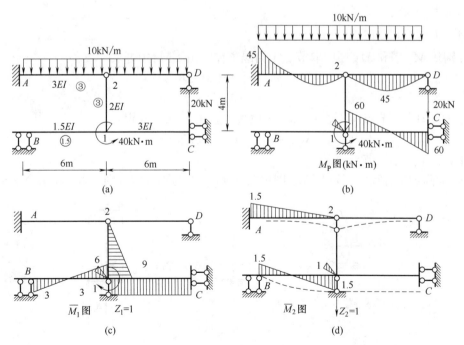

图 9-25

【解】 （1）选取基本体系

确定基本未知量时，可不考虑静定部分 $2D$。此刚架有两个基本未知量，刚节点1的转角 Z_1，及节点1或2的竖向线位移 Z_2，并规定 Z_2 以向下为正。在节点1加一附加刚臂和一竖向支杆便得到基本体系，如图 9-25b 所示。

（2）列典型方程

$$\left.\begin{array}{c} r_{11}Z_1+r_{12}Z_2+R_{1P}=0 \\ r_{21}Z_1+r_{22}Z_2+R_{2P}=0 \end{array}\right\}$$

（3）作荷载弯矩图和单位弯矩图

借助表 9-1 分别绘出 M_P 图和 $\overline{M}_1$ 图、$\overline{M}_2$ 图，如图 9-25b、c、d 所示。

作 M_P 图时，$2D$ 杆为简支梁，其弯矩图根据静力平衡条件求出。A2杆和1C杆的 M 图可利用表 9-1 作出。

作单位弯矩图之前，先计算各杆的线刚度。在荷载作用下超静定结构的内力仅与各杆的相对线刚度有关，为了简便可设 EI 为任意值，在此设 $EI=6$，由此算得各杆的线刚度为：

$$i_{A2}=\frac{3EI}{6}=3,\ i_{12}=\frac{2EI}{4}=3$$

$$i_{B2}=\frac{1.5EI}{6}=1.5,\ i_{1C}=\frac{3EI}{6}=3$$

并注于图 9-25a 各杆旁的圆圈内。

杆 B1 为左端水平定向支承右端固定的单跨梁，在杆端位移或竖向荷载作用下的内力与两端固定梁相同。

在作 $\overline{M}_2$ 图时，宜先绘出变形曲线（图 9-25d），$2D$ 为静定部分，这是由于支座移动不产生内力。杆 1C 为一端固定另端定向支承的梁，当固定端发生竖向位移时，作刚体平动，亦不产生内力。

（4）求系数和自由项

分别从 $\overline{M}_1$ 图和 $\overline{M}_2$ 图中取节点1为隔离体，由 $\sum M=0$ 求得：

$$r_{11}=6+9+3=18$$

$$r_{12}=-1.5=r_{21}$$

从 M_P 图中取节点1（图 9-26a）为隔离体，由 $\sum M_1=0$ 得：

$$R_{1P}=40-60=-20\text{kN}\cdot\text{m}$$

注意：不要忘记节点力偶。

r_{22} 为附加支杆反力，可从 $\overline{M}_2$ 图中截取竖杆12为隔离体（图 9-26b），由 $\sum Y=0$ 得：

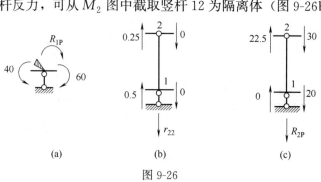

图 9-26

$$r_{22}=0.25+0.5=0.75$$

R_{2P} 可按求 r_{22} 的方法从 M_P 图中截取同样的隔离体（图 9-26c），由 $\sum Y=0$，得：

$$R_{1P}=-20-22.5-30=-72.5\mathrm{kN}$$

9-6 斜杆刚架的计算

先讲位移图的绘制。

设已知某点 C（图 9-27a）相邻两个节点的位移，A 移至 A'，B 移至 B'，链杆 AC、BC 无轴向变形，求点 C 的位移。

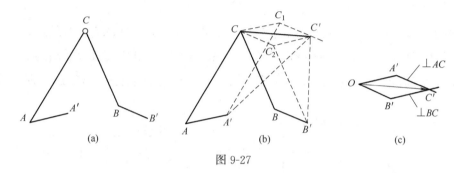

图 9-27

切开铰 C，让杆 AC 及杆 BC 分别作平面运动（平动及转动），使二杆的 C 端合在一处。

先让杆 AC 随 A 端平动（图 9-27b）至 $A'C_1$，再绕点 A' 转动。由于位移微小，所以转动位移垂直于杆轴方向 $A'C_1$。点 C 的新位置 C' 必在此转动位移线上。同理，杆 BC 先平动至 $B'C_2$，然后转动，点 C 的新位置 C' 必在此转动位移线上。二者的交点，即是 C'。

杆 AC 的新位置是 $A'C'$。C_1C' 是杆 AC 的旋转位移，它垂直于杆 AC，是 C 端对应于 A 端的垂直于杆轴方向上的相对位移。同理，杆 BC 的新位置是 $B'C'$，C_2C' 是杆 BC 的旋转位移。

为了简便，用图 9-27c 代替图 9-27b。任取一点 O，称为极点，它代表不动点。自 O 点引 A 点的位移，得 A'，向量 $\overrightarrow{OA'}$ 即为 A 点的位移。自 A' 引线垂直于杆 AC。同理，自 O 点引 B 点的位移，得 B'，自 B' 引线垂直于杆 BC，此二垂线的交点为 C'。向量 $\overrightarrow{OC'}$ 即为 C 点的位移。杆 AC 的旋转位移为 $A'C'$，杆 BC 的旋转位移为 $B'C'$。

【例题 9-8】 图 9-28a 所示体系点 2 发生单位水平位移。求各杆的旋转位移。

【解】 取极点 O（图 9-28b），与不动点 A、B、C 对应的点 A'、B'、C' 应与 O 点重合。自 O 点向右取单位距离，得 $2'$ 点。由 $2'$ 及 C' 可确定 $3'$：自 C' 引线垂直于杆 $3C$，自 $2'$ 引线垂直于杆 23，其交点为 $3'$。由 $2'$ 及 A' 可确定 $1'$：自 $2'$ 引线垂直于杆 12，自 A' 引线垂直于杆 $A1$ 得 $1'$（与 $2'$ 重合）。这样就求得了所有各节点位移。位移值可由已知的节点 2 位移算出。位移后各点的位置示于图 9-28c。1 点的位移为 $O1'=1$，2 点位移为 $O2'=1$，3 点位移 $O3'=1/\tan\alpha$。各杆的旋转位移分别为：$A1$ 杆为 $A'1'=1$（图 9-28b），12 杆为 $1'2'=0$（图 9-28b），$B2$ 杆为 $B'2'=1$，23 杆为 $2'3'=1/\sin\alpha$。

下面以图 9-29a 所示刚架为例说明斜杆刚架的计算。

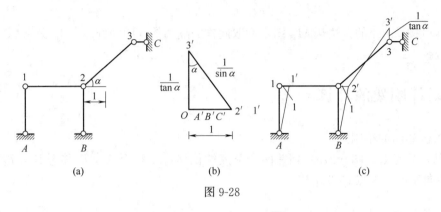

图 9-28

基本体系示于图 9-29b，共有两个未知数 Z_1、Z_2。$\overline{M}_1$ 示于图 9-29c。M_P 示于图 9-29d，力 P 不产生弯矩，因为在基本体系上其作用点是不动节点。$\overline{M}_1$ 图及 M_P 图的绘制与一般刚架相同，无特殊之处。而支杆单位位移（$Z_2=1$）产生的弯矩图（$\overline{M}_2$ 图）则不同。

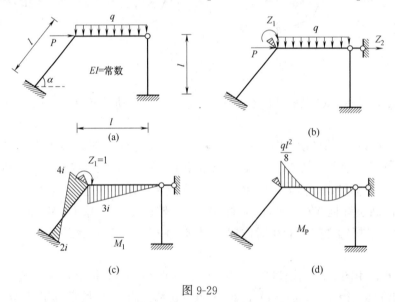

图 9-29

首先要绘出 $Z_2=1$（图 9-30a）产生的位移图。如所已知，它与相应铰接体系（图 9-29b）的位移图相同。任取一点 O 作为极点（图 9-30c）。不动点 A、B 的位移为零，故 A'、B' 与 O 点重合。2 点位移为 1，由此确定 $2'$。由 A' 引线垂直于杆 $A1$，由 $2'$ 引线垂直于杆 12，得 $1'$。由位移图（9-30c）得节点 1 的全位移为 $O1'=1/\sin\alpha$，体系的位移情况如图 9-30d 所示。各杆的旋转位移（两端的相对位移）等于

$$\delta_{1A}=\frac{1}{\sin\alpha}, \quad \delta_{12}=\frac{1}{\tan\alpha}, \quad \delta_{2B}=1$$

根据旋转位移，即可绘出 $Z_2=1$ 产生的弯矩图 $\overline{M}_2$（图 9-30e）。

所研究刚架的几何特点是两个柱子不平行；与具有平行柱的体系相比较，具有如下特点：

（1）二柱头的位移方向不同，数值不等。

（2）横梁也有旋转位移。因而在由支杆单位位移（$Z_2 = 1$）产生的弯矩图（$\overline{M}_2$ 图）上，除柱子上产生弯矩外，横梁上也产生弯矩。

为了清晰，再作说明如下（图 9-31）：

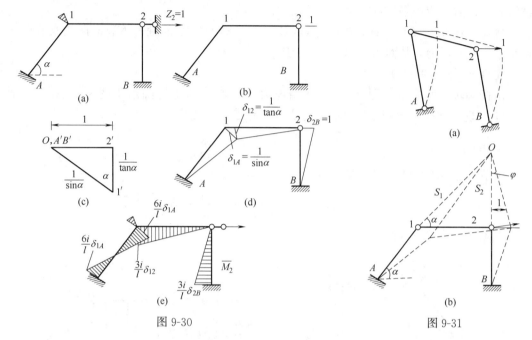

图 9-30　　　　　　　　　　　　　图 9-31

图 9-30a 示平行柱体系，梁可以是水平的，也可以是倾斜的；二柱可以等长，也可以不等长。横梁能发生什么样运动呢？横梁 12 以二链杆 1A 和 2B 与地球相联，其瞬心在无穷远处，只能平动，因而各柱头位移相同，横梁无旋转位移。

当柱子不平行时（图 9-30b），横梁 12 绕瞬心 O 转动，横梁有旋转位移，二柱头位移不同。由柱头 2 的位移 $\Delta_2 = 1$ 可算得横梁 12（刚片）的转角 $\varphi = \dfrac{\Delta_2}{S_2}$，节点 1 的位移 $\Delta_1 = \varphi \cdot S_1 = \dfrac{S_1}{S_2}$，$\Delta_2 = \dfrac{1}{\sin \alpha} \Delta_2$，当 $\Delta_2 = 1$ 时，$\Delta_2 = \dfrac{1}{\sin \alpha}$，与前面利用 α 由位移图（图 9-30c）所得结果相同。

这样，$\overline{M}_1$、$\overline{M}_2$、M_P 都有了，下面计算典型方程中的系数和自由项。典型方程如下：

$$
\left.
\begin{array}{l}
r_{11} Z_1 + r_{12} Z_2 + R_{1P} = 0 \\
r_{21} Z_1 + r_{22} Z_2 + R_{2P} = 0
\end{array}
\right\}
$$

前一个方程中的系数和常数项是附加刚臂的反力矩，算法同前，算得：

$$r_{11} = 4i + 3i = 7i$$

$$r_{12} = -\frac{6i}{l} \delta_{1A} + \frac{3i}{l} \delta_{12} = -\frac{6i}{l} \frac{1}{\sin \alpha} + \frac{3i}{l} \frac{1}{\tan \alpha}$$

$$R_{1P} = -\frac{1}{8} q l^2$$

第二个方程中的系数和自由项是附加支杆的反力，它们不能像平行柱系统一样，取横梁为隔离体，由投影方程（$\sum X=0$）来求，因为在该方程中含斜柱的轴力，而它是未知的。

注意到在基本体系中只有轴力是未知量，所以可用计算桁架的方法（节点法、截面法、它们的联合应用等）计算附加支杆反力。

例如，在 $\overline{M}_1$、$\overline{M}_2$、M_P 图中先截取节点 1，求出杆 12 的轴力 N_{12}；再截取节点 2，即可求出支杆反力，从而得到 r_{21}、r_{22}、R_{2P}。

先算 r_{21}（图 9-32a）。

由杆端转角可求出（图 9-32a）杆端剪力。节点 1 的受力图示于图 9-32b。为了使 N_{1A} 不出现，向垂直于杆 1A 的 n 轴上投影。由 $\sum n=0$ 得：

$$N_{12}=-\frac{6i}{l}\frac{1}{\sin\alpha}+\frac{3i}{l}\frac{1}{\tan\alpha}$$

由节点 2（图 9-32c）的平衡条件 $\sum X=0$ 得：

$$r_{21}=N_{12}=-\frac{6i}{l}\frac{1}{\sin\alpha}+\frac{3i}{l}\frac{1}{\tan\alpha}=r_{12}$$

由图 9-33 计算 r_{22}：

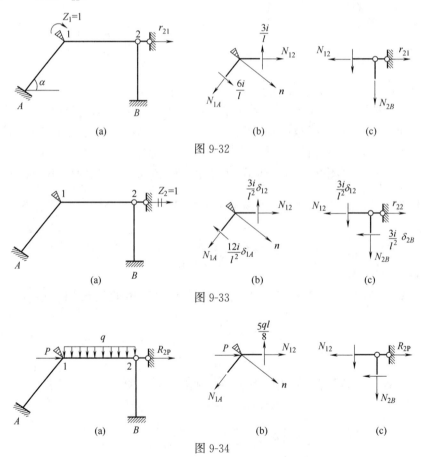

图 9-32

图 9-33

图 9-34

$$N_{12}=\frac{1}{\sin\alpha}\left[\frac{12i}{l^2}\delta_{1A}+\frac{3i}{l^2}\delta_{12}\cos\alpha\right]=\frac{12i}{l^2}\left(\frac{1}{\sin\alpha}\right)^2+\frac{3i}{l^2}\left(\frac{1}{\tan\alpha}\right)^2$$

$$r_{22} = \frac{12i}{l^2}\left(\frac{1}{\sin\alpha}\right)^2 + \frac{3i}{l^2}\left(\frac{1}{\tan\alpha}\right)^2 + \frac{3i}{l^2}$$

由图 9-34 计算 R_{2P}：

$$N_{12} = -P - \frac{5}{8}ql\,\frac{1}{\tan\alpha}$$

$$R_{2P} = N_{12} = -P - \frac{5}{8}ql\,\frac{1}{\tan\alpha}$$

由本例可见，对于斜杆刚架，计算支杆单位位移引起的支杆反力（如本例中的 r_{22}）和荷载引起的支杆反力（如本例中的 R_{2P}）较繁。笔者认为采用下述算法，一般较为简便。

（1）支杆 i 单位位移产生的支杆 i 的反力 r_{ii} 的算式可表示为：

$$r_{ii} = \sum \overline{Q}_s (\delta_{si})^2 \tag{9-13}$$

式中，$\overline{Q}_s$ 为杆 s 两端发生单位相对位移（旋转位移）所产生的剪力；δ_{si} 为由于 $Z_i = 1$ 产生的杆 s 两端的相对位移。

对于本例（图 9-30d）有：

$$r_{2i} = \frac{12i}{l^2}\left(\frac{1}{\sin\alpha}\right)^2 + \frac{3i}{l^2}\left(\frac{1}{\tan\alpha}\right)^2 + \frac{3i}{l^2}$$

与用节点法所得的结果相同。

【证明】 取状态 i（$Z_i = 1$ 的状态，图 9-35）作为作功的力系，同时取状态 i 作为虚位移。按照式 7-7，其虚功方程可以表示为：

$$T_{ii} = V_{ii} \tag{9-14}$$

式中，T 为外力功之和，这里只有支杆反力作功，故：

$$T_{ii} = r_{ii} \cdot 1$$

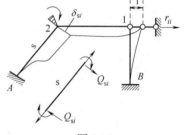

图 9-35

V_{ii} 为各单元上的外力在虚位移上之功之和。这里不取微段为单元，而取杆及节点为单元。节点（图上为节点 1、节点 2，节点的隔离体略去未画）由于体积为零，只有刚体位移，没有变形，且处于平衡，其外力功之和为零。杆单元外力为杆端力 M、Q、N，由于在 $Z_i = 1$ 产生的虚位移中每个节点均无转角（有附加刚臂），各杆端力矩均不作功；由于不计轴向变形且各杆两端轴力相等而反向，杆端轴力之功对消；只有各杆杆端剪力 Q_{si} 在两端相对位移 δ_{si} 上作功。于是：

$$V_{ii} = \sum Q_{si} \cdot \delta_{si} \tag{9-15}$$

而
$$Q_{si} = \overline{Q}_s \cdot \delta_{si} \tag{9-16}$$
所以

$$V_{ii} = \sum \overline{Q}_s (\delta_{si})^2$$

虚功方程（式 9-14）变为

$$r_{ii} = \sum \overline{Q}_s (\delta_{si})^2 \text{（证毕）}$$

（2）支杆 i 的单位位移产生的支杆 j 的反力 r_{ji} 的算式可表为：

$$r_{ji} = \sum \overline{Q}_s \cdot \delta_{si} \cdot \delta_{sj} \tag{9-17}$$

式中，δ_{si}、δ_{sj} 分别为 $Z_i=1$、$Z_j=1$ 产生的杆 s 两端的相对位移。当 δ_{si} 与 δ_{sj} 方向（杆的旋转方向）相同时其乘积取正号。

其证明方法与前相仿。取 $Z_i=1$ 的状态为作为功的力系，取 $Z_j=1$ 的状态为虚位移，即得。

（3）荷载在位移法基本体系上产生的支杆 i 的反力 R_{iP} 的算式可表示为：

$$R_{iP}=-W_P+W_s \tag{9-18}$$

式中，W_P 为作用于节点上的外力在 $Z_i=1$ 状态上之功之和；W_s 为各杆固端力（M、Q、N）在 $Z_i=1$ 状态上之功之和。

对于本例，在节点 1（图 9-36）上有一水平方 P 作用，节点 1 的水平位移（图 9-36c）为 1，故：

$$W_P=P\cdot1=P$$

杆 12 的固端力示于图 9-36b。由于节点无转角，所以固端力矩不作功；由于无轴向变形，且两端轴力相等、反向，所以两端轴力功之和等于零。左端剪力之功为 $-\dfrac{5}{8}ql\cdot$ $\dfrac{1}{\tan\alpha}$，右端无竖向位移，右端剪力 $\dfrac{3}{8}ql$ 不作功。其他杆杆端只有轴力，不作功。于是：

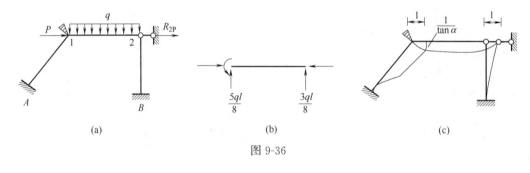

图 9-36

$$W_s=-\frac{5}{8}ql\cdot\frac{1}{\tan\alpha}$$

因此：

$$R_{2P}=-W_P+W_s=-P-\frac{5}{8}ql\cdot\frac{1}{\tan\alpha}$$

与前面节点法所得的结果相同。

【证明】 令荷载对基本体系的作用（例如图 9-36a）为状态 P，$Z_i=1$ 的状态（例如图 9-36c）为状态 i。状态 P 上的力在状态位移上的虚功方程按式 7-4 可以表示为：

$$T_{Pi}=V_{Pi} \tag{9-19}$$

式中，T_{Pi} 为状态 P 上外力之功之和，$T_{Pi}=W_P+W_q+R_{iP}\cdot1$。 $\tag{9-20}$

W_P 为各节点上外力之功之和（这里只在节点 1 上有水平外力 P），W_q 为各非节点力的功之和（这里只有杆 12 上有非节点节力 q）。

V_{Pi} 为作用在各单元上外力在虚位移上之功之和。这里单元包括杆单元及节点单元。节点单元上外力之功之和等于零（前已说明）。杆上外力包括非节点力及固端力。于是：

$$V_{Pi}=\sum(W_q^s+W_s^s) \tag{9-21}$$

式中：W_q^s 为 s 杆上非节点力之功；W_s^s 为 s 杆上固端力 M、Q、N 之功；$\sum$ 表示对各杆求和。

将式 9-20 及式 9-21 代入 $T_{Pi}=V_{Pi}$，得：

$$W_P + W_q + R_{iP} = \sum(W_q^s + W_s^s) \tag{9-22}$$

注意到各杆上的 W_q^s 加起来即为 W_q，各杆的 W_s^s 加起来即为 W，上式变为：

$$W_P + W_q + R_{iP} = W_q + W$$

或

$$R_{iP} = -W_P + W_s$$

即式 9-18。（证毕）

9-7　有无限刚梁的情况

有些结构，其某些构件的刚度比其他构件的刚度大得多，在这种情况下可将这些构件的刚度视为无穷大。例如图 9-37a 所示单层厂房刚架的横梁就可视为无限刚梁。这是由于屋盖的刚度往往比柱子的刚度大得多，所以在水平荷载作用下近似地采取这种计算简图。

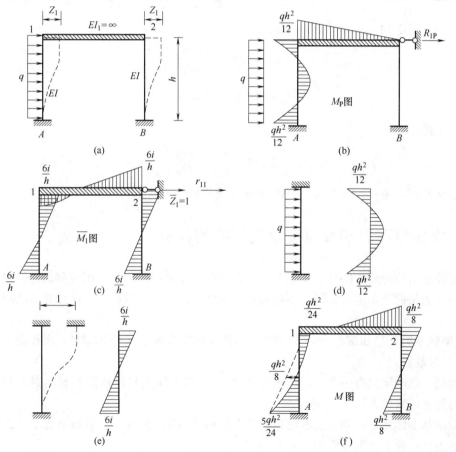

图 9-37

梁的抗弯刚度无穷大的物理意义是：当刚架承受荷载作用时，梁不弯曲，仅发生刚体般的运动，故称之为"无限刚梁"。

存在无限刚梁时，计算可以得到简化。图9-37a所示刚架由于柱子平行，梁只作为刚体平行移动，无论梁移到哪里，梁端都无转角，而柱顶与梁端是刚接的，所以柱顶也无转角，于是无需在节点上加附加刚臂，只需加一个附加支杆就够了，基本体系如图9-37b所示。这样，**当柱子平行，有无限刚梁时，节点无转角**，未知数数目大为减少，对于本例由3变为1。

如上所述，在基本体系上虽未加附加刚臂，但节点并不转动，也就是说，无限刚梁对柱子的约束作用相当于在节点加了附加刚臂，因此柱$1A$的变形情况与两端固定梁相同，其弯矩图如图9-37d所示。至于梁12的杆端弯矩，可由节点平衡条件确定，于是得M_P图（图9-37b）。

当附加支杆发生单位位移$Z_1=1$时（图9-37c），根据前述理由，各节点均不转动，因此各柱的受力情况与两端固定梁支座发生单位相对位移的情况（图9-37e）相同，应先作出两柱的弯矩图，然后由节点平衡条件确定梁端弯矩，再作梁的弯矩图，于是得$\overline{M}_1$图（图9-37c）。

典型方程为：

$$r_{11}Z_1+R_{1P}=0$$

由$\overline{M}_1$图及M_P图的截面平衡条件求得：

$$r_{11}=2\times\frac{12i}{h^2}=\frac{24i}{h^2}$$

$$R_{1P}=-\frac{1}{2}qh$$

由此得：

$$Z_1=-\frac{R_{1P}}{r_{11}}=\frac{qh^2}{48i}$$

最终弯矩图按式$M=\overline{M}_1Z_1+M_P$绘得，如图9-37f所示。

9-8 支座位移影响及温度改变影响的计算

超静定结构受到支座位移或温度改变影响时一般会产生内力。用位移法计算时，基本原理和方法与荷载作用时相同，不同的只是典型方程中的自由项。具体计算方法通过例题说明。

【例题9-9】 已知图9-38a（即图9-6a）所示刚架支座B向下移动Δ，求作弯矩图。各杆$EI=$常数。

【解】 此刚架只有一个节点转角未知量Z_1，基本体系与计算荷载影响时相同（基本体系与外界因素无关）。

根据基本体系在已知的支座位移和节点转角Z_1共同影响下，附加刚臂中的总反力矩为零的条件，建立典型方程为：

$$r_{11}Z_1+R_{1c}=0$$

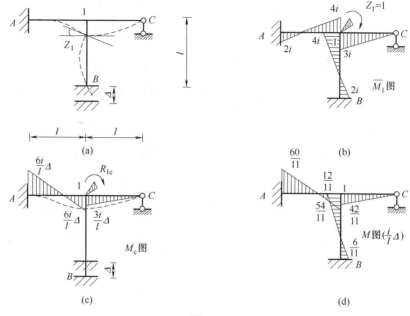

图 9-38

式中，R_{1c} 为基本体系由于支座移动而引起的附加刚臂的反力矩，系数 r_{11} 与外界因素无关，求法与荷载作用时相同，绘出 $\overline{M}_1$ 图（图 9-38b）后，求得：

$$r_{11}=4i+4i+3i=11i$$

为求自由项 R_{1c}，应作出基本体系在已知的支座位移影响下的弯矩图（M_c 图）。将已知的支座位移 Δ 加到基本体系上，由表 9-1 查出各杆的固端弯矩并参照变形曲线（图 9-38c 虚线）便可绘出 M_c 图（图 9-38c）。在 M_c 图中，由节点 C 的力矩平衡条件 $\sum M=0$ 求得：

$$R_{1c}=-\frac{bi}{l}\Delta+\frac{3i}{l}\Delta=-\frac{3i}{l}\Delta$$

将 r_{11} 和 R_{1c} 之值代入典型方程，解得：

$$Z_1=-\frac{R_{1P}}{r_{11}}=\frac{3}{11}\frac{\Delta}{l}$$

最终弯矩图按式 $M=\overline{M}_1Z_1+M_c$ 计算，如图 9-38d 所示。

由本例可见，**支座位移影响计算与荷载影响计算的差别，仅仅在于以 $\boldsymbol{M_c}$ 图代替 $\boldsymbol{M_P}$ 图，以 $\boldsymbol{R_{1c}}$ 代替 $\boldsymbol{R_{1P}}$。**

【**例题 9-10**】 图 9-39a 所示刚架，内外温度均升高 t，求作弯矩图。各杆 $EI=$ 常数，材料的线膨胀系数为 α。

【**解**】 处理方法与支座位移影响相同。典型方程为：

$$r_{11}Z_1+R_{1t}=0$$

其物理意义是：基本体系在温度改变和节点转角 Z_1 共同作用下，附加刚臂中的总反力矩等于零。式中 R_{1t} 为基本体系由于温度改变而引起的附加刚臂的反力矩。

$\overline{M}_1$ 图及 r_{11} 与上题相同。

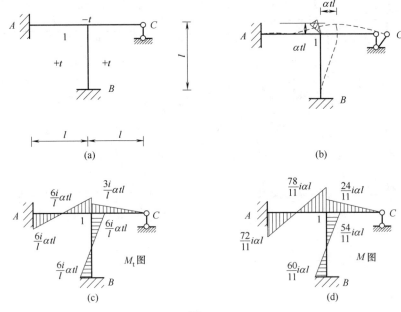

图 9-39

为求自由项 R_{1t}，应算出基本体系由于温度改变引起的各杆的固端弯矩，并作出弯矩图（M_t 图）。

在基本体系中，由于温度平均升高，各杆均伸长 αtl❶，由此引起各杆两端发生相对线位移，根据图 9-39b 的几何关系，可求得各杆两端相对线位移为：

$$\Delta_{1A} = -\alpha tl$$
$$\Delta_{1C} = \alpha tl$$
$$\Delta_{1B} = \alpha tl$$

杆端相对线位移将使杆发生弯曲变形而产生固端弯矩，利用表 9-1 便可作出 M_t 图（图 9-39c）。

由 M_t 图求得：

$$R_{1t} = \frac{6i\alpha tl}{l} - \frac{3i\alpha tl}{l} - \frac{6i\alpha tl}{l} = -3i\alpha t$$

将 r_{11} 和 R_{1t} 值代入典型方程，有：

$$11iZ_1 - 3i\alpha t = 0$$

解得：

$$Z_1 = \frac{3}{11}\alpha i$$

最终弯矩图按式 $M = \overline{M}_1 Z_1 + M_t$ 计算，如图 9-39d 所示。

由本题可见，**温度改变影响计算与荷载影响计算的差别，仅仅在于以 M_t 图代替 M_P 图，以 R_{1t} 代替 R_{1P}。**

【**例题 9-11**】 图 9-40a 所示刚架，内部温度升高 t，外部温度下降 t，求作弯矩图。各

---

❶ 由于不计轴力引起的变形，所以杆轴的伸长等于自由温度伸长。

杆截面相同，且均为矩形，其高度 $h=\dfrac{l}{20}$，材料弹性模量 $E=$ 常数，线膨胀系数为 α。

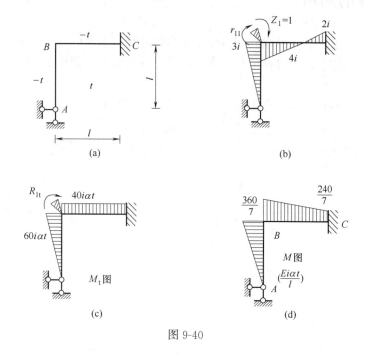

图 9-40

【解】　在节点 B 加附加刚臂得基本体系。相应的基本未知量为节点 B 的转角 Z_1。典型方程为：

$$r_{11}Z_1+R_{1t}=0$$

绘出 $\overline{M}_1$ 图（图 9-40b），求得：

$$r_{11}=4i+3i=7i$$

再作 M_t 图，求自由项 R_{1t}。

由题意知，各杆轴处的温度改变值为 $t_0=(-t+t)/2=0$，所以各杆不伸长（或缩短）；杆两侧温度改变值之差为 $t'=t-(-t)=2t$，将不会使各杆产生轴向变形，只产生弯曲，由此引起的各杆固端弯矩可直接由表 9-1 查得：

$$M_{BC}^{V}=-\frac{EI\alpha t'}{h}=\frac{-EI\alpha\times 2t}{l/20}=-40i\alpha t$$

$$M_{CB}^{V}=\frac{EI\alpha t'}{h}=40i\alpha t$$

$$M_{BA}^{V}=\frac{3EI\alpha t'}{2h}=\frac{3EI\alpha\times 2t}{2l/20}=60i\alpha t$$

据此绘出 M_t 图，如图 9-40c 所示。在 M_t 图中截取节点 B 为隔离体，可得：

$$R_{1t}=60i\alpha t-40i\alpha t=20i\alpha t$$

将 r_{11} 和 R_{1t} 代入典型方程，解得：

$$Z_1=-\frac{R_{1t}}{r_{11}}=-\frac{20i\alpha t}{7i}=-\frac{20}{7}\alpha t$$

最终弯矩图按式 $M=\overline{M}_1Z_1+M_t$，如图 9-40d 所示。

9-9 对称性的利用

与力法一样，位移法也可以利用对称性来简化计算。如所已知，对称结构在对称荷载作用下位移是对称的，在反对称荷载作用下位移是反对称的。利用这个性质，在用位移法计算超静定结构时，可使位移未知量大为减少。

【例题 9-12】 利用对称性作图 9-41a 所示刚架的弯矩图。

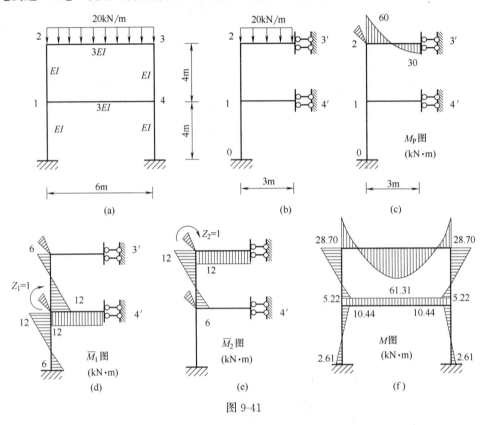

图 9-41

【解】 取等代结构如图 9-41b 所示，它有两个节点转角未知量，典型方程为：

$$r_{11}Z_1 + r_{12}Z_2 + R_{1P} = 0$$
$$r_{21}Z_1 + r_{22}Z_2 + R_{2P} = 0$$

图 9-41c、d、e 分别表示其 M_P 图、$\overline{M}_1$ 图及 $\overline{M}_2$ 图。

计算中采用了相对刚度，即令 $EI=12$，则 $i_{23}=i_{14}=\dfrac{3EI}{3}=12$；$i_{01}=i_{12}=\dfrac{EI}{4}=3$。

此外，横梁为一端固定另端定向支承梁，其杆端弯矩可由表 9-1 查得。应当注意，此梁比原来两端固定梁短了一半，故其线刚度大了一倍；但也可以将原来的两端固定梁在对称情况下的弯矩图作出，然后取其一半。例如，图 9-42a 所示梁一端（A 端）转动的情况，相当于图 9-42b 所示两端固定梁两端对称转动的情况。在荷载作用下的弯矩图也可仿此作出（图 9-42c、d）。

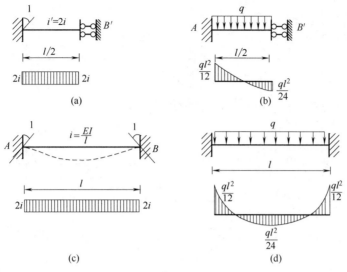

图 9-42

求得各系数和自由项为：

$$r_{11}=36, r_{12}=r_{21}=6, r_{22}=24$$
$$R_{1P}=0, R_{2P}=-60$$

代入典型方程，得：

$$\left.\begin{array}{r}36Z_1+6Z_2=0\\6Z_1+24Z_2-60=0\end{array}\right\}$$

解之得：

$$Z_1=-0.435, Z_2=2.609$$

按式 $M=\overline{M}_1 Z_1+\overline{M}_2 Z_2+M_P$ 作出等代结构的弯矩图，并利用对称关系作出原刚架的弯矩图，如图 9-41f 所示。

【**例题 9-13**】　利用对称性作图 9-43a 所示刚架的弯矩图，各杆 $EI=$ 常数。

【**解**】　由于刚架及荷载对于水平及竖直两个轴都是对称的，所以只需计算四分之一刚架，其等代结构如图 9-43b 所示，有一个基本未知量（节点 1 的转角），典型方程为：

$$r_{11}Z_1+R_{1P}=0$$

M_P 图及 $\overline{M}_1$ 图如图 9-43c 及 d 所示。

据此，由平衡条件求得：

$$r_{11}=4i+2i=6i$$
$$R_{1P}=-\frac{1}{12}ql^2$$

将 r_{11} 和 R_{1P} 值代入典型方程，得：

$$6iZ_1-\frac{1}{12}ql^2=0$$

解之得：

$$Z_1=\frac{ql^2}{72i}$$

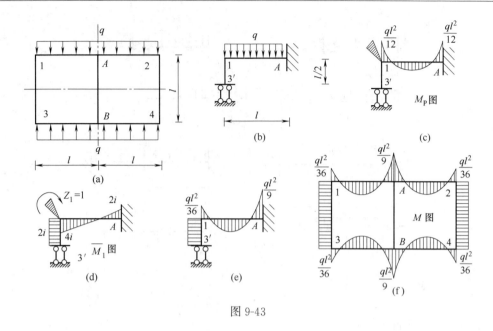

图 9-43

等代结构的弯矩图如图 9-43e 所示。利用对称关系作出整个刚架的弯矩图，如图 9-43f 所示。

若对称结构承受一般荷载，可将荷载分解为对称和反对称的两组分别计算，然后将两结果叠加。

例如欲计算图 9-44a 所示对称刚架，可将荷载分解为一组对称的（图 9-44b）和一组反对称的（图 9-44c）荷载，然后分别取它们的等代结构（图 9-44d、e）进行计算。

对称荷载作用下的等代结构，有两个基本未知量，这种情况已在例题 9-12 中讨论过，这里不再赘述。

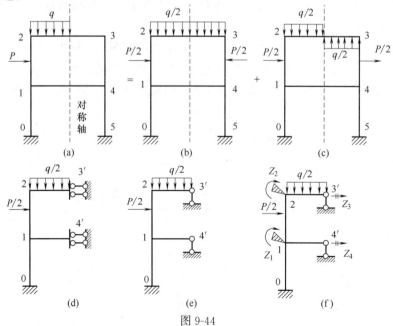

图 9-44

　　反对称荷载作用下的等代结构共有四个基本未知量：两个节点转角 Z_1、Z_2 和两个独立线位移 Z_3、Z_4，其基本体系如图 9-44f 所示，在计算上无任何特殊之处。

　　上面都是用位移法来分析两个等代结构的。显然，这两个等代结构不一定要用同一种方法分析，应当根据它们的特点分别选译适当的计算方法。对于本题，对称情况的等代结构用位移法计算有两个基本未知量，用力法计算则有四个基本未知量，故采用位移法简便；反对称情况的等代结构用位移法计算有四个基本未知量，而用力法计算只有两个基本未知量，故采用力法简便。

　　像这样，对称情况用一种方法计算，反对称情况用另种方法计算的方法，叫作**联合法**。

　　对于每一个结构都要经过具体分析，以选出最适当的计算方法。一般来说，对称情况独立位移的数目少于多余约束的数目，应采用位移法；反对称情况，与之相反，应采用力法。

　　【例题 9-14】　试选择图 9-45a 所示对称刚架的计算方法。EI＝常数。

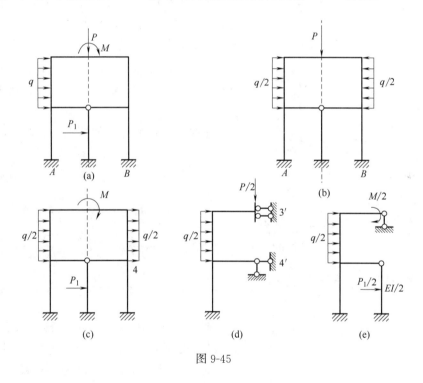

图 9-45

　　【解】　将荷载分解为对称和反对称两组（图 9-45b、c）。对称和反对称荷载作用下的等代结构分别如图 9-45d、e 所示。两种情况下用力法和位移法计算时的基本未知量数目见表 9-2。

基本未知量数目　　　　　　　　　　　　　　　　　　　　表 9-2

荷载	总荷数	对称荷数	反对称荷数
力法	7	4	3
位移法	6	2	4

可以看出，对称荷载应采用位移法，反对称荷载应采用力法。

9-10 直接利用平衡条件建立位移法方程

位移法方程除可以写成如前所述的典型方程（附加约束反力等于零）的形式外，还可以写成平衡方程（节点平衡方程、截面平衡方程）的形式。其做法是把杆端力写成公式的形式，即表示为荷载和杆端位移（节点位移）的函数，而无需绘制基本体系的单位弯矩图及荷载弯矩图。然后直接在原结构的相应节点和截面上建立平衡方程，从而得到位移法方程。

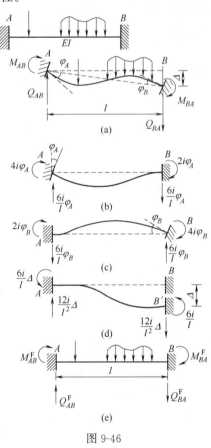

图 9-46

一、杆端力表达式（转角位移方程）

设两端固定梁 AB（图 9-46a）受图示荷载作用，并且两端支座发生转动和移动，A 端转角为 φ_A，B 端转角为 φ_B，A、B 两端相对竖向线位移为 Δ，现欲求该梁的杆端力。图 9-46a 中杆端位移和杆端力均假定为正向。

根据叠加原理，图 9-46a 所示情况的杆端力，可看成是图 9-46b、c、d、e 四种情况杆端力的叠加。

于是得两端固定梁的杆端力表达式：

$$\left.\begin{array}{l} M_{AB}=4i\varphi_A+2i\varphi_B-\dfrac{6i}{l}\Delta+M_{AB}^{\mathrm{F}} \\[2mm] M_{BA}=2i\varphi_A+4i\varphi_B-\dfrac{6i}{l}\Delta+M_{BA}^{\mathrm{F}} \\[2mm] Q_{AB}=-\dfrac{6i}{l}\varphi_A-\dfrac{6i}{l}\varphi_B+\dfrac{12i}{l^2}\Delta+Q_{AB}^{\mathrm{F}} \\[2mm] Q_{BA}=-\dfrac{6i}{l}\varphi_A-\dfrac{6i}{l}\varphi_B+\dfrac{12i}{l^2}\Delta+Q_{BA}^{\mathrm{F}} \end{array}\right\} \quad (9\text{-}23)$$

式 9-23 称为两端固定梁的**转角位移方程**。它表明在一般情况下任一杆端弯矩均由四个弯矩叠加而成，这四个弯矩是：所考察杆端的转角引起的弯矩、另端转角引起的弯矩、两端相对线位移引起的弯矩以及荷载在两端固定情况下所引起的弯矩。杆端剪力也类似。

其实，这四个式子只要记住两个（一个杆端弯矩和一个杆端剪力）就可以了，例如将 M_{AB} 理解为所求那端的杆端弯矩，φ_A 理解为所求那端的转角，φ_B 理解为另端的转角，M_{AB}^{F} 理解为所求端的固端弯矩，则任何一端的杆端弯矩算式都可以写出了。杆端剪力也是这样。

同理可以得到一端固定另一端铰支梁（图 9-47）的转角位移方程为：

$$M_{AB} = 3i\varphi_A - \frac{3i}{l}\Delta + M_{AB}^F$$

$$M_{BA} = 0$$

$$Q_{AB} = -\frac{3i}{l}\varphi_A + \frac{3i}{l^2}\Delta + Q_{AB}^F$$

$$Q_{BA} = -\frac{3i}{l}\varphi_A + \frac{3i}{l^2}\Delta + Q_{BA}^F$$

$$(9-24)$$

一端固定另一端滑动梁（图 9-48）的转角位移方程为：

$$M_{AB} = i\varphi_A + M_{AB}^F$$

$$M_{BA} = -i\varphi_A + M_{BA}^F$$

$$Q_{AB} = Q_{AB}^F$$

$$Q_{BA} = 0$$

$$(9-25)$$

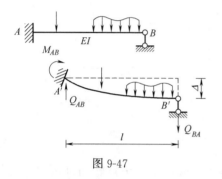

图 9-47

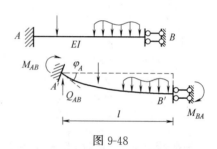

图 9-48

以上各式中的固端弯矩和固端剪力值，可根据具体的荷载由表 9-1 中查得

式 9-23～式 9-25 表明，当已知荷载、杆端转角和杆两端相对线位移时，杆端力矩和剪力即可确定。

有了转角位移方程，就可直接建立位移法方程。

二、直接利用平衡条件建立位移法方程

当体系处于真正的平衡位置（恢复自然状态）时，附加约束不起作用，反力等于零，这样就得到了位移法典型方程。从另一方面来看，当附加约束不起作用时，体系就在无附加约束情况下处于平衡状态。因此可以用平衡方程代替典型方程去确定真正的平衡位置（应有的位移）。

例如，图 9-49a 所示的无侧移刚架，当 Z_1 为真正的转角时附加刚臂不起作用（图 9-49b），$R_1 = 0$。节点 1（图 9-49c）的平衡条件由 $\sum M_1 = 0$ 给出：

$$M_{1A} + M_{1B} + M_{1C} = 0 \qquad (9-26)$$

根据转角位移方程，有：

$$M_{1A} = 4i\varphi_{1A}$$

$$M_{1B} = 4i\varphi_{1B}$$

$$M_{1C} = 3i\varphi_{1C} - \frac{3}{16}Pl$$

$$(9-27)$$

再由变形协调条件，将杆端转角用节点转角 Z_1 表示，即：

$$\varphi_{1A} = \varphi_{1B} = \varphi_{1C} = Z_1$$

则式 9-27 可写为：

$$\left. \begin{array}{l} M_{1A} = 4iZ_1 \\ M_{1B} = 4iZ_1 \\ M_{1C} = 3iZ_1 - \dfrac{3}{16}Pl \end{array} \right\} \tag{9-28}$$

将式 9-28 代入式 9-26 整理后得：

$$11iZ_1 - \frac{3}{16}Pl = 0 \tag{9-29}$$

可见与典型方程所得结果（参阅第 9-2 节）完全相同。解出 Z_1 后利用转角位移方程，即可求得各杆端弯矩。

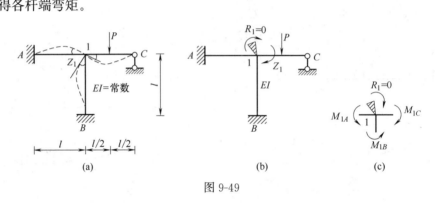

图 9-49

在一般情况下，当结构有 n 个基本未知量时，对应每一个节点转角都可写一个相应刚节点的力矩平衡方程，每一个独立节点线位移都可写一个相应的截面平衡方程。平衡方程数目恒与基本未知量数目相等，因而可求解出 n 个节点位移。

【例题 9-15】　用直接写平衡方程的方法解图 9-50a 所示连续梁，作弯矩图。

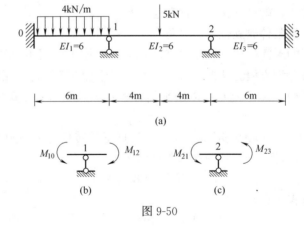

图 9-50

【解】　（1）确定基本未知量

有两个基本未知量：节点 1、2 的转角 Z_1、Z_2。

（2）写出杆端弯矩表达式

先计算各杆线刚度

$$i_{01}=\frac{6}{6}=1,\ i_{12}=\frac{16}{8}=2,\ i_{23}=\frac{6}{6}=1$$

写杆端弯矩式时，转角 Z_1、Z_2 均假设为正向（顺时针转）。

按式 9-23，有：

$$\left.\begin{aligned} M_{10}&=4i_{01}\varphi_{10}+M_{10}^{\mathrm{F}}=4Z_1+12 \\ M_{01}&=2i_{01}\varphi_{10}+M_{01}^{\mathrm{F}}=2Z_1-12 \\ M_{12}&=4i_{12}\varphi_{12}+2i_{12}\varphi_{21}+M_{12}^{\mathrm{F}}=8Z_1+4Z_2-5 \\ M_{21}&=2i_{12}\varphi_{12}+4i_{12}\varphi_{21}+M_{21}^{\mathrm{F}}=4Z_1+8Z_2+5 \\ M_{23}&=4i_{23}\varphi_{23}=4Z_2 \\ M_{32}&=2i_{23}\varphi_{23}=2Z_2 \end{aligned}\right\} \tag{9-30}$$

（3）列节点平衡方程

截取节点 1、2 为隔离体（图 9-50b、c），各杆端弯矩均假设为正向，由 $\sum M_1=0$、$\sum M_2=0$ 得：

$$\left.\begin{aligned} M_{10}+M_{12}&=0 \\ M_{21}+M_{23}&=0 \end{aligned}\right\} \tag{9-31}$$

将式 9-30 中的有关杆端弯矩代入上式，整理得：

$$\left.\begin{aligned} 12Z_1+4Z_2+7&=0 \\ 4Z_1+12Z_2+5&=0 \end{aligned}\right\} \tag{9-32}$$

（4）求解基本未知量

由式 9-32 解得：

$$Z_1=-0.5,\ Z_2=-0.25$$

（5）计算杆端弯矩

将 Z_1、Z_2 之值代回式 9-30，得：

$$\left.\begin{aligned} M_{10}&=4\times(-0.5)+12=10 \\ M_{01}&=2\times(-0.5)-12=-13 \\ M_{12}&=8\times(-0.5)+4\times(-0.25)-5=-10 \\ M_{21}&=4\times(-0.5)+8\times(-0.25)+5=1 \\ M_{23}&=4\times(-0.25)=-1 \\ M_{32}&=2\times(-0.25)=-0.5 \end{aligned}\right\}$$

（6）作弯矩图

根据杆端弯矩作弯矩图，如图 9-50d 所示。

【例题 9-16】　用直接写平衡方程的方法解图 9-51a 所示刚架，作弯矩图。

【解】　（1）确定基本未知量

因横梁抗弯刚度无穷大，故节点无转角，只有两横梁的水平位移 Z_1、Z_2 是基本未知量。为了不致弄错，可绘出变形曲线草图，标明未知位移，并假设 Z_1、Z_2 均向右。

（2）杆端剪力表达式

由于基本未知量是水平位移，与此相应，应取横梁为隔离体，写出柱端剪力的投影平

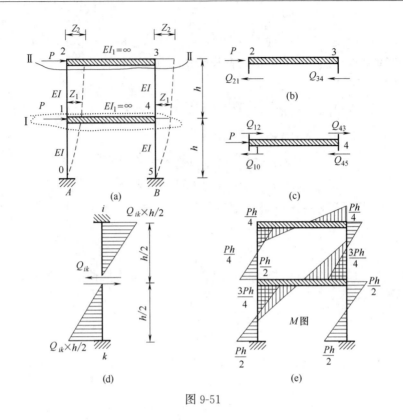

图 9-51

衡方程求解，所以需先写出杆端剪力表达式。

设 $i = \dfrac{EI}{h}$，按式 9-23，有：

$$
\left.
\begin{aligned}
Q_{10} &= Q_{01} = \frac{12i}{h^2}\Delta_{10} = \frac{12i}{h^2}Z_1 \\[4pt]
Q_{45} &= Q_{54} = \frac{12i}{h^2}\Delta_{45} = \frac{12i}{h^2}Z_1 \\[4pt]
Q_{21} &= Q_{12} = \frac{12i}{h^2}\Delta_{21} = \frac{12i}{h^2}(Z_2 - Z_1) \\[4pt]
Q_{34} &= Q_{43} = \frac{12i}{h^2}\Delta_{34} = \frac{12i}{h^2}(Z_1 - Z_2)
\end{aligned}
\right\}
\tag{9-33}
$$

应当注意：转角位移方程中的 Δ 为杆件两端的相对线位移，这里所取的 Z_1 是横梁 14 的绝对线位移，也是相对线位移，Z_2 是横梁 42 的绝对线位移，所以 $\Delta_{21} = \Delta_{34} = Z_2 - Z_1$。

（3）列截面平衡方程

分别作截面 Ⅰ—Ⅰ、Ⅱ—Ⅱ，截取横梁 14、23 为隔离体（图 9-51b、c），由 $\sum X = 0$ 得：

$$
\left.
\begin{aligned}
Q_{10} + Q_{45} - Q_{12} - Q_{43} - P &= 0 \\
Q_{21} + Q_{34} - P &= 0
\end{aligned}
\right\}
\tag{9-34}
$$

将式 9-33 中有关杆端剪力代入式 9-34，整理后得：

$$\left.\begin{array}{c} \dfrac{48i}{h^2}Z_1 - \dfrac{24i}{h^2}Z_2 - P = 0 \\[2mm] -\dfrac{24i}{h^2}Z_1 + \dfrac{24i}{h^2}Z_2 - P = 0 \end{array}\right\} \tag{9-35}$$

（4）求解基本未知量

解式 9-35 得：

$$Z_1 = \frac{Ph^2}{12i},\ Z_2 = \frac{Ph^2}{8i}$$

（5）计算杆端剪力

将 Z_1、Z_2 之值代入式 9-33，得：

$$Q_{10} = Q_{01} = Q_{45} = Q_{54} = P$$

$$Q_{21} = Q_{12} = Q_{34} = Q_{43} = \frac{P}{2}$$

（6）作弯矩图

有了杆端剪力，各柱的受力情况便清楚了。由于各柱上均无荷载，两端无转角，则弯矩零点位于柱中点，因此柱两端弯矩均为 $Q_{ik}\dfrac{h}{2}$（图 9-51d），据此容易作出弯矩图，如图 9-51e 所示。

也可以利用转角位移方程由 Z_1、Z_2 算出杆端弯矩。

可以看出，写平衡方程的方法与写典型方程相比较，其优点是不必绘制单位弯矩图与荷载弯矩图，缺点是物理形象不够鲜明。写典型方程的方法的解题步骤与力法相似，比较规范化，易于掌握，特别对初学者。一般地说，对平行柱刚架写平衡方程要简便些，对有斜杆刚架写典型方程要简便些。

9-11　以位移法计算等高排架——剪力分配法

图 9-52a 是两个等高排架的例子。由于生产工艺要求，各柱下端可能不在同一标高，各柱顶端也可能不在同一标高。如所已知，当发生变形时，由于柱子平行，梁平行移动，这两个排架的各柱顶水平位移均分别相等。这样的排架称为**等高排架**。显然，用位移法计算时，等高排架只有一个基本未知量，即各柱顶的水平位移 Δ，就是利用这个特点提出了剪力分配法。

先讨论一个基本情况，即排架只承受节点水平力的情况。

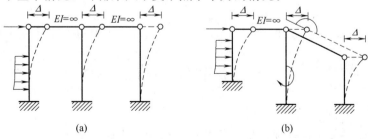

图 9-52

以图9-52b所示排架为例，设其只在左柱顶端受一水平力 P 作用（图9-53a）。作截面 I—I 截取横梁为隔离体（图9-53a、b），其平衡条件为：

$$Q_{1A} + Q_{2B} + Q_{3C} - P = 0 \tag{9-36}$$

如果各柱都是等截面柱，则由转角位移方程（式9-23），有：

$$Q_{1A} = \frac{3i_{1A}}{h_1^2}\Delta ; Q_{2B} = \frac{3i_{2B}}{h_2^2}\Delta ; Q_{3C} = \frac{3i_{3C}}{h_3^2}\Delta \tag{9-37}$$

由于 i 也与柱高 h 有关，将上式改写为：

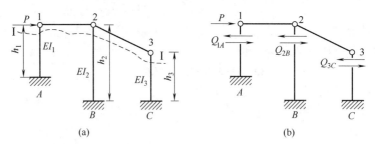

图 9-53

$$Q_{1A} = \frac{3EI_1}{h_1^3}\Delta ; Q_{2B} = \frac{3EI_2}{h_2^3}\Delta ; Q_{3C} = \frac{3EI_3}{h_3^3}\Delta \tag{9-38}$$

将式9-38代入平衡方程（式9-36）并解之，得：

$$\Delta = \frac{P}{\dfrac{3EI_1}{h_1^3} + \dfrac{3EI_2}{h_2^3} + \dfrac{3EI_3}{h_3^3}} = \frac{P}{\displaystyle\sum_{i=1}^{3}\frac{3EI_i}{h_i^3}} \tag{9-39}$$

将柱顶位移 Δ 代回式9-38得柱顶剪力：

$$\left. \begin{array}{l} Q_{1A} = \dfrac{\dfrac{3EI_1}{h_1^3}}{\displaystyle\sum_{i=1}^{3}\dfrac{3EI_i}{h_i^3}}P , Q_{2B} = \dfrac{\dfrac{3EI_2}{h_2^3}}{\displaystyle\sum_{i=1}^{3}\dfrac{3EI_i}{h_i^3}}P , \\[20pt] Q_{3C} = \dfrac{\dfrac{3EI_3}{h_3^3}}{\displaystyle\sum_{i=1}^{3}\dfrac{3EI_i}{h_i^3}}P \end{array} \right\} \tag{9-40}$$

由式9-40可见，各柱柱顶剪力与 $\dfrac{3EI}{h^3}$ 成正比，且各柱顶剪力之和等于外力 P。我们可以说外力 P 是按 $\dfrac{3EI}{h^3}$ 的比例分配于各柱顶的。柱子愈短而粗（h 小、I 大），分给柱顶的剪力就愈大。

式9-40中，$\dfrac{3EI}{h^3}$ 是使柱顶发生单位位移在柱顶所需施加的剪力（图9-54a），称为柱的**抗剪刚度或柱顶刚度**（图 9-54a、b 是相当的），以 $\overline{Q}$ 表示。厂房柱子由于有吊车，往往是阶梯形的，其 $\overline{Q}$ 可由表查出 ❶。对于单阶柱（图 9-54c）可按下式计算

$$\overline{Q}=\frac{K_0 EI_{下}}{H^3} \tag{9-41}$$

其中：

$$K_0=\frac{3}{1+\lambda^3\left(\dfrac{1}{n}-1\right)}, n=\frac{I_{上}}{I_{下}}, \lambda=\frac{H_{上}}{H}$$

于是式 9-40 可写为：

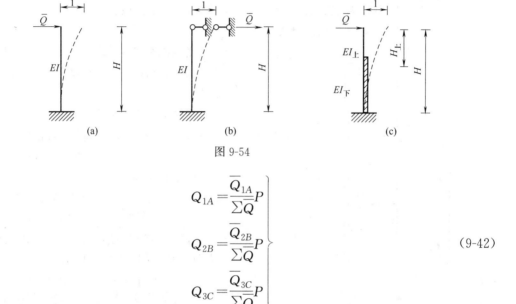

图 9-54

$$\left. \begin{array}{l} Q_{1A}=\dfrac{\overline{Q}_{1A}}{\sum\overline{Q}}P \\[4mm] Q_{2B}=\dfrac{\overline{Q}_{2B}}{\sum\overline{Q}}P \\[4mm] Q_{3C}=\dfrac{\overline{Q}_{3C}}{\sum\overline{Q}}P \end{array} \right\} \tag{9-42}$$

式中，$\sum\overline{Q}$ 为各柱抗剪刚度之和，称为**排架侧移刚度，简称排架刚度，**它是使排架横梁发生单位位移所需施加的水平力。注意到 $\overline{Q}$ 与荷载无关，属于体系常数，则式 9-42 表示节点力 P 以 $\dfrac{\overline{Q}}{\sum\overline{Q}}$ 为比例系数分配于各柱顶。我们称该系数为柱的**剪力分配系数，**并以 η 表示，即

$$\eta=\frac{\overline{Q}}{\sum\overline{Q}} \tag{9-43}$$

显然，各柱的剪力分配系数之和等于 1。即

$$\sum\eta=1 \tag{9-44}$$

各柱顶剪力为：

---

❶　见《单层厂房排架计算公式》（刘百铨著，中国建筑工业出版社，1973）；《建筑结构静力计算实用手册（第 3 版）》（姚谏主编，中国建筑工业出版社，2021）。

$$\left.\begin{array}{l} Q_{1A} = \eta_{1A}P \\ Q_{2B} = \eta_{2B}P \\ Q_{3C} = \eta_{3C}P \end{array}\right\} \tag{9-45}$$

称这种在节点力作用下的柱顶剪力为**分配剪力**。所以此法称为**剪力分配法**。

可以看出，在计算中我们并没有求出基本未知量 Δ，而是利用导出的剪力分配系数直接求出柱顶剪力。这就是剪力分配法的基本运算。这一方法给出了**内力**❶**按杆件刚度进行分配**的概念。

在节点力作用下，各柱顶剪力的计算步骤为：

(1) 按式 9-41 计算各柱的抗剪刚度，

(2) 按式 9-43 计算各柱的剪力分配系数，并用式 9-44 校核。

(3) 按式 9-45 计算各柱顶的分配剪力。

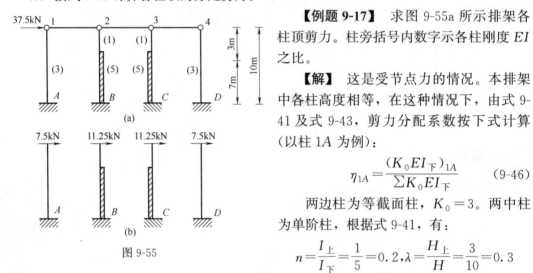

图 9-55

【例题 9-17】 求图 9-55a 所示排架各柱顶剪力。柱旁括号内数字示各柱刚度 EI 之比。

【解】 这是受节点力的情况。本排架中各柱高度相等，在这种情况下，由式 9-41 及式 9-43，剪力分配系数按下式计算（以柱 $1A$ 为例）：

$$\eta_{1A} = \frac{(K_0 EI_下)_{1A}}{\sum K_0 EI_下} \tag{9-46}$$

两边柱为等截面柱，$K_0 = 3$。两中柱为单阶柱，根据式 9-41，有：

$$n = \frac{I_上}{I_下} = \frac{1}{5} = 0.2, \lambda = \frac{H_上}{H} = \frac{3}{10} = 0.3$$

则

$$K_0 = \frac{3}{1 + 0.3^3 \left(\dfrac{1}{0.2} - 1 \right)} = 2.708$$

算得：

$$\sum K_0 EI_下 = (3 \times 3 + 2.708 \times 5) \times 2 = 45$$

$$\eta_{1A} = \frac{3 \times 3}{45} = 0.2 = \eta_{4D}$$

$$\eta_{2B} = \frac{2.708 \times 5}{45} = 0.3 = \eta_{3C}$$

校核剪力分配系数：

$$\eta_{1A} + \eta_{2B} + \eta_{3C} + \eta_{4D} = 0.2 + 0.3 + 0.3 + 0.2 = 1 \tag{无误}$$

由此得分配剪力：

---

❶ 下一章的力矩分配法与此类似，那里是将节点力偶按杆件的抗弯刚度进行分配。

$$Q_{1A}=Q_{4D}=\eta_{1A}P=0.2\times37.5=7.5\text{kN}$$
$$Q_{2B}=Q_{3C}=\eta_{2B}P=0.3\times37.5=11.25\text{kN}$$

各柱受力情况如图 9-55b 所示。

下面讨论一般情况。

设排架受任意荷载作用，包括节点力和非节点力（图 9-56a）。我们设法通过节点力情况来计算。为此在节点 3 加一水平附加支杆（图 9-56b），使排架不能发生侧移，这样每个柱都成为一端固定另端铰支柱（图 9-57b）。然后加上荷载，这时由荷载引起的各柱铰支端反力均可利用计算手册中的公式或图表❶求出。这些反力也相当于加了支杆后的各柱顶剪力，但符号相反，称为固端剪力。由横梁（图 9-56b 及图 9-57a）的平衡条件求出附加支杆的反力为：

$$R=P-Q_{1A}^{\text{F}}-Q_{2B}^{\text{F}}-Q_{3C}^{\text{F}}$$

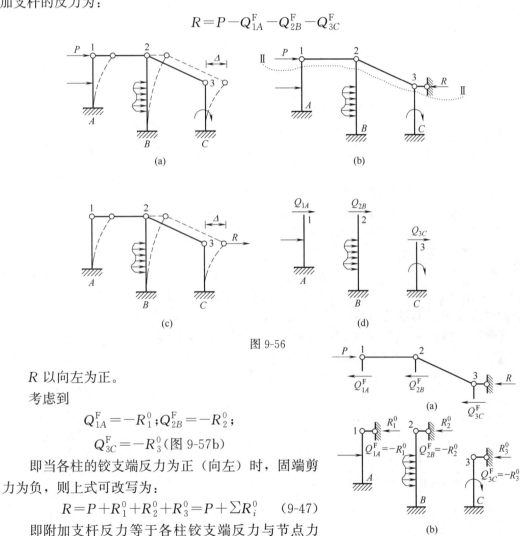

图 9-56

R 以向左为正。

考虑到

$$Q_{1A}^{\text{F}}=-R_1^0;Q_{2B}^{\text{F}}=-R_2^0;$$
$$Q_{3C}^{\text{F}}=-R_3^0\text{（图 9-57b）}$$

即当各柱的铰支端反力为正（向左）时，固端剪力为负，则上式可改写为：

$$R=P+R_1^0+R_2^0+R_3^0=P+\sum R_i^0 \qquad (9\text{-}47)$$

即附加支杆反力等于各柱铰支端反力与节点力之和。

图 9-57

---

❶　见《单层厂房排架计算公式》（刘百铨著，中国建筑工业出版社，1973）；《建筑结构静力计算实用手册（第 3 版）》（姚谏主编，中国建筑工业出版社，2021）。

注意：这里反力以向左为正，节点力以向右为正。

现在去掉支杆，使图 9-56b 所示排架产生原体系应有的位移 Δ，这相当于在节点 3 加一个与 R 相等而反向的力（图 9-56c），这个力是悬节点力，在它作用下产生的各柱顶剪力（分配剪力）可以按前面讲的方法计算。

经过以上两个步骤，就消除了附加支杆的作用，体系恢复自然状态。根据叠加原理，将图 9-56b 与 c 两情况相加即得原体系的情况（图 9-56a）。这样，在一般荷载作用下，柱顶剪力可表示为：

$$柱顶剪力＝固端剪力＋分配剪力$$

或以式子表示为：

$$Q_{1A}＝Q_{1A}^{F}＋\eta_{1A}R$$
$$Q_{2B}＝Q_{2B}^{F}＋\eta_{2B}R$$
$$Q_{3C}＝Q_{3C}^{F}＋\eta_{3C}R$$

写成一般形式为：

$$Q_{ij}＝Q_{ij}^{F}＋\eta_{ij}R \tag{9-48}$$

式中，R 为附加支杆反力，以向左为正。

在一般荷载作用下，剪力分配法的计算步骤如下：

（1）将排架各柱当作一端固定另端铰支梁计算铰支端反力。固端剪力与该反力等值反号。

（2）按式 9-47 计算附加支杆反力 R。

（3）按式 9-43 求剪力分配系数，并按式 9-44 校核。

（4）按式 9-48 计算柱顶剪力。

（5）校核柱顶剪力。

（6）作柱的弯矩图。每个柱当作悬臂柱计算（图 9-56d），其荷载为作用于柱顶的剪力和原来作用于该柱上的荷载。原来作用于节点上的力（图 9-56a 中的 P）不包括在该柱的荷载之内，因为该柱是指截面 Ⅰ—Ⅰ 以下部分（图 9-56b）。

【例题 9-18】 分析风荷载作用下排架柱子（图 9-58a）的受力情况。

【解】 （1）计算铰支端反力及固端剪力

由表 9-1 查得各柱顶固端剪力如图 9-58b 所示。

（2）求附加支杆反力

按式 9-40：

$$R＝\sum P＋\sum R_i^0＝(2.8＋1.76)＋(7.5＋4.72)＝16.78\text{kN}$$

（3）求剪力分配系数

剪力分配系数已在例题 9-17 中求得：

$$\eta_{1A}＝\eta_{4D}＝0.2$$
$$\eta_{2B}＝\eta_{3C}＝0.3$$

（4）计算柱顶剪力

按式 9-48 计算，得：

$$Q_{1A}＝-7.5＋0.2×16.78＝-4.14\text{kN}$$
$$Q_{2B}＝0＋0.3×16.78＝5.03\text{kN}$$

$$Q_{3C}=0+0.3\times16.78=5.03\text{kN}$$
$$Q_{4D}=-4.72+0.2\times16.78=-1.36\text{kN}$$

各柱的受力情况如图 9-58c 所示。

（5）校核柱顶剪力

验算横梁的平衡条件（图 9-58d）

$$\sum X=(2.80+4.14+1.36+1.76)-(5.03+5.03)=10.06-10.06=0$$

满足平衡条件。

此外，还应验算变形条件（各柱顶位移相等），这里从略。

（6）绘弯矩图

根据图 9-58c 按悬臂柱绘出各柱的弯矩图如图 9-58e 所示。

根据图 9-58d，可由各节点的平衡条件算出横梁轴力，示于图 9-58d。

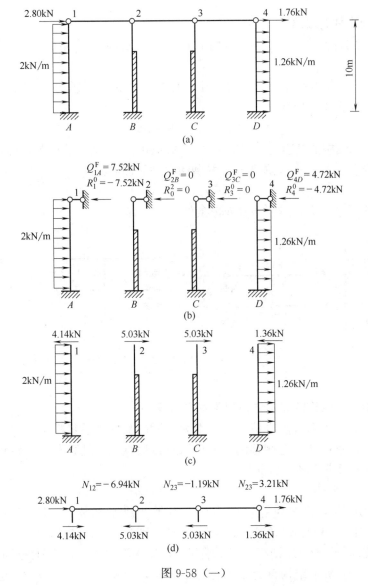

图 9-58（一）

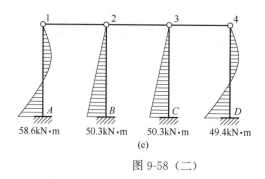

(e)

图 9-58（二）

9-12　静定剪力柱带来的简化

一、静定剪力柱的概念

静定剪力柱的特征是，柱中各个截面的剪力都可以仅由平衡条件确定，而无需利用变形条件。

图 9-59a 所示结构的柱子是静定剪力柱。例如柱 12 的上端剪力 Q_{21}（图 9-59b）可由平衡条件 $\sum X = 0$ 求出：

$$Q_{21} = P_3 + P_2 + qh_3$$

图 9-60a 所示结构的柱也是静定剪力柱。图 9-60b 所示结构的柱不是静定剪力柱。因为由截面平衡条件 $\sum X = 0$，只能得出二柱剪力之和，例如

$$Q_{1A} + Q_{1'A'} = P_1 + P_2$$

而欲求单个柱子剪力，还要考察变形条件。

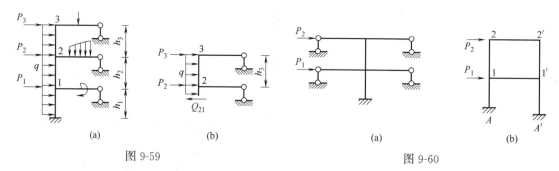

图 9-59　　　　　　　　　　　　　　　　图 9-60

二、静定剪力柱结构的基本体系和基本未知量

若结构中所有柱子都是静定剪力柱，则为了形成基本体系只需加刚臂，而无需加支杆。这样形成的体系虽然是有侧移的，但可以直接运算。于是只有节点转角是基本未知量，而节点线位移不是基本未知量。

先举一简例。

图 9-61a 所示结构的柱为静定剪力柱。为了变成基本体系，在节点 1 加一刚臂（图 9-61b）。这时柱 1A 上端只能移动，不能转动（刚臂只阻止转动，而不阻止移动），相当于一个定向支座杆。杆 1B 则相当于 1 端固定，B 端简支的杆。这两种杆我们都能直接运算，所以图 9-61b 所示结构符合基本体系的要求，只有一个角位移 Z_1 是基本未知量

（图 9-61c）。典型方程为：

$$r_{11}Z_1 + R_{1P} = 0$$

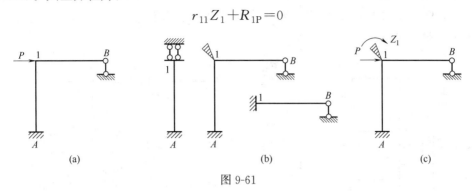

图 9-61

该结构的 $\overline{M}_1$ 图示于图 9-62a。柱子为一端固定、一端定向支座的杆，由表 9-1 知，定向支座发生单位转角时产生的弯矩为常量 i_{1A}。产生转角的同时，也产生位移。杆 1B 为一端固定，一端铰支梁，单位转角产生的弯矩图如图 9-62a 所示。

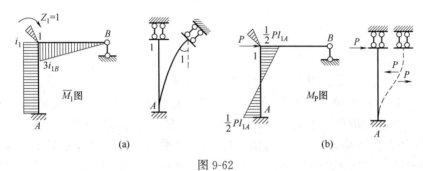

图 9-62

图 9-62b 所示为 M_P 图。柱子的受力及变形情况示于图 9-62b 右图，其弯矩图可由表 9-1 查到。弯矩图零点（弯曲变形的拐点）在柱中央，在此处截开只有剪力 $Q = P$。由此即可算出柱上下端弯矩为 $P \cdot \dfrac{l_{1A}}{2}$。杆 1B 平动，不产生弯矩。

由 $\overline{M}_1$ 图得：

$$r_{11} = i_{1A} + 3i_{1B}$$

由 M_P 图得：

$$R_{1P} = -\frac{1}{2}Pl_A$$

若 $i_{1A} = i_{1B} = i$，l_{1A} 以 l 表示，则

$$r_{11} = 4i, R_{1P} = -\frac{1}{2}Pl$$

代入典型方程，得：

$$Z_1 = \frac{Pl}{8i}$$

最终 M 图按公式 $M = \overline{M}_1 Z_1 + M_P$ 绘出，如图 9-63 所示。

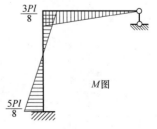

图 9-63

下面讲一个一般的题目（图 9-64a）。基本体系示于图 9-64b。柱 $A1$ 为一端固定、一端定向支座杆，柱 12、柱 23 为两端定向支座杆（两端都能发生水平位移），共有 3 个基本未知量（图 9-64c）。

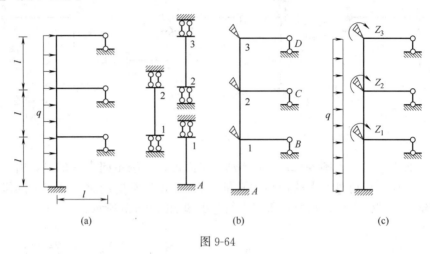

图 9-64

为了画 $\overline{M}_1$ 图，先画 $Z_1 = 1$ 产生的变形图（图 9-65a）。柱 $1A$ 为一端固定、另端定向支座杆（图 9-65b），上端发生单位转角，同时发生侧移。柱 12 为两端定向支座杆（图 9-65c），其下端（1 端）与杆 $A1$ 的上端一起发生侧移，同时转动单位角度；其上端（2 端）不转动，只发生侧移。参照表 9-1，由此产生的杆 $1A$ 的弯矩图为一常量 i，左面受拉（图 9-65b）由杆 12 下端移动不产生弯矩，这时杆 12 平动。由杆 12 下端转动产生弯矩，它与下端固定发生单位转角产生的弯矩图相同（图 9-65d），可用力法证实。于是得杆 12 的 M 图如图 9-65d 所示（右面受拉）。杆 23 上下端都无转角，只平动，无弯矩。杆 $2C$、杆 $3D$

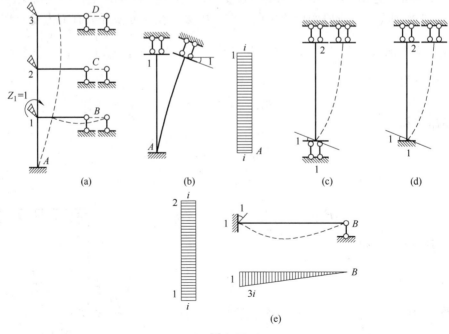

图 9-65

也是平动，无弯矩。杆 $1B$ 为一端固定另端铰支梁，单位转角产生的弯矩图见图 9-65e。

于是得 $\overline{M}_1$ 图如图 9-66a 所示。

同理得 $\overline{M}_2$、$\overline{M}_3$ 图（图 9-66b、c）。

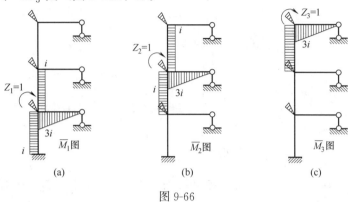

图 9-66

基本体系在荷载作用下（图 9-67a），各柱的受力情况示于图 9-67b（柱 12、柱 23 的下端也可取为定向支座，但下端要加上剪力），各柱除承受均布荷载外还承受柱头剪力。柱头剪力可用截面法分别求出。例如由截面 I—I 求得 A1 柱的柱头剪力为 $2ql$。各柱的 M_P 图可按叠加法计算（图 9-67c）。集中力 P 代表柱头剪力。集中力、均布荷载产生的弯矩图（图 9-67d、e）查自表 9-1。

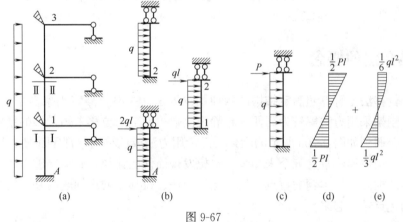

图 9-67

经计算，M_P 图示于图 9-68。

典型方程为：

$$\left.\begin{array}{l} r_{11}Z_1+r_{12}Z_2+r_{13}Z_3+R_{1P}=0 \\ r_{21}Z_1+r_{22}Z_2+r_{23}Z_3+R_{2P}=0 \\ r_{31}Z_1+r_{32}Z_2+r_{33}Z_3+R_{3P}=0 \end{array}\right\}$$

其中

$$r_{11}=i+i+3i=5i$$

$$r_{12}=-i$$

$$r_{13}=0$$

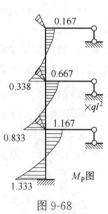

图 9-68

$$R_{1P} = -0.833ql^2 - 1.667ql^2 = -2ql^2$$
$$r_{21} = -i$$
$$r_{22} = i + i + 3i = 5i$$
$$r_{23} = -i$$
$$R_{2P} = -0.333ql^2 - 0.667ql^2 = -ql^2$$
$$r_{31} = 0$$
$$r_{32} = -i$$
$$r_{33} = i + 3i = 4i$$
$$R_{3P} = -0.167ql^2$$

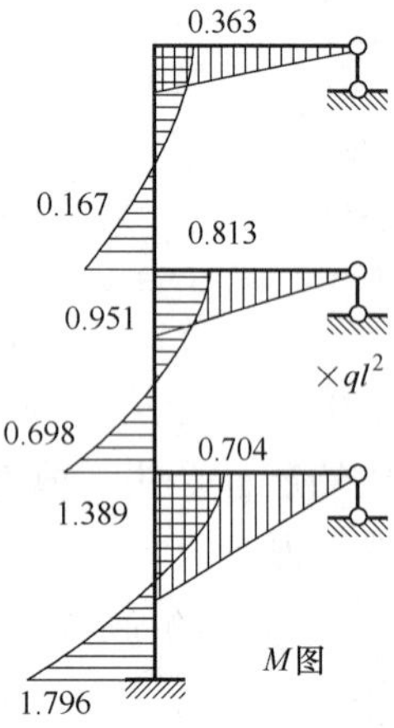

解方程得：

$$Z_1 = 0.463\frac{ql^2}{i}, Z_2 = 0.317\frac{ql^2}{i}, Z_3 = 0.121\frac{ql^2}{i}$$

用叠加法绘得最终 M 图如图 9-69 所示。

以上是用典型方程解算的，也可以用平衡方程解算。

这样，结构中柱子都是静定剪力柱时，只有节点转角是基本未知量，未知数数目大为减少。

单跨对称刚架，在反对称荷载作用下的等代结构，就是类似图 9-64a 所示的有静定剪力柱的刚架，因而可用本节所述方法解算。

0.363
0.167
0.813
0.951
$\times ql^2$
0.698
0.704
1.389
M图
1.796

图 9-69

9-13 混合法的概念

力法和位移法是解算超静定结构的两种基本方法。一般超静定刚架多采用位移法解，但是也有些刚架采用力法解较为简便（超静定次数少而节点位移未知量多的结构）。

有时还会遇到如图 9-70a 所示的刚架，无论用力法或位移法解都不简便，用力法解有四个未知量，用位移法解有五个未知量。要想发现简便的途径，必须突破力法、位移法解算一般问题的框架，从本题的特点出发，运用力法、位移法处理问题的基本精神，把力法和位移法的优点结合起来。

对图 9-70a 所示刚架，注意到 $CDEF$ 这一部分力的未知量少，而 ABC 部分位移未知最多。因此，可以采用前一部分中的多余未知力 X_1 和后一部分中的节点位移 Z_2 作为基本未知量，基本体系如图 9-70b 所示。其左部是增加附加约束而得到的单跨超静定梁系，右部是去掉多余约束而得到的静定部分。这样，基本未知量就减少了，从而使计算工作量大为减轻。这种方法叫做**混合法**。

未知量 X_1 和 Z_2 由使基本体系与原体系无差别的条件来求，即由基本体系在荷载及 X_1、Z_2 共同作用下，X_1 作用点沿 X_1 方向的位移等于零（原来有约束）和附加刚臂的反力矩等于零（原来无此约束）的条件来求。典型方程为：

$$\left.\begin{array}{l} \Delta_1 = \delta_{11}X_1 + \delta'_{12}Z_2 + \Delta_{1P} = 0 \\ R_2 = r'_{21}X_1 + r_{22}Z_2 + R_{2P} = 0 \end{array}\right\} \tag{9-49}$$

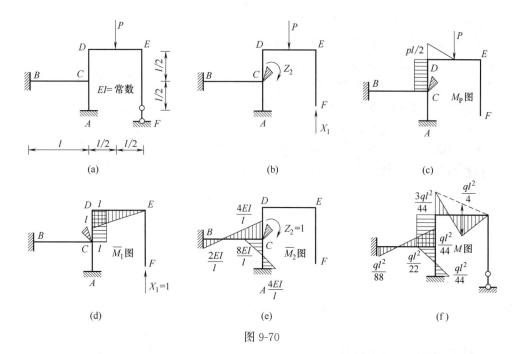

图 9-70

前一方程是变形协调方程，后一方程是静力平衡方程。每个方程中都含有力和位移两种未知量。

现在来讨论系数和自由项的计算。为此，绘出 M_P、$\overline{M}_1$ 和 $\overline{M}_2$ 图如图 9-70c、d、e 所示。式 9-49 中，除系数 δ'_{12} 和 r'_{21} 以外，其余系数和自由项的意义、求法与力法和位移法中相同。即第一个方程中的 δ_{11}、Δ_{1P} 与力法典型方程中的系数和自由项一样求出：

$$\delta_{11} = \sum \int \overline{M}_1 \frac{\overline{M}_1 ds}{EI} = \frac{5l^3}{6EI}$$

$$\Delta_{1P} = \sum \int \overline{M}_1 \frac{\overline{M}_1 ds}{EI} = -\frac{17l^3}{48EI}$$

第二个方程中的 r_{22}、R_{2P} 与位移法典型方程中的系数和自由项一样求出：

$$r_{22} = \frac{4EI}{l} + \frac{8EI}{l} = \frac{12EI}{l}$$

$$R_{2P} = -\frac{Pl}{2}$$

下面说明新出现的两个系数 δ'_{12} 和 r'_{21} 的求法。

δ'_{12} 是 $Z_2 = 1$ 所引起的 X_1 作用点沿 X_1 方向的位移，是**位移引起的位移**。由图 9-70e 可见，其性质与静定结构由于支座转动引起的位移相当。故可用第 7-7 节的位移公式（式 7-31）计算：

$$\delta'_{12} = -\sum \overline{R}c = -(l \times 1) = -l$$

r'_{21} 是 $X_1 = 1$ 所引起的附加刚臂的反力矩，是**力引起的反力矩**，由平衡条件来求。由 $\overline{M}_1$ 图节点 C 的 $\sum \overline{M}_1 = 0$ 求得为：

$$r'_{21} = l$$

可以发现 $\delta'_{12} = -r'_{21}$，此即反力位移互等定理。

这样，在混合法的典型方程组内，系数可以分为四类：

(1) 由单位**力**引起的**位移**，例如 δ_{11}；

(2) 由单位**位移**引起的**反力**（反力矩），例如 r_{22}；

(3) 由单位**力**引起的**反力**（反力矩），例如 r'_{21}；

(4) 由单位**位移**引起的**位移**，例如 δ'_{12}。

显然，根据每个系数的符号及两个脚标，便不难理解其物理意义和求法。

将各系数和自由项代入典型方程（式 9-49），有

$$\left.\begin{array}{l} \dfrac{5l^3}{6EI}X_1 - lZ_2 - \dfrac{17l^3}{48EI} = 0 \\[4mm] lX_1 + \dfrac{12EI}{l}Z_2 - \dfrac{Pl}{2} = 0 \end{array}\right\}$$

解之得：

$$X_1 = \frac{19}{44}P, Z_2 = \frac{11Pl^3}{176EI}$$

最终弯矩图同样可按叠加法求得：

$$M = \overline{M}_1 X_1 + \overline{M}_2 Z_2 + M_P$$

结果如图 9-70f 所示。

小　结

一、位移法处理问题的基本精神：

位移法以节点位移为基本未知量，先求节点位移，然后求杆端力。其基本体系是单跨梁系，用加约束的方法获得。位移法方程可用两种方法建立。一种是由附加约束反力等于零的条件建立，称为列位移法典型方程；另一种是直接列节点平衡方程和截面平衡方程。这两种方法是一致的，因为在真正的平衡位置上附加约束一定不起作用，而体系在无附加约束的情况下（即自然状态）处于平衡。只要附加约束在这个位置上不起作用，体系就一定在这个位置上平衡；只要体系在这个位置上平衡，在这个位置上附加约束就一定不起作用，所以只需写一种方程。

二、使用转角位移方程时要注意位移和杆端力正负号的规定。否则容易发生错误。

三、位移法与力法在解决问题的方法上有共同点和不同点：

(1) 共同点

力法和位移法都是由已知进到未知的方法。它们都是通过我们所熟悉的能够直接进行运算的（即"已知"的）基本体系，去计算我们所不能直接运算的（即"未知"的）原体系；都是先变为基本体系，然后再消除基本体系与原体系的差别，根据消除差别的条件建立关于基本未知量的线性代数方程组——典型方程。

(2) 不同点

通过下面的比较（表 9-3）可以看出力法和位移法各自的特殊点。

位移法与力法的不同点		表 9-3
项目	力法	位移法
基本未知量	以多余约束反力或内力作为基本未知量，多余约束力的数目就是超静定次数	以节点的独立位移（转角和线位移）作为基本未知量，与结构的超静定次数无关
基本体系	以去掉多余约束后得到的静定结构作为基本体系。同一结构可以选取不同的基本体系	以加约束得到的单跨超静定梁系作为基本体系
典型方程的性质	根据去掉多余约束处的位移应与原结构的相应位移一致的条件建立典型方程，它是变形协调方程	根据基本体系在附加约束处的力应与原结构一致的条件，也就是附加约束中的总反力（或反力矩）等于零的条件建立典型方程，它是静力平衡方程
系数和自由项的物理意义	静定的基本体系沿某一多余未知力方向的位移	基本体系在某一附加约束中的反力（或反力矩）
适用情况	适用于解超静定次数少节点位移多的体系	适用于解超静定次数多而节点位移少的体系

习　题

一、是非题

9-1　图示梁的杆端弯矩 $M_{AB} = \dfrac{EI}{l}\varphi + \dfrac{6EI}{l^2}\Delta$。（　　）

9-2　图示结构，当用位移法计算时 $r_{11} = \dfrac{8EI}{l}$。（　　）

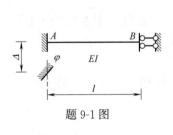

题 9-1 图

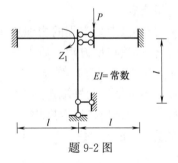

题 9-2 图

9-3　在位移法中，铰接端的转角、滑动端的线位移，不可以作为基本未知量。（　　）

9-4　位移法典型方程反映了原结构的位移条件。（　　）

二、选择题

9-5　由 A 端转角 φ_A 和 B 端侧移 Δ 产生的杆端弯矩 M_{AB} 为（　　）。

A. $\dfrac{8EI}{l^2}\Delta$

B. 0

C. $\dfrac{3EI}{l^2}\Delta$

D. $\dfrac{6EI}{l^2}\Delta$

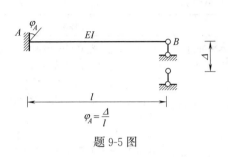

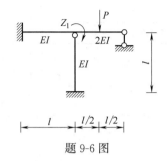

题 9-5 图   题 9-6 图

9-6 图示结构当用位移法计算时 r_{11} 为（   ）。

A. $\dfrac{14EI}{l}$ B. $\dfrac{11EI}{l}$

C. $\dfrac{10EI}{l}$ D. $\dfrac{7EI}{l}$

9-7 下列刚架中，由于支座移动或温度改变而产生内力的是（   ）。

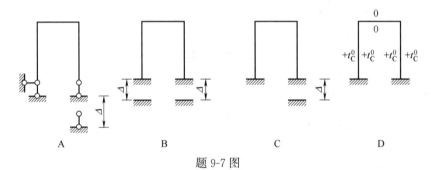

题 9-7 图

三、填充题

9-8 位移法典型方程的物理意义是＿＿＿＿＿＿＿＿＿＿＿＿＿＿＿＿＿＿＿。

9-9 位移法典型方程实质上是＿＿＿＿＿＿＿方程，方程中主系数的值恒＿＿＿＿＿，副系数 r_{ij} 和 r_{ji}（$i \neq j$）符合＿＿＿＿＿＿＿定理。

9-10 图示结构的杆端弯矩 $M_{BA} =$ ＿＿＿＿ ，$M_{BD} =$ ＿＿＿＿ 。

9-11 图示排架各杆温度均上升 t，各横梁截面尺寸相同，各柱截面也相同，材料的线膨系数为 α，$E =$ 常数。$M_{AE} =$ ＿＿＿＿ ，$M_{BF} =$ ＿＿＿＿ 。

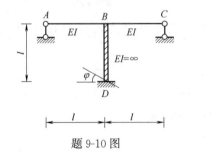

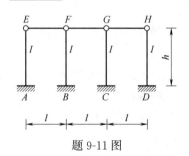

题 9-10 图   题 9-11 图

9-12 图示排架，$Q_{1A} =$ ＿＿＿＿＿＿ ，$Q_{2B} =$ ＿＿＿＿＿＿ ，$Q_{3C} =$ ＿＿＿＿＿，$Q_{4D} =$ ＿＿＿＿ 。

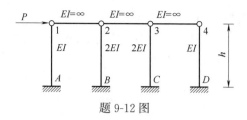

题 9-12 图

四、计算分析题

9-13　利用表 9-1 并根据叠加原理作出图示各梁的弯矩图。

9-14　用位移法计算图示刚架，作 M、Q、N 图。EI＝常数。

9-15　用位移法计算图示刚架，作 M 图。EI＝常数。

9-16　用位移法计算图示连续梁，绘 M、Q 图。EI＝常数。

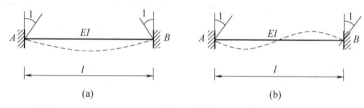

(a)   (b)

题 9-13 图

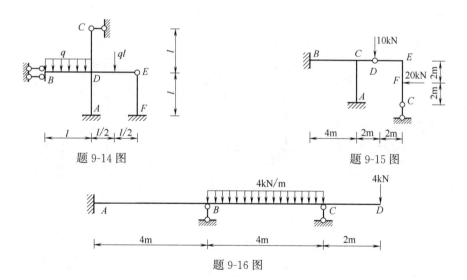

题 9-14 图　　　　　　　　　　题 9-15 图

题 9-16 图

9-17　用位移法计算排架，作各柱的 M 图。

9-18　用位移法计算排架，作各柱的 M 图。

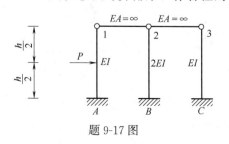

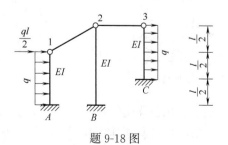

题 9-17 图　　　　　　　　题 9-18 图

9-19　确定图示各结构的位移法基本体系。

9-20～9-24　用位移法计算图示各结构，作弯矩图，E＝常数。

9-25　求 K 点的竖向位移。E＝常数。

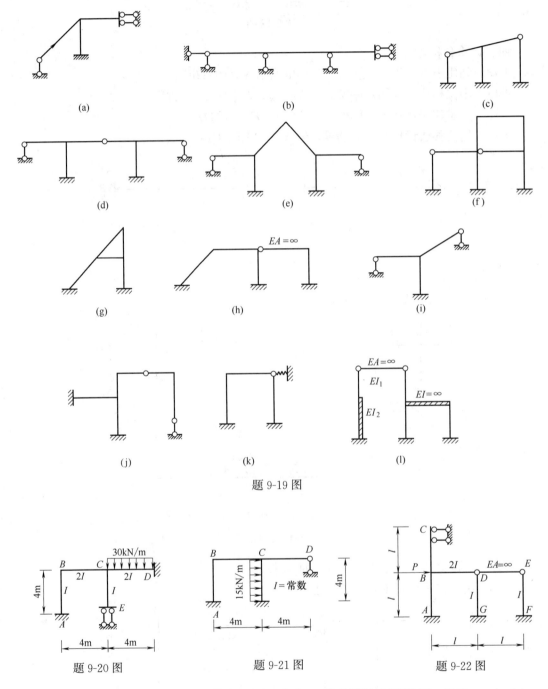

题 9-19 图

题 9-20 图　　题 9-21 图　　题 9-22 图

9-26　用位移法计算连续梁，作弯矩图，支座 A 的弹簧转动刚度 K＝1kN·m/rad。

9-27　用位移法作图 a 所示刚架的弯矩图。EI＝常数。

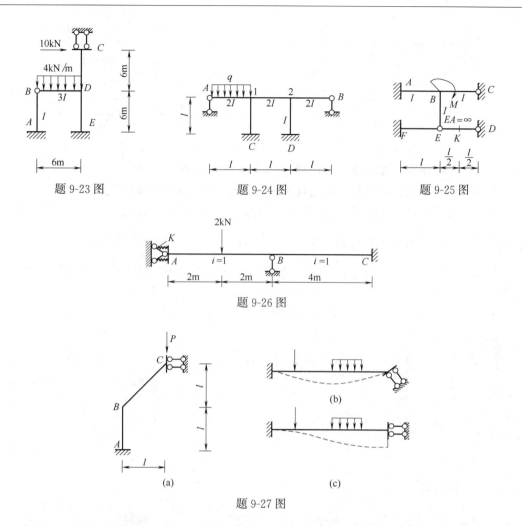

题 9-23 图　　　　　题 9-24 图　　　　　题 9-25 图

题 9-26 图

题 9-27 图

提示：承受相同荷载时，图 b 所示杆的变形情况及受力情况与图 c 所示杆不同。图 b 杆右端不能移动，图 c 杆的右端能够移动；图 b 杆的右端支座反力在垂直于杆的方向上有投影，图 c 则无。不难证明，图 b 杆的弯矩图与两端固定杆相同。

9-28　用位移法作图示刚架的弯矩图，并绘出变形曲线草图。

9-29　用位移法作图示结构的弯矩图。

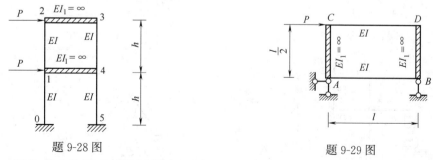

题 9-28 图　　　　　　　　　　　题 9-29 图

9-30　用位移法作图示连续梁的弯矩图，EI＝常数。

9-31　用位移法作图示结构的弯矩图。

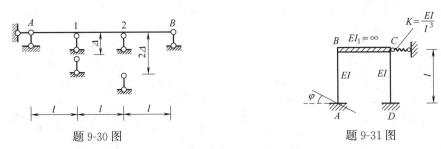

题 9-30 图　　　　　　　　　　题 9-31 图

9-32　图示排架，温度均匀上升 t，用位移法作弯矩图。

提示：由于梁的两端铰接且梁与柱子垂直，柱子伸长时不引起内力。

9-33　图示刚架内部温度上升 25℃，外部温度下降 15℃，用位移法作弯矩图。已知

各杆截面相同，均为矩形，截面高度 $h=\dfrac{l}{10}$，且 $E=$ 常数，线膨胀系数为 α。

提示：为绘 M 图，可将温度改变分解为两部分：杆轴平均温度改变 t 和杆两侧温度改变 t'，分别求出这两部分温度改变值引起的固端弯矩，而后叠加。

9-34～9-38　用位移法计算图示对称刚架，作弯矩图。$EI=$ 常数。

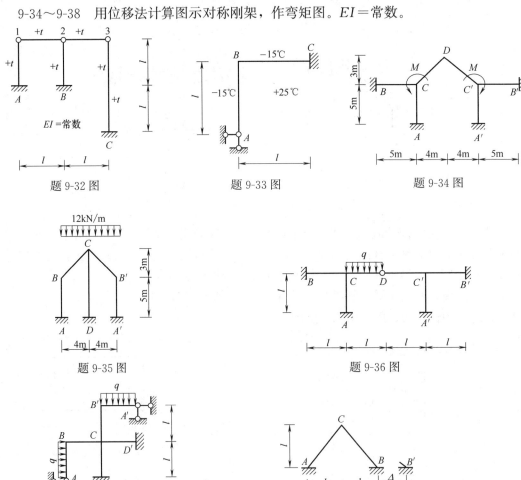

题 9-32 图　　　　　　题 9-33 图　　　　　　题 9-34 图

题 9-35 图　　　　　　　　　　题 9-36 图

题 9-37 图

提示：将支座位移 Δ 分解为对称和反对称两种情况

题 9-38 图

9-39　选择计算图示对称刚架的较简便方法。

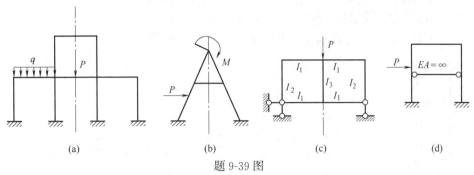

题 9-39 图

9-40　用直接写平衡方程方法计算习题 9-5-1。

9-41　用直接写平衡方程方法计算习题 9-5-2。

9-42　用剪力分配法分析吊车轮压作用下图示排架柱子的受力情况（两柱截面相等），作弯矩图。

提示：单阶柱力偶作用在牛腿面时（图 b）的铰支端反力 R^0 为：

$$R^0 = \frac{2}{3} \frac{1-\lambda^2}{1+\lambda^3(\frac{1}{n}-1)} \times \frac{m}{H}$$

其中：

$$n = \frac{I_{上}}{I_{下}}, \lambda = \frac{H_{上}}{H}$$

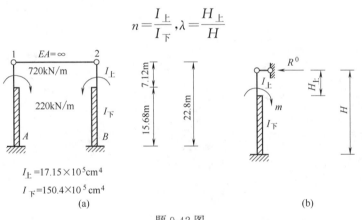

题 9-42 图

9-43　用剪力分配法计算图示排架，作弯矩图。$I_1 = 0.22I$。

9-44　分别用力法、一般位移法和考虑剪力柱的简化方法作图示刚架的弯矩图，并对照所得结果。$EI =$ 常数。

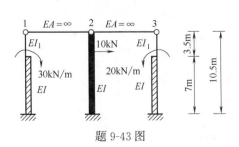

题 9-43 图

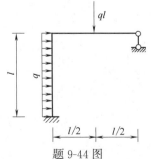

题 9-44 图

9-45　计算图示静定剪力柱刚架，作弯矩图。EI＝常数。

9-46　用混合法计算图示刚架，作弯矩图。E＝常数。

9-47　用混合法计算图示刚架，作弯矩图。EI＝常数。

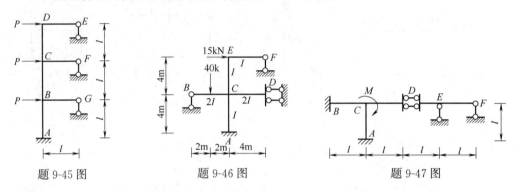

题 9-45 图　　　　　　　题 9-46 图　　　　　　　题 9-47 图

第 10 章　力矩分配法

【学习指导】

一、力矩分配法无需解算联立方程，直接得到杆端力矩，方法简单，运算机械。因此，这种方法仍是目前广泛使用的手算方法，应该熟练掌握。

二、掌握用力矩分配法计算连续梁和无侧移刚架。

三、了解无剪力分配法。

10-1　力矩分配法的基本知识

一、力矩分配法的基本概念

1. 转动刚度

为使杆件 AB 的某一端，例如 A 端，转动单位转角，在转动端（又称近端）所需施加的力矩称为该杆 A 端的**转动刚度**，用 S_{AB} 表示。转动刚度表示杆端抵抗转动的能力，其值示于图 10-1。显然，杆端转动刚度不仅与杆的线刚度有关，而且与杆的另一端（又称远端）的支承情况有关。

图 10-1

2. 传递系数

由图 10-1 可以看出，当杆件 AB 在 A 端（近端）转动单位转角时，也会使 B 端（远端）产生力矩，这好像由近端把力矩按一定的比值传递给远端一样。远端力矩与近端力矩的比值为**传递系数**，用 C_{AB} 表示。即

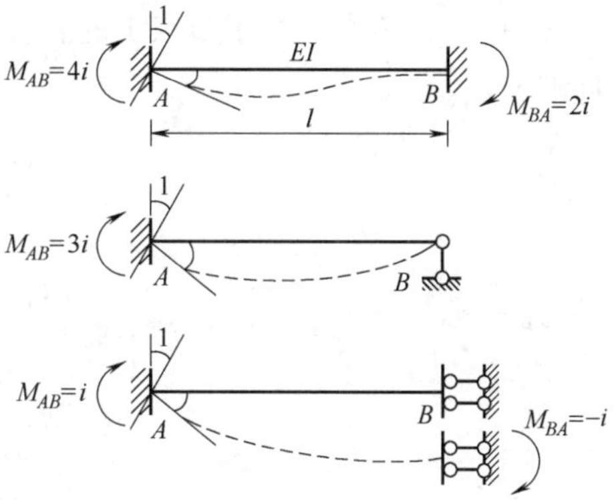

$$C_{AB} = \frac{M_{BA}}{M_{AB}}$$

称为由 A 端向 B 端的传递系数。显然，传递系数也与远端的支承情况有关。

各种基本杆件的转动刚度和传递系数见表 10-1。

基本杆件的转动刚度和传递系数　　　　　　　　　　　表 10-1

远端支承情况	转动刚度 S	传递系数 C
固定	$4i$	$\dfrac{I}{2}$
铰支	$3i$	0
滑动	i	-1

3. 分配系数、分配力矩、传递力矩

以图 10-2a 所示受节点力偶作用的刚架为例来解释这些名词。

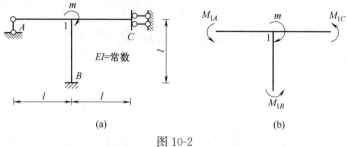

图 10-2

用位移法解之，得节点 1 的平衡方程为（图 10-2b）：

$$M_{1A} + M_{1B} + M_{1C} - m = 0 \tag{10-1}$$

引入转动刚度，有：

$$\left. \begin{aligned} M_{1A} &= 3iZ_1 = S_{1A}Z_1 \\ M_{1B} &= 4iZ_1 = S_{1B}Z_1 \\ M_{1C} &= iZ_1 = S_{1C}Z_1 \end{aligned} \right\} \tag{10-2}$$

将式 10-2 代入式 10-1，得：

$$Z_1 = \frac{1}{S_{1A} + S_{1B} + S_{1C}} m = \frac{1}{\sum_1 S} m \tag{10-3}$$

式中，$\sum_1 S$ 为汇交于节点 1 的各杆端转动刚度之和。将式 10-3 代入式 10-2 得到各杆杆端力矩：

$$\left. \begin{aligned} M_{1A} &= \frac{S_{1A}}{\sum_1 S} m \\[2mm] M_{1B} &= \frac{S_{1B}}{\sum_1 S} m \\[2mm] M_{1C} &= \frac{S_{1C}}{\sum_1 S} m \end{aligned} \right\} \tag{10-4}$$

注意到转动刚度与外荷载无关，是体系常数，故式 10-4 表明，各杆 1 端的力矩与其转动刚度成正比，且各杆端力矩之和等于节点力矩 m。形象地说，就是节点力矩 m 按杆端转动刚度的大小分配给各杆端。因此，各杆 1 端所得到的力矩称为**分配力矩**，而式 10-4 中的 $\dfrac{S_{1A}}{\sum_1 S}$、$\dfrac{S_{1B}}{\sum_1 S}$ 及 $\dfrac{S_{1C}}{\sum_1 S}$ 为各杆的力矩**分配系数**，并以 μ 表示。即

$$\left. \begin{aligned} \mu_{1A} &= \frac{S_{1A}}{\sum_1 S} \\[2mm] \mu_{1B} &= \frac{S_{1B}}{\sum_1 S} \\[2mm] \mu_{1C} &= \frac{S_{1C}}{\sum_1 S} \end{aligned} \right\} \tag{10-5}$$

概括地说，**分配系数**等于所考察杆的转动刚度，除以各杆的转动刚度之和。写成一般形式为：

$$\mu_{1j} = \frac{S_{1j}}{\sum_1 S} \tag{10-6}$$

由式 10-4 可见，**同一节点的各杆端分配系数之和等于 1**，即

$$\sum \mu_{1j} = 1 \tag{10-7}$$

常用式 10-7 校核求得的分配系数。

将式 10-6 代入式 10-4 得：

$$M_{1A} = \mu_{1A} m$$
$$M_{1B} = \mu_{1B} m$$
$$M_{1C} = \mu_{1C} m$$

一般写为：

$$M_{1j} = \mu_{1j} m \tag{10-8}$$

式 10-8 表示，将节点力矩乘以各杆端分配系数，即得各杆端的分配力矩。

在各杆 1 端得到分配力矩的同时，它们的远端也产生力矩，由传递系数的定义可得各杆远端力矩为：

$$M_{A1} = C_{1A} M_{1A}$$
$$M_{B1} = C_{1B} M_{1B}$$
$$M_{C1} = C_{1C} M_{1C}$$

一般写为：

$$M_{j1} = C_{1j} M_{1j} \tag{10-9}$$

式 10-9 表示，将近端（转动端）力矩（分配力矩）乘以传递系数即得远端（另端）力矩，称为**传递力矩**。

这样，就可根据式 10-6、式 10-8 及式 10-9 直接求出图 10-2 所示刚架的各杆端力矩。其过程如下：

（1）按式 10-6 计算（节点 1 的）各杆端的分配系数：

$$\mu_{1A} = \frac{S_{1A}}{S_{1A} + S_{1B} + S_{1C}} = \frac{3i}{3i + 4i + i} = \frac{3}{8}$$

$$\mu_{1B} = \frac{S_{1B}}{S_{1A} + S_{1B} + S_{1C}} = \frac{4i}{3i + 4i + i} = \frac{1}{2}$$

$$\mu_{1C} = \frac{S_{1C}}{S_{1A} + S_{1B} + S_{1C}} = \frac{i}{3i + 4i + i} = \frac{1}{8}$$

（2）按式 10-8 计算近端（分配）力矩：

$$M_{1A} = \mu_{1A} m = \frac{3}{8} m$$

$$M_{1B} = \mu_{1B} m = \frac{1}{2} m$$

$$M_{1C} = \mu_{1C} m = \frac{1}{8} m$$

（3）按式 10-9 计算远端（传递）力矩：

$$M_{A1} = C_{1A}M_{1A} = 0 \times \frac{3}{8}m = 0$$

$$M_{B1} = C_{1B}M_{1B} = \frac{1}{2} \times \frac{1}{2}m = \frac{1}{4}m$$

$$M_{C1} = C_{1C}M_{1C} = (-1) \times \frac{1}{8}m = \frac{1}{8}m$$

这就是力矩分配法的基本概念。可见，对受节点力偶作用的刚架，可不必解位移法方程，而根据上面导出的诸公式直接求得杆端力矩。

二、处理问题的基本方法

有了上述力矩分配法的基本概念，再利用叠加原理，不难导出力矩分配法。本节讨论最基本的情况——只有一个弹性节点的体系❶。仍以图 10-2 所示刚架为例，设其承受图 10-3a 所示的荷载。在自然状态下其变形如图中虚线所示，节点 1 将发生转动。

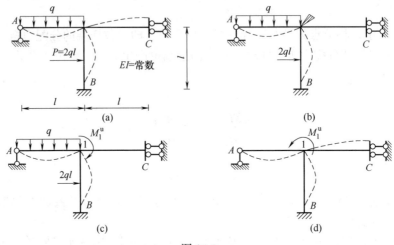

图 10-3

用力矩分配法解算时，与移位法相同，也是先固定节点，然后予以释放。

1. 固定节点

如图 10-3b 所示，先加刚臂，使节点 1 不能转动，然后加载，这时各杆端产生固端力矩，其值为：

$$M_{1A}^{F} = \frac{1}{8}ql^2 \qquad M_{A1}^{F} = 0$$

$$M_{1B}^{F} = \frac{1}{4}ql^2 \qquad M_{B1}^{F} = -\frac{1}{4}ql^2$$

$$M_{1C}^{F} = 0 \qquad M_{C1}^{F} = 0$$

刚臂 1 产生的反力矩为：

$$R_{1P} = M_{1A}^{F} + M_{1B}^{F} = \frac{1}{8}ql^2 + \frac{1}{4}ql^2 = \frac{3}{8}ql^2$$

这个反力矩表示体系在转角等于零这个位置上，如果不加约束，反力矩是不平衡的。

---

❶ 对于一个体系，若加一个刚臂即变为位移法基本体系，则称其具有一个弹性节点。

在力矩分配法中，此反力矩称为节点 1 的**不平衡力矩**，以 M_1^u 表示。

2. 释放节点

下一步就是转动节点 1，消除刚臂 1 反力矩 M_1^u 的作用，以使体系恢复自然状态。以上概念与位移法完全相同，但消除 M_1^u 的方法却与位移法不同。如所已知，刚臂 1 所起的作用就是在节点 1 上施加一个力偶 M_1^u（↑），以使其转角等于零。所以也可以不加刚臂，而加上力偶 M_1^u（图 10-3c），即图 10-3c 与 10-3b 是等效的，是同一个状态的两种表现形式。因此，欲消除 M_1^u，应该在节点 1 加上一个同它相等反向的力偶（↑），如图 10-3d 所示。施加反向的力偶后，节点 1 转至应有位置，这一步即相当于转动刚臂，放松节点，所以称为释放节点。可以清楚地看出，图 10-3d 就是上面所述刚架受节点力偶作用的情况。此时所产生的杆端力矩，可以较容易地通过力矩分配与传递求得。

按式 10-8，各杆 1 端的分配力矩（以肩标 d 表示）为：

$$M_{1A}^d = \mu_{1A}(-M_1^u) = -\frac{3}{8} \times \frac{3}{8}ql^2 = -\frac{9}{64}ql^2$$

$$M_{1B}^d = \mu_{1B}(-M_1^u) = -\frac{1}{2} \times \frac{3}{8}ql^2 = -\frac{3}{16}ql^2$$

$$M_{1C}^d = \mu_{1C}(-M_1^u) = -\frac{1}{8} \times \frac{3}{8}ql^2 = -\frac{3}{64}ql^2$$

其中，M_1^u 前面的负号来源是，当节点不平衡力矩 M_1^u 是正的时（顺时针方向，图 10-3c），释放节点时施加的节点力矩是负的（逆时针方向，图 10-3d），即 $-M_1^u$。其结果所分配的力矩与节点不平衡力矩的符号相反，称做**分配时变号**。

按式 10-9，各杆远端的传递力矩（以肩标 c 表示）为：

$$M_{A1}^c = 0$$

$$M_{B1}^c = C_{1B}M_{1B}^d = \frac{1}{2} \times \left(-\frac{3}{16}\right)ql^2 = -\frac{3}{32}ql^2$$

$$M_{C1}^c = C_{1C}M_{1C}^d = (-1) \times \left(-\frac{3}{64}\right)ql^2 = \frac{3}{64}ql^2$$

将图 10-3b 与图 10-3d 两个状态的杆端力矩相加，即得最终杆端力矩：

$$M_{1A} = M_{1A}^F + M_{1A}^d = \frac{1}{8}ql^2 - \frac{9}{64}ql^2 = -\frac{1}{64}ql^2$$

$$M_{A1} = M_{A1}^F + M_{A1}^c = 0 + 0 = 0$$

$$M_{1B} = M_{1B}^F + M_{1B}^d = \frac{1}{4}ql^2 - \frac{3}{16}ql^2 = \frac{1}{16}ql^2$$

$$M_{B1} = M_{B1}^F + M_{B1}^c = -\frac{1}{4}ql^2 - \frac{3}{32}ql^2 = -\frac{11}{32}ql^2$$

$$M_{1C} = M_{1C}^F + M_{1C}^d = 0 - \frac{3}{64}ql^2 = -\frac{3}{64}ql^2$$

$$M_{C1} = M_{C1}^F + M_{C1}^c = 0 + \frac{3}{64}ql^2 = \frac{3}{64}ql^2$$

为了方便起见，计算可以列表（表 10-2）。列表时宜将同一节点的各杆端列在一起，以便进行分配；同一杆的两杆端尽量排在相邻位置，以便进行传递。

综上所述，力矩分配法处理的基本方法是，将变形想象为两个过程。第一个过程是固定节点、加载；第二个过程是释放节点。第一个过程产生的是固端力矩，第二个过程产生的是分配力矩和传递力矩。这两个过程产生的杆端力矩相加即得最终杆端力矩。

力矩分配表　　　　　　　　　　表 10-2

节点	A	1			B	C
杆端	$A1$	$1A$	$1C$	$1B$	$B1$	$C1$
分配系数 μ	—	$\dfrac{3}{8}$	$\dfrac{1}{8}$	$\dfrac{4}{8}$	—	—
固端力矩 M^F	0	$\dfrac{1}{8}$	0	$\dfrac{1}{4}$	$-\dfrac{1}{4}$	0
分配力矩与传递力矩	0	$-\dfrac{9}{64}$	$-\dfrac{3}{64}$	$-\dfrac{12}{64}$	$\dfrac{3}{32}$	$\dfrac{3}{64}$
杆端力矩 M	0	$-\dfrac{1}{64}$	$-\dfrac{3}{64}$	$\dfrac{4}{64}$	$\dfrac{11}{32}$	$\dfrac{3}{64}$

注：表中力矩乘以 ql^2。

三、力矩分配法的基本运算

在明确上述力矩分配法的基本概念和处理问题的基本方法的基础上，下面举例说明只有一个弹性节点的连续梁的计算步骤。通常也把这种只有一个角位移未知量的运算称为单节点的力矩分配。

【例题 10-1】　用力矩分配法计算图 10-4a 所示两跨连续梁。

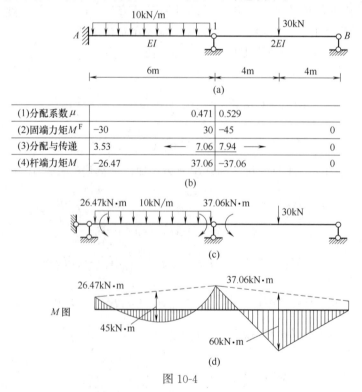

图 10-4

【解】　计算连续梁时，其过程可以直接在梁的下方列表进行。为便于计算，对计算步骤（图 10-4b 表中各栏）作如下说明。

1. 求分配系数

各杆的线刚度为 $i_{1A}=\dfrac{EI}{6}$，$i_{1B}=\dfrac{2EI}{8}=\dfrac{EI}{4}$。由于在荷载作用下超静定结构的内力只与刚度的比值有关，而与刚度的绝对数值无关。所以，在荷载作用下，为运算方便，可采用相对线刚度。为此，EI 可取任意值，设 $EI=12$，则 $i_{1A}=\dfrac{12}{6}=2$，$i_{1B}=\dfrac{12}{4}=3$，于是分配系数为：

$$\mu_{1A}=\frac{4\times2}{4\times2+3\times3}=0.471$$

$$\mu_{1B}=\frac{3\times3}{4\times2+3\times3}=0.529$$

校核：

$$\sum\mu=0.471+0.529=1$$

正确。

将它们填入表中第一行相应杆端的下面。

2. 求固端力矩

将节点 1 固定，查表算得：

$$M_{1A}^{\mathrm{F}}=\frac{ql^2}{12}=\frac{10\times6^2}{12}=30\mathrm{kN\cdot m}$$

$$M_{A1}^{\mathrm{F}}=-\frac{ql^2}{12}=-30\mathrm{kN\cdot m}$$

$$M_{1B}^{\mathrm{F}}=-\frac{3}{16}ql=-\frac{3\times30\times8}{16}=-45\mathrm{kN\cdot m}$$

将它们填至表中第二行相应杆端下面。随后求弹性节点（节点 1）上各杆端固端力矩之和，即节点不平衡力矩。

$$M_1^{\mathrm{u}}=M_{1A}^{\mathrm{F}}+M_{1B}^{\mathrm{F}}=30+(-45)=-15\mathrm{kN\cdot m}$$

3. 分配与传递

将节点不平衡力矩 M_1^{u} 乘以分配系数并变号，即得各杆 1 端的分配力矩

$$M_{1A}^{\mathrm{d}}=-[(-15)\times0.471]=7.06\mathrm{kN\cdot m}$$

$$M_{1B}^{\mathrm{d}}=-[(-15)\times0.529]=7.94\mathrm{kN\cdot m}$$

将分配力矩填至表中第三行相应杆端下面，并在分配力矩下面画一横线，表示该节点已经平衡。

再将分配力矩向各自的远端传递，传递力矩为：

$$M_{A1}^{\mathrm{c}}=7.06\times\frac{1}{2}=3.53\mathrm{kN\cdot m}$$

$$M_{B1}^{\mathrm{c}}=0$$

将传递力矩填至表中第三行相应杆端下面，传递方向以箭头表示。

4. 求最终杆端力矩

将各杆端的固端力矩（第二行）和分配力矩或传递力矩（第三行）对应叠加，即得最终杆端力矩。于是：

$$M_{1A} = 30 + 7.06 = 37.06 \text{kN} \cdot \text{m}$$
$$M_{A1} = -30 + 3.53 = -26.47 \text{kN} \cdot \text{m}$$
$$M_{1B} = -45 + 7.94 = -37.06 \text{kN} \cdot \text{m}$$
$$M_{B1} = 0$$

将最终杆端力矩填至表中第四行。

5. 校核

应考虑两方面情况：

（1）平衡条件

在节点1应当满足$\sum M = 0$，对于本例：

$$37.06 + (-37.06) = 0$$

得以满足。

（2）变形条件

节点1处各杆杆端转角应当相等，具体做法见后。

6. 绘弯矩图

求得杆端力矩后，通过简支梁（荷载与杆端力矩共同作用）绘其弯矩图，如图10-4c、d所示。

【例题 10-2】 用力矩分配法计算图10-5a所示连续梁。

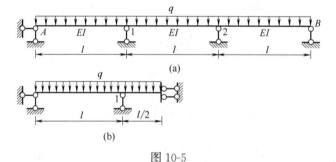

图 10-5

【解】 这个题目本来有两个弹性节点（1、2），利用其对称性，取等代结构（图10-5b），这样只有一个弹性节点，可按单节点力矩分配解算。

将图10-5b所示体系重绘于图10-6a。

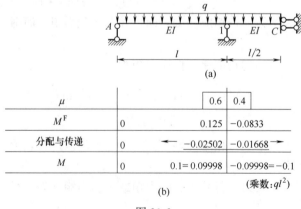

(a)

μ			0.6	0.4
M^F	0		0.125	−0.0833
分配与传递	0	←	−0.02502	−0.01668 →
M	0		0.1 = 0.09998	−0.09998 = −0.1

（乘数：ql^2）

(b)

图 10-6

计算步骤如下：

1. 求分配系数

设 $\dfrac{EI}{l}=1$，相对线刚度 $i_{1A}=1$，$i_{1C}=2$，则分配系数为：

$$\mu_{1A}=\frac{3\times 1}{3\times 1+2}=0.6$$

$$\mu_{1C}=\frac{2}{3\times 1+2}=0.4$$

2. 求固端力矩

固定节点 1 时，梁 $A1$ 是一端固定、另端铰支梁，其 1 端的固端力矩为：

$$M_{1A}^{\mathrm{F}}=-\frac{1}{8}ql^2=-0.125ql^2$$

梁 $1C$ 是一端固定、另端滑动梁（图 10-7a），它的固端力矩可按图 10-7b 所示的体系求出：

$$M_{1C}^{\mathrm{F}}=-\frac{1}{12}ql^2=-0.0833ql^2$$

远端 C 也产生固端力矩，但是这里没有必要计算，因为最后可以直接算出截面 C 的弯矩（图 10-8）。

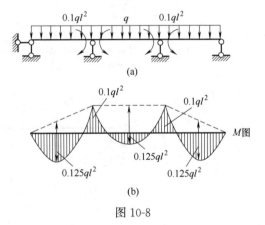

(a)

(b)

图 10-8

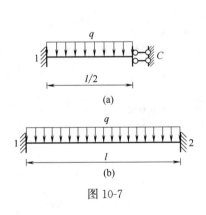

(a)

(b)

图 10-7

节点 1 的不平衡力矩：

$$M_1^{\mathrm{u}}=0.125-0.0833=0.0417ql^2$$

3. 分配与传递

如图 10-6b 所示，这里本来应向 C 端传递，因为节点 1 转动时 C 端也产生力矩，但是由于最后可以直接算出该处的弯矩，这里计算传递力矩是不必要的。

4. 求最终杆端力矩

见图 10-6b。

5. 绘弯矩图

弯矩图按原体系（图 10-5a）绘制，绘制过程及结果如图 10-8 所示。

10-2　用力矩分配法计算连续梁及无侧移刚架

如上节所述，若体系只有一个弹性节点，则力矩分配法在分配与传递一次后即告结束，而无往复释放过程。通常所遇到的体系，弹性节点不止一个。如何把单节点的力矩分配方法推广运用到多节点的体系上，是本节将要讨论的问题。为此，必须人为地制造只有一个弹性节点的情况，采取的办法是逐个释放，当释放一个节点时将别的节点暂时固定起来。由于是在其他节点固定的情况下释放的，所以被释放的节点不能恢复到原来的状态，这样就需要反复轮流释放，来逐步消除各节点的不平衡力矩。具体办法用图 10-9a 所示三跨连续梁说明。

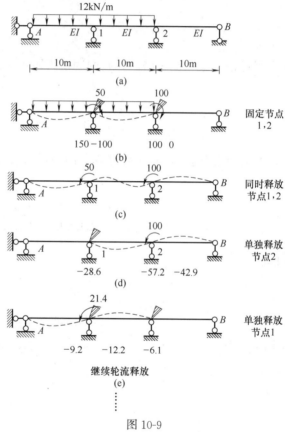

图 10-9

首先，将节点 1 和节点 2 同时固定，然后加载，其变形状态如图 10-9b 所示。节点 1、节点 2 处转角等于零，只有第一跨和第二跨受力，第三跨不受力。这时产生的固端力矩分别等于

$$M_{1A}^{F} = \frac{1}{8}ql^2 = \frac{1}{8} \times 12 \times (10)^2 = 150 \text{kN} \cdot \text{m}$$

$$M_{12}^{F} = -\frac{1}{12}ql^2 = -\frac{1}{12} \times 12 \times (10)^2 = -100 \text{kN} \cdot \text{m}$$

$$M_{21}^{F} = \frac{1}{12}ql^2 = 100 \text{kN} \cdot \text{m}$$

将固端力矩填入表中的第二行（图 10-10b）。为了清楚起见，把它们写在图 10-9b 的相应杆端处。

有了固端力矩即可计算节点 1 和节点 2 的不平衡力矩：

$$M_1^u = M_{1A}^F + M_{12}^F = 150 + (-100) = 50 \text{kN} \cdot \text{m}$$

顺时针方向，画在图 10-9b 中。

$$M_2^u = M_{21}^F + M_{2B}^F = 100 + 0 = 100 \text{kN} \cdot \text{m}$$

也是顺时针的，画在图 10-9b 中。

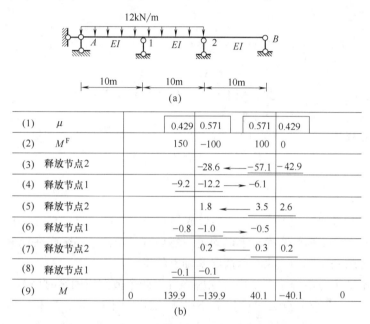

(a)

(1)	μ		0.429	0.571		0.571	0.429	
(2)	M^F		150	−100		100	0	
(3)	释放节点 2			−28.6 ←		−57.1 →	−42.9	
(4)	释放节点 1		−9.2	−12.2		−6.1		
(5)	释放节点 2			1.8 ←		3.5 →	2.6	
(6)	释放节点 1		−0.8	−1.0		−0.5		
(7)	释放节点 2			0.2 ←		0.3 →	0.2	
(8)	释放节点 1		−0.1	−0.1				
(9)	M	0	139.9	−139.9		40.1	−40.1	0

(b)

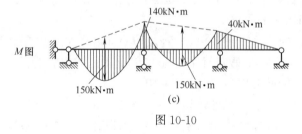

图 10-10

下面的工作是释放节点。如果同时在节点 1、2 上分别加上与 M_1^u、M_2^u 等值反向的力矩，这就意味着节点 1、2 同时放松（图 10-9c）。但是，图 10-9c 所示情况不能用上节介绍的方法进行计算，所以不能把两个节点同时放松，需要改用逐个单独释放一个节点的方法进行。

先释放哪个节点都可以，但是先释放节点不平衡力矩大的，收敛较快。先释放节点 2。

释放节点 2 时，节点 1 仍被固定（图 10-9d）。这就形成只有一个弹性节点的情况，可用上节方法进行计算。先按上节方法求分配系数：

$$\mu_{21} = \frac{4i}{4i + 3i} = 0.571$$

$$\mu_{2B}=\frac{3i}{4i+3i}=0.429$$

将它们填入图 10-10b 表中第一行。

然后将不平衡力矩 M_2^{u} 分配并传递，力矩的分配和传递与上节相同，在表中第三行进行。分配力矩：

$$M_{21}^{\mathrm{d}}=-\mu_{21}\times M_2^{\mathrm{u}}=-0.571\times100=-57.1\mathrm{kN\cdot m}$$

$$M_{2B}^{\mathrm{d}}=-\mu_{2B}\times M_2^{\mathrm{u}}=-0.429\times100=-42.9\mathrm{kN\cdot m}$$

传递力矩：

$$M_{12}^{\mathrm{c}}=C_{21}\times M_{21}^{\mathrm{d}}=\frac{1}{2}\times(-57.1)=-28.6\mathrm{kN\cdot m}$$

$$M_{B2}^{\mathrm{c}}=0$$

分配并传递结束后，在分配力矩下面画横线，以示该节点释放完了。清楚起见，将释放节点 2 产生的力矩写在图 10-9d 中。

这时节点 2 释放完了，它转动了一个角度。但是，体系是不是恢复了自然状态呢？没有。因为节点 1 仍被固定着，而原来节点 1 是有转角的。所以节点 2 是放松了，但是没有达到原来的转角。

下面释放节点 1。

释放节点 1 时必须固定节点 2，才能形成只有一个弹性节点的情况。把节点 2 在变形后的位置上（图 10-9d 所示位置）予以固定，然后释放节点 1，这样在释放节点 1 时所产生的变形和内力就是在图 10-9d 所示情况基础上的增值。

节点 1 的不平衡力矩等于多少呢？它应当等于两个节点均固定时该节点产生的不平衡力矩（图 10-9b）和释放节点 2 时产生的不平衡力矩（图 10-9d）之和。前者即固端力矩之和（50kN·m），后者即传递力矩（-28.6kN·m）。所以，此时节点 1 的总的不平衡力矩为 50-28.6=21.4kN·m。

按只有一个弹性节点的体系（图 10-9e）释放节点 1。分配系数按上节方法计算，记入图 10-10b 表中第一行；然后在第四行中分配与传递，完成后在分配力矩下面画横线。为了清楚，把分配力矩和传递力矩写在图 10-9e 中。

这样，节点 1 也暂时平衡了，并且转动了一个角度。但节点 2 又产生了新的不平衡力矩，其值等于传递力矩（-6.1kN·m，图 10-9e）。所以在分配与传递过程中，节点不平衡力矩就等于传递力矩。这在图 10-10b 表中第四行可以清楚地看出，横线以上部分已分配完了，只有横线下面的是应当分配的，画横线的目的就在于此。

将节点 1 在释放完成的位置上固定，再释放节点 2，其过程写在图 10-10b 表的第五行。

这时节点 1 又不平衡了，再释放节点 1……如此轮流释放，不平衡力矩越来越小（由于分配系数 $\mu<1$，传递系数的绝对值 ≤1，因此计算过程是收敛的），直至其值充分小为止。

一般来说，最终杆端力矩与固端力矩是同量级的，要求准确到三位有效数字，计算中取四位即可。例如对于本例，固端力矩是百位数（150、100），要求最终杆端力矩的个位准确即可，这样就可以保证前三位数字是准确的。在计算分配力矩和传递力矩时要求取到小数点后一位，以便加起来后，个位是准确的。

在通常情况下，只需轮流释放三周左右即可。本例为三周。

把各节点固定时外载产生的力矩，和历次释放节点时产生的附加力矩加起来即得最终杆端力矩。即：

$$杆端力矩＝固端力矩＋\sum 分配力矩＋\sum 传递力矩 \tag{10-10}$$

即把表中同一杆端下面各行的力矩加起来，就得该杆端的最终杆端力矩。例如：

$$M_{1A}=150-9.2-0.8-0.1=139.9\text{kN}\cdot\text{m}$$

$$M_{12}=-100-28.6-12.2+1.8-1.0+0.2-0.1=-139.9\text{kN}\cdot\text{m}$$

最终杆端力矩写入图 10-10b 表的第九行。

计算结果应当校核。

平衡条件的校核：

节点 1：

$$\sum M_1=139.9-139.9=0$$

节点 2：

$$\sum M_2=40.1-40.1=0$$

平衡条件得到满足。

变形条件的简化校核后面介绍。

在计算过程中画了许多图（图 10-9），这是为了便于理解，实际计算时无此必要。清楚起见，把计算过程重述如下（对照图 10-10b 表）：

（1）求分配系数。

（2）求固端力矩。

（3）将固端力矩相加求节点不平衡力矩（不必写在表中），先分配较大的那一个（节点 2）。

（4）释放节点 2。分配与传递，分配时变号，分配完成后在下面画横线，以示横线以上部分已经平衡。

（5）释放节点 1。该节点是第一次释放，其不平衡力矩为固端力矩之和再加传递力矩，即 $150-100-28.6=21.4\text{kN}\cdot\text{m}$。分配并传递完后再画横线。

（6）重新释放节点 2。其不平衡力矩为横线下面的传递力矩（$-6.1\text{kN}\cdot\text{m}$）。

（7）重新释放节点 1，其不平衡力矩为横线下面的传递力矩（$1.8\text{kN}\cdot\text{m}$）。如此进行下去，直至不平衡力矩足够小为止。

（8）把同一杆端下面的力矩（包括固端力矩、分配力矩和传递力矩）加起来，得杆端力矩。

（9）校核平衡条件和变形条件。

（10）根据杆端力矩绘弯矩图。本例弯矩图示于图 10-10c。

【例题 10-3】　用力矩分配法解图 10-11 所示连续梁。

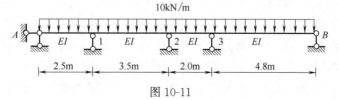

图 10-11

【解】 将该梁重示于图 10-12。本例共有三个弹性节点，需轮流释放三个节点。

计算步骤如下：

(1) 计算分配系数。取 $EI = 4.8$，算出各杆的线刚度如图 10-12a 所示。分配系数的计算结果填入图 10-12b 表中第一行。

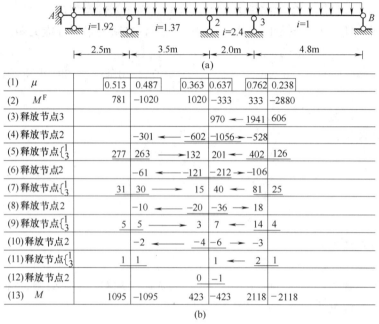

(a)

(1) μ		0.513	0.487		0.363	0.637		0.762	0.238
(2) M^F	781		−1020	1020		−333	333			−2880
(3) 释放节点3							970 ← 1941			606
(4) 释放节点2			−301 ←	−602	−1056	← −528				
(5) 释放节点$\left\{\begin{smallmatrix}1\\3\end{smallmatrix}\right.$	277	263	→ 132		201 ←	402				126
(6) 释放节点2			−61 ←	−121	−212 →	−106				
(7) 释放节点$\left\{\begin{smallmatrix}1\\3\end{smallmatrix}\right.$	31	30	→ 15		40 ←	81				25
(8) 释放节点2			−10	−20	−36 →	18				
(9) 释放节点$\left\{\begin{smallmatrix}1\\3\end{smallmatrix}\right.$	5	5	→ 3		7 ←	14				4
(10) 释放节点2			−2 ←	−4	−6 →	−3				
(11) 释放节点$\left\{\begin{smallmatrix}1\\3\end{smallmatrix}\right.$	1	1			1 ←	2				1
(12) 释放节点2			0		−1					
(13) M	1095		−1095	423		−423	2118			−2118

(b)

图 10-12

(2) 计算固端力矩：

$$M_{1A}^F = \frac{10 \times 2.5^2}{8} = 7.81\,\text{kN} \cdot \text{m}$$

$$M_{12}^F = -M_{21}^F = -\frac{10 \times 3.5^2}{12} = -10.20\,\text{kN} \cdot \text{m}$$

$$M_{23}^F = -M_{32}^F = -\frac{10 \times 2^2}{12} = -3.33\,\text{kN} \cdot \text{m}$$

$$M_{3B}^F = -\frac{10 \times 4.8^2}{8} = -28.80\,\text{kN} \cdot \text{m}$$

为了精确到三位有效数字，计算中取到小数点后两位。为了避免写小数，这里将 M^F 乘以 100，计算中取到个位，计算结果再除以 100。M^F 填在图 10-12b 表中第二行。

(3) 由于节点 3 处不平衡力矩最大，故先释放节点 3。将固端力矩相加（333 − 2880），乘以分配系数并变号得分配力矩，然后向 2 端传递，传递后在分配力矩下面画横线（图 10-12b 表第三行）。

(4) 释放节点 2。节点不平衡力矩为 1020 − 333 + 971 = 1658，将其乘以分配系数并变号得分配力矩，然后向 1 端及 3 端传递，传递后画横线（图 10-12b 表第四行）。

(5) 释放节点 1。节点不平衡力矩为 781 − 1020 − 301 = 540，将其乘以分配系数并变号得分配力矩，然后向节点 2 传递，传递后画横线（图 10-12b 表第五行）。

第二次释放节点 3，节点不平衡力矩为横线下面的传递力矩（−528），分配并向节点

2 传递，传递完画横线（图 10-12b 表第五行）。

（6）第二次释放节点 2。节点不平衡力矩为横线下面的传递力矩之和（132＋201），分配并传递后画横线（图 10-12b 表第六行）。

依此类推。

最后加起来得杆端力矩（图 10-12b 表第十三行），这些数值应除以 100。由图 10-12b 表可见，各节点是平衡的。

弯矩图示于图 10-13 中。

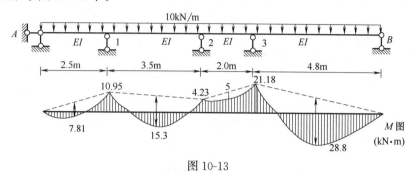

图 10-13

再一次指出，释放节点的顺序是任意的，并不影响最终结果，只是涉及收敛的快慢。

由本例可见，不相邻节点（节点 1 及 3）可以同时释放，中间节点（节点 2）将由两边传来的力矩相加后分配并传递。本例就是这样操作的。

下面讨论校核变形条件的方法。

刚接于同一节点上的各杆端转角应当相等，校核的基本方法已在位移法中介绍，这里介绍简化方法。

设节点 i 是连续梁中任意一个节点（图 10-14），其相邻节点为 k、j。校核杆 ik 的 i 端转角与 ij 的 i 端转角相等的方法及道理如下：

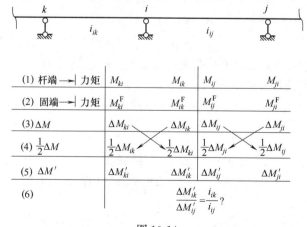

图 10-14

（1）做法

在第一行中写上杆端力矩，在第二行中写上固端力矩❶。杆端力矩减去固端力矩得

---

❶　在计算表中，这两行已经有了，可不必重写。

ΔM，写在第三行。将同一杆一端的 ΔM 的一半传至另一端，写在第四行。第三行减去第四行得 $\Delta M'$（第五行）。同一节点 i 上两杆 i 端的 $\Delta M'$ 之比，应等于两杆线刚度之比。如果满足此条件就说明两杆 i 端的转角相等。

（2）证明

对于连续梁或无侧移刚架，侧移 $\Delta_{ik}=0$，按转角位移方程，杆 ik 的 i 端及 k 端的力矩分别为：

$$M_{ik}=4i_{ik}\varphi_i+2i_{ik}\varphi_k+M_{ik}^{\mathrm{F}} \left.\right\}$$
$$M_{ki}=2i_{ik}\varphi_i+4i_{ik}\varphi_k+M_{ki}^{\mathrm{F}}$$

由上式解得：

$$\varphi_i=\frac{(M_{ik}-M_{ik}^{\mathrm{F}})-\dfrac{1}{2}(M_{ki}-M_{ki}^{\mathrm{F}})}{3i_{ik}}$$

令 $\Delta M_{ik}=M_{ik}-M_{ik}^{\mathrm{F}}$；$\Delta M_{ki}=M_{ki}-M_{ki}^{\mathrm{F}}$。它们分别表示相应杆端力矩与固端力矩之差。则上式可写为：

$$\varphi_i=\frac{\Delta M_{ik}-\dfrac{1}{2}\Delta M_{ki}}{3i_{ik}} \tag{10-11}$$

由于两杆的 i 端转角应当相等，即：

$$\frac{\Delta M_{ik}-\dfrac{1}{2}\Delta M_{ki}}{3i_{ik}}=\frac{\Delta M_{ij}-\dfrac{1}{2}\Delta M_{ji}}{3i_{ij}}$$

于是，同一节点上两杆 i 端的 $\left(\Delta M_{ik}-\dfrac{1}{2}\Delta M_{ki}\right)$ 值之比等于线刚度 i 之比。令

$\Delta M'_{ik}=\Delta M_{ik}-\dfrac{1}{2}\Delta M_{ki}$，$\Delta M'_{ij}=\Delta M_{ij}-\dfrac{1}{2}\Delta M_{ji}$ 则上式可写为：

$$\frac{\Delta M'_{ik}}{\Delta M'_{ij}}=\frac{i_{ik}}{i_{ij}} \tag{10-12}$$

容易证明，上述比例关系对于一端固定另端铰支杆也是适用的。

例题 10-3 的变形条件校核如图 10-15 所示。变形条件得到满足。

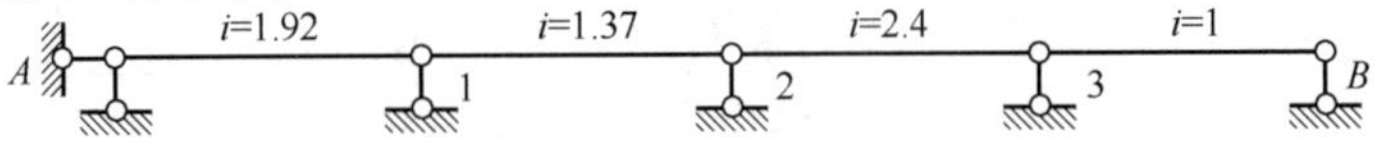

杆端力矩	0	10.95	−10.95	4.23	−4.23	21.13	−21.18	0
固端力矩	0	7.81	−10.20	10.20	−3.33	3.33	−28.80	0
ΔM_{ik}	0	3.14	−0.75	−5.97	−0.90	17.85	7.62	0
$\dfrac{1}{2}\Delta M_{ik}$		0	−2.99	−0.38	8.93	−0.45	0	
$\Delta M'$		3.14	2.24	−5.59	−9.83	18.30	7.62	
$\Delta M'$ 之比		$\dfrac{3.14}{2.24}=1.40$		$\dfrac{-5.59}{-9.83}=0.568$		$\dfrac{28.30}{7.62}=2.4$		
i 之比		$\dfrac{1.92}{1.37}=1.40$		$\dfrac{1.37}{2.4}=0.570$		$\dfrac{2.4}{1}=2.4$		

图 10-15

【例题 10-4】　用力矩分配法分析图 10-16a 所示连续梁，并绘制其弯矩图。

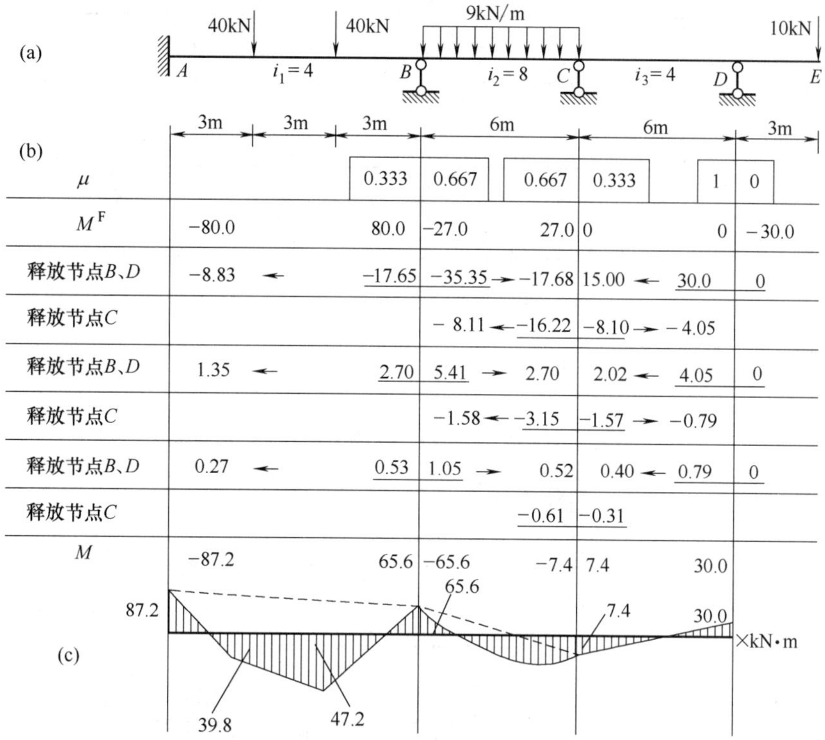

	A	B		C		D	
μ		0.333	0.667	0.667	0.333	1	0
M^F	−80.0	80.0	−27.0	27.0	0	0	−30.0
释放节点B、D	−8.83 ←	−17.65	−35.35 →	−17.68	15.00 ←	30.0	0
释放节点C			− 8.11 ←	−16.22	−8.10 →	− 4.05	
释放节点B、D	1.35 ←	2.70	5.41 →	2.70	2.02 ←	4.05	0
释放节点C			−1.58 ←	−3.15	−1.57 →	−0.79	
释放节点B、D	0.27 ←	0.53	1.05 →	0.52	0.40 ←	0.79	0
释放节点C				−0.61	−0.31		
M	−87.2	65.6	−65.6	−7.4	7.4	30.0	

图 10-16

【解】　此连续梁的右端 DE 为一悬臂。转动节点 D 时悬臂可以自由转动，故其转动刚度为零，因此杆件 CD 在节点 D 的分配系数为 100%（即为 1），而悬臂 DE 在该节点的分配系数为零。此题的演算过程（图 10-16b）无需多作解释。需要注意的是杆 AB 上作用有两个集中力，其固端力矩可分别考虑它们的作用，而后叠加得到。弯矩图见图 10-16c。

对于图 10-16a 所示连续梁，也可将挑臂 DE 部分及其荷载简化为一个作用于节点 D 的力偶（这时 D 为铰支座）进行计算，方法如下：

DE 为一静定部分，其内力可依静力平衡条件求出，即：

$$M_{DE}=30\text{kN}\cdot\text{m},Q_{DE}=10\text{kN}$$

去掉 DE 部分，把 M_{DE}、Q_{DE} 作为外力加在节点 D 上，则节点 D 处为一铰支座。原结构和简化情况及分配系数、固端力矩的计算见图 10-17，按此处理方法计算得到与前相同结果，这里不再详述。

【例题 10-5】　用力矩分配法计算图 10-18a 所示连续梁。设支座 2 下沉 $\Delta=1\text{cm}$。截面为型钢工20b（$E=200\text{GPa}$；$I=2500\text{cm}^4$）。

【解】　支座移动时的计算与荷载作用时的不同之处，仅在于固端力矩是由支座移动产生的。将节点 1、2 固定，使支座 2 下沉 1cm，由此引起的 M_c 图如图 10-18b 所示（此图在实际计算中无需画出）。注意，计算固端力矩时不能用刚度的相对值。固端力矩为

$$M_{12}^{F}=M_{21}^{F}=-\frac{6EI}{l^2}\Delta=-\frac{6\times200\times10^9\times2500\times1}{10^2\times100^4\times10^2}=-3000\text{N}\cdot\text{m}$$

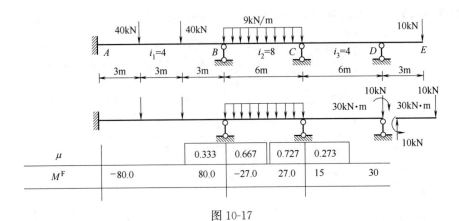

图 10-17

$$M_{2B}^{F} = \frac{3EI}{l^2}\Delta = 1500\text{N} \cdot \text{m}$$

计算过程详见图 10-18c，最终弯矩图如图 10-18d 所示。

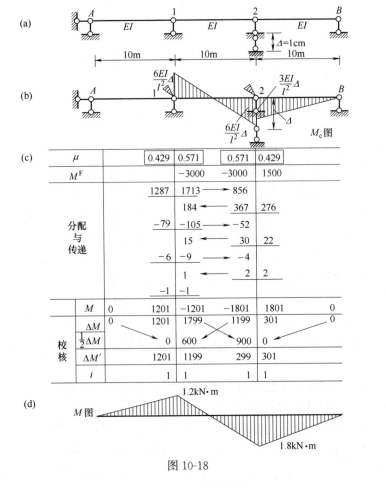

图 10-18

【例题 10-6】　用力矩分配法计算图 10-19a 所示刚架。

【解】　此刚架有两个弹性节点，无节点线位移，故可用力矩分配法计算。其计算亦宜

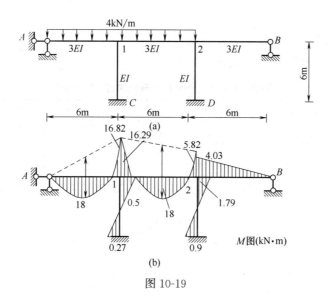

图 10-19

列表进行（表 10-3），只不过计算中尚需考虑柱子，所以表格形式不如连续梁那样简明。

（1）求分配系数。

取 $EI=6$，对于节点 1μ 的计算如下：

杆	相对线刚度	转动刚变（S）	分配系数（μ）
1A	3	$3\times3=9$	$\dfrac{9}{25}=0.36$
12	3	$4\times3=12$	$\dfrac{12}{25}=0.48$
1C	1	$\dfrac{4\times1=4}{\sum S=25}$	$\dfrac{4}{25}=0.16$ $\overline{\sum\mu=1}$

对于节点 2，同理有 $\mu_{2B}=0.36$，$\mu_{21}=0.48$，$\mu_{2D}=0.16$。

（2）求固端力矩。

$$M_{1A}^{\mathrm{F}}=\frac{ql^2}{8}=18\mathrm{kN\cdot m}$$

$$M_{12}^{\mathrm{F}}=-\frac{ql^2}{12}=-12\mathrm{kN\cdot m}$$

$$M_{21}^{\mathrm{F}}=\frac{ql^2}{12}=12\mathrm{kN\cdot m}$$

（3）分配与传递，详见表 10-3。

（4）校核。

平衡条件：

$$\sum M_1=-0.53+16.82-16.29=0$$

$$\sum M_2=5.82-4.03-1.79=0$$

正确。

变形条件校核见表 10-3。

（5）绘 M 图，如图 10-19b 所示。

例题 10-6 力矩分配表（弯矩单位：kN·m）　　　　　　表 10-3

节点	A	C	1			2			D	B
杆端	$A1$	$C1$	$1C$	$1A$	12	21	$2B$	$2D$	$D2$	$B2$
μ			0.16	0.36	0.48	0.48	0.36	0.16		
M^F				18	−12	12				
分配与传递					−2.88	−5.76	−4.32	−1.92	−0.96	
		−0.25	−0.50	−1.12	−1.50	−0.75				
					0.18	0.36	0.27	0.12	0.06	
			−0.03	−0.06	−0.09					
		−0.02				−0.05				
						0.02	0.02	0.01	0.06	
杆端力矩	0	−0.27	−0.53	16.82	−16.29	5.82	−4.03	−1.79	−0.90	0
校核 ΔM	0	−0.27	−0.53	−1.18	−4.29	−6.18	−4.03	−1.79	−0.90	0
$\frac{1}{2}\Delta M$			−0.14	0	−3.09	−2.15	0	−0.45		
$\Delta M'$			−0.39	−1.18	−1.20	−4.03	−4.03	−1.34		
i			1	3	3	3	3	1		

10-3　无剪力分配法

如第 9-12 节所述，静定剪力柱结构只有节点角位移是基本未知数；为了变成基本体系，只需加刚臂，无需加支杆；未知转角由节点平衡条件（附加刚臂反力矩等于零）确定。

这种结构也可以用与力矩分配法相同的处理方法计算，即先固定节点，再逐次放松节点。经过与力矩分配法相同的推导过程，得到相同的算式。只需注意到（图 9-65）在基本体系中柱子是一端固定、一端定向支座杆，或两端都是定向支座杆，因而

（1）柱端转动刚度（参见图 10-1c）为：

$$S_{AB}=i$$

式中，i 为柱的线刚度。

（2）柱端间的传递系数为：

$$C_{AB}=-1$$

（3）柱子固端力矩按一端固定、一端定向支座杆计算。

计算步骤与力矩分配法相同。

由于在放松节点过程中（即转动节点过程中），柱中不产生剪力（柱中弯矩为常数，见图 9-62 或图 9-65），这种方法称为无剪力分配法。

【例题 10-7】 用无剪力分配法重算图 9-61a 所示静定剪力柱刚架。

【解】 将其重示于图 10-20a。

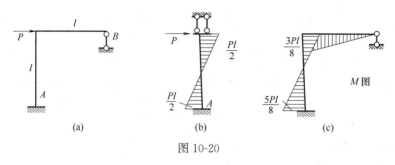

图 10-20

（1）计算分配系数。

线刚度：

$$i_{1A} = i_{1B} = i$$

转动刚度：

$$S_{1A} = i, S_{1B} = 3i$$

分配系数：

$$\mu_{1A} = \frac{S_{1A}}{S_{1A} + S_{1B}} = \frac{i}{i + 3i} = \frac{1}{4}$$

$$\mu_{1B} = \frac{S_{1B}}{S_{1A} + S_{1B}} = \frac{3i}{i + 3i} = \frac{3}{4}$$

满足 $\sum \mu = 1$。

（2）计算固端力矩、节点不平衡力矩。

柱子 $1A$ 为一端固定、一端定向支座杆，上端承受剪力 P（图 10-20b），杆中无荷载，故：

$$M_{1A}^{\mathrm{F}} = -\frac{1}{2}Pl, M_{A1}^{\mathrm{F}} = -\frac{1}{2}Pl$$

梁 $1B$ 上无荷载，$M_{1B}^{\mathrm{F}} = 0$。节点不平衡力矩：

$$M_1^{\mathrm{u}} = M_{1A}^{\mathrm{F}} + M_{1B}^{\mathrm{F}} = -\frac{Pl}{2} + 0 = -\frac{Pl}{2}$$

（3）分配与传递。

这是单节点分配问题，只需作一次分配与传递。

分配力矩：

$$M_{1A}^{\mathrm{d}} = \mu_{1A}(-M_1^{\mathrm{u}}) = \frac{1}{4}\left(\frac{Pl}{2}\right) = \frac{Pl}{8}$$

$$M_{1B}^{\mathrm{d}} = \mu_{1B}(1 - M_1^{\mathrm{u}}) = \frac{3}{4}\left(\frac{Pl}{2}\right) = \frac{3}{8}Pl$$

传递力矩：

$$M_{A1}^{\mathrm{c}} = C_{1A} \cdot M_{1A} = (-1)\left(\frac{Pl}{8}\right) = -\frac{1}{8}Pl$$

（4）计算杆端力矩。

$$M_{1A}=M_{1A}^{F}+M_{1A}^{d}=-\frac{Pl}{2}+\frac{Pl}{8}=-\frac{3}{8}Pl$$

$$M_{A1}=M_{A1}^{F}+M_{A1}^{c}=-\frac{Pl}{2}-\frac{Pl}{8}=-\frac{5}{8}Pl$$

$$M_{1B}=M_{1B}^{F}+M_{1B}^{d}=0+\frac{3}{8}Pl=\frac{3}{8}Pl$$

（5）M 图示于图 10-20c。节点 1 满足节点平衡条件 $\sum M=0$。由杆端弯矩可以算出：

$$Q_{1A}=\frac{1}{l}\left(\frac{3}{8}Pl+\frac{5}{8}Pl\right)=P$$

满足截面平衡条件。

【例题 10-8】 计算图 10-21a 所示对称刚架，绘 M 图。各杆 EI 相同。

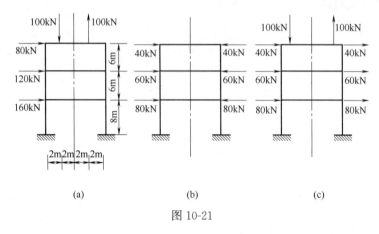

图 10-21

【解】 首先把荷载分解成对称、反对称两组。对称荷载（图 10-21b）作用下弯矩图为零，只有 3 个横梁产生轴力。反对称荷载作用下（图 10-21c）的弯矩图就等于原结构（图 10-21a）的弯矩图。

图 10-21c 的等代结构如图 10-22a 所示。它是静定剪力柱结构，用无剪力分配法计算。

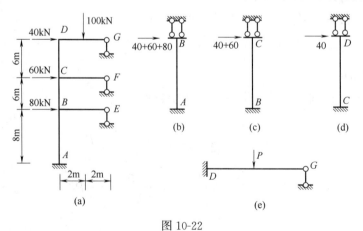

图 10-22

（1）求分配系数。

首先求各杆的线刚度。为了方便，设 $EI=24$（设它等于多少都可以，在荷载作用情况下不影响内力），有：

$$i_{AB} = \frac{EI}{8} = \frac{24}{8} = 3, i_{BC} = i_{CD} = \frac{EI}{6} = 4, i_{BE} = i_{CF} = i_{DG} = \frac{24}{4} = 6$$

将竖杆当成一端固定、一端定向支座杆，求分配系数：

节点 B：

$$\mu_{BA} = \frac{S_{BA}}{S_{BA} + S_{BE} + S_{BC}} = \frac{3}{3 + 3 \times 6 + 4} = 0.12$$

$$\mu_{BC} = \frac{S_{BC}}{S_{BA} + S_{BE} + S_{BC}} = \frac{4}{3 + 3 \times 6 + 4} = 0.16$$

$$\mu_{BE} = \frac{S_{BE}}{S_{BA} + S_{BE} + S_{BC}} = \frac{3 \times 6}{3 + 3 \times 6 + 4} = 0.72$$

节点 C：

$$\mu_{CB} = \frac{S_{CB}}{S_{CB} + S_{CF} + S_{CD}} = 0.154$$

$$\mu_{CF} = 0.692$$

$$\mu_{CD} = 0.154$$

节点 D：

$$\mu_{DC} = \frac{S_{DC}}{S_{DC} + S_{DG}} = \frac{4}{4 + 3 \times 6} - = 0.182$$

$$\mu_{DG} = 0.818$$

各节点都满足 $\sum\mu = 1$。

（2）求固端力矩。

将竖杆看成是一端固定、另端定向支座杆。横梁照例是一端固定、另端铰支。

杆 AB（图 10-22b），柱头剪力可由平衡条件求出，其大小为 180kN，为截面 B 以上所有水平荷载之和，于是其固端力矩为：

$$M_{AB}^{\mathrm{F}} = M_{BA}^{\mathrm{F}} = -\frac{1}{2} Pl = -\frac{1}{2} \times 180 \times 8 = -720 \mathrm{kN \cdot m}$$

杆 BC（图 10-22c），柱头剪力为 100kN，其固端力矩为：

$$M_{BC}^{\mathrm{F}} = M_{CB}^{\mathrm{F}} = -\frac{1}{2} Pl = -\frac{1}{2} \times 100 \times 6 = -300 \mathrm{kN \cdot m}$$

杆 CD（图 10-22d），柱头剪力为 40kN，其固端力矩为：

$$M_{CD}^{\mathrm{F}} = M_{DC}^{\mathrm{F}} = -120 \mathrm{kN \cdot m}$$

横梁 CD（图 10-22e），其固端力矩为：

$$M_{DG}^{\mathrm{F}} = -\frac{3}{16} Pl = -\frac{3}{16} \times 100 \times 4 = -75 \mathrm{kN \cdot m}$$

（3）分配与传递。

比较节点 B、C、D 可见，节点 B 的节点不平衡力矩最大，为：

$$M_B = -720 - 300 = -1020 \mathrm{kN \cdot m}$$

宜先放松节点 B。为了简便，同时放松节点 B 和节点 D（锁住节点 C）：

将 M_B^{u} 反号，乘以各杆的分配系数，得分配力矩

$$M_{BA}^{d} = \mu_{BA}(-M_B^u) = 0.12 \times 1020 = 122.4 \text{kN·m}$$

$$M_{BE}^{d} = \mu_{BE}(-M_B^u) = 0.72 \times 1020 = 734.4 \text{kN·m}$$

$$M_{BC}^{d} = \mu_{BC}(-M_B^u) = 0.16 \times 1020 = 163.2 \text{kN·m}$$

传递系数为 $C_{BA} = -1$，$C_{BC} = -1$，所以传递力矩为：

$$M_{AB}^{c} = C_{BA} \cdot M_{BA}^{d} = -1 \times 122.4 = -122.4 \text{kN·m}$$

$$M_{CB}^{c} = C_{BC} \cdot M_{BC}^{d} = -1 \times 163.2 = -163.2 \text{kN·m}$$

用同样的方法，把 M_D^u 反号，分别乘以分配系数得分配力矩。

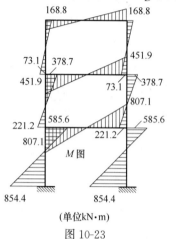

168.8   168.8

73.1 378.7   451.9

451.9   73.1   378.7

807.1

221.2 585.6   585.6

807.1   221.2

M 图

854.4   854.4

（单位kN·m）

图 10-23

节点 D 的不平衡力矩为：

$$M_D^u = -120 - 75 = -195 \text{kN·m}$$

$$M_{DC}^{d} = \mu_{DC}(-M_D^u) = 0.182 \times 195 = 35.5 \text{kN·m}$$

$$M_{DG}^{d} = \mu_{DG}(-M_D^u) = 0.818 \times 195 = 159.5 \text{kN·m}$$

传递系数为 $C_{DC} = -1$，所以传递力矩为：

$$M_{CD}^{c} = C_{DC} \cdot M_{DC}^{d} = -1 \times 35.5 = -35.5 \text{kN·m}$$

分配传递完毕后，同时固定节点 B、D。放松节点 C，分配传递之后，将节点 C 固定，再同时放松节点 B、D，依次交替进行下去。详细计算过程见表 10-4。

（4）计算杆端力矩，记入表 10-4 最后一行。

（5）绘 M 图，如图 10-23 所示。

例题 10-8 杆端力矩计算表　　　　　　　　　表 10-4

节点	A	B			C			D	
杆　端	AB	BA	BE	BC	CB	CF	CD	DC	DG
1)μ		0.12	0.72	0.16	0.154	0.692	0.154	0.182	0.818
2)M^F	−720	−720		−300	−300		−120	−120	−75
3)放松节点 B、D	−122.4	122.4	734.4	163.2	−163.2		−35.5	35.5	159.5
4)放松节点 C				−95.3	95.3	428.1	95.3	−95.3	
5)放松节点 B、D	−11.4	11.4	86.6	15.3	−15.3		−17.3	17.3	78.0
6)放松节点 C				−5	5	22.6	5	−5	
7)放松节点 B、D	−0.6	0.6	3.6	0.8	−0.8		−0.9	0.9	4.1
8)放松节点 C				−0.3	0.3	1.2	0.3	−0.3	
9)放松节点 B、D		0	0.2	0.1				0.1	0.2
10)M	854.4	−585.6	807.1	−221.2	−378.7	451.9	−73.1	−166.8	166.8

小　结

一、力矩分配法仅适用于解算连续梁和无侧移刚架，一般的有侧移刚架不能用力矩分配法计算。

二、力矩分配法的研究对象是杆端力矩。杆端力矩的符号规定与位移法中的规定相同，对杆端顺时针为正，对节点则逆时针为正。

三、力矩分配法采用的基本手段是先固定节点，再放松节点，对各个弹性节点轮流反复进行，杆端力矩逐步趋向精确值。无论结构有多少个节点转角，计算总是归结为单节点的力矩分配。计算主要是以下三个环节：

（1）固定节点，按给定荷载求出各杆固端力矩及节点不平衡力矩。

（2）放松节点，根据分配系数进行分配，求出分配力矩。

（3）根据传递系数进行传递，求出传递力矩。

静定剪力柱结构宜用无剪力分配法计算。

习　题

一、是非题

10-1　对于图示梁，分配系数 μ_{1A} 为已知数，则最终杆端力矩 $M_{1A} = \mu_{1A}(m + 3Pl/16)$。（　　）

10-2　对于图示刚架，各杆 i 为常数，欲使节点 A 产生顺时针转角 Q_A，需在节点 A 施加逆时针力偶 $12i$。（　　）

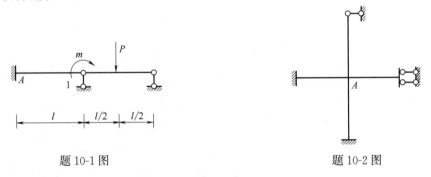

题 10-1 图　　　　　　　　　　题 10-2 图

10-3　图示梁的力矩分配系数分别为：$\mu_{BA} = \mu_{BC} = 0.5$，$\mu_{CB} = 0.75$，$\mu_{CD} = 0.25$。（　　）

10-4　图示梁的传递系数分别为：$C_{BA} = 0$，$C_{BC} = 0.5$，$C_{CD} = -1$。（　　）

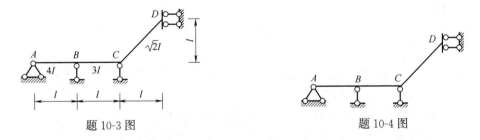

题 10-3 图　　　　　　　　　　题 10-4 图

二、选择题

10-5　图示各结构中，各杆件 $EI = $ 常数（特殊注明者除外），其中不能直接用力矩分配法计算的结构是（　　）。

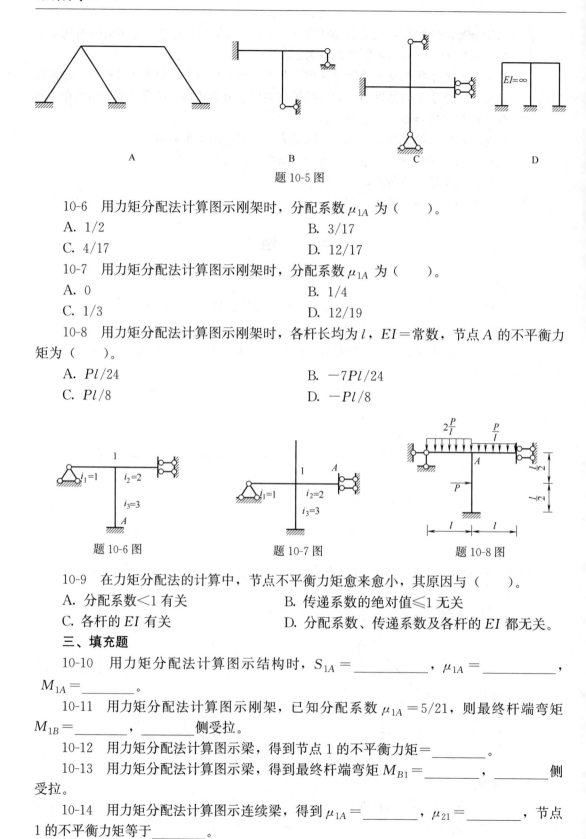

A   B   C   D

题 10-5 图

10-6　用力矩分配法计算图示刚架时，分配系数 μ_{1A} 为（　　）。

A. 1/2   B. 3/17

C. 4/17   D. 12/17

10-7　用力矩分配法计算图示刚架时，分配系数 μ_{1A} 为（　　）。

A. 0   B. 1/4

C. 1/3   D. 12/19

10-8　用力矩分配法计算图示刚架时，各杆长均为 l，EI＝常数，节点 A 的不平衡力矩为（　　）。

A. $Pl/24$ B. $-7Pl/24$

C. $Pl/8$ D. $-Pl/8$

题 10-6 图　　　　　　题 10-7 图　　　　　　题 10-8 图

10-9　在力矩分配法的计算中，节点不平衡力矩愈来愈小，其原因与（　　）。

A. 分配系数<1 有关   B. 传递系数的绝对值≤1 无关

C. 各杆的 EI 有关   D. 分配系数、传递系数及各杆的 EI 都无关

三、填充题

10-10　用力矩分配法计算图示结构时，S_{1A}＝_____，μ_{1A}＝_____，M_{1A}＝_____。

10-11　用力矩分配法计算图示刚架，已知分配系数 μ_{1A}＝5/21，则最终杆端弯矩 M_{1B}＝_____，_____侧受拉。

10-12　用力矩分配法计算图示梁，得到节点 1 的不平衡力矩＝_____。

10-13　用力矩分配法计算图示梁，得到最终杆端弯矩 M_{B1}＝_____，_____侧受拉。

10-14　用力矩分配法计算图示连续梁，得到 μ_{1A}＝_____，μ_{21}＝_____，节点 1 的不平衡力矩等于_____。

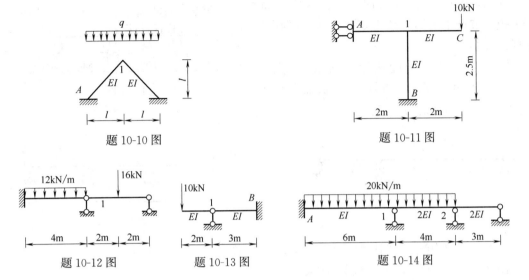

题 10-10 图

题 10-11 图

题 10-12 图　　　题 10-13 图　　　题 10-14 图

四、计算分析题

10-15、10-16　用力矩分配法计算图示梁，绘 M、Q 图，并求支座反力。

题 10-15 图　　　　　　　　題 10-16 图

10-17、10-18　用力矩分配法计算图示刚架，绘 M 图。

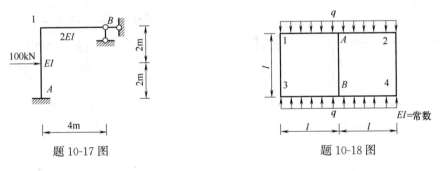

题 10-17 图　　　　　　　　題 10-18 图

10-19　用力矩分配法计算图示连续梁，绘 M、Q 图，并求支座反力。

10-20　用力矩分配法计算图示连续梁，绘 M 图。

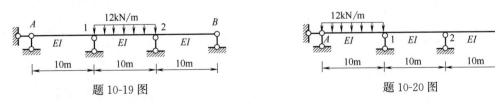

题 10-19 图　　　　　　　　題 10-20 图

10-21　用力矩分配法计算图示连续梁，绘 M、Q 图，并求支座反力。

10-22　用力矩分配法计算图示连续梁，绘 M 图。

提示：固定节点1、2时，各杆端皆无固端力矩，节点1的不平衡力矩等于1，它不属于任何杆端。

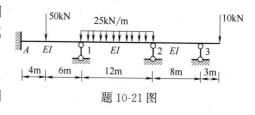

题 10-21 图

10-23 用力矩分配法计算图示连续梁。设支座 A 产生转角 $\varphi_A = 0.05\text{rad}$。截面为型钢 I 20b（$E = 200\text{GPa}$；$I = 2500\text{cm}^4$）。

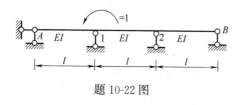

题 10-22 图

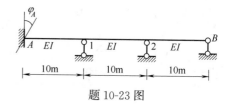

题 10-23 图

10-24 用力矩分配法计算图示连续梁，绘 M 图。

10-25 用力矩分配法计算图示刚架，绘 M 图。

10-26 无剪力分配法的适用条件是什么？为什么叫"无剪力分配"？

10-27 单跨不对称刚架能否用无剪力分配法计算？试说明理由。

10-28 用无剪力分配法重算图 9-64a 所示刚架，绘 M 图，并与第 9-12 节中的计算结果对照。

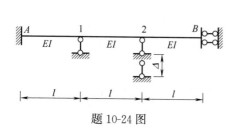

题 10-24 图

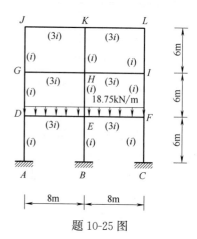

题 10-25 图

第 11 章　影响线及其应用

【学习指导】

工程实际中，除遇到不动荷载外，还会遇到移动荷载，如在吊车梁上行驶的吊车，在桥梁上行驶的火车、汽车等。当荷载移动时，结构中的所有内力均将随荷载位置而改变。必须求出各个内力的最大值，作为设计的依据。本章所讲的影响线及其应用就是解决这种问题的。

通过本章学习，应达到下列要求：

一、掌握影响线的概念。

二、熟练掌握用静力法作静定梁、静定桁架反力和内力影响线。

三、了解用机动法作静定梁的影响线。

四、掌握影响量的计算。

五、了解铁路和公路的标准荷载制、节点荷载作用下的影响线和换算荷载。

六、对三角形影响线要求掌握最不利荷载位置的确定。对多边形影响线则要求了解。

七、了解简支梁的弯矩包络图和简支梁的绝对最大弯矩。

八、掌握连续梁内力影响线形状的确定。

九、了解连续梁弯矩包络图的绘制。

不同专业可阅读不同例题和做不同习题：吊车荷载、公路标准荷载（路）、铁路标准荷载（铁）。

11-1　影响线的概念

结构在移动荷载作用下的计算，从原理上与固定荷载作用下的计算相同，只是荷载位置是改变的。以吊车梁为例，图 11-1a 为工业厂房中的桥式吊车，它由桥架及在其上运行的小车组成。重物由小车起吊沿桥架移动，桥架两端的轮子在吊车梁上沿厂房纵向移动，轮子的压力包括重物、桥架自重及小车自重，称为吊车轮压。吊车梁支承在柱的牛腿上（图 11-1a、b），计算时按简支梁考虑（图 11-1c）。当吊车自左向右移动时，左支座反力 R_A 将逐渐减小，而右支座反力 R_B 则不断增大。设欲求 R_B 的最大值，读者自然会想到，可将吊车放在全梁的许多位置上，算出其在每一位置时的 R_B 值，然后加以比较，从中找出最大值。不言而喻，这种做法计算工作量很大，显然是不可取的。

注意到这是一组间距不变的力，为了研究这组力对 R_B 的影响，我们可以先求出单个力 P 移动时 R_B 的改变规律，有了这个规律，就不难利用叠加原理求出这一组力移动时 R_B 的改变规律，从而找出其最大值。

现在研究单个力 P 在梁上移动时（图 11-2a）R_B 的改变规律。设以 A 为坐标原点，以 x 表示力 P 距 A 点的距离，然后将 P 看作暂时不动，由 $\sum M_A = 0$ 得：

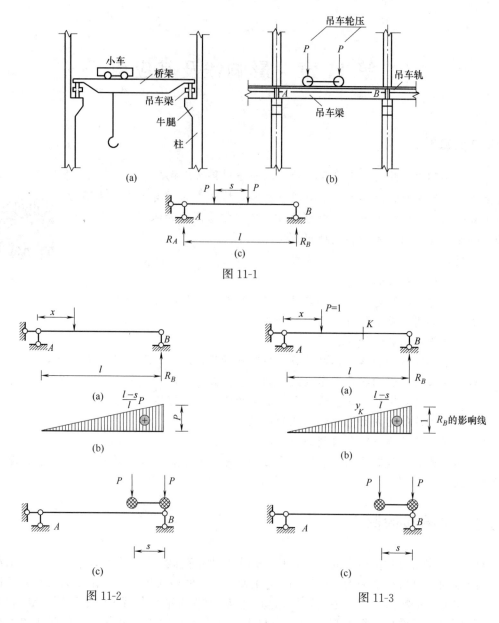

图 11-1

图 11-2

图 11-3

$$R_B = \frac{x}{l}P \qquad (11\text{-}1)$$

此即 R_B 的改变规律。可见 R_B 是 x 的一次函数，当 $x=0$（P 作用于 A 点）时，$R_B=0$；当 $x=l$（P 作用于 B 点）时，$R_B=P$。总之，无论 P 作用在何处，都可由上式算出 R_B 的数值。为了清楚起见，作出此函数的图形如图 11-2b 所示。图中横坐标代表力 P 的位置，纵坐标代表 R_B 的数值。

由这个图形可以看出，当 P 作用在 B 点时 R_B 有最大值；还可以看出，图 11-1c 所示的吊车越向右移，R_B 的值越大，当吊车的右轮移到 B 点时（图 11-2c），R_B 的值达最大。这个最大值可以根据图 11-2b 按叠加原理计算如下：

$$R_B^{\max}=P+\frac{l-s}{l}P=\left(1+\frac{l-s}{l}\right)P \tag{11-2}$$

为了简便，通常对应 $P=1$（所谓单位力）来绘这个图形，这只需将 P 及图 11-2b 纵坐标均除以 P（对照图 11-2 和图 11-3）。所得到的图形（图 11-3b）称为 R_B 的影响线。

这样，某一量值❶的影响线是表示 $P=1$ 在结构移动时该量值改变规律的图形。

根据影响线的定义，R_B 影响线中的任一纵坐标即代表当 $P=1$ 作用于该处时反力 R_B 的大小，例如图 11-3b 中的 y_K 即代表 $P=1$ 作用在 K 点时反力 R_B 的大小。

借助 R_B 的影响线，不难利用叠加原理算出 R_B 的最大值，

$$R_B^{\max}=P\times1+P\times\frac{l-s}{l}=\left(1+\frac{l-s}{l}\right)P \tag{11-3}$$

与式 11-2 相同。

这是个简例，对于较为复杂的情况，在移动荷载作用下求最大内力值的问题并不这样简单。后面将会知道，影响线是解决这一问题的有力工具。

本章将首先讨论影响线的绘制方法，然后再讨论影响线的应用。

11-2　用静力法作静定梁的影响线

由上节 R_B 影响线的作法，可将绘制影响线的基本方法概括如下：

（1）以 $P=1$ 的位置作为自变量 x，x 的原点可视方便而定。

（2）利用平衡方程将某量值表达为 x 的函数，即写影响线方程。

（3）将此函数用图形表示出来。

这种绘制影响线的方法称为静力法。

下面以简支梁为例介绍静定梁影响线的作法。

一、支座反力影响线

前节已作出右支座反力 R_B 的影响线，现作左支座反力 R_A 的影响线（图 11-4a）。将 R_A 的正向表示出来（设向上为正），$P=1$ 的坐标 x 的原点取在 B 点较为方便。由 $\sum M_B=0$ 得：

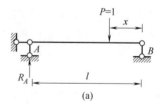

(a)

$$R_A=\frac{x}{l} \tag{11-4}$$

这就是 R_A 的影响线方程。它也是直线方程，由两点即可确定：当 $x=0$（$P=1$ 在 B 点）时，$R_A=0$；当 $x=l$（$P=1$ 在 A 点）时，$R_A=1$。于是 R_A 的影响线如图 11-4b 所示。符号可由影响线方程确

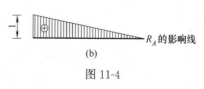

R_A 的影响线

(b)

图 11-4

定：当 x 为正时 R_A 也为正。通常规定将正的纵坐标绘在基线上面，负的绘在下面，并注明正负号。由于 $P=1$ 为一无量纲数，因此反力影响线的纵坐标也是无量纲数。

现在从物理意义来分析一下 R_A 的影响线。当 $P=1$ 作用在 A 点时，支座 A 的反力

---

❶　今后把某支座反力或某一截面内力等统称为量值。

等于 1 且向上（与所设方向相同，是正的）；随 $P=1$ 向右移动，R_A 逐渐减小，当 $P=1$ 作用于 B 点时，完全为支座 B 所承受，则 $R_A=0$。不论 $P=1$ 作用在何处，R_A 永远是向上的（即为正）。

由此得绘制简支梁支座反力影响线的规律如下：

简支梁某支座反力影响线为一斜直线，在该支座处向上取纵坐标 1，以直线与另一支座处零点相连。应当记住这个规律，以后作它们的影响线时，不必每次写出影响线方程，可直接按上述规律绘出。

二、弯矩影响线

绘弯矩影响线时，必须先指定截面位置。设欲求任一截面 K 的弯矩 M_K 的影响线（图 11-5a）。由于 $P=1$ 作用于截面 K 以左和以右 M_K 的影响线方程不同，所以须分别考虑这两种情况。

（1）$P=1$ 在截面 K 以右时，为计算简便，取截面 K 以左部分为隔离体，由 $\sum M_K = 0$ 得：

$$M_K = R_A a \tag{11-5a}$$

其中 R_A 随 $P=1$ 位置的改变而改变，是 x 的一次函数（式 11-4），而距离 a 是常数。这说明 M_K 与 R_A 成正比，即 M_K 的影响线与 R_A 的影响线形状相同，但其纵坐标"增大 a 倍"。上式还说明 M_K 的符号与 R_A 的符号相同，即 R_A 影响线为正处 M_K 也为正。

应当注意，这条直线仅适用于截面 K 以右（因为影响线方程是针对这一段写出的），称之为右支（图 11-5b 阴影部分），其在 K 点的纵坐标为 $\dfrac{ab}{l}$。

（2）$P=1$ 在截面 K 以左时（图 11-5c），取截面 K 以右部分为隔离体计算简便，由 $\sum M_K = 0$ 得：

$$M_K = R_B b \tag{11-5b}$$

上式说明 M_K 的影响线为增大 b 倍的 R_B 的影响线，符号也与 R_B 影响线相同。这条直线仅适用于截面 K 以左，称之为左支（图 11-5d 阴影部分），其在 K 点的纵坐标也为 $\dfrac{ab}{l}$。

将左右两支联合起来，就得到 M_K 的影响线（图 11-5e）。可见，M_K 的影响线是一个三角形：当 $P=1$ 在左支座上时 M_K 等于零（力为左支座承受，梁不受力）；随 $P=1$ 右移，M_K 按直线规律渐增；当 $P=1$ 在截面 K 上时，M_K 达最大值 $\dfrac{ab}{l}$；其后，随 $P=1$ 右移，M_K 又按直线规律渐减；直到 $P=1$ 在右支座上时，M_K 又等于零。

由于 $P=1$ 为一无量纲数，故弯矩影响线纵坐标的量纲为长度单位。

由此得绘制简支梁弯矩影响线的规律：先在左支座处向上取纵坐标 a（等于截面至左支座的距离），将其顶点与右支座处的零点用直线相连得右支；然后由截面引竖线与右支相交，将交点与左支座处的零点相连得左支。

有了左支座处的纵坐标 a，便可按比例关系求得任意截面处的纵坐标。

三、剪力影响线

设欲绘制任意截面 K 的剪力 Q_K 的影响线。也需要考虑 $P=1$ 在截面 K 以右和以左两种情况。

（1）$P=1$ 在截面 K 以右时（图 11-6a），取左部为隔离体，由 $\sum Y=0$ 得影响线方程：

$$Q_K=R_A \tag{11-6a}$$

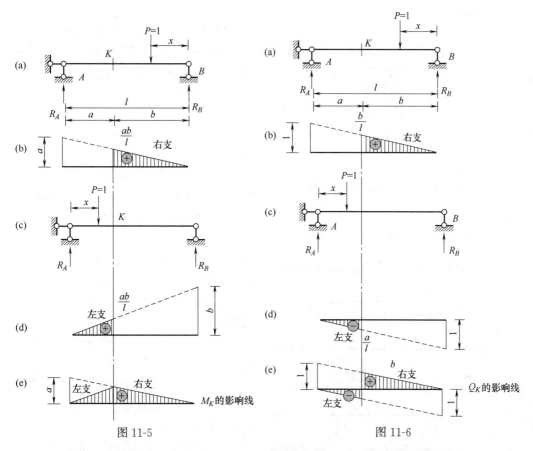

图 11-5　　　　　　　　　　　　图 11-6

这说明 Q_K 影响线的右支与 R_A 影响线相同（数值与符号均同），如图 11-6b 所示。K 点的纵坐标为 $\dfrac{b}{l}$。

（2）$P=1$ 在截面 K 以左时（图 11-6c），取右部为隔离体，由 $\sum Y=0$ 得影响线方程：

$$Q_K=-R_B \tag{11-6b}$$

这说明 Q_K 影响线的左支与 R_B 影响线数值相同，但符号相反（图 11-6d）。K 点的纵坐标为 $-\dfrac{a}{l}$。全部影响线如图 11-6e 所示。

由上可知，Q_K 的影响线由两段相互平行的直线组成，其纵坐标在 K 点发生突变，也就是当 $P=1$ 经过截面 K 时，截面 K 的剪力值发生突变，突变值等于1。当 $P=1$ 作用在截面 K 稍左时，Q_K 之值为 $-\dfrac{a}{l}$；当 $P=1$ 作用在截面 K 稍右时，Q_K 之值为 $\dfrac{b}{l}$；而当 $P=1$ 恰作用在截面 K 上时，Q_K 之值是不确定的。

剪力影响线的纵坐标与支座反力影响线一样，也是无量纲数。

由此得绘制简支梁剪力影响线的规律：先在左支座向上取纵坐标1，以直线与右支座处零点相连得右支；然后由左支座处零点作平行于右支的直线得左支；再由截面 K 引竖线与两支相交。基线上面为正，下面为负。

【例题 11-1】 作图 11-7a 所示单伸臂梁的 R_A、R_B、M_K、Q_K、M_j、Q_j、$Q_{B左}$ 和 $Q_{B右}$ 的影响线。

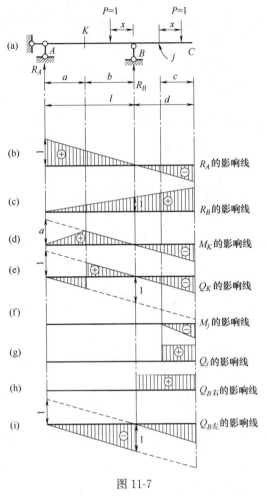

图 11-7

【解】 (1) 支座反力的影响线

先作反力 R_A 的影响线。取 B 为坐标原点，x 以向左为正。由 $\sum M_B = 0$ 得：

$$R_A = \frac{x}{l}$$

该方程是利用整体平衡条件写出的，不论 $P=1$ 作用于跨中或伸臂上都成立，故 R_A 的影响线为一条直线。当 $x=0$ 时，$R_A=0$；当 $x=l$ 时，$R_A=1$。据此作出 R_A 的影响线如图 11-7b 所示。当 $P=1$ 作用在 B 点以右时，$x<0$，R_A 为负值。这说明当 $P=1$ 移至伸臂上时，R_A 变成向下的。这样，R_A 影响线的跨中部分与简支梁的 R_A 影响线相同，伸臂部分是跨中部分的延伸。

按此规律作出 R_B 的影响线，如图 11-7c 所示。

(2) 跨中截面 K 的内力影响线

当 $P=1$ 在截面 K 以右时，由左隔离体的平衡条件得：

$$M_K = R_A a, \quad Q_K = R_A$$

当 $P=1$ 在截面 K 以左时，由右隔离体的平衡条件得：

$$M_K = R_B b, \quad Q_K = -R_B$$

上述各式表明，伸臂梁跨中截面内力的影响线方程与简支梁相应内力影响线方程完全相同，因而与作支座反力影响线的步骤一样，只需先将简支梁截面 K 的 M_K 和 Q_K 影响线作好，再将右支向伸臂部分延伸，即得伸臂梁的 M_K 和 Q_K 影响线（图 11-7d、e）。

(3) 伸臂上截面 j 的内力影响线

为计算方便，取 j 为坐标原点，x 以向右为正。当 $P=1$ 在截面 j 以左时，由右隔离体的平衡条件得：

$$M_j = 0, \quad Q_j = 0$$

这表明 M_j 和 Q_j 影响线的纵坐标处处为零，故 M_j 和 Q_j 影响线的左支均为"零线"（与基线重合）。

当 $P=1$ 在截面 j 以右时，由右隔离体的平衡条件得：

$$M_j = -x, Q_j = 1$$

故 M_j 影响线的右支为一斜直线，当 $x=0$ 时，$M_j=0$；当 $x=c$ 时，$M_j=-c$。Q_j 影响线的右支为一水平线，纵坐标处处为 1。据此作出 M_j 和 Q_j 的影响线如图 11-7f、g 所示。

综上所述，作伸臂梁的反力及跨中截面内力的影响线时，可先作出无伸臂简支梁的相应影响线，然后向伸臂部分延伸即得。伸臂上截面的内力影响线，只在截面以外的伸臂部分有值，而在截面以内部分影响线均为"零线"。

（4）支座 B 处截面的剪力影响线

支座 B 左右两侧截面的剪力不同，所以相应的影响线也不一样，需分别讨论。截面 $B_{左}$ 位于跨中，所以 $Q_{B左}$ 的影响线可由跨中截面 K 的剪力影响线使截面 K 无限靠近截面 $B_{左}$ 而得到（图 11-7h）；而截面 $B_{右}$ 位于伸臂上，则 $Q_{B右}$ 的影响线应由伸臂上截面 j 的剪力影响线使截面 j 无限靠近截面 $B_{右}$ 而得到（图 11-7i）。

【例题 11-2】 作图 11-8a 所示吊车梁支座 B 的反力 R_B 的影响线。

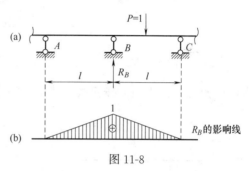

【解】 支座 B 既是简支梁 AB 的右支座，又是 BC 的左支座。当 $P=1$ 在支座 A 以左和支座 C 以右移动时，支座 B 不受力，R_B 影响线为零线；当 $P=1$ 作用在支座 B 上时，$R_B=1$，当 $P=1$ 在支座 B 左右相邻两跨间移动时，R_B 按直线规律变化。R_B 影响线如图 11-8b 所示。

图 11-8

可以看出，它是相邻简支梁 AB 的右支座反力影响线和 BC 梁的左支座反力影响线的组合。

【例题 11-3】 作图 11-9a 所示多跨静定梁的 M_K 及 Q_j 的影响线。

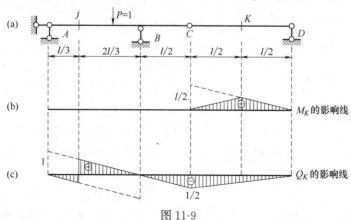

图 11-9

【解】 多跨静定梁可以分为基本部分和附属部分，在作其影响线时需先查明所求内力截面属于哪一部分，这样便可使影响线的绘制得到简化。

（1）M_K 影响线

截面 K 属于附属梁 CD。当 $P=1$ 在基本梁 AC 上移动时，附属梁不受力，故在基本

梁部分的 M_K 影响线为零线。当 $P=1$ 在附属梁 CD 上移动时，基本梁为其支座，则附属梁 CD 为一简支梁，故 M_K 影响线按简支梁绘出。M_K 的全部影响线如图 11-9b 所示。

（2）Q_j 影响线

截面 j 属于基本梁 AC，也需考虑两种情况。当 $P=1$ 在基本梁上移动时，附属梁不受力，与没有附属梁一样，因此这部分影响线与单伸臂梁相同。当 $P=1$ 在附属梁上移动时，基本梁也受力，所以影响线在附属梁部分也有值。那么这部分影响线按什么规律变化呢？此时 $P=1$ 给基本梁的影响是通过中间铰 C 传来的支座压力 R_C（图 11-10b）。

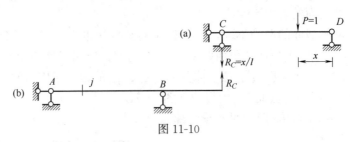

图 11-10

由图 11-10a 知 $R_C=\dfrac{x}{l}$，是 x 的一次函数，就是说当 $P=1$ 在附属梁上移动时，基本梁在 C 点受到大小随 x 按直线规律变化的力 R_C。因此基本梁上任一内力也必为 x 的一次函数。当 $x=0$（$P=1$ 在 D 点）时，$R_C=0$，$Q_j=0$；当 $x=l$（$P=1$ 在 C 点）时，$R_C=1$，Q_j 值可由基本梁部分影响线 C 处之值求出：$Q_j=-\dfrac{1}{2}$，将其与支座 D 处零点相连即得 Q_j 在附属梁部分的影响线。Q_j 的全部影响线如图 11-9c 所示。

由此得绘制多跨静定梁内力影响线的规律如下：

附属梁上某量值的影响线仅在附属梁范围有值，做法与相应单跨梁的影响线相同；在基本梁范围为零线。基本梁上某量值的影响线在该梁及与其相关的附属梁范围内有值。先作出其所在梁范围内的影响线（做法与相应单跨梁的相同）；在附属梁范围为直线。

【例题 11-4】 作图 11-11a 所示结构的 Q_1、M_2、R_A 和 M_3 的影响线。$P=1$ 在 CD 上移动。

【解】 Q_1 影响线如图 11-11b 所示。$P=1$ 在截面 1 以右移动时 $Q_1=0$；$P=1$ 在截面以左移动时 $Q_1=-1$。

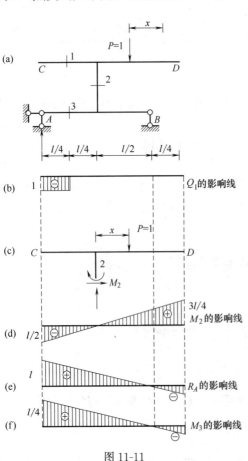

图 11-11

为求 M_2 影响线，取隔离体如图 11-11c 所示。由 $\sum M_2=0$ 得 $M_2=x$。设 M_2 以使左边变拉为正。M_2 影响线如图 11-11d 所示。

支座反力 R_A 的影响线方程为（图 11-11a）

$$R_A=\frac{x}{l}$$

R_A 影响线示于图 11-11e。

由于 $P=1$ 在上方梁上移动，而不在下方梁上移动，所以 M_3 总是等于

$$M_3=R_A\times\frac{l}{4}$$

此式表明，把 R_3 影响线的纵坐标乘以 $\frac{l}{4}$ 即得 M_3 的影响线，如图 11-11f 所示。

【例题 11-5】　作图 11-12a 所示简支梁在单位移动力偶作用下的 R_A、R_B 和 M_K 的影响线。

【解】　（1）R_A、R_B 的影响线

由整体平衡条件 $\sum M_B=0$ 得：

$$R_A=-\frac{1}{l}$$

由 $\sum M_A=0$ 得：

$$R_B=\frac{1}{l}$$

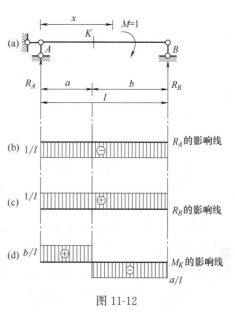

图 11-12

根据上述影响线方程作出 R_A、R_B 的影响线如图 11-12b、c 所示。

（2）M_K 的影响线

当 $M=1$ 在截面 K 以左移动时，由右隔离体的平衡条件 $\sum M_K=0$ 得：

$$M_K=R_B\times b=\frac{b}{l}$$

当 $M=1$ 在截面 K 以右移动时，由左隔离体的平衡条件 $\sum M_K=0$ 得：

$$M_K=R_A\times a=-\frac{a}{l}$$

据此作出 M_K 的影响线如图 11-12d 所示。可以看出，M_K 影响线的两支都平行于基线，其纵坐标在 K 点有一突变，也就是当 $M=1$ 由 K 点的左侧移到右侧时，截面 K 的弯矩值将发生突变，突变值即等于 1；而当 $M=1$ 恰作用在 K 点时，M_K 值是不确定的。

11-3　荷载经节点传递时影响线的绘制

工程实际中，还会遇到具有纵横梁的结构系统，如楼盖系统、桥面系统等，其荷载是经过节点传递到主梁（或桁架）上的。图 11-13a 示一桥梁结构的计算简图。纵梁两端简支在横梁上，横梁搁在主梁上。荷载直接作用在纵梁上，通过横梁传到主梁。称搁横梁处为节点，不论横梁承受何种荷载，主梁只在节点处承受集中力，即节点荷载。下面以主梁

截面 K 的弯矩影响线为例来讨论主梁影响线的作法。

图 11-13b 为 $P=1$ 直接在梁 AB 上移动时 M_K 的影响线。现在来考察当 $P=1$ 经节点传递时 M_K 的影响线将如何改变。

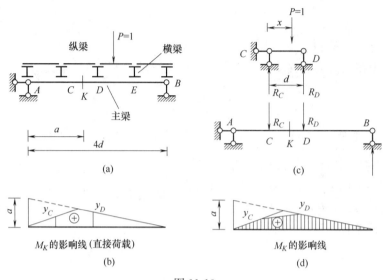

图 11-13

首先考察 $P=1$ 移动到各节点上的情况，这显然就相当于 $P=1$ 直接作用在主梁的节点上，所以在各节点处，荷载经节点传递时 M_K 影响线的纵坐标与荷载直接作用在主梁上时完全相同。

其次考察 $P=1$ 在任一纵梁 CD 上移动时的情况。此时 M_K 是支座压力 R_C 和 R_D 引起的（图 11-13c）。根据影响线的定义和叠加原理，上述两个节点力所引起的 M_K 值为 $M_K = R_C y_C + R_D y_D$。如所已知，R_C 和 R_D 是 x 的一次函数，而 y_C 和 y_D 与 x 无关，所以 M_K 也是 x 的一次函数，说明 $P=1$ 在传递梁上移动时 M_K 影响线为一条直线。这是怎样的一条直线呢？当 $P=1$ 作用于传递节点 C 或 D 上时，与直接作用在主梁上 C 点或 D 点时的影响相同，故直接荷载影响线（图 11-13b）上的纵坐标 y_C 和 y_D 依然有效，将 y_C 和 y_D 的顶点以直线相连即得节间 CD 部分的影响线。当 $P=1$ 在其他纵梁上移动时，M_K 的影响线与此相仿。这样，就得到经节点传递时 M_K 的影响线，如图 11-13d 所示。可见，经节点传递时，除后述一个节间外，其余各节间的影响线与直接荷载作用下的影响线相重合，只是在截面 K 所在的节间需要修正。

综上所述，经节点传递时影响线的作法如下：

（1）先作出直接荷载的相应影响线；

（2）将传递节点投到上述影响线上；

（3）在投得的相邻点间连以直线（称为修正线或过渡线）。

【例题 11-6】 作图 11-14a 所示系统主梁截面 K 的剪力 Q_K 的影响线（节点 A 支承在别的物体上）。

【解】 首先作出直接荷载作用下 Q_K 的影响线 $bHIf$，然后将传递节点 C、D、E、F 投到上述影响线上，得 c、d、e、f 点。由于节点 A 支承在别的物体上，所以当 $P=1$ 作

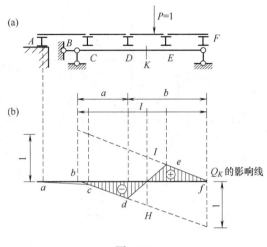

图 11-14

用于节点 A 时梁不受力，$Q_K=0$，故应将点 A 投到基线上，于是得到 a 点。将 a、c、d、e、f 以直线相连即得经节点传递时 Q_K 的影响线（图 11-14b）。

11-4　用静力法作静定桁架的影响线（铁）

绘制影响线就是在移动荷载作用下求内力，而求内力的方法，一般来说与荷载是否移动无关，因为所取的隔离体、所用的平衡条件相同。这样，对于桁架，在不动荷载作用下需用节点法来求得内力，绘制其影响线时也用节点法；在不动荷载作用下需用截面法来求得内力，绘制其影响线时也用截面法；等等。绘制影响线的特点仅仅在于，这种问题的荷载位置是变化的，需要针对不同的荷载位置来写所求内力的表达式。其次，桁架通常承受的是通过传递梁传来的节点荷载，因此上节关于经节点传递时影响线的性质对其都适用。下面通过例题介绍如何用节点法及截面法绘制桁架内力影响线。

一、节点法

设 $P=1$ 沿图 11-15a 所示桁架下弦移动（$P=1$ 作用在桥面系统上，经节点传递至下弦节点上，传递梁未绘出），求作竖杆 V_1[❶] 的影响线。

首先确定求 V_1 的方法。V_1 是个单杆，当用节点法来求。因荷载位置的不同需要考察三种情况：

（1）$P=1$ 作用于所截取的节点（节点 1）上时，$V_1=1$，由此得到影响线（图 11-15b）上的点 1。

（2）$P=1$ 作用于节点 2 及其以右或节点 A 及其以左时（在本题中节点 A 以左无节点）$V_1=0$，由此，影响线上点 2 及其以右是零线，点 a 及其以左也是零线（在本题中点 a 是零点）。

（3）$P=1$ 作用于节间 A—1 及节间 1—2 上时，因系经节点传递，V_1 当按直线变化，由此得直线 $1a$ 及 12。

---

❶　用符号 V、U、D 及 O 分别表示竖杆、下弦杆、斜杆以及上弦杆的内力。

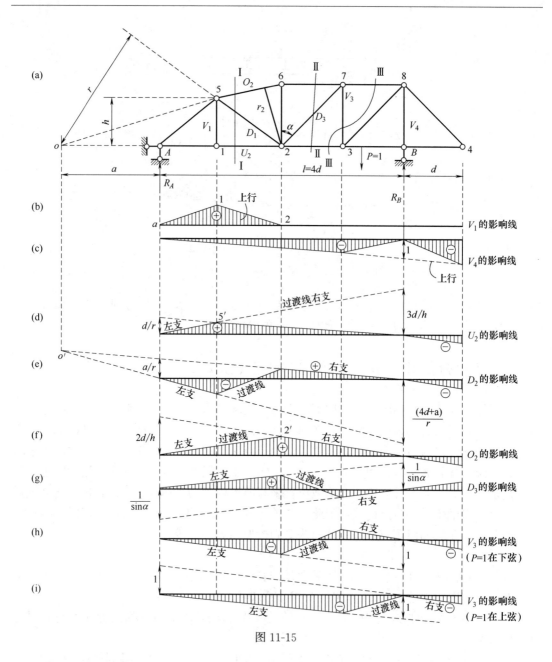

图 11-15

采用节点法作其他内力影响线时也需考察上述三种情况。

图 11-15c 所示 V_4 的影响线，也是用节点法绘出的（截取节点 B）。当 $P=1$ 作用于节点 B 上时，其与支反力 R_B 相互抵消，桁架不受力，$V_4=0$；当 $P=1$ 作用于节点 3 及其以左或节点 4 上时，$V_4=-R_B$（当 R_B 向上时 V_4 为压力），即在上述区间内 V_4 影响线与 R_B 影响线相同，但正负号相反；当 $P=1$ 在结间 3—B 及 B—4 移动时，V_4 按直线变化。

二、截面法（力矩法）

欲作下弦杆 U_2 的影响线，当用截面法。作截面 I—I，因另外两杆相交，故应写力矩方程，矩心在节点 5。需考察三种情况：

（1）$P=1$ 作用在节点 2 及其以右时，取截面 Ⅰ—Ⅰ 左部为隔离体，由 $\sum M_5=0$ 得：

$$U_2=R_A\,\frac{d}{h}$$

其中，d 及 h 与 $P=1$ 的位置无关，反力 R_A 随 $P=1$ 位置的移动而改变。上式说明，U_2 影响线的右支等于 R_A 的影响线乘以常数 $\dfrac{d}{h}$。对于单跨梁式桁架，其支座反力的计算与相应简支梁相同，故二者的支座反力影响线也完全相同。这样，在左支座处向上取纵坐标 $\dfrac{d}{h}$，与右支座处零点相连即得右支（图 11-15d）。

（2）$P=1$ 作用在节点 1 及其以左时，取截面右部为隔离体，由 $\sum M_5=0$ 得：

$$U_2=R_B\,\frac{3d}{h}$$

这说明 U_2 影响线的左支等于 R_B 的影响线乘以常数 $\dfrac{3d}{h}$，在右支座处向上取纵坐标 $\dfrac{3d}{h}$，与左支座处零点相连即得左支（图 11-15d）。

（3）$P=1$ 作用在节间 1—2 时，因系经节点传递，影响线在此区间应为一直线段，故以直线连接左支和右支上节点 1 和 2 处的纵坐标即得过渡线。不过，此时过渡线与右支重合。

U_2 的整个影响线如图 11-15d 所示。由几何关系容易证明，左右两支的交点恰在矩心 5 的下面（5′点），在此处左右两支的纵坐标相等。

又如欲作斜杆 D_2 的影响线，当用力矩法，不过此时矩心在桁架跨度以外的 o 点（图 11-15a）。也需分三段考虑：

（1）$P=1$ 作用在节点 2 及其以右时，取截面 Ⅰ—Ⅰ 左部为隔离体，由 $\sum M_0=0$ 得：

$$D_2=R_A\,\frac{a}{r}$$

这说明 D_2 影响线的右支等于 R_A 的影响线乘以常数 $\dfrac{a}{r}$，r 为 D_2 对矩心 o 之力臂。在左支处向上取纵坐标 $\dfrac{a}{r}$，与右支座处零点相连即得右支（图 11-15e）。

（2）$P=1$ 作用在节点 1 及其以左时，取右部为隔离体，由 $\sum M_0=0$ 得：

$$D_2=-R_B\,\frac{4d+a}{r}$$

这说明 D_2 影响线的左支等于 R_B 的影响线乘以常数 $\dfrac{4d+a}{r}$，但正负号相反。在右支座处向下取纵坐标 $\dfrac{4d+a}{r}$，与左支座处零点相连得左支（图 11-15e）。

（3）$P=1$ 作用在结间 1—2 时，引过渡线。

整个影响线如图 11-15e 所示。由于 D_2 影响线的两支中，一支在基线上面、一支在基线下面，因而它们相交于跨外的 o' 点。由几何关系可以证明，交点 o' 仍在矩心 o 的下面。

由此两例可见，用力矩法绘得的影响线具有如下特点：

(1) 右支与 R_A 影响线的形状相同，在左支座处其纵坐标为 $\dfrac{a}{r}$，其中 a 是左支座与矩心间的水平距离，r 是所求内力的力臂。

(2) 左右两支相交于矩心下面。

(3) 在被截节间有一过渡线（过渡线有时与左支或右支重合）。

利用上述特点，常可直接绘出用力矩法来作的影响线，而无需列影响线方程。

例如，欲作上弦杆 O_2 的影响线，可按下列步骤进行：

(1) 在左支座处向上取纵坐标 $\dfrac{2d}{r_2}$（在此 $a=2d$，$r=r_2$），与右支座处零点相连得右支。

(2) 将矩心（节点 2）投到右支上得 $2'$ 点，将 $2'$ 点与左支座处零点相连得左支。

(3) 用直线连接节点 1、2 处的纵坐标得过渡线。此时过渡线与左支重合。

这样就得到了影响线的数值（图 11-5f）。正负号可根据影响线的定义，由 $P=1$ 作用在个别点上时 O_2 的正负号来确定。例如将 $P=1$ 作用在节点 3 上，可以立即算出 O_2 受压，因而在节点 3 下面影响线的纵坐标是负的。

三、截面法（投影法）

设欲作 D_3 的影响线，作截面Ⅱ—Ⅱ，因为另外两杆平行，当采用投影法。需考察三种情况：

(1) $P=1$ 作用在节点 3 及其以右时，取左部为隔离体，由 $\sum Y=0$ 得：

$$D_3=-\frac{R_A}{\sin\alpha}$$

这说明 D_3 影响线的右支等于 R_A 影响线乘以 $\dfrac{1}{\sin\alpha}$，并反号。

(2) $P=1$ 作用在节点 2 及其以左时，取右部为隔离体，由 $\sum Y=0$ 得：

$$D_3=\frac{R_B}{\sin\alpha}$$

这说明 D_3 影响线的左支等于 R_B 影响线乘以 $\dfrac{1}{\sin\alpha}$。

(3) $P=1$ 作用在节间 2—3 时，引过渡线。

D_3 影响线如图 11-15g 所示。

再如求作竖杆 V_3 的影响线，作截面Ⅲ—Ⅲ，采用投影法。

当 $P=1$ 作用在节点 3 及其以右时，取左隔离体，由 $\sum Y=0$ 得：

$$V_3=R_A$$

说明 V_3 影响线的右支与 R_A 影响线相同。

当 $P=1$ 作用在节点 2 及其以左时，取右隔离体，由 $\sum Y=0$ 得：

$$V_3=-R_B$$

说明 V_3 影响线的左支与 R_B 影响线相同，但符号相反。

根据以上两式分别作出右支和左支，并在被截节间 2—3 间引过渡线，即得 V_3 影响线如图 11-15h 所示。

需要指出，由于所作截面Ⅲ—Ⅲ是斜的，所以 $P=1$ 沿上弦移动（上行力）及沿下弦移动（下行力）所对应的过渡线不同。当 $P=1$ 沿下弦移动时，左支适用范围为节点 2 及其以左，右支适用范围为节点 3 及其以右，因而过渡线与被截节间 2—3 相对应。当 $P=1$ 沿上弦移动时，左支适用于节点 7 以左，右支适用于节点 8 及其以右，因而过渡线与被截节间 7—8 相对应（图 11-15i）。

由此可知，作桁架影响线时，要注意区分荷载 $P=1$ 是沿上弦移动还是沿下弦移动，因为在这两种情况下所作出的影响线有时是不相同的。在本例中，若 $P=1$ 改为沿上弦移动，则 V_1 和 V_4 的影响线需要修改，请读者试自行验证。

四、节点法与截面法的联合应用

设欲作图 11-16a 所示 K 式桁架中半斜杆 D_3 的影响线。在不动荷载作用下，该杆内力可借助节点 K 及截面Ⅰ—Ⅰ的平衡条件联合求出，现仍按这一途径作其影响线。

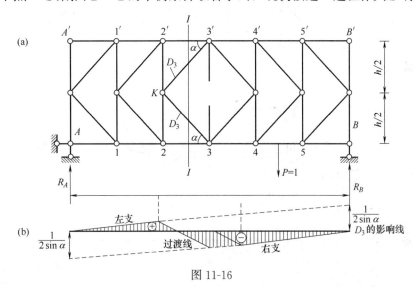

图 11-16

截取节点 K，由 $\sum X=0$ 得：

$$D_3'=D_3$$

再作截面Ⅰ—Ⅰ，当 $P=1$ 作用在节点 3 及其以右时，取截面左部为隔离体，由 $\sum Y=0$ 得：

$$D_3=-\frac{1}{2\sin\alpha}R_A$$

当 $P=1$ 作用在节点 2 及其以左时，取截面右部为隔离体，由 $\sum Y=0$ 得：

$$D_3=\frac{1}{2\sin\alpha}R_B$$

根据以上两式可作出影响线的左、右两支，再在被截节间 2—3 连过渡线即得 D_3 的影响线，如图 11-16b 所示。

五、再分式桁架的影响线

图 11-17a 所示为一再分式桁架，与在不动荷载作用下求内力相同，宜按再分式桁架算法作其影响线。

图 11-17a 所示桁架可分为图 11-17b 和 c 所示的大桁架和小桁架。

（1）$N_{2'4'}$ 的影响线

杆 2'4' 是仅属于大桁架的杆件，其内力影响线可由计算大桁架得到。在大桁架中作截面 I—I（图 11-17b），由力矩法来求（矩心在节点 4）。绘得 $N_{2'4'}$ 的影响线如图 11-17d 所示。

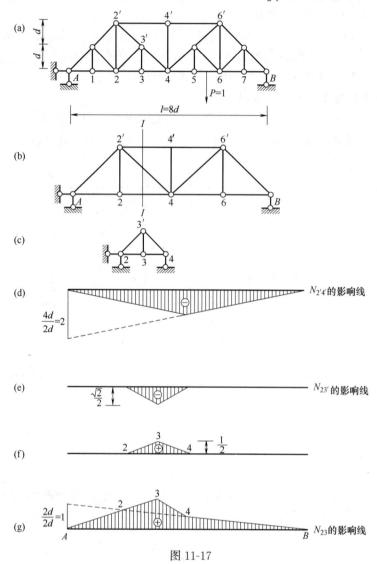

图 11-17

（2）$N_{23'}$ 的影响线

杆 23' 是仅属于小桁架的杆件，其内力影响线可由计算小桁架得到。在小桁架中，当用节点法（截取节点 2）来求。$N_{23'}$ 的影响线如图 11-17e 所示。

（3）N_{23} 的影响线

杆 23 是兼属大桁架与小桁架的杆件，其内力影响线可由两种情况下的影响线叠加而得。在小桁架中，杆 23 的内力影响线可由节点 2 的平衡条件求得，如图 11-17f 所示。在大桁架中，杆 23（即杆 24）的内力影响线，可借截面 I—I 由力矩法（矩心在 2'点）求得，如图 11-17g 中大三角形 A2B 所示。将以上两部分影响线叠加，即得原桁架杆 23 的内力影响线，如图 11-17g 所示。不难证明 a、2、3 三点在一直线上。

11-5　用机动法作静定梁的影响线

为了更好地了解机动法，我们先来考察如何利用机动法来求不动荷载作用下的支座反力及内力。

一、用机动法求支座反力及内力

机动法的实质是用去掉约束的办法，将结构化为平衡的机构，再利用虚功原理求出所需的支座反力或内力。

（1）求图 11-18a 所示梁的支座反力 R_B

为了将 R_B 暴露出来，去掉支座 B 处的竖向支杆，得到一个具有一个自由度的机构（图 11-18b）。若在 B 点加上与支杆 B 相应的反力 R_B，则该机构在荷载 P_1、P_2 及反力 R_A、R_B 共同作用下仍保持平衡状态。

设给该机构一个虚位移，即与约束情况相符合的位移，显然杆 AB 只能绕 A 点转动（顺时针或逆时针），位移图如图 11-18c 所示。

由于自由度等于 1，位移图的纵坐标由一个独立的几何参数确定。此参数可以任意选取，例如可以取转角 α 作为独立的几何参数，注意到 α 是个微量，故可用直线来代替弧线，算得各点纵坐标如图 11-18c 所示。

按照刚体虚功原理，图 11-18b 的平衡力系在图 11-18c 的虚位移上所作虚功之和应当等于零，即：

$$R_B l\alpha - P_1 b_1 \alpha - P_2 (l+b_2)\alpha = 0 (R_A \text{ 不做功})$$

由此得：

$$R_B = \frac{P_1 b_1 + P_2 (l+b_2)}{l}$$

这与静力法（$\sum M_A = 0$）所得结果相同。

（2）求图 11-19a 所示梁截面 K 的弯矩

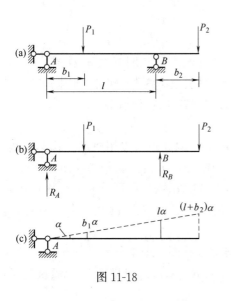

图 11-18

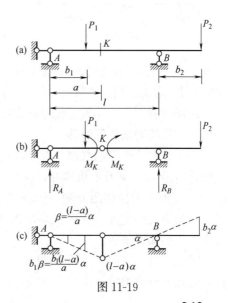

图 11-19

为求截面 K 的弯矩，应去掉与其相应的约束，即须将截面 K 截断，然后用铰相联（图 11-19b）。这样，M_K 就暴露出来了，图中所示的两个 M_K，一个作用在铰的左面，一个作用在右面，使下面受拉，都是正的。

图 11-19b 所示机构的虚位移图如图 11-19c 所示（它既不是 M_K 引起的，也不是 P_1、P_2 引起的，而是任给的符合约束情况的微小位移；α 可以是顺时针的，也可以是逆时针的）。取 α 作为独立的几何参数，所需纵坐标均可通过 α 来表示（图 11-19c）。令图 11-19b 的平衡力系在图 11-19c 的虚位移上作虚功，则虚功方程为：

$$-M_K\beta - M_K\alpha + P_1 b_1 \alpha - P_2 b_2 \alpha = 0$$

或

$$-M_K \frac{(l-a)}{a}\alpha - M_K\alpha + P_1 \frac{b_1(l-a)}{a}\alpha - P_2 b_2 \alpha = 0$$

由此得：

$$M_K = \frac{P_1(l-a)b_1}{l} - \frac{P_2 b_2 \alpha}{l}$$

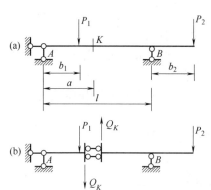

图 11-20

（3）求图 11-20a 所示梁截面 K 的剪力 Q_K

为求截面 K 的剪力，去掉相应的约束，即将截面 K 截断，并用一对平行于杆轴的链杆相联（图 11-20b）。这样，Q_K 就暴露出来了，图 11-20b 中所示 Q_K 为正。

图 11-20c 为该机构的虚位移图。由于左右两杆以一对平行链杆相连，它们之间只能相对错动，而不能相对转动和相对水平移动，所以，这两杆的可能位移图线永远是相互平行的。设取 α 作为独立的几何参数。虚功方程为：

$$-Q_K a\alpha - Q_K(l-a)\alpha - P_1 b_1\alpha - P_2 b_2\alpha = 0$$

由此得：

$$Q_K = -\frac{P_1 b_1}{l} - \frac{P_2 b_2}{l}$$

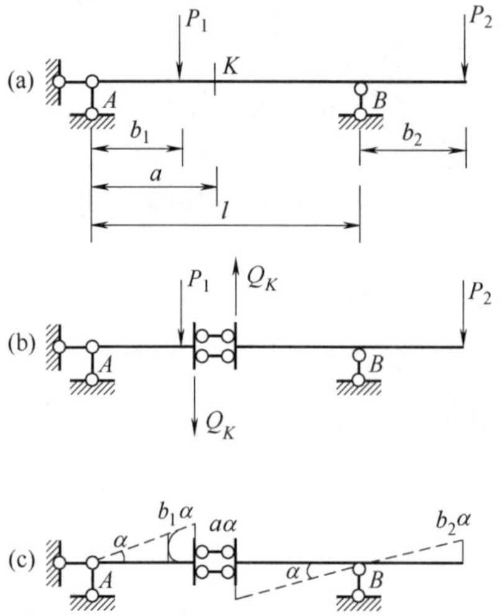

由上述可知，在用机动法求解问题的过程中，关键在于绘出相应机构的虚位移图，从虚位移图中找出各力作用点位移间的几何关系，在虚功方程中消去位移参数，即可解出未知力。

这样，利用虚功原理，把求反力或内力这个静力问题转化为几何问题。

二、用机动法作影响线

如所已知，作影响线就是在移动荷载作用下求内力，因此也可以用机动法作影响线。不难看出图 11-18c 所示机构的位移图与 R_B 影响线（图 11-7c）的形状相同；图 11-19c 与图 11-20c 所示的位移图分别与 M_K 及 Q_K 影响线（图 11-7d、e）的形状相同。由此可得结论：相应机构的虚位移图就是所求内力影响线的形状。下面以图 11-21a 所示梁的 R_A 影响线为例加以证明。

图 11-21b 示求 R_A 所用的机构，图 11-21c 示其虚位移图。虚位移图的纵坐标由一个独立的几何参数确定，设以 α 来确定。当给定 α 时，与 R_A 对应的纵坐标 $l\alpha$ 也就确定了，

与 $P=1$ 所对应的任何一个纵坐标 $y(x)$ 也就确定了。

根据虚功原理，图 11-21b 中各力在图 11-21c 的虚位移上所作虚功的总和应等于零。虚功方程为：

$$R_A \times l\alpha - l \times y(x) = 0$$

由此得：

$$R_A = \frac{y(x)}{l\alpha} \tag{11-7}$$

式中，$l\alpha$ 为一常数，$y(x)$ 则随着 $P=1$ 作用位置 x 的改变而改变，即 $y(x)$ 代表一个位移图。

式 11-7 表明，R_A 之值与 $P=1$ 作用点的位移 $y(x)$ 成正比，比例系数为 $\dfrac{1}{l\alpha}$。也就是 R_A 影响线的每个纵坐标都等于虚位移图相应纵坐标除以 $l\alpha$。这样，影响线与相应机构虚位移图的形状相同。

欲将虚位移图变为 R_A 的影响线，只需将每个纵坐标均除以 $l\alpha$。除得的结果如图 11-21d 所示，其在左支座处的纵坐标值为 1。可见除以 $l\alpha$ 相当于令 $l\alpha=1$。

式 11-7 还表明，当 $P=1$ 作用于图 11-21a 所示位置时，R_A 是正的，由此可确定影响线的纵坐标 $y(x)$ 在基线以上部分为正。也就是说，要使虚位移图变为 R_A 的影响线，而且正负号也一致，则应沿 R_A 的正方向发生单位位移，基线上面的纵坐标取正号。

综上所述，用机动法作结构内某量值影响线的做法可归纳为：去掉与该量值相应的约束，代以正向的约束力，使所得体系沿约束力的正向发生单位位移，由此得到的荷载作用点的竖向虚位移图即为该量值的影响线，基线上面的纵坐标为正，下面为负。

【例题 11-7】　用机动法作图 11-22a 所示伸臂梁截面 K 的弯矩影响线。

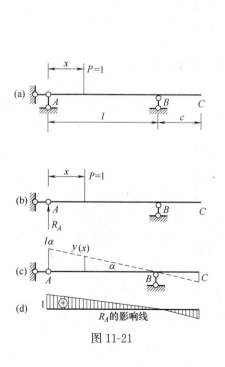

图 11-21

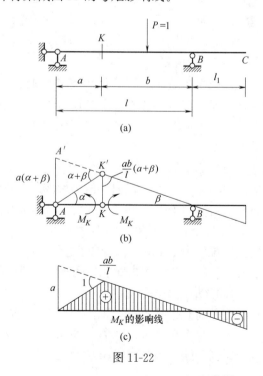

图 11-22

【解】 首先将与 M_K 相应的约束去掉，即在截面 K 加铰，并代以一对正向的力偶 M_K。然后使 AK、BK 两刚片沿 M_K 的正方向发生虚位移，即使刚片 AK 逆时针转动、BK 顺时针转动，则所得的竖向虚位移图即为 M_K 影响线的形状（图 11-22b）。

由于 AK 与 BK 两刚片的相对转角 $\alpha+\beta$ 是一个微小值，则 $AA'=a(\alpha+\beta)$，K 点的竖向位移为 $\frac{ab}{l}(\alpha+\beta)$。再将虚位移图的每个纵坐标除以 $(\alpha+\beta)$，即得 M_K 的影响线，基线上面为正。这时左支座处的纵坐标为 a，可见除以 $(\alpha+\beta)$ 相当于令相对转角 $\alpha+\beta$ 等于 1（图 11-22c）。

必须指出，这个相对转角"1"的量纲既不是度也不是弧度，而是无量纲数，它是 $(\alpha+\beta)$ 与 $(\alpha+\beta)$ 相除的结果。

【例题 11-8】 用机动法作图 11-23a 所示多跨静定梁的 M_1、Q_1、M_2、$Q_{C左}$、$Q_{C右}$、M_E 及 Q_D 的影响线。

【解】 （1）M_1 的影响线

在截面 1 加铰，然后使所变机构沿 M_1 的正向发生单位虚位移。因铰 1 以左部分保持几何不变，故不发生虚位移，则只有铰 1 以右部分发生虚位移。因为 1A 段不发生转角，所以只有 1B 段绕铰 1 发生顺时针的单位转角，则 B 点发生了向下的大小为 1m 的竖向位移，因而使 BD 段绕 C 点发生转动（C 点不动），D 点产生竖向位移，从而又使 DF 段绕 E 点转动，虚位移图如图 11-23b 所示。由 B 点的纵坐标值不难根据比例关系定出其余点的纵坐标值。基线上面为正。此即 M_1 的影响线。

（2）Q_1 的影响线

在截面 1 截开，加上两根平行链杆，然后使所变机构沿 Q_1 正向发生单位虚位移。由于截面 1 以左部分保持几何不变，则只有截面 1 以右部分发生虚位移。A1 和 1B 两杆段只能相对错动，A1 段不动，1B 段必平行于 A1 段发生向上的竖向单位位移，则 BD 段绕 C 点发生转动，从而使 DF 段绕 E 点转动，虚位移图如图 11-23c 所示，此即 Q_1 的影响线。

（3）M_2 的影响线

在截面 2 加铰，并使机构沿 M_2 的正向发生单位虚位移。由于 B 点以左不动，则虚位移图发生在 B 点以右部分。B2 段绕 B 点逆时针转动，2D 段绕 C 点顺时针转动，由相对转角为 1 定出虚线在 B 处的竖距为 1m。由于 D 点产生竖向位移，则使 DF 段绕 E 点发生转动。M_2 的影响线如图 11-23d 所示。

（4）$Q_{C左}$ 的影响线

为求支座 C 左侧截面的剪力影响线，在截面 C 左边截开，并加上两根平行链杆。使机构沿 $Q_{C左}$ 正向发生单位虚位移，即使 BC_1 段与 C_2D 段发生相对错动，因 AB 段不动，则 BC_1 段绕铰 B 转动，C_2D 段必绕支点 C 发生转动，以保持与 BC_1 段平行。因支点 C 的竖向位移为零，则 C_1 点的竖向位移应为 1。由于 D 点产生竖向位移，则 DF 段便绕 E 点发生转动。$Q_{C左}$ 的影响线如图 11-23e 所示。

（5）$Q_{C右}$ 的影响线

在截面 C 右边截开，加入一对平行链杆。由于截面 C 以左部分保持几何不变，故虚位移图只发生在截面 C 以右。CD 段必平行于基线发生向上的单位位移，则 DF 段遂绕点发生转动。$Q_{C右}$ 的影响线如图 11-23f 所示。

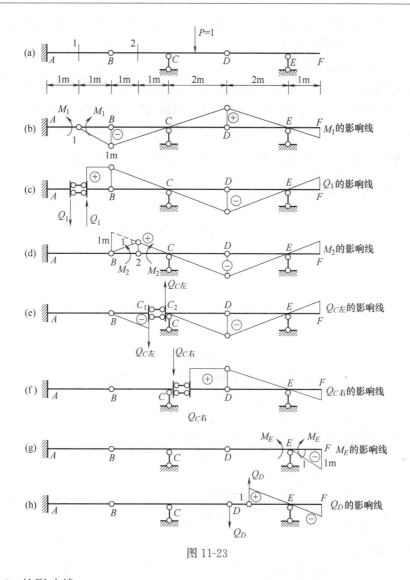

图 11-23

（6）M_E 的影响线

在支座截面 E 加铰后，AE 部分仍几何不变，只有 EF 段形成机构，则使 EF 段绕 E 点顺时针转动单位转角，得 F 点的纵坐标为 1m。M_E 影响线如图 11-23g 所示。

（7）Q_D 的影响线

在铰 D 处截开，去掉与 Q_D 相应的约束，即去掉一根竖向链杆，还剩下一根水平链杆相联。D 点以右部分形成机构，DF 段绕瞬心 E 发生转动，使 D 点的竖向位移等于 $+1$，即得 Q_D 的影响线如图 11-23h 所示。

由本例可以看出多跨静定梁虚位移图的特点：在去掉所求反力或内力相应的约束后，若在基本梁形成机构，则除基本梁发生位移外，还将影响依附于它的附属梁；若在附属梁形成机构，则虚位移图仅限于附属梁。

也可以联合应用机动法与静力法来作影响线，即先用机动法给出影响线的形状，再用静力法确定其纵坐标及正负号。

【例题 11-9】 联合应用机动法与静力法作图 11-24a 所示多跨静定梁的 M_F 和 Q_G 的影响线。

【解】（1）M_F 的影响线

在截面 F 加铰，基本梁 AC 形成机构，故虚位移图还要涉及附属梁 CE，注意到 C 处为一对平行链杆相联，FC 与 CE 段应保持平行，虚位移图如图 11-24b 所示，这就是 M_G 影响线的形状。然后用静力法确定纵坐标及正负号：将 $P=1$ 放在任意一点 F，由静力平衡条件求出 $M_F=\dfrac{a}{4}$，下面受拉，则由此定出截面 F 处影响线纵坐标为 $\dfrac{a}{4}$，是正的。据此作出 M_F 的影响线如图 11-24c 所示。

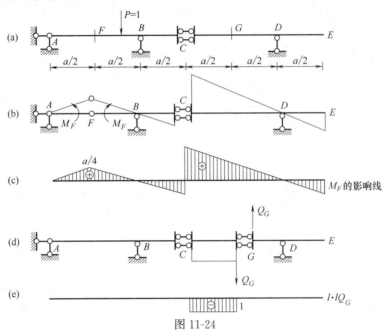

图 11-24

（2）Q_G 的影响线

在截面 G 截开并加入一对平行链杆相联。可见，仅在附属梁 CE 形成机构，由于 C 点左侧不动，所以 CG 段只能沿竖向平动。同理，GE 段应与 CG 段平行，而 D 点不动，则 GE 段也不动，虚位移图如图 11-24d 所示。再将 $P=1$ 放在任意一点，如 C 点右侧（截面 G 左侧），算出 $Q_G=-1$，这就定出 C 点右侧截面下面影响线的纵坐标为负，大小等于 1。作出 Q_G 的影响线如图 11-24e 所示。

这样做法的好处是，在作机构的虚位移图时，不必一定沿 M_F 或 Q_G 的正向发生单位位移，而沿任何可能位移方向发生微小的相应位移即可。

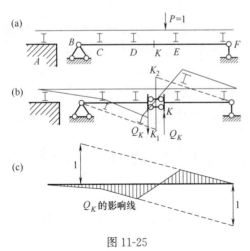

图 11-25

【例题 11-10】 用机动法作图 11-25a（即

图 11-14a）所示主梁截面 K 的剪力 Q_K 影响线。

【解】 单位荷载 $P=1$ 在纵梁上移动，主梁承受节点荷载。用机动法作影响线时要注意，虚位移图应是纵梁的位移图，而不是主梁的位移图，因为在机动法中所谓虚位移图是指单位荷载 $P=1$ 作用点的竖向位移图。

首先去掉与 Q_C 相应的约束，按直接荷载作用的情况作出主梁的虚位移图（图 11-25b 中虚线所示）。由于每根纵梁的位移图应为一直线，所以求出各节点在主梁位移图上的投影点，将相邻投影点用直线相连，即得纵梁的虚位移图（图 11-25b 中实线所示）。再令虚位移图中截面 K 的相对竖向位移 KK_1+KK_2 等于 1，即得 Q_K 的影响线（图 11-25c）。结果与例 11-6 用静力法所作影响线相同。

11-6　在固定荷载作用下利用影响线求影响量[❶]

从本节起讨论影响线的应用

绘制影响线的目的是求出结构在移动荷载作用下产生的最大反力或内力。为此，需要解决两个问题：（1）当实际的移动荷载在结构上的位置已知时，如何利用某量值的影响线求出该量值的数值。（2）如何利用影响线确定某量值发生最大值或最小值（最大负值）的荷载位置。本节讨论第一个问题。

一、集中荷载的影响

设已知 R_A 的影响线（图 11-26），求在固定荷载 P_1、P_2 作用下 R_A 之值。

按照影响线的定义，它的每个纵坐标都代表 $P=1$ 作用在对应位置时 R_A 的值。y_1 代表 $P_1=1$ 对应的 R_A 之值；y_2 代表 $P_2=1$ 对应的 R_A 之值，故在 P_1、P_2 共同作用下 R_A 之值为：

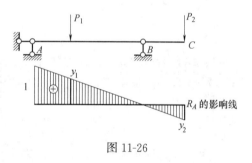

图 11-26

$$R_A=P_1y_1+P_2y_2$$

在一组集中力作用下，R_A 之值可表示为：

$$R_A=\sum_{i=1}^{n}P_iy_i \tag{11-8}$$

其中 y_i 应具有自身的正负号。

为了今后的需要，下面讲述一个定理：

当一组平行力作用于影响线的同一直线段上时，这组平行力所产生的影响量等于其合力所产生的影响量。

设图 11-27 所示为某量值 Z 影响线的一部分，在其直线段 AB 上有一组平行力作用。将直线 AB 延长与基线相交于 O 点，以 O 点为坐标原点，则在这组力作用下，影响量为：

$$
\begin{aligned}
Z &=P_1y_1+P_2y_2+\cdots+P_ny_n \\
&=(P_1x_1+P_2x_2+\cdots+P_nx_n)\tan\alpha \\
&=\tan\alpha\sum_{i=1}^{n}P_ix_i
\end{aligned}
$$

而 $\sum_{i=1}^{n} P_i x_i$ 乃是这组力对 O 点力矩之和,它等于合力 R 对 O 点的力矩 Rx_0,由此

$$Z = \tan \alpha R x_0$$

而 $$\tan \alpha x_0 = y_0$$

式中,y_0 为合力 R 所对应的影响线纵坐标,于是:

$$Z = R y_0 \tag{11-9}$$

二、均布荷载的影响

设已知 R_A 的影响线(图 11-28b),求在均布荷载作用下 R_A 之值。

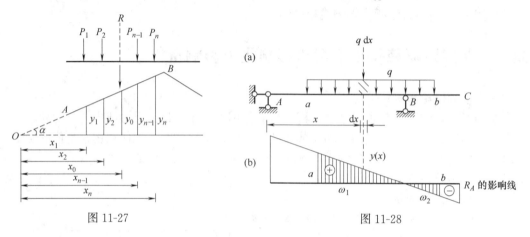

图 11-27

图 11-28

可将均布荷载化为无限多个无限小的集中力来计算。图 11-28a 所示为在微段 $\mathrm{d}x$ 上的这样一个无限小的集中力 $q\,\mathrm{d}x$。在这些力的作用下,R_A 之值为:

$$R_A = q \int_a^b y(x)\,\mathrm{d}x = q\omega$$

式中,ω 为均布荷载分布范围内影响线面积的代数和(对于本例 $\omega = \omega_1 - \omega_2$)。这样,均布荷载的影响等于荷载集度与其分布范围内影响线面积的乘积。

若有若干段均布荷载作用时,应逐段计算然后求和,则 R_A 之值可表示为:

$$R_A = \sum_{i=1}^{n} P_i \omega_i \tag{11-10}$$

以上所讲的,不仅适用于反力计算,也适用于弯矩、剪力、轴力(桁架)等任何影响量的计算。因为在推导过程中只利用了影响线的定义,而未涉及是什么量值的影响线。在以后的讲述中也是如此。

【例题 11-11】 利用影响线求图 11-29a 所示伸臂梁截面 K 的弯矩和剪力值。

【解】 (1) 求 M_K

作出 M_K 的影响线并求出有关的纵坐标值,如图 11-29b 所示。利用叠加原理算得:

$$M_K = 15 \times (-0.6) + 25 \times 1.2 + 30 \times (-0.8)$$

$$+ 20 \times \left[-\frac{1}{2} \times 0.6 + \frac{2}{2} \times 1.2 + \frac{2}{2} \times (1.2 + 0.4) \right]$$

$$= -9 + 30 - 24 + 50 = 47 \mathrm{kN \cdot m}$$

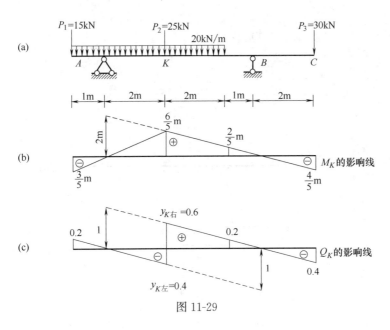

图 11-29

（2）求 Q_K

作出 Q_K 的影响线并求出有关的纵坐标值，如图 11-29c 所示。由于在截面 K 上恰好作用有集中力 P_2，所以在计算 Q_K 时应分别考虑 $K_左$ 和 $K_右$ 两个截面的剪力值。而 Q_K 影响线在截面 K 有两个纵坐标，应用式 11-8 计算时要特别注意。当求 $Q_{K左}$ 时，应在截面 K 左侧截取截面，P_2 在该截面右边，P_2 当落在 Q_K 影响线的右支上，这时 $y_1 = y_{K右} = 0.6$；同理，求 $Q_{K右}$ 时，P_2 当落在 Q_K 影响线的左支上，即 $y_1 = y_{K左} = -0.4$。由此算得：

$$Q_{K左} = 15 \times 0.2 + 25 \times 0.6 + 30 \times (-0.4)$$

$$+ 20 \times \left[\frac{2}{1} \times 0.2 - \frac{2}{2} \times 0.4 + \frac{2}{2} \times (0.6 + 0.2) \right]$$

$$= 3 + 15 - 12 + 10 = -16 \text{kN}$$

$$Q_{K右} = 15 \times 0.2 + 25 \times (-0.4) + 30 \times (-0.4)$$

$$+ 20 \times \left[\frac{1}{2} \times 0.2 - \frac{2}{2} \times 0.4 + \frac{2}{2} \times (0.6 + 0.2) \right]$$

$$= 3 - 10 - 12 + 10 = -9 \text{kN}$$

【例题 11-12】 利用影响线求图 11-30a 所示简支梁截面 C 的弯矩值。

【解】 作出单位移动荷载 $P = 1$ 作用下 M_C 的影响线（图 11-30b），在集中力和均布荷载作用下影响量的计算同前。再作出单位移动力偶 m 作用下的 M_C 影响线，如图 11-30c 所示，在力偶作用下须利用它来求影响量。

根据叠加原理，算得：

$$M_C = ql \times \frac{l}{16} + q \times \left[\frac{1}{2} \times \frac{l}{4} \times \frac{3l}{16} + \frac{1}{2} \times \frac{l}{4} \times \left(\frac{3l}{16} + \frac{l}{8} \right) \right] + ql^2 \left(-\frac{1}{4} \right) = -\frac{ql^2}{8}$$

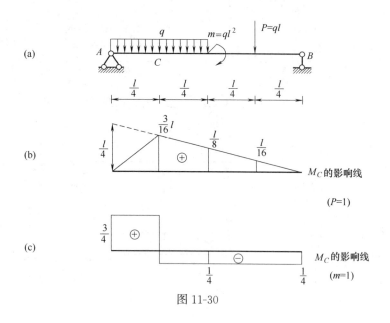

图 11-30

11-7 我国铁路和公路的标准荷载制

由于火车、汽车、拖拉机的种类繁多、载运情况复杂，设计结构时，难以一一考虑，经过统计与分析，规定统一的标准荷载，作为设计的依据。

我国铁路桥涵设计使用的标准荷载为"铁路荷载图式"，它包含普通活载和特种活载两种。除跨度很小（7m 以下）的结构由特种活载控制外，一般均应按普通活载计算。普通活载（图 11-31a 中），前面五个集中力代表一台机车的五个轴重，中部一段均布荷载代表其煤水车部分及与之联挂的另一台机车和煤水车的平均重量，后面任意长的均布荷载代表车辆的平均重量。

特种荷载这里略去。

图 11-31a 所示荷载为一个车道（一线）上的荷载。如果桥梁是单线的且只有两片主梁，则每片主梁只承受图示荷载的一半。

我国公路桥设计使用的标准荷载，分计算荷载和验算荷载。计算荷载有汽车—10 级、

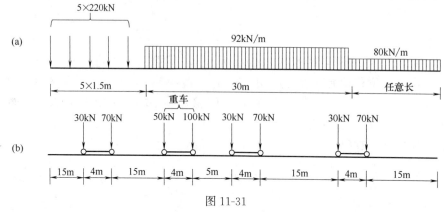

图 11-31

15 级、20 级三个等级。作为例子，汽车—10 级示于图 11-31b。在一个车队中，重车只有一辆，主车（标准车）数目不限。其他两级荷载这里略去。验算荷载有履带—50 级、挂车—80 级和挂车—100 级三种，这里略去。

图上荷载可以任意截取，但不得改变轴距。

要考虑荷载由左端及由右端进入桥梁两种情况。

11-8 最不利荷载位置的确定

如果实际荷载移动到某个位置，使结构某量值发生最大值或最小值，则此荷载位置就称为该量值的最不利荷载位置。当最不利荷载位置确定以后，就可按第 11-6 节所述方法利用量值的影响线算出其最大值或最小值。下面讨论利用影响线确定最不利荷载位置的方法。

一、可动均布荷载

它是可以任意断续布置的均布荷载，如人群，货物等。由式 11-10 可知，将均布荷载布满量值 Z 影响线的所有正号部分时，便得到 Z_{max}；反之，若将均布荷载布满 Z 影响线所有负号部分时，便得到 Z_{min}。例如，对于图 11-32a 所示的伸臂梁，产生 M_K 最大值与最小值的均布荷载分布情况如图 11-32c、d 所示。

二、一个集中力

当移动荷载是单个集中力时，由式 11-8 可知，将它放到 Z 影响线的最大（最小）纵坐标处，即产生 Z_{max}（Z_{min}）。

三、行列荷载

行列荷载是一系列间距不变的集中力（也包括均布荷载），如吊车轮压、汽车车队等。对于行列荷载，其最不利荷载位置单凭观察、判断是不易确定的。下面讨论在这种情况下确定最不利荷载位置的一般方法。

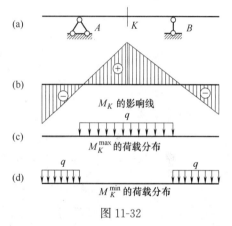

图 11-32

为了解决这个问题，从研究行列荷载移动时某一量值的改变规律入手。

为了方便，先研究由集中力系构成的行列荷载的作用。关于含有均布荷载的铁路标准荷载的作用，后面再作说明。

先看一个简例，以便有个形象的认识。

有一行列荷载 $P_1 = 2P$，$P_2 = P$，间距 $a = l/3$（图 11-33a）在一简支梁上移动。求由 P_1 进入梁左端到 P_2 越出梁右端这一移动过程中，截面 K 弯矩值的变化图象。

由于力的间距不变，行列荷载位置由其中一个力的坐标确定。取 P_1 坐标 x 为横坐标，取 M_K 为纵坐标，绘出在行列荷载作用下 M_K 的变化图形，称为 M_K 的"综合影响线"。前面讲的影响线是针对单位力 $P = 1$ 绘出的，而综合影响线则是针对这一实际的行列荷载绘出的。

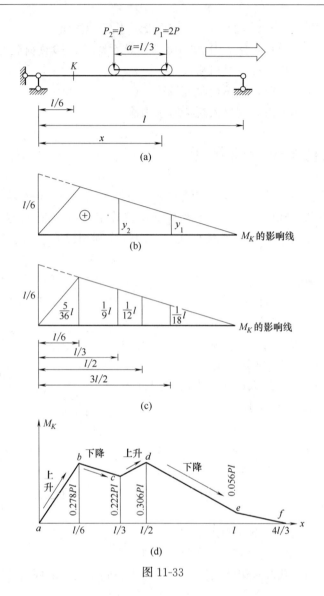

图 11-33

x 的变化范围为 $x=0$（P_1 进入梁）至 $x=\dfrac{4}{3}l$（P_2 到达梁的右端）。$x<0$ 时荷载未进入梁，$x>\dfrac{4}{3}l$ 时荷载越出梁，梁不受力，$M_K=0$。

利用 M_K 的影响线（图 11-33b），行列荷载在任一位置上 M_K 的值可以按下式计算：

$$M_K=P_1y_1+P_2y_2 \tag{11-11}$$

由于影响线是直线图形，纵标 y_1、y_2 是 x 的一次函数，所以 M_K 按直线规律变化。根据式 11-11 绘得 M_K 的综合影响线如图 11-33d 所示。说明如下：

ab 段对应于 P_1 进入梁的左端（$x=0$）到 P_1 到达截面 $K\left(x=\dfrac{l}{6}\right)$。此时 P_2 尚在梁外。点 b 对应于 P_1 在截面 K 上，按式 11-11，M_K 等于

$$M_K=P_1y_1+P_2y_2=P_1\times\frac{5l}{36}+P_2\times0=\frac{5}{18}Pl=0.278Pl$$

影响线纵标 $y_1 = \dfrac{5l}{36}\left(x = \dfrac{l}{6}\right)$，见图 11-33c。

bc 段对应于 P_1 由截面 $K\left(x = \dfrac{l}{6}\right)$ 向右移动至 P_2 到达梁之左端 $\left(x = \dfrac{l}{3}\right)$。此时（点 c）：

$$M_K = P_1 y_1 + P_2 y_2 = P_1 \times \frac{l}{9} + P_2 \times 0 = \frac{2}{9} Pl = 0.222 Pl$$

cd 段对应于 P_1 继续右移，至 P_2 到达截面 $K\left(x = \dfrac{l}{6} + \dfrac{l}{3} = \dfrac{l}{2}\right)$。点 d 对应于 P_2 在截面 K 上，此时：

$$M_K = P_1 y_1 + P_2 y_2 = P_1 \times \frac{l}{12} + P_2 \times \frac{5l}{36} = \frac{11}{36} Pl = 0.306 Pl$$

de 段对应于 P_1、P_2 均在截面 K 右方向右移动，至 P_1 到达梁的右端（$x = l$）。此时（点 e）：

$$M_K = P_1 y_1 + P_2 y_2 = P_1 \times 0 + P_2 \times \frac{l}{18} = \frac{1}{18} Pl = 0.056 Pl$$

ef 段对应于 P_1 已越出梁，P_2 尚在梁上，直至 P_2 到达梁的右端 $\left(x = l + \dfrac{l}{3} = \dfrac{4l}{3}\right)$。此时（点 f）：

$$M_K = P_1 y_1 + P_2 y_2 = P_1 \times 0 + P_2 \times 0 = 0$$

再右移时，行列荷载全部越出梁外，$M_K = 0$。

综合影响线（图 11-33d）表明：

(1) 当行列荷载（集中力系）移动时，M_K 按折线变化。

(2) M_K 的极大值（b 处及 d 处）表现为尖点值。

尖点对应于一个集中力位于影响线的顶点处。尖点 b 处 $x = \dfrac{l}{6}$，对应于 P_1 在影响线顶点上；尖点 d 处 $x = \dfrac{l}{2}$，对应于 P_2 在影响线顶点上 $\left(P_1 \text{ 在 } \dfrac{l}{2} \text{ 处时 } P_2 \text{ 在 } \dfrac{l}{2} - \dfrac{l}{3} = \dfrac{l}{6} \text{ 处}\right)$。

尖点的特点是，左方是上升线 $\left(\dfrac{\mathrm{d}M_K}{\mathrm{d}x} > 0\right)$，右方是下降线 $\left(\dfrac{\mathrm{d}M_K}{\mathrm{d}x} < 0\right)$（图 11-33d），即导数 $\left(\dfrac{\mathrm{d}M_K}{\mathrm{d}x}\right)$ 变号。

结论是，M_K 得到极大值时行列荷载所处位置的特点有：

(1) 有一个集中力居于影响线顶点上。

(2) 将行列荷载自此位置左移一点，则导数 $\dfrac{\mathrm{d}M_K}{\mathrm{d}x}$ 是正的；右移一点，则导数 $\dfrac{\mathrm{d}M_K}{\mathrm{d}x}$ 是负的。

其物理意义是很清楚的，向左一移，导数是正的，说明向右移 M_K 才能增大，要想得到极大值必须向右移（x 轴向右）；向右一移，导数是负的，说明越向右移 M_K 越小，要想得到极大值必须向左移。所以这一位置对应于 M_K 的极大值。左移、右移 M_K 都变小。

这样，当一个集中力位于影响线顶点上，且左移一点，$\dfrac{\mathrm{d}M_K}{\mathrm{d}x}>0$，右移一点，$\dfrac{\mathrm{d}M_K}{\mathrm{d}x}<0$ 时，M_K 得到极大值。

满足这种条件的集中力叫临界荷载，其所对应的行列荷载位置，称为临界位置。

（3）M_K 在行列荷载移动过程中得到的极大值不止一个，点 b 和点 d 都是（图 11-33d）极大值。

对于点 b，P_1 是临界荷载，P_1 在影响线顶点上，P_2 尚未进入梁，这一位置是临界位置。这时 M_K 得一极大值，$M_K=0.278Pl$。

对于点 d，P_2 是临界荷载，P_2 在影响线顶点上，P_1 在其右面 $\dfrac{l}{3}$ 处，这一位置是临界位置。相应的极大值为 $M_K=0.306Pl$。

在本例中，P_1、P_2 都是临界荷载，在一般情况下并非所有集中力都是临界荷载。

极大值中的最大的，$M_K^{\max}=0.306Pl$，是行列荷载在梁上移动全过程中截面 K 中产生的弯矩的最大值。其所对应的荷载位置称为 M_K 的最不利荷载位置。

以上是一个简例，但所得的结论是普遍适用的，下面就来说明。

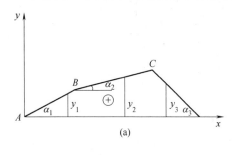

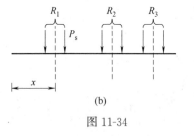

图 11-34

设在行列荷载（图 11-34b）作用下，求量值 Z 的最大值。量值 Z 的影响线为一多边形（图 11-34a）。前已证明在影响线的直线线段上，各力可用其合力代替（图 11-34b 中的 R_1、R_2、R_3）。行列荷载的位置可由其中任何一个力，例如合力 R_1 的横标 x 确定。x 轴取向右为正。

在荷载的任一位置，量值 Z 可表示为：

$$Z=\sum_i R_i y_i \tag{11-12}$$

若在移动过程中，无一力越过影响线任何一个顶点，则量值 Z 的变化率为：

$$\frac{\mathrm{d}Z}{\mathrm{d}x}=\sum_i R_i \frac{\mathrm{d}y_i}{\mathrm{d}x}=\sum_i R_i \tan \alpha_i = 常数 \tag{11-13}$$

式中，影响线倾角 α 有正有负（图 11-34a），与上升线对应的 α_1、α_2 是正的，与下降线对应的 α_3 是负的。

若 $\dfrac{\mathrm{d}Z}{\mathrm{d}x}$ 得正值，说明欲得 Z 的极大值需向右移（向 x 正向移）；若 $\dfrac{\mathrm{d}Z}{\mathrm{d}x}$ 得负值，则需向左移。

当有一个力越过影响线的一个顶点时，则 $\dfrac{\mathrm{d}Z}{\mathrm{d}x}$ 发生突变。例如 P_s 越过影响线顶点 B 时（图 11-34b，P_s 为合力 R_1 右边的力），$\dfrac{\mathrm{d}Z}{\mathrm{d}x}$ 就发生突变：P_s 在顶点 B 之左时，有：

$$\frac{\mathrm{d}Z}{\mathrm{d}x}=R_1\tan\alpha_1+R_2\tan\alpha_2+R_3\tan\alpha_3$$

P_s 移至顶点 B 之右时，有：

$$\frac{\mathrm{d}Z}{\mathrm{d}x}=(R_1-P_s)\tan\alpha_1+(R_2+P_s)\tan\alpha_2+R_3\tan\alpha_3$$

突变量为 $P_s(\tan\alpha_2-\tan\alpha_1)$。

$\dfrac{\mathrm{d}Z}{\mathrm{d}x}$ 为量值 Z 综合影响线（参见图 11-33d 中 M_K 的综合影响线）的斜率，斜率发生突变，综合影响线即发生转折。但转折点不全是极大值点，要想成为极大值点，还必须满足：

（1）左移　$\dfrac{\mathrm{d}M_K}{\mathrm{d}x}>0$，即 $\sum\limits_i R_i\tan\alpha_i>0$

（2）右移　$\dfrac{\mathrm{d}M_K}{\mathrm{d}x}<0$，即 $\sum\limits_i R_i\tan\alpha_i<0$

力 P_s 在影响线顶点 B 之左时 $\dfrac{\mathrm{d}Z}{\mathrm{d}x}>0$，说明欲得极大值必须右移；$P_s$ 移至影响线顶点 B 之右时 $\dfrac{\mathrm{d}Z}{\mathrm{d}x}<0$，说明欲得极大值必须左移。因此力 P_s 刚好在影响线顶点 B 时量值 Z 产生极大值。

这样，量值 Z 发生极大值所对应的行列荷载的位置，必须具备以下两个条件：

（1）有一个集中力位于影响线的某一个顶点上。

$$（2）\quad\begin{matrix}\text{左移}\qquad\sum\limits_i R_i\tan\alpha_i>0\\[2mm]\text{右移}\qquad\sum\limits_i R_i\tan\alpha_i<0\end{matrix}\Biggr\}\qquad\qquad(11\text{-}14)$$

式 11-14 称为临界条件。满足临界条件的集中力称为临界荷载，相应的行列荷载位置称为临界位置。

式 11-14 中的一个式子为等式时也得极大值，其物理形象如图 11-35 所示。

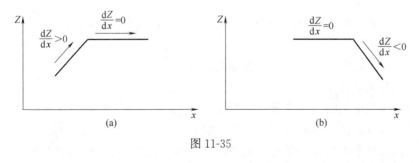

图 11-35

至于哪个力在影响线的哪个顶点上时满足临界条件是不知道的，需要试算。

临界荷载可能不止一个，要分别计算相应的 Z 值，取其最大者。

为了减少试算次数，使量值 Z 得到最大值的临界荷载，可按下述原则估计：

（1）使较多个力居于影响线范围之内（有时力系所占的长度大于影响线的长度）。使较多个力居于影响线的较大纵标处。

（2）使较大的力位于纵标较大的影响线顶点上。

对于公路桥和铁路桥，要考虑右行、左行两种情况，按最不利情况设计。工业厂房吊车荷载则不会改变方向。

综上所述，欲求量值的最大值，就是应用数学上的极值条件，在不绘出综合影响线的前提下，先根据临界条件试算出临界位置，再算出相应的影响量，从中选出最大值。这样做法计算工作就简单多了。

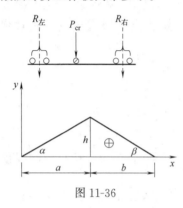

图 11-36

下面讲讲三角形影响线（图 11-36）的情况。这是最常见的情况，也是本节的重点内容。

这时临界条件（式 11-14）可以改写成另外的形式：

左移：

$$\frac{dZ}{dx} = \sum_i R_i \tan \alpha_i = (R_左 + P_{cr}) \tan \alpha + R_右 \tan \beta > 0$$

右移：

$$\frac{dZ}{dx} = \sum_i R_i \tan \alpha_i = R_左 \tan \alpha + (R_右 + P_{cr}) \tan \beta < 0$$

注意到 α 是正的，β 是负的，有：

$$\tan \alpha = h/a, \tan \beta = -h/b$$

上二式可变为：

$$\left.\begin{array}{l} \dfrac{R_左 + P_{cr}}{a} - \dfrac{R_右}{b} > 0 \\[3mm] \dfrac{R_左}{a} - \dfrac{R_右 + P_{cr}}{b} < 0 \end{array}\right\} \tag{11-15}$$

或

$$\left.\begin{array}{l} \dfrac{R_左 + P_{cr}}{a} > \dfrac{R_右}{b} \\[3mm] \dfrac{R_左}{a} < \dfrac{R_右 + P_{cr}}{b} \end{array}\right\} \tag{11-16}$$

临界条件（式 11-16）可以表述为：把临界荷载放在影响线顶点的哪一边，哪一边的"平均荷载"就大。

对于三角形影响线，求量值 Z 最大值的步骤为：

（1）按前述原则估计能产生最大值的若干个可能的临界荷载。

（2）逐个地把估出的力放在影响线顶点上，验算是否满足临界条件（式 11-16）。

如果满足临界条件，则利用影响线算出相应的 Z 值（是 Z 的极大值之一）。

（3）比较这样求得的几个 Z 值，其中最大的就是行列荷载移动过程中所能产生的最大 Z 值。

【例题 11-13】 在 6m 跨吊车梁上（图 11-37a）有两台吊车行驶，$P_1 = P_2 = P_3 = P_4 = 324.5$kN。求截面 K（距左端 1m）中产生的弯矩 M_K 的最大值。

【解】 M_K 影响线示于图 11-37b。

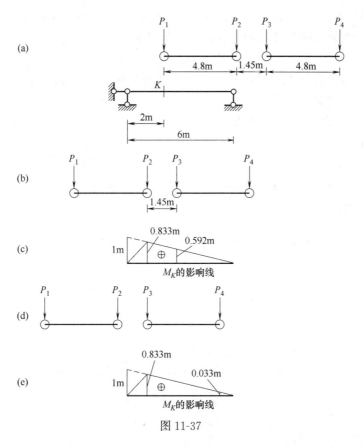

图 11-37

首先可以看出，在影响线范围内最多只能有两个荷载。P_2 居于影响线顶点上时（图 11-37b、c）影响线范围内有两个力 P_2、P_3，且均对应于影响线的较大纵坐标，故先验算 P_2 是否是临界荷载。

左移：

$$\frac{P}{1\text{m}} > \frac{P}{5\text{m}}$$

右移：

$$\frac{0}{1\text{m}} < \frac{2P}{5\text{m}}$$

可见 P_2 是临界荷载。荷载的临界位置如图 11-37b 所示。在此临界位置上，M_K 之值可以利用影响线求出：

$$M_K = P_2 \times 0.833 + P_3 \times 0.592 = 324.5 \times 0.833 + 324.5 \times 0.592 = 462.4\text{kN} \cdot \text{m}$$

这是 M_K 的一个极大值。

下面考察 P_3 居于影响线顶点上的情况（图 11-37d、e）。这时 P_3 退到梁外，P_4 进入梁内。由于 P_4 对应的影响线纵标（0.033）远小于前面情况中 P_3 所对应的纵标（0.592），而 $P_3 = P_2$，$P_4 = P_3$，所以这一情况所产生的 M_K 值一定小于前面情况中所产生的 M_K 值。因而不必验算临界条件了。

P_1 居于影响线顶点时的受力情况与 P_3 居于影响线顶点上的情况相同；P_4 在影响线

顶点上时梁上只剩一个力，其余退出，这时产生的 M_K 值最小。这两种情况均不必考虑。

所以，在此两台吊车移动过程中截面 K 中产生的最大弯矩为：

$$M_K^{\max}=462.4\text{kN}\cdot\text{m}$$

建议读者，逐个验算 P_3、P_1、P_4 是否为临界荷载，求出相应的 M_K 值，取其中最大者，看是否与上述结果相同。

【例题 11-14】 求在汽车—10 级荷载作用下 40m 跨简支梁桥中央截面 K（图 11-38a）产生的最大弯矩。

【解】 作出 M_K 的影响线如图 11-38b 所示。考虑车队的两个行进方向。先考虑左行（图 11-38c）。试将重车的后轴放在影响线顶点上，这时较大的力位于影响线顶点上，且较多的力居于纵标较大处。

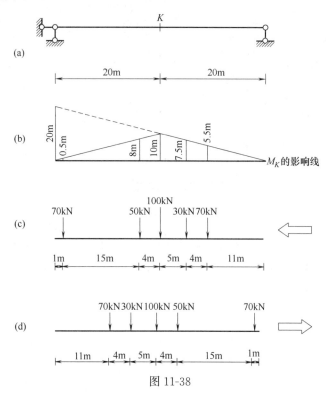

图 11-38

验算临界条件：

左移：

$$\frac{7+5+10}{20}>\frac{3+7}{20}$$

右移：

$$\frac{7+5}{20}<\frac{10+3+7}{20}$$

满足临界条件。故知这是一个临界位置。

利用影响线求相应的 M_K 值：

$$M_K=7\times0.5+5\times8+10\times10+3\times7.5+7\times5.5=204.5\text{t}\cdot\text{m}$$

经验算，与 100kN 相邻的两个力 30kN 及 50kN 均不满足临界条件。显然其他各力居于影响线顶点时不会产生 M_K 的最大值。

右行时的最不利荷载图如图 11-38d 所示。由于跨中央截面 M_K 的影响线是对称的，所以右行也得到与左行时相同的最大 M_K 值。

因此，在汽车—10 级荷载作用下所产生的 M_K（跨中央）的最大值为：

$$M_K^{\max} = 204.5 \text{t} \cdot \text{m}$$

在前面讨论中，行列荷载都是由集中力组成的。在铁路标准活载（中—活载）中除集中力外，还含有均布荷载。均布荷载的长度按规定前段为 30m，后段可以任意延伸。

在中—活载作用下，量值 Z 发生极大值有两种可能情况：

（1）某一个集中力居于影响线顶点上（图 11-39a），量值 Z 产生尖点值。可将均布荷载用其合力代替，用前面讲过的临界条件去判别。

（2）均布荷载居于影响线顶点两侧的某一位置上（图 11-39b），因量值 Z 是荷载位置的二次函数，故当 $\dfrac{\mathrm{d}M_K}{\mathrm{d}x} = 0$ 时，Z 产生极大值。这时临界条件（式 11-16）变成一个等式：

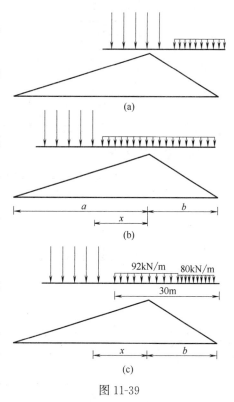

图 11-39

$$\frac{R_{左}}{a} = \frac{R_{右}}{b} \tag{11-17}$$

即影响线顶点两边的平均荷载应当相等。由此式确定 x。

若算得的 x 为负值，则说明不存在这种均布荷载跨越三角形影响线顶点的极值情况。

若 $b \geqslant 30$m，则荷载情况应取如图 11-39c。

应当指出，由于行列荷载中含有均布荷载，不论第一种或第二种情况，量值 Z 均按下式计算：

$$Z = \sum_i R_i y_i + q\omega$$

该式是二次式，与只含集中力的情况不同，上述结论需作证明，这里略去。

【例题 11-15】　在中—活载作用下求 40m 跨简支梁桥截面 K（图 11-40a）弯矩 M_K 的最大值。

【解】　考虑列车左行、右行两种情况。

（1）左行（图 11-40b）

估计 P_5 作用在影响线顶点上（图 11-40b）能产生最大的 M_K。验算临界条件：

左移：

$$\frac{5 \times 220}{10} > \frac{92 \times 28.5}{30}$$

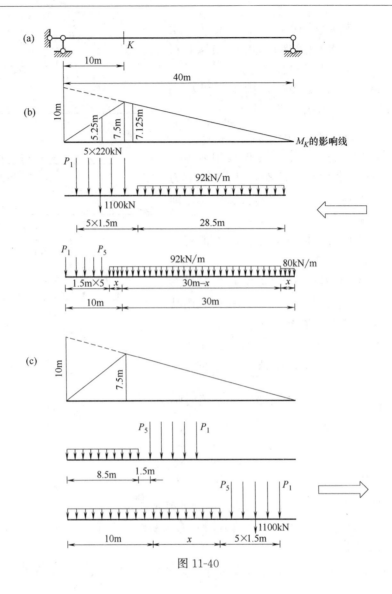

图 11-40

右移：

$$\frac{4 \times 220}{10} < \frac{22 + 92 \times 28.5}{30}$$

可知 P_5 是临界荷载。与此相应的 M_K 为：

$$M_K = 1100 \times 5.25 + \left(\frac{1}{2} \times 7.125 \times 28.5\right) \times 92 = 15120 \text{kN} \cdot \text{m}$$

再看均布荷载跨越影响线顶点时能否产生 M_K 的极大值（图 11-40b 下）。x 由式 11-17 计算：

$$\frac{1100 + 92x}{10} = \frac{92 \times (30 - x) + 80x}{30}$$

算得 $x = -1.875$m。这说明均布荷载跨越影响线顶点的荷载位置，M_K 不产生极值。其他集中力作用在影响线顶点上时均不满足临界条件。

（2）右行（图 11-40c）

试 P_5 是否是临界荷载。

左移：

$$\frac{8.5 \times 92 + 22}{10} > \frac{4 \times 220}{30}$$

即左移之 $\dfrac{\mathrm{d}M_K}{\mathrm{d}x} > 0$（参见式 11-15）。

右移：

$$\frac{8.5 \times 92}{10} > \frac{5 \times 220}{30}$$

即右移仍然有 $\dfrac{\mathrm{d}M_K}{\mathrm{d}x} > 0$（参见式 11-15）

这说明 P_5 不是临界荷载，且欲使 M_K 值增加须向右移。

向右移动时均布荷载即跨越影响线顶点（影响线顶点上无力时不会产生极值）。x 值按式 11-17 确定：

$$\frac{92 \times 10}{10} = \frac{92 \times x + 1100}{30}$$

由此得 $x = 18.04\mathrm{m}$。均布荷载长度 $10\mathrm{m} + 18.04\mathrm{m} < 30\mathrm{m}$，与所设相符。与此荷载位置相应的 M_K 值为：

$$M_K = q\omega + Ry = 92 \times \left[\frac{1}{2}(7.5) \times 10 + \frac{1}{2}(7.5 + 2.99) \times 18.4\right] + 1100 \times 1.865 = 14120\mathrm{kN \cdot m}$$

比较左行与右行产生的 M_K 值，可见：

$$M_K^{\max} = 14120\mathrm{kN \cdot m}$$

以上讨论的是求某量值 Z 的最大值。当需要计算某量值的最小值（最大负值）时，可将影响线纵标变号，求最大值，最后再把正负号改变过来。

11-9　换算荷载

为了减少设计人员的计算工作量，制成换算荷载表❶。制表人按照下式把行列荷载移动过程中量值 Z 所产生的最大值 $Z_{\max}$ 改换成在影响线范围内均布的荷载 q_e 的影响：

$$q_e \omega = Z_{\max}$$

式中，ω 为整个影响线的面积；均布荷载集度 q_e 称为换算荷载。设计人员在表中查到 q_e 后即可按上式计算 $Z_{\max}$，而不必像前一节所讲的那样自己计算。

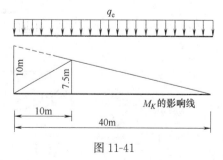

图 11-41

【例题 11-16】　用换算荷载重算例题 11-15。

【解】　把 M_K 的影响线重绘于图 11-41 上，算得：

---

❶　换算荷载表，可查李廉锟、侯文崎主编的《结构力学（第 7 版 上册）》第 281～282 页。

$$\alpha = \frac{a}{l} = \frac{10\text{m}}{40\text{m}} = \frac{1}{4}$$

式中，l 为影响线长度；a 为影响线顶点到边端的最小距离。

根据中—活载，$l=40$m 及 $a=1/4$ 由换算荷载表查得 $q_e=100.8$kN/m。

影响线的面积为：

$$\omega = \frac{1}{2} \times 40 \times 7.5 = 150\text{m}^2$$

中—活载产生的 M_K 的最大值等于

$$M_K^{\max} = q_e\omega = 100.8 \times 150 = 15120\text{kN} \cdot \text{m}$$

与例题 11-15 中直接计算结果相同。

对于汽车—10 级、15 级、20 级，也有换算荷载表。

仅对于三角形影响线有换算荷载表，对于其他形状的影响线，需按前节所讲方法自己计算。

11-10 简支梁的弯矩包络图

把在移动荷载作用下简支梁中各个截面产生的最大弯矩值用曲线连接起来，得到的图形称为在该移动荷载作用下的简支梁的弯矩包络图。它表明无论荷载移动到什么位置，梁中的弯矩均不会出此范围。

以图 11-42a 所示承受两台吊车作用的 6m 跨吊车梁为例来说明。

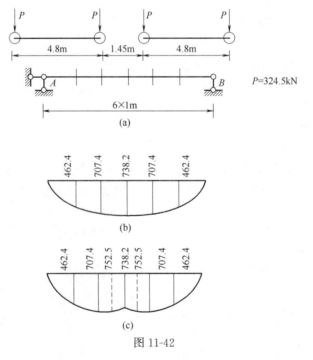

图 11-42

将梁分为若干等分（这里分为 6 等分）。分别用第 11-8 节所讲的方法求出各个截面在吊车移动过程中所产生的最大弯矩并绘得弯矩包络图，如图 11-42b 所示。

这样得到的弯矩包络图不是完全准确的，它丢掉了在梁中央附近发生的比梁中央截面最大弯矩更大的弯矩（图 11-42c 中虚线所示）。这个弯矩是荷载移动过程中梁中所可能产生的最大弯矩，称为绝对最大弯矩，它的求法在下节中讲述。

上述弯矩包络图 11-42 中所示的各截面中的最大弯矩值（包括绝对最大弯矩）是按静力计算得到的（未考虑惯性力）。实际上，荷载移动时，结构发生振动，会产生惯性力，是一个动力计算问题。通常用把按静力计算的结果乘以大于 1 的动力（扩大）系数来近似处理。

乘以动力系数后与静荷载（如自重）引起的弯矩相组合即得据以设计的弯矩包络图。

11-11　简支梁的绝对最大弯矩

如前所述，在行列荷载移动过程中，简支梁中所产生的最大弯矩，称为简支梁的绝对最大弯矩。

这里有两个问题：

（1）绝对最大弯矩发生在哪个截面？

（2）行列荷载位于什么地方时发生绝对最大弯矩？

与前面讲过的最不利荷载位置问题不同，那里截面 K 的位置是给定的，而这里发生绝对最大弯矩的截面的位置则是待求的。

这里只考虑由集中力系组成的行列荷载。

注意到，不论荷载在什么位置上，其所产生的弯矩图总是折线图形，最大弯矩总是发生在某一集中力下面的截面内，因此绝对最大弯矩也必发生在某一集中力下面的截面内。只是不知道发生在哪个力下面的截面内，以及这个力（连同力下面的截面）居于什么位置。

解决的途径是：任取行列荷载中的一个力，记为 P_i，求行列荷载移动过程中 P_i 下面截面产生的弯矩的最大值 M_i。利用这个 M_i 的通式求出每个力下面截面产生的弯矩的最大值，其中最大的就是行列荷载移动过程中梁中所可能产生的最大弯矩，即绝对最大弯矩。

下面推导行列荷载移动过程中力 P_i 下面截面弯矩最大值的算式。

令力 P_i 的坐标为 x（图 11-43a）。P_i 的位置由 x 值确定。由于行列荷载中各力的间距是一定的，所以行列荷载的位置亦由 x 值确定。x 为 P_i 的坐标，同时也是它下面截面的坐标（力下面的截面随力走）。

设梁上各力的合力为 R，R 到 P_i 的距离 a 可由合力矩定理确定。

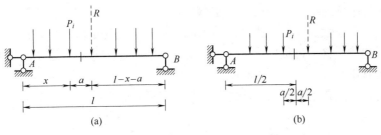

图 11-43

力 P_i 下面截面的弯矩 M_i 等于

$$M_i = V_A x - M_i^{左} \tag{11-18}$$

式中，$M_i^{左}$ 为 P_i 左面各个轮压对 P_i 作用点的力矩之和。由于轮子间距不变，所以 $M_i^{左}$ 不随 x 而变。

左支反力 V_A 由 $\sum M_B = 0$ 得：

$$V_A = \frac{R(l-x-a)}{l} \tag{11-19}$$

将式 11-19 代入式 11-18 得：

$$M_i = \frac{R(l-x-a)}{l} x - M_i^{左} \tag{11-20}$$

M_i 是 x 的二次函数，极值发生于 $\dfrac{\mathrm{d}M_i}{\mathrm{d}x} = 0$ 处。注意到 $M_i^{左}$ 与 x 无关，$\dfrac{\mathrm{d}M_i^{左}}{\mathrm{d}x} = 0$，由

$$\frac{\mathrm{d}M_i}{\mathrm{d}x} = 0$$

得：

$$x = l/2 - a/2 \tag{11-21}$$

式 11-21 表明，当 P_i 在跨中央之左 $a/2$ 处（图 11-43b）时，P_i 下面截面弯矩得最大值。

当 P_i 在梁中央之左 $a/2$ 处时，合力 R 即在梁中央之右 $a/2$ 处，因为 R 与 P_i 的间距为 a。

这样，当行列荷载移至 P_i 与梁上合力 R 对称于梁中央时，P_i 下面截面的弯矩得到最大值 $M_i^{\max}$。

将式 11-21 代入式 11-20，整理得：

$$M_i^{\max} = \frac{l(l-a)^2}{4l} x - M_i^{左} \tag{11-22}$$

式中，R 为梁上行列荷载中各力（不包括尚未进入和已越出梁的各力）的合力。R 在 P_i 之右时 a 取正号，在 P_i 之左时 a 取负号。

这是一般方法。实际上不必算出每个力下面截面弯矩的最大值，只需计算下面说的一个力下面的截面弯矩即可。

由于绝对最大弯矩发生在梁中央附近截面内。经验表明，绝对最大弯矩通常发生在梁中央截面弯矩取得最大值的临界荷载下面的截面。这个临界荷载可用第 11-8 节中讲述的方法确定。

这样，求梁中绝对最大弯矩的实际步骤为：

（1）确定梁中央截面弯矩发生最大值的临界荷载，记为 P_i。

（2）求行列荷载移动过程中力 P_i 下面截面产生的最大弯矩。这个弯矩❶可认为是梁中的绝对最大弯矩。

总结以上，简支梁绝对最大弯矩的具体计算步骤为：

---

❶ 极个别情况下它不是绝对最大弯矩，但差别不大。

（1）绘出梁中央截面弯矩的影响线。

（2）用第 11-8 节的方法确定梁中央截面弯矩发生最大值的临界荷载 P_i。

（3）把 P_i 放在梁中央，求梁上各力的合力 R 及 a。

（4）移动行列荷载，使 P_i 与 R 居于对称于梁中央的位置。这时如无力进入或越出梁的范围，则按式 11-22 计算 P_i 下面截面的最大弯矩，它通常就是梁中绝对最大弯矩。

如果有某些力进入或某些力越出，则须重新计算 R 及 a。

这样，P_i 是梁中央截面弯矩取得最大值的临界荷载。当 P_i 居于梁中央（即梁中央截面弯矩影响线顶点）时梁中央截面弯矩得到最大值；当 P_i 位于上述距梁中央 $a/2$ 处时，在此处截面产生一个更大的弯矩——梁中绝对最大弯矩。

梁中绝对最大弯矩是设计等截面梁的依据。

【例题 11-17】　求两台吊车作用下，6m 跨吊车梁的绝对最大弯矩（图 11-44a）。

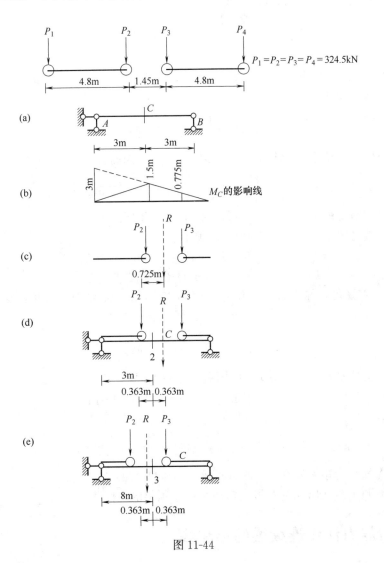

图 11-44

【解】　先求梁中央截面 C 弯矩发生最大值的临界荷载。为此绘出梁中央截面弯矩影响线如图 11-44b 所示。估计 P_2 是临界荷载。验算临界条件：

左移：

$$\frac{P_2}{3} = \frac{P_3}{3}$$

右移：

$$\frac{0}{3} < \frac{P_2 + P_3}{3}$$

满足临界条件，所以 P_2 是使梁中央截面弯矩发生最大值的临界荷载。与此相应，跨中央截面弯矩的最大值为：

$$(1.5 + 0.775) \times 324.5 = 738.2 \text{kN} \cdot \text{m}$$

同样，可以验证 P_3 也是临界荷载，并且得到相同的弯矩值。

对应 P_2 在梁中央（图 11-44c）求得：

$$R = P_2 + P_3 = 649 \text{kN}$$

$$a = \frac{1}{2} \times 1.45 = 0.725 \text{m} (R \text{ 在 } P_2 \text{ 之右})$$

将 P_2 与 R 放在对称于梁中央位置上（图 11-44d），没有力进入或越出梁，按式 11-22 计算绝对最大弯矩 $M_{绝}^{\max}$：

$$M_{绝}^{\max} = \frac{R(l-a)^2}{4l} - M_i^{左}$$

由于在 P_2 之左梁上再无其他力，所以 $M_i^{左} = 0$，因而：

$$M_{绝}^{\max} = \frac{649 \times (6 - 0.725)^2}{4 \times 6} - 0 = 752.5 \text{kN} \cdot \text{m}$$

绝对最大弯矩发生在 P_2 下面的截面 2（图 11-44d）。

若将 P_3 放在梁中央（图中未画出），则有：

$$R = P_2 + P_3 = 649 \text{kN}$$

$$a = -0.725 \text{m} (R \text{ 在 } P_2 \text{ 之左})$$

将 P_3 与 R 放在对称于梁中央位置上（图 11-44e），无力进入或越出梁，按式 11-22 计算 $M_{绝}^{\max}$：

$$M_{绝}^{\max} = \frac{R(l-a)^2}{4l} - M_i^{左}$$

在 P_3 之左有力 P_2，P_2 对 P_3 作用点之力矩为：

$$M_i^{左} = 324.5 \times 1.45 = 470.5 \text{kN} \cdot \text{m}$$

由此得：

$$M_{绝}^{\max} = \frac{649 \times [6 - (-0.725)]^2}{4 \times 6} - 470.5 = 752.5 \text{kN} \cdot \text{m}$$

这个绝对最大弯矩发生在 P_3 下面截面 3（图 11-44e）。

本题中有两个截面出现绝对最大弯矩是可以预料的，因为 $P_2 = P_3$。

11-12 用静力法作连续梁的影响线

绘制连续梁影响线的方法，也分为静力法和机动法两种。本节介绍静力法。

静力法是将单位荷载 $P=1$ 依次加在各跨上，写出影响线方程，并用图形表示出来。只不过在建立影响线方程时需要解超静定。这里我们介绍用力矩分配法作连续梁的影响线。

例如欲作图 11-45a 所示连续梁支座 1 的弯矩影响线，首先将 $P=1$ 放在第一跨上（图 11-45a），以 x 表示其位置。则支座 1 的弯矩可由力矩分配法求得。

分配系数：

$$\mu_{1A}=0.429 \qquad \mu_{12}=0.571$$
$$\mu_{21}=0.571 \qquad \mu_{2B}=0.429$$

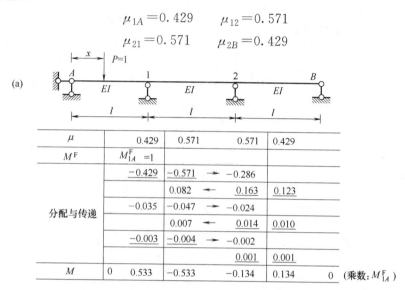

(a)				
μ	0.429	0.571	0.571	0.429
M^F	$M_{1A}^F=1$			
	−0.429	−0.571 → −0.286		
		0.082 ← 0.163	0.123	
分配与传递	−0.035	−0.047 → −0.024		
		0.007 ← 0.014	0.010	
	−0.003	−0.004 → −0.002		
		0.001	0.001	
M	0　0.533	−0.533　−0.134	0.134	0 （乘数：M_{1A}^F）

(b)				
μ	0.429	0.571	0.571	0.429
M^F		$M_{12}^F=1$		
	−0.429	−0.571 → −0.286		
		0.086 ← 0.163	0.123	
分配与传递	−0.037	−0.049 → −0.024		
		0.007 ← 0.014	0.010	
	−0.003	−0.004 → −0.002		
		0.001	0.001	
(1) M	0　−0.469	0.469　−0.134	0.134	0 （乘数：M_{12}^F）

M^F		$M_{21}^F=1$		
		−0.286 ← −0.571	−0.429	
	0.123	0.163 → 0.086		
分配与传递		−0.024 ← −0.049	−0.037	
	0.010	0.014 → 0.007		
		−0.002 ← −0.004	−0.003	
	0.001	0.001		
(2) M	0　0.134	−0.134　0.469	−0.469	0 （乘数：M_{21}^F）

图 11-45 （一）

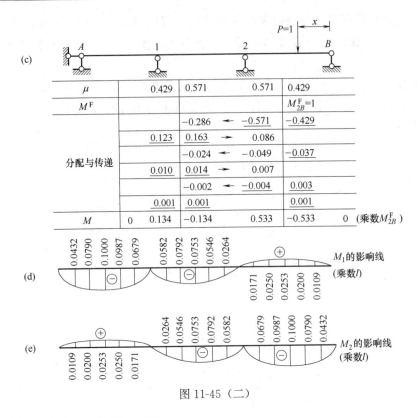

图 11-45（二）

固端力矩：查表 9-1 简图 12 得：

$$M_{1A}^{F} = \frac{x(l^2 - x^2)}{2l^2}$$

令 $x = ul$，其中 $u = \dfrac{x}{l}$ 是一个比值，则

$$M_{1A}^{F} = \frac{ul(l^2 - u^2 l^2)}{2l^2} = \frac{1}{2}u(1-u)(1+u)l \quad (0 \leqslant u \leqslant 1)$$

力矩分配与传递过程列于图 11-45a 表中。为了书写方便，将 M_{1A}^{F} 除以 M_{1A}^{F}（即令 $M_{1A}^{F} = 1$），计算结果再乘以 M_{1A}^{F}。最终杆端力矩 M_{1A} 或 M_{12} 就是 $P = 1$ 在第一跨移动时支座 1 的弯矩值。按力矩分配法规定，杆端力矩以绕杆端顺时针转为正。这里 M_{1A} 为正，表示 1A 杆 1 端力矩顺时针转，即上边受拉；而 M_{12} 为负表示 12 杆的 1 端力矩逆时针转，也是上边受拉。在梁中习惯上规定下边受拉为正，所以此时支座 1 的弯矩为负，即

$$\begin{aligned}
M_1 &= -0.533 M_{1A}^{F} \\
&= -0.533 \times \frac{1}{2}u(1-u)(1+u)l \\
&= -0.2665 u(1-u)(1+u)l \quad (0 \leqslant u \leqslant 1)
\end{aligned} \tag{11-23}$$

这就是 M_1 影响线第一跨纵坐标的算式。

其次，将 $P = 1$ 放在第二跨上，其位置仍以 x 表示（图 11-45b），用力矩分配法求 M_1。分配系数不变。

固端力矩查表 9-1 简图 3 得：

$$M_{12}^{\mathrm{F}} = \frac{x(l-x)^2}{l^2}$$

$$M_{21}^{\mathrm{F}} = \frac{x^2(l-x)}{l^2}$$

将 $x=ul$ 代入并整理得：

$$\left. \begin{aligned} M_{12}^{\mathrm{F}} &= -u(1-u)^2 l \\ M_{21}^{\mathrm{F}} &= u^2(1-u)l \end{aligned} \right\} (0 \leqslant u \leqslant 1)$$

分别求出 M_{12}^{F} 和 M_{21}^{F} 所引起的 M_1 值，然后相加。相应的力矩分配与传递见图 11-45b 表，表中令 M_{12}^{F} 及 M_{21}^{F} 皆等于 1；将图 11-45b 表中 (1)、(2) 两行的杆端力矩 M_{1A}（或 M_{12}）相加，即得 $P=1$ 在第二跨移动时 M_1 影响线纵标的具体算式：

$$M_1^{\mathrm{n}} = 0.469 M_{12}^{\mathrm{F}} - 0.134 M_{21}^{\mathrm{F}}$$

将 M_{12}^{F} 及 M_{21}^{F} 的表达式代入得：

$$M_1^{\mathrm{n}} = -[0.469u(1-u)^2 l + 0.134u^2(1-u)l](0 \leqslant u \leqslant 1) \tag{11-24}$$

最后，将 $P=1$ 放在第三跨上，以 x 表示其距右端点 B 的距离（图 11-45c），用力矩分配法求 M_1。

分配系数同前。固端力矩为：

$$M_{2B}^{\mathrm{F}} = -\frac{x(l^2-x^2)}{2l^2} = -\frac{1}{2}u(1-u)(1+u)l(0 \leqslant u \leqslant 1)$$

力矩分配与传递过程见图 11-45c 表，表中令 $M_{2B}^{\mathrm{F}}=1$。由最终杆端力矩知：

$$M_1^{\mathrm{m}} = -0.134 M_{2B}^{\mathrm{F}} = -0.135 \left[-\frac{1}{2}u(1-u)(1+u)l \right]$$

$$= 0.067u(1-u)(1+u)l(0 \leqslant u \leqslant 1) \tag{11-25}$$

此即 M_1 影响线第三跨纵坐标的算式。

由以上各式可知，M_1 是 u 的三次函数，故 M_1 影响线按曲线变化。这是超静定结构与静定结构内力影响线的明显区别。

在实际计算时，应将连续梁每一跨分为若干等分，按式 11-23～式 11-25 算出各分点处的 M_1 值，将各纵坐标顶点连以曲线，即得 M_1 的影响线。

为了方便，式 11-23～式 11-25 中与 u 有关的系数可先行算出，列成表（表 11-1）以备查用。图形的精确度视所取等分点的多少而定。表 11-1 中的系数是按每跨分为六等分作出的。

现将图 11-45a 连续梁每跨分为六等分，利用式 11-23～式 11-25 及表 11-1 算出各分点的纵坐标值。例如第一跨内 $u=\frac{1}{6}$、$u=\frac{1}{3}$ 处的纵坐标分别为：

$$y_{\frac{1}{6}}^1 = -0.2665u(1-u)(1+u)l$$

$$= -0.2665 \times 0.162l = -0.0432l$$

$$y_{\frac{1}{3}}^1 = -0.2665 \times 0.2963l = -0.079l$$

| | 绘制连续梁影响线用系数表 | | 表 11-1 |

u	$u(1-u)(1+u)$	$u(1-u)^2$	$u^2(1-u)$
0	0	0	0
1/6	0.1620	0.1157	0.0231
1/3	0.2963	0.1481	0.0741
1/2	0.3750	0.1250	0.1250
2/3	0.3704	0.0741	0.1481
5/6	0.2546	0.0231	0.1157
1	0	0	0

第二跨内 $u=\dfrac{1}{6}$ 处的纵坐标为：

$$y_{1/6}^{n} = -[0.469u(1-u)^2 l + 0.134u^2(1-u)l]$$
$$= -(0.469\times 0.1157 + 0.134\times 0.0231)$$
$$= -0.0582l$$

$u=\dfrac{1}{3}$ 处的纵坐标 $y_{1/3}^{n}$ 是多少？请读者自行算出，以资练习。

第三跨内 $u=\dfrac{1}{6}$ 处（从该跨左端算起）的纵坐标为：

$$y_{1/6}^{m} = 0.067u(1-u)(1+u)l$$
$$= 0.067\times 0.2546l$$
$$= 0.0171l$$

注意，式 11-25 中的 u 是从该跨右端（铰支端）算起的，故由表 11-1 查系数 $u(1-u)(1+u)l$ 时，应查 $u=\dfrac{5}{6}$ 一行。

全部计算结果列于表 11-2 中。据此绘出 M_1 影响线如图 11-45d 所示。

| | 支座弯矩 M_1 影响线的计算表 | | | 表 11-2 |

$P=1$ 的位置		M_1 影响线的纵坐标值		
x	u	第一跨	第二跨	第三跨
0	0	0.0000	0.0000	0.0000
$l/6$	1/6	-0.0432	-0.0582	0.0171
$l/3$	1/3	-0.0790	-0.0792	0.0250
$l/2$	1/2	-0.1000	-0.0753	0.0253
$2l/3$	2/3	-0.0987	-0.0546	0.0200
$5l/6$	5/6	-0.0679	-0.0264	0.0109
l	1	0	0	0

用同样方法可以绘出支座弯矩 M_2 的影响线，这里不再赘述。由于本例对称，只需将 M_1 影响线的纵坐标适当更换位置即可，M_2 影响线如图 11-45e 所示。

支座弯矩可以看作多余未知力，它们的影响线绘出后，连续梁即转化为静定梁，则任一支座反力或任一截面内力的影响线，均可取每一跨为简支梁利用叠加法绘制。

11-13　用机动法确定连续梁影响线的形状

用机动法作连续梁影响线的方法与作静定梁的相似。设欲作图 11-46a 所示连续梁支座截面 2 的弯矩影响线，首先去掉与 M_2 相应的约束，即把支座 2 改为铰接，然后在铰两侧沿 M_2 的正向加上一对相等相反的力偶 M，其大小刚好使铰两侧截面产生单位相对转角 $\theta=1$，由此引起的位移图（弹性曲线）就是 M_2 的影响线，基线上面的纵坐标为正（图 11-46c）。

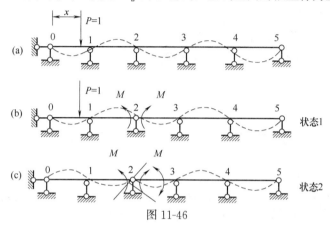

图 11-46

现用虚功原理证明如下。

为了暴露出 M_2，将图 11-46a 改画一下，在支座截面 2 加铰，并代以支座弯矩 M_2，如图 11-46b 所示。由于图 11-46b 与图 11-46a 等价，所以铰 2 两侧截面相对转角仍然等于零。设以图 11-46b 为状态 I，图 11-46c 为状态 II。状态 I 的外力在状态 II 的位移上所作的虚功为：

$$T_{12}=M_2\theta-Py=M_2-y$$

状态 II 的外力在状态 I 的位移上所作的虚功为：

$$T_{21}=M\times 0=0$$

根据功的互等定理，有：

$$T_{12}=T_{21}$$

可知：

$$M_2=y \tag{11-26}$$

上式中，M_2 和 y 均随 $P=1$ 的移动而变化，即它们都是 $P=1$ 位置 x 的函数，因此可表示为：

$$M_2(x)=y(x) \tag{11-27}$$

上式中，当 x 变化时，$M_2(x)$ 的变化图形就是 M_2 的影响线；而 $y(x)$ 的变化图形就是图 11-46c 所示由 $\theta=1$ 引起的位移图。又式 11-26 表明，当 $P=1$ 在图 11-46a 所示位置时，M_2 得正值，所以位移图的纵坐标取基线上面为正。这就证明了前述用机动法作 M_2 影响线的正确性。

机动法的突出优点是能够很快地给出影响线的大致形状，这对于确定连续梁均布活载的最不利位置就够用了，而不必计算影响线的纵坐标值。如果只用机动法确定影响线形状，去掉约束后所加的相应力可取任意值，因为不必限制使其引起的位移为单位位移。

现将用机动法确定连续梁影响线形状的步骤归纳如下：

（1）去掉与所求量值 Z 相应的约束，并代以约束力 Z'。

（2）使所得体系沿 Z' 的正方向发生相应的位移，由此引起的位移图（弹性曲线）就是影响线的形状。

（3）按基线上面为正、下面为负的规定标出影响线的正负号。

可见，这与作静定梁影响线的机动法是类似的。所不同的是，静定梁去掉一个多余约束后就成为几何可变体系，其位移图是折线图形；而连续梁去掉一个多余约束后仍为几何不变体系，位移图是曲线图形。

图 11-47 中用机动法作出了五跨连续梁的 R_2、M_K、Q_K 及 $Q_{2左}$ 的影响线形状，读者试自行分析。

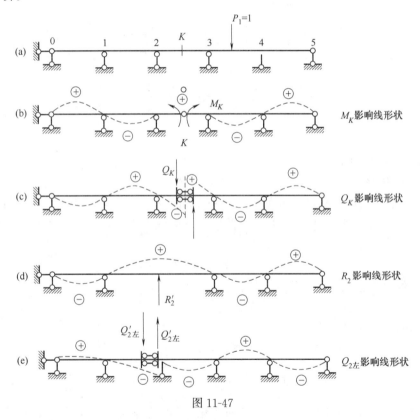

图 11-47

11-14   连续梁上均布活荷载的最不利分布和弯矩包络图

一、均布活荷载的最不利分布

连续梁和其他结构一样，承受的荷载分为恒荷载和活荷载两种。本节仅讨论可动均布活荷载，它是可以任意断续布置的均布荷载。确定这种荷载的最不利位置比较简单，只需把影响线形状绘出，根据它来布置荷载即可。因为由式 $Z = \sum q\omega$ 可知，在某量值影响线的所有正号部分都布满均布活荷载，而所有负号部分都不布置均布活荷载时，该量值即产生最大值；反之，在影响线的所有负号部分都布满均布活荷载，所有正号部分都不布置均布活荷载时，该量值产生最小值。图 11-48 中分别给出了求五跨连续梁 $M_K^{\max}$、$M_K^{\min}$ 和 $M_2^{\max}$、$M_2^{\min}$ 的均布活载分布图。

由图 11-48 可见，活荷载布满全梁各跨时并不是最不利情况。最不利的情况是：

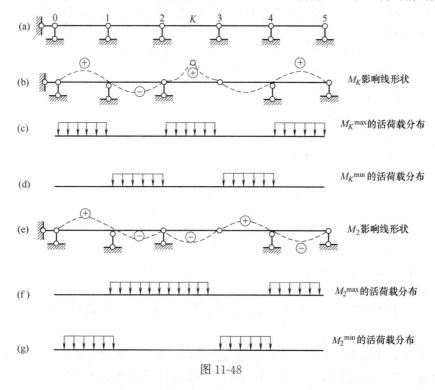

图 11-48

（1）对跨中截面，在截面所在跨和其余每隔一跨布满均布活荷载时产生最大弯矩。

（2）对支座截面，在支座左右两邻跨和其余每隔一跨布满均布活荷载时产生最小弯矩（最大负弯矩）。

当某量值的均布活荷载最不利位置确定之后，可用力矩分配法（或其他方法）算出该量值的最大值或最小值。等跨连续梁在各种荷载作用下的内力值已制成表[1]，可供查阅。

二、连续梁弯矩包络图

这个课题是：求在恒荷载及活荷载共同作用下，连续梁各截面所可能产生的最大弯矩和最小弯矩。

通常对恒荷载和活荷载的影响分别进行计算。由于恒荷载经常作用，它所产生的弯矩是固定不变的，而活荷载产生的弯矩则因活荷载分布的不同而改变。按最不利荷载位置求出在活荷载作用下各截面的最大弯矩和最小弯矩，与恒荷载产生的弯矩值相加，即得到在恒荷载与活荷载共同作用下各截面的最大弯矩和最小弯矩。把它们用图形表示出来，就是

---

[1]　见《建筑结构静力计算实用手册（第 3 版）》（姚谏主编，中国建筑工业出版社，2021）。

连续梁的弯矩包络图。

很明显，用这种方法作弯矩包络图，计算工作量是很大的。由于在均布活荷载作用下，连续梁各截面弯矩的最不利荷载位置是在若干跨内布满均布荷载，因此最大和最小弯矩的计算可以简化。这只要把每一跨单独布满活荷载时的弯矩图逐一作出，然后对任一截面将这些弯矩图中对应的所有正弯矩值相加，就得到该截面在活载作用下的最大弯矩；将对应的所有负弯矩值相加，就得到该截面在活荷载作用下的最小弯矩。再将它们分别与恒荷载作用下对应的弯矩值相加，便得到该截面总的最大弯矩 M_{max} 和最小弯矩 M_{min}。

具体做法归纳如下：

（1）把每一跨分为若干等分，取分点处的截面作为计算截面。

（2）作出恒荷载引起的弯矩图 $M_恒$。

（3）逐个作出每一跨单独布满活荷载时引起的弯矩图 $M_活$。

（4）求出各计算截面的 M_{max} 和 M_{min}。

（5）将各截面的 M_{max} 值用曲线连起来得 M_{max} 曲线，将 M_{min} 值连起来得 M_{min} 曲线。这两条曲线即形成弯矩包络图。

任一截面 K 的最大弯矩和最小弯矩按下式计算：

$$\left.\begin{aligned} M_K^{max} &= M_K^恒 + \sum M_K^活(+) \\ M_K^{min} &= M_K^活 + \sum M_K^恒(-) \end{aligned}\right\} \tag{11-28}$$

式 11-28 表明：

1. 恒荷载引起的弯矩，不论正负，不论计算 M_K^{max} 还是 M_K^{min}，都要计入，因为恒荷载经常作用。

2. 当计算 M_K^{max} 时，只计入活荷载引起的正弯矩，而不计入活荷载引起的负弯矩；计算 M_K^{min} 时则与此相反。这是因为只有当使截面 K 产生正弯矩的活荷载都出现、产生负弯矩的活荷载都不出现时，截面 K 才产生最大正弯矩；反之，当使截面 K 产生负弯矩的活荷载都出现、产生正弯矩的活荷载都不出现时，截面 K 才产生最大负弯矩。

有了弯矩包络图，就可以知道梁上各截面可能出现的最大正弯矩和最大负弯矩。可以根据它合理地选择截面尺寸，并在钢筋混凝土梁中合理地布置钢筋。

【例题 11-18】 作图 11-49a 三跨等截面连续梁的弯矩包络图。恒荷载集度 $q=12\text{kN/}$
m，活荷载集度 $p=12\text{kN/m}$。

【解】 用力矩分配法（或查表）求出恒荷载作用下的弯矩图（图 11-49b）及各跨单独承受活荷载时的弯矩图（图 11-49c、d、e）。将每跨分为四等分，算出各弯矩图中等分点处的纵标值（为了简单，这里只计算了支座截面和跨中央截面纵标）。然后按式 11-28 把图 11-49b 中的纵标与图 11-49c、d、e 中对应的正（负）纵坐标相加，即得最大（最小）弯矩值。例如，截面 2 的最大弯矩等于恒荷载引起的弯矩 90kN·m，加上第一跨活荷载引起的正弯矩 110kN·m，加上第三跨活荷载引起的正弯矩 10kN·m；不加第二跨活荷载引起的负弯矩。即

$$M_2^{max} = 90 + 110 + 10 = 210\text{kN·m}$$

截面 2 的最小弯矩等于恒荷载引起的弯矩 90kN·m，加上第二跨活载引起的负弯矩 -30kN·m。即

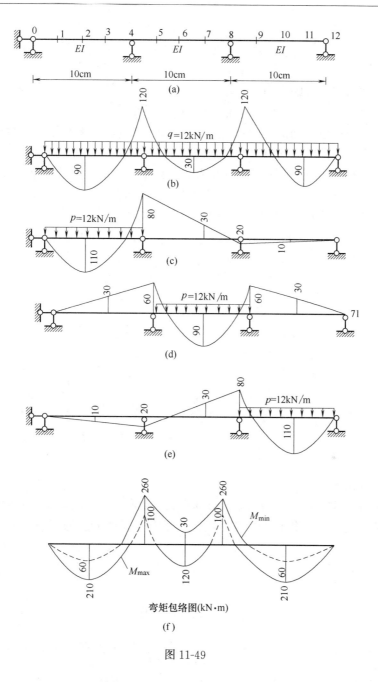

图 11-49

$$M_2^{\min}=90-30=60\text{kN}\cdot\text{m}$$

将各等分点的最大弯矩和最小弯矩的纵坐标，分别用两条曲线相连，即得弯矩包络图，如图 11-49f 所示。计算结果表明，截面 2 不产生负弯矩，只产生正弯矩，其范围在 60～210kN·m 之间。显然，最小正弯矩 60kN·m 在设计中是无用的。同样，支座截面 4 不出现正弯矩，只出现负弯矩，其范围在 −100～−260kN·m 之间。显然，最小负弯矩 −100kN·m 在设计中是无用的。这些设计中不需考虑的弯矩值，在弯矩包络图中用虚线表示。

小　结

一、影响线与内力图的区别

影响线是个新概念，必须注意把它和内力图区别开来。内力影响线表示某指定截面的某指定内力，随着单位移动荷载 $P=1$ 位置的改变而变化的函数图形。而内力图则表示在固定荷载作用下某内力随截面位置的改变而变化的函数图形。学习影响线时要时刻记住，这里的自变量是荷载位置，而不是截面位置，截面是固定不变的。遇到问题就要想一想影响线纵标的含义。例如图 11-50a 为简支梁截面 K 的弯矩影响线，图 11-50b 为同一简支梁在 K 点受固定荷载 $P=1\text{kN}$ 作用时的弯矩图。影响线（图 11-50a）中的纵标 M_K^j 代表 $P=1$ 作用于 j 点时截面 K 的弯矩值，而弯矩图（图 11-50b）中的纵标 M_j 则代表在不动的荷载 $P=1\text{kN}$ 作用下截面 j 的弯矩值。

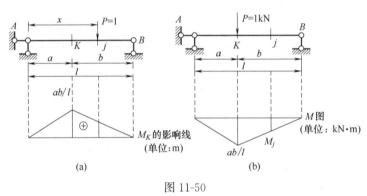

图 11-50

二、影响线的量纲

在作影响线时用的是无量纲的单位移动荷载，当利用影响线研究实际荷载对某一量值的影响时，则须将实际荷载的量纲考虑进去，才能得到该量值的量纲。设 Z 表示所考虑的影响量，则有：

$$\text{影响线纵标} \times P = Z$$

即

$$\text{影响线纵标} = \frac{Z}{P}$$

由此可知，影响线纵标的量纲总是等于其相应影响量 Z 的量纲除以力 P 的量纲。这样：

$$\text{支座反力影响线的量纲} = \frac{\text{反力的量纲}}{\text{力量纲数}} = \text{无量纲数}$$

$$\text{剪力影响线的量纲} = \frac{\text{剪力的量纲}}{\text{力量纲数}} = \text{无量纲数}$$

$$\text{弯矩影响线的量纲} = \frac{\text{弯矩的量纲}}{\text{力量纲数}} = \text{长度的量纲}$$

三、静力法作影响线

用静力法作影响线是在单个移动集中力 $P=1$ 作用下求内力的问题。其基本方法与在固定不动的荷载作用下一样，也是取隔离体，把所求内力暴露出来，利用平衡方程把所求内力求出来。与不动荷载作用不同的是，$P=1$ 的位置坐标 x 是变量，所求出的内力是 x 的函数。把这个函数用图形表示出来，就是该内力的影响线。掌握了这个基本方法，任何静定结构内力的影响线都可以作出来。

超静定结构内力影响线，与不动荷载作用下一样，也要用力法、位移法、力矩分配法等去求内力，它是 $P=1$ 位置坐标 x 的函数，用图形表示出来，就是所求内力的影响线。

四、机动法作影响线

机动法是作影响线的另一种方法，它利用虚功原理把作影响线这个静力计算问题转化成作位移图这个几何问题。对于位移图好作的结构这个方法是很方便的。

作位移图时要注意：

（1）杆件与杆件之间的联结情况。当两杆以铰相联时，只能绕铰发生相对转动；当以两根平行链杆相联时，两杆发生错动后仍应保持平行。

（2）支座的约束情况。例如，固定支座使杆件不能发生任何位移；固定铰支座使杆件只能绕铰转动。

对于超静定结构，机动法可以很快给出影响线的形状，这对于判定活荷载的最不利分布十分方便。

五、最不利荷载位置的确定

有了一个内力的影响线，即可求得在行列荷载作用下该内力的最大值及发生此最大值时行列荷载的位置，它就是最不利荷载位置。

综合影响线表明，在行列荷载移动过程中，一个内力可能发生若干个极大值，其中最大的才是最大值。

只有当一个力作用在某内力影响线的顶点上且满足临界条件时，此内力才发生极大值。临界条件（式 11-14）适用于多边形影响线，式 11-16 适用于三角形影响线，后者用得较多。

若行列荷载中包含均布荷载，还会产生导数为零的极大值。

对于三角形影响线，在行列荷载作用下，内力最大值可用换算荷载计算。

六、简支梁的绝对最大弯矩

求最不利荷载位置是求指定截面内力的最大值问题。求梁中绝对最大弯矩与此不同，绝对最大弯矩发生的截面是未知的。

七、用机动法确定连续梁影响线形状

用机动法作连续梁的影响线，它可以不经计算就能迅速给出影响线的形状和正负号，据此可以确定均布活荷载的最不利分布。然后可用力矩分配法（或查表）算出连续梁各截面的最大（或最小）内力值。

习　题

一、是非题

11-1　图 a 为固定荷载，图 b 为图 a 中截面 C 的剪力影响线，则图 a 中截面 D 的剪力 $Q_D = P y_D$。（　　）

11-2　图 a 为固定荷载，图 b 为图 a 中截面 C 的剪力影响线，则利用 Q_C 影响线求得：$Q_{C左}=-\dfrac{Pa}{l}$；$Q_{C右}=\dfrac{Pb}{l}$。（　　）

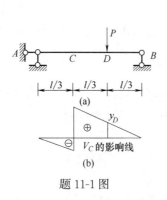

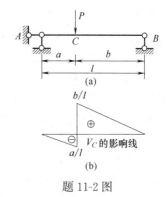

题 11-1 图　　　　　　　　　　　题 11-2 图

11-3　图 a 示斜梁 AB 与图 b 示水平梁 A_0B_0 截面 C 的弯矩影响线相同。（　　）

11-4　图示主梁的 M_C 影响线、$Q_{C左}$ 影响线如图 a、b 所示。（　　）

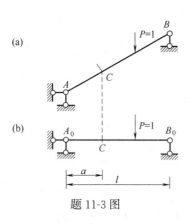

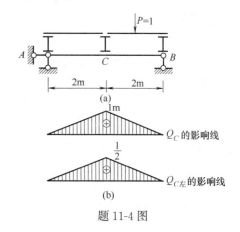

题 11-3 图　　　　　　　　　　　题 11-4 图

11-5　静力法作静定结构影响线的理论基础是平衡条件。机动法作影响线的理论根据是虚功原理。（　　）

二、选择题

11-6　图示结构 M_C 的影响线形状为（　　）。

11-7　单位力偶 $M=1$ 沿梁 AC 移动，反力 R_A 影响线形状为（　　）。

11-8　图示并排简支梁在给定移动荷载作用下（可以调头行驶），支座右侧截面的最大剪力值为（　　）。

A. 35kN　　　　　B. 30kN　　　　　C. 25kN　　　　　D. 10kN

11-9　对于以下哪种荷载，简支梁的绝对最大弯矩就是跨中截面的最大弯矩？（　　）

A. 奇数的对称行列荷载　　　　　B. 奇数的反对称行列荷载

C. 偶数的对称行列荷载　　　　　D. 偶数的反对称行列荷载

11-10　图示连续梁支座 C 右侧截面的剪力影响线形状为（　　）。

11-11　欲使截面 K 的剪力 Q_K 出现最大值，均布荷载的分布应为（　　）。

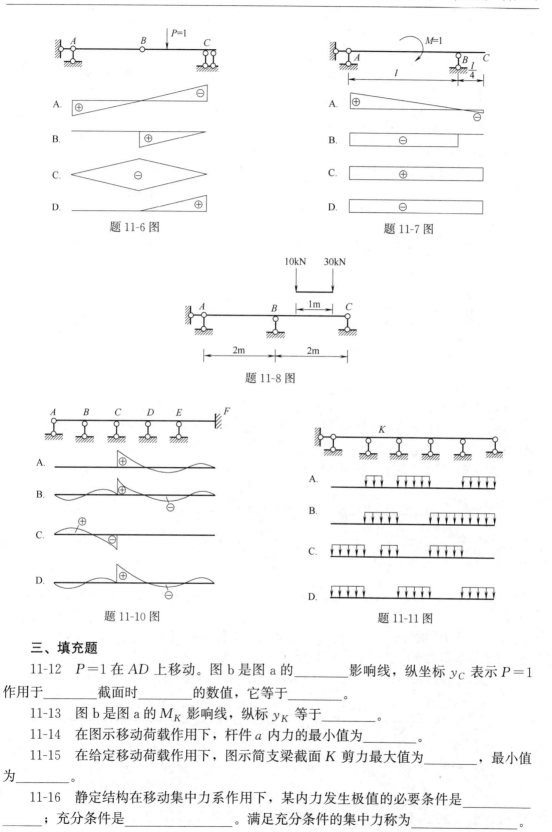

题 11-6 图　　　　　　　　题 11-7 图

题 11-8 图

题 11-10 图　　　　　　　　题 11-11 图

三、填充题

11-12　$P=1$ 在 AD 上移动。图 b 是图 a 的_____影响线，纵坐标 y_C 表示 $P=1$ 作用于_____截面时_____的数值，它等于_____。

11-13　图 b 是图 a 的 M_K 影响线，纵标 y_K 等于_____。

11-14　在图示移动荷载作用下，杆件 a 内力的最小值为_____。

11-15　在给定移动荷载作用下，图示简支梁截面 K 剪力最大值为_____，最小值为_____。

11-16　静定结构在移动集中力系作用下，某内力发生极值的必要条件是_____；充分条件是_____。满足充分条件的集中力称为_____。

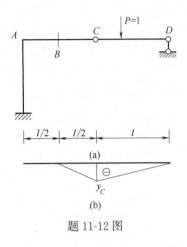

(a)

(b)

题 11-12 图

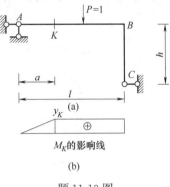

题 11-13 图

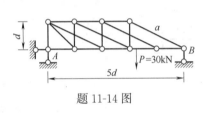

题 11-14 图

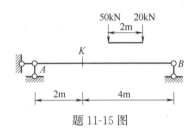

题 11-15 图

四、计算分析题

11-17　用静力法作图示梁的 V_A、M_A、M_K、Q_K 的影响线。并总结作悬臂梁影响线的规律。

11-18　用静力法作图示伸臂梁的 M_K、M_B、$Q_{A_左}$ 和 $Q_{A_右}$ 的影响线。

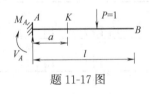

题 11-17 图

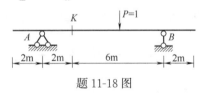

题 11-18 图

11-19　用静力法作图示梁的支杆反力 R_1、R_2、R_3 及内力 M_K、Q_K、N_K 的影响线。

提示：求 R_3 时宜对 R_1 与 R_2 的交点写力矩方程。求 M_K、Q_K、N_K 时，无论左支或右支，均以取截面以右为隔离体简单。

11-20　用静力法作图示梁的 R_B、M_A、M_K、Q_K 的影响线。

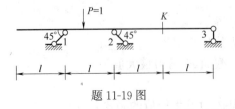

题 11-19 图

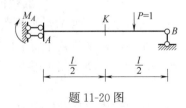

题 11-20 图

11-21、11-22　用静力法作图示多跨静定梁指定量值的影响线。

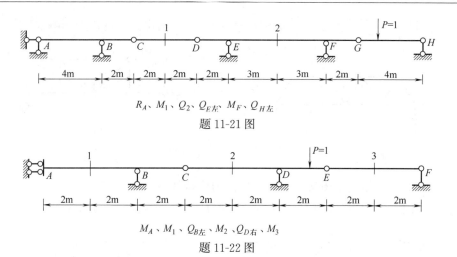

题 11-21 图

题 11-22 图

11-23 用静力法作图示刚架的 Q_1、M_2（设以左侧受拉为正）、N_2、M_3 和 Q_3 的影响线。$P=1$ 在 BC 上移动。

11-24 用静力法作图示刚架的 H_A、V_B 和的影响线。$P=1$ 在 DF 上移动。

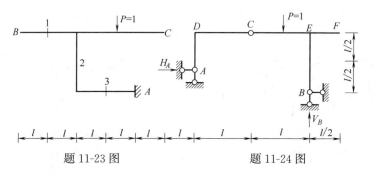

题 11-23 图   题 11-24 图

11-25、11-26 用静力法作图示主梁指定量值的影响线。

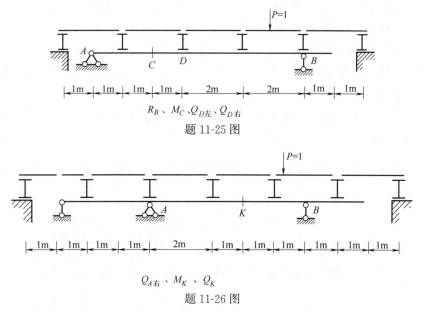

题 11-25 图

题 11-26 图

11-27、11-28　分别就上行力和下行力作图示桁架指定杆件的内力影响线。

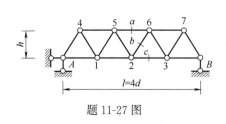

题 11-27 图

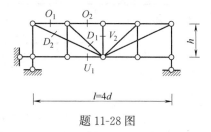

题 11-28 图

11-29、11-31　作图示桁架指定杆件的内力影响线。

11-32　用静力法作图示混合结构 N_{CD}、M_E、$Q_{E左}$、$Q_{E右}$ 的影响线。

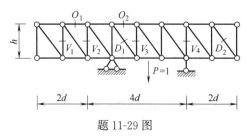

题 11-29 图

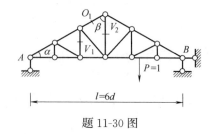

题 11-30 图

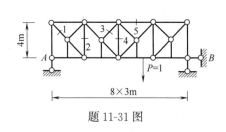

题 11-31 图

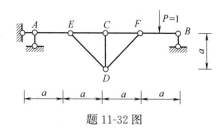

题 11-32 图

11-33　用机动法作习题 11-21。

11-34　用机动法作习题 11-32。

11-35　用机动法作习题 11-25。

11-36　利用影响线求截面 K 的弯矩，并用平衡方程验算。

11-37　求图示吊车梁在两台吊车移动过程中，跨中央截面的最大弯矩。$P_1 = P_2 = P_3 = P_4 = 324.5$kN。

11-38　两台吊车的轮压和轮距如图所示，求 B 柱的最大压力。$P_1 = P_2 = 478.5$kN，$P_3 = P_4 = 324.5$kN。

11-39　在汽车－10 级荷载作用下，求简支梁桥距左端 $\frac{3}{8}l$ 处截面 K 内产生的最大弯矩。l 为梁的跨长，等于 40m。

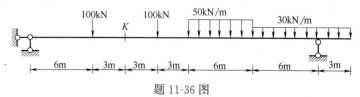

题 11-36 图

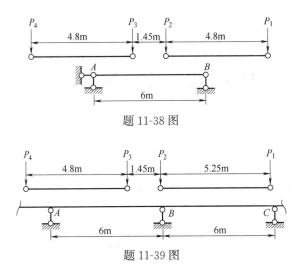

题 11-38 图

题 11-39 图

11-40　求 40m 跨简支梁桥，在中—活载作用下，跨中央截面产生的最大弯矩。

11-41　求汽车—10 级荷载作用下 40m 跨简支梁的弯矩包络图（将梁八等分）。

11-42　移动荷载如图所示，求简支梁的绝对最大弯矩。

11-43　求 40m 跨简支梁在汽车—10 级荷载作用下的绝对最大弯矩。

11-44　试绘出图示连续梁的 R_0、M_0、R_1、M_A、Q_K、$Q_{2左}$ 和 $Q_{2右}$ 影响线形状。

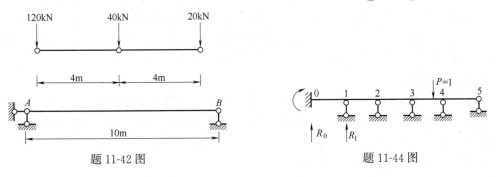

题 11-42 图　　　　　　　　　　　　　　题 11-44 图

11-45　作图示连续梁的弯矩包络图（每跨三等分）。恒荷载集度 $q=10\mathrm{kN/m}$，活荷载集度 $p=20\mathrm{kN/m}$。$EI=$ 常数。

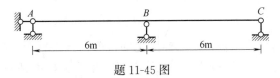

题 11-45 图

第 12 章　矩阵位移法

【学习指导】

矩阵位移法是一种结构分析方法。与位移法相比较，其特点是以矩阵作为表述形式、以计算机作为计算工具。

矩阵位移法的内容包括单元分析和整体分析。

矩阵位移法中，用"对号入座"的方式直接由单元刚度矩阵集合成整体刚度矩阵的方法称为直接刚度法，它是本章学习的重点内容。

12-1　概述

前面各章所介绍的结构分析方法都是手算方法。结构矩阵分析方法是随着计算机进入结构力学领域而产生的一种电算方法。它的特点是：采用矩阵进行运算，不仅使公式推导方便，而且使所得的公式在形式上非常紧凑、具有统一性，完全适合计算机程序化计算要求。

结构矩阵分析方法的力学基础仍是传统结构力学。与传统结构力学中的力法、位移法相对应，结构矩阵分析方法又分为矩阵力法和矩阵位移法。其中，矩阵位移法具有通用性强的优点，因而被广泛采用。

矩阵位移法计算的主要思路是：先将整个结构拆开，划分为若干个单元，然后再将这些单元按一定的条件集合成整体，这样就把一个复杂结构的计算问题简化为简单单元的分析和集合问题。

矩阵位移法的主要计算步骤为：

（1）结构离散化。

（2）单元分析。

（3）整体分析。

（4）返回单元分析。

对于结构力学中的杆件结构，结构离散化的任务是：将整个结构按其自然构造情况，划分为若干个杆件单元，并给出相应的数值编码；单元分析的任务是：建立单元刚度方程、形成单元刚度矩阵；整体分析的任务是：建立结构整体刚度方程、形成整体刚度矩阵等；返回单元分析的任务是：计算单元杆端力、内力等，从而得到整个结构的分析解答。

12-2　局部坐标系下的单元刚度矩阵

本节对平面结构的杆件单元进行单元分析，得出单元刚度方程和局部坐标系下的单元刚度矩阵。

一、单元的杆端力和杆端位移

图 12-1a 为一典型的等截面平面刚架单元e，e 为单元号码，称为单元码。单元长度为 L，单元截面面积为 A，单元截面惯性矩为 I，E 为弹性模量。单元的左右两端分别称为单元的始、末端，并用杆端编码 1、2 表示。单元局部坐标系如图 12-1b 所示，$\bar{x}$ 轴指向为由 1 端到 2 端，将 $\bar{x}$ 轴逆时针转 90° 得 $\bar{y}$ 轴，转角 $\bar{\varphi}$ 顺时针为正。局部坐标系指明杆端力、杆端位移的正向。与局部坐标系相对应，后面还将出现另一坐标系——结构坐标系。

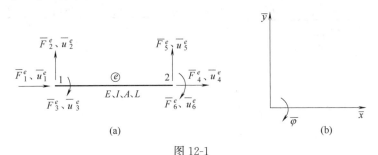

图 12-1

在单元局部坐标系中，平面刚架单元的每个端点有三个杆端力分量，即沿 $\bar{x}$、$\bar{y}$ 方向的两个杆端力和一个沿 $\bar{\varphi}$ 方向的杆端力矩。与此相应，单元的每个端点有三个杆端位移分量，即沿 $\bar{x}$、$\bar{y}$ 方向的两个杆端位移和一个 $\bar{\varphi}$ 方向的转角位移。整个单元共有 6 个杆端力和 6 个相应的杆端位移。图 12-1a 给出了杆端力及相应的杆端位移的正方向。单元杆端力向量 $\{\bar{F}\}^e$ 和单元杆端位移向量 $\{\bar{u}\}^e$ 的各分量记为：

$$\{\bar{F}\}^e = \begin{Bmatrix} \bar{F}_1^e \\ \bar{F}_2^e \\ \bar{F}_3^e \\ \bar{F}_4^e \\ \bar{F}_5^e \\ \bar{F}_6^e \end{Bmatrix} \quad \{\bar{u}\}^e = \begin{Bmatrix} \bar{u}_1^e \\ \bar{u}_2^e \\ \bar{u}_3^e \\ \bar{u}_4^e \\ \bar{u}_5^e \\ \bar{u}_6^e \end{Bmatrix} \tag{12-1}$$

二、单元杆端力与杆端位移之间的关系式

为得到单元杆端力与杆端位移之间的关系式，首先考查单个杆端位移引起的杆端力情况，然后按叠加原理将其分别叠加。

根据胡克定律可分别求出由 $\bar{u}_1^e = 1$ 和 $\bar{u}_4^e = 1$ 引起的杆端力，见图 12-2a、b。根据转角位移方程（见第 9-1 节）可分别求出其他 4 个单位杆端位移所引起的杆端力，见图 12-2c~f。

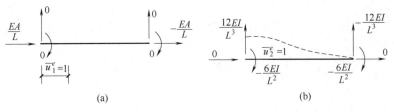

图 12-2 （一）

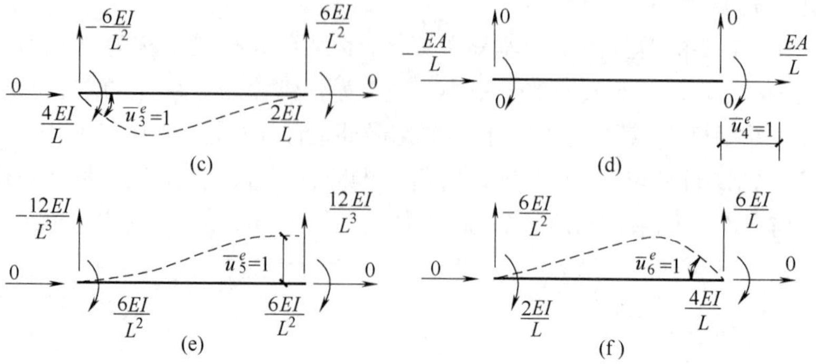

图 12-2 （二）

叠加 $\overline{u}_1^e \sim \overline{u}_6^e$ 单独影响的情况，得：

$$
\left.\begin{aligned}
\overline{F}_1^e &= \frac{EA}{L}\overline{u}_1^e - \frac{EA}{L}\overline{u}_4^e \\
\overline{F}_2^e &= \frac{12EI}{L^3}\overline{u}_2^e - \frac{6EI}{L^2}\overline{u}_3^e - \frac{12EI}{L^3}\overline{u}_5^e - \frac{6EI}{L^2}\overline{u}_6^e \\
\overline{F}_3^e &= -\frac{6EI}{L^2}\overline{u}_2^e + \frac{4EI}{L}\overline{u}_3^e + \frac{6EI}{L^2}\overline{u}_5^e + \frac{2EI}{L}\overline{u}_6^e \\
\overline{F}_4^e &= -\frac{EA}{L}\overline{u}_1^e + \frac{EA}{L}\overline{u}_4^e \\
\overline{F}_5^e &= -\frac{12EI}{L^3}\overline{u}_2^e + \frac{6EI}{L^2}\overline{u}_3^e + \frac{12EI}{L^3}\overline{u}_5^e + \frac{6EI}{L^2}\overline{u}_6^e \\
\overline{F}_6^e &= -\frac{6EI}{L^2}\overline{u}_2^e + \frac{2EI}{L}\overline{u}_3^e + \frac{6EI}{L^2}\overline{u}_5^e + \frac{4EI}{L}\overline{u}_6^e
\end{aligned}\right\}
\tag{12-2}
$$

上式就是平面刚架单元在局部坐标系下的单元刚度方程。它给出了单元杆端力与杆端位移之间的关系式。

将式 12-2 写成矩阵形式：

$$
\begin{Bmatrix}
\overline{F}_1^e \\
\overline{F}_2^e \\
\overline{F}_3^e \\
\overline{F}_4^e \\
\overline{F}_5^e \\
\overline{F}_6^e
\end{Bmatrix}
=
\begin{bmatrix}
\dfrac{EA}{L} & 0 & 0 & -\dfrac{EA}{L} & 0 & 0 \\
0 & \dfrac{12EI}{L^3} & -\dfrac{6EI}{L^2} & 0 & -\dfrac{12EI}{L^3} & -\dfrac{6EI}{L^2} \\
0 & -\dfrac{6EI}{L^2} & \dfrac{4EI}{L} & 0 & \dfrac{6EI}{L^2} & \dfrac{2EI}{L} \\
-\dfrac{EA}{L} & 0 & 0 & \dfrac{EA}{L} & 0 & 0 \\
0 & -\dfrac{12EI}{L^3} & \dfrac{6EI}{L^2} & 0 & \dfrac{12EI}{L^3} & \dfrac{6EI}{L^2} \\
0 & -\dfrac{6EI}{L^2} & \dfrac{2EI}{L} & 0 & \dfrac{6EI}{L^2} & \dfrac{4EI}{L}
\end{bmatrix}
\begin{Bmatrix}
\overline{u}_1^e \\
\overline{u}_2^e \\
\overline{u}_3^e \\
\overline{u}_4^e \\
\overline{u}_5^e \\
\overline{u}_6^e
\end{Bmatrix}
\tag{12-3}
$$

式 12-3 中的 6×6 阶矩阵称为局部坐标系下的单元刚度矩阵，简称局部单刚。记为：

$$[\bar{k}]^e = \begin{bmatrix} \dfrac{EA}{L} & 0 & 0 & -\dfrac{EA}{L} & 0 & 0 \\ 0 & \dfrac{12EI}{L^3} & -\dfrac{6EI}{L^2} & 0 & -\dfrac{12EI}{L^3} & -\dfrac{6EI}{L^2} \\ 0 & -\dfrac{6EI}{L^2} & \dfrac{4EI}{L} & 0 & \dfrac{6EI}{L^2} & \dfrac{2EI}{L} \\ -\dfrac{EA}{L} & 0 & 0 & \dfrac{EA}{L} & 0 & 0 \\ 0 & -\dfrac{12EI}{L^3} & \dfrac{6EI}{L^2} & 0 & \dfrac{12EI}{L^3} & \dfrac{6EI}{L^2} \\ 0 & -\dfrac{6EI}{L^2} & \dfrac{2EI}{L} & 0 & \dfrac{6EI}{L^2} & \dfrac{4EI}{L} \end{bmatrix} \tag{12-4}$$

可将单元刚度方程简记为：

$$\{\bar{F}\}^e = [\bar{k}]^e \{\bar{u}\}^e \tag{12-5}$$

单元刚度矩阵 $[\bar{k}]^e$ 中，第 i 行第 j 列元素记为 $\bar{k}_{ij}^e$，其物理意义为：当且仅当 $\bar{u}_j^e = 1$ 时引起的 $\bar{u}_i^e$ 位移方向上的杆端力 $\bar{F}_i^e$。若将图 12-1a 所示的单元视为一个两端固定的单跨梁，如图 12-3 所示，单元刚度矩阵元素 $\bar{k}_{ij}^e$ 的物理意义可直观地理解为：当且仅当支座产生 $\bar{u}_j^e = 1$ 的单位位移时引起的 $\bar{u}_i^e$ 方向上的支座反力。

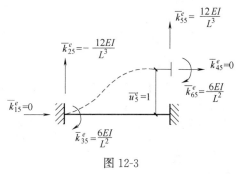

图 12-3

如 $\bar{k}_{15}^e$ 的物理意义为：$\bar{u}_5^e = 1$ 时引起的 $\bar{u}_1^e$ 方向上的支座反力。单元刚度矩阵 $[\bar{k}]^e$ 中，第 5 列各元素的物理意义如图 12-3 所示。

三、单元刚度矩阵的性质

1. 对称性

单元刚度矩阵 $[\bar{k}]^e$ 是对称矩阵，即：

$$\bar{k}_{ij}^e = \bar{k}_{ji}^e \tag{12-6}$$

例如：$\bar{k}_{35}^e = \bar{k}_{53}^e = \dfrac{6EI}{L^2}$。这一性质可用反力互等定理加以证明。由于单元刚度矩阵具有对称性，在计算 $[\bar{k}]^e$ 中的各元素时，只需计算其上三角或下三角部分元素，其余元素按式 12-6 确定。

2. 奇异性

单元刚度矩阵 $[\bar{k}]^e$ 是一个奇异矩阵，即其行列式为零：

$$\left| [\bar{k}]^e \right| = 0 \tag{12-7}$$

$[\bar{k}]^e$ 之所以为奇异矩阵，是因为图 12-1a 所示的单元是两端没有任何支承的自由单元。如果给定了单元杆端位移，由单元刚度方程可以唯一地确定单元杆端力；相反，如果给定了单元杆端力，不能求得单元杆端位移的唯一解。此时，单元本身除产生弹性变形外，还可以产生任意的刚体位移。满足单元刚度方程的杆端位移有无穷多组解答。由此可知 $[\bar{k}]^e$ 不存在逆矩阵，即为奇异矩阵。基于同样的理由，所有几何可变体系的刚度矩阵都是奇异矩阵。

四、其他常用的特殊单元

上面所做的单元分析是针对一般单元——考虑轴向变形时的平面刚架单元进行的。它适用于分析考虑轴向变形时的平面刚架结构。对于其他结构形式，为了分析方便，一般都采用与其结构形式相对应的特殊单元。常用的有如下三种单元：

1. 连续梁单元

计算连续梁时，不计轴向变形。各节点只有转角位移，无线位移。用矩阵位移法分析连续梁时，采用图 12-4 所示的连续梁单元（简支单元）。

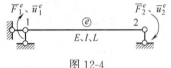

图 12-4

图 12-4 所示的连续梁单元，每个杆端只有一个杆端力，相应地也只有一个杆端位移。连续梁单元的杆端力向量和杆端位移向量分别记为：

$$\{\overline{F}\}^e = \begin{Bmatrix} \overline{F}_1^e \\ \overline{F}_2^e \end{Bmatrix} \qquad \{\overline{u}\}^e = \begin{Bmatrix} \overline{u}_1^e \\ \overline{u}_2^e \end{Bmatrix} \tag{12-8}$$

由平面刚架单元的单元刚度方程（式 12-2）可得连续梁单元的单元刚度方程如下：

$$\left. \begin{aligned} \overline{F}_1^e &= \frac{4EI}{L}\overline{u}_1^e + \frac{2EI}{L}\overline{u}_2^e \\ \overline{F}_2^e &= \frac{2EI}{L}\overline{u}_1^e + \frac{4EI}{L}\overline{u}_2^e \end{aligned} \right\} \tag{12-9}$$

将式 12-9 用矩阵形式表示为：

$$\begin{Bmatrix} \overline{F}_1^e \\ \overline{F}_2^e \end{Bmatrix} = \begin{bmatrix} \dfrac{4EI}{L} & \dfrac{2EI}{L} \\ \dfrac{2EI}{L} & \dfrac{4EI}{L} \end{bmatrix} \begin{Bmatrix} \overline{u}_1^e \\ \overline{u}_2^e \end{Bmatrix} \tag{12-10}$$

式 12-10 中的 2×2 阶矩阵即为连续梁单元的单元刚度矩阵，记为：

$$[\overline{k}]^e = \frac{EI}{L} \begin{bmatrix} 4 & 2 \\ 2 & 4 \end{bmatrix} \tag{12-11}$$

2. 平面桁架单元

平面桁架只产生轴力；结构中的杆件只产生轴向变形。用矩阵位移法分析平面桁架时，采用图 12-5 所示的仅考虑轴向变形的平面桁架单元。

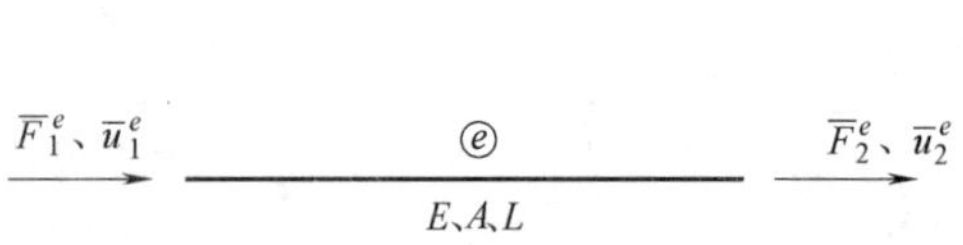

$\overline{F}_1^e、\overline{u}_1^e \longrightarrow$ ⓔ $\longrightarrow \overline{F}_2^e、\overline{u}_2^e$

$E、A、L$

图 12-5

图 12-5 中的杆端力和杆端位移向量分别记为：

$$\{\overline{F}\}^e = \begin{Bmatrix} \overline{F}_1^e \\ \overline{F}_2^e \end{Bmatrix} \qquad \{\overline{u}\}^e = \begin{Bmatrix} \overline{u}_1^e \\ \overline{u}_2^e \end{Bmatrix} \tag{12-12}$$

由平面刚架单元的单元刚度方程（式 12-2），可得平面桁架单元的单元刚度方程：

$$\begin{Bmatrix} \overline{F}_1^e \\ \overline{F}_2^e \end{Bmatrix} = \begin{bmatrix} \dfrac{EA}{L} & -\dfrac{EA}{L} \\ -\dfrac{EA}{L} & \dfrac{EA}{L} \end{bmatrix} \begin{Bmatrix} \overline{u}_1^e \\ \overline{u}_2^e \end{Bmatrix} \tag{12-13}$$

由式 12-13 得平面桁架单元局部坐标系下的单元刚度矩阵为：

$$[\bar{k}]^e = \frac{EA}{L} \begin{bmatrix} 1 & -1 \\ -1 & 1 \end{bmatrix} \tag{12-14}$$

3. 不计轴向变形的平面刚架单元

不计轴向变形的平面刚架单元如图 12-6 所示。用矩阵位移法分析不计轴向变形的一些特殊刚架结构时采用这种单元。

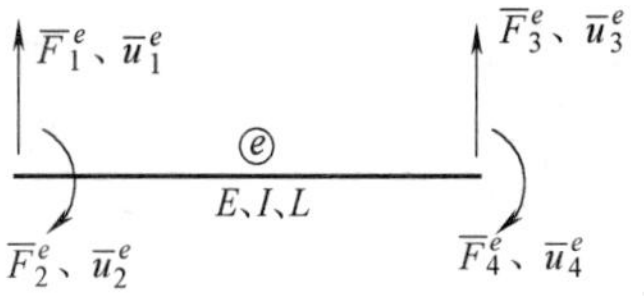

图 12-6 所示单元共有 4 个杆端力及相应的 4 个杆端位移。单元的杆端力向量和杆端位移向量分别记为：

图 12-6

$$\{\bar{F}\}^e = \left\{ \begin{array}{c} \overline{F}_1^e \\ \overline{F}_2^e \\ \overline{F}_3^e \\ \overline{F}_4^e \end{array} \right\} \{\bar{u}\}^e = \left\{ \begin{array}{c} \overline{u}_1^e \\ \overline{u}_2^e \\ \overline{u}_3^e \\ \overline{u}_4^e \end{array} \right\} \tag{12-15}$$

同样，由平面刚架单元的单元刚度方程（式 12-2），可得不计轴向变形的平面刚架单元局部坐标系下的单元刚度矩阵为：

$$[\bar{k}]^e = \begin{bmatrix} \dfrac{12EI}{L^3} & -\dfrac{6EI}{L^2} & -\dfrac{12EI}{L^3} & -\dfrac{6EI}{L^2} \\[2mm] -\dfrac{6EI}{L^2} & \dfrac{4EI}{L} & \dfrac{6EI}{L^2} & \dfrac{2EI}{L} \\[2mm] -\dfrac{12EI}{L^3} & \dfrac{6EI}{L^2} & \dfrac{12EI}{L^3} & \dfrac{6EI}{L^2} \\[2mm] -\dfrac{6EI}{L^2} & \dfrac{2EI}{L} & \dfrac{6EI}{L^2} & \dfrac{4EI}{L} \end{bmatrix} \tag{12-16}$$

这里顺便提一下，有些特殊单元的单元刚度矩阵是非奇异矩阵，其单元刚度矩阵性质在这一点上与一般单元刚度矩阵不同。如：上面介绍的连续梁单元的单元刚度矩阵是一个非奇异矩阵，因为它是简支单元，而简支梁是几何不变体系。

12-3　坐标转换

在上一节，推导局部坐标系下的单元刚度矩阵时，选用的是以杆件轴线为 $\bar{x}$ 轴的单元局部坐标系。这样做的目的是希望导出的单元刚度矩阵具有最简单的形式（与杆轴的倾角无关）。对于整个结构，各杆件的杆轴线方向不尽相同，各自的局部坐标系很不统一。为了便于进行整体分析，必须选用一个统一的公共坐标系，称为整体坐标系。为了区别，用 $\bar{x}O\bar{y}$ 表示局部坐标系，用 xOy 表示整体坐标系。整体坐标系也叫结构坐标系。

本节的内容是推导两种坐标系之间的单元杆端力及杆端位移的坐标转换关系式、给出整体坐标系下的单元刚度矩阵。

一、单元杆端力及杆端位移的坐标转换

图 12-7 所示为在一平面刚架单元ⓔ。

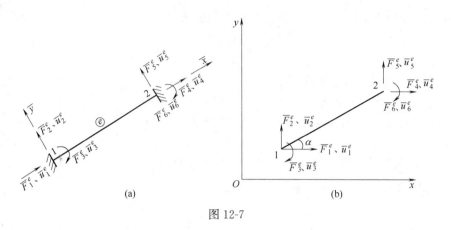

图 12-7

图 12-7a 和图 12-7b 分别给出了在局部坐标系下和整体坐标系下的单元杆端力分量及相应的单元杆端位移分量。局部坐标系下的单元杆端力向量和单元杆端位移向量记为：

$$\{\overline{F}\}^e = \begin{Bmatrix} \overline{F}_1^e \\ \overline{F}_2^e \\ \overline{F}_3^e \\ \overline{F}_4^e \\ \overline{F}_5^e \\ \overline{F}_6^e \end{Bmatrix} \qquad \{\overline{u}\}^e = \begin{Bmatrix} \overline{u}_1^e \\ \overline{u}_2^e \\ \overline{u}_3^e \\ \overline{u}_4^e \\ \overline{u}_5^e \\ \overline{u}_6^e \end{Bmatrix} \tag{12-1}$$

整体坐标系下的单元杆端力向量和单元杆端位移向量记为：

$$\{F\}^e = \begin{Bmatrix} F_1^e \\ F_2^e \\ F_3^e \\ F_4^e \\ F_5^e \\ F_6^e \end{Bmatrix} \qquad \{u\}^e = \begin{Bmatrix} u_1^e \\ u_2^e \\ u_3^e \\ u_4^e \\ u_5^e \\ u_6^e \end{Bmatrix} \tag{12-17}$$

两种坐标系的水平轴 x 轴与 $\overline{x}$ 轴之间的夹角为 α，并规定从 x 轴到 $\overline{x}$ 轴以逆时针方向为正。

在两种坐标系中，单元杆端力矩不受坐标转换的影响，与坐标系的选择无关，故有：

$$\left.\begin{aligned} \overline{F}_3^e &= F_3^e \\ \overline{F}_6^e &= F_6^e \end{aligned}\right\} \tag{12-18a}$$

再由图 12-7，根据力的投影关系可得：

$$\left.\begin{aligned}
\overline{F}_1^e &= F_1^e \cos \alpha + F_2^e \sin \alpha \\
\overline{F}_2^e &= -F_1^e \sin \alpha + F_2^e \cos \alpha \\
\overline{F}_4^e &= F_4^e \cos \alpha + F_5^e \sin \alpha \\
\overline{F}_5^e &= -F_4^e \sin \alpha + F_5^e \cos \alpha
\end{aligned}\right\} \tag{12-18b}$$

将式 12-18a 与式 12-18b 合并，写成矩阵形式：

$$\begin{Bmatrix} \overline{F}_1^e \\ \overline{F}_2^e \\ \overline{F}_3^e \\ \overline{F}_4^e \\ \overline{F}_5^e \\ \overline{F}_6^e \end{Bmatrix} = \begin{bmatrix} \cos \alpha & \sin \alpha & 0 & 0 & 0 & 0 \\ -\sin \alpha & \cos \alpha & 0 & 0 & 0 & 0 \\ 0 & 0 & 1 & 0 & 0 & 0 \\ 0 & 0 & 0 & \cos \alpha & \sin \alpha & 0 \\ 0 & 0 & 0 & -\sin \alpha & \cos \alpha & 0 \\ 0 & 0 & 0 & 0 & 0 & 1 \end{bmatrix} \begin{Bmatrix} F_1^e \\ F_2^e \\ F_3^e \\ F_4^e \\ F_5^e \\ F_6^e \end{Bmatrix} \tag{12-19}$$

上式为两种坐标系之间单元杆端力的坐标转换关系式。其中的 6×6 阶矩阵称为单元坐标转换矩阵，记为：

$$[T]^e = \begin{bmatrix} \cos \alpha & \sin \alpha & 0 & 0 & 0 & 0 \\ -\sin \alpha & \cos \alpha & 0 & 0 & 0 & 0 \\ 0 & 0 & 1 & 0 & 0 & 0 \\ 0 & 0 & 0 & \cos \alpha & \sin \alpha & 0 \\ 0 & 0 & 0 & -\sin \alpha & \cos \alpha & 0 \\ 0 & 0 & 0 & 0 & 0 & 1 \end{bmatrix} \tag{12-20}$$

如果用局部坐标系下的单元杆端力表示整体坐标系下的单元杆端力，则得：

$$\begin{Bmatrix} F_1^e \\ F_2^e \\ F_3^e \\ F_4^e \\ F_5^e \\ F_6^e \end{Bmatrix} = \begin{bmatrix} \cos \alpha & -\sin \alpha & 0 & 0 & 0 & 0 \\ \sin \alpha & \cos \alpha & 0 & 0 & 0 & 0 \\ 0 & 0 & 1 & 0 & 0 & 0 \\ 0 & 0 & 0 & \cos \alpha & -\sin \alpha & 0 \\ 0 & 0 & 0 & \sin \alpha & \cos \alpha & 0 \\ 0 & 0 & 0 & 0 & 0 & 1 \end{bmatrix} \begin{Bmatrix} \overline{F}_1^e \\ \overline{F}_2^e \\ \overline{F}_3^e \\ \overline{F}_4^e \\ \overline{F}_5^e \\ \overline{F}_6^e \end{Bmatrix} \tag{12-21}$$

式 12-21 中的 6×6 阶矩阵是坐标转换矩阵 $[T]^e$ 的转置矩阵 $[T]^{eT}$。

可以验证，这里的单元坐标转换矩阵为一正交矩阵。因此，其逆矩阵等于其转置矩阵，即：

$$([T]^e)^{-1} = [T]^{eT} \tag{12-22}$$

或

$$[T]^e [T]^{eT} = [T]^{eT} [T]^e = [I] \tag{12-23}$$

式 12-23 中的 $[I]$ 为与 $[T]^e$ 同阶的单位矩阵。

利用单元坐标转换矩阵可将式 12-19 和式 12-21 简记为：

$$\{\overline{F}\}^e = [T]^e \{F\}^e \tag{12-24}$$

$$\{F\}^e = [T]^{e\mathrm{T}} \{\overline{F}\}^e \tag{12-25}$$

对于单元杆端位移，也可以按上面的推导过程得到同样的坐标转换关系式：

$$\{\overline{u}\}^e = [T]^e \{u\}^e \tag{12-26}$$

$$\{u\}^e = [T]^{e\mathrm{T}} \{\overline{u}\}^e \tag{12-27}$$

二、整体坐标系下的单元刚度矩阵

单元杆端力与杆端位移在整体坐标系下的关系式可写为：

$$\{F\}^e = [k]^e \{u\}^e \tag{12-28}$$

式中，$[k]^e$ 称为整体坐标系下的单元刚度矩阵，简称整体单刚（或结构单刚）。方程式 12-28 为整体坐标系下的单元刚度方程。

下面推导整体坐标系下的单元刚度矩阵 $[k]^e$ 的表达式。

将式 12-5 代入式 12-25 得：

$$\{F\}^e = [T]^{e\mathrm{T}} \{\overline{F}\}^e = [T]^{e\mathrm{T}} [\overline{k}]^e \{\overline{u}\}^e \tag{12-29}$$

再将式 12-26 代入式 12-29 得：

$$\{F\}^e = [T]^{e\mathrm{T}} [\overline{k}]^e [T]^e \{u\}^e \tag{12-30}$$

比较式 12-30 与式 12-28 可得 $[\overline{k}]^e$ 的表达式为：

$$[k]^e = [T]^{e\mathrm{T}} [\overline{k}]^e [T]^e \tag{12-31}$$

式 12-31 就是两种坐标系下单元刚度矩阵的转换关系式。只要求出单元坐标转换矩阵 $[T]^e$，就可以由 $[\overline{k}]^e$ 计算 $[k]^e$。

三、特殊单元在整体坐标系下的单元刚度矩阵

1. 平面桁架单元

图 12-8 所示为一平面桁架单元 e 在两种坐标系下的单元杆端力。

在局部坐标系下，只有两个单元杆端力分量；在整体坐标系下，有 4 个单元杆端力分量。两种坐标系下的单元杆端力向量记为：

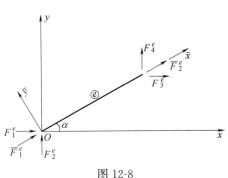

图 12-8

$$\{\overline{F}\}^e = \begin{Bmatrix} \overline{F}_1^e \\ \overline{F}_2^e \end{Bmatrix} \qquad \{F\}^e = \begin{Bmatrix} F_1^e \\ F_2^e \\ F_3^e \\ F_4^e \end{Bmatrix} \tag{12-32}$$

由图 12-8，根据力的投影关系可得：

$$\left. \begin{aligned} \overline{F}_1^e &= F_1^e \cos\alpha + F_2^e \sin\alpha \\ \overline{F}_2^e &= F_3^e \cos\alpha + F_4^e \sin\alpha \end{aligned} \right\} \tag{12-33}$$

将式 12-33 写成矩阵形式：

$$\left\{ \begin{array}{c} \overline{F}_1^e \\ \overline{F}_2^e \end{array} \right\} = \begin{bmatrix} \cos\alpha & \sin\alpha & 0 & 0 \\ 0 & 0 & \cos\alpha & \sin\alpha \end{bmatrix} \left\{ \begin{array}{c} F_1^e \\ F_2^e \\ F_3^e \\ F_4^e \end{array} \right\} \tag{12-34}$$

上式为单元杆端力的坐标转换关系式，其中的 2×4 阶矩阵称为平面桁架单元的单元坐标转换矩阵，记为：

$$[T]^e = \begin{bmatrix} \cos\alpha & \sin\alpha & 0 & 0 \\ 0 & 0 & \cos\alpha & \sin\alpha \end{bmatrix} \tag{12-35}$$

利用 $[T]^e$ 阵可将式 12-34 简记为：

$$\{\overline{F}\}^e = [T]^e \{F\}^e \tag{12-36}$$

如果用 $\{\overline{F}\}^e$ 表示 $\{F\}^e$，可推得：

$$\{F\}^e = [T]^{e\mathrm{T}} \{\overline{F}\}^e \tag{12-37}$$

同样，可以推出单元杆端位移的坐标转换关系式：

$$\{\overline{u}\}^e = [T]^e \{u\}^e \tag{12-38}$$

$$\{u\}^e = [T]^{e\mathrm{T}} \{\overline{u}\}^e \tag{12-39}$$

下面给出平面桁架单元在整体坐标系下的单元刚度矩阵。

设平面桁架单元在整体坐标系下的单元刚度方程为：

$$\{F\}^e = [k]^e \{u\}^e \tag{12-40}$$

式中，$[k]^e$ 为平面桁架单元在整体坐标系下的单元刚度矩阵。仿照上面平面刚架单元整体坐标系下的单元刚度矩阵的推导过程，可推得平面桁架单元在整体坐标系下的单元刚度矩阵为：

$$[k]^e = [T]^{e\mathrm{T}} [\overline{k}]^e [T]^e \tag{12-41}$$

式 12-41 中，$[\overline{k}]^e$ 为平面桁架单元在局部坐标系下的单元刚度矩阵，见式 12-14；$[T]^e$ 为平面桁架单元的单元坐标转换矩阵，见式 12-35。

将式 12-41 展开得：

$$[k]^e = \begin{bmatrix} s_1 & s_2 & -s_1 & -s_2 \\ s_2 & s_3 & -s_2 & -s_3 \\ -s_1 & -s_2 & s_1 & s_2 \\ -s_2 & -s_3 & s_2 & s_3 \end{bmatrix} \tag{12-42}$$

其中：

$$\left. \begin{array}{l} s_1 = \dfrac{EA}{L} \cos^2\alpha \\[2mm] s_2 = \dfrac{EA}{L} \cos\alpha\sin\alpha \\[2mm] s_3 = \dfrac{EA}{L} \sin^2\alpha \end{array} \right\} \tag{12-43}$$

2. 不计轴向变形的立柱单元

第 12-2 节中介绍的不计轴向变形的平面刚架单元常用来计算图 12-9 所示的矩形刚架结构。这种矩形刚架中的柱单元在整体坐标系下的单元杆端力和单元杆端位移如图 12-10 所示，并记为：

$$\{F\}^e=\begin{Bmatrix} F_1^e \\ F_2^e \\ F_3^e \\ F_4^e \end{Bmatrix} \quad \{u\}^e=\begin{Bmatrix} u_1^e \\ u_2^e \\ u_3^e \\ u_4^e \end{Bmatrix} \tag{12-44}$$

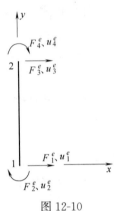

图 12-9

图 12-10

整体坐标系下的单元刚度方程为：

$$\{F\}^e=[k]^e\{u\}^e \tag{12-45}$$

式中，$[k]^e$ 为图 12-10 所示的柱单元在整体坐标系下的单元刚度矩阵。由于柱单元的轴线与整体坐标系的水平轴之间的夹角恰为 90°，所以 $[k]^e$ 中的元素很容易根据元素的物理意义直接得到。如果像前面那样，用单元坐标转换矩阵计算反而不方便。

由 $[k]^e$ 元素的物理意义，可直接得到柱单元在整体坐标系下的单元刚度矩阵如下：

$$[k]^e=\begin{bmatrix} \dfrac{12EI}{L^3} & \dfrac{6EI}{L^2} & -\dfrac{12EI}{L^3} & \dfrac{6EI}{L^2} \\[3mm] \dfrac{6EI}{L^2} & \dfrac{4EI}{L} & -\dfrac{6EI}{L^2} & \dfrac{2EI}{L} \\[3mm] -\dfrac{12EI}{L^3} & -\dfrac{6EI}{L^2} & \dfrac{12EI}{L^3} & -\dfrac{6EI}{L^2} \\[3mm] \dfrac{6EI}{L^2} & \dfrac{2EI}{L} & -\dfrac{6EI}{L^2} & \dfrac{4EI}{L} \end{bmatrix} \tag{12-46}$$

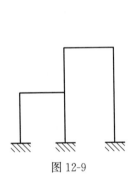

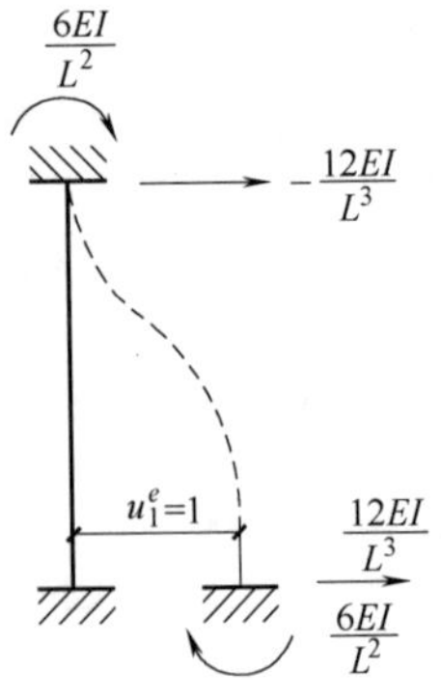

图 12-11

下面仅用图 12-11 来说明 $[k]^e$ 中第一列元素的求法。第一列每个元素的物理意义分别为支座位移 $u_1^e=1$ 时引起的支座反力。图 12-11 中的支座反力值即为 $[k]^e$ 中第一列各元素。

用矩阵位移法计算规则结构时，一般都直接使用整体坐标系下的单元刚度矩阵，而不用坐标转换。这样可以减少计算工作量。

这里顺便提一下，第 12-2 节中介绍的连续梁单元，其整体坐标系下的单元刚度矩阵与局部坐标系下的单元刚度矩阵完全相同，不存在坐标转换问题。

12-4　单元等效节点荷载

一、等效节点荷载的概念

图 12-12a 所示为一两端铰支梁，在给定外荷载作用下产生杆端转角位移 θ_1 和 θ_2。可以把图 12-12a 所示情况看成图 12-12b 和图 12-12c 两种情况的叠加。

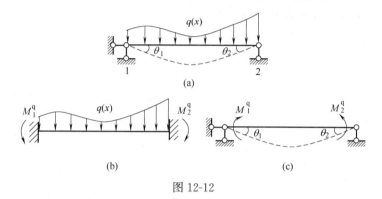

图 12-12

图 12-12b 所示情况为：在杆的 1、2 两端加上附加约束，使之不能转动，然后再加上原有荷载。这时附加约束上产生反力矩 M_1^q 和 M_2^q。

为了消除附加约束反力矩的影响，在杆件两端加上与之等值反向的力矩，如图 12-12c 所示。

显然，图 12-12b 加上图 12-12c，等于图 12-12a 所示情况。

由于图 12-12b 中杆的两端无转角位移，所以图 12-12c 中杆件两端的转角位移与 12-12a 所示情况相等。也就是说，图 12-12a 所示荷载引起杆件两端节点的节点转角位移与图 12-12c 所示节点力矩引起的节点转角位移相等。从引起杆端节点位移相等的意义上来说，图 12-12c 上的两个杆端节点力矩 M_1^q、M_2^q 与图 12-12a 上原有的荷载是等效的。称图 12-12c 上的节点荷载 M_1^q、M_2^q 为原荷载的等效节点荷载。

这里应强调指出，所谓等效是指引起节点位移相等这个意义上的等效。在图 12-12c 中，除了杆端节点位移与图 12-12a 相等外，其他位移及内力并不与图 12-12a 等效；图 12-12c 加上图 12-12b 才与图 12-12a 完全等效。

可进一步将图 12-12a 视为一个单元 e，单元两端节点分别为 1 和 2，$q(x)$ 为作用在单元上的非节点荷载。则图 12-12c 上的杆端等效节点荷载称为单元等效节点荷载。

由图 12-12b 可知：单元等效节点荷载的计算方法为：

（1）将单元两端固定。在原荷载作用下，计算固端反力。

（2）将固端力变号，即得等效节点荷载。

二、平面刚架单元的固端力

图 12-13 给出的是受任意非节点荷载作用的一般平面刚架单元。在局部坐标系下的固端力向量记为：

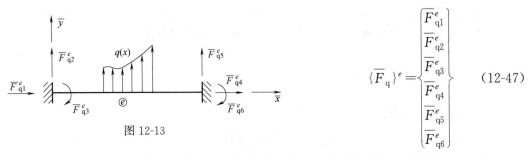

图 12-13

$$\{\overline{F}_q\}^e = \begin{Bmatrix} \overline{F}_{q1}^e \\ \overline{F}_{q2}^e \\ \overline{F}_{q3}^e \\ \overline{F}_{q4}^e \\ \overline{F}_{q5}^e \\ \overline{F}_{q6}^e \end{Bmatrix} \qquad (12\text{-}47)$$

表 12-1 给出了平面刚架单元常见的荷载类型及其相应的固端力，供计算时查阅。

三、单元等效节点荷载及其坐标转换

局部坐标系下单元等效节点荷载如图 12-14 所示，并记为：

$$\{\overline{P}\}^e = \begin{Bmatrix} \overline{P}_1^e \\ \overline{P}_2^e \\ \overline{P}_3^e \\ \overline{P}_4^e \\ \overline{P}_5^e \\ \overline{P}_6^e \end{Bmatrix} \qquad (12\text{-}48)$$

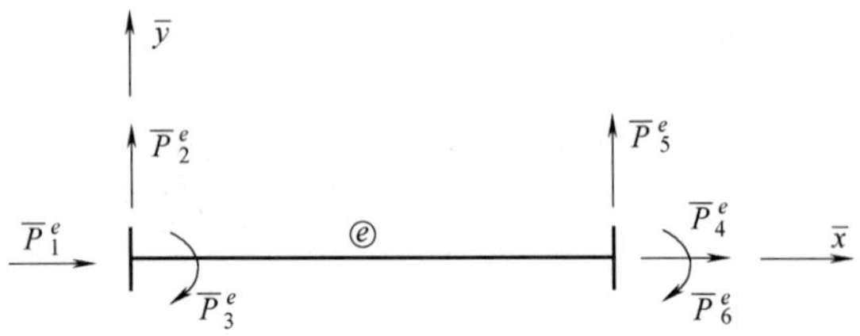

图 12-14

局部坐标系下单元等效节点荷载可由表 12-1 查阅，并由公式计算。

$$\{\overline{P}\}^e = -\{\overline{F}_q\}^e \qquad (12\text{-}49)$$

下面给出整体坐标系下单元等效节点荷载的计算公式，即两种坐标系之间单元等效节点荷载的坐标转换关系式。

图 12-15a 和图 12-15b 分别为局部坐标系下和整体坐标系下的单元等效节点荷载。整体坐标系下的单元等效节点荷载向量记为：

$$\{P\}^e = \begin{Bmatrix} P_1^e \\ P_2^e \\ P_3^e \\ P_4^e \\ P_5^e \\ P_6^e \end{Bmatrix} \qquad (12\text{-}50)$$

由力的投影关系可得：

平面刚架单元固端力　　　　　　　　　　　　　　　表 12-1

类型	荷载简图	单元固端力
1	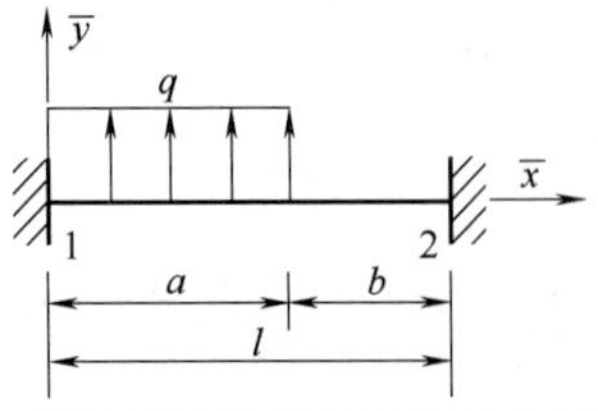	$\overline{F}_{q1}^e = \overline{F}_{q4}^e = 0$; $\overline{F}_{q2}^e = -\dfrac{1}{2}qa\left(2 - 2\dfrac{a^2}{l^2} + \dfrac{a^3}{l^3}\right)$; $\overline{F}_{q5}^e = -\dfrac{1}{2}q\dfrac{a^3}{l^2}\left(2 - \dfrac{a}{l}\right)$; $\overline{F}_{q3}^e = -\dfrac{qa^2}{12}\left(6 - 8\dfrac{a}{l} + 3\dfrac{a^2}{l^2}\right)$; $\overline{F}_{q6}^e = -\dfrac{qa^3}{12}\cdot\dfrac{1}{l}\left(4 - 3\dfrac{a}{l}\right)$

类型	荷载简图	单元固端力
2		$\overline{F}^e_{q1}=\overline{F}^e_{q4}=0$; $\overline{F}^e_{q2}=-q\,\dfrac{b^2}{l^2}\left(1+2\,\dfrac{a}{l}\right)$;$\overline{F}^e_{q5}=-q\,\dfrac{a^2}{l^2}\left(1+2\,\dfrac{b}{l}\right)$; $\overline{F}^e_{q3}=\dfrac{qab^2}{l^2}$;$\overline{F}^e_{q6}=-\dfrac{qa^2b}{l^2}$
3		$\overline{F}^e_{q1}=\overline{F}^e_{q4}=0$; $\overline{F}^e_{q2}=-\dfrac{6qab}{l^2}$;$\overline{F}^e_{q5}=\dfrac{6qab}{l^2}$; $\overline{F}^e_{q3}=q\,\dfrac{b}{l}\left(2-3\,\dfrac{b}{l}\right)$;$\overline{F}^e_{q6}=q\,\dfrac{a}{l}\left(2-3\,\dfrac{a}{l}\right)$
4		$\overline{F}^e_{q1}=\overline{F}^e_{q4}=0$; $\overline{F}^e_{q2}=-\dfrac{qa}{4}\left(2-3\,\dfrac{a^2}{l^2}+1.6\,\dfrac{a^3}{l^3}\right)$;$\overline{F}^e_{q5}=-\dfrac{1}{4}\dfrac{qa^3}{l^2}\left(3-1.6\,\dfrac{a}{l}\right)$; $\overline{F}^e_{q3}=\dfrac{qa^2}{6}\left(2-3\,\dfrac{a}{l}+1.2\,\dfrac{a^2}{l^2}\right)$;$\overline{F}^e_{q6}=-\dfrac{1}{4}\dfrac{qa^3}{l}\left(1-0.8\,\dfrac{a}{l}\right)$
5		$\overline{F}^e_{q1}=-q\,\dfrac{b}{l}$;$\overline{F}^e_{q4}=-q\,\dfrac{a}{l}$; $\overline{F}^e_{q2}=\overline{F}^e_{q5}=0$; $\overline{F}^e_{q3}=\overline{F}^e_{q6}=0$
6		$\overline{F}^e_{q1}=-qa\left(1-0.5\,\dfrac{a}{l}\right)$;$\overline{F}^e_{q4}=-0.5q\,\dfrac{a^2}{l}$; $\overline{F}^e_{q2}=\overline{F}^e_{q5}=0$; $\overline{F}^e_{q3}=\overline{F}^e_{q6}=0$

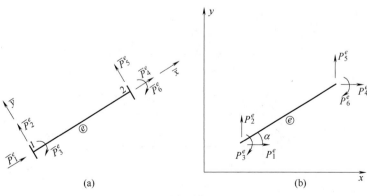

图 12-15

$$\begin{Bmatrix} P_1^e \\ P_2^e \\ P_3^e \\ P_4^e \\ P_5^e \\ P_6^e \end{Bmatrix} = \begin{bmatrix} \cos\alpha & -\sin\alpha & 0 & 0 & 0 & 0 \\ \sin\alpha & \cos\alpha & 0 & 0 & 0 & 0 \\ 0 & 0 & 1 & 0 & 0 & 0 \\ 0 & 0 & 0 & \cos\alpha & -\sin\alpha & 0 \\ 0 & 0 & 0 & \sin\alpha & \cos\alpha & 0 \\ 0 & 0 & 0 & 0 & 0 & 1 \end{bmatrix} \times \begin{Bmatrix} \overline{P}_1^e \\ \overline{P}_2^e \\ \overline{P}_3^e \\ \overline{P}_4^e \\ \overline{P}_5^e \\ \overline{P}_6^e \end{Bmatrix} \qquad (12\text{-}51)$$

简记为:

$$\{P\}^e = [T]^{e\mathrm{T}} \{\overline{P}\}^e \qquad (12\text{-}52)$$

上式即为整体坐标系下单元等效节点荷载计算公式,其中 $[T]^e$ 为单元坐标转换矩阵。

利用式 12-49,可将 $\{P\}^e$ 表示为:

$$\{P\}^e = -[T]^{e\mathrm{T}} \{\overline{F}_\mathrm{q}\}^e \qquad (12\text{-}53)$$

四、受非节点荷载作用时的单元刚度方程

图 12-16a 所示为一受非节点荷载作用的一般平面刚架单元。将非节点荷载代以等效节点荷载后得图 12-16b 所示的情况:在杆端上作用有两组力,一组是相邻杆件对它的作用力——杆端力 $\{\overline{F}\}^e$,另一组力是等效节点荷载 $\{\overline{P}\}^e$;杆端位移为 $\{\overline{u}\}^e$。因此,单元刚度方程为:

$$\{\overline{F}\}^e + \{\overline{P}\}^e = [\overline{k}]^e \{\overline{u}\}^e \qquad (12\text{-}54)$$

或

$$\{\overline{F}\}^e = [\overline{k}]^e \{\overline{u}\}^e - \{\overline{P}\}^e \qquad (12\text{-}55)$$

引入式 12-49,上式变为:

$$\{\overline{F}\}^e = [\overline{k}]^e \{\overline{u}\}^e + \{\overline{F}_\mathrm{q}\}^e \qquad (12\text{-}56)$$

此式即为单元上有非节点荷载作用时的杆端力计算公式。

本式也可以直接得到:当杆端有位移,杆上有非节点荷载作用时,杆端力 $\{\overline{F}\}^e$ 等于固端力 $\{\overline{F}_\mathrm{q}\}^e$ 与杆端位移产生的杆端力 $[\overline{k}]^e \{\overline{u}\}^e$ 之和。

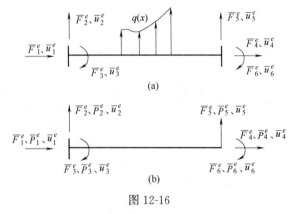

图 12-16

12-5 结构离散化表示方式——编码

用矩阵位移法进行结构分析时，第一步工作就是结构离散化，即将整个结构按其杆件的自然组成情况划分为若干个单元。这一离散化过程可通过编码方式实现。

图 12-17 给出了一个平面刚架结构的编码。编码分为单元码、节点码和节点位移码。其中的节点码和节点位移码又分为局部码和整体码（或总码）。图 12-17 中各编码的具体含义如下：

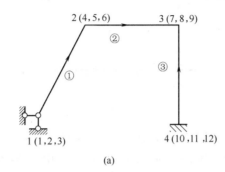

(a)

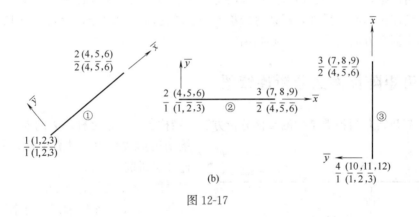

(b)

图 12-17

（1）①～③为单元码；

（2）图 12-17a 为结构整体编码。括号外的 1～4 为整体节点码；括号内的 1～12 为整体节点位移码，简称整体位移码；

（3）图 12-17b 为单元局部编码。括号外的 $\bar{1}$、$\bar{2}$ 为单元杆端节点码；括号内的 $\bar{1}$～$\bar{6}$ 为单元杆端节点位移码，简称局部位移码；

（4）图 12-17b 中的整体码 1～4 和（1,2,3）等表示单元局部码与结构整体码之间的对应关系。如：单元②的局部位移码（$\bar{1},\bar{2},\bar{3}$）对应整体位移码（4,5,6）。

由图 12-17b 可见，单元局部码形式相同。只要单元局部坐标轴 $\bar{x}$ 的方向定了，单元局部码就定了。为简单起见，编码时如无特殊需要，一般不画图 12-17b 所示的单元局部码，而是在图 12-17a 中用箭头表示单元局部坐标系的 $\bar{x}$ 轴方向，这种方式同时也隐含地表示了单元局部编码情况以及单元局部码与结构整体码的对应关系。使用箭头时要特别注意：如果箭头的方向变了，单元的局部码及其与结构整体码的对应关系也会发生变化。例如：如果图12-17a中单元②上的箭头向左，则这时的单元局部码及其与结构整体码的对应关系如图12-18所示。

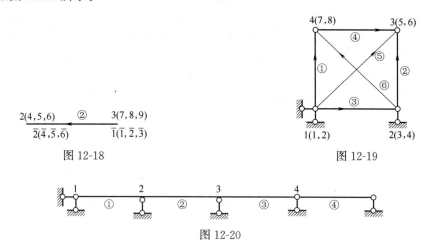

图 12-18

图 12-19

图 12-20

对于平面桁架结构，每个节点只有两个节点线位移，其编码方式如图12-19所示。

对于连续梁结构，其编码情况如图12-20所示。由于连续梁结构上的每个节点只有一个节点转角位移，其结构整体节点位移码与结构整体节点码相同，所以，图12-20中没有标出结构整体位移码。另外，默认每跨单元的左端为箭头的起点，所以，图12-20中表示单元局部坐标系方向的箭头也不必画出。

12-6　用矩阵位移法分析连续梁

从本节开始介绍各类结构的整体分析方法及结构各单元最终杆端力的求法。由于连续梁结构形式简单、计算方便，所以，先从连续梁讲起。

图 12-21 所示连续梁，每跨内杆件为等截面直杆；各杆轴线位于同一直线上。分析时，不计杆件的轴向变形。每个节点只有一个节点转角位移。

图 12-21

连续梁中，单元在整体坐标系下的单元刚度矩阵与局部坐标系下单元刚度矩阵相同，可直接用式12-11计算，即：

$$[k]^e = \begin{bmatrix} \dfrac{4EI}{L} & \dfrac{2EI}{L} \\ \dfrac{2EI}{L} & \dfrac{4EI}{L} \end{bmatrix} \tag{12-57}$$

令 $i = \dfrac{EI}{L}$，i 称为单元的线刚度，上式变为：

$$[k]^e = \begin{bmatrix} 4i & 2i \\ 2i & 4i \end{bmatrix} = \begin{bmatrix} k_{11}^e & k_{12}^e \\ k_{21}^e & k_{22}^e \end{bmatrix} \tag{12-58}$$

式 12-58 中的 k_{ij}^e 为单元刚度矩阵元素。

一、结构整体刚度方程的建立

1. 单元刚度方程

图 12-21 所示编码的连续梁，共有三个单元。由式 12-10 得各单元的刚度方程如下：

单元①：

$$\begin{Bmatrix} F_1^{①} \\ F_2^{①} \end{Bmatrix} = \begin{bmatrix} 4i_1 & 2i_1 \\ 2i_1 & 4i_1 \end{bmatrix} \begin{Bmatrix} u_1^{①} \\ u_2^{①} \end{Bmatrix} = \begin{bmatrix} k_{11}^{①} & k_{12}^{①} \\ k_{21}^{①} & k_{22}^{①} \end{bmatrix} \begin{Bmatrix} u_1^{①} \\ u_2^{①} \end{Bmatrix} \tag{12-59a}$$

单元②：

$$\begin{Bmatrix} F_1^{②} \\ F_2^{②} \end{Bmatrix} = \begin{bmatrix} 4i_2 & 2i_2 \\ 2i_2 & 4i_2 \end{bmatrix} \begin{Bmatrix} u_1^{②} \\ u_2^{②} \end{Bmatrix} = \begin{bmatrix} k_{11}^{②} & k_{12}^{②} \\ k_{21}^{②} & k_{22}^{②} \end{bmatrix} \begin{Bmatrix} u_1^{②} \\ u_2^{②} \end{Bmatrix} \tag{12-59b}$$

单元③：

$$\begin{Bmatrix} F_1^{③} \\ F_2^{③} \end{Bmatrix} = \begin{bmatrix} 4i_3 & 2i_3 \\ 2i_3 & 4i_3 \end{bmatrix} \begin{Bmatrix} u_1^{③} \\ u_2^{③} \end{Bmatrix} = \begin{bmatrix} k_{11}^{③} & k_{12}^{③} \\ k_{21}^{③} & k_{22}^{③} \end{bmatrix} \begin{Bmatrix} u_1^{③} \\ u_2^{③} \end{Bmatrix} \tag{12-59c}$$

2. 结构整体刚度方程

图 12-21 所示连续梁，共有 4 个节点转角位移，记为：

$$\{u\} = \begin{Bmatrix} u_1 \\ u_2 \\ u_3 \\ u_4 \end{Bmatrix} \tag{12-60}$$

式 12-60 中的 $\{u\}$ 称为结构整体节点位移向量，

作用在各节点上的节点荷载用向量 $\{P\}$ 表示，即：

$$\{P\} = \begin{Bmatrix} P_1^{J} \\ P_2^{J} \\ P_3^{J} \\ P_4^{J} \end{Bmatrix} \tag{12-61}$$

下面由各节点的平衡条件，建立结构整体刚度方程。

图 12-22 中给出了单元杆端力及作用在节点分离体上的反作用力。由图 12-22，根据各节点的力矩平衡条件得：

$$\left.\begin{aligned} F_1^{①} &= P_1^{J} \\ F_2^{①} + F_1^{②} &= P_2^{J} \\ F_2^{②} + F_1^{③} &= P_3^{J} \\ F_2^{③} &= P_4^{J} \end{aligned}\right\} \tag{12-62}$$

将式 12-59 代入式 12-62 得：

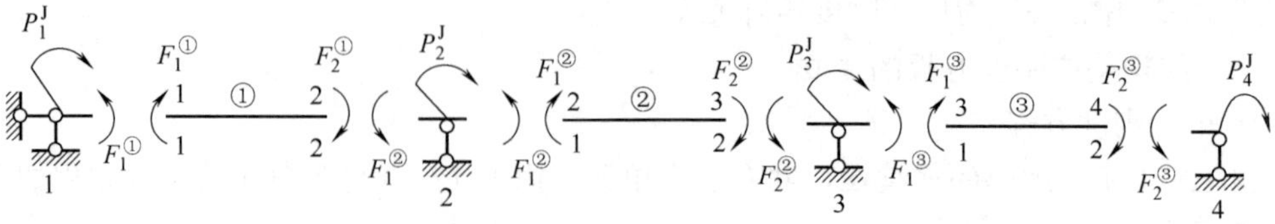

图 12-22

$$\left.\begin{array}{l} k_{11}^{①}u_1^{①}+k_{12}^{①}u_2^{①}=P_1^{J} \\ k_{21}^{①}u_1^{①}+k_{22}^{①}u_2^{①}+k_{11}^{②}u_1^{②}+k_{12}^{②}u_2^{②}=P_2^{J} \\ k_{21}^{②}u_1^{②}+k_{22}^{②}u_2^{②}+k_{11}^{③}u_1^{③}+k_{12}^{③}u_2^{③}=P_3^{J} \\ k_{21}^{③}u_1^{③}+k_{22}^{③}u_2^{③}=P_4^{J} \end{array}\right\} \tag{12-63}$$

将各单元杆端位移用结构整体节点位移表示，即：

$$\left.\begin{array}{l} u_1^{①}=u_1\ ;\ u_1^{②}=u_2\ ;\ u_1^{③}=u_3 \\ u_2^{①}=u_2\ ;\ u_2^{②}=u_3\ ;\ u_2^{③}=u_4 \end{array}\right\} \tag{12-64}$$

代入式 12-63 得：

$$\left.\begin{array}{l} k_{11}^{①}u_1+k_{12}^{①}u_2=P_1^{J} \\ k_{21}^{①}u_1+(k_{22}^{①}+k_{11}^{②})u_2+k_{12}^{②}u_3=P_2^{J} \\ k_{21}^{②}u_2+(k_{22}^{②}+k_{11}^{③})u_3+k_{12}^{③}u_4=P_3^{J} \\ k_{21}^{③}u_3+k_{22}^{③}u_4=P_4^{J} \end{array}\right\} \tag{12-65a}$$

将式 12-65a 写成矩阵形式：

$$\begin{bmatrix} k_{11}^{①} & k_{12}^{①} & 0 & 0 \\ k_{21}^{①} & k_{22}^{①}+k_{11}^{②} & k_{12}^{②} & 0 \\ 0 & k_{21}^{②} & k_{22}^{②}+k_{11}^{③} & k_{12}^{③} \\ 0 & 0 & k_{21}^{③} & k_{22}^{③} \end{bmatrix} \begin{Bmatrix} u_1 \\ u_2 \\ u_3 \\ u_4 \end{Bmatrix} = \begin{Bmatrix} P_1^{J} \\ P_2^{J} \\ P_3^{J} \\ P_4^{J} \end{Bmatrix} \tag{12-65b}$$

上式为连续梁节点位移与节点力之间的关系式，称为结构整体刚度方程。式 12-65b 中的 4×4 阶方阵称为结构整体刚度矩阵，或总刚度矩阵，简称为总刚，记为：

$$[K]=\begin{bmatrix} k_{11}^{①} & k_{12}^{①} & 0 & 0 \\ k_{21}^{①} & k_{22}^{①}+k_{11}^{②} & k_{12}^{②} & 0 \\ 0 & k_{21}^{②} & k_{22}^{②}+k_{11}^{③} & k_{12}^{③} \\ 0 & 0 & k_{21}^{③} & k_{22}^{③} \end{bmatrix} = \begin{bmatrix} 4i_1 & 2i_1 & 0 & 0 \\ 2i_1 & 4i_1+4i_2 & 2i_2 & 0 \\ 0 & 2i_2 & 4i_2+4i_3 & 2i_3 \\ 0 & 0 & 2i_3 & 4i_3 \end{bmatrix}$$

$$= \begin{bmatrix} K_{11} & K_{12} & K_{13} & K_{14} \\ K_{21} & K_{22} & K_{23} & K_{24} \\ K_{31} & K_{32} & K_{33} & K_{34} \\ K_{41} & K_{42} & K_{43} & K_{44} \end{bmatrix} \tag{12-66}$$

式 12-66 中的 K_{ij} 为整体刚度矩阵元素。利用结构整体刚度矩阵（$[K]$ 阵），将式

12-65b 简记为：

$$[K]\{u\}=\{P\}\tag{12-67a}$$

二、结构整体刚度矩阵的物理意义、性质与集成方法

1. 结构整体刚度矩阵元素的物理意义

式 12-67a 的展开式为：

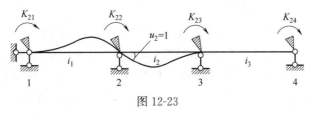

$$\begin{bmatrix} K_{11} & K_{12} & K_{13} & K_{14} \\ K_{21} & K_{22} & K_{23} & K_{24} \\ K_{31} & K_{32} & K_{33} & K_{34} \\ K_{41} & K_{42} & K_{43} & K_{44} \end{bmatrix} \begin{Bmatrix} u_1 \\ u_2 \\ u_3 \\ u_4 \end{Bmatrix} = \begin{Bmatrix} P_1^J \\ P_2^J \\ P_3^J \\ P_4^J \end{Bmatrix}\tag{12-67b}$$

以整体刚度矩阵第二列为例，说明各元素的物理意义。令 $u_2=1$，其他各节点位移 $u_1=u_3=u_4=0$，则由式 12-67b 得 $K_{12}=P_1^J$，$K_{22}=P_2^J$，$K_{32}=P_3^J$，$K_{42}=P_4^J$；而 P_1^J、P_2^J、P_3^J、P_4^J 为在这种位移状态下在各节点上所需加的节点荷载，即附加约束（刚臂）的反力（矩）（图 12-23）。可见第二列各个元素的物理意义是 $u_2=1$（其他节点位移为零）时各个节点上附加约束的反力。由此可以得出结论：整体刚度矩阵中第 i 行第 j 列的元素 K_{ij} 的物理意义是，$u_j=1$（其他位移等于零）产生的节点 i 上附加约束的反力。

图 12-23

2. 结构整体刚度矩阵的性质

（1）$[K]$ 是对称矩阵。

由整体刚度矩阵元素的物理意义及反力互等定理可知，整体刚度矩阵元素 $K_{ij}=K_{ji}$，故 $[K]$ 为对称矩阵。

（2）连续梁结构整体刚度矩阵为非奇异矩阵。

（3）$[K]$ 是带状矩阵。

当 $u_i=1$，其他节点位移等于零时，只在 u_{i-1}、u_i 和 u_{i+1} 对应处的附加约束上产生附加约束反力，而其他附加约束上不产生约束反力。所以，$[K]$ 的第 i 列仅有三个非零元素，其他元素均为零，使得 $[K]$ 为三对角带状矩阵。$[K]$ 的一般形状如图 12-24 所示。

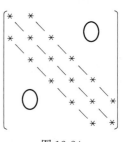

图 12-24

3. 结构整体刚度矩阵的集成方法

在前面，利用节点平衡条件（式 12-62）和变形协调条件（式 12-64）导出了结构整体刚度方程（式 12-65），从而得到整体刚度矩阵 $[K]$（式 12-66）。采用这种推导方法，物理意义十分清楚，但形成 $[K]$ 的过程太复杂。所以，实际计算时并不这样做。

由式 12-66 可以看出，整体刚度矩阵 $[K]$ 中的元素完全都是由各单元刚度矩阵元素组成的，因此，实际计算时，可直接由单元刚度矩阵集成结构整体刚度矩阵。

下面说明集成整体刚度矩阵的方法。

先看一下各单元刚度矩阵元素在整体刚度矩阵 $[K]$ 中的位置。

将式 12-59 所示的各单元刚度方程中的单元杆端位移 $\{u\}^e$ 用结构节点位移 $\{u\}$ 表示，并将式 12-59 写成下面的扩展形式：

$$\begin{Bmatrix} F_1^① \\ F_2^① \\ 0 \\ 0 \end{Bmatrix} = \begin{bmatrix} k_{11}^① & k_{12}^① & 0 & 0 \\ k_{21}^① & k_{22}^① & 0 & 0 \\ 0 & 0 & 0 & 0 \\ 0 & 0 & 0 & 0 \end{bmatrix} \begin{Bmatrix} u_1 \\ u_2 \\ u_3 \\ u_4 \end{Bmatrix} \qquad (12\text{-}68a)$$

$$\begin{Bmatrix} 0 \\ F_1^② \\ F_2^② \\ 0 \end{Bmatrix} = \begin{bmatrix} 0 & 0 & 0 & 0 \\ 0 & k_{11}^② & k_{12}^② & 0 \\ 0 & k_{21}^② & k_{22}^② & 0 \\ 0 & 0 & 0 & 0 \end{bmatrix} \begin{Bmatrix} u_1 \\ u_2 \\ u_3 \\ u_4 \end{Bmatrix} \qquad (12\text{-}68b)$$

$$\begin{Bmatrix} 0 \\ 0 \\ F_1^③ \\ F_2^③ \end{Bmatrix} = \begin{bmatrix} 0 & 0 & 0 & 0 \\ 0 & 0 & 0 & 0 \\ 0 & 0 & k_{11}^③ & k_{12}^③ \\ 0 & 0 & k_{21}^③ & k_{22}^③ \end{bmatrix} \begin{Bmatrix} u_1 \\ u_2 \\ u_3 \\ u_4 \end{Bmatrix} \qquad (12\text{-}68c)$$

将上面三个矩阵方程中的对应元素加起来就是结构整体刚度方程。

实际上，式 12-68 给出了各单元刚度矩阵元素在整体刚度矩阵中的位置。由式 12-68a 可以看出，单元①的单元刚度矩阵元素在整体刚度矩阵中位于对应整体节点位移 u_1、u_2 的位置上，而 u_1、u_2 恰好对应单元①的杆端位移 $u_1^①$ 和 $u_2^①$。由此可见，可通过单元杆端节点位移码与结构整体节点位移码的对应关系确定单元刚度矩阵元素在整体刚度矩阵中的位置。具体做法如下：

单元①的单元刚度矩阵元素为：

$$\begin{bmatrix} k_{11}^① & k_{12}^① \\ k_{21}^① & k_{22}^① \end{bmatrix}$$

单元①的杆端位移为：

$$\{u\}^① = \begin{Bmatrix} u_1^① \\ u_2^① \end{Bmatrix}$$

$\{u\}^①$ 与整体节点位移 $\{u\}$ 的对应关系为：

$$u_1^① \rightarrow u_1$$
$$u_2^① \rightarrow u_2$$

简记为：

$$\overline{1} \rightarrow 1$$
$$\overline{2} \rightarrow 2$$

由式 12-68a 可知，单元①的单元刚度矩阵元素 $k_{11}^①$ 在整体刚度矩阵中位于 K_{11} 的位置上，即：

$$k_{11}^{①} \rightarrow K_{11}$$

单元①其他单元刚度矩阵元素的位置为：

$$k_{12}^{①} \rightarrow K_{12}$$

$$k_{21}^{①} \rightarrow K_{21}$$

$$k_{22}^{①} \rightarrow K_{22}$$

将上面的位置对应关系简记为：

$$\bar{1}\,\bar{1} \rightarrow 11$$

$$\bar{1}\,\bar{2} \rightarrow 12$$

$$\bar{2}\,\bar{1} \rightarrow 21$$

$$\bar{2}\,\bar{2} \rightarrow 22$$

同理可得单元②、③的单元刚度矩阵元素在整体刚度矩阵 $[K]$ 中的位置分别为：

单元②：

$$\bar{1}\,\bar{1} \rightarrow 22$$

$$\bar{1}\,\bar{2} \rightarrow 23$$

$$\bar{2}\,\bar{1} \rightarrow 32$$

$$\bar{2}\,\bar{2} \rightarrow 33$$

单元③：

$$\bar{1}\,\bar{1} \rightarrow 33$$

$$\bar{1}\,\bar{2} \rightarrow 34$$

$$\bar{2}\,\bar{1} \rightarrow 43$$

$$\bar{2}\,\bar{2} \rightarrow 44$$

对于一般情况，单元e的单元刚度矩阵元素为：

$$\begin{bmatrix} k_{11}^{e} & k_{12}^{e} \\ k_{21}^{e} & k_{22}^{e} \end{bmatrix}$$

单元e的杆端节点位移为：

$$\{u\}^{e} = \begin{Bmatrix} u_{1}^{e} \\ u_{2}^{e} \end{Bmatrix}$$

与结构整体节点位移的对应关系为：

$$u_{1}^{e} = u_{i}$$

$$u_{2}^{e} = u_{j}$$

用位移码表示对应关系为：

$$\bar{1} \rightarrow i$$

$$\bar{2} \rightarrow j$$

单元e的单元刚度矩阵元素在结构整体刚度矩阵中的位置为：

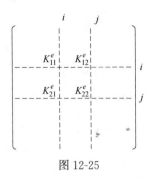

$$\overline{1}\,\overline{1}\rightarrow ii$$

$$\overline{1}\,\overline{2}\rightarrow ij$$

$$\overline{2}\,\overline{1}\rightarrow ji$$

$$\overline{2}\,\overline{2}\rightarrow jj$$

图 12-25

用图 12-25 表示 $[k]^e$ 元素在 $[K]$ 中的实际位置：图中的 4 个单元刚度矩阵元素称为单元⑨对整体刚度矩阵的贡献。

这种根据单元局部位移码与结构整体节点位移码之间的对号关系，直接由单元刚度矩阵集成结构整体刚度矩阵的方法，称为直接刚度法。集成过程称为"对号入座"。

下面给出图 12-21 所示连续梁整体刚度矩阵的集成过程。

图 12-21 所示连续梁各单元刚度矩阵元素如下：

$$[k]^{①}=\begin{bmatrix} k_{11}^{①} & k_{12}^{①} \\ k_{21}^{①} & k_{22}^{①} \end{bmatrix}$$

$$[k]^{②}=\begin{bmatrix} k_{11}^{②} & k_{12}^{②} \\ k_{21}^{②} & k_{22}^{②} \end{bmatrix}$$

$$[k]^{③}=\begin{bmatrix} k_{11}^{③} & k_{12}^{③} \\ k_{21}^{③} & k_{22}^{③} \end{bmatrix}$$

各单元的局部位移码与结构整体位移码的对应（对号）关系如表 12-2 所示。

单元局部位移码与结构整体位移码的对应（对号）关系　　　　表 12-2

单元局部位移码	结构整体位移码		
	单元①	单元②	单元③
$\overline{1}$	1	2	3
$\overline{2}$	2	3	4

整体刚度矩阵的集成过程如表 12-3 所示。

整体刚度矩阵的集成过程　　　　表 12-3

单元号	对号过程	入座过程
①	$\overline{1}\,\overline{1}\rightarrow 11$ $\overline{1}\,\overline{2}\rightarrow 12$ $\overline{2}\,\overline{1}\rightarrow 21$ $\overline{2}\,\overline{2}\rightarrow 22$	$\begin{matrix} & 1 & 2 & 3 & 4 \end{matrix}$ $\begin{bmatrix} k_{11}^{①} & k_{12}^{①} & 0 & 0 \\ k_{21}^{①} & k_{22}^{①} & 0 & 0 \\ 0 & 0 & 0 & 0 \\ 0 & 0 & 0 & 0 \end{bmatrix}\begin{matrix} 1 \\ 2 \\ 3 \\ 4 \end{matrix}$
②	$\overline{1}\,\overline{1}\rightarrow 22$ $\overline{1}\,\overline{2}\rightarrow 23$ $\overline{2}\,\overline{1}\rightarrow 32$ $\overline{2}\,\overline{2}\rightarrow 33$	$\begin{matrix} & 1 & 2 & 3 & 4 \end{matrix}$ $\begin{bmatrix} k_{11}^{①} & k_{12}^{①} & 0 & 0 \\ k_{21}^{①} & k_{22}^{①}+k_{11}^{②} & k_{12}^{②} & 0 \\ 0 & k_{21}^{②} & k_{22}^{②} & 0 \\ 0 & 0 & 0 & 0 \end{bmatrix}\begin{matrix} 1 \\ 2 \\ 3 \\ 4 \end{matrix}$

单元号	对号过程	入座过程
③	$\overline{1}\,\overline{1} \to 33$ $\overline{1}\,\overline{2} \to 34$ $\overline{2}\,\overline{1} \to 43$ $\overline{2}\,\overline{2} \to 44$	$\begin{array}{cccc} & 1 & 2 & 3 & 4 \\ \begin{bmatrix} k_{11}^{①} & k_{12}^{①} & 0 & 0 \\ k_{21}^{①} & k_{22}^{①}+k_{11}^{②} & k_{12}^{②} & 0 \\ 0 & k_{21}^{②} & k_{22}^{②}+k_{11}^{③} & k_{12}^{③} \\ 0 & 0 & k_{21}^{③} & k_{22}^{③} \end{bmatrix} & \begin{array}{c} 1 \\ 2 \\ 3 \\ 4 \end{array} \end{array}$

三、非节点荷载的处理

方程式 12-65b 是只有节点荷载作用时的结构整体刚度方程。当结构上有非节点荷载作用时，应将非节点荷载转化为等效的节点荷载。

下面以图 12-26 所示结构为例来说明这种等效方法。

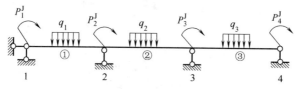

图 12-26

1. 有非节点荷载作用时的单元刚度方程

由式 12-55，可得图 12-26 所示结构各单元的单元刚度方程如下：

$$\begin{Bmatrix} F_1^{①} \\ F_2^{①} \end{Bmatrix} = \begin{bmatrix} k_{11}^{①} & k_{12}^{①} \\ k_{21}^{①} & k_{22}^{①} \end{bmatrix} \begin{Bmatrix} u_1^{①} \\ u_2^{①} \end{Bmatrix} - \begin{Bmatrix} P_1^{①} \\ P_2^{①} \end{Bmatrix} \tag{12-69a}$$

$$\begin{Bmatrix} F_1^{②} \\ F_2^{②} \end{Bmatrix} = \begin{bmatrix} k_{11}^{②} & k_{12}^{②} \\ k_{21}^{②} & k_{22}^{②} \end{bmatrix} \begin{Bmatrix} u_1^{②} \\ u_2^{②} \end{Bmatrix} - \begin{Bmatrix} P_1^{②} \\ P_2^{②} \end{Bmatrix} \tag{12-69b}$$

$$\begin{Bmatrix} F_1^{③} \\ F_2^{③} \end{Bmatrix} = \begin{bmatrix} k_{11}^{③} & k_{12}^{③} \\ k_{21}^{③} & k_{22}^{③} \end{bmatrix} \begin{Bmatrix} u_1^{③} \\ u_2^{③} \end{Bmatrix} - \begin{Bmatrix} P_1^{③} \\ P_2^{③} \end{Bmatrix} \tag{12-69c}$$

式 12-69 中，$\begin{Bmatrix} P_1^e \\ P_2^e \end{Bmatrix}$ 为单元 e 的单元等效节点荷载向量。

2. 有非节点荷载作用时的整体刚度方程

图 12-26 所示结构各节点的分离体图如图 12-27 所示。

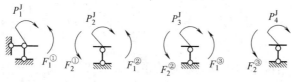

图 12-27

由节点平衡条件得：

$$\left.\begin{array}{r} F_1^{①} = P_1^{J} \\ F_2^{①} + F_1^{②} = P_2^{J} \\ F_2^{②} + F_1^{③} = P_3^{J} \\ F_2^{③} = P_4^{J} \end{array}\right\} \tag{12-70}$$

将式 12-69 代入式 12-70，并引入位移协调条件（式 12-64），得：

$$\begin{bmatrix} k_{11}^{①} & k_{12}^{①} & 0 & 0 \\ k_{21}^{①} & k_{22}^{①} + k_{11}^{②} & k_{12}^{②} & 0 \\ 0 & k_{21}^{②} & k_{22}^{②} + k_{11}^{③} & k_{12}^{③} \\ 0 & 0 & k_{21}^{③} & k_{22}^{③} \end{bmatrix} \begin{Bmatrix} u_1 \\ u_2 \\ u_3 \\ u_4 \end{Bmatrix} = \begin{Bmatrix} P_1^{J} \\ P_2^{J} \\ P_3^{J} \\ P_4^{J} \end{Bmatrix} + \begin{Bmatrix} P_1^{①} \\ P_2^{①} + P_1^{②} \\ P_2^{②} + P_1^{③} \\ P_2^{③} \end{Bmatrix} \tag{12-71}$$

简记为：

$$[K]\{u\} = \{P_J\} + \{P_E\} \tag{12-72}$$

式 12-72 中，$[K]$ 为结构整体刚度矩阵；

$\{P_J\}$ 称为结构直接节点荷载向量；$\{P_E\}$ 称为结构等效节点荷载向量。$\{P_E\}$ 中的元素记为：

$$\{P_E\} = \begin{Bmatrix} P_1^{E} \\ P_2^{E} \\ P_3^{E} \\ P_4^{E} \end{Bmatrix} \tag{12-73}$$

令 $\{P\} = \{P_J\} + \{P_E\}$ 为结构总节点荷载向量，则式 12-72 变为：

$$[K]\{u\} = \{P\} \tag{12-74}$$

式 12-74 为结构整体刚度方程的一般形式。

3. 等效节点荷载向量 $\{P_E\}$ 的形成方法

前面通过推导非节点荷载作用下的结构整体刚度方程，得到等效节点荷载向量 $\{P_E\}$。实际计算时并不这样做，而是像前面集成整体刚度矩阵那样，由单元杆端位移与整体节点位移之间的对号关系直接集成。

对于图 12-26 所示结构，集成 $\{P_E\}$ 的具体做法如下：

各单元的单元等效节点荷载向量为：

$$\{P\}^1 = \begin{Bmatrix} P_1^{①} \\ P_2^{①} \end{Bmatrix} \qquad \{P\}^2 = \begin{Bmatrix} P_1^{②} \\ P_2^{②} \end{Bmatrix} \qquad \{P\}^3 = \begin{Bmatrix} P_1^{③} \\ P_2^{③} \end{Bmatrix}$$

单元局部位移与结构整体位移的对号关系同表 12-2。

$\{P_E\}$ 的集成过程见表 12-4。

$\{P_E\}$ 的集成过程　　　　　　　　　　　　　　　　　　　　表 12-4

单元号	对号过程	入座过程
①	$\overline{1}\to 1$ $\overline{2}\to 2$	$\begin{Bmatrix} P_1^{①} \\ P_2^{①} \\ 0 \\ 0 \end{Bmatrix}$
②	$\overline{1}\to 2$ $\overline{2}\to 3$	$\begin{Bmatrix} P_1^{①} \\ P_2^{①}+P_1^{②} \\ P_2^{②} \\ 0 \end{Bmatrix}$
③	$\overline{1}\to 3$ $\overline{2}\to 4$	$\begin{Bmatrix} P_1^{①} \\ P_2^{①}+P_1^{②} \\ P_2^{②}+P_1^{③} \\ P_2^{③} \end{Bmatrix}$

4. 结构等效节点荷载的物理意义

用图 12-28a 所示只受非节点荷载作用的结构来说明 $\{P_E\}$ 元素的物理意义。

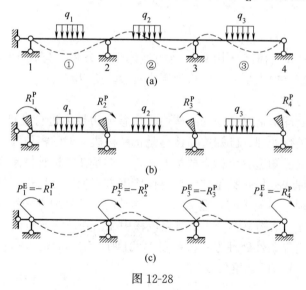

图 12-28

显然，图 12-28a 所示情况等于图 12-28b 和图 12-28c 两种情况的叠加。图 12-28b 为图 12-28a 所示结构的位移法基本体系。在非节点荷载作用下，附加约束上产生的附加约束反力记为：

$$\{R_P\}=\begin{Bmatrix} R_1^P \\ R_2^P \\ R_3^P \\ R_4^P \end{Bmatrix}$$

为消除这一影响，沿 $\{R_P\}$ 的反方向加一组节点力 $\{P_E\}$，如图 12-28c 所示，即：

$$\{P_E\} = -\{R_P\} \tag{12-75}$$

或

$$\begin{Bmatrix} P_1^E \\ P_2^E \\ P_3^E \\ P_4^E \end{Bmatrix} = - \begin{Bmatrix} R_1^P \\ R_2^P \\ R_3^P \\ R_4^P \end{Bmatrix}$$

这样就使图 12-28b 加上图 12-28c 等于图 12-28a。由此可见：结构等效节点荷载向量 $\{P_E\}$ 中任一元素 P_i^E 的物理意义为：图 12-28b 所示位移法基本体系在非节点荷载作用下引起的第 i 个附加约束反力的负值，即 $P_i^E = -R_i^P$。

由第 9-4 节可知，位移法的典型方程为：

$$[r]\{Z\} + \{R_P\} = \{0\} \tag{12-76}$$

或

$$[r]\{Z\} = -\{R_P\}$$

采用本节符号，并引入式 12-75，上式变为：

$$[K]\{u\} = \{P_E\} \tag{12-77}$$

式 12-77 即为无节点荷载作用时的结构整体刚度方程，与式 12-76 相比，此式中的 $\{P_E\}$ 相当于将式 12-76 中的 $\{R_P\}$ 移到等式右边，所以有 $\{P_E\} = -\{R_P\}$。

四、边界条件处理

所谓边界条件处理是指对已知的结构边界位移或边界力进行处理。在矩阵位移法中，一般只对边界位移进行处理。已知边界位移是指结构边界处的零位移或由支座移动引起的已知支座位移。处理已知边界位移有两类方法，一类是在结构整体刚度方程形成之前进行处理，称之为前处理法；另一类是在结构整体刚度方程形成之后进行处理，称之为后处理法。这里采用后处理法。关于前处理法和支座移动问题的处理方法将在第 12-8 节中介绍。

对于图 12-21 所示结构，由于 4 个节点位移中无已知位移，所以，不存在边界条件处理问题。为了介绍边界条件处理方法，将图 12-21 所示结构的最右端支座改为固定端（图 12-29），使 $u_4 = 0$，成为已知位移。

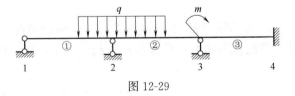

图 12-29

图 12-29 所示结构的整体刚度方程为：

$$[K]\{u\} = \{P\}$$

式中，$[K]$ 为结构整体刚度矩阵；$\{u\}$ 为结构整体节点位移；$\{P\}$ 为结构总节点荷载向量。将上式展开得：

$$\begin{bmatrix} K_{11} & K_{12} & K_{13} & K_{14} \\ K_{21} & K_{22} & K_{23} & K_{24} \\ K_{31} & K_{32} & K_{33} & K_{34} \\ K_{41} & K_{42} & K_{43} & K_{44} \end{bmatrix} \begin{Bmatrix} u_1 \\ u_2 \\ u_3 \\ u_4 \end{Bmatrix} = \begin{Bmatrix} P_1 \\ P_2 \\ P_3 \\ P_4 \end{Bmatrix} \tag{12-78}$$

将 $u_4 = 0$ 代入方程式 12-78，得：

$$\begin{bmatrix} K_{11} & K_{12} & K_{13} \\ K_{21} & K_{22} & K_{23} \\ K_{31} & K_{32} & K_{33} \end{bmatrix} \begin{Bmatrix} u_1 \\ u_2 \\ u_3 \end{Bmatrix} = \begin{Bmatrix} P_1 \\ P_2 \\ P_3 \end{Bmatrix} \tag{12-79a}$$

$$k_{41}u_1 + k_{42}u_2 + k_{43}u_3 = P_4 \tag{12-79b}$$

可从式 12-79a 中解出 u_1、u_2 和 u_3，而整个结构的节点位移向量为：

$$\{u\} = \{u_1, u_2, u_3, 0\}^{\mathrm{T}}$$

求出 $\{u\}$ 之后，可由式 12-79b 计算 P_4。此时，P_4 为支座反力。而支座反力一般都是由单元杆端力，并利用节点平衡条件计算，所以式 12-79b 一般不用。

实际计算时，式 12-79a 可由式 12-78 直接通过划行划列的方法得到，即划掉式 12-78 中 $[K]$ 的第 4 列和整个方程的第 4 行。

对于一般情况，如果 $u_i = 0$，则处理方法为：划掉 $[K]$ 的第 i 列和方程的第 i 行。这种后处理方法称为划行划列法。其优点是使整体刚度方程降阶；缺点是编计算机程序不方便。在第 12-8 节中将介绍适合编计算机程序的后处理法。

五、单元杆端力的计算

求解结构整体刚度方程，可解出结构整体节点位移向量 $\{u\}$。根据变形协调条件，通过对号方式可得到各单元的单元杆端位移向量。知道了单元杆端位移，就可以利用单元刚度方程计算单元杆端力。具体做法如下：

如果单元上无非节点荷载作用，可利用式 12-10 计算单元杆端力，即：

$$\begin{Bmatrix} F_1^e \\ F_2^e \end{Bmatrix} = \begin{bmatrix} k_{11}^e & k_{12}^e \\ k_{21}^e & k_{22}^e \end{bmatrix} \begin{Bmatrix} u_1^e \\ u_2^e \end{Bmatrix} \tag{12-80}$$

如果单元上有非节点荷载作用，则应利用式 12-56 计算单元杆端力，即：

$$\begin{Bmatrix} F_1^e \\ F_2^e \end{Bmatrix} = \begin{bmatrix} k_{11}^e & k_{12}^e \\ k_{21}^e & k_{22}^e \end{bmatrix} \begin{Bmatrix} u_1^e \\ u_2^e \end{Bmatrix} + \begin{Bmatrix} F_{q1}^e \\ F_{q2}^e \end{Bmatrix} \tag{12-81}$$

式中，F_{q1}^e、F_{q2}^e 为连续梁单元ⓔ在非节点荷载作用下的固端力，可通过查表 12-1 计算。

上面是矩阵位移法分析连续梁结构的计算原理和计算方法，下面通过一个例子说明计算的全部过程。

六、计算举例

【**例题 12-1**】　用矩阵位移法计算图 12-30 所示连续梁结构。

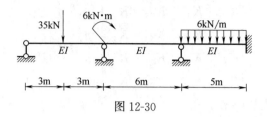

图 12-30

【解】

1. 编码（图 12-31）

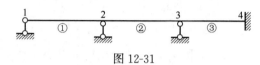

图 12-31

2. 计算单元刚度矩阵

为计算方便，取 $EI=1$。

$$[k]^{①}=[k]^{②}=\begin{bmatrix} 0.667 & 0.333 \\ 0.333 & 0.667 \end{bmatrix}$$

$$[k]^{③}=\begin{bmatrix} 0.8 & 0.4 \\ 0.4 & 0.8 \end{bmatrix}$$

3. 集成结构整体刚度矩阵

（1）对号（表 12-5）

例题 12-1 对号关系　　　　　　　　　　　　　　　　表 12-5

单元局部位移码	结构整体位移码		
	单元①	单元②	单元③
$\overline{1}$	1	2	3
$\overline{2}$	2	3	4

（2）入座

$$[K]=\begin{bmatrix} 0.667 & 0.333 & 0 & 0 \\ 0.333 & 1.333 & 0.333 & 0 \\ 0 & 0.333 & 1.467 & 0.4 \\ 0 & 0 & 0.4 & 0.8 \end{bmatrix}$$

4. 计算结构等效节点荷载 $\{P_E\}$

（1）计算单元等效节点荷载

$$\{P\}^{①}=-\{F_q\}^{①}=\begin{Bmatrix} 26.25 \\ -26.25 \end{Bmatrix}$$

$$\{P\}^{②}=\begin{Bmatrix} 0 \\ 0 \end{Bmatrix}$$

$$\{P\}^{③}=-\{F_q\}^{③}=\begin{Bmatrix} 12.5 \\ -12.5 \end{Bmatrix}$$

（2）集成结构等效节点荷载 $\{P_E\}$

$$\{P_E\}=\begin{Bmatrix} 26.25 \\ -26.25 \\ 12.5 \\ -12.5 \end{Bmatrix}$$

5. 计算结构总节点荷载向量 $\{P\}$

$$\{P\}=\{P_J\}+\{P_E\}=\begin{Bmatrix} 0 \\ 6 \\ 0 \\ 0 \end{Bmatrix}+\begin{Bmatrix} 26.25 \\ -26.25 \\ 12.5 \\ -12.5 \end{Bmatrix}=\begin{Bmatrix} 26.25 \\ -20.25 \\ 12.5 \\ -12.5 \end{Bmatrix}$$

6. 形成结构整体刚度方程

$$\begin{bmatrix} 0.667 & 0.333 & 0 & 0 \\ 0.333 & 1.333 & 0.333 & 0 \\ 0 & 0.333 & 1.467 & 0.4 \\ 0 & 0 & 0.4 & 0.8 \end{bmatrix}\begin{Bmatrix} u_1 \\ u_2 \\ u_3 \\ u_4 \end{Bmatrix}=\begin{Bmatrix} 26.25 \\ -20.25 \\ 12.5 \\ -12.5 \end{Bmatrix}$$

7. 边界条件处理

边界条件为 $u_4=0$。划行划列后得

$$\begin{bmatrix} 0.667 & 0.333 & 0 \\ 0.333 & 1.333 & 0.333 \\ 0 & 0.333 & 1.467 \end{bmatrix}\begin{Bmatrix} u_1 \\ u_2 \\ u_3 \end{Bmatrix}=\begin{Bmatrix} 26.25 \\ -20.25 \\ 12.5 \end{Bmatrix}$$

8. 整体刚度方程求解

解得：

$$u_1=55.97; u_2=-33.20; u_3=16.07$$

加上 $u_4=0$ 得结构总节点位移：

$$\{u\}=\begin{Bmatrix} u_1 \\ u_2 \\ u_3 \\ u_4 \end{Bmatrix}=\begin{Bmatrix} 55.97 \\ -33.20 \\ 16.07 \\ 0 \end{Bmatrix}$$

9. 计算单元杆端力

由位移对号关系得各单元杆端位移如下：

$$\{u\}^{①}=\begin{Bmatrix} u_1^{①} \\ u_2^{①} \end{Bmatrix}=\begin{Bmatrix} u_1 \\ u_2 \end{Bmatrix}=\begin{Bmatrix} 55.97 \\ -33.20 \end{Bmatrix}$$

$$\{u\}^{②}=\begin{Bmatrix} u_1^{②} \\ u_2^{②} \end{Bmatrix}=\begin{Bmatrix} u_2 \\ u_3 \end{Bmatrix}=\begin{Bmatrix} -33.20 \\ 16.07 \end{Bmatrix}$$

$$\{u\}^{③}=\begin{Bmatrix} u_1^{③} \\ u_2^{③} \end{Bmatrix}=\begin{Bmatrix} u_3 \\ u_4 \end{Bmatrix}=\begin{Bmatrix} 16.07 \\ 0 \end{Bmatrix}$$

由单元刚度方程计算各单元杆端力如下：

$$\{F\}^{①}=\begin{Bmatrix}F_1^{①}\\F_2^{①}\end{Bmatrix}=\begin{bmatrix}0.667 & 0.333\\0.333 & 0.667\end{bmatrix}\begin{Bmatrix}55.97\\-33.20\end{Bmatrix}+\begin{Bmatrix}-26.25\\26.25\end{Bmatrix}=\begin{Bmatrix}0\\22.74\end{Bmatrix}$$

$$\{F\}^{②}=\begin{Bmatrix}F_1^{②}\\F_2^{②}\end{Bmatrix}=\begin{bmatrix}0.667 & 0.333\\0.333 & 0.667\end{bmatrix}\begin{Bmatrix}-33.20\\16.07\end{Bmatrix}=\begin{Bmatrix}-16.79\\-0.35\end{Bmatrix}$$

$$\{F\}^{③}=\begin{Bmatrix}F_1^{③}\\F_2^{③}\end{Bmatrix}=\begin{bmatrix}0.8 & 0.4\\0.4 & 0.8\end{bmatrix}\begin{Bmatrix}16.07\\0\end{Bmatrix}+\begin{Bmatrix}-12.5\\12.5\end{Bmatrix}=\begin{Bmatrix}0.35\\18.93\end{Bmatrix}$$

10. 作 M 图（图 12-32）

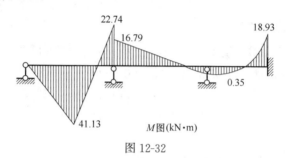

图 12-32

12-7　用矩阵位移法分析平面刚架

平面刚架的分析步骤与连续梁相同。但在计算细节上有如下区别：

（1）计算时考虑杆件的轴向变形。每个节点有三个节点位移，依次为：水平位移、竖向位移和转角位移；

（2）采用式 12-4 所示 6×6 阶的平面刚架单元刚度矩阵；

（3）平面刚架中，杆件的方向不统一，需要进行坐标转换。

下面以图 12-33 所示结构为例，介绍平面刚架结构的分析方法。

一、整体坐标系下的单元刚度矩阵

局部坐标系下的单元刚度矩阵采用第 12-2 节中式 12-4 所示的形式。这里将单元刚度矩阵中的各元素记为：

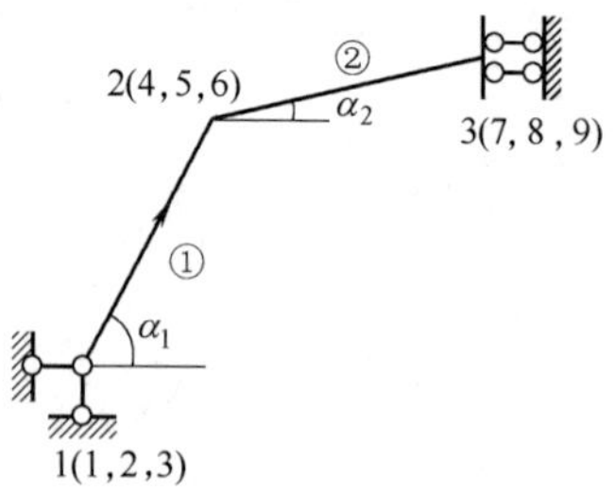

$$[\bar{k}]^e=\begin{bmatrix}\bar{k}_{11}^e & \bar{k}_{12}^e & \bar{k}_{13}^e & \bar{k}_{14}^e & \bar{k}_{15}^e & \bar{k}_{16}^e\\\bar{k}_{21}^e & \bar{k}_{22}^e & \bar{k}_{23}^e & \bar{k}_{24}^e & \bar{k}_{25}^e & \bar{k}_{26}^e\\\bar{k}_{31}^e & \bar{k}_{32}^e & \bar{k}_{33}^e & \bar{k}_{34}^e & \bar{k}_{35}^e & \bar{k}_{36}^e\\\bar{k}_{41}^e & \bar{k}_{42}^e & \bar{k}_{43}^e & \bar{k}_{44}^e & \bar{k}_{45}^e & \bar{k}_{46}^e\\\bar{k}_{51}^e & \bar{k}_{52}^e & \bar{k}_{53}^e & \bar{k}_{54}^e & \bar{k}_{55}^e & \bar{k}_{56}^e\\\bar{k}_{61}^e & \bar{k}_{62}^e & \bar{k}_{63}^e & \bar{k}_{64}^e & \bar{k}_{65}^e & \bar{k}_{66}^e\end{bmatrix}$$

图 12-33

图 12-33 所示结构，单元①、②局部坐标系下的单元刚度矩阵为 $[\bar{k}]^{①}$ 和 $[\bar{k}]^{②}$，单元①、②的夹角为 α_1 和 α_2，单元坐标转换矩阵为 $[T]^{①}$ 和 $[T]^{②}$；单元①、②整体坐标

系下的单元刚度矩阵为：

$$[k]^{①}=[T]^{①\mathrm{T}}[\bar{k}]^{①}[T]^{①}=\begin{bmatrix} k_{11}^{①} & k_{12}^{①} & k_{13}^{①} & k_{14}^{①} & k_{15}^{①} & k_{16}^{①} \\ k_{21}^{①} & k_{22}^{①} & k_{23}^{①} & k_{24}^{①} & k_{25}^{①} & k_{26}^{①} \\ k_{31}^{①} & k_{32}^{①} & k_{33}^{①} & k_{34}^{①} & k_{35}^{①} & k_{36}^{①} \\ k_{41}^{①} & k_{42}^{①} & k_{43}^{①} & k_{44}^{①} & k_{45}^{①} & k_{46}^{①} \\ k_{51}^{①} & k_{52}^{①} & k_{53}^{①} & k_{54}^{①} & k_{55}^{①} & k_{56}^{①} \\ k_{61}^{①} & k_{62}^{①} & k_{63}^{①} & k_{64}^{①} & k_{65}^{①} & k_{66}^{①} \end{bmatrix}$$

$$[k]^{②}=[T]^{②\mathrm{T}}[\bar{k}]^{②}[T]^{②}=\begin{bmatrix} k_{11}^{②} & k_{12}^{②} & k_{13}^{②} & k_{14}^{②} & k_{15}^{②} & k_{16}^{②} \\ k_{21}^{②} & k_{22}^{②} & k_{23}^{②} & k_{24}^{②} & k_{25}^{②} & k_{26}^{②} \\ k_{31}^{②} & k_{32}^{②} & k_{33}^{②} & k_{34}^{②} & k_{35}^{②} & k_{36}^{②} \\ k_{41}^{②} & k_{42}^{②} & k_{43}^{②} & k_{44}^{②} & k_{45}^{②} & k_{46}^{②} \\ k_{51}^{②} & k_{52}^{②} & k_{53}^{②} & k_{54}^{②} & k_{55}^{②} & k_{56}^{②} \\ k_{61}^{②} & k_{62}^{②} & k_{63}^{②} & k_{64}^{②} & k_{65}^{②} & k_{66}^{②} \end{bmatrix}$$

二、整体坐标系下的单元刚度方程

单元①、②在整体坐标系下的单元刚度方程为：

$$\left.\begin{array}{l} \{F\}^{①}=[k]^{①}\{u\}^{①} \\ \{F\}^{②}=[k]^{②}\{u\}^{②} \end{array}\right\} \tag{12-82}$$

它们分别表示各单元整体坐标系下的单元杆端力与杆端位移之间的关系。

图 12-33 所示平面刚架有 3 个节点（包括支座处节点），共有 9 个节点位移（包括支座处的零位移）。结构整体节点位移向量记为：

$$\{u\}=[u_1 \quad u_2 \quad u_3 \quad u_4 \quad \cdots \quad u_9]^\mathrm{T}$$

单元局部位移与结构整体位移的对号关系见表 12-6。

单元局部位移与结构整体位移的对号关系（平面刚架）　　　　表 12-6

单元局部位移码	结构整体位移码	
	单元①	单元②
$\bar{1}$	1	4
$\bar{2}$	2	5
$\bar{3}$	3	6
$\bar{4}$	4	7
$\bar{5}$	5	8
$\bar{6}$	6	9

根据上面的变形协调条件，将单元①、②的杆端局部位移用结构整体节点位移表示，得式 12-82 的展开形式如下：

$$
\begin{Bmatrix} F_1^{①} \\ F_2^{①} \\ F_3^{①} \\ F_4^{①} \\ F_5^{①} \\ F_6^{①} \end{Bmatrix} = \begin{bmatrix} k_{11}^{①} & k_{12}^{①} & k_{13}^{①} & k_{14}^{①} & k_{15}^{①} & k_{16}^{①} \\ k_{21}^{①} & k_{22}^{①} & k_{23}^{①} & k_{24}^{①} & k_{25}^{①} & k_{26}^{①} \\ k_{31}^{①} & k_{32}^{①} & k_{33}^{①} & k_{34}^{①} & k_{35}^{①} & k_{36}^{①} \\ k_{41}^{①} & k_{42}^{①} & k_{43}^{①} & k_{44}^{①} & k_{45}^{①} & k_{46}^{①} \\ k_{51}^{①} & k_{52}^{①} & k_{53}^{①} & k_{54}^{①} & k_{55}^{①} & k_{56}^{①} \\ k_{61}^{①} & k_{62}^{①} & k_{63}^{①} & k_{64}^{①} & k_{65}^{①} & k_{66}^{①} \end{bmatrix} \begin{Bmatrix} u_1 \\ u_2 \\ u_3 \\ u_4 \\ u_5 \\ u_6 \end{Bmatrix}
\tag{12-83a}
$$

$$
\begin{Bmatrix} F_1^{②} \\ F_2^{②} \\ F_3^{②} \\ F_4^{②} \\ F_5^{②} \\ F_6^{②} \end{Bmatrix} = \begin{bmatrix} k_{11}^{②} & k_{12}^{②} & k_{13}^{②} & k_{14}^{②} & k_{15}^{②} & k_{16}^{②} \\ k_{21}^{②} & k_{22}^{②} & k_{23}^{②} & k_{24}^{②} & k_{25}^{②} & k_{26}^{②} \\ k_{31}^{②} & k_{32}^{②} & k_{33}^{②} & k_{34}^{②} & k_{35}^{②} & k_{36}^{②} \\ k_{41}^{②} & k_{42}^{②} & k_{43}^{②} & k_{44}^{②} & k_{45}^{②} & k_{46}^{②} \\ k_{51}^{②} & k_{52}^{②} & k_{53}^{②} & k_{54}^{②} & k_{55}^{②} & k_{56}^{②} \\ k_{61}^{②} & k_{62}^{②} & k_{63}^{②} & k_{64}^{②} & k_{65}^{②} & k_{66}^{②} \end{bmatrix} \begin{Bmatrix} u_4 \\ u_5 \\ u_6 \\ u_7 \\ u_8 \\ u_9 \end{Bmatrix}
\tag{12-83b}
$$

三、结构整体刚度方程

图 12-33 所示结构的整体节点位移向量和节点荷载向量分别为：

$$
\{u\} = \begin{Bmatrix} u_1 \\ u_2 \\ u_3 \\ u_4 \\ u_5 \\ u_6 \\ u_7 \\ u_8 \\ u_9 \end{Bmatrix}, \{P\} = \begin{Bmatrix} P_1 \\ P_2 \\ P_3 \\ P_4 \\ P_5 \\ P_6 \\ P_7 \\ P_8 \\ P_9 \end{Bmatrix}
$$

结构的节点及单元分离体图如图 12-34 所示。由图 12-34，根据节点平衡条件得：

$$
\left. \begin{aligned}
F_1^{①} &= P_1 \\
F_2^{①} &= P_2 \\
F_3^{①} &= P_3 \\
F_4^{①} + F_1^{②} &= P_4 \\
F_5^{①} + F_2^{②} &= P_5 \\
F_6^{①} + F_3^{②} &= P_6 \\
F_4^{②} &= P_7 \\
F_5^{②} &= P_8 \\
F_6^{②} &= P_9
\end{aligned} \right\}
\tag{12-84a}
$$

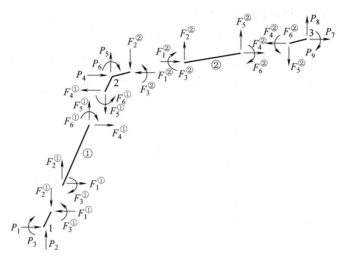

图 12-34

将式 12-83 代入式 12-84a 得：

$$
\left.
\begin{aligned}
&k_{11}^{①}u_1+k_{12}^{①}u_2+k_{13}^{①}u_3+k_{14}^{①}u_4+k_{15}^{①}u_5+k_{16}^{①}u_6=P_1\\
&k_{21}^{①}u_1+k_{22}^{①}u_2+k_{23}^{①}u_3+k_{24}^{①}u_4+k_{25}^{①}u_5+k_{26}^{①}u_6=P_2\\
&k_{31}^{①}u_1+k_{32}^{①}u_2+k_{33}^{①}u_3+k_{34}^{①}u_4+k_{35}^{①}u_5+k_{36}^{①}u_6=P_3\\
&k_{41}^{①}u_1+k_{42}^{①}u_2+k_{43}^{①}u_3+(k_{44}^{①}+k_{11}^{②})u_4+(k_{45}^{①}+k_{12}^{②})u_5\\
&\quad+(k_{46}^{①}+k_{13}^{②})u_6+k_{14}^{②}u_7+k_{15}^{②}u_8+k_{16}^{②}u_9=P_4\\
&k_{51}^{①}u_1+k_{52}^{①}u_2+k_{53}^{①}u_3+(k_{54}^{①}+k_{21}^{②})u_4+(k_{55}^{①}+k_{22}^{②})u_5\\
&\quad+(k_{56}^{①}+k_{23}^{②})u_6+k_{24}^{②}u_7+k_{25}^{②}u_8+k_{26}^{②}u_9=P_5\\
&k_{61}^{①}u_1+k_{62}^{①}u_2+k_{63}^{①}u_3+(k_{64}^{①}+k_{31}^{②})u_4+(k_{65}^{①}+k_{32}^{②})u_5\\
&\quad+(k_{66}^{①}+k_{33}^{②})u_6+k_{34}^{②}u_7+k_{35}^{②}u_8+k_{36}^{②}u_9=P_6\\
&k_{41}^{②}u_4+k_{42}^{②}u_5+k_{43}^{②}u_6+k_{44}^{②}u_7+k_{45}^{②}u_8+k_{46}^{②}u_9=P_7\\
&k_{51}^{②}u_4+k_{52}^{②}u_5+k_{53}^{②}u_6+k_{54}^{②}u_7+k_{55}^{②}u_8+k_{56}^{②}u_9=P_8\\
&k_{61}^{②}u_4+k_{62}^{②}u_5+k_{63}^{②}u_6+k_{64}^{②}u_7+k_{65}^{②}u_8+k_{66}^{②}u_9=P_9
\end{aligned}
\right\}
\quad(12\text{-}84b)
$$

将式 12-48b 写成矩阵形式：

$$
\begin{bmatrix}
k_{11}^{①} & k_{12}^{①} & k_{13}^{①} & k_{14}^{①} & k_{15}^{①} & k_{16}^{①} & 0 & 0 & 0\\
k_{21}^{①} & k_{22}^{①} & k_{23}^{①} & k_{24}^{①} & k_{25}^{①} & k_{26}^{①} & 0 & 0 & 0\\
k_{31}^{①} & k_{32}^{①} & k_{33}^{①} & k_{34}^{①} & k_{35}^{①} & k_{36}^{①} & 0 & 0 & 0\\
k_{41}^{①} & k_{42}^{①} & k_{43}^{①} & k_{44}^{①}+k_{11}^{②} & k_{45}^{①}+k_{12}^{②} & k_{46}^{①}+k_{13}^{②} & k_{14}^{②} & k_{15}^{②} & k_{16}^{②}\\
k_{51}^{①} & k_{52}^{①} & k_{53}^{①} & k_{54}^{①}+k_{21}^{②} & k_{55}^{①}+k_{22}^{②} & k_{56}^{①}+k_{23}^{②} & k_{24}^{②} & k_{25}^{②} & k_{26}^{②}\\
k_{61}^{①} & k_{62}^{①} & k_{63}^{①} & k_{64}^{①}+k_{31}^{②} & k_{65}^{①}+k_{32}^{②} & k_{66}^{①}+k_{33}^{②} & k_{34}^{②} & k_{35}^{②} & k_{36}^{②}\\
0 & 0 & 0 & k_{41}^{②} & k_{42}^{②} & k_{43}^{②} & k_{44}^{②} & k_{45}^{②} & k_{46}^{②}\\
0 & 0 & 0 & k_{51}^{②} & k_{52}^{②} & k_{53}^{②} & k_{54}^{②} & k_{55}^{②} & k_{56}^{②}\\
0 & 0 & 0 & k_{61}^{②} & k_{62}^{②} & k_{63}^{②} & k_{64}^{②} & k_{65}^{②} & k_{66}^{②}
\end{bmatrix}
\begin{Bmatrix}
u_1\\ u_2\\ u_3\\ u_4\\ u_5\\ u_6\\ u_7\\ u_8\\ u_9
\end{Bmatrix}
=
\begin{Bmatrix}
P_1\\ P_2\\ P_3\\ P_4\\ P_5\\ P_6\\ P_7\\ P_8\\ P_9
\end{Bmatrix}
$$

$$(12\text{-}84c)$$

式 12-84c 为结构整体刚度方程，式中的 9×9 阶矩阵为结构整体刚度矩阵，记为：

$$[K] = \begin{bmatrix} K_{11} & K_{12} & K_{13} & K_{14} & K_{15} & K_{16} & K_{17} & K_{18} & K_{19} \\ K_{21} & K_{22} & K_{23} & K_{24} & K_{25} & K_{26} & K_{27} & K_{28} & K_{29} \\ K_{31} & K_{32} & K_{33} & K_{34} & K_{35} & K_{36} & K_{37} & K_{38} & K_{39} \\ K_{41} & K_{42} & K_{43} & K_{44} & K_{45} & K_{46} & K_{47} & K_{48} & K_{49} \\ K_{51} & K_{52} & K_{53} & K_{54} & K_{55} & K_{56} & K_{57} & K_{58} & K_{59} \\ K_{61} & K_{62} & K_{63} & K_{64} & K_{65} & K_{66} & K_{67} & K_{68} & K_{69} \\ K_{71} & K_{72} & K_{73} & K_{74} & K_{75} & K_{76} & K_{77} & K_{78} & K_{79} \\ K_{81} & K_{82} & K_{83} & K_{84} & K_{85} & K_{86} & K_{87} & K_{88} & K_{89} \\ K_{91} & K_{92} & K_{93} & K_{94} & K_{95} & K_{96} & K_{97} & K_{98} & K_{99} \end{bmatrix} \quad (12\text{-}85)$$

式 12-84c 简记为：

$$[K]\{u\} = \{P\} \quad (12\text{-}86)$$

式 12-85 中的 K_{ij} 为整体刚度矩阵元素。下面用图 12-35 所示体系来举例说明平面刚架结构整体刚度矩阵元素的物理意义。

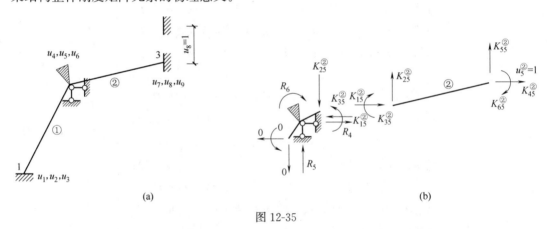

(a)   (b)

图 12-35

设图 12-35a 所示体系仅产生 $u_8 = 1$ 的单位位移。对于图 12-35b 中的单元②，相当于产生 $u_5^{②} = 1$ 的单位杆端位移。由单元刚度矩阵元素的物理意义可知，此时单元②上的 6 个杆端力为式 12-83b 中 $[k]^{②}$ 的第五列元素。$u_8 = 1$ 引起的第 4、5、6 个附加约束上的附加约束反力可由图 12-35b 根据节点平衡条件求出，即：$R_4 = k_{15}^{②}$；$R_5 = k_{25}^{②}$；$R_6 = k_{35}^{②}$。R_4、R_5 和 R_6 的值恰为结构整体刚度矩阵元素 K_{48}、K_{58} 和 K_{68}。由此可见，整体刚度矩阵元素 K_{ij} 的物理意义为：当且仅当 $u_j = 1$ 作用时引起的第 i 个附加约束上的附加约束反力。元素的物理意义与连续梁相同。

平面刚架的整体刚度矩阵具有下面两个性质：

1. 对称性

平面刚架的整体刚度矩阵 $[K]$ 与连续梁一样，为对称矩阵，即有：

$$K_{ij} = K_{ji}$$

这一性质可由反力互等定理直接验证。

2. 奇异性

与连续梁结构不同，平面刚架结构的整体刚度矩阵 $[K]$ 为奇异矩阵。这是因为在未进行边界条件处理之前，整个结构有刚体位移。所以，计算时，必须先对整体刚度方程进行边界条件处理，才能求解。

四、结构整体刚度矩阵 $[K]$ 的集成方法

$[K]$ 的集成方法与连续梁相同。

1. 对号过程

单元①：

$$
\begin{array}{cccccc}
1 & 2 & 3 & 4 & 5 & 6
\end{array} \longleftarrow \text{整体位移码}
$$

$$
\begin{array}{cccccc}
\overline{1} & \overline{2} & \overline{3} & \overline{4} & \overline{5} & \overline{6}
\end{array} \longleftarrow \text{局部位移码}
$$

$$
[k]^{①} = \begin{bmatrix} & & \\ & \sim & \\ & & \end{bmatrix}
\begin{array}{cc}
\overline{1} & 1 \\
\overline{2} & 2 \\
\overline{3} & 3 \\
\overline{4} & 4 \\
\overline{5} & 5 \\
\overline{6} & 6
\end{array}
$$

单元②：

$$
\begin{array}{cccccc}
4 & 5 & 6 & 7 & 8 & 9
\end{array} \longleftarrow \text{整体位移码}
$$

$$
\begin{array}{cccccc}
\overline{1} & \overline{2} & \overline{3} & \overline{4} & \overline{5} & \overline{6}
\end{array} \longleftarrow \text{局部位移码}
$$

$$
[k]^{②} = \begin{bmatrix} & & \\ & \sim & \\ & & \end{bmatrix}
\begin{array}{cc}
\overline{1} & 4 \\
\overline{2} & 5 \\
\overline{3} & 6 \\
\overline{4} & 7 \\
\overline{5} & 8 \\
\overline{6} & 9
\end{array}
$$

2. 入座过程

入座过程与第 12-6 节中介绍的方法相同。如：单元②的单元刚度矩阵元素 $k_{34}^{②}$，位移码对应关系为 $\overline{3}\ \overline{4} \rightarrow 6\ 7$。所以，$k_{34}^{②}$ 应放在整体刚度矩阵 $[K]$ 的 K_{87} 位置上。集成后的整体刚度矩阵如式 12-84c 所示。

五、边界条件处理

图 12-33 所示结构中，$u_1 = u_2 = u_7 = u_9 = 0$。采用第 12-6 节中介绍的划行划列法，得处理后的整体刚度方程如下：

$$
\begin{bmatrix}
K_{33} & K_{34} & K_{35} & K_{36} & K_{38} \\
K_{43} & K_{44} & K_{45} & K_{46} & K_{48} \\
K_{53} & K_{54} & K_{55} & K_{56} & K_{58} \\
K_{63} & K_{64} & K_{65} & K_{66} & K_{68} \\
K_{83} & K_{84} & K_{85} & K_{86} & K_{88}
\end{bmatrix}
\begin{Bmatrix}
u_3 \\ u_4 \\ u_5 \\ u_6 \\ u_8
\end{Bmatrix} =
\begin{Bmatrix}
P_3 \\ P_4 \\ P_5 \\ P_6 \\ P_8
\end{Bmatrix}
\tag{12-87}
$$

六、单元杆端力的计算

利用局部坐标系下的单元刚度方程计算局部坐标系下的单元杆端力，即：

$$\{\overline{F}\}^e = [\overline{k}]^e \{\overline{u}\}^e \tag{12-88}$$

注意：这里的 $\{\overline{u}\}^e$ 为局部坐标系下的单元杆端位移。由结构整体位移 $\{u\}$，根据对号关系得到的是整体坐标系下的单元杆端位移 $\{u\}^e$，需要进行坐标转换才能求得局部坐标系下的单元杆端位移，即：

$$\{\overline{u}\}^e = [T]^e \{u\}^e \tag{12-89}$$

将式 12-89 代入式 12-88 得单元杆端力计算公式：

$$\{\overline{F}\}^e = [\overline{k}]^e [T]^e \{u\}^e \tag{12-90}$$

如果单元上有非节点荷载作用，计算单元杆端力时，应叠加单元固端力，即：

$$\{\overline{F}\}^e = [\overline{k}]^e [T]^e \{u\}^e + \{\overline{F}_q\}^e \tag{12-91}$$

七、计算举例

【例题 12-2】 用矩阵位移法分析图 12-36 所示的平面刚架。

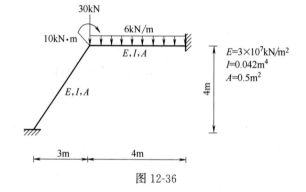

图 12-36

【解】

1. 编码（图 12-37）

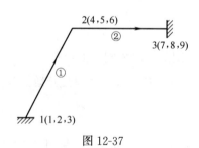

图 12-37

2. 计算单元刚度矩阵

单元①：

$$\frac{EA}{5} = 300 \times 10^4, \frac{EI}{5} = 25.2 \times 10^4$$

$$\frac{6EI}{5^2} = 30.2 \times 10^4, \frac{12EI}{5^3} = 12.1 \times 10^4$$

$$[k]^{①} = \begin{bmatrix} 300 & 0 & 0 & -300 & 0 & 0 \\ 0 & 12.1 & -30.2 & 0 & -12.1 & -30.2 \\ 0 & -30.2 & 100.8 & 0 & 30.2 & 50.4 \\ -300 & 0 & 0 & 300 & 0 & 0 \\ 0 & -12.1 & 30.2 & 0 & 12.1 & 30.2 \\ 0 & -30.2 & 50.4 & 0 & 30.2 & 100.8 \end{bmatrix}$$

$$\sin\alpha = 0.8, \cos\alpha = 0.6$$

$$[T]^{①} = \begin{bmatrix} 0.6 & 0.8 & 0 & 0 & 0 & 0 \\ -0.8 & 0.6 & 0 & 0 & 0 & 0 \\ 0 & 0 & 1 & 0 & 0 & 0 \\ 0 & 0 & 0 & 0.6 & 0.8 & 0 \\ 0 & 0 & 0 & -0.8 & 0.6 & 0 \\ 0 & 0 & 0 & 0 & 0 & 1 \end{bmatrix}$$

$$[k]^{①} = [T]^{①T}[\bar{k}]^{①}[T]^{①}$$

$$= 10^4 \times \begin{bmatrix} 115.9 & 138.2 & 24.2 & -115.9 & -138.2 & 24.2 \\ 138.2 & 196.2 & -18.2 & -138.2 & -196.2 & -18.2 \\ 24.2 & -18.2 & 100.8 & -24.2 & 18.2 & 50.4 \\ -115.9 & -138.2 & -24.2 & 115.9 & 138.2 & -24.18 \\ -138.2 & -196.2 & 18.2 & 138.2 & 196.2 & 18.2 \\ 24.2 & -18.2 & 50.4 & -24.2 & 18.2 & 100.8 \end{bmatrix}$$

单元②：

$$\frac{EA}{4} = 375 \times 10^4, \frac{EI}{4} = 31.5 \times 10^4$$

$$\frac{6EI}{4^2} = 47.3 \times 10^4, \frac{12EI}{4^3} = 23.6 \times 10^4$$

$$[k]^{②} = [\bar{k}]^{②}$$

$$= 10^4 \times \begin{bmatrix} 375 & 0 & 0 & -375 & 0 & 0 \\ 0 & 23.6 & -47.3 & 0 & -23.6 & -47.3 \\ 0 & -47.3 & 126 & 0 & 47.3 & 63 \\ -375 & 0 & 0 & 375 & 0 & 0 \\ 0 & -23.6 & 47.3 & 0 & 23.6 & 47.3 \\ 0 & -47.3 & 63 & 0 & 47.3 & 126 \end{bmatrix}$$

3. 计算结构整体刚度矩阵

(1) 对号

单元①:

$$
[k]^{①} =
\begin{array}{cccccc}
1 & 2 & 3 & 4 & 5 & 6
\end{array} \longleftarrow \text{整体位移码}
$$

$$
\begin{array}{cccccc}
\overline{1} & \overline{2} & \overline{3} & \overline{4} & \overline{5} & \overline{6}
\end{array} \longleftarrow \text{局部位移码}
$$

$$
[k]^{①} =
\begin{bmatrix}
& & & & & \\
& & \sim & & & \\
& & & & &
\end{bmatrix}
\begin{array}{cc}
\overline{1} & 1 \\
\overline{2} & 2 \\
\overline{3} & 3 \\
\overline{4} & 4 \\
\overline{5} & 5 \\
\overline{6} & 6
\end{array}
$$

单元②:

$$
\begin{array}{cccccc}
4 & 5 & 6 & 7 & 8 & 9
\end{array} \longleftarrow \text{整体位移码}
$$

$$
\begin{array}{cccccc}
\overline{1} & \overline{2} & \overline{3} & \overline{4} & \overline{5} & \overline{6}
\end{array} \longleftarrow \text{局部位移码}
$$

$$
[k]^{②} =
\begin{bmatrix}
& & & & & \\
& & \sim & & & \\
& & & & &
\end{bmatrix}
\begin{array}{cc}
\overline{1} & 4 \\
\overline{2} & 5 \\
\overline{3} & 6 \\
\overline{4} & 7 \\
\overline{5} & 8 \\
\overline{6} & 9
\end{array}
$$

(2) 入座

$$
[K] = 10^4 \times
\begin{bmatrix}
115.9 & 138.2 & 24.2 & -115.9 & -138.2 & 24.2 & 0 & 0 & 0 \\
138.2 & 196.2 & -18.2 & -138.2 & -196.2 & -18.2 & 0 & 0 & 0 \\
24.2 & -18.2 & 100.8 & -24.2 & 18.2 & 50.4 & 0 & 0 & 0 \\
-115.9 & -138.2 & -24.2 & 490.9 & 138.2 & -24.2 & -375 & 0 & 0 \\
-138.2 & -196.2 & 18.2 & 138.2 & 219.8 & -29.1 & 0 & -23.6 & -47.3 \\
24.2 & -18.2 & 50.4 & -24.2 & -29.1 & 226.8 & 0 & 47.3 & 63 \\
0 & 0 & 0 & -375 & 0 & 0 & 375 & 0 & 0 \\
0 & 0 & 0 & 0 & -23.6 & 47.3 & 0 & 23.6 & 47.3 \\
0 & 0 & 0 & 0 & -47.3 & 63 & 0 & 47.3 & 126
\end{bmatrix}
$$

4. 计算结构总节点荷载向量

(1) 计算单元固端力

$$
\{\overline{F}_q\}^{①} = \{0\}, \quad \{\overline{F}\}^{②} =
\begin{Bmatrix}
0 \\
12 \\
-8 \\
0 \\
12 \\
8
\end{Bmatrix}
$$

（2）计算单元等效节点荷载

单元①：$\{P\}^{①}=\{0\}$

单元②：$\{P\}^{②}=-[T]^{②\mathrm{T}}\{\overline{F}_{\mathrm{q}}\}^{②}$

由于单元②的夹角 $\alpha=0$，所以：

$$\{P\}^{②}=-\{\overline{F}_{\mathrm{q}}\}^{②}=\begin{Bmatrix} 0 \\ -12 \\ 8 \\ 0 \\ -12 \\ -8 \end{Bmatrix}$$

（3）计算结构总节点荷载向量

$$\{P\}=\{P_1\}+\{P_{\mathrm{E}}\}=\begin{Bmatrix} 0 \\ 0 \\ 0 \\ 0 \\ -30-12 \\ 10+8 \\ 0 \\ -12 \\ -8 \end{Bmatrix}=\begin{Bmatrix} 0 \\ 0 \\ 0 \\ 0 \\ -42 \\ 18 \\ 0 \\ -12 \\ -8 \end{Bmatrix}$$

5. 结构整体刚度方程及边界条件处理

计算出 $[K]$ 和 $\{P\}$ 之后，即得结构整体刚度方程：

$$[K]\{u\}=\{P\}$$

此时，$[K]$ 为奇异矩阵，必须进行边界条件处理。本例题的边界条件为：

$$u_1=u_2=u_3=u_7=u_8=u_9=0$$

用划行划列法得处理后的整体刚度方程如下：

$$10^4 \times \begin{bmatrix} 490.9 & 138.2 & -24.2 \\ 138.2 & 219.8 & -29.1 \\ -24.2 & -29.1 & 226.8 \end{bmatrix} \begin{Bmatrix} u_4 \\ u_5 \\ u_6 \end{Bmatrix}=\begin{Bmatrix} 0 \\ -42 \\ 18 \end{Bmatrix}$$

6. 计算结构整体节点位移

解处理后的整体刚度方程，得：

$$u_4=0.066\times10^{-4}, u_5=-0.225\times10^{-4}, u_6=0.058\times10^{-4}$$

整个结构的整体节点位移向量为：

$$\{u\}=\begin{Bmatrix} 0 \\ 0 \\ 0 \\ 0.066 \\ -0.225 \\ 0.058 \\ 0 \\ 0 \\ 0 \end{Bmatrix}\times10^{-4}$$

7. 计算单元杆端力

单元①：

$$\{u\}^{①} = \begin{Bmatrix} u_1 \\ u_2 \\ u_3 \\ u_4 \\ u_5 \\ u_6 \end{Bmatrix} = \begin{Bmatrix} 0 \\ 0 \\ 0 \\ 0.066 \\ -0.225 \\ 0.058 \end{Bmatrix} \times 10^{-4}$$

$$\{\overline{F}\}^{①} = \begin{Bmatrix} \overline{F}_1^{①} \\ \overline{F}_2^{①} \\ \overline{F}_3^{①} \\ \overline{F}_4^{①} \\ F_5^{①} \\ F_6^{①} \end{Bmatrix} = \{\overline{k}\}^{①}[T]^{①}\{u\}^{①} = \begin{Bmatrix} 42.1 \\ 0.5 \\ -2.8 \\ -42.1 \\ -0.5 \\ 0.1 \end{Bmatrix}$$

单元②：

$$\{\overline{u}\}^{②} = \{u\}^{②} = \begin{Bmatrix} u_4 \\ u_5 \\ u_6 \\ u_7 \\ u_8 \\ u_9 \end{Bmatrix} = \begin{Bmatrix} 0.066 \\ -0.225 \\ 0.058 \\ 0 \\ 0 \\ 0 \end{Bmatrix} \times 10^{-4}$$

$$\{\overline{F}\}^{②} = \{\overline{k}\}^{②}[T]^{②}\{u\}^{②} + \{\overline{F}_q\}^{②} = \begin{Bmatrix} 24.8 \\ 4.0 \\ 9.9 \\ -24.8 \\ 20.0 \\ 22.3 \end{Bmatrix}$$

8. 作内力图

由求得的各单元杆端力可绘出内力图如图 12-38 所示。

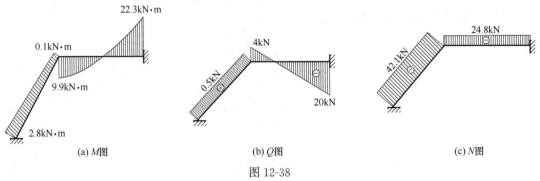

(a) M图　　　　　　(b) Q图　　　　　　(c) N图

图 12-38

作内力图时要特别注意：这里求出的杆端力是局部坐标系下的杆端力，其正负号规定与作内力图的正负号规定不同。

12-8　边界条件处理方法

边界条件处理方法分为前处理法和后处理法。前面采用的是后处理法中的一种。本节较详细地介绍边界条件处理方法。

一、前处理法

前处理法是指在形成结构整体刚度方程之前进行边界条件处理。前处理法的优点是降低整体刚度矩阵及刚度方程的阶数，用计算机计算时，可节省计算机内存空间。

前处理法的具体做法如下：

（1）取全部非零位移组成结构整体节点位移向量；

（2）集成整体刚度矩阵 $[K]$ 和荷载向量 $\{P\}$ 时，与零位移对应的元素不进行对号入座。

下面以图 12-33 所示结构为例，介绍这种前处理方法。

1. 编码

编结构整体位移码时，支座处的零位移一律编成 0 码，而其他非零位移依次编码。图 12-39 中，共有 5 个节点位移，即：

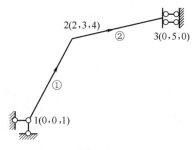

图 12-39

$$\{u\}=\begin{Bmatrix} u_1 \\ u_2 \\ u_3 \\ u_4 \\ u_5 \end{Bmatrix}$$

2. 整体刚度矩阵集成过程

整体坐标系下的单元刚度矩阵为 $[k]^{①}$ 和 $[k]^{②}$；单元杆端位移为 $\{u\}^{①}$ 和 $\{u\}^{②}$。位移对号关系见表 12-7。

即：

$$\frac{0\ \ 0\ \ 1\ \ 2\ \ 3\ \ 4}{1\ \ 2\ \ 3\ \ 4\ \ 5\ \ 6}$$

单元局部位移与结构整体位移对号关系（前处理法）　　　表 12-7

单元局部位移码	结构整体位移码	
	单元①	单元②
$\overline{1}$	0	2
$\overline{2}$	0	3
$\overline{3}$	1	4
$\overline{4}$	2	0
$\overline{5}$	3	5
$\overline{6}$	4	0

单元①：

$$[k]^{①}=\begin{bmatrix} \times & \times & \times & \times & \times & \times \\ \times & \times & \times & \times & \times & \times \\ \times & \times & k_{33}^{①} & k_{34}^{①} & k_{35}^{①} & k_{36}^{①} \\ \times & \times & k_{43}^{①} & k_{44}^{①} & k_{45}^{①} & k_{46}^{①} \\ \times & \times & k_{53}^{①} & k_{54}^{①} & k_{55}^{①} & k_{56}^{①} \\ \times & \times & k_{63}^{①} & k_{64}^{①} & k_{65}^{①} & k_{66}^{①} \end{bmatrix}\begin{matrix} \overline{1} & 0 \\ \overline{2} & 0 \\ \overline{3} & 1 \\ \overline{4} & 2 \\ \overline{5} & 3 \\ \overline{6} & 4 \end{matrix}$$

$$\begin{matrix} 2 & 3 & 4 & 0 & 5 & 0 \\ \overline{1} & \overline{2} & \overline{3} & \overline{4} & \overline{5} & \overline{6} \end{matrix}$$

单元②：

$$[k]^{②}=\begin{bmatrix} k_{11}^{②} & k_{12}^{②} & k_{13}^{②} & \times & k_{15}^{②} & \times \\ \times & \times & \times & \times & \times & \times \\ k_{31}^{②} & k_{32}^{②} & k_{33}^{②} & \times & k_{35}^{②} & \times \\ k_{41}^{②} & k_{42}^{②} & k_{43}^{②} & \times & k_{45}^{②} & \times \\ k_{51}^{②} & k_{52}^{②} & k_{53}^{②} & \times & k_{55}^{②} & \times \\ \times & \times & \times & \times & \times & \times \end{bmatrix}\begin{matrix} \overline{1} & 2 \\ \overline{2} & 3 \\ \overline{3} & 4 \\ \overline{4} & 0 \\ \overline{5} & 5 \\ \overline{6} & 4 \end{matrix}$$

上面×位置处的单元刚度矩阵元素为与 0 位移码对应的元素。集成整体刚度矩阵时，×位置处的单元刚度矩阵元素不进行对号入座，仅对非 0 位移码对应位置处的元素进行对号入座。本例题的对号入座结果如下：

$$[K]=\begin{matrix} 1 & 2 & 3 & 4 & 5 \end{matrix}$$
$$[K]=\begin{bmatrix} k_{33}^{①} & k_{34}^{①} & k_{35}^{①} & k_{36}^{①} & 0 \\ k_{43}^{①} & k_{44}^{①}+k_{11}^{②} & k_{45}^{①}+k_{12}^{②} & k_{46}^{①}+k_{13}^{②} & k_{15}^{②} \\ k_{53}^{①} & k_{54}^{①}+k_{21}^{②} & k_{55}^{①}+k_{22}^{②} & k_{56}^{①}+k_{23}^{②} & k_{25}^{②} \\ k_{63}^{①} & k_{64}^{①}+k_{31}^{②} & k_{65}^{①}+k_{32}^{②} & k_{66}^{①}+k_{33}^{②} & k_{35}^{②} \\ 0 & k_{51}^{②} & k_{52}^{②} & k_{53}^{②} & k_{55}^{②} \end{bmatrix}\begin{matrix} 1 \\ 2 \\ 3 \\ 4 \\ 5 \end{matrix}$$

3. 总节点荷载向量的集成过程

单元①、②整体坐标系下的单元等效节点荷载向量分别为 $\{P\}^{①}$ 和 $\{P\}^{②}$。对号关系如下：

$$\{P\}^{①}=\begin{Bmatrix} \times \\ \times \\ P_3^{①} \\ P_4^{①} \\ P_5^{①} \\ P_6^{①} \end{Bmatrix} \begin{matrix} \bar{1} & 0 \\ \bar{2} & 0 \\ \bar{3} & 1 \\ \bar{4} & 2 \\ \bar{5} & 3 \\ \bar{6} & 4 \end{matrix} \qquad \{P\}^{②}=\begin{Bmatrix} P_1^{②} \\ P_2^{②} \\ P_3^{②} \\ \times \\ P_5^{②} \\ \times \end{Bmatrix} \begin{matrix} \bar{1} & 2 \\ \bar{2} & 3 \\ \bar{3} & 4 \\ \bar{4} & 0 \\ \bar{5} & 5 \\ \bar{6} & 0 \end{matrix}$$

将非 0 节点位移码对应位置处的元素对号入座得：

$$\{P_E\}=\begin{Bmatrix} P_3^{①} \\ P_4^{①}+P_1^{②} \\ P_5^{①}+P_2^{②} \\ P_6^{①}+P_3^{②} \\ P_5^{②} \end{Bmatrix} \begin{matrix} 1 \\ 2 \\ 3 \\ 4 \\ 5 \end{matrix}$$

直接节点荷载按其所在位置的整体节点位移码直接放入 $\{P_1\}$ 中，方法同前，这里不再介绍。合并 $\{P_E\}$ 和 $\{P_1\}$ 得结构总节点荷载向量 $\{P\}$。有了 $[K]$、$\{P\}$ 之后，即得到整体刚度方程。其形式与第 12-7 节中式 12-87 相同，记为：

$$[K]\{u\}=\{P\}$$

这里的整体刚度方程是非奇异的，可以直接求解。求出结构整体节点位移后，可计算单元杆端力。其计算方法与前面介绍的相同，这里不再介绍。

二、后处理法

在第 12-6 节和第 12-7 节中使用的划行划列法是一种后处理法。采用划行划列法，可降低整体刚度方程的阶数，便于手算。

由于划行划列法处理前后的整体刚度方程阶数不同，用计算机计算时，编程序不方便，所以，用计算机计算时，一般都采用下面的两种后处理法。

1. 置 1 置 0 法

对于有 n 个节点位移的结构，其整体刚度方程为：

$$\begin{bmatrix} K_{11} & K_{12} & \cdots & \cdots & K_{14} & \cdots & \cdots & K_{1n} \\ K_{21} & K_{22} & \cdots & \cdots & K_{24} & \cdots & \cdots & K_{2n} \\ \vdots & \vdots & & & \vdots & & & \vdots \\ \vdots & \vdots & & & \vdots & & & \vdots \\ K_{i1} & K_{i2} & \cdots & \cdots & K_{ii} & \cdots & \cdots & K_{in} \\ \vdots & \vdots & & & \vdots & & & \vdots \\ \vdots & \vdots & & & \vdots & & & \vdots \\ K_{n1} & K_{n2} & \cdots & \cdots & K_{n4} & \cdots & \cdots & K_{nn} \end{bmatrix} \begin{Bmatrix} u_1 \\ u_2 \\ \vdots \\ \vdots \\ u_i \\ \vdots \\ \vdots \\ u_n \end{Bmatrix} = \begin{Bmatrix} P_1 \\ P_2 \\ \vdots \\ \vdots \\ P_i \\ \vdots \\ \vdots \\ P_n \end{Bmatrix} \qquad (12\text{-}92)$$

假设 $u_i=0$，若采用划行划列法，应划掉 $[K]$ 中的第 i 行和第 i 列及 $\{P\}$ 中的 P_i，使方程变为 $n-1$ 阶。这里采用置 1 置 0 法的做法是：将整体刚度矩阵 $[K]$ 的主对角线元素 K_{ii} 置换成 1，而将第 i 行和第 i 列的非主对角线元素置换成 0。同时，$\{P\}$ 中的 P_i 也置换成 0。即将式 12-92 变成如下形式：

$$\begin{bmatrix} K_{11} & K_{12} & \cdots & \cdots & 0 & \cdots & \cdots & K_{1n} \\ K_{21} & K_{22} & \cdots & \cdots & 0 & \cdots & \cdots & K_{2n} \\ \vdots & \vdots & & & \vdots & & & \vdots \\ \vdots & \vdots & & & \vdots & & & \vdots \\ 0 & 0 & \cdots & \cdots & 1 & \cdots & \cdots & 0 \\ \vdots & \vdots & & & \vdots & & & \vdots \\ \vdots & \vdots & & & \vdots & & & \vdots \\ K_{n1} & K_{n2} & \cdots & \cdots & 0 & \cdots & \cdots & K_{nn} \end{bmatrix} \begin{Bmatrix} u_1 \\ u_2 \\ \vdots \\ \vdots \\ u_i \\ \vdots \\ \vdots \\ u_n \end{Bmatrix} = \begin{Bmatrix} P_1 \\ P_2 \\ \vdots \\ \vdots \\ 0 \\ \vdots \\ \vdots \\ P_n \end{Bmatrix} \qquad (12\text{-}93)$$

式 12-93 中的第 i 行相当于

$$1 \times u_i = 0$$

整个 n 元一次线性方程组的求解结果必为 $u_i=0$，达到了边界条件处理的目的。这时整体刚度方程的阶数不变，仍为 n 阶。

对于图 12-33 所示结构，采用置 1 置 0 法处理后的整体刚度方程形式如下：

$$\begin{bmatrix} 1 & 0 & 0 & 0 & 0 & 0 & 0 & 0 & 0 \\ 0 & 1 & 0 & 0 & 0 & 0 & 0 & 0 & 0 \\ 0 & 0 & K_{33} & K_{34} & K_{35} & K_{36} & 0 & K_{38} & 0 \\ 0 & 0 & K_{43} & K_{44} & K_{45} & K_{46} & 0 & K_{48} & 0 \\ 0 & 0 & K_{53} & K_{54} & K_{55} & K_{56} & 0 & K_{58} & 0 \\ 0 & 0 & K_{63} & K_{64} & K_{65} & K_{66} & 0 & K_{68} & 0 \\ 0 & 0 & 0 & 0 & 0 & 0 & 1 & 0 & 0 \\ 0 & 0 & K_{83} & K_{84} & K_{85} & K_{86} & 0 & K_{88} & 0 \\ 0 & 0 & 0 & 0 & 0 & 0 & 0 & 0 & 1 \end{bmatrix} \begin{Bmatrix} u_1 \\ u_2 \\ u_3 \\ u_4 \\ u_5 \\ u_6 \\ u_7 \\ u_8 \\ u_9 \end{Bmatrix} = \begin{Bmatrix} 0 \\ 0 \\ P_3 \\ P_4 \\ P_5 \\ P_6 \\ 0 \\ P_7 \\ 0 \end{Bmatrix}$$

2. 乘大数法

采用乘大数法进行边界条件处理时，只处理整体刚度矩阵 $[K]$ 中与零位移对应的主对角线元素。例如，式 12-92 中 $u_i=0$，则处理方法为：将 $[K]$ 中与位移 i 对应的主对角元素 K_{ii} 乘上一个较大的数 A，如 10^8。这时，式 12-92 的第 i 个方程变为：

$$K_{i1}u_1 + K_{i2}u_2 + \cdots\cdots + A \times K_{ii}u_i + \cdots\cdots K_{in}u_n = P_i$$

从中解得：

$$u_i = [P_i - (K_{i1}u_1 + K_{i2}u_2 + \cdots\cdots K_{in}u_n)]/A \times K_{ii} \approx 0$$

从而达到了边界处理的目的。

3. 支座移动问题的处理方法

支座移动问题仍属于已知位移边界条件的边界条件处理问题。处理方法之一是采用乘大数法。例如：式 12-92 中，已知 $u_i=\Delta_i$，则处理方法如下：

(1) 将 $[K]$ 中的主对角线元素 K_{ii} 乘上一个大数 A，变为 $A \times K_{ii}$。

(2) 将 $\{P\}$ 中的 P_i 变为 $\Delta_i \times A \times K_{ii}$。这时，式 12-92 中的第 i 个方程式变为：

$$K_{i1}u_1 + K_{i2}u_2 + \cdots\cdots + A \times K_{ii}u_i + \cdots\cdots + K_{in}u_n = \Delta_i \times K_{ii} \times A$$

从中解出 u_i：

$$u_i = \Delta_i - (K_{i1}u_1 + K_{i2}u_2 + \cdots\cdots K_{in}u_n)/A \times K_{ii} \approx \Delta_i$$

这样，整个方程求解后可得 $u_i \approx \Delta_i$。

12-9　用矩阵位移法分析平面桁架

一、平面桁架的计算特点

平面桁架结构的节点均为铰节点。每个节点有两个节点位移分量，即沿 x 轴方向的水平位移和沿 y 轴方向的竖向位移。平面桁架结构只受节点荷载作用，每个节点有两个节点荷载分量，其正方向与节点位移正向相同。结构整体节点位移向量记为 $\{u\}$；整体节点荷载向量记为 $\{P\}$。

计算时，采用第 12-2 节中式 12-14 所示的平面桁架单元局部坐标系下的单元刚度矩阵，即：

$$[\bar{k}]^e = \frac{EA}{L}\begin{bmatrix} 1 & -1 \\ -1 & 1 \end{bmatrix}$$

采用式 12-35 所示的单元坐标换矩阵，即：

$$[T]^e = \begin{bmatrix} \cos\alpha & \sin\alpha & 0 & 0 \\ 0 & 0 & \cos\alpha & \sin\alpha \end{bmatrix}$$

整体坐标系下的单元刚度矩阵为：

$$[k]^e = [T]^{eT}[\bar{k}]^e[T]^e$$

平面桁架结构整体刚度方程为：

$$[K]\{u\} = \{P\}$$

整体刚度方程的推导过程与连续梁及平面刚架相同；整体刚度矩阵 $[K]$ 和荷载向量 $\{P\}$ 的集成过程也相同，这里不再单独介绍。

平面桁架中的杆件单元在荷载作用下只产生轴力。轴力的符号规定为受拉为正，受压为负。单元轴力的计算步骤如下：

(1) 根据位移对号关系，从结构整体位移 $\{u\}$ 中提取单元整体坐标系下的单元杆端位移向量。

(2) 计算局部坐标系下的单元杆端位移：

$$\{\bar{u}\}^e = \begin{Bmatrix} \bar{u}_1^e \\ \bar{u}_2^e \end{Bmatrix} = [T]^e[u]^e = \begin{bmatrix} \cos\alpha & \sin\alpha & 0 & 0 \\ 0 & 0 & \cos\alpha & \sin\alpha \end{bmatrix}\begin{Bmatrix} u_1^e \\ u_2^e \\ u_3^e \\ u_4^e \end{Bmatrix}$$

$$= \begin{Bmatrix} u_1^e\cos\alpha + u_2^e\sin\alpha \\ u_3^e\cos\alpha + u_4^e\sin\alpha \end{Bmatrix} \tag{12-94}$$

（3）计算单元轴力：

单元轴力为：

$$N = \frac{EA}{L}(\overline{u}_2^e - \overline{u}_1^e) \tag{12-95}$$

将式 12-94 代入式 12-95 得平面桁架的单元轴力计算公式

$$N = \frac{EA}{L}[(u_3^e - u_1^e)\cos\alpha + (u_4^e - u_2^e)\sin\alpha] \tag{12-96}$$

下面举例说明平面桁架结构的计算过程。

二、平面桁架计算举例

【**例题 12-3**】 用矩阵位移分析图 12-40 所示的平面桁架。$EA =$ 常数。（为计算方便，取 $EA = 1$。）

【**解**】

1. 编码

这里采用前处理法，编码情况如图 12-41 所示。

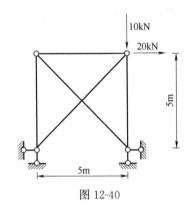

图 12-40

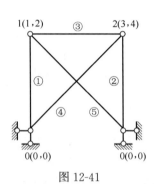

图 12-41

2. 计算单元刚度矩阵

（1）局部坐标系下的单元刚度矩阵

$$[k]^{①} = [k]^{②} = [k]^{③} = \begin{bmatrix} 0.2 & -0.2 \\ -0.2 & 0.2 \end{bmatrix}$$

$$[k]^{④} = [k]^{⑤} = \begin{bmatrix} 0.1414 & -0.1414 \\ -0.1414 & 0.1414 \end{bmatrix}$$

（2）整体坐标系下的单元刚度矩阵

单元①：

$$\alpha = 90°, \sin\alpha = 1, \cos\alpha = 0$$

$$[k]^{①} = [T]^{①\mathrm{T}}[\overline{k}]^{①}[T]^{①} = \begin{bmatrix} 0 & 0 & 0 & 0 \\ 0 & 0.2 & 0 & -0.2 \\ 0 & 0 & 0 & 0 \\ 0 & -0.2 & 0 & 0.2 \end{bmatrix}$$

单元②：

$$\alpha = 90°, \sin\alpha = 1, \cos\alpha = 0$$

$$[k]^{②} = [T]^{②T}[\bar{k}]^{②}[T]^{②} = [k]^{①}$$

单元③：

$$\alpha = 0$$

$$[k]^{③} = [\bar{k}]^{③} = \begin{bmatrix} 0.2 & 0 & -0.2 & 0 \\ 0 & 0 & 0 & 0 \\ -0.2 & 0 & 0.2 & 0 \\ 0 & 0 & 0 & 0 \end{bmatrix}$$

单元④：

$$\alpha = 45°, \sin\alpha = 0.707, \cos\alpha = 0.707$$

$$[k]^{④} = [T]^{④T}[\bar{k}]^{④}[T]^{④} = \begin{bmatrix} 0.071 & 0.071 & -0.071 & -0.071 \\ 0.071 & 0.071 & -0.071 & -0.071 \\ -0.071 & -0.071 & 0.071 & 0.071 \\ -0.071 & -0.071 & 0.071 & 0.071 \end{bmatrix}$$

单元⑤：

$$\alpha = 135°, \sin\alpha = 0.707, \cos\alpha = -0.707$$

$$[k]^{⑤} = [T]^{⑤T}[\bar{k}]^{⑤}[T]^{⑤} = \begin{bmatrix} 0.071 & -0.071 & -0.071 & 0.071 \\ -0.071 & 0.071 & 0.071 & -0.071 \\ -0.071 & 0.071 & 0.071 & -0.071 \\ 0.071 & -0.071 & -0.071 & 0.071 \end{bmatrix}$$

3. 集成整体刚度矩阵

（1）对号（表 12-8）

例题 12-3 对号关系　　　　　　　　　　　　　　　　　　　　表 12-8

单元局部位移码	结构整体位移码				
	单元①	单元②	单元③	单元④	单元⑤
$\bar{1}$	0	0	1	0	0
$\bar{2}$	0	0	2	0	0
$\bar{3}$	1	3	3	3	1
$\bar{4}$	2	4	4	4	2

（2）入座

$$[K] = \begin{bmatrix} k_{33}^{①}+k_{11}^{③}+k_{33}^{⑤} & k_{34}^{①}+k_{12}^{③}+k_{34}^{⑤} & k_{13}^{③} & k_{14}^{③} \\ k_{43}^{①}+k_{21}^{③}+k_{43}^{⑤} & k_{44}^{①}+k_{22}^{③}+k_{44}^{⑤} & k_{23}^{③} & k_{24}^{③} \\ k_{31}^{③} & k_{32}^{③} & k_{33}^{②}+k_{33}^{③}+k_{11}^{④} & k_{34}^{②}+k_{34}^{③}+k_{11}^{④} \\ k_{41}^{③} & k_{42}^{③} & k_{43}^{②}+k_{43}^{③}+k_{43}^{④} & k_{44}^{②}+k_{44}^{③}+k_{44}^{④} \end{bmatrix} \begin{matrix} 1 \\ 2 \\ 3 \\ 4 \end{matrix}$$

$$= \begin{bmatrix} 0.271 & -0.071 & -0.2 & 0 \\ -0.071 & 0.271 & 0 & 0 \\ -0.2 & 0 & 0.271 & 0.071 \\ 0 & 0 & 0.071 & 0.271 \end{bmatrix}$$

4. 形成结构总节点荷载向量

$$\{P\} = \begin{Bmatrix} 0 \\ 0 \\ 20 \\ -10 \end{Bmatrix}$$

5. 整体刚度方程求解

解得：

$$\{u\} = \begin{Bmatrix} u_1 \\ u_2 \\ u_3 \\ u_4 \end{Bmatrix} = \begin{Bmatrix} 190.85 \\ 50.00 \\ 240.85 \\ -100.0 \end{Bmatrix}$$

6. 计算单元轴力（表 12-9）

例题 12-3 单元轴力   表 12-9

	单元①	单元②	单元③	单元④	单元⑤
u_1^e	0	0	191.42	0	0
u_2^e	0	0	50.00	0	0
u_3^e	191.42	241.42	241.42	241.42	191.42
u_4^e	50.00	−100.0	−100	−100	50.00
$\sin\alpha$	1	1	0	0.707	0.707
$\cos\alpha$	0	0	1	0.707	−0.707

$$N_1 = \frac{EA}{L_1}[(u_3^① - u_1^①)\cos\alpha_1 + (u_4^① - u_2^①)\sin\alpha_1] = 10\text{kN}$$

$$N_2 = \frac{EA}{L_2}[(u_3^② - u_1^②)\cos\alpha_2 + (u_4^② - u_2^②)\sin\alpha_2] = -20\text{kN}$$

$$N_3 = \frac{EA}{L_3}[(u_3^③ - u_1^③)\cos\alpha_3 + (u_4^③ - u_2^③)\sin\alpha_3] = 10\text{kN}$$

$$N_4 = \frac{EA}{L_4}[(u_3^④ - u_1^④)\cos\alpha_4 + (u_4^④ - u_2^④)\sin\alpha_4] = 14.14\text{kN}$$

$$N_5 = \frac{EA}{L_5}[(u_3^⑤ - u_1^⑤)\cos\alpha_5 + (u_4^⑤ - u_2^⑤)\sin\alpha_5] = -14.14\text{kN}$$

将所求的各杆轴力标在图上，见图 12-42。

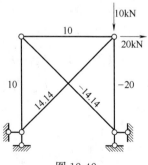

图 12-42

三、混合结构计算举例

混合结构由两类杆件组成。一类是梁或刚架中的受弯杆件，一类是桁架中的拉压杆件。计算时，受弯杆件采用平面刚架单元刚度矩阵，拉压杆件采用平面桁架单元刚度矩阵。下面举例说明计算过程

【例题 12-4】　用矩阵位移法分析图 12-43 所示的混合结构。

【解】　为举例方便，这里令 $EI=1$、$EA=1$（实际结构中不能任意指定）。具体分析过程如下：

1. 编码

采用前处理法，编码情况如图 12-44 所示。

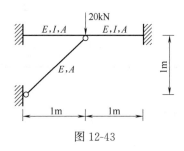

图 12-43

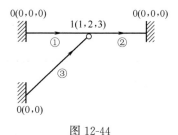

图 12-44

2. 计算单元刚度矩阵

单元①、②：

$$[k]^{①}=[\bar{k}]^{①}=\begin{bmatrix} 1 & 0 & 0 & -1 & 0 & 0 \\ 0 & 12 & -6 & 0 & -12 & -6 \\ 0 & -6 & 4 & 0 & 6 & 2 \\ -1 & 0 & 0 & 1 & 0 & 0 \\ 0 & -12 & 6 & 0 & 12 & 6 \\ 0 & -6 & 2 & 0 & 6 & 4 \end{bmatrix}$$

$$[k]^{②}=[k]^{①}$$

单元③：

$$[k]^{③}=\begin{bmatrix} 0.707 & -0.707 \\ -0.707 & 0.707 \end{bmatrix}$$

$$\alpha=45°, \sin\alpha=0.707, \cos\alpha=0.707$$

$$[k]^{③}=[T]^{③\mathrm{T}}[\bar{k}]^{③}[T]^{③}=\begin{bmatrix} 0.354 & 0.354 & -0.354 & -0.354 \\ 0.354 & 0.354 & -0.354 & -0.354 \\ -0.354 & -0.354 & 0.354 & 0.354 \\ -0.354 & -0.354 & 0.354 & 0.354 \end{bmatrix}$$

3. 集成整体刚度矩阵

（1）对号（表 12-10）

单元局部位移码	结构整体位移码		
	单元①	单元②	单元③
$\overline{1}$	0	1	0
$\overline{2}$	0	2	0
$\overline{3}$	0	3	1
$\overline{4}$	1	0	2
$\overline{5}$	2	0	—
$\overline{6}$	3	0	—

（2）入座

$$[K] = \begin{bmatrix} k_{44}^① + k_{11}^② + k_{33}^③ & k_{45}^① + k_{12}^② + k_{34}^③ & k_{46}^① + k_{13}^② \\ k_{54}^① + k_{21}^② + k_{43}^③ & k_{55}^① + k_{22}^② + k_{44}^③ & k_{56}^① + k_{23}^② \\ k_{64}^① + k_{31}^② & k_{65}^① + k_{32}^② & k_{66}^① + k_{33}^② \end{bmatrix}$$

$$= \begin{bmatrix} 2.354 & 0.354 & 0 \\ 0.354 & 24.354 & 0 \\ 0 & 0 & 8.0 \end{bmatrix}$$

4. 总节点荷载向量

$$\{P\} = \begin{Bmatrix} 0 \\ -20 \\ 0 \end{Bmatrix}$$

5. 整体刚度方程求解

解得：

$$\{u\} = \begin{Bmatrix} 0.124 \\ -0.823 \\ 0.0 \end{Bmatrix}$$

6. 计算单元杆端力或单元轴力

单元①：

$$[\overline{F}]^① = [\overline{k}]^①\{\overline{u}\}^① = [\overline{k}]^①\{\overline{u}\}^① = [\overline{k}]^① \begin{Bmatrix} 0 \\ 0 \\ 0 \\ 0.124 \\ -0.823 \\ 0 \end{Bmatrix} = \begin{Bmatrix} -0.124 \\ 9.876 \\ -4.938 \\ 0.124 \\ -9.876 \\ -4.938 \end{Bmatrix}$$

单元②：

$$[\overline{F}]^{②} = [\overline{k}]^{②}\{\overline{u}\}^{②} = [\overline{k}]^{②}\{\overline{u}\}^{②} = [k]^{②}\begin{Bmatrix} 0.124 \\ -0.823 \\ 0 \\ 0 \\ 0 \\ 0 \end{Bmatrix} = \begin{Bmatrix} 0.124 \\ -9.876 \\ 4.938 \\ -0.124 \\ 9.876 \\ 4.938 \end{Bmatrix}$$

单元③：

$$N_3 = \frac{EA}{1.414}\left[(u_3^{③} - u_1^{③})\cos\alpha + (u_4^{③} - u_2^{③})\sin\alpha\right]$$

$$= \frac{1}{1.414}\left[u_3^{③}\cos\alpha + u_4^{③}\sin\alpha\right] = -0.3497\text{kN}$$

12-10　用矩阵位移法分析不计轴向变形的矩形平面刚架

工程中常遇到图 12-45 所示的由横梁和竖柱组成的矩形刚架。

通常矩形刚架的轴向变形很小，可以忽略不计。矩形刚架形状规则，计算时，不需要进行坐标转换，而直接使用整体坐标系下的单元刚度矩阵。梁单元整体坐标系下的单元刚度矩阵采用式 12-16 所示的形式，即：

$$[k]^e = \begin{bmatrix} \dfrac{12EI}{L^3} & -\dfrac{6EI}{L^2} & -\dfrac{12EI}{L^3} & \dfrac{6EI}{L^2} \\ -\dfrac{6EI}{L^2} & \dfrac{4EI}{L} & \dfrac{6EI}{L^2} & \dfrac{2EI}{L} \\ -\dfrac{12EI}{L^3} & \dfrac{6EI}{L^2} & \dfrac{12EI}{L^3} & \dfrac{6EI}{L^2} \\ -\dfrac{6EI}{L^2} & \dfrac{2EI}{L} & \dfrac{6EI}{L^2} & \dfrac{4EI}{L} \end{bmatrix}$$

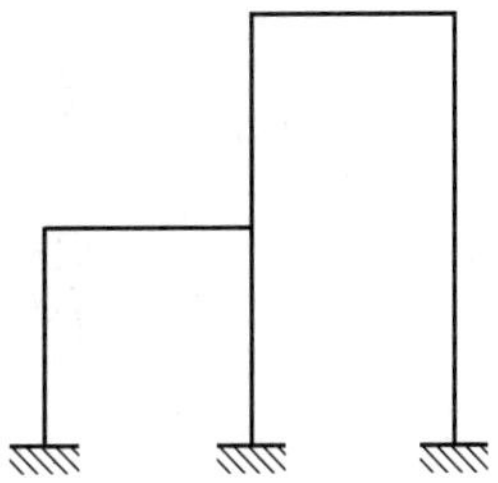

图 12-45

图 12-10 所示柱单元整体坐标系下的单元刚度矩阵采用式 12-46 所示的形式，即：

$$[k]^e = \begin{bmatrix} \dfrac{12EI}{L^3} & \dfrac{6EI}{L^2} & -\dfrac{12EI}{L^3} & \dfrac{6EI}{L^2} \\ \dfrac{6EI}{L^2} & \dfrac{4EI}{L} & -\dfrac{6EI}{L^2} & \dfrac{2EI}{L} \\ -\dfrac{12EI}{L^3} & -\dfrac{6EI}{L^2} & \dfrac{12EI}{L^3} & -\dfrac{6EI}{L^2} \\ \dfrac{6EI}{L^2} & \dfrac{2EI}{L} & -\dfrac{6EI}{L^2} & \dfrac{4EI}{L} \end{bmatrix}$$

由于不计轴向变形，结构中有些节点线位移不是独立的。编码时，只对节点转角位移和独立的节点线位移进行编码。下面举例说明计算过程。

【例题 12-5】 用矩阵位移法分析图 12-46 所示的矩形刚架。（为计算方便，取 $EI=1$。）

【解】

1. 编码

采用前处理法，编码情况如图 12-47 所示。

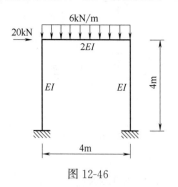

图 12-46

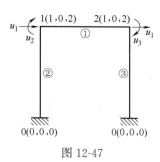

图 12-47

这里，1、2 两节点的水平位移相同，所以，用同一个独立的节点位移码。整个结构共计有三个节点位移。

2. 计算单元刚度矩阵

直接使用整体坐标系下的单元刚度矩阵。

单元①：

$$[k]^① = \frac{2EI}{4} \begin{bmatrix} \dfrac{12}{16} & -\dfrac{6}{4} & -\dfrac{12}{16} & -\dfrac{6}{4} \\ -\dfrac{6}{4} & 4 & \dfrac{6}{4} & 2 \\ -\dfrac{12}{16} & \dfrac{6}{4} & \dfrac{12}{16} & \dfrac{6}{4} \\ -\dfrac{6}{4} & 2 & \dfrac{6}{4} & 4 \end{bmatrix} = \begin{bmatrix} 0.375 & -0.75 & -0.375 & -0.75 \\ -0.75 & 2 & 0.75 & 1 \\ -0.375 & 0.75 & 0.375 & 0.75 \\ -0.75 & 1 & 0.75 & 2 \end{bmatrix}$$

单元②、③：

$$[k]^② = [k]^③ = \frac{EI}{4} \begin{bmatrix} \dfrac{12}{16} & \dfrac{6}{4} & -\dfrac{12}{16} & \dfrac{6}{4} \\ \dfrac{6}{4} & 4 & -\dfrac{6}{4} & 2 \\ -\dfrac{12}{16} & -\dfrac{6}{4} & \dfrac{12}{16} & -\dfrac{6}{4} \\ \dfrac{6}{4} & 2 & -\dfrac{6}{4} & 4 \end{bmatrix} = \begin{bmatrix} 0.188 & 0.375 & -0.188 & 0.375 \\ 0.375 & 1 & -0.375 & 0.5 \\ -0.188 & -0.375 & 0.188 & -0.375 \\ 0.375 & 0.5 & -0.375 & 1 \end{bmatrix}$$

3. 集成整体刚度矩阵

（1）对号（表 12-11）

单元局部位移码	结构整体位移码		
	单元①	单元②	单元③
$\bar{1}$	0	0	0
$\bar{2}$	2	0	0
$\bar{3}$	0	1	1
$\bar{4}$	3	2	3

（2）入座

单元①入座后，$[K]$ 为如下形式：

$$[K]=\begin{bmatrix} 0 & 0 & 0 \\ 0 & k_{22}^{①} & k_{24}^{①} \\ 0 & k_{42}^{①} & k_{44}^{①} \end{bmatrix}=\begin{bmatrix} 0 & 0 & 0 \\ 0 & 2 & 1 \\ 0 & 1 & 2 \end{bmatrix}$$

单元②入座后，$[K]$ 为如下形式：

$$[K]=\begin{bmatrix} k_{33}^{②} & k_{34}^{②} & 0 \\ k_{43}^{②} & k_{22}^{①}+k_{44}^{②} & k_{24}^{①} \\ 0 & k_{42}^{①} & k_{44}^{①} \end{bmatrix}=\begin{bmatrix} 0.188 & -0.375 & 0 \\ -0.375 & 3 & 1 \\ 0 & 1 & 2 \end{bmatrix}$$

单元③入座后，$[K]$ 为如下形式：

$$[K]=\begin{bmatrix} k_{33}^{②}+k_{33}^{③} & k_{34}^{②} & k_{34}^{③} \\ k_{43}^{②} & k_{22}^{①}+k_{44}^{②} & k_{24}^{①} \\ k_{43}^{③} & k_{42}^{①} & k_{44}^{①}+k_{33}^{③} \end{bmatrix}=\begin{bmatrix} 0.375 & -0.375 & -0.375 \\ -0.375 & 3 & 1 \\ -0.375 & 1 & 3 \end{bmatrix}$$

上式为最终的整体刚度矩阵。

4. 集成结构总节点荷载向量

单元①的固端力为：

$$\{F_{q}\}^{①}=\begin{Bmatrix} 12 \\ -8 \\ 12 \\ 8 \end{Bmatrix}$$

单元①的单元等效节点荷载为：

$$\{P\}^{①}=-\{F_{q}\}^{①}=\begin{Bmatrix} -12 \\ 8 \\ -12 \\ -8 \end{Bmatrix}$$

结构等效节点荷载向量为：

$$\{P_E\} = \begin{Bmatrix} 0 \\ 8 \\ -8 \end{Bmatrix}$$

结构总节点荷载向量为：

$$\{P\} = \{P_J\} + \{P_E\} = \begin{Bmatrix} 20 \\ 8 \\ -8 \end{Bmatrix}$$

5. 整体刚度方程求解

解得：

$$\{u\} = \begin{Bmatrix} u_1 \\ u_2 \\ u_3 \end{Bmatrix} = \begin{Bmatrix} 65.64 \\ 10.15 \\ 2.15 \end{Bmatrix}$$

6. 计算单元杆端力

由整体坐标系下的单元刚度矩阵及单元杆端位移，直接计算整体坐标系下的单元杆端力。

$$\{F\}^{①} = [k]^{①}\{u\}^{①} + \{F_q\}^{①} = [k]^{①} \begin{Bmatrix} 0 \\ 10.15 \\ 0 \\ 2.15 \end{Bmatrix} + \{F_q\}^{①} = \begin{Bmatrix} 2.78 \\ 14.45 \\ 21.22 \\ 22.45 \end{Bmatrix}$$

$$\{F\}^{②} = [k]^{②}\{u\}^{②} = [k]^{②} \begin{Bmatrix} 0 \\ 0 \\ 65.59 \\ 10.15 \end{Bmatrix} = \begin{Bmatrix} -8.5 \\ -19.52 \\ 8.5 \\ -14.44 \end{Bmatrix}$$

$$\{F\}^{③} = [k]^{③}\{u\}^{③} = [k]^{③} \begin{Bmatrix} 0 \\ 0 \\ 65.59 \\ 2.15 \end{Bmatrix} = \begin{Bmatrix} -11.5 \\ -23.52 \\ 11.5 \\ -22.44 \end{Bmatrix}$$

注意：这里计算出来的是整体坐标系下的杆端力，将各单元的杆端力分量标在各自单元上，如图 12-48 所示。

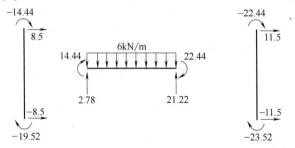

图 12-48

7. 作内力图（图 12-49、图 12-50）

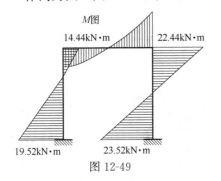

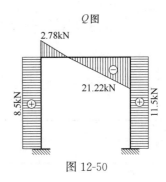

图 12-49

图 12-50

不计轴向变形时，单元杆端力中无轴力分量。单元的轴力需根据节点平衡条件计算。由图 12-48 可得节点 1、2 的分离体图如图 12-51 所示。由节点平衡条件，可求出各单元的轴力，轴力图如图 12-52 所示。

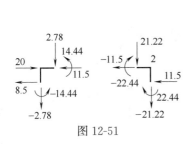

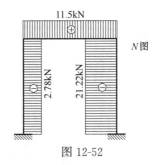

图 12-51

图 12-52

【例题 12-6】 形成图 12-53 所示矩形刚架结构的整体刚度矩阵。已知 $EI=1$，各杆长度均为 1m。

【解】 图 12-53 所示结构中，节点 C 是一个非全刚节点（这里是铰节点）。节点 C 两侧杆端的转角位移不同。计算时，节点 C 两侧应编两个节点转角位移码，这一点与一般刚节点不同。

采用前处理法，其编码情况如图 12-54 所示。

整个结构共计有 4 个节点位移。

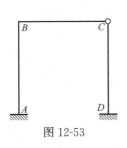

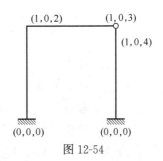

图 12-53

图 12-54

各单元整体坐标系下的单元刚度矩阵如下：

$$[k]^{①}=\begin{bmatrix} 12 & -6 & -12 & -6 \\ -6 & 4 & 6 & 2 \\ -12 & 6 & 12 & 6 \\ -6 & 2 & 6 & 4 \end{bmatrix}$$

$$[k]^② = [k]^③ = \begin{bmatrix} 12 & 6 & -12 & 6 \\ 6 & 4 & -6 & 2 \\ -12 & -6 & 12 & -6 \\ 6 & 2 & -6 & 4 \end{bmatrix}$$

位移对号关系见表 12-12。

例题 12-6 对号关系   表 12-12

单元局部位移码	结构整体位移码		
	单元①	单元②	单元③
$\bar{1}$	0	0	0
$\bar{2}$	2	0	0
$\bar{3}$	0	1	1
$\bar{4}$	3	2	4

对号入座后，得结构整体刚度矩阵如下：

$$[K] = \begin{bmatrix} k_{33}^② + k_{33}^③ & k_{34}^② & 0 & k_{34}^③ \\ k_{43}^② & k_{22}^① + k_{44}^② & k_{24}^① & 0 \\ 0 & k_{42}^① & k_{44}^① & 0 \\ k_{43}^③ & 0 & 0 & k_{34}^③ \end{bmatrix}$$

$$= \begin{bmatrix} 24 & -6 & 0 & -6 \\ -6 & 8 & 2 & 0 \\ 0 & 2 & 4 & 0 \\ -6 & 0 & 0 & 4 \end{bmatrix}$$

给出本例的目的是介绍一下具有非全刚节点结构的处理方法。这里例举的仅是不计轴向变形的矩形刚架，但这种处理方法适用于任何具有非全刚节点的刚架结构。

小　结

矩阵位移法分析步骤为：

(1) 结构离散化（编码）；

(2) 计算单元刚度矩阵，集成整体刚度矩阵；

(3) 计算单元等效节点荷载，形成结构总节点荷载向量；

(4) 边界条件处理（后处理法）；

(5) 整体刚度方程求解；

(6) 计算单元杆端力及内力。

用矩阵位移法分析各类结构，其分析步骤均相同，所不同的仅是采用的单元形式不同。学习时，既要掌握分析步骤相同这个共性，又要区分不同单元形式及其对应结构的个性。

习　题

一、是非题

12-1　单元刚度矩阵均为奇异矩阵。（　　）

12-2　图示连续梁整体刚度矩阵元素 K_{24} 为零。（　　）

12-3　可采用式 12-11 所示的连续梁单元刚度矩阵计算图示连续梁结构。（　　）

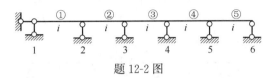

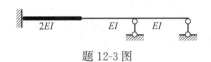

题 12-2 图　　　　　　　　　　　题 12-3 图

12-4　已求得图示连续梁的节点位移向量为 $\{u\}=\begin{bmatrix} 0 & 0.0149 & -0.0204 & 0 \end{bmatrix}^T$，则单元②的单元杆端力向量为 $\{F\}^2=\begin{bmatrix} -49.8 & 43.6 \end{bmatrix}^T$。（单位：kN·m）（　　）

12-5　图示编码的刚架，单元②的单元刚度矩阵元素 k_{23}^2 应放在整体刚度矩阵 K_{53} 位置上。（　　）

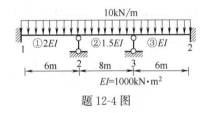

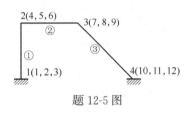

题 12-4 图　　　　　　　　　　　题 12-5 图

12-6　图示刚架（计轴向变形），单元①的单元等效节点荷载向量为 $\{P\}^1=\begin{bmatrix} 0 & -\dfrac{qL}{2} & -\dfrac{qL^2}{12} & 0 & -\dfrac{qL}{2} & \dfrac{qL^2}{12} \end{bmatrix}^T$。（　　）

12-7　图示桁架结构整体刚度矩阵元素 $K_{22}=\dfrac{EA}{L}$。（各杆 EA 相同。）（　　）

12-8　图示刚架（不计轴向变形）的整体刚度矩阵元素 $K_{11}=24EI/L^3$。（　　）

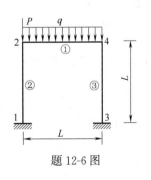

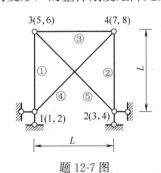

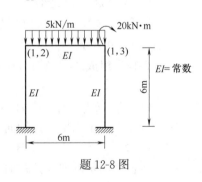

题 12-6 图　　　　　　　　题 12-7 图　　　　　　　　题 12-8 图

二、选择题

12-9　图示连续梁单元ⓔ的单元刚度矩阵元素 k_{12}^e 的物理意义为（　　）。

A　$u_1^e=1$ 时引起的 F_1^e

B $u_1^e=1$ 时引起的 F_2^e

C $u_2^e=1$ 时引起的 F_1^e

D $u_2^e=1$ 时引起的 F_2^e

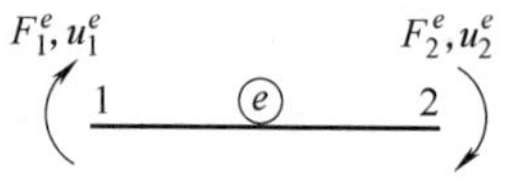

题 12-9 图

12-10 结构整体刚度方程的物理意义为（   ）。

A 平衡方程

B 变形协调方程

C 平衡方程和变形协调方程

D 边界条件

12-11 图示连续梁单元②的等效节点荷载向量 $\{P\}^{②}$ 为（   ）。

A $[30 \quad -30]^{\mathrm{T}}$

B $[15 \quad -15]^{\mathrm{T}}$

C $[45 \quad -45]^{\mathrm{T}}$

D $[25 \quad -25]^{\mathrm{T}}$

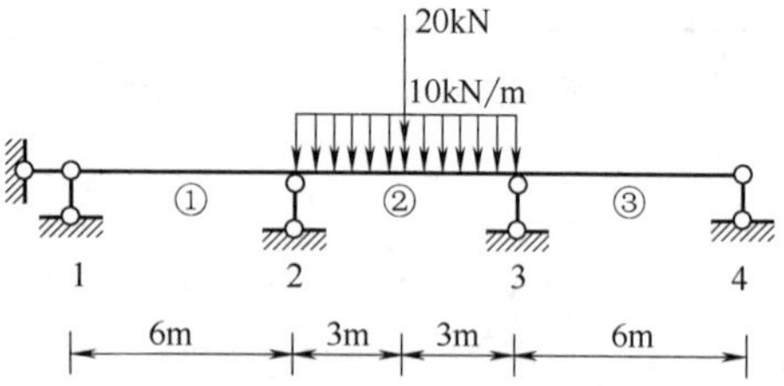

题 12-11 图

12-12 已求得图示连续梁节点位移向量为 $\{u\}=[0 \ 0.0126 \ -0.0054 \ 0]^{\mathrm{T}}$，则单元②的单元杆端力向量 $\{F\}^{②}$ 为（   ）。

A $[-8.4 \quad 15.6]^{\mathrm{T}}$

B $[21.6 \quad -14.4]^{\mathrm{T}}$

C $[6.6 \quad 0.6]^{\mathrm{T}}$

D $[15.6 \quad -21.6]^{\mathrm{T}}$

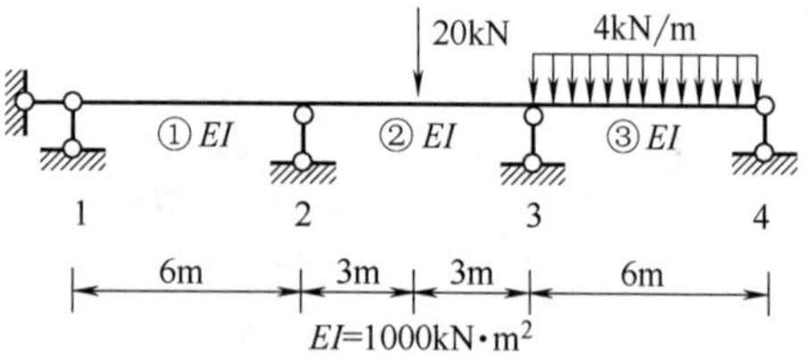

题 12-12 图

12-13 已求得图示连续梁节点位移向量为 $\{u\}=[0.0089 \quad 0.0001 \quad -0.0094 \quad 0.0197]^{\mathrm{T}}$，则单元②的单元杆端力向量 $\{F\}^{②}$ 为（   ）。

A $[2.933 \quad -12.267]^{\mathrm{T}}$

B $[2.933 \quad -0.267]^{\mathrm{T}}$

C $[-9.067 \quad -12.267]^{\mathrm{T}}$

D $[-9.067 \quad -0.027]^{\mathrm{T}}$

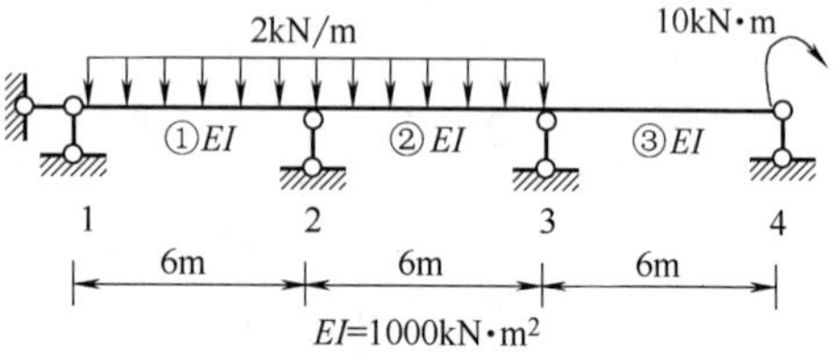

题 12-13 图

12-14 组成图示刚架（计轴向变形）整体刚度矩阵元素 K_{66} 的单元刚度矩阵元素为（   ）。

A $k_{66}^{①}+k_{66}^{④}+k_{66}^{⑤}$ B $k_{66}^{②}+k_{66}^{④}+k_{33}^{⑤}$ C $k_{33}^{④}+k_{33}^{②}+k_{66}^{③}$ D $k_{66}^{③}+k_{66}^{②}+k_{66}^{①}$

12-15 图示刚架（计轴向变形）整体刚度矩阵元素 K_{24}（   ）。

A >0 B <0 C $=0$ D $=\infty$

12-16 图示刚架（计轴向变形）的总节点荷载向量 $\{P\}$ 为（   ）。

A $[20 \quad -10 \quad 20 \quad 0 \quad -10 \quad -20]^{\mathrm{T}}$；

B $[-20 \quad -10 \quad 20 \quad 0 \quad -10 \quad -20]^{\mathrm{T}}$；

C $[20 \quad -10 \quad 20 \quad 20 \quad -10 \quad -20]^{\mathrm{T}}$；

D $[-20 \quad -10 \quad 20 \quad 20 \quad -10 \quad -20]^{\mathrm{T}}$；

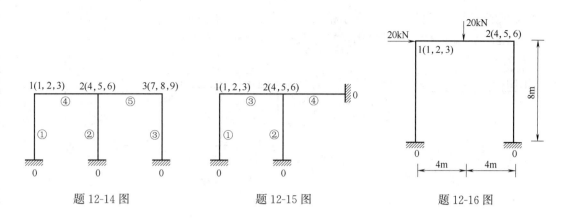

题 12-14 图　　　　题 12-15 图　　　　　题 12-16 图

三、填充题

12-17　单元刚度方程表示_____与_____之间的关系式。

12-18　连续梁单元刚度矩阵元素 k_{22}^e 的物理意义为_____。

12-19　单元坐标转换矩阵表示_____单元杆端力与_____单元杆端力之间的转换关系式。

12-20　图示连续梁的总节点荷载向量为 $\begin{bmatrix}_____ & _____ & _____ & _____\end{bmatrix}^{\mathrm{T}}$

12-21　图示刚架（计轴向变形）整体刚度矩阵元素 $K_{44}=_____$；$K_3=_____$。

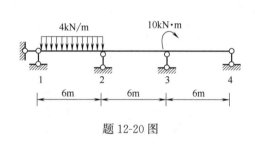

题 12-20 图

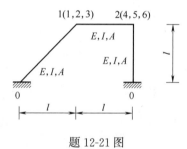

题 12-21 图

四、计算分析题

12-22　用矩阵位移法计算图示连续梁。

12-23　用矩阵位移法计算图示连续梁。

12-24　用矩阵位移法计算图示刚架。

12-25　用矩阵位移法计算图示刚架。

12-26　用前处理法形成图示刚架的整体刚度矩阵和总荷载向量。（各单元 E、I、A 均相同，$E=3\times10^7\,\mathrm{kN/m^2}$，$I=0.042\mathrm{m^2}$，$A=0.5\mathrm{m^2}$。）

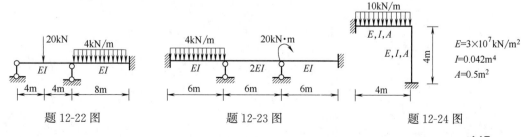

题 12-22 图　　　　　题 12-23 图　　　　　题 12-24 图

12-27 用矩阵位移法计算图示桁架（各单元 EA 均相同）。

12-28 用矩阵位移法计算图示矩形刚架（不计轴向变形）。

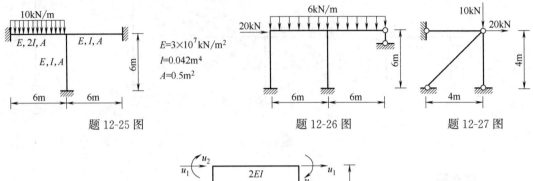

题 12-25 图   题 12-26 图   题 12-27 图

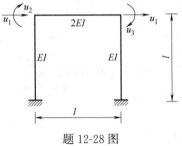

题 12-28 图

习题参考答案

第 2 章

一、是非题

2-1 ○

2-2 ×

2-3 ×

2-4 ×

2-5 ×

2-6 ○

2-7 ×

二、选择题

2-8 B

2-9 C

2-10 A

2-11 D

2-12 D

三、填充题

2-13 6

2-14 3

2-15 瞬变

四、计算分析题

2-16 内部无多余约束，几何不变。

2-17 瞬变。

2-18 瞬变。

2-19 无多余约束，几何不变。

2-20 无多余约束，几何不变。

2-21 无多余约束，几何不变。

2-22 无多余约束，几何不变。

2-23 无多余约束，几何不变。

2-24 有 2 个多余约束，几何不变。

2-25 无多余约束，几何不变。

2-26 无多余约束，几何不变。

2-27 无多余约束，几何不变。

2-28 无多余约束，几何不变。

2-29 位移图示于解 2-29 图，图中线 1 与线 2 平行。

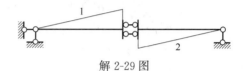

解 2-29 图

第 3 章

一、是非题

3-1 ×

3-2 ○

3-3 ○

3-4 ○

3-5 ×

3-6 ○

3-7 ×

3-8 ○

二、选择题

3-9 D

3-10 D

3-11 A

3-12 D

3-13 A

3-14 B

3-15 A

3-16 C

3-17 D

三、填充题

3-18 P，0

3-19 120kN·m，左

3-20 0，$-m/l$，m/l

3-21 相，不相，不相

3-22 BE

3-23 相，不相

四、计算分析题

3-24～3-29 略

3-30 水平反力：0

竖向反力：90kN（↑）

反力矩：85kN·m（↺）

3-31 水平反力：ql（→）

左竖向反力：ql（↑）

右竖向反力：0

3-32 水平反力：ql（→）

竖向反力：ql（↓）

反力矩：$ql^2/2$（↺）

3-33 上水平反力：32.5kN（→）

下水平反力：32.5kN（←）

竖向反力：70kN（↑）

3-34～3-36 略

3-37 $M_1=187.5$kN·m（上侧受拉）

$M_2=125$kN·m（右侧受拉）

3-38 428.75kN·m（下侧受拉）

3-39 $N_{CB}=0$

3-40 $M_{CB}=0$

3-41 $M_{CA}=0$

3-42、3-43 略

3-44 $M_{AB}=2Pa$（上侧受拉）

3-45 $M_{AB}=Pa$（下侧受拉）

3-46 $M_{AB}=m$（上侧受拉）

3-47 $M_{AB}=3qa^2/2$（上侧受拉）

3-48 $M_{AB}=Pa/2$（左侧受拉）

3-49 $M_{AB}=Pa/2$（左侧受拉）

3-50 $M_{AB}=Pa/2$（右侧受拉）

3-51 $M_{AB}=Pa$（右侧受拉）

3-52 $M_{AB}=Pl$（上侧受拉）．

3-53 $M_{AB}=0$

3-54 $M_{AB}=Pl/8$（下侧受拉）

3-55 $M_{AB}=Pa$（上侧受拉）

3-56 $M_{AB}=qa^2/2$（下侧受拉）

3-57 $M_{AB}=0$

3-58 $M_{AB}=0$

3-59 $Q_{AB}=-P$

3-60 $N_{AB}=P$

3-61、3-62 略

3-63 $M_{DE}=ql^2/4$（下侧受拉）

DE 杆中 $M_{max}=9ql^2/32$

3-64 $Q_{AB}=P$

3-65 $N_{AB}=-ql$

3-66 $Q_{AB}=17$kN

$N_{BA}=-10$kN

3-67 $M_{FE}=250$kN·m（左侧受拉）

$Q_{FE}=12.07$kN

$N_{FE}=0$

3-68 略

3-69 $M_{DC}=Pa/4$（上侧受拉）

3-70 $M_{EC}=3Pa$（上侧受拉）

3-71 $M_{CA}=6Pa$（上侧受拉）

3-72 $N_{AB}=P/2$

3-73 $M_D=\dfrac{Pa}{4}$（上侧受拉）

3-74 $Q_{EF}=\dfrac{m}{a}$

3-75 $R_A=P/4$（↑）

$R_B=P/4$（↓）

3-76 $M_{GA}=450$kN·m（右侧受拉）

$M_{FE}=112.5$kN·m（左侧受拉）

$M_{DC}=37.5$kN·m（左侧受拉）

$N_{AG}=33.75$kN

$N_{BE}=-39.107$kN

$N_{CD}=5.357$kN

3-77 $M_{ED}=Pa$（下侧受拉）

$M_{CB}=2Pa$（下侧受拉）

$N_{CE}=P$

$N_{AC}=3P$

3-78 $M_{ED}=m$（上侧受拉）

$M_{CB}=m$（下侧受拉）

$N_{CE}=-m/a$

$N_{AC}=0$

•

3-79 $M_{BC}=m$（左侧受拉）

$M_{FE}=m$（左侧受拉）

$M_{IH}=m$ （右侧受拉）

$N_{CF}=N_{EH}=N_{CD}=m/a$

$N_{GE}=0$

3-80 $M_{AB}=Pa/4$（下侧受拉）

$N_{AB}=0$

第 4 章

一、是非题

4-1 ×

4-2 ○

二、选择题

4-3 A

4-4 D

4-5 C

4-6 A

三、填充题

4-7 0，0

4-8 10，上；14，上

四、计算分析题

4-9 $M_{AB}=8$kN·m（上侧受拉）

$M_D=12$kN·m（上侧受拉）

$Q_C^{右}=-6$kN

$Q_E^{左}=-2$kN

4-10 $M_B^{左}=ql^2$（上侧受拉）

$Q_B=-ql$

$Q_C^{右}=\dfrac{3}{2}ql$

$Q_E=\dfrac{3}{2}ql$

$M_C=\dfrac{3}{2}ql^2$（上侧受拉）

$M_E=3ql^2$（下侧受拉）

4-11 $M_A=\dfrac{3}{4}ql^2$（上侧受拉）

$Q_B^{左}=0$

$Q_C=\dfrac{3}{4}ql$

$Q_D^{左}=-\dfrac{5}{4}ql$

4-12 $M_A=m$（下侧受拉）

$Q_B^{右}=m$（下侧受拉）

4-13 $M_A=2m$（下侧受拉）

$M_B^{左}=M_B^{右}=m$（下侧受拉）

4-14 $M_D=Pl$（下侧受拉）

$M_F=Pl$（上侧受拉）

4-15 $M_B=M_C=Pl$（下侧受拉）

4-16 略

4-17 $M_A=-106.67$kN·m

4-18 $x=0.2113l$

第 5 章

一、是非题

5-1 ○

5-2 ○

5-3 ×

5-4 ○

5-5 ○

二、选择题

5-6 D

5-7 C

5-8 B

5-9 C

5-10 B

三、填充题

5-11 13.33

5-12 -1，-0.8，-15.6

5-13 0

5-14 存在水平推力 H

四、计算分析题

5-15 $M_D=40$kN·m

$Q_D=0$

$N_D=-44.7$kN

$M_F=-40$kN·m

$Q_E=0$

$N_E=-44.7$kN

5-16 $M_K = -4.14\text{kN} \cdot \text{m}$

$Q_K = 2.93\text{kN}$

$N_K = -17.07\text{kN}$

5-17 $M_D = 30\text{kN} \cdot \text{m}$

$Q_D^{左} = 8.94\text{kN}$

$Q_D^{右} = -8.94\text{kN}$

$N_D^{左} = -15.6\text{kN}$

$N_D^{右} = -6.7\text{kN}$

$M_E = -10\text{kN} \cdot \text{m}$

$Q_E = 0$

$N_E = -11.18\text{kN}$

5-18 $N_{DE} = 135\text{kN}$

$M_K = -7.5\text{kN} \cdot \text{m}$

$Q_K = 2.2\text{kN}$

$N_K = -158.2\text{kN}$

5-19   略

5-20 $y_1 = 1.5\text{m}$

第6章

一、是非题

6-1   ○

6-2   ×

6-3   ×

6-4   ×

6-5   ○

6-6   ○

二、选择题

6-7   C

6-8   C

6-9   D

6-10   A

6-11   B

6-12   C

6-13   A

三、填充题

6-14   0

6-15   9

6-16 $-2P$，$2\sqrt{5}P$

6-17   0

6-18 $\dfrac{\sqrt{2}}{2}P$

6-19 $\dfrac{\sqrt{5}}{2}P$

6-20   0

6-21   0

6-22 -20kN

四、计算分析题

6-23 $N_{IH} = P$

$N_{BC} = 0$

$N_{BI} = \dfrac{4\sqrt{10}}{3}P$

$N_{AJ} = -\dfrac{\sqrt{13}}{3}P$

6-24 $N_{AB} = \dfrac{P}{2}$

$N_{AD} = P$

$N_{BE} = -P$

$N_{DF} = \dfrac{\sqrt{2}}{2}P$

6-25 $N_{CD} = -\dfrac{15\sqrt{2}}{2}\text{kN}$

$N_{CE} = \dfrac{5\sqrt{2}}{2}\text{kN}$

$N_{CF} = 5\text{kN}$

6-26   (a) CD、GH、DB 等杆

(b) DF、EI、GC、CH 等杆

(c) DE、EF 等杆

(d) GF 等杆

6-27 $N_1 = \dfrac{\sqrt{3}}{3}P$

$N_2 = \dfrac{\sqrt{3}}{3}P$

$N_3 = -\dfrac{\sqrt{3}}{2}P$

6-28 $N_1 = -2\sqrt{2}P$

$N_2 = 3\sqrt{2}P$

6-29 $N_1 = 11\text{kN}$

　　　$N_2 = 3\text{kN}$

6-30 $N_1 = -\dfrac{3}{2}P$

　　　$N_2 = -\dfrac{\sqrt{2}}{2}P$

6-31 $N_1 = \dfrac{3\sqrt{5}}{4}P$

　　　$N_2 = -\sqrt{2}P$

　　　$N_3 = P$

　　　$N_4 = 0$

6-32 $N_1 = N_2 = -2\sqrt{2}P$

6-33 $N_1 = P$

　　　$N_2 = -\sqrt{3}P$

　　　$N_3 = 0$

6-34 $N_1 = -P$

　　　$N_2 = 0$

6-35 $N_1 = 52.5\text{kN}$

　　　$N_2 = 18.03\text{kN}$

　　　$N_3 = -18.03\text{kN}$

6-36 $N_1 = -\dfrac{P}{2}$

　　　$N_2 = \dfrac{\sqrt{2}}{4}P$

6-37 $N_1 = -2P$

　　　$N_2 = \dfrac{11\sqrt{2}}{2}P$

6-38 $N_1 = \dfrac{\sqrt{2}}{2}P$

　　　$N_2 = -\dfrac{\sqrt{2}}{2}P$

6-39 $N_1 = \dfrac{\sqrt{5}}{2}P$

　　　$N_2 = P$

6-40 略

6-41 $N_1 = -\dfrac{P}{2}$

$N_2 = \dfrac{P}{2}$

6-42 $R_A = -\dfrac{P}{3}$

　　　$R_B = P$

6-43 $N_1 = -P$

　　　$N_2 = -\dfrac{\sqrt{2}}{2}P$

6-44 $N_1 = -\sqrt{3}P$

　　　$N_2 = -\dfrac{\sqrt{3}}{2}P$

6-45 $N_1 = -P$

6-46 $R_A = \dfrac{P}{3}$ （↓）

6-47 $M_{ED} = \dfrac{Pa}{4}$ （下边受拉）

　　　$M_{GC} = M_{HC} = \dfrac{Pa}{2}$ （下边受拉）

6-48 $M_{FD} = \dfrac{Pa}{3}$ （下边受拉）

　　　$M_{BF} = \dfrac{4}{3}Pa$ （下边受拉）

　　　$N_{CF} = -\dfrac{2\sqrt{2}}{3}P$

　　　$N_{EF} = \dfrac{2}{3}P$

6-49 $N_1 = -2\sqrt{2}P$

　　　$N_2 = -\sqrt{2}P$

　　　$N_3 = -\dfrac{\sqrt{2}}{2}P$

　　　$N_4 = -3\sqrt{2}P$

　　　$N_5 = \dfrac{7}{2}P$

6-50 $N_{CJ} = -\dfrac{5}{4}P$

　　　$N_{34} = \dfrac{7\sqrt{2}}{12}P$

　　　$N_{3D} = \dfrac{\sqrt{5}}{3}P$

$$N_{J4} = -\frac{\sqrt{5}}{3}P$$

$$N_{C3} = \frac{5\sqrt{2}}{4}P$$

$$N_{41} = -\frac{\sqrt{2}}{12}P$$

$$N_{CD} = -\frac{21}{6}P$$

$$N_{J1} = N_{12} = N_{2I} = \frac{35}{12}P$$

6-51 $N_{CD} = \dfrac{P}{2}$

$$N_{CB} = \frac{P}{2}$$

$$Q_{CB} = -\frac{P}{2}$$

$$M_{ED} = \frac{Pa}{2} \text{（上边受拉）}$$

6-52 $N_{CF} = 0$

$M_{AC} = 2Pa$ （上边受拉）

$M_{EF} = Pa$ （上边受拉）

6-53 $H_A = H_B = 5.46\text{kN} \cdot \text{m}$ （左边受拉）

$$N_{CG} = -7.07\text{kN}$$

第 7 章

一、是非题

7-1　×

7-2　○

7-3　×

7-4　○

7-5　×

7-6　×

7-7　○

7-8　×

7-9　×

7-10　○

7-11　×

二、选择题

7-12　A

7-13　D

7-14　B

7-15　D

7-16　A

三、填充题

7-17　作用于此两点上的大小相等、方向相反的竖向集中力

7-18　面积

7-19　弯曲，轴向，剪切

7-20　等截面，直杆，两图形中至少有一个是直线

7-21　静定，超静定

7-22　弯曲变形

7-23　温度产生的弯曲变形与 $\overline{M}_i$ 产生的弯曲变形一致时

7-24　位移，几何

四、计算分析题

7-25　变形体虚功方程在推导中利用了刚体虚功方程（平衡条件）。令变形功 $V_{12}^{\text{变}}$ 等于零，即得刚体虚功方程。

7-26　在 $dV_{\text{刚}} = 0$ 利用了平衡条件。在 $V_{12}^{\text{相}} = 0$ 利用了变形连续条件。

7-27　微段上的外力包括梁上的外力和来自相邻微段的相互作用力两部分。

7-28　式 7-16 右端不是相互作用力之功的全部，只是一部分——在变形上之功。而仅有变形而无刚性位移时相邻微段变形是不吻合的，因而其功之和不能抵消。

7-29　各微段上外力功的总和 V_{12} 等于

$$V_{12} = V_{12}^{\text{相}} + V_{12}^{\text{外}}$$

若所给虚位移上的变形是连续的，则作用于相邻微段上的相互作用力之功相对消，而 $V_{12}^{\text{相}}$ 等于零。今虚位移（图 b）在截面 K 有相对转角 $\Delta\varphi_K$，则在截面 K 处（图 a）相互作用的一对弯矩（为了方便，把图 a

改画成图 c) 所作的功不能对消，而等于 $M_K \cdot \Delta\varphi_K$（图示的 M_K 在图示的 $\Delta\varphi_K$ 上作正功），其他各个截面处，由于虚变形是连续的，相互作用力之功互相对消。于是：

$$V_{12}^{相} = M_K \cdot \Delta\varphi_K$$

因而

$$V_{12} = M_K \cdot \Delta\varphi_K + V_{12}^{外}$$

而

$$V_{12}^{外} = T_{12}$$

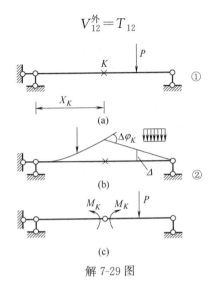

解 7-29 图

所以有

$$T_{12} + M_K \cdot \Delta\varphi_K = V_{12}$$

又由于

$$V_{12} = V_{12}^{变}$$

最后得：

$$T_{12} + M_K \cdot \Delta\varphi_K = V_{12}^{变}$$

这就是这种情况下的虚功方程。

注意到图示情况下 $T_{12} = -P \cdot \Delta$，此方程的展开式为：

$$-P\Delta + M_K \cdot \Delta\varphi_K = \Sigma \int M_1 \frac{M_2 \mathrm{d}s}{EI}$$

$$+ \Sigma \int N_1 \frac{N_2 \mathrm{d}s}{EA}$$

$$+ \Sigma \int \mu Q_1 \frac{Q_2 \mathrm{d}s}{GA}$$

由本例可见，当虚位移的变形不连续时，可将不连续截面的相应内力暴露出来（如本例中把图 a 改画成图 c），当做外力

的一部分，去写变形体虚功方程。

7-30　不成立，因为 $\mathrm{d}V_{12}^{刚} \neq 0$。

7-31　使所加的单位广义力只在所求位移上作功，而在其他位移上不作功。单位广义力取为无名数，以使其功即为所求位移。

7-32　$\Sigma \int M_i \dfrac{M_P \mathrm{d}s}{EI}$ 为由于弯曲变形产生的位移；$\Sigma \int N_i \dfrac{N_P \mathrm{d}s}{EI}$、$\Sigma \int \mu Q_i \dfrac{Q_P \mathrm{d}s}{GA}$ 分别为由于轴向变形、剪切变形产生的位移。

7-33　将截取的桁架各铰节点视为质点系。　图中示状态 1 中（作功的力系），两个节点 j、k 的受力图。P_j、P_k 为作用于此二节点上的桁架外力，N_s 为杆 s 对二节点的约束反力（内力）。桁架中的其他节点和其他杆的约束反力未画出。按 P_j 体虚功原理有

解 7-33 图

$$W_{12} = 0 \tag{7-33-1}$$

W_{12} 为状态 1 上的力系在状态 2 虚位移上的功之和。

W_{12} 由两部分组成：

$$W_{12} = T_{12} + W_{12}^{N} \tag{7-33-2}$$

式中，T_{12} 为 P_j、P_k 等外力之功之和；W_{12}^{N} 为桁架中各杆反力（N_s 等）之功之和，W_{12}^{N} 表示为：

$$W_{12}^{N} = -\sum{}_s N_s \cdot \Delta l_s \tag{7-33-3}$$

式中，N_s 以拉力为正，杆件 s 的伸长量 Δl_s 以伸长为正。在状态 1 中杆 s 为拉力，而在状态 2 虚位移中杆 s 伸长时，杆对节点的反力 N_s（一对力）作负功。

于是刚体虚功方程（式 7-33-1）可表示为：

$$T_{12}=\sum_s N_1 \cdot \Delta l_2 \qquad (7\text{-}33\text{-}4)$$

由此，用单位荷载法计算位移时，上式变为：

$$\Delta_i=\sum \overline{N}_i \cdot \Delta l_P \qquad (7\text{-}33\text{-}5)$$

当位移为荷载引起的时

$$\Delta l_P=\frac{N_P l}{EA}$$

$$\Delta_{iP}=\sum \overline{N}_i \frac{N_P l}{EA}$$

与由变形体虚功方程得到的结果相同。

7-34　曲杆、变截面杆或 M_P 图的面积或形心位置无表可查时不能用图乘法。

7-35　和的积分等于积分之和。

7-36　$\dfrac{4}{81}\dfrac{Pl^2}{EI}$（↶）

7-37　$\dfrac{1}{24}\dfrac{Pl^3}{EI}$（↓）

7-38　$\dfrac{11}{24}\dfrac{ql^4}{EI}$（↓）

7-39　$\dfrac{Pl^3}{6EI}$（← →）

7-40　$\dfrac{23}{3}\dfrac{Pl^3}{EI}$（↓）

7-41　$\dfrac{25}{192}\dfrac{Pl^3}{EI}$（↷）

7-42　$\Delta_V^{AB}=0$

它表明：对称图形与反对称图形图乘结果等于零（称为相互正交），其所代表的物理意义为：对称（反对称）荷载不产生反对称（对称）的位移。

$$\Delta_H^{AB}=\frac{ql^4}{6EI}=4mm(\to\leftarrow)$$

$$\Delta\varphi^{AB}=\frac{ql^3}{3EI}=1.6\times10^{-3}rad(\swarrow\searrow)$$

7-43　$\dfrac{ql^4}{48EI}$（↓）

7-44　$\dfrac{61}{48}\dfrac{ql^4}{EI}=5.49mm$（↓）

7-45　$\dfrac{Pl^3}{3EI}$（→）

7-46　$\Delta_H^A=0$，$\Delta_V^A=0$

7-47　略

7-48　$\dfrac{Pa}{4EA}$（↓）

7-49　1mm（←）

7-50　$\dfrac{ql^4}{40EI}$（← →）

7-51　$\dfrac{Pr^3}{2EI}$（↑）

7-52　题 7-52 图，b 图中曲杆的方程可表示为 $y=ax^2+bx+c$。由 $y(0)=0$，$y(l)=0$，$y(l/2)=f$，可变为 $y=\dfrac{4f}{l^2}x(l-x)$。由此可求得初曲率

$$K_0=|\ddot{y}|=\left|-\frac{8f}{l^2}\right|=\frac{1}{125}\frac{1}{l}$$

立柱（图 a）顶端初挠度，按式 7-29 得：

$$\Delta=\int\overline{M}_iK_0ds=\frac{1}{125}l$$

7-53

（1）曲率与弯矩间的关系式

$$M=\int A\sigma ZdA \qquad (7\text{-}53\text{-}1)$$

$$\sigma=B\sqrt{\varepsilon} \qquad (7\text{-}53\text{-}2)$$

$$\varepsilon=KZ \qquad (7\text{-}53\text{-}3)$$

式中，K 为曲率。

将式 7-53-2、式 7-53-3 代入式 7-53-1 得：

$$M=BI_0K^{\frac{1}{2}} \qquad (7\text{-}53\text{-}4)$$

或

$$K=\frac{M^2}{(BI_2)^2} \qquad (7\text{-}53\text{-}5)$$

其中 $I_0=\int_A Z^{3/2}dA$ 为截面几何特性。

对于矩形截面（图 b）有：

$$I_0=\frac{1}{5\sqrt{2}}bh^{5/2} \qquad (7\text{-}53\text{-}6)$$

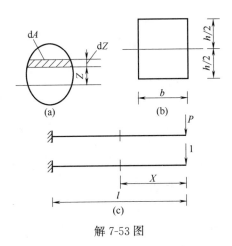

解 7-53 图

已知弯矩时可按式 7-53-5 计算曲率。

（2）位移算式

$$\Delta_{iP} = \sum \int \overline{M}_i K_P ds \qquad (7\text{-}53\text{-}7)$$

式中，K_P 为状态 P 中的曲率。

利用式 7-53-5 得：

$$\Delta_{iP} = \sum \int M_i \frac{(M_P)^2}{(BI_0)^2} ds \qquad (7\text{-}53\text{-}8)$$

（3）自由端挠度

$$\overline{M}_i = 1 \cdot x, \quad M_P = P \cdot x \quad (\text{图 c})$$

代入式（7-53-8），积分得：

$$\Delta_{iP} = \frac{1}{4} \frac{P^2 l}{(BI_0)^2}$$

本例示用单位荷载法计算物理非线性体系的位移。

7-54　$0.414 \dfrac{P}{EA}$（夹角减小）

7-55　$\dfrac{35}{8} atl$（↑）

7-56　ata（↑）

7-57　$2mm$（→）

7-58　$35325mm$（→）

7-59　$\Delta\varphi \dfrac{l-a}{l}$

7-60　$-\dfrac{c_1}{l} + \dfrac{2c_2}{l}$（↙↗）

7-61　$\Delta_1 + l \cdot \varphi$（→）

7-62　$Pl^3/2EI$（↓）

7-63　$\dfrac{3}{4} \dfrac{ql^4}{EI}$（→）

7-64　$ql^3/4EI$（→）

7-65　$\dfrac{P_2}{P_1}\Delta_B$

7-66、7-67　略

第 8 章

一、是非题

8-1　○

8-2　○

8-3　○

8-4　×

8-5　○

8-6　×

8-7　○

8-8　×

二、选择题

8-9　E

8-10　A

8-11　C

8-12　B

8-13　D

8-14　A

8-15　C

三、填充题

8-16　11

8-17　压

8-18　$-c_1$；$-c_2/2$

8-19　$-c$；0

8-20　$6EIc/5l^3$

8-21　$-2ql - 4ql/3$

8-22　0

8-23　ql

8-24　$P/2$，$-P/2$

四、计算分析题

8-25、8-26　略

8-27　$M = -3Pl/32$

8-28　略

8-29　$H_A = 19P/232$（→）

8-30　$H_B = P/3$（→）

8-31　$M_A = M_B = ql^2/12$（上边受拉）

　　　$N = 0$

由本例可见，两端固定梁在横向荷载（无轴向分量）作用下，轴向多余力恒等于零。今后再遇见这类问题，可当作两次超静定计算。

8-32　$N_1 = -96P/103$

　　　$N_2 = -15P/103$

8-33　超静定次数为 2

8-34　略

8-35　$R_B = 453.75\alpha EI/l^2$（↓）

8-36　低温侧纤维受拉

8-37　略

8-38　$M_A = 4i\varphi_A$（下边受拉）

　　　$M_B = 2i\varphi_A$（上边受拉）

　　　$Q_A = -6i\varphi_A/l$

　　　$Q_B = -6i\varphi_A/l$

8-39　$5\alpha tl/16$（↓）

8-40　$11\Delta/16$（↓）

8-41　集中力下面截面 $M = 0.1945Pl$

8-42　杆端弯矩为 $Pl/12$

8-43～8-45　略

8-46　$N_{12} = 0$

　　　$N_{23} = -0.293\alpha tEA$

　　　$N_{14} = 0.414\alpha tEA$

　　　$N_{23} = -0.293\alpha tEA$

　　　$N_{15} = 0$

8-47　$N_{12} = 0$

　　　$N_{23} = 0.0293EA$

　　　$N_{24} = -0.0414EA$

　　　$N_{25} = 0.0293EA$

　　　$N_1 = 0$

8-48　$N_1 = -0.313P$

8-49　$M_C = 0.231qa^2$（下面受拉）

8-50　柱底弯矩等于 $2tEI$（内侧受拉）

8-51　柱底弯矩等于 $0.125EI\Delta$（外侧受拉）

第9章

一、是非题

9-1　×

9-2　○

9-3　×

9-4　×

二、选择题

9-5　B

9-6　C

9-7　C

三、填充题

9-8　基本体系在荷载等外因和各节点位移共同作用下，每一附加约束中的总反力矩或总反力都等于零

9-9　静力平衡，大于零，反力互等

9-10　$M_{BA} = \dfrac{3EI}{l}\varphi$，$M_{BD} = -\dfrac{6EI\varphi}{l}$

9-11　$M_{AE} = \dfrac{4.5EI}{h^2}\alpha tl$，

　　　$M_{AE} = \dfrac{1.5EI}{h^2}\alpha tl$

9-12　$Q_{1A} = \dfrac{P}{6}$，$Q_{2B} = \dfrac{P}{3}$，$Q_{3C} = \dfrac{P}{3}$，$Q_{4D} = \dfrac{P}{6}$。

四、计算分析题

9-13　(a) $M_{AB} = \dfrac{2EI}{l}$，$M_{BA} = -\dfrac{2EI}{l}$

　　　(b) $M_{AB} = M_{BA} = \dfrac{6EI}{l}$

9-14　$M_{DA} = -\dfrac{28}{528}ql^2$，$M_{DB} = \dfrac{169}{528}ql^2$，

　　　$M_{DA} = -\dfrac{120}{528}ql^2$；$Q_D = \dfrac{21}{528}ql$，

　　　$Q_{ED} = -\dfrac{144}{528}ql$；$N_{DB} = -\dfrac{21}{528}ql$，

　　　$N_{DA} = -\dfrac{912}{528}ql$

9-15　$M_{ED}=40\text{kN}\cdot\text{m}$

　　　$M_{CA}=M_{CB}=-10\text{kN}\cdot\text{m}$

9-16　$M_{BA}=8\text{kN}\cdot\text{m}$，$M_{AB}=4\text{kN}\cdot\text{m}$；

　　　$Q_{BC}=8\text{kN}$，$Q_{CB}=-8\text{kN}$

9-17　$M_{A1}=-\dfrac{17}{64}Ph$，$M_{B2}=-\dfrac{17}{64}Ph$

　　　$M_{C3}=-\dfrac{5}{64}Ph$

9-18　$M_{A1}=M_{C3}=-\dfrac{166}{248}ql^2$

　　　$M_{B2}=-\dfrac{60}{248}ql^2$

9-19　略

9-20　$M_{BC}=\dfrac{160}{47}\text{kN}\cdot\text{m}$，$M_{CD}=$

$-\dfrac{920}{47}\text{kN}\cdot\text{m}$，$M_{DC}=\dfrac{2360}{47}\text{kN}\cdot\text{m}$

9-21　$M_{AB}=-\dfrac{540}{19}\text{kN}\cdot\text{m}$，$M_{CB}=$

$M_{CD}=\dfrac{210}{19}\text{kN}\cdot\text{m}$，$M_{EC}=-\dfrac{1320}{19}\text{kN}\cdot\text{m}$

9-22　$M_{BC}=M_{CB}=\dfrac{1}{5}Pl$，$M_{BA}=$

$M_{AB}=-\dfrac{1}{5}Pl$，$M_{GD}=M_{FE}=-\dfrac{1}{10}Pl$

9-23　$M_{AB}=-\dfrac{456}{29}\text{kN}\cdot\text{m}$，

　　　$M_{DB}=\dfrac{1332}{29}\text{kN}\cdot\text{m}$，

　　　$M_{DC}=-\dfrac{780}{29}\text{kN}\cdot\text{m}$，

　　　$M_{ED}=-\dfrac{732}{29}\text{kN}\cdot\text{m}$

9-24　$M_{1A}=0.0785$，$M_{1C}=-0.0212$，

　　　$M_{C1}=-0.0056$，$M_{12}=-0.0573$，

　　　$M_{21}=-0.0216$，$M_{2B}=0.0071$，

　　　$M_{2D}=0.0146$，$M_{D2}=0.0122$（ql^2）

9-25　$\Delta_K^V=\dfrac{Ml^2}{114EI}$（↓）

9-26　$M_{AB}=-\dfrac{5}{18}\text{kN}\cdot\text{m}$，$M_{BA}=\dfrac{14}{18}$

$\text{kN}\cdot\text{m}$

9-27　$M_{BC}=-0.248Pl$，$M_{CB}=$

$0.231Pl$，$M_{AB}=0.274Pl$

9-28　**答案见例题** 9-16

9-29　$M_{AB}=\dfrac{Pl}{8}$，$M_{AC}=M_{CA}=$

$-\dfrac{Pl}{8}$，$M_{CD}=\dfrac{Pl}{8}$

9-30　支座弯矩　$M_1=-1.2\dfrac{EI}{l^2}\Delta$，

$M_2=4.8\dfrac{EI}{l^2}\Delta$

9-31　$M_{AB}=\dfrac{7}{4}i\varphi$，$M_{BA}=-\dfrac{1}{4}i\varphi$，

$M_{DC}=-\dfrac{9}{8}i\varphi$

9-32　$M_{A1}=\dfrac{30\alpha tEI}{17\,l}$

　　　$M_{B2}=-\dfrac{21\alpha tEI}{17\,l}$

　　　$M_{3C}=-\dfrac{18\alpha tEI}{17\,l}$

9-33　$M_{BA}=\dfrac{3750\alpha EI}{7l}$，$M_{CB}=\dfrac{2220\alpha EI}{7l}$

9-34　$M_{CA}=M_{CB}=M_{CD}=-\dfrac{M}{3}$

　　　$M_{DC}=-\dfrac{M}{6}$

9-35　$M_{BA}=8\text{kN}\cdot\text{m}$，$M_{CB}=20\text{kN}\cdot\text{m}$

9-36　$M_{CB}=\dfrac{13}{88}ql^2$，$M_{CD}=-\dfrac{26}{88}ql^2$，

$M_{C'D}=\dfrac{36}{176}ql^2$，$M_{A'C'}=-\dfrac{9}{88}ql^2$

9-37　$M_{BC}=-\dfrac{1}{14}ql^2$

　　　$M_{CB}=-\dfrac{1}{28}ql^2$，

$M_{CD}=M_{DC}=0$

9-38　$M_{CA}=M_{AC}=-\dfrac{3}{2}\dfrac{\sqrt{2}}{}\dfrac{EI}{l^2}\Delta$

9-39～9-41　**略**

9-42　$Q_{1A} = -22.6\text{kN}$，$Q_{2B} = 22.6\text{kN}$

9-43　$Q_{1A} = -1.36\text{kN}$

$Q_{2B} = -2.92\text{kN}$

$Q_{3C} = 4.26\text{kN}$

9-45　$M_{AB} = -2.094Pl$，$M_{BA} = -0.906Pl$，$M_{BC} = -0.873Pl$，$M_{CD} = -0.275Pl$

9-46　$M_{CB} = 33.53\text{kN} \cdot \text{m}$，$M_{CF} = -37.06\text{kN} \cdot \text{m}$，$M_{CD} = 1.18\text{kN} \cdot \text{m}$，$M_{EF} = 22.94\text{kN} \cdot \text{m}$

9-47　$M_{CB} = \dfrac{28}{59}M$

$M_{DE} = M_{EF} = \dfrac{3}{59}M$

第 10 章

一、是非题

10-1　○

10-2　×

10-3　○

10-4　×

二、选择题

10-5　B

10-6　D

10-7　C

10-8　A

10-9　A

三、填充题

10-10　$2\sqrt{2}\,i$；$4/7$；$ql^2/12$

10-11　$320/21\text{kN} \cdot \text{m}$；左

10-12　$4\text{kN} \cdot \text{m}$

10-13　$10\text{kN} \cdot \text{m}$；下

10-14　$1/4$；$1/2$；$33.3\text{kN} \cdot \text{m}$

四、计算分析题

10-15　$M_{1A} = 37.5\text{kN} \cdot \text{m}$

$R_1 = 68.75\text{kN}$

10-16　$M_{1A} = 25\text{kN} \cdot \text{m}$

$R_1 = 62.5\text{kN}$

10-17　$M_{1A} = 70\text{kN} \cdot \text{m}$

$M_{A1} = -40\text{kN} \cdot \text{m}$

10-18　$M_{1A} = -ql^2/36$

$M_{A1} = ql^2/9$

10-19　$M_{1A} = 60\text{kN} \cdot \text{m}$

$R_1 = 66\text{kN}$

10-20　$M_{12} = -80\text{kN} \cdot \text{m}$

$M_{21} = -20\text{kN} \cdot \text{m}$

10-21　$M_{A1} = 21.9\text{kN} \cdot \text{m}$

$M_{1A} = 235.8\text{kN} \cdot \text{m}$

$M_{21} = 193\text{kN} \cdot \text{m}$

$M_{32} = 30\text{kN} \cdot \text{m}$

10-22　$M_{1A} = -0.467$

$M_{12} = -0.533$

$M_{21} = -0.135$

$M_{2B} = 0.135$

10-23　$M_{A1} = 86.54\text{kN} \cdot \text{m}$

$M_{1A} = 23.08\text{kN} \cdot \text{m}$

$M_{23} = 5.76\text{kN} \cdot \text{m}$

10-24　$M_{A1} = EI\Delta/l^2$

$M_{1A} = 2EI\Delta/l^2$

10-25　$M_{DA} = 20.2\text{kN} \cdot \text{m}$

$M_{DE} = -39.4\text{kN} \cdot \text{m}$

$M_{ED} = 103.3\text{kN} \cdot \text{m}$

$M_{DG} = 19.2\text{kN} \cdot \text{m}$

$M_{GD} = 8.06\text{kN} \cdot \text{m}$

$M_{GH} = -6.14\text{kN} \cdot \text{m}$

$M_{GI} = -1.92\text{kN} \cdot \text{m}$

$M_{JG} = -0.77\text{kN} \cdot \text{m}$

10-26、10-27　略

第 11 章

一、是非题

11-1　×

11-2　×

11-3　○

11-4　○

11-5 ○

二、选择题

11-6　C

11-7　D

11-8　A

11-9　A

11-10　B

11-11　C

三、填充题

11-12　M_B，C，M_B，$-\dfrac{1}{2}$

11-13　a

11-14　-53.67kN

11-15　40kN，-10kN

11-16　必有一个集中力位于某内力影响线的某一个顶点上；当该集中力通过顶点时使判别式（式 11-14 或式 11-16）得到满足；临界荷载

四、计算分析题

11-17～11-35　略

11-36　$M_K = 1935$kN·m

11-37　738.2kN·m

11-38　784.3kN

11-39　$M_K^{\max} = 1961$kN·m

11-40　19213kN·m

11-41

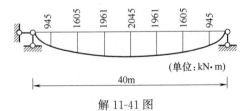

解 11-41 图

11-42　324kN·m

11-43　2056kN·m

11-45

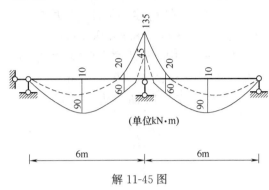

解 11-45 图

第 12 章

一、是非题

12-1　×

12-2　○

12-3　×

12-4　○

12-5　○

12-6　×

12-7　×

12-8　○

二、选择题

12-9　C

12-10　A

12-11　C

12-12　A

12-13　D

12-14　B

12-15　C

12-16　A

三、填充题

12-17　杆端力；杆端位移

12-18　$u_2^e = 1$ 引起的 F_2^e

12-19　局部坐标系下的；整体坐标系下的

12-20　$\begin{bmatrix} +12 & -12 & 20 & 0 \end{bmatrix}^{\mathrm{T}}$（kN·m）

12-21　$\dfrac{EA}{L} + \dfrac{12EI}{L^3}$；$\dfrac{2EI}{L}$

四、计算分析题

12-22　右跨梁的杆端力矩为 −26.2857kN·m、18.8571kN·m

12-23　中跨梁的杆端力矩为 −5.0000kN·m、11.0000kN·m

12-24　立柱的轴力为 −16.7910kN

（压）

12-25　左边梁的端力矩为 −16.5400kN·m、4.6718kN·m

12-27　各杆轴力分别为 17.9287kN、2.9292kN、−12.0713kN

12-28　左柱底端力矩为 11.6655kN·m

参 考 文 献

[1]　郭长城. 结构力学 [M]. 北京：中国建筑工业出版社，1993.
[2]　戴鸿哲，王伟. 王焕定. 结构力学 [M]. 4 版. 北京：高等教育出版社，2022.
[3]　龙驭球，包世华，袁驷. 结构力学：Ⅰ基础教程 [M]. 4 版. 北京：高等教育出版社，2018.
[4]　刘百铨. 单层厂房排架计算公式 [M]. 北京：中国建筑工业出版社，1973.
[5]　姚谏. 建筑结构静力计算实用手册 [M]. 3 版. 北京：中国建筑工业出版社，2021.
[6]　李廉锟，侯文崎. 结构力学：上册 [M]. 7 版. 北京：高等教育出版社，2022.